palavra no dicionário

d

c

i

de **o**range

n — de **n**ose

a — de **a**rm

r — de **r**abbit

y — de **y**ellow

Começa por procurar a letra **d** na parte Inglês-Português do teu dicionário (visto que dictionary é uma palavra inglesa). Depois de encontrares a página onde surgem pela primeira vez palavras começadas por **d** (página 59), repara nas letras seguintes da palavra (**i** e **c**) e procura uma página que tenha, no canto superior, palavras começadas por **dic** ou por letras próximas.
Na página 64 encontrarás *dewdrop* e *direct*, o que significa que *dictionary* se encontra nessa página.

DICIONÁRIO BÁSICO

DE INGLÊS-PORTUGUÊS PORTUGUÊS-INGLÊS

ACORDO ORTOGRÁFICO

Porto Editora

Porto Editora

Rua da Restauração, 365
4099-023 Porto | Portugal

www.**portoeditora**.pt

JAN/2012

Execução gráfica **Bloco Gráfico, Lda.** Unidade Industrial da Maia. **Sistema de Gestão Ambiental** certificado pela APCER, com o n.º 2006/AMB.258

DEP. LEGAL 337751/11 **ISBN** 978-972-0-01641-6

Abreviaturas

abrev.	abreviatura
adj.	adjetivo
adv.	advérbio
art.	artigo
card.	cardinal
conj.	conjunção
contr.	contração
def.	definido
dem.	demonstrativo
det.	determinante
exist.	existencial
f.	feminino
frac.	fracionário
indef.	indefinido
interj.	interjeição
interr.	interrogativo
m.	masculino
mult.	multiplicativo
n.	nome
num.	numeral
ord.	ordinal
pess.	pessoal
pl.	plural
poss.	possessivo
prep.	preposição
pron.	pronome
quant.	quantificador
rel.	relativo
univ.	universal
v.	verbo
2 gén.	dois géneros (masculino e feminino)
2 núm.	dois números (singular e plural)

Nota: DT Dicionário Terminológico
> indica a classificação gramatical introduzida pelo Dicionário Terminológico

Guia de Utilização

apresentado em esquema no final deste dicionário

Quando procuras uma palavra no dicionário, repara no **alfabeto** que está no lado direito das páginas ímpares. Aí encontras uma letra numa caixa azul; ela indica-te que todas as palavras nessa página começam pela letra que está destacada dentro da caixa.

As palavras que se encontram no canto superior à esquerda e à direita de cada página são as **cabeças** ou **palavras-guia**; elas ajudam-te a saber quais são as entradas registadas nessa página.

Se procuras, por exemplo, a palavra *parents*, vais encontrá-la entre as palavras *paper*, a primeira da página 139, e *past*, a última entrada dessa página.

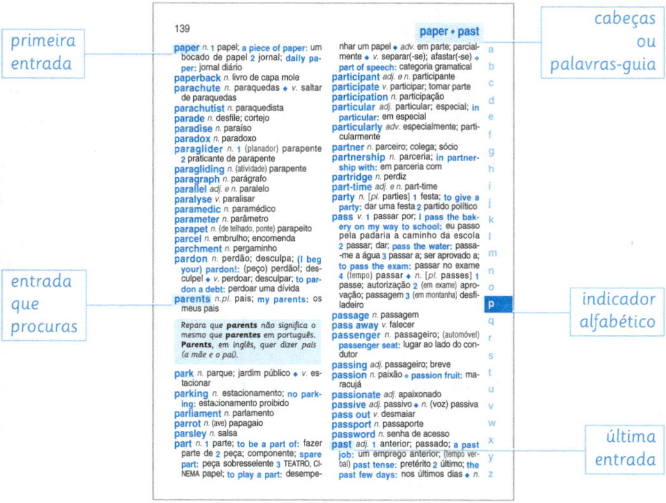

139 paper • past

paper *n.* 1 papel; **a piece of paper:** um bocado de papel 2 jornal; **daily paper:** jornal diário
paperback *n.* livro de capa mole
parachute *n.* paraquedas ◆ *v.* saltar de paraquedas
parachutist *n.* paraquedista
parade *n.* desfile; cortejo
paradise *n.* paraíso
paradox *n.* paradoxo
paraglider *n.* 1 (planador) parapente 2 praticante de parapente
paragliding *n.* (atividade) parapente
paragraph *n.* parágrafo
parallel *adj. e n.* paralelo
paralyse *v.* paralisar
paramedic *n.* paramédico
parameter *n.* parâmetro
parapet *n.* (de telhado, ponte) parapeito
parcel *n.* embrulho; encomenda
parchment *n.* pergaminho
pardon *n.* perdão; desculpa; **(I beg your) pardon!:** (peço) perdão!; desculpe! ◆ *v.* perdoar; desculpar; **to pardon a debt:** perdoar uma dívida
parents *n.pl.* pais; **my parents:** os meus pais

Repara que **parents** *não significa o mesmo que* **parentes** *em português.* **Parents**, *em inglês, quer dizer pais (a mãe e o pai).*

park *n.* parque; jardim público ◆ *v.* estacionar
parking *n.* estacionamento; **no parking:** estacionamento proibido
parliament *n.* parlamento
parrot *n.* (ave) papagaio
parsley *n.* salsa
part *n.* 1 parte; **to be a part of:** fazer parte de 2 peça; componente; **spare part:** peça sobresselente 3 TEATRO, CINEMA papel; **to play a part:** desempenhar um papel ◆ *adv.* em parte; parcialmente ◆ *v.* separar(-se); afastar(-se) ◆ **part of speech:** categoria gramatical
participant *adj. e n.* participante
participate *v.* participar; tomar parte
participation *n.* participação
particular *adj.* particular; especial; **in particular:** em especial
particularly *adv.* especialmente; particularmente
partner *n.* parceiro; colega; sócio
partnership *n.* parceria; **in partnership with:** em parceria com
partridge *n.* perdiz
part-time *adj. e n.* part-time
party *n.* [*pl.* parties] 1 festa; **to give a party:** dar uma festa 2 partido político
pass *v.* 1 passar por; **I pass the bakery on my way to school:** eu passo pela padaria a caminho da escola 2 passar; dar; **pass the water:** passa-me a água 3 passar a; ser aprovado a; **to pass the exam:** passar no exame 4 (tempo) passar ◆ *n.* [*pl.* passes] 1 passe; autorização 2 (em exame) aprovação; passagem 3 (em montanha) desfiladeiro
passage *n.* passagem
pass away *v.* falecer
passenger *n.* passageiro; (automóvel) **passenger seat:** lugar ao lado do condutor
passing *adj.* passageiro; breve
passion *n.* paixão ◆ **passion fruit:** maracujá
passionate *adj.* apaixonado
passive *adj.* passivo ◆ *n.* (voz) passiva
pass out *v.* desmaiar
passport *n.* passaporte
password *n.* senha de acesso
past *adj.* 1 anterior; passado; **a past job:** um emprego anterior; (tempo verbal) **past tense:** pretérito 2 último; **the past few days:** nos últimos dias ◆ *n.*

a b c d e f g h i j k l m n o **p** q r s t u v w x y z

A **entrada** é a palavra que procuras; está destacada a azul para que a encontres com facilidade. As entradas podem ser constituídas por uma única palavra, como *day*, ou por duas ou mais palavras, como *Pai Natal*.

uma palavra

day *n.* dia; **by day:** durante o dia; **the day after:** no dia seguinte; **the day before:** na véspera

Pai Natal *n.m.* Santa Claus; *(informal)* Santa

duas palavras

A entrada pode também ser uma forma abreviada (abreviaturas e siglas).

abreviatura

B & B (hotel, pensão) [*abrev. de* bed and breakfast] alojamento e pequeno-almoço

UE [*sigla de* União Europeia] EU [*sigla de* European Union]

sigla

As entradas são registadas com **inicial minúscula**, exceto no caso de planetas, festas e palavras que têm um sentido diferente com minúscula e com maiúscula.

inicial minúscula

mercúrio *n.m.* QUÍMICA mercury
Mercúrio *n.m.* ASTRONOMIA, MITOLOGIA Mercury

net *n.* rede
Net *n. (informal)* Internet

inicial maiúscula

As entradas (quando são nomes) estão registadas no **masculino singular**.

entrada no masculino

campeão *n.m.* [*f.* campeã] champion; **campeão do mundo:** world champion

Se procuras a tradução da **forma feminina**, por exemplo das palavras *americana* ou *perita*, deverás consultar as entradas *americano* ou *perito*, onde encontrarás a forma feminina entre parênteses retos.

americano *n.m.* [*f.* americana] American ◆ *adj.* American; **futebol americano:** American football

perito *n.m.* [*f.* perita] expert; specialist ◆ *adj.* expert; skilled; **o professor é perito em robótica:** the professor is an expert in robotics

formação do feminino

Estão registadas no feminino as palavras que têm um sentido diferente no **feminino**, como é o caso de *marquesa* ou *pata*.

entrada no feminino

marquesa *n.f.* **1** (nobreza) marchioness **2** (em consultório ou hospital) (examination) table

pata *n.f.* **1** paw; **pata dianteira:** fore foot; **pata traseira:** hind foot **2** (animal) female duck

Registam-se no **plural** as palavras que são mais usadas nesta forma.

entrada no plural (em inglês)

belongings *n.pl.* pertences; bens; **personal belongings:** objetos pessoais

olheiras *n.f.pl.* bags (under the eyes); **estar com/ter olheiras:** to have bags under one's eyes

entrada no plural (em português)

Os verbos estão registados no **infinitivo**. Se procuras a **forma reflexa** (ou pronominal) de um verbo, deves procurá-la dentro da entrada, depois do símbolo ◆.

aleijar *v.* to hurt ◆ **aleijar-se** to get hurt

forma reflexa

disfarçar *v.* to disguise ◆ **disfarçar-se** to put on a disguise; to disguise oneself; **disfarçar-se de pirata:** to put on a disguise of a pirate

Na parte Português-Inglês, a seguir a algumas entradas, indica-se a sua **pronúncia** correta entre parênteses curvos. Esta informação é muito útil no caso de palavras que se escrevem da mesma maneira e se leem de modo diferente, como *bola (ó)* e *bola (ô)* ou *sede (é)* e *sede (ê)*.

pronúncia

bola (bóla) *n.f.* **1** ball; **bola de neve:** snowball; **jogar à bola:** to play ball **2** bubble; **bola de sabão:** soap bubble; **fazer bolas de sabão:** to blow bubbles

bola (bôla) *n.f.* meat pie

sede (séde) *n.f.* **1** seat; **sede do Governo:** seat of the Government **2** (de empresa) head office; headquarters

sede (sêde) *n.f.* thirst; **matar a sede:** to quench one's thirst; **ter sede:** to be thirsty

A **classificação gramatical** aparece em itálico, de forma abreviada, e indica a classe da palavra (verbo, nome, adjetivo, advérbio, etc.). Nos casos em que sofreu alteração do **Dicionário Terminológico** (DT), indicamos a antiga classificação seguida da nova. Para decifrares as abreviaturas, consulta a lista apresentada no início deste dicionário. Por exemplo, *queen* é um nome, *absolute* um adjetivo, *ensinar* um verbo, *porém* é agora um advérbio e *ufa* é uma interjeição.

queen *n.* rainha; **queen bee:** abelha-mestra; **queen mother:** rainha mãe; (cartas) **queen of clubs:** rainha de paus

classificação gramatical

absolute *adj.* **1** absoluto; completo; total; **absolute majority:** maioria absoluta **2** *(informal)* verdadeiro; perfeito; **an absolute fool:** um perfeito idiota

ensinar *v.* to teach; **ensinar alguém a ler:** to teach someone (how) to read

alteração do DT

porém *conj.>adv.*[DT] yet; but; however

classificação gramatical

ufa *interj.* whew!; what a relief!

Por vezes, uma palavra pode ter diferentes classificações gramaticais, que são separadas pelo símbolo ◆.

classificação gramatical diferente

buy *v.* comprar; adquirir ◆ *n.* compra; **that car was a good buy:** esse carro foi uma boa compra

inglês *adj.* English ◆ *n.m.* **1** (homem) Englishman; (mulher) Englishwoman; **os ingleses:** the English **2** (língua) English ❖ **isso é só para inglês ver:** that's just show-off

Neste dicionário, encontrarás indicações sobre **plurais** irregulares e plurais de palavras com hífen.

aquarium *n.* [*pl.* aquariums, aquaria] aquário

curto-circuito *n.m.* [*pl.* curtos-circuitos] short circuit

fóssil *n.m.* [*pl.* fósseis] fossil

plural

Muitas vezes, as palavras têm significados diferentes em função do contexto em que são usadas; esses **diferentes sentidos** estão identificados por meio de algarismos apresentados a azul.

diferentes sentidos

personality *n.* [*pl.* personalities] **1** personalidade; maneira de ser **2** pessoa famosa; celebridade

apelido *n.m.* **1** (nome de família) surname; family name **2** (alcunha) nickname

Os diferentes **contextos** em que uma entrada pode ser usada encontram-se antes da respetiva tradução.

contextos

mouse *n.* [*pl.* mice] **1** (animal) rato; **field mouse:** rato do campo **2** (computador) rato; **mouse mat/pad:** tapete do rato

cravo *n.m.* **1** (flor) carnation **2** (instrumento) harpsichord

A **tradução** da entrada indica-te como dizer algo respetivamente em português e em inglês. Por vezes, a entrada apresenta mais de uma tradução na língua de chegada.

dictionary *n.* [*pl.* dictionaries] dicionário; **illustrated dictionary:** dicionário ilustrado; **to look up a word in the dictionary:** procurar uma palavra no dicionário

tradução

traduções

profissão *n.f.* profession; job; **qual é a sua profissão?:** what's your job?

Por vezes, usamos as palavras para significar algo diferente do seu sentido principal. Nestes casos, estamos a usar as palavras em **sentido figurado**.

fruit *n.* **1** fruto(s); fruta; **a piece of fruit:** uma peça de fruta; **fruit salad:** salada de fruta; **fruit tree:** árvore de fruto **2** *(figurado)* frutos; resultados; **to bear fruit:** dar frutos

garra *n.f.* **1** (de animal) claw **2** (de ave de rapina) talon **3** *(figurado)* guts

sentido figurado

Também acontece usares determinadas palavras com os teus colegas, ou com a tua família, mas não com pessoas que não conheces bem ou em situações formais. Quando usas palavras como *bike* estás a usar uma **linguagem informal**. Podes também usar uma **linguagem infantil**.

bike *n.* *(informal)* bicicleta; **mountain bike:** bicicleta de montanha; **racing bike:** bicicleta de corrida

linguagem informal

linguagem infantil

chi-coração *n.m.* *(linguagem infantil)* cuddle; hug

Quando uma determinada palavra ou um sentido de uma palavra são usados apenas em determinada região ou em determinado país, essa **indicação geográfica** é dada entre parênteses antes da respetiva tradução.

subway *n.* **1** passagem subterrânea **2** *(Estados Unidos da América)* metro

indicação geográfica

matabicho *n.m.* *(Angola, Guiné-Bissau, Moçambique, São Tomé e Príncipe)* breakfast

Muitas vezes combinamos duas ou mais palavras para formar expressões que têm um significado próprio. As **expressões** estão registadas a azul, por ordem alfabética, são seguidas da respetiva tradução e estão associadas ao sentido correspondente.

house *n.* **1** casa; **at my house:** em minha casa **2** (parlamento) Câmara; **House of Commons:** Câmara dos Comuns; **House of Lords:** Câmara dos Lordes; **Houses of Parliament:** Parlamento ◆ *v.* alojar; acolher

expressões

ano *n.m.* **1** year; **ano letivo:** school year; academic year; **feliz Ano Novo!:** happy new year!; **uma vez por ano:** once a year **2** (idade) years; **quantos anos tens?:** how old are you?; **tenho 10 anos:** I am ten years old

As **expressões idiomáticas** encontram-se registadas, por ordem alfabética, no final da entrada, depois do símbolo ❖ e são seguidas da respetiva tradução.

platter *n.* travessa ❖ **on a silver platter:** de bandeja; de mão beijada

expressão idiomática

acha *n.f.* log ❖ **deitar achas na fogueira:** to stir things up

Em algumas entradas deste dicionário encontrarás, em vez da tradução da entrada, uma **remissão** (uma seta seguida de uma palavra a azul). Isso significa que a tradução que procuras se encontra na entrada que aparece depois da seta. A entrada que apresenta a tradução é a forma mais correta ou mais comum da palavra.

email *n.* correio eletrónico ◆ *v.* enviar por correio eletrónico
e-mail *n.* → **email**

remissão

Ao longo do dicionário, encontrarás **notas** em caixas azuis que chamam a atenção para pormenores da língua e da cultura inglesas e que te ajudam a evitar erros frequentes.

every *adj.* **1** cada; cada um; **every child has a pencil:** cada criança tem um lápis **2** todos; **every day:** todos os dias; **every time:** de todas as vezes

Every usa-se sempre com um nome no singular: *every day (todos os dias), every book (todos os livros).*

nota explicativa

livraria *n.f. (Grã-Bretanha)* bookshop; *(Estados Unidos da América)* bookstore

Para dizermos **livraria** em inglês usamos a palavra **bookshop**. Também existe a palavra **library** em inglês, mas quer dizer *biblioteca.*

Esta nova edição do dicionário segue as regras do **Acordo Ortográfico**.

Na parte **Inglês-Português**, podes ver as traduções já com a nova grafia e, no caso de palavras que se podem escrever de duas formas, encontras a grafia preferível, isto é, a forma mais usada.

nova grafia

action *n.* **1** ação; **action film:** filme de ação **2** ato; atuação; **you are responsible for your actions:** tu és responsável pelos teus atos **3** atividade; funcionamento; **out of action:** fora de serviço

characteristic *n.* característica; traço distintivo ◆ *adj.* característico; típico

dupla grafia

Na parte **Português-Inglês** registam-se as novas grafias, mas também as grafias anteriores, que enviam para as novas.

actor *a nova grafia é* **ator**

remissão para a nova grafia

ator *n.m.* actor; performer; **ator principal:** leading actor; **ator secundário:** actor in a supporting role

Nos casos em que o Acordo Ortográfico admite duas formas de escrever uma palavra, o dicionário regista ambas, mas é na forma preferível que encontras o tratamento da entrada.

característica *n.f.* characteristic; feature

remissão para a grafia preferível

caraterística *a grafia preferível é* **característica**

Esta edição segue a indicação do governo português de tomar como referência o *Vocabulário Ortográfico do Português* (VOP), do Instituto de Linguística Teórica e Computacional. As grafias assumidas refletem os critérios do VOP à data de publicação do dicionário.

Inglês
•
Português

A

a *n.* (letra) a ◆ *art.indef.* um; uma; **a hamster:** um hamster; **a lovely child:** uma criança linda; **a new dictionary:** um dicionário novo; **an elegant girl:** uma rapariga elegante; **an hour later:** uma hora depois ◆ *prep.* cada; em; por; **once a day:** uma vez por dia

> Antes de uma vogal ou de um *h* mudo (isto é, que não se pronuncia), o artigo indefinido **a** passa a **an**: *an elegant girl, an hour later.*

A *n.* [*pl.* A's, As] 1 (escola) nota mais alta 2 (nota musical) lá

abandon *v.* 1 abandonar; deixar 2 desistir de

abandoned *adj.* abandonado; **an abandoned dog:** um cão abandonado; **an abandoned village:** uma aldeia abandonada

abbey *n.* [*pl.* abbeys] abadia; mosteiro

abbreviation *n.* abreviatura; **DJ is an abbreviation of disc jockey:** DJ é a abreviatura de disco-jóquei

ABC *n.* 1 abecedário; alfabeto 2 *(figurado)* primeiras noções

abdication *n.* abdicação

abdomen *n.* abdómen

abdominal *adj.* abdominal

ability *n.* [*pl.* abilities] aptidão; capacidade

able *adj.* 1 apto; competente 2 capaz; **to be able to:** ser capaz de; conseguir

ably *adv.* habilmente

abnormal *adj.* 1 anormal 2 estranho

abnormality *n.* [*pl.* abnormalities] anormalidade

DBIPPI-2

aboard *adv.* a bordo; **all aboard!:** todos a bordo! ◆ *prep.* a bordo de

abolish *v.* abolir

abolition *n.* abolição

abominable *adj.* abominável; horrível

abominate *v.* abominar

about *prep.* 1 a respeito de; sobre; **how about this?:** que tal?; **to talk about the film:** falar sobre o filme 2 cerca de; **a child of about four:** uma criança com cerca de quatro anos 3 quase; prestes a; **I am about to leave:** eu estou prestes a sair 4 em volta de; perto; **there is no one about:** não está ninguém por perto ◆ *adv.* aqui e ali

above *prep.* 1 sobre; por cima de; **above all:** sobretudo; **above the clouds:** por cima das nuvens 2 mais de 3 acima de; **above average:** acima da média ◆ *adv.* na parte superior

above-mentioned *adj.* acima/atrás mencionado; supracitado

abrasion *n.* 1 (pele) esfoladela; arranhão 2 desgaste; fricção

abrasive *adj.* abrasivo; **abrasive paper:** lixa

abridge *v.* abreviar; resumir

abridgement *n.* resumo

abroad *adv.* no/para o estrangeiro; além-fronteiras; **to be back from abroad:** regressar do estrangeiro; **to go abroad:** ir para o estrangeiro

abrupt *adj.* 1 repentino 2 brusco; rude

abruptly *adv.* repentinamente; bruscamente

abscess *n.* [*pl.* abscesses] abcesso

absence *n.* 1 ausência 2 falta
absent *adj.* 1 ausente; **to be absent from school:** faltar à escola 2 distraído; **he looks absent:** ele parece distante
absent-minded *adj.* distraído; desatento
absent-mindedness *n.* distração; desatenção
absolute *adj.* 1 absoluto; completo; total; **absolute majority:** maioria absoluta 2 *(informal)* verdadeiro; perfeito; **an absolute fool:** um perfeito idiota
absolutely *adv.* 1 absolutamente 2 completamente; totalmente ♦ *interj.* (concordância) claro! ❖ **absolutely not!:** de forma alguma!; absolutamente nada!
absolutism *n.* absolutismo
absorb *v.* absorver
absorbent *adj.* absorvente
absorbing *adj.* (livro, filme) absorvente
abstention *n.* abstenção
abstract *adj.* abstrato
abstraction *n.* abstração
absurd *adj.* absurdo; disparatado; **that's absurd!:** isso é absurdo!
absurdity *n.* [*pl.* absurdities] absurdo
abundance *n.* abundância
abundant *adj.* abundante; rico; **abundant in natural resources:** rico em recursos naturais
abuse *v.* 1 abusar de 2 insultar 3 maltratar ♦ *n.* 1 abuso; **alcohol abuse:** abuso de álcool 2 ofensa; insulto 3 maus tratos
abyss *n.* abismo
acacia *n.* acácia
academic *adj.* académico; universitário; **academic year:** ano letivo
academy *n.* [*pl.* academies] 1 academia 2 escola superior
accelerate *v.* acelerar
accelerator *n.* acelerador; **to step on the accelerator:** carregar no acelerador
accent *n.* 1 (gráfico) acento 2 pronúncia; sotaque
accentuate *v.* (sílaba, palavra) acentuar
accept *v.* aceitar; **to accept a gift:** aceitar uma prenda; **to accept an invitation:** aceitar um convite
acceptable *adj.* aceitável
acceptance *n.* aceitação
access *n.* acesso; **to give access to:** dar acesso a
accessible *adj.* acessível
accessory *adj.* acessório; adicional
accident *n.* 1 acidente; **car accident:** acidente de carro 2 acaso; **by accident:** por acaso
acclamation *n.* 1 aclamação 2 aplauso
accommodate *v.* alojar; hospedar
accommodation *n.* 1 alojamento 2 residência
accompaniment *n.* acompanhamento
accompanist *n.* (músico) acompanhante
accompany *v.* acompanhar; **to accompany someone to the party:** acompanhar alguém à festa
accomplice *n.* cúmplice
according *adv.* conforme; segundo; **according to circumstances:** de acordo com/conforme as circunstâncias; **according to what I read in the newspaper:** segundo/conforme li no jornal
accordion *n.* acordeão
accordionist *n.* acordeonista
account *n.* 1 conta bancária 2 relato; descrição
accumulate *v.* acumular(-se)
accumulation *n.* acumulação
accurate *adj.* exato; preciso
accusation *n.* acusação
accuse *v.* acusar; **they accuse me of lying:** eles acusam-me de mentir

accused *adj. e n.* acusado
accustom *v.* acostumar; habituar; **to accustom oneself to something:** habituar-se a alguma coisa; adaptar-se a alguma coisa
accustomed *adj.* habituado; acostumado; **to become accustomed to school:** acostumar-se à escola
ace *n.* **1** (carta de jogar) ás; **ace of spades:** ás de espadas **2** (pessoa) ás; perito
ache *n.* [*pl.* aches] dor; **he has a terrible ache:** ele tem uma dor terrível ◆ *v.* doer; **I am aching all over:** dói-me o corpo todo; **my head aches:** dói-me a cabeça
achieve *v.* **1** atingir; alcançar; **to achieve success:** alcançar o sucesso **2** realizar; concretizar
achievement *n.* **1** feito; façanha; **he is a man of great achievements:** ele é um homem de grandes feitos **2** realização
achiever *n.* empreendedor
aching *adj.* dorido
acid *n.* QUÍMICA ácido ◆ *adj.* ácido; **acid rain:** chuva ácida
acidity *n.* acidez
acorn *n.* bolota
acoustic *adj.* acústico; **acoustic guitar:** guitarra acústica
acoustics *n.pl.* acústica
acquire *v.* adquirir
acquisition *n.* aquisição
acrobat *n.* acrobata
acrobatic *adj.* acrobático
acrobatics *n.pl.* acrobacia
acropolis *n.* acrópole
across *prep.* **1** através de; por; **to walk across the fields:** caminhar através dos campos **2** sobre; **there's a bridge across the river:** há uma ponte sobre o rio ◆ *adv.* do outro lado; **across the street:** do outro lado da rua
acrylic *n.* acrílico
act *n.* **1** ato; feito; **an act of courage:** um ato de coragem **2** (peça de teatro) ato; **a play in five acts:** uma peça em cinco atos ◆ *v.* **1** agir; atuar **2** (peça de teatro ou filme) representar **3** fazer o papel de; **to act the fool:** fazer de tolo
acting *n.* (peça de teatro ou filme) representação; interpretação
action *n.* **1** ação; **action film:** filme de ação **2** ato; atuação; **you are responsible for your actions:** tu és responsável pelos teus atos **3** atividade; funcionamento; **out of action:** fora de serviço
activate *v.* ativar
activation *n.* ativação
active *adj.* **1** ativo; **she is a very active person:** ela é uma pessoa muito ativa **2** em atividade; **active volcano:** vulcão em atividade
activity *n.* [*pl.* activities] atividade
actor *n.* ator; **film actor:** ator de cinema
actress *n.* atriz; **film actress:** atriz de cinema
actual *adj.* verdadeiro; real; **an actual fact:** um facto real

> Repara que **actual** não significa o mesmo que **atual** em português. **Actual**, em inglês, quer dizer *verdadeiro, real.*

actually *adv.* na realidade; de facto; **it's not actually raining now:** na realidade, não chove neste momento
acumen *n.* perspicácia; **political acumen:** perspicácia política
ad *n.* [*pl.* ads] *(informal)* anúncio publicitário
adapt *v.* adaptar(-se)
add *v.* **1** acrescentar; adicionar; **to add some sugar to the cake:** acrescentar

açúcar ao bolo **2** somar; **to add numbers up:** somar números

addition *n.* soma; adição; **in addition to:** além de

additive *n.* aditivo

address *n.* endereço; morada; **address book:** livro de endereços ◆ *v.* **1** (palavra, questão) dirigir; **to address oneself to someone:** dirigir-se a alguém **2** (nome, apelido) tratar

adequate *adj.* suficiente; adequado

adhesive *adj.* adesivo; **adhesive tape:** fita adesiva ◆ *n.* adesivo

adjacent *adj.* adjacente

adjective *adj. e n.* adjetivo

adjust *v.* **1** ajustar; (aparelhagem) **this button adjusts the volume:** este botão ajusta o volume **2** (pessoa) adaptar-se; **to adjust to the new rules:** adaptar-se às novas regras

adjustment *n.* adaptação; ajuste

administration *n.* administração; gestão

administrator *n.* administrador; gerente

admiral *n.* almirante

admire *v.* admirar; **I admire your enthusiasm:** eu admiro o teu entusiasmo

admirer *n.* admirador

admission *n.* **1** entrada; admissão; **admission free:** entrada grátis **2** reconhecimento; **admission of guilt:** reconhecimento de culpa

admit *v.* **1** admitir; reconhecer **2** permitir a entrada de

adolescence *n.* adolescência

adolescent *adj. e n.* adolescente

adopt *v.* adotar; **to adopt a child:** adotar uma criança

adorable *adj.* adorável

adoration *n.* adoração

adore *v.* adorar

adult *adj. e n.* adulto

advance *n.* **1** progresso **2** avanço; **in advance:** antecipadamente ◆ *v.* avançar

advanced *adj.* avançado

advantage *n.* **1** vantagem **2** proveito; **to take advantage of someone:** aproveitar-se de alguém; **to take advantage of something:** tirar partido de alguma coisa

advent *n.* (chegada) advento

Advent *n.* Advento; **Advent calendar:** calendário do Advento

adventure *n.* aventura; **adventure playground:** parque infantil; **adventure story:** história de aventuras

adventurous *adj.* aventureiro

adverb *n.* advérbio

adverbial *adj.* adverbial

adversity *n.* [*pl.* adversities] adversidade

advertise *v.* anunciar (publicidade); publicitar; **to advertise on television:** anunciar na televisão

advertisement *n.* **1** (jornal) anúncio **2** (rádio, televisão) anúncio publicitário

advice *n.* conselho; opinião; **to give a piece of advice:** dar um conselho

> *A palavra **advice** não tem forma plural nem pode ser precedida de um artigo indefinido (an) ou de um numeral (one).*

advise *v.* aconselhar; **I advise you to study harder:** aconselho-te a estudar mais

aerial *n.* antena; **dish/parabolic aerial:** antena parabólica

aerobics *n.* aeróbica

aeronautics *n.* aeronáutica

aeroplane *n.* avião; aeroplano

aesthetic *adj.* estético; **aesthetic surgery:** cirurgia estética

aesthetics *n.* estética

affable *adj.* afável

affair *n.* **1** assunto; **that is my own affair:** isso é cá comigo **2** aventura; caso amoroso
affect *v.* **1** afetar **2** comover; emocionar
affected *adj.* afetado
affection *n.* afeição; carinho
affectionate *adj.* afetuoso
affirmation *n.* afirmação
affirmative *adj.* afirmativo; **an affirmative sentence:** uma frase afirmativa ♦ *n.* afirmativa; **to answer in the affirmative:** responder pela afirmativa
afford *v.* poder; ter recursos para; **I can't afford it:** não tenho dinheiro para isso
afraid *adj.* **1** assustado; com medo; **to be afraid of the dark:** ter medo do escuro **2** receoso; **I'm afraid not:** receio que não; **I'm afraid so:** receio que sim
Africa *n.* África
African *adj. e n.* africano
after *prep.* **1** depois; após; atrás de; **day after day:** dia após dia; **the police are after him:** a polícia anda atrás dele **2** seguinte; **the day after:** no dia seguinte
afternoon *n.* tarde; **good afternoon:** boa tarde; **in the afternoon:** à tarde; **tomorrow afternoon:** amanhã à tarde
aftershave *n.* loção para depois de fazer a barba; aftershave
afterwards *adv.* depois; mais tarde
again *adv.* outra vez; de novo; **never again:** nunca mais; **once again:** uma vez mais
against *prep.* contra; **it's against the law:** ser/ir contra a lei ♦ *adv.* contra; **to be against:** ser contra
age *n.* **1** idade; **to be seven years of age:** ter sete anos de idade; **to be under age:** ser menor de idade **2** idade; época; **Middle Ages:** Idade Média
aged *adj.* **1** velho; idoso **2** com a idade de; **to be aged 12:** ter 12 anos
ageing *n.* envelhecimento
agency *n.* [*pl.* agencies] agência
agenda *n.* plano de trabalho; lista de assuntos a tratar
agent *n.* agente; representante
aggressive *adj.* agressivo
aggressor *n.* agressor
agitation *n.* agitação
ago *adv.* no passado; **a long time ago:** há muito tempo; **a short time ago:** há pouco tempo; **ten days ago:** há dez dias
agrarian *adj.* agrário
agree *v.* concordar; **I agree with you:** concordo contigo; **I don't agree with you:** não concordo contigo; **to agree to a plan:** concordar com um plano
agreement *n.* acordo
ah *interj.* ah!
ahead *adv.* à frente; para a frente; para diante; **straight ahead:** mesmo em frente; **we are ahead of the others:** vamos à frente dos outros
aid *n.* ajuda; assistência; **first aid:** primeiros socorros ♦ *v.* ajudar; apoiar
aim *n.* **1** objetivo; intuito; **the aim of the game:** o objetivo do jogo **2** pontaria; **to miss one's aim:** errar a pontaria; **to take aim:** fazer pontaria ♦ *v.* fazer pontaria; apontar; **to aim the rifle at the target:** apontar a espingarda ao alvo
air *n.* ar; atmosfera; **air pollution:** poluição atmosférica; **by air:** por via aérea; **in the open air:** ao ar livre ◆ (sistema) **air conditioning:** ar condicionado; (aparelho) **air conditioner:** ar condicionado; **air force:** força aérea
aircraft *n.* [*pl.* aircraft] avião; aeronave; (navio) **aircraft carrier:** porta-aviões
aircrew *n.* (avião) tripulação
airfield *n.* aeródromo
airline *n.* companhia de aviação

airmail *n.* correio aéreo ◆ *v.* enviar por correio aéreo
airplane *n.* *(Estados Unidos da América)* avião
airport *n.* aeroporto
aitch *n.* (letra) agá
ajar *adv.* entreaberto; **they left the door ajar:** deixaram a porta entreaberta
alarm *n.* alarme; alerta; **alarm clock:** despertador
alarming *adj.* alarmante
albatross *n.* [*pl.* albatrosses] albatroz
album *n.* álbum; **photo album:** álbum de fotografias
alcohol *n.* álcool
alcoholic *adj. e n.* alcoólico
ale *n.* cerveja
alembic *n.* alambique
alert *adj.* alerta; de sobreaviso ◆ *n.* alerta; **to give the alert:** dar o alerta ◆ *v.* alertar; **to alert somebody to something:** alertar alguém para algo
alga *n.* [*pl.* algae] alga
alibi *n.* [*pl.* alibis] álibi
alien *adj. e n.* **1** extraterrestre; **alien beings:** seres extraterrestres **2** estrangeiro
alike *adj.* parecido; semelhante; **to be alike:** ser parecido ◆ *adv.* da mesma maneira; **to dress alike:** vestir-se da mesma forma
alive *adj.* **1** vivo **2** animado
all *pron.* todo(s); toda(s); tudo; **all of you:** todos vós; **all together:** tudo junto; **not at all!:** não tem de quê!; **that is all:** é tudo ◆ *adj.* todo; toda; todos; todas; **all night long:** durante toda a noite ◆ *adv.* totalmente; completamente; **all right:** muito bem
allegorical *adj.* alegórico
allegory *n.* alegoria
allergic *adj.* alérgico; **to be allergic to:** ser alérgico a; ter alergia a
allergy *n.* [*pl.* allergies] alergia
alley *n.* [*pl.* alleys] viela; beco; **blind alley:** beco sem saída
alleyway *n.* → **alley**
alliance *n.* aliança; **an alliance between two countries:** uma aliança entre dois países
alligator *n.* jacaré
all-in *adj. e adv.* com tudo incluído
allow *v.* **1** permitir; aprovar; **to be allowed to:** ter autorização para **2** conceder; **to allow a discount:** conceder um desconto; **to allow an extra 10 minutes:** conceder dez minutos extra
allowance *n.* mesada; **to receive an allowance:** receber uma mesada
allusion *n.* alusão; referência
ally *n.* [*pl.* allies] aliado ◆ *v.* aliar(-se)
almanac *n.* almanaque
almond *n.* **1** (fruto) amêndoa **2** (árvore) amendoeira
almost *adv.* quase; praticamente; **almost certainly:** quase de certeza; **she is almost ready:** ela está quase pronta
alone *adj.* só; sozinho; **I can do it alone:** eu faço isso sozinha; **leave me alone!:** deixa-me em paz!
along *adv.* **1** ao longo de; ao comprido; a todo o comprimento; **along the street:** ao longo da rua **2** juntamente; com; em companhia de; **bring your dog along!:** traz o teu cão contigo!
aloud *adv.* alto; em voz alta; **he is reading aloud:** ele está a ler alto
alphabet *n.* alfabeto; abecedário; **alphabet soup:** sopa de letras
alphabetical *adj.* alfabético; **in alphabetical order:** por ordem alfabética
already *adv.* já; **he is already here:** ele já está aqui
also *adv.* **1** também; igualmente; **she is also a teacher:** ela também é professora **2** além disso; **also he is very**

nice: além disso, ele é muito simpático
altar *n.* altar; **high altar:** altar-mor
alteration *n.* alteração; modificação; mudança
alternate *adj.* alternado; **on alternate days:** dia sim, dia não ♦ *v.* alternar
alternation *n.* alternância
alternative *adj.* alternativo; **alternative forms of energy:** formas de energia alternativa; **alternative medicine:** medicina alternativa ♦ *n.* alternativa; **to have no alternative:** não ter alternativa
although *conj.* embora; ainda que
altogether *adv.* **1** ao todo; no conjunto; **it's nine pounds altogether:** são nove libras ao todo **2** completamente; na totalidade; **that is something different altogether:** isso é completamente diferente
always *adv.* sempre; **I always go to school by bus:** vou sempre de autocarro para a escola; **you are always on my mind:** estou sempre a pensar em ti
a. m. *adv.* da manhã; **it's 4 a. m.:** são quatro da manhã
amalgam *n.* amálgama
amateur *n. e adj.* amador; **amateur player:** jogador amador
amaze *v.* surpreender; espantar
amazing *adj.* **1** espantoso; assombroso; incrível; **that is amazing:** isso é incrível **2** fantástico; estupendo; fabuloso; **an amazing film:** um filme fantástico
ambassador *n.* embaixador
ambassadress *n.* embaixatriz
amber *n.* âmbar
ambidextrous *adj.* ambidextro
ambiguity *n.* [*pl.* ambiguities] ambiguidade
ambiguous *adj.* ambíguo
ambition *n.* ambição; **a man of ambition:** um homem ambicioso
ambitious *adj.* ambicioso; **an ambitious plan:** um projeto ambicioso
ambulance *n.* ambulância; **to call an ambulance:** chamar uma ambulância
ambush *n.* emboscada; **to lay an ambush for someone:** armar uma emboscada a alguém
America *n.* América; **Central America:** América Central; **North America:** América do Norte; **South America:** América do Sul
American *adj. e n.* americano; **American football:** futebol americano
amethyst *n.* ametista
amnesia *n.* amnésia
amnesty *n.* amnistia
among *prep.* entre; no meio de; **among other things:** entre outras coisas; **they are among us:** eles estão entre nós
amount *n.* quantidade; **a large amount of things:** uma grande quantidade de coisas
amphibian *adj. e n.* anfíbio
amphibious *adj.* anfíbio
amphitheatre *n.* anfiteatro
amplifier *n.* amplificador (de som)
amplitude *n.* amplitude
amulet *n.* amuleto
amuse *v.* divertir(-se); entreter(-se)
amusement *n.* divertimento; diversão; distração; **amusement park:** parque de diversões
amusing *adj.* divertido; engraçado
an *art.indef.* um; uma; **an hour later:** há uma hora; **an old lady:** um senhor idoso

> **An** *é a forma do artigo indefinido* **a** *que é usada antes de palavras começadas por vogal ou h mudo: an old man, an hour ago.*

anaemia *n.* anemia
anaemic *adj.* anémico
anaesthesia *n.* anestesia; **local/general anaesthesia:** anestesia local/geral
anaesthetic *adj.* anestésico ◆ *n.* (substância) anestesia; **under anaesthetic:** com anestesia
anagram *n.* anagrama
analogy *n.* [*pl.* analogies] analogia
analyse *v.* analisar
analysis *n.* [*pl.* analyses] análise
analyst *n.* 1 analista 2 psicanalista
anatomical *adj.* anatómico
anatomy *n.* [*pl.* anatomies] anatomia
ancestor *n.* antepassado; ascendente
ancestral *adj.* ancestral
anchor *n.* âncora; **to cast/drop anchor:** lançar a âncora ◆ *v.* ancorar
anchorage *n.* ancoradouro
anchovy *n.* [*pl.* anchovies] anchova
ancient *adj.* 1 antigo 2 antiquado
and *conj.* e; **a hundred and one:** cento e um; **and so on:** etc.; **we have a dog and a cat:** temos um cão e um gato
anemone *n.* anémona
angel *n.* anjo; **guardian angel:** anjo da guarda
angelic *adj.* angelical; angélico
anger *n.* raiva; cólera; fúria; **in a fit of anger:** num acesso de cólera
angle *n.* 1 ângulo; **an angle of 90 degrees:** um ângulo de 90 graus 2 esquina; canto; **the house is at an angle:** a casa fica numa esquina
Angola *n.* Angola
Angolan *adj.* e *n.* angolano
angry *adj.* zangado; **to get angry with somebody:** zangar-se com alguém
anguish *n.* angústia; aflição
animal *n.* animal; **animal rights:** direitos dos animais; **domestic animal:** animal doméstico; **wild animals:** animais selvagens
animation *n.* 1 animação; entusiasmo 2 cinema de animação
ankle *n.* tornozelo
anniversary *n.* [*pl.* anniversaries] aniversário; **wedding anniversary:** aniversário de casamento

> Usa-se a palavra **anniversary** para referir uma comemoração anual de um facto passado, por exemplo, um aniversário de casamento ou o aniversário de uma empresa. Para referir o aniversário de nascimento não se usa **anniversary** mas **birthday**.

announce *v.* anunciar
announcement *n.* anúncio; aviso; **to make an announcement:** anunciar algo
annoy *v.* irritar; aborrecer
annoying *adj.* irritante; incomodativo; **what an annoying person!:** que pessoa mais irritante!
annual *adj.* anual
annually *adv.* anualmente; por ano
anomalous *adj.* anómalo
anomaly *n.* [*pl.* anomalies] anomalia
anonymous *adj.* anónimo; **anonymous letter:** carta anónima
anorak *n.* anoraque
another *adj.* e *pron.* outro; **another thing:** outra coisa; **one thing after another:** uma coisa atrás da outra; **they hate one another:** odeiam-se mutuamente
answer *n.* 1 resposta; **the answer is correct:** a resposta está correta 2 solução; **to find the answer to the problem:** encontrar a solução para o problema ◆ *v.* 1 responder; **answer me:** responde-me; **to answer to the teacher:** responder à professora

2 atender; **to answer the door:** ir ver quem está à porta; **to answer the phone:** atender o telefone
ant *n.* formiga
Antarctic *adj.* antártico ◆ *n.* Antártico
Antarctica *n.* Antártida
anteater *n.* papa-formigas
antecedent *adj. e n.* antecedente
antelope *n.* antílope
antenna *n.* [*pl.* antennae, antennas] 1 (de caracol ou inseto) antena 2 *(Estados Unidos da América)* antena; **dish antenna:** antena parabólica
antepenultimate *adj.* antepenúltimo
anthem *n.* hino; **national anthem:** hino nacional
anthill *n.* formigueiro
anthology *n.* [*pl.* anthologies] antologia
anthropology *n.* antropologia
anthroponym *n.* antropónimo
antibiotic *adj. e n.* antibiótico
antibody *n.* [*pl.* antibodies] anticorpo
anti-dandruff *adj.* anticaspa
antipathy *n.* [*pl.* antipathies] antipatia
antipersonnel *adj.* antipessoal; **antipersonnel mines:** minas antipessoais
antipodes *n.pl.* antípodas
antique *n.* antiguidade; velharia; **antique shop:** loja de antiguidades
anti-terrorist *adj.* antiterrorista
antithesis *n.* [*pl.* antitheses] antítese
anti-virus *n.* antivírus
antler *n.* (veado) chifre
antonym *n.* antónimo
antonymous *adj.* antónimo
anus *n.* ânus
anxiety *n.* [*pl.* anxieties] 1 ansiedade; preocupação; **anxiety attack:** ataque de ansiedade 2 ânsia; **his anxiety to win:** a sua ânsia de ganhar
anxious *adj.* 1 ansioso; preocupado; **to be anxious about something:** estar ansioso em relação a alguma coisa 2 ansioso; desejoso; **to be anxious to do something:** estar ansioso por fazer alguma coisa
anxiously *adv.* 1 ansiosamente 2 impacientemente
any *adj. e pron.* 1 algum; alguma; alguns; algumas; **are there any left?:** sobrou algum? 2 qualquer; qualquer que; seja qual for; **any time:** em qualquer altura 3 nenhum; nenhuma; **I don't like any of your friends:** não gosto de nenhum dos teus amigos
anybody *pron.* 1 alguém; **is anybody there?:** está aí alguém? 2 qualquer; **to be just like anybody else:** ser como qualquer outra pessoa
anyone *pron.* qualquer pessoa; alguém; **anyone but him:** todos menos ele; **he works more than anyone:** trabalha mais do que qualquer um
anything *pron.* alguma coisa; qualquer coisa; **anything is possible:** tudo é possível; **I don't need anything:** não preciso de nada; **is there anything I can do for you?:** posso ajudar-te em alguma coisa?; **to be prepared to do anything:** estar disposto a tudo
anyway *adv.* seja como for; de qualquer modo; **thanks, anyway!:** de qualquer modo, obrigado!
anywhere *adv.* em qualquer parte; em algum lado; **his house is miles away from anywhere:** a casa dele fica longe de tudo; **I can't find them anywhere:** não os encontro em lado nenhum
aorta *n.* (artéria) aorta
apart *adv.* à parte; de parte ◆ *adj.* separado; afastado; **to be apart from the others:** estar afastado dos outros
apartment *n. (Estados Unidos da América)* apartamento
ape *n.* (animal) macaco (grande)
aperitif *n.* (bebida) aperitivo

apologize *v.* desculpar-se; pedir desculpa; **to apologize to somebody for something:** pedir desculpa a alguém por alguma coisa
apology *n.* [*pl.* apologies] desculpa; **to make an apology for:** apresentar as desculpas por
apostrophe *n.* apóstrofo
apparent *adj.* 1 aparente 2 evidente; **it is apparent that...:** é evidente que...
apparently *adv.* aparentemente
appeal *n.* apelo ♦ *v.* apelar; **to appeal to somebody:** fazer um apelo a alguém
appealing *adj.* apelativo; atraente
appear *v.* 1 aparecer; surgir; **to appear on TV:** aparecer na televisão 2 parecer; **his essay appears to be the best:** a composição dele parece ser a melhor; **so it appears:** assim parece
appearance *n.* 1 aparecimento; **to make an appearance on TV:** aparecer na televisão 2 aparência; **appearances can be deceptive:** as aparências iludem
appendicitis *n.* apendicite
appendix *n.* [*pl.* appendixes, appendices] apêndice; **he had his appendix out:** ele foi operado ao apêndice
appetite *n.* apetite; **to whet one's appetite:** abrir o apetite; **to lose one's appetite:** perder o apetite
appetizer *n.* (comida) aperitivo
applaud *v.* aplaudir
applause *n.* aplauso; **a round of applause:** uma salva de palmas
apple *n.* maçã; **apple pie:** tarte de maçã; **apple tree:** macieira
appliance *n.* aparelho; **electrical appliances:** eletrodomésticos
applicant *n.* candidato (a um emprego)
application *n.* 1 candidatura; **application deadline:** prazo de candidatura 2 requerimento; pedido; **application for a passport:** requerimento de passaporte
apply *v.* 1 aplicar; **to apply a law:** aplicar uma lei 2 aplicar-se; **this doesn't apply to you:** isto não se aplica a ti 3 candidatar-se; **to apply for a job:** candidatar-se a um emprego
appointment *n.* 1 nomeação; **appointment as headmaster:** nomeação para diretor da escola 2 compromisso; **to have an appointment:** ter um compromisso 3 consulta; **appointment at the dentist's:** consulta no dentista
appreciate *v.* ficar grato por; ficar reconhecido por; **I appreciate your concern:** agradeço a tua preocupação
appreciation *n.* gratidão; reconhecimento; **to show somebody one's appreciation:** demonstrar a nossa gratidão a alguém
apprehensive *adj.* apreensivo
apprentice *n.* aprendiz
approach *n.* 1 aproximação; **approach of the storm:** aproximação da tempestade 2 abordagem; **a different approach to the problem:** uma abordagem diferente do problema ♦ *v.* 1 aproximar-se; **winter approaches:** aproxima-se o inverno 2 abordar; **to approach a question:** abordar uma questão
approaching *adj.* que se aproxima
appropriate *adj.* 1 apropriado; adequado 2 oportuno
approve *v.* aprovar
approximately *adv.* aproximadamente
apricot *n.* (fruto) damasco; alperce; (árvore) **apricot tree:** damasqueiro
April *n.* abril; **April fool's day:** 1 de abril; dia dos enganos
apron *n.* avental
aptitude *n.* aptidão; talento

aquarium *n.* [*pl.* aquariums, aquaria] aquário
Aquarius *n.* (constelação, signo) Aquário
aqueduct *n.* aqueduto
Arab *n. e adj.* árabe
Arabian *adj.* da Arábia; árabe
Arabic *n.* (língua) árabe ◆ *adj.* árabe; **Arabic numerals:** numeração árabe
arbitrary *adj.* arbitrário
arc *n.* arco
arcade *n.* **1** (arcos) arcada **2** (lojas) galeria; **shopping arcade:** galeria comercial
arch *n.* (edifício) arco; abóbada
archaeological *adj.* arqueológico
archaeologist *n.* arqueólogo
archaeology *n.* arqueologia
archbishop *n.* arcebispo
archipelago *n.* [*pl.* archipelagos, archipelagoes] arquipélago
architect *n.* arquiteto
architecture *n.* arquitetura
archive *n.* arquivo
Arctic *adj.* ártico; **Arctic Circle:** círculo polar ártico ◆ *n.* Ártico
area *n.* **1** região; (telefone) **area code:** indicativo **2** área; (futebol) **penalty area:** grande área
argue *v.* discutir; **they are always arguing:** eles estão sempre a discutir
argument *n.* discussão; **to have an argument with somebody:** discutir com alguém
aria *n.* (peça musical) ária
Aries *n.* (constelação, signo) Carneiro
aristocracy *n.* [*pl.* aristocracies] aristocracia
aristocrat *n.* aristocrata
aristocratic *adj.* aristocrático
arithmetic *n.* aritmética
arm *n.* **1** braço; **arm in arm:** de braço dado; **with open arms:** de braços abertos **2** (casaco) manga **3** (árvore) ramo
armchair *n.* poltrona
armour *n.* armadura
armpit *n.* axila; sovaco
arms *n.pl.* armas
army *n.* [*pl.* armies] exército; **to join the army:** alistar-se no exército
aroma *n.* aroma
aromatic *adj.* aromático; **aromatic herbs:** ervas aromáticas
around *prep. e adv.* **1** à volta de; em torno de **2** aproximadamente; cerca de
arrange *v.* **1** organizar; ordenar; **to arrange the books in alphabetical order:** ordenar os livros alfabeticamente **2** marcar; combinar; **to arrange a meeting:** combinar uma reunião
arrangement *n.* **1** acordo; **to come to an arrangement:** chegar a acordo **2** arranjo; **a flower arrangement:** um arranjo floral **3** preparação; **to make arrangements for:** preparar as coisas para
arrest *n.* prisão; detenção; **to be under arrest:** estar preso ◆ *v.* prender; deter; **to arrest someone for something:** prender alguém por alguma razão
arrival *n.* chegada; **new arrival:** recém-chegado; **on arrival:** à chegada
arrive *v.* chegar; **to arrive at a conclusion:** chegar a uma conclusão; **to arrive in Portugal:** chegar a Portugal
arrogance *n.* arrogância
arrogant *adj.* arrogante
arrow *n.* **1** seta **2** flecha
art *n.* arte; **art exhibition:** exposição; **work of art:** obra de arte
artery *n.* [*pl.* arteries] artéria
artichoke *n.* alcachofra
article *n.* **1** GRAMÁTICA artigo; **the definite article:** o artigo definido; **the indefinite article:** o artigo indefinido **2** (jornal) artigo

a b c d e f g h i j k l m n o p q r s t u v w x y z

artificial *adj.* artificial; **artificial intelligence:** inteligência artificial
artist *n.* artista
artistic *adj.* artístico
as *adv.* igualmente; como; **as... as:** tão... como; **as well:** também ◆ *conj.* 1 como; **as you like it:** como preferir; **such as:** tal como 2 enquanto; **as long as:** enquanto ◆ *prep.* como; **I work as a teacher:** trabalho como professor
ash *n.* [*pl.* ashes] cinza
ashamed *adj.* envergonhado; **to be ashamed of:** ter vergonha de
ashtray *n.* cinzeiro
Asia *n.* Ásia
Asian *adj. e n.* asiático
aside *adv.* de lado; de parte; à parte; **to stand aside:** colocar-se de lado; **to step aside:** afastar-se
ask *v.* 1 perguntar; **to ask someone about his/her health:** querer saber da saúde de alguém; **to ask a question:** fazer uma pergunta 2 pedir; **to ask a favour:** pedir um favor 3 convidar; **to ask somebody out to dinner:** convidar alguém para jantar
ask after *v.* perguntar por
ask out *v.* convidar (alguém) para sair
asleep *adj.* a dormir; adormecido; **to be asleep:** estar a dormir; **to fall asleep:** adormecer
asparagus *n.* espargo
aspect *n.* aspeto
ass *n.* (animal) burro; jumento
assemble *v.* 1 reunir; juntar; **to assemble the staff:** reunir o pessoal 2 montar; **to assemble a car:** montar um carro
assembly *n.* [*pl.* assemblies] 1 assembleia 2 reunião
assess *v.* avaliar
assessment *n.* avaliação; **continuous assessment:** avaliação contínua
assign *v.* atribuir; **to assign a job to someone:** atribuir uma tarefa a alguém
assignment *n.* tarefa; trabalho (na escola)
assist *v.* prestar assistência a; ajudar; **to assist somebody in doing something:** ajudar alguém a fazer alguma coisa

> Repara que **assist** não significa o mesmo que **assistir** em português. **Assist**, em inglês, quer dizer *ajudar, prestar assistência*.

assistance *n.* assistência; **technical assistance:** assistência técnica
assistant *n.* 1 assistente; **shop assistant:** empregado de balcão 2 ajudante; **an assistant cook:** um ajudante de cozinha
associate *n.* sócio; **a business associate:** um sócio ◆ *v.* relacionar-se; **to associate with somebody:** conviver com alguém
association *n.* associação; **in association with:** com a colaboração de
assurance *n.* 1 garantia 2 seguro
assure *v.* assegurar; garantir
asteroid *n.* asteroide
asthma *n.* asma
asthmatic *adj. e n.* asmático
astonish *v.* surpreender; espantar
astonished *adj.* admirado; espantado
astonishment *n.* surpresa; espanto
astrolabe *n.* astrolábio
astrologer *n.* astrólogo
astrology *n.* astrologia
astronaut *n.* astronauta
astronomer *n.* astrónomo
astronomical *adj.* astronómico
astronomy *n.* astronomia
asylum *n.* asilo; **political asylum:** asilo político

at *prep.* 1 em; a; **at hand:** à mão; **at home:** em casa; **at night:** à noite; **at sea:** no mar; **at the moment:** neste momento 2 de; contra; **to shoot at someone:** disparar contra alguém 3 para; por; **at last:** por fim; **at least:** pelo menos; **at most:** quando muito
athlete *n.* atleta
athletic *adj.* atlético
athletics *n.* atletismo
Atlantic *adj. e n.* atlântico; **Atlantic Ocean:** oceano Atlântico
atlas *n.* [*pl.* atlases] atlas; **world atlas:** atlas do mundo
atmosphere *n.* 1 atmosfera 2 ambiente
atmospheric *adj.* atmosférico
atom *n.* átomo; **atom bomb:** bomba atómica
attach *v.* 1 anexar; **a document attached to an email:** um documento anexo a um e-mail 2 prender; **to attach something to:** prender algo a
attachment *n.* 1 (email) anexo 2 acessório 3 afeto
attack *n.* 1 ataque; **heart attack:** ataque cardíaco 2 atentado; **an attack on the president's life:** um atentado à vida do Presidente ◆ *v.* atacar
attacker *n.* atacante; agressor
attempt *n.* 1 tentativa; **an attempt at cooking:** uma tentativa para cozinhar 2 atentado; **an attempt on her life:** um atentado contra a sua vida
attend *v.* 1 assistir a; **to attend a meeting:** assistir a uma reunião 2 frequentar; **to attend school:** frequentar a escola 3 tratar de; **to attend patients:** cuidar de doentes
attendance *n.* assistência; frequência; **attendance at school:** a frequência das aulas
attention *n.* atenção; **to pay attention to:** prestar atenção a
attentive *adj.* 1 atento; **an attentive class:** uma turma atenta 2 atencioso; **he is very attentive to the customers:** ele é muito atencioso com os clientes
attentively *adv.* 1 atentamente 2 atenciosamente
attic *n.* sótão
attitude *n.* atitude
attract *v.* atrair
attraction *n.* atração; **tourist attraction:** atração turística
attractive *adj.* atrativo; atraente; **a very attractive person:** uma pessoa muito atraente; **an attractive offer:** uma proposta tentadora
attribute *n.* atributo; qualidade ◆ *v.* atribuir; **he attributes his success to hard work:** ele atribui o seu sucesso ao trabalho árduo
aubergine *n.* beringela
auction *n.* leilão ◆ *v.* leiloar
audience *n.* 1 público; **target audience:** público-alvo 2 audiência; **an audience with the Pope:** uma audiência com o Papa
audio *adj. e n.* áudio
auditory *adj.* auditivo; **auditory nerve:** nervo auditivo
August *n.* agosto
aunt *n.* tia
auntie *n.* *(informal)* titi
aunty *n.* [*pl.* aunties] → **auntie**
Australia *n.* Austrália
Australian *adj. e n.* australiano
Austria *n.* Áustria
Austrian *adj. e n.* austríaco
authentic *adj.* autêntico
author *n.* 1 escritor 2 autor; criador
authoress *n.* 1 escritora 2 autora; criadora
authoritarian *adj.* autoritário
authority *n.* [*pl.* authorities] autoridade; **to have the authority to do something:** ter autoridade para fazer algo
authorization *n.* autorização

a b c d e f g h i j k l m n o p q r s t u v w x y z

authorize *v.* autorizar
autobiography *n.* autobiografia
autograph *n.* autógrafo; **to ask for an autograph:** pedir um autógrafo; **to give an autograph:** dar um autógrafo ◆ *v.* autografar
automatic *adj.* automático; **automatic pilot:** piloto automático
automobile *n.* automóvel
autonomous *adj.* autónomo
autonomy *n.* autonomia
autumn *n.* outono
auxiliary *adj. e n.* [*pl.* auxiliaries] auxiliar
available *adj.* disponível
avenge *v.* vingar
avenue *n.* avenida
average *n.* média; **above/below average:** acima/abaixo da média ◆ *adj.* médio; **average height:** estatura média; **average weight:** peso médio
avian *adj.* relativo a aves; **avian flu:** gripe das aves
aviation *n.* aviação (civil)
avocado *n.* [*pl.* avocados] abacate
avoid *v.* **1** evitar; **to avoid doing something:** evitar fazer alguma coisa **2** esquivar-se a; fugir a; **to avoid responsibility:** fugir à responsabilidade
await *v.* aguardar; esperar; **she awaits us:** ela espera-nos
awake *adj.* acordado; **to stay awake:** ficar acordado ◆ *v.* acordar; despertar; **I awake early:** eu acordo cedo
award *n.* prémio; galardão ◆ *v.* premiar; galardoar
aware *adj.* **1** consciente; **to become aware of:** tomar consciência de **2** informado; **they are aware of the problem:** eles estão informados do problema
awareness *n.* consciência; conhecimento
away *adv.* longe; ao longe; **far away:** longe; **right away:** imediatamente
awful *adj.* horrível; tremendo; **an awful weather:** um tempo horrível; **he looks awful:** ele tem um aspeto medonho; **how awful!:** que horror!
awfully *adv.* terrivelmente; muito; **it's awfully cold:** está muito frio
awkward *adj.* **1** desajeitado; **to be awkward with one's hands:** ser desajeitado com as mãos **2** embaraçoso; **an awkward question:** uma pergunta embaraçosa
axe *n.* machado
Azorean *adj. e n.* açoriano
Azores *n.pl.* Açores

B

b *n.* (letra) b
B *n.* [*pl.* B's, Bs] **1** (escola) nota positiva; bom **2** (nota musical) si
baa *v.* balir ◆ *n.* balido
baby *n.* [*pl.* babies] **1** bebé; criança de colo **2** *(informal)* querido; amor
babysit *v.* tomar conta de crianças
babysitter *n.* ama; babysitter
bachelor *n.* **1** solteiro **2** (universidade) licenciado; **bachelor's degree:** licenciatura
back *n.* **1** costas; **the back of a chair:** as costas de uma cadeira; **to talk behind someone's back:** falar nas costas de alguém **2** (edifício) traseiras; fundos; **at the back of the house:** nas traseiras da casa; **to get away through the back:** fugir pelas traseiras **3** (livro) contracapa; **back cover:** contracapa ◆ *adj.* traseiro; de trás ◆ *adv.* para trás; atrás
backache *n.* dor nas costas
backbone *n.* coluna vertebral
backgammon *n.* (jogo de tabuleiro) gamão
background *n.* **1** (de fotografia ou quadro) fundo; último plano **2** (de pessoa) proveniência; antecedentes
backpack *n.* *(Estados Unidos da América)* mochila
backside *n.* *(informal)* traseiro
backstreet *n.* rua secundária
backstroke *n.* (natação) costas
backward *adj.* atrás; **a backward step:** um passo atrás
backwards *adv.* **1** para trás; **backwards and forwards:** para trás e para a frente; **I know it backwards:** eu sei isso de cor e salteado **2** ao contrário; **can you say the alphabet backwards?:** sabes dizer o alfabeto ao contrário?
backyard *n.* **1** pátio **2** *(Estados Unidos da América)* quintal das traseiras
bacon *n.* toucinho; bacon
bad *adj.* **1** mau; **from bad to worse:** de mal a pior; **not bad!:** nada mau!; **the weather is bad:** está mau tempo **2** forte; **he has a bad headache:** ele tem uma forte dor de cabeça

> O comparativo de **bad** é **worse** e o superlativo é **worst**.

badge *n.* emblema; insígnia
badger *n.* texugo
badly *adv.* **1** mal; **to think badly of:** pensar mal de **2** gravemente; **badly wounded:** gravemente ferido **3** muito; **to go badly wrong:** correr muito mal
badminton *n.* badminton
bad-tempered *adj.* mal-humorado
bag *n.* **1** saca; saco; **plastic bag:** saco de plástico; **shopping bag:** saca(o) de compras; **sleeping bag:** saco-cama **2** mala
bagel *n.* (pão) rosca
baggage *n.* *(Estados Unidos da América)* bagagem
baggy *adj.* (roupa) largo
bagpiper *n.* tocador de gaita de foles
bagpipes *n.pl.* gaita de foles
bags *n.pl.* (de cansaço, sono) olheiras; **to have bags under one's eyes:** estar com/ter olheiras

bait *n.* isco; **to take/swallow the bait:** morder o isco
bake *v.* 1 cozer 2 assar
baker *n.* padeiro; **baker's:** padaria; pastelaria
bakery *n.* [*pl.* bakeries] padaria
baking *n.* cozedura (no forno) ❖ **baking powder:** fermento em pó
balance *n.* 1 equilíbrio; **to keep one's balance:** manter o equilíbrio; **to lose one's balance:** perder o equilíbrio 2 balança; **kitchen balance:** balança de cozinha ◆ *v.* 1 equilibrar 2 contrabalançar
Balance *n.* (constelação, signo) Balança
balcony *n.* [*pl.* balconies] 1 (edifício) varanda 2 (sala de espetáculos) segundo balcão
bald *adj.* careca; calvo; **bald tyres:** pneus carecas; **to go bald:** ficar careca
ball *n.* 1 bola; **to play ball:** jogar à bola 2 novelo; **a ball of wool:** um novelo de lã 3 (olho) globo ocular 4 baile; **masked ball:** baile de máscaras
ballad *n.* balada
ballerina *n.* bailarina
ballet *n.* ballet
balloon *n.* balão; **hot-air balloon:** aeróstato; **to blow up a balloon:** encher um balão
ballpoint *n.* esferográfica
baloney *n.* *(informal)* (disparate) treta; **don't talk baloney:** não digas disparates/tretas
bamboo *n.* [*pl.* bamboos] (planta) bambu
ban *n.* proibição; interdição ◆ *v.* proibir; **to ban somebody from doing something:** proibir alguém de fazer alguma coisa
banana *n.* banana; **banana skin:** casca de banana; **banana tree:** bananeira
band *n.* 1 banda; **rock band:** banda de rock 2 bando; grupo; **a band of teenagers:** um grupo de adolescentes 3 tira; faixa
bandage *n.* ligadura
bandstand *n.* coreto
bang *n.* 1 pancada 2 estrondo; **with a bang:** com estrondo ◆ *v.* 1 bater (em); **to bang the door:** bater a porta violentamente 2 chocar; **to bang into the wall:** ir contra a parede
banister *n.* corrimão
bank *n.* 1 banco; **bank account:** conta bancária 2 margem; **river bank:** margem do rio ❖ *(Grã-Bretanha)* **bank holiday:** feriado oficial
banker *n.* banqueiro
banknote *n.* nota de banco
banner *n.* estandarte
banter *n.* galhofa
baptize *v.* batizar
bar *n.* 1 bar; **hotel bar:** bar do hotel 2 barra; **bar code:** código de barras; **chocolate bar:** tablete de chocolate; (ginástica) **horizontal bar:** barra fixa; (computador) **scroll bar:** barra de deslocamento
barbecue *n.* (refeição) churrasco; **to have a barbecue:** fazer/organizar um churrasco
barbed *adj.* farpado; **barbed wire:** arame farpado
barber *n.* barbeiro; cabeleireiro
bare *adj.* despido; nu; **the bare truth:** a verdade nua e crua
barefoot *adj. e adv.* descalço; **to walk barefoot:** andar descalço
bargain *n.* pechincha; **this car is a bargain:** este carro é uma pechincha ◆ *v.* negociar; regatear
bark *n.* 1 (cão) latido 2 (árvore) casca; cortiça ◆ *v.* ladrar
barley *n.* cevada

barman *n.* [*pl.* barmen] empregado de bar
barn *n.* celeiro
baron *n.* barão
barrel *n.* barril; pipo
barrier *n.* barreira; obstáculo
base *n.* base ◆ *v.* basear
baseball *n.* basebol
basement *n.* cave
basic *adj.* básico; fundamental; **basic idea:** ideia básica; **basic needs:** necessidades básicas
basin *n.* **1** lavatório; **he washes his hands in the basin:** ele lava as mãos no lavatório **2** bacia; **a basin of water:** uma bacia de água
basis *n.* [*pl.* bases] base
basket *n.* cesto; cesta; **wastepaper basket:** cesto de papéis; **shopping basket:** cesto de compras; (basquetebol) **to score a basket:** meter um cesto
basketball *n.* basquetebol; **basketball player:** basquetebolista
bas-relief *n.* baixo-relevo
bat *n.* **1** morcego **2** taco (de basebol ou críquete)
batch *n.* fornada
bath *n.* **1** banho; **to have/take a bath:** tomar banho **2** banheira
bathe *v.* **1** tomar banho; banhar-se; nadar; **she is bathing in the sea:** ela está a tomar banho no mar **2** lavar; desinfetar; **to bathe a wound:** desinfetar uma ferida
bathing *n.* banho; **bathing hut:** barraca de praia; *(Estados Unidos da América)* **bathing suit:** fato de banho
bathmat *n.* **1** tapete para banheira **2** tapete de casa de banho
bathroom *n.* casa de banho; quarto de banho
bathtub *n.* banheira
battery *n.* [*pl.* batteries] **1** pilha (elétrica) **2** (de automóvel, telemóvel) bateria; **to charge the battery:** carregar a bateria
battle *n.* batalha
battlements *n.pl.* ameias
battleships *n.* (jogo) batalha naval
bay *n.* **1** baía; enseada **2** (planta) louro; loureiro
B & B (hotel, pensão) [*abrev. de* bed and breakfast] alojamento e pequeno-almoço
be *v.* **1** ser; existir; **I am Portuguese:** eu sou português; **you are very pretty:** és muito bonita **2** estar; **they are at home:** eles estão em casa; **you are wrong:** estás enganado **3** ficar; situar-se; **their house is near the beach:** a casa deles fica perto da praia **4** ter; **be careful!:** tem cuidado!; **he is right:** ele tem razão
beach *n.* [*pl.* beaches] praia; **beach ball:** bola de praia; **to go to the beach:** ir à praia
beak *n.* bico (de ave)
beam *n.* **1** trave; viga **2** feixe; raio (de luz)
bean *n.* **1** feijão; **green bean:** feijão-verde **2** grão; **coffee bean:** grão de café
bear *n.* urso; **polar bear:** urso polar ◆ *v.* **1** suportar; **he can't bear the heat:** ele não suporta o calor **2** assumir; **to bear the responsibility:** assumir a responsabilidade
beard *n.* barba
beast *n.* besta; animal; bicho; **the king of the beasts:** o rei dos animais; **wild beast:** fera
beat *n.* **1** pulsação; batimento (do coração); **the beat of your heart:** o bater do teu coração **2** ritmo; **the beat of the music:** o ritmo da música ◆ *v.*

1 vencer; derrotar; **she always beats me at chess:** ela ganha-me sempre no xadrez; **to beat a record:** bater um recorde 2 bater; pulsar; **his heart is beating:** o coração dele está a bater
beating *n.* tareia; coça
beautician *n.* esteticista
beautiful *adj.* 1 belo; bonito 2 fantástico; magnífico
beauty *n.* [*pl.* beauties] beleza; **beauty contest:** concurso de beleza; **beauty products:** produtos de beleza
beaver *n.* castor
because *conj.* 1 porque; uma vez que; **I like her because she is nice:** eu gosto dela porque é simpática 2 por causa; devido; **he eats lots of vegetables because of his health:** ele come muitos legumes por causa da sua saúde
become *v.* tornar-se; fazer-se; **to become famous:** ficar famoso
bed *n.* 1 cama; leito; **bed and breakfast:** meia-pensão (num hotel); **to go to bed:** ir para a cama; deitar-se; **to make the bed:** fazer a cama 2 leito; **the bed of a river:** o leito de um rio
bedbug *n.* percevejo
bedding *n.* roupa de cama
bedroom *n.* quarto; **double bedroom:** quarto de casal; **single bedroom:** quarto de solteiro
bedside *n.* cabeceira; **bedside book:** livro de cabeceira; **bedside table:** mesa de cabeceira
bedspread *n.* colcha (de cama); coberta
bedtime *n.* hora de deitar; **bedtime story:** história para adormecer
bee *n.* abelha
beef *n.* [*pl.* beefs] carne de bovino; **beef stew:** carne estufada
Beefeater *n.* guarda da Torre de Londres
beehive *n.* colmeia; cortiço
beekeeper *n.* apicultor
beekeeping *n.* apicultura
beep *n.* (som) bip
beer *n.* cerveja
beetle *n.* escaravelho; besouro
beetroot *n.* beterraba
before *prep.* 1 antes de; anterior a; **before Christ:** antes de Cristo; **the day before yesterday:** anteontem 2 perante; diante de; em face de; **before God:** perante Deus ♦ *adv.* 1 antes; anteriormente; **I have seen this before:** eu já vi isto antes 2 em frente; adiante ♦ *conj.* antes de; **turn off the TV before you leave:** desliga a televisão antes de saíres
beforehand *adv.* antecipadamente
beg *v.* 1 pedir; implorar; **I beg your pardon:** peço perdão; **I beg you to come with me:** peço-te que venhas comigo 2 mendigar; pedir (esmola)
beggar *n.* mendigo; pedinte
begin *v.* começar; principiar; **let the game begin!:** que comece o jogo!; **to begin to study:** começar a estudar
beginner *n.* principiante; **beginner's luck:** sorte de principiante
beginning *n.* início; princípio; **in the beginning:** no início
behalf *n.* **on behalf of:** em nome de; **on my behalf:** no meu interesse
behave *v.* comportar-se; portar-se; **behave yourselves!:** comportem-se!; **they behave badly:** eles portam-se mal
behaviour *n.* comportamento; **bad behaviour:** mau comportamento; **good behaviour:** bom comportamento
behind *prep.* atrás de; detrás de; **to put someone behind bars:** pôr al-

guém atrás das grades ◆ *adv.* atrás; detrás; **far behind:** bem atrás
beige *adj. e n.* (cor) bege
being *n.* ser; **human being:** ser humano
belch *n.* [*pl.* belches] arroto ◆ *v.* arrotar
Belgian *adj. e n.* belga
Belgium *n.* Bélgica
belief *n.* [*pl.* beliefs] 1 fé; crença; **belief in God:** fé em Deus 2 confiança; **belief in democracy:** confiança na democracia
believe *v.* 1 acreditar em; confiar em; **believe it or not:** acredites ou não; **believe me:** podes crer 2 acreditar; ter fé; **to believe in God:** acreditar em Deus 3 pensar; julgar; **I believe he is wrong:** penso que ele está enganado
believer *n.* 1 (Deus, religião) crente 2 (causa, ideia) apoiante
bell *n.* 1 campainha; **to ring the bell:** tocar à campainha 2 sino
belly *n.* [*pl.* bellies] *(informal)* barriga
bellyache *n.* [*pl.* bellyaches] *(informal)* dor de barriga
belong *v.* pertencer; **the book belongs to my sister:** o livro pertence à minha irmã
belongings *n.pl.* pertences; bens; **personal belongings:** objetos pessoais
beloved *adj.* querido; amado
below *prep.* 1 abaixo de; **below average:** abaixo da média 2 por baixo de; **below the table:** por baixo da mesa ◆ *adv.* 1 em baixo; por baixo; **put it below:** põe por baixo 2 abaixo; **one floor below:** um andar abaixo
belt *n.* cinto; cinturão; **safety belt:** cinto de segurança; **to tighten one's belt:** apertar o cinto
bench *n.* [*pl.* benches] banco; assento; **park bench:** banco de jardim
bend *v.* 1 dobrar; **to bend the knees:** dobrar os joelhos 2 curvar-se; inclinar-se; **to bend over the water:** inclinar-se sobre a água ◆ *n.* curva
beneath *prep.* debaixo de; sob; abaixo de; por baixo de; **beneath a tree:** debaixo de uma árvore; **she is wearing a shirt beneath her coat:** ela traz uma blusa debaixo do casaco
benefit *n.* benefício; vantagem; proveito; **I do it for your benefit:** faço-o por ti
bent *adj.* inclinado; curvado
beret *n.* boina
berry *n.* [*pl.* berries] baga; bago
beside *prep.* ao lado de; junto de; **to remain beside someone:** ficar ao lado de alguém
besides *adv.* além disso; de qualquer forma; de qualquer maneira; **I'm too tired to go out; besides, I don't have any money:** estou muito cansado para sair; além disso, não tenho dinheiro ◆ *prep.* 1 para além de; **there are other people besides me:** há outras pessoas para além de mim 2 exceto; a não ser; **no one is coming besides him:** ninguém vem exceto ele
besotted *adj.* *(informal)* apaixonado
best *adj.* o melhor; **my best friend:** o meu melhor amigo ◆ *adv.* melhor; **it's best to warn his parents:** é melhor avisar os pais dele ◆ *n.* o melhor; **I wish you all the best:** desejo-te tudo de bom
bestseller *n.* best-seller
bet *n.* aposta; **to make a bet:** fazer uma aposta ◆ *v.* apostar; **I bet you £5 that he can't do it:** aposto contigo 5 libras em como ele não consegue
betray *v.* trair; atraiçoar
better *adj.* melhor; **it's better than I expected:** é melhor do que eu espe-

rava ◆ *adv.* melhor; **I'm feeling much better:** sinto-me muito melhor
between *prep.* entre; no meio de; **between you and me:** cá entre nós; **he is between the two:** ele está entre os dois *adv.* no meio; entre; **the houses have trees in between:** há árvores entre as casas
beware *v.* ter cuidado; **beware of the dog:** cuidado com o cão
beyond *prep.* além; para além de; **beyond our wildest dreams:** muito para além do que poderíamos esperar ◆ *adv.* do outro lado; para além de
bib *n.* babete; bibe
Bible *n.* Bíblia
bicycle *n.* bicicleta; **to ride a bicycle:** andar de bicicleta
big *adj.* **1** grande; volumoso; **a big car:** um carro grande **2** grande; crescido; mais velho; **my big brother:** o meu irmão mais velho
bike *n.* *(informal)* bicicleta; **mountain bike:** bicicleta de montanha; **racing bike:** bicicleta de corrida
bikini *n.* biquíni
bill *n.* **1** conta; fatura; **could we have the bill, please?:** trazia-nos a conta, por favor? **2** *(Estados Unidos da América)* nota; **a five-dollar bill:** uma nota de cinco dólares
billiards *n.* bilhar; **billiard cue:** taco de bilhar; **billiard table:** mesa de bilhar; **to play billiards:** jogar bilhar
billion *n.* mil milhões; milhar de milhão
bin *n.* caixote do lixo
bind *v.* **1** amarrar; ligar; **she bound her hair:** ela amarrou o cabelo **2** (pessoas) ligar; unir
bingo *n.* (jogo) bingo ◆ *interj.* bingo!
binoculars *n.pl.* binóculos
biodegradable *adj.* biodegradável
biodiversity *n.* biodiversidade
biofuel *n.* biocombustível
biographical *adj.* biográfico
biography *n.* [*pl.* biographies] biografia
biological *adj.* biológico
biologist *n.* biólogo
biology *n.* biologia
bird *n.* ave; pássaro; **bird of prey:** ave de rapina
birdie *n.* *(informal)* passarinho
birdseed *n.* alpista
birth *n.* nascimento; **date of birth:** data de nascimento; **to give birth to:** dar à luz
birthday *n.* aniversário; dia de aniversário; dia de anos; **birthday cake:** bolo de aniversário; **birthday card:** postal de aniversário; **happy birthday:** parabéns; feliz aniversário; **he's celebrating his 10th birthday:** ele está a festejar o 10.° aniversário
birthplace *n.* terra natal; local de nascimento
biscuit *n.* biscoito; bolacha
bishop *n.* bispo
bison *n.* bisonte
bistro *n.* [*pl.* bistros] restaurante pequeno
bit *n.* **1** bocado; pedaço; **a little bit:** um bocadinho; **bit by bit:** a pouco e pouco **2** *(informal)* momento; instante; **wait a bit please:** espere um momento, por favor
bite *n.* **1** mordidela; **a dog bite:** uma mordidela de cão **2** *(informal)* trinca; **to have a bite at:** dar uma trinca em **3** picada; **a mosquito bite:** uma picada de mosquito ◆ *v.* **1** morder; picar **2** roer; **to bite one's fingernails:** roer as unhas
bitter *adj.* (sabor) amargo; azedo
bitterness *n.* amargura
black *adj.* preto; negro ◆ *n.* negro; preto

blackberry *n.* [*pl.* blackberries] amora silvestre

blackbird *n.* melro

blackboard *n.* quadro (da escola)

blackmail *n.* chantagem ◆ *v.* fazer chantagem com; **to blackmail someone:** fazer chantagem com alguém

blackout *n.* **1** desmaio **2** apagão

blacksmith *n.* ferreiro

blackspot *n.* **1** (estrada) ponto negro **2** (situação) área problemática

blade *n.* lâmina

blame *n.* culpa; **to bear the blame:** assumir a culpa; **to put the blame on someone:** deitar as culpas a alguém ◆ *v.* culpar; **he was blamed for the accident:** ele foi responsabilizado pelo acidente

blank *adj.* em branco; **blank sheet of paper:** folha em branco ◆ *n.* espaço em branco; **to fill in the blanks:** preencher os espaços em branco

blanket *n.* cobertor

bleed *v.* sangrar; deitar sangue; **to bleed from the nose:** deitar sangue pelo nariz

blend *v.* misturar; combinar ◆ *n.* mistura; combinação

bless *v.* abençoar; (depois de um espirro) **bless you!:** santinho!; **God bless you:** Deus te abençoe

blessed *adj.* abençoado

blessing *n.* **1** bênção **2** aprovação

blind *adj.* cego; (jogo) **blind man's buff:** cabra-cega; **to go blind:** ficar cego; cegar ◆ *n.* estore; persiana; **to pull up/down the blinds:** subir/baixar as persianas

blindfold *n.* venda para os olhos ◆ *v.* vendar os olhos de

blindness *n.* cegueira

blink *v.* piscar os olhos; pestanejar ◆ *n.* piscar de olhos; **in the blink of an eye:** num piscar de olhos; num instante

blister *n.* bolha

block *n.* **1** bloco; **block of flats:** bloco de apartamentos **2** (rua) quarteirão; **it's four blocks from here:** fica a quatro quarteirões daqui; **two blocks away:** a dois quarteirões de distância ◆ *v.* bloquear; obstruir; tapar

blog *n.* (Internet) blogue; blog

blogger *n.* (Internet) bloguista

blond *adj. e n.* louro

blonde *adj. e n.* loura

blood *n.* sangue; **blood donor:** dador de sangue; **blood group:** grupo sanguíneo; **blood pressure:** tensão arterial

bloom *n.* flor; **roses in full bloom:** rosas em flor ◆ *v.* florescer

blossom *n.* flor; **orange blossom:** flor de laranjeira ◆ *v.* (flor) desabrochar; florescer

blot *n.* borrão de tinta

blouse *n.* blusa

blow *n.* golpe ◆ *v.* **1** soprar; **to blow a candle:** apagar uma vela (soprando) **2** assoar; **to blow one's nose:** assoar o nariz **3** fazer voar; **the wind blows the leaves:** o vento faz as folhas voar

blue *adj. e n.* azul; **blue sky:** céu azul; **dark blue:** azul escuro; **light blue:** azul claro

blush *v.* corar; **to blush with embarrassment:** corar de vergonha

boar *n.* javali

board *n.* **1** prancha; tábua **2** quadro (da escola); **go to the board:** vai ao quadro **3** tabuleiro; **chess board:** tabuleiro de xadrez **4** bordo; **welcome on board:** bem-vindos a bordo **5** comida; pensão; (hotel) **full board:** pensão completa; (hotel) **half board:** meia pensão ◆ *v.* embarcar

boarding *n.* embarque (de passageiros); (aeroporto) **boarding gate:** porta de embarque
boarding house *n.* casa de hóspedes
boarding school *n.* colégio interno
boast *v.* gabar-se; **he is always boasting about his victories:** está sempre a gabar-se das suas vitórias
boastful *adj.* gabarola
boat *n.* barco; **fishing boat:** barco de pesca; **sailing boat:** barco à vela; **rowing boat:** barco a remos; **to travel by boat:** viajar de barco
body *n.* [*pl.* bodies] **1** corpo **2** cadáver
bodyboard *n.* bodyboard
bodyguard *n.* guarda-costas
bogeyman *n.* (figura imaginária) bicho-papão
bogyman *n.* → **bogeyman**
boil *v.* (líquido) ferver ♦ *v.* cozer; **to boil an egg:** cozer um ovo
boiling *adj.* a ferver; **boiling water:** água a ferver
bold *adj.* corajoso; valente; ousado
bolster *n.* travesseiro
bomb *n.* bomba; **bomb scare:** ameaça de bomba ♦ *v.* bombardear
bonbon *n.* bombom; caramelo
bond *n.* **1** laço; ligação; **bonds of friendship:** laços de amizade **2** compromisso; pacto
bone *n.* **1** osso **2** espinha (de peixes)
bonfire *n.* fogueira
bonus *n.* [*pl.* bonuses] bónus; prémio
book *n.* livro; volume ♦ *v.* reservar; marcar; **to book a table at a restaurant:** reservar uma mesa num restaurante
bookcase *n.* estante
booking *n.* marcação; reserva; **booking office:** bilheteira
booklet *n.* folheto
bookseller *n.* livreiro
bookshelf *n.* [*pl.* bookshelves] estante
bookshop *n.* livraria
bookstore *n.* *(Estados Unidos da América)* livraria
boot *n.* bota; **high boots:** botas de cano alto; **riding boots:** botas de montar
bootee *n.* (bebé) carapim
border *n.* **1** fronteira; **the border between Portugal and Spain:** a fronteira entre Portugal e Espanha **2** margem
bored *adj.* aborrecido; **to get bored:** aborrecer-se
boredom *n.* aborrecimento
boring *adj.* aborrecido; maçador
borrow *v.* pedir emprestado; **can I borrow a pen?:** emprestas-me uma caneta?
boss *n.* [*pl.* bosses] *(informal)* patrão; chefe; **show them who's the boss!:** mostra-lhes quem manda!
bossy *adj.* mandão
botany *n.* botânica
both *pron.* ambos; os dois; **both he and his brother are teachers:** tanto ele como o irmão são professores; **he is angry with both of them:** ele está irritado com ambos
bother *n.* maçada; incómodo; **it's no bother:** não é incómodo nenhum ♦ *v.* **1** incomodar; **I'm sorry to bother you:** desculpa incomodar-te **2** preocupar; **what's bothering you?:** o que é que te está a preocupar? ♦ *interj.* chatice!; **bother! I missed my train!:** que chatice! perdi o comboio!
bottle *n.* **1** garrafa; **bottle opener:** abre-garrafas; tira-cápsulas **2** frasco **3** biberão (de bebé)
bottleneck *n.* (trânsito) engarrafamento
bottom *n.* **1** fundo; **at the bottom of the page:** no fundo da página; **from**

the bottom of the heart: do fundo do coração **2** parte de baixo da roupa **3** traseiro; rabo

bough *n.* ramo de árvore

boundary *n.* [*pl.* boundaries] **1** fronteira; **the boundary between the two countries:** a fronteira entre os dois países **2** limite; **the boundaries of human knowledge:** os limites do conhecimento humano

bouquet *n.* ramo de flores

bow *n.* **1** vénia; **to take a bow:** fazer uma vénia **2** arco; **bow and arrow:** arco e flecha ◆ *v.* **1** inclinar; **to bow one's head:** inclinar a cabeça **2** inclinar-se; curvar-se **3** fazer uma vénia

bowl *n.* taça; tigela

bowling *n.* bowling; **bowling alley:** pista de bowling

box *n.* [*pl.* boxes] **1** caixa; **a box of chocolates:** uma caixa de chocolates **2** caixote; **a cardboard box:** um caixote de cartão **3** cabina; **phone box:** cabina telefónica

boxer *n.* pugilista; boxeur

boxing *n.* boxe; **boxing gloves:** luvas de boxe; **boxing match:** combate de boxe; **Boxing Day:** dia seguinte ao Natal (26 de dezembro)

O dia 26 de dezembro é chamado **Boxing Day** porque, antigamente, era tradição dar presentes de Natal em caixas ("boxes") aos pobres e, mais tarde, aos trabalhadores em geral.

boy *n.* rapaz; menino; **boy scout:** escuteiro

boyfriend *n.* namorado

bra *n.* soutien

brace *n.* **1** ligadura; cinta **2** (sinal gráfico) chaveta

bracelet *n.* **1** (joia) pulseira **2** (de relógio) bracelete

braces *n.pl.* **1** aparelho (para os dentes) **2** suspensórios

bracket *n.* parêntesis; **in brackets:** entre parêntesis

braid *n.* trança

brain *n.* cérebro; **brain death:** morte cerebral

brainteaser *n.* quebra-cabeças

brainy *adj.* *(informal)* muito inteligente

brake *n.* travão ◆ *v.* travar

branch *n.* [*pl.* branches] (de árvore) ramo

brand *n.* marca; **brand image:** imagem de marca

brand-new *adj.* novo em folha

brave *adj.* corajoso

bravery *n.* [*pl.* braveries] coragem; bravura; **an act of bravery:** um ato de bravura

bray *n.* zurro ◆ *v.* zurrar

Brazil *n.* Brasil

Brazilian *adj. e n.* brasileiro

bread *n.* pão; **bread and butter:** pão com manteiga; **new bread:** pão fresco ◆ *v.* panar; **to bread the fillets:** panar os filetes

breadth *n.* largura

break *n.* **1** pausa; intervalo; interrupção; **take a break:** fazer uma pausa **2** fratura ◆ *v.* **1** partir(-se); **to break a leg:** partir uma perna **2** quebrar; **to break a promise:** quebrar uma promessa **3** bater; **to break a record:** bater um recorde

breakdown *n.* **1** (máquina, carro) avaria **2** colapso; **nervous breakdown:** esgotamento nervoso

breakfast *n.* pequeno-almoço; **continental breakfast:** pequeno-almoço continental; **English breakfast:** pequeno-almoço à inglesa; **to have breakfast:** tomar o pequeno-almoço

breakup *n.* separação; rutura
breast *n.* **1** mama; seio; **breast cancer:** cancro da mama **2** peito; **chicken breast:** peito de frango
breastfeed *v.* amamentar
breastfeeding *n.* amamentação; aleitamento materno
breaststroke *n.* (natação) bruços; **to swim breaststroke:** nadar bruços
breath *n.* **1** respiração; **to hold one's breath:** suster a respiração; **to take a deep breath:** respirar fundo **2** fôlego; **to be out of breath:** estar sem fôlego; **to catch one's breath:** recuperar o fôlego
breathe *v.* respirar
breed *n.* raça; espécie ◆ *v.* **1** fazer criação de animais **2** produzir; gerar
breeding *n.* criação de animais
breeze *n.* brisa; aragem
bribe *v.* subornar ◆ *n.* suborno
bribery *n.* [*pl.* briberies] suborno
brick *n.* **1** tijolo **2** (brinquedo) cubo
bricklayer *n.* pedreiro
bride *n.* noiva; **the bride and groom:** os noivos
bridegroom *n.* noivo
bridge *n.* ponte
brief *adj.* breve; curto
briefcase *n.* pasta
briefs *n.* cuecas; slip
bright *adj.* **1** (lugar, objeto) brilhante **2** (cor) vivo **3** (pessoa) perspicaz
brilliant *adj.* **1** brilhante **2** brilhante; genial; talentoso
bring *v.* **1** trazer; **bring your girlfriend to the party:** traz a tua namorada à festa **2** levar; acompanhar; **he always brings me to the door:** ele acompanha-me sempre à porta
Brit *n. (informal)* (pessoa) inglês; britânico
Britain *n.* Grã-Bretanha
British *adj.* britânico ◆ *n.* **the British:** povo britânico; britânicos
Briton *n.* britânico; inglês
broad *adj.* **1** largo; extenso; **this cloth is one metre broad:** este tecido tem um metro de largura **2** geral; lato; **the broad opinion:** a opinião geral
broadcast *n.* (rádio, televisão) emissão; transmissão; **live broadcast:** transmissão em direto ◆ *v.* emitir; difundir
broccoli *n.pl.* brócolos
brochure *n.* brochura; folheto; panfleto
bronze *n.* bronze ◆ *adj.* de bronze; **bronze medal:** medalha de bronze
brooch *n.* (joia) alfinete (de peito)
brood *n.* **1** (aves) ninhada **2** *(informal)* filhos
broom *n.* vassoura
broomstick *n.* cabo de vassoura
broth *n.* caldo
brother *n.* [*pl.* brothers] **1** irmão **2** *(informal)* colega; companheiro
brotherhood *n.* **1** fraternidade **2** irmandade
brother-in-law *n.* cunhado
brotherly *adj.* fraterno; fraternal
brown *adj.* **1** castanho; **brown eyes:** olhos castanhos **2** moreno; **brown skin:** pele morena ◆ *n.* (cor) castanho
brownie *n.* (bolo de chocolate) brownie
bruise *n.* nódoa negra; pisadura
brush *n.* [*pl.* brushes] **1** escova **2** pincel ◆ *v.* escovar
Brussels sprout *n.* couve-de-bruxelas
bubble *n.* **1** bolha **2** bola; **soap bubble:** bola de sabão; **to blow bubbles:** fazer bolas de sabão
bucket *n.* balde
buckle *n.* fivela
bud *n.* **1** (planta) rebento **2** (flor) botão
buddy *n.* [*pl.* buddies] *(Estados Unidos da América) (informal)* pá; amigalhaço; companheiro

budgerigar *n.* periquito
budgie *n.* *(informal)* periquito
buffalo *n.* [*pl.* buffaloes] búfalo
bug *n.* **1** percevejo **2** inseto; bicho ◆ *v.* *(informal)* chatear; irritar; **stop bugging me!:** para de me chatear!
bugle *n.* clarim; corneta
build *v.* construir; **to build a house:** construir uma casa
builder *n.* construtor; empreiteiro
building *n.* **1** edifício; prédio **2** construção; **building site:** terreno de construção
bulb *n.* **1** (planta) bolbo **2** lâmpada
bull *n.* touro
bulldog *n.* buldogue
bullet *n.* bala
bullfight *n.* corrida de touros; tourada
bullfighter *n.* toureiro
bullying *n.* bullying
bum *n.* **1** *(informal)* vagabundo; vadio **2** *(informal)* rabo
bump *n.* **1** inchaço; **a bump on the head:** um galo na cabeça **2** barulho; **what a bump upstairs!:** que barulho lá em cima! **3** solavanco; **the bumps in the road:** os solavancos na estrada ◆ *v.* bater; **to bump into the table:** chocar contra a mesa; **to bump one's head:** bater com a cabeça
bumper *n.* para-choques; **bumper cars:** carrinhos de choque
bunch *n.* [*pl.* bunches] **1** ramo; **a bunch of flowers:** um ramo de flores **2** cacho; **a bunch of grapes:** um cacho de uvas **3** molho; **a bunch of keys:** um molho de chaves
bunches *n.pl.* totós
bungee jumping *n.* DESPORTO bungee-jumping
bunion *n.* joanete
buoy *n.* boia; **life buoy:** boia de salvamento
burden *n.* carga; fardo ◆ *v.* carregar; sobrecarregar
burger *n.* hambúrguer
burglar *n.* assaltante; ladrão; **burglar alarm:** alarme antirroubo
burial *n.* enterro; funeral; **burial ground:** cemitério
burn *n.* queimadura ◆ *v.* queimar; escaldar
burst *n.* **1** rebentamento; estoiro; explosão **2** salva de palmas ◆ *v.* rebentar; explodir; estoirar; **to burst into tears:** desatar a chorar; **to burst with laughter:** rebentar de riso
bury *v.* enterrar; sepultar
bus *n.* [*pl.* buses] autocarro; **bus driver:** condutor do autocarro; **bus stop:** paragem de autocarro; **to go by bus:** ir de autocarro
bush *n.* [*pl.* bushes] **1** arbusto **2** mata
bushy *adj.* cerrado; denso
business *n.* [*pl.* businesses] **1** negócio; **business trip:** viagem de negócios **2** assunto; **that's not your business:** isso não é da tua conta
businessman *n.* [*pl.* businessmen] empresário
businesswoman *n.* [*pl.* businesswomen] empresária
bust *n.* busto
bustle *n.* azáfama ◆ *v.* andar atarefado
bustling *adj.* movimentado; animado
busy *adj.* **1** ocupado; atarefado; **I'm busy now:** agora estou ocupado **2** movimentado; agitado; **this is a very busy street:** esta é uma rua muito movimentada
busybody *n.* [*pl* busybodies] *(informal)* mexeriqueiro
but *conj.* **1** mas; porém; **it's cold, but it isn't raining:** está frio, mas não está a chover **2** embora; se bem que; **it is an excellent car, but it's expensive:** é um carro excelente, embora caro

3 só que; **I want to go, but I have to work:** eu quero ir, só que tenho de trabalhar ♦ *prep.* exceto; **all but you:** todos exceto tu

butcher *n.* talhante; **butcher's:** talho

butler *n.* mordomo

butter *n.* manteiga

butterfly *n.* [*pl.* butterflies] **1** (inseto) borboleta **2** (natação) mariposa; **to do the butterfly:** nadar (estilo) mariposa

buttery *adj.* amanteigado

buttock *n.* nádega

button *n.* botão; **to do up a button:** apertar um botão; **to undo a button:** desapertar um botão ♦ *v.* abotoar; **to button the jacket:** abotoar o casaco

buttonhole *n.* **1** casa (de botão) **2** flor na lapela

buy *v.* comprar; adquirir ♦ *n.* compra; **that car was a good buy:** esse carro foi uma boa compra

buyer *n.* comprador

buzz *n.* [*pl.* buzzes] **1** zumbido **2** murmúrio ♦ *v.* zumbir

by *prep.* **1** por; **the anthem is sung by the pupils:** o hino é cantado pelos alunos; **you must divide six by two:** tens de dividir seis por dois **2** de; **I go to work by train:** eu vou trabalhar de comboio **3** em; **by my watch:** no meu relógio **4** com; **what do you mean by that?:** o que queres dizer com isso? **5** a; **one by one:** um a um **6** perto de; por volta de; **I'll get there by noon:** eu chegarei lá por volta do meio-dia **7** conforme; segundo; **you must act by the rules:** tens de seguir as regras ♦ *adv.* perto; **he is walking by:** ele anda por perto

bye *interj. (informal)* adeus!; tchau!

bye-bye *interj. (informal)* adeusinho!; tchau!

C

c *n.* (letra) c
C *n.* [*pl.* C's, Cs] **1** (escola) nota média; suficiente **2** (nota musical) dó
cab *n.* táxi; **to call a cab:** chamar um táxi; **to get a cab:** apanhar um táxi
cabbage *n.* couve
cabin *n.* **1** cabana **2** (em barco) camarote **3** (em avião) cabina
cabinet *n.* armário
Cabinet *n.* governo da Grã-Bretanha
cable *n.* cabo; fio
cablevision *n.* televisão por cabo
cactus *n.* [*pl.* cactuses, cacti] cato
café *n.* (lugar) café
caffeine *n.* cafeína; (bebida) **caffeine-free:** sem cafeína
cage *n.* **1** (para pássaros) gaiola **2** (para animais ferozes) jaula
cake *n.* bolo; **chocolate cake:** bolo de chocolate; **to make/bake a cake:** fazer um bolo
calabash *n.* cabaça
calculate *v.* calcular
calculation *n.* cálculo
calculator *n.* calculadora; **pocket calculator:** calculadora de bolso
calendar *n.* calendário
calf *n.* [*pl.* calves] vitela; bezerro
call *v.* **1** chamar **2** telefonar a ◆ *n.* **1** grito; pedido **2** telefonema
calling *n.* chamamento
calm *adj.* calmo; tranquilo ◆ *n.* calma; tranquilidade ◆ *v.* acalmar(-se)
calorie *n.* caloria
camel *n.* **1** (animal) camelo **2** (cor) bege
camellia *n.* ◆ *n.* camélia
camera *n.* **1** máquina fotográfica **2** câmara de filmar
cameraman *n.* [*pl.* cameramen] operador de câmara
camomile *n.* camomila
camp *v.* acampar ◆ *n.* acampamento; **holiday/summer camp:** colónia de férias
campaign *n.* campanha; **election campaign:** campanha eleitoral
camper *n.* **1** (pessoa) campista **2** (veículo) caravana
camping *n.* campismo; **no camping:** proibido acampar; **to go camping:** ir acampar
campsite *n.* parque de campismo
can *v.* **1** conseguir; saber; **she can speak French:** ela sabe falar francês **2** poder; estar autorizado a; **you can go to the party:** podes ir à festa **3** poder; ter possibilidade de; **I can win the race:** posso vencer a corrida ◆ *n.* lata; **can opener:** abre-latas
Canada *n.* Canadá
Canadian *adj. e n.* canadiano
canary *n.* [*pl.* canaries] canário
cancel *v.* cancelar; anular
cancellation *n.* cancelamento
cancer *n.* (doença) cancro
Cancer *n.* (constelação, signo) Caranguejo; Câncer
candidate *n.* candidato; concorrente
candle *n.* vela; **to light a candle:** acender uma vela
candlestick *n.* castiçal
candy *n.* [*pl.* candies] *(Estados Unidos da América)* guloseima; caramelo; bombom

candyfloss *n.* algodão-doce
cane *n.* 1 cana 2 bengala
cannelloni *n.pl.* canelones
cannon *n.* canhão
cannot *contr. de* can + not
canoe *n.* canoa
canoeing *n.* canoagem
cantaloupe *n.* meloa
canteen *n.* cantina
canvas *n.* [*pl.* canvases] 1 (pintura) tela; **on canvas:** em tela 2 (tecido) lona 3 (navio) vela
canyon *n.* desfiladeiro
canyoning *n.* canyoning
cap *n.* 1 boné; gorro 2 (de caneta) tampa 3 (de garrafa) cápsula
capable *adj.* capaz
capacity *n.* [*pl.* capacities] 1 capacidade; aptidão; **capacity for maths:** aptidão para a matemática 2 lotação; **to fill to capacity:** esgotar a lotação
Cape Verde *n.* Cabo Verde
Cape Verdean *adj. e n.* cabo-verdiano
capital *n.* 1 (cidade) capital 2 (letra) maiúscula ♦ *adj.* maiúsculo; **capital letters:** maiúsculas
Capricorn *n.* (constelação, signo) Capricórnio
capri pants *n.pl.* (calças) corsários
capsule *n.* cápsula
captain *n.* capitão; comandante
captivity *n.* [*pl.* captivities] cativeiro; **in captivity:** em cativeiro
capture *v.* capturar; prender ♦ *n.* captura
car *n.* carro; automóvel; **by car:** de carro; **car park:** parque de estacionamento; **car radio:** autorrádio
caramel *n.* açúcar caramelizado; caramelo
caravan *n.* caravana; roulotte
card *n.* 1 carta de jogar; **pack of cards:** baralho de cartas; **to play cards:** jogar às cartas 2 cartão; **greetings card:** cartão de felicitações; **member's card:** cartão de sócio
cardboard *n.* cartão
cardigan *n.* casaco de malha
cardinal *adj.* cardinal; **cardinal number:** numeral cardinal
care *n.* 1 cuidado; **take care!:** tem cuidado! 2 tratamento; **to take care of someone:** tratar de alguém ♦ *v.* importar-se
career *n.* carreira; vida profissional
carefree *adj.* despreocupado; descontraído
careful *adj.* cuidadoso; **be careful!:** tem cuidado!
carefully *adv.* cuidadosamente; com cuidado
careless *adj.* descuidado; **to be careless about one's appearance:** ser descuidado com a aparência
carelessness *n.* descuido; falta de atenção
caress *n.* carícia ♦ *v.* acariciar (uma pessoa)
carillon *n.* carrilhão
caring *adj.* carinhoso
carnation *n.* (flor) cravo
carnival *n.* Carnaval
carnivore *n.* carnívoro
carnivorous *adj.* carnívoro
carob *n.* alfarroba
carol *n.* cântico; **Christmas carol:** cântico de Natal
carp *n.* carpa
carpenter *n.* carpinteiro; (oficina) **carpenter's:** carpintaria
carpentry *n.* carpintaria
carpet *n.* 1 tapete; carpete 2 alcatifa ♦ *v.* alcatifar
carpool *v.* viajar em grupo num só carro para o trabalho
carriage *n.* 1 (comboio) carruagem 2 carruagem; coche
carriageway *n.* faixa de rodagem

carrier *n.* **1** (empresa) transportadora **2** portador; **to be carrier of a disease:** ser portador de uma doença ◆ **carrier bag:** saco das compras; **carrier pigeon:** pombo-correio
carrot *n.* cenoura
carry *v.* **1** levar; carregar; **please, carry my suitcase!:** leva a minha mala, por favor! **2** trazer; **I always carry my ID:** trago sempre o meu BI **3** transportar; **the ship carries cars:** o barco transporta carros
carrycot *n.* alcofa (para bebé)
carsick *adj.* (em automóvel) enjoado
carsickness *n.* (em automóvel) enjoo
cart *n.* carroça ◆ **to put the cart before the horse:** pôr o carro à frente dos bois
cartoon *n.* **1** desenho animado **2** banda desenhada
cartridge *n.* **1** (arma) cartucho **2** (caneta) carga; recarga **3** (impressora) tinteiro
carve *v.* esculpir
cascade *n.* cascata
case *n.* **1** caso; **in case of emergency:** em caso de emergência; **in that case:** nesse caso **2** estojo; **jewel case:** guarda-joias
cash *n.* dinheiro; **cash dispenser:** caixa multibanco; **cash register:** caixa registadora; **to pay in cash:** pagar em dinheiro
cashew *n.* (planta, fruto) caju
cashier *n.* (profissão) caixa; tesoureiro
casino *n.* [*pl.* casinos] casino
cassava *n.* mandioca
cassette *n.* cassete; **cassette player:** leitor de cassetes
cast *n.* (cinema, teatro) elenco
castanets *n.pl.* castanholas
Castilian *adj.* castelhano ◆ *n.* (pessoa, língua) castelhano
castle *n.* **1** castelo; **sand castle:** castelo de areia **2** (xadrez) torre
casual *adj.* informal; descontraído; **casual wear:** roupa informal; roupa desportiva
casually *adv.* **1** casualmente **2** informalmente
casualty *n.* [*pl.* casualties] **1** (acidente) vítima; **the accident caused ten casualties:** o acidente vitimou dez pessoas **2** (guerra) baixa **3** (hospital) urgências
cat *n.* gato ◆ (jogo) **cat's cradle:** cama de gato
catastrophe *n.* catástrofe
catch *v.* **1** apanhar; agarrar; **to catch a ball:** agarrar uma bola **2** apanhar; contrair; **to catch a cold:** apanhar uma constipação **3** apanhar; **to catch the bus:** apanhar o autocarro
category *n.* [*pl.* categories] categoria
caterpillar *n.* lagarta
cathedral *n.* catedral
Catholic *adj. e n.* católico; **Catholic Church:** Igreja Católica
Catholicism *n.* catolicismo
cattle *n.* gado
cauliflower *n.* couve-flor
cause *n.* causa; motivo; **cause for concern:** motivo de preocupação ◆ *v.* causar; provocar; ocasionar
causer *n.* causador
caution *n.* cautela; cuidado
cautious *adj.* cauteloso; prudente
cavalry *n.* (tropa a cavalo) cavalaria
cave *n.* gruta; caverna; **cave painting:** pintura rupestre
cavern *n.* caverna
caviar *n.* caviar
cavity *n.* cavidade
CD [*abrev. de* compact disc] CD
CD-ROM [*abrev. de* Compact Disc Read-Only Memory] CD-ROM
cedilla *n.* cedilha
ceiling *n.* teto
celebrate *v.* celebrar; comemorar

celebration *n.* 1 celebração; comemoração 2 festejo; festa
celebrity *n.* [*pl.* celebrities] celebridade
cell *n.* 1 célula 2 cela
cellar *n.* cave (para vinho)
cellist *n.* violoncelista
cello *n.* [*pl.* cellos] violoncelo
cellophane *n.* celofane
cellphone *n.* telemóvel
cellular *adj.* celular; **cellular phone:** telefone celular; telemóvel
cement *n.* cimento
cemetery *n.* [*pl.* cemeteries] cemitério
cent *n.* cêntimo
center *n. e v. (Estados Unidos da América)* → **centre**
centigrade *adj. e n.* centígrado; **twelve degrees centigrade:** doze graus centígrados
centilitre *n.* centilitro
centimetre *n.* centímetro
centipede *n.* centopeia
central *adj.* central
centre *n.* centro ◆ *v.* centrar
century *n.* [*pl.* centuries] século; **in the 21st century:** no século XXI
cereal *n.* cereal
cerebellum *n.* [*pl.* cerebellums, cerebella] cerebelo
cerebral *adj.* cerebral
ceremony *n.* [*pl.* ceremonies] cerimónia
certain *adj.* certo; confiante; **I'm certain she lives here:** tenho a certeza de que ela mora aqui ◆ *pron.* certo; determinado; **a certain man:** um certo homem
certainly *adv.* certamente; decerto
certainty *n.* [*pl.* certainties] certeza
certificate *n.* certidão; atestado; **medical certificate:** atestado médico
certify *v.* certificar; atestar
cetacean *n.* cetáceo
cetaceous *adj.* cetáceo
chain *n.* corrente; cadeia; **food chain:** cadeia alimentar ◆ *v.* acorrentar
chair *n.* cadeira; **to sit on a chair:** sentar-se numa cadeira
chairman *n.* [*pl.* chairmen] (de empresa) presidente
chairwoman *n.* [*pl.* chairwomen] (de empresa) presidente
chalk *n.* giz; **piece of chalk:** pau de giz
challenge *n.* desafio ◆ *v.* desafiar
chamber *n.* câmara; **chamber music:** música de câmara
chameleon *n.* (animal) camaleão
chamois *n.* (animal) camurça; (pele) **chamois leather:** camurça
champagne *n.* champanhe
champion *n.* campeão; **world champion:** campeão do mundo
championship *n.* campeonato; **world championship:** campeonato do mundo
chance *n.* 1 acaso; sorte; **by chance:** por acaso 2 possibilidade; probabilidade; **there's a chance:** há uma possibilidade 3 oportunidade; **the chance of a lifetime:** uma oportunidade única 4 risco; **to take a chance:** correr um risco
change *v.* 1 mudar; alterar; **to change places with someone:** trocar de lugar com alguém; **you'll never change:** nunca vais mudar 2 mudar de roupa; **to change for dinner:** mudar de roupa para o jantar ◆ *n.* 1 mudança; **a change for the better:** uma mudança para melhor 2 troco; **keep the change:** guarde o troco
changeable *adj.* 1 (circunstância) variável 2 (pessoa) inconstante
channel *n.* 1 (de televisão) canal; **to switch channels:** mudar de canal 2 (de mar ou rio) canal; **the English Channel:** o Canal da Mancha
chaos *n.* caos

chap *n.* **1** *(informal)* indivíduo **2** *(informal)* companheiro **3** (lábios) cieiro
chapel *n.* capela
chapter *n.* capítulo
character *n.* **1** personagem; **main/minor character:** personagem principal/secundária **2** carácter; personalidade; **to have a strong character:** ter uma personalidade forte **3** *(informal)* (indivíduo) tipo
characteristic *n.* característica; traço distintivo ◆ *adj.* característico; típico
charcoal *n.* (para desenho) carvão
charge *v.* **1** (preço) cobrar **2** (bateria do telemóvel) carregar **3** (no tribunal) acusar ◆ *n.* **1** responsabilidade; **to be in charge of:** ser responsável por **2** taxa; tarifa; **free of charge:** sem taxas **3** (no tribunal) acusação; queixa; **to press charges against:** apresentar queixa contra
charger *n.* carregador; **battery charger:** carregador de bateria (de telemóvel, etc.)
charity *n.* [*pl.* charities] caridade; compaixão
charlatan *n.* charlatão
charm *n.* encanto; charme ◆ *v.* encantar; seduzir
charming *adj.* amoroso; encantador
chart *n.* gráfico
chase *v.* perseguir; andar atrás de ◆ *n.* perseguição
chat *v.* *(informal)* conversar ◆ *n.* *(informal)* conversa; cavaqueira; (na Internet) **chat room:** fórum de discussão
chatterbox *n.* [*pl.* chatterboxes] *(informal)* (pessoa) tagarela; fala-barato
cheap *adj.* barato
cheat *v.* **1** (num jogo) fazer batota **2** (na escola) copiar ◆ *n.* batoteiro
cheating *n.* **1** (jogo) batotice **2** (ato) fraude
check *v.* verificar ◆ *n.* **1** controlo; verificação **2** *(Estados Unidos da América)* conta **3** *(Estados Unidos da América)* cheque
checkbook *n.* *(Estados Unidos da América)* livro de cheques
checkers *n.pl.* *(Estados Unidos da América)* jogo de damas
check-in *n.* (aeroporto) controlo de entrada
checkout *n.* (supermercado) caixa
checkup *n.* exame geral de saúde
cheek *n.* bochecha; face; **rosy cheeks:** faces rosadas
cheeky *adj.* descarado; atrevido
cheer *n.* **1** aclamação; aplauso; **the cheers of the crowd:** o aplauso da multidão **2** (saudação) viva; saúde; **cheers!:** saúde! ◆ *v.* aclamar; dar vivas a; **to cheer the winner:** dar vivas ao vencedor
cheerful *adj.* alegre
cheers *interj.* (brinde) saúde!
cheese *n.* queijo
cheeseburger *n.* hambúrguer de queijo
cheetah *n.* (animal) chita
chef *n.* [*pl.* chefs] chefe de cozinha
chemical *adj.* químico ◆ *n.* produto químico
chemist *n.* **1** (pessoa) farmacêutico **2** (estabelecimento) farmácia
chemistry *n.* química
cheque *n.* cheque
chequebook *n.* livro de cheques
cherry *n.* [*pl.* cherries] **1** (fruto) cereja **2** (árvore) cerejeira **3** (cor) vermelho-cereja
chess *n.* (jogo) xadrez
chessboard *n.* tabuleiro de xadrez
chesspiece *n.* peça do jogo de xadrez
chest *n.* **1** peito; **chest pains:** dores de peito **2** arca; **chest freezer:** arca congeladora
chestnut *n.* **1** (fruto) castanha **2** (árvore) castanheiro
chew *v.* mastigar; mascar

chewing gum *n.* pastilha elástica
chic *adj.* chique
chick *n.* **1** pintainho **2** passarinho
chicken *n.* galinha; frango; **chicken soup:** canja
chickenpox *n.* (doença) varicela
chickpea *n.* grão-de-bico
chief *n.* [*pl.* chiefs] chefe; patrão ♦ *adj.* principal
child *n.* [*pl.* children] **1** criança; **child's play:** brincadeira de criança **2** filho; **I'm an only child:** eu sou filho único; **they have two children:** eles têm dois filhos
childhood *n.* infância
childish *adj.* infantil; acriançado
childishness *n.* infantilidade; criancice
chill *n.* **1** frio **2** calafrio; arrepio ♦ *v.* arrefecer
chilly *adj.* frio; gélido
chime *n.* (sino, campainha) toque ♦ *v.* **1** (sino) tocar; repicar **2** (relógio) dar horas
chimney *n.* chaminé; **chimney sweeper:** limpa-chaminés
chimpanzee *n.* chimpanzé
chin *n.* queixo
china *n.* porcelana
China *n.* China
Chinese *adj.* e *n.* chinês
chip *n.* **1** batata frita **2** (computador) circuito integrado **3** (jogo) ficha
chirp *v.* **1** (pássaros) chilrear **2** (grilo) cricrilar ♦ *n.* **1** (pássaros) chilreio **2** (grilo) cricri
chlorophyll *n.* clorofila
chocolate *n.* **1** chocolate; **a bar of chocolate:** uma barra de chocolate; (bebida) **hot chocolate:** chocolate quente **2** bombom; **a box of chocolates:** uma caixa de bombons
choice *n.* **1** escolha; **to make a choice:** escolher **2** alternativa; opção; **you have no choice:** não tens alternativa
choir *n.* (igreja) coro
choke *v.* **1** asfixiar **2** engasgar-se
choked *adj.* engasgado
cholera *n.* (doença) cólera
choose *v.* escolher
chop *n.* costeleta ♦ *v.* **1** (madeira) cortar **2** (cebolas) picar **3** (carne) cortar em bocadinhos
chopsticks *n.pl.* (comida chinesa) pauzinhos
choral *adj.* coral
chorus *n.* [*pl.* choruses] **1** refrão **2** coro
Christ *n.* RELIGIÃO Cristo; **Christ child:** Menino Jesus ♦ *interj.* Jesus!; meu Deus!
christen *v.* batizar
christening *n.* batismo; batizado
Christian *n.* cristão ♦ *adj.* cristão; **Christian era:** era cristã; **Christian name:** primeiro nome
Christianity *n.* cristianismo
Christmas *n.* Natal; **Christmas Day:** dia de Natal; **Christmas Eve:** véspera de Natal; **Christmas tree:** árvore de Natal; **Merry Christmas!:** Feliz Natal!
chromosome *n.* cromossoma
chronic *adj.* crónico; **chronic disease:** doença crónica
chronicle *n.* crónica
chronological *adj.* cronológico
chronology *n.* [*pl.* chronologies] cronologia
chubby *adj.* rechonchudo; gorducho
chum *n.* *(informal)* amigo; companheiro
church *n.* [*pl.* churches] igreja; **to go to church:** ir à igreja
churchyard *n.* (junto a igreja) cemitério
cicada *n.* cigarra
cider *n.* (bebida) sidra
cigar *n.* charuto
cigarette *n.* cigarro
Cinderella *n.* Cinderela; Gata Borralheira

cinema *n.* cinema; **to go to the cinema:** ir ao cinema
cinnamon *n.* canela; **cinnamon stick:** pau de canela
circle *n.* círculo
circuit *n.* circuito
circular *adj. e n.* circular
circulatory *adj.* circulatório
circumflex *n.* acento circunflexo
circumstance *n.* circunstância; **in/under the circumstances:** dadas as circunstâncias; **under no circumstances:** em circunstância nenhuma
circus *n.* [*pl.* circuses] circo
citizen *n.* cidadão
citizenship *n.* cidadania
city *n.* [*pl.* cities] cidade; **city centre:** centro da cidade; **city hall:** câmara municipal

> Usa-se **city** para designar uma cidade grande e importante. Usa-se **town** para referir uma cidade pequena, maior do que uma *village* (aldeia), mas menor do que uma *city*.

civic-minded *adj.* cívico
civic-mindedness *n.* civismo
civil *adj.* 1 civil; **civil rights:** direitos civis 2 público; **civil servant:** funcionário público
civilian *adj. e n.* civil; **civilian casualties:** baixas civis
civilization *n.* civilização
civilized *adj.* civilizado
claim *n.* reclamação; reivindicação ◆ *v.* reclamar; reivindicar
clairvoyant *adj. e n.* vidente
clam *n.* amêijoa
clan *n.* 1 clã 2 *(informal)* grupo
clap *v.* aplaudir; bater palmas
clarinet *n.* clarinete
clarity *n.* 1 (som, imagem) clareza; nitidez 2 (pensamento) lucidez
class *n.* [*pl.* classes] 1 turma; **we are in the same class:** andamos na mesma turma 2 aula; **evening classes:** aulas noturnas
classic *adj.* clássico
classical *adj.* clássico; **classical music:** música clássica
classify *v.* classificar
classmate *n.* colega de turma
classroom *n.* sala de aula
clause *n.* GRAMÁTICA oração; **main clause:** oração principal
clavicle *n.* clavícula
claw *n.* 1 (animal felino) garra 2 (escorpião, caranguejo) pinça 3 (pássaro) presa
clay *n.* barro; argila
clean *adj.* limpo; lavado ◆ *v.* limpar; lavar
cleaner *n.* empregado de limpeza; **cleaner's:** lavandaria
cleaning *n.* limpeza; **to do the cleaning:** fazer a limpeza
clear *adj.* 1 limpo; límpido; **clear sky:** céu limpo 2 claro; transparente; **clear glass:** vidro transparente ◆ *adv.* distintamente; claramente; **loud and clear:** alto e bom som ◆ *v.* 1 (passagem) desimpedir 2 (mesa) levantar 3 (céu) limpar-se; desanuviar
clearing *n.* clareira
clearly *adv.* claramente; visivelmente
clementine *n.* clementina
clergy *n.* clero
clergyman *n.* [*pl.* clergymen] clérigo
clerk *n.* 1 empregado de escritório; funcionário 2 *(Estados Unidos da América)* empregado de balcão
clever *adj.* 1 inteligente 2 engenhoso
click *n.* 1 (som) estalido; clique 2 INFORMÁTICA clique ◆ *v.* 1 estalar; produzir um estalido 2 INFORMÁTICA clicar
client *n.* cliente

DBIPPI-4

cliff *n.* falésia; penhasco
climate *n.* clima; **tropical climate:** clima tropical
climax *n.* [*pl.* climaxes] clímax
climb *n.* subida; escalada ◆ *v.* **1** trepar a; subir; **to climb a tree:** trepar a uma árvore; **to climb the stairs:** subir as escadas **2** escalar; **to climb a mountain:** escalar uma montanha
climber *n.* (planta) trepadeira
climbing *n.* **1** alpinismo; montanhismo **2** escalada
clinic *n.* clínica
clip *n.* **1** (para papel) clipe **2** (para o cabelo) gancho
cloak *n.* capote
cloakroom *n.* balneário; vestiário
clock *n.* relógio (de torre ou de parede); **clock hand:** ponteiro do relógio
cloister *n.* claustro
clone *n.* clone ◆ *v.* clonar
cloning *n.* clonagem
close *adj.* **1** (local) próximo **2** íntimo; chegado; **close friend:** amigo íntimo ◆ *adv.* perto; **close to the sea:** perto do mar ◆ *v.* fechar; **the shop closes at 5 o'clock:** a loja fecha às cinco; **to close the door:** fechar a porta; **to close a deal:** fechar um negócio
closed *adj.* fechado; encerrado
closely *adv.* atentamente; bem de perto
closet *n.* *(Estados Unidos da América)* armário (de roupa)
cloth *n.* **1** tecido **2** toalha de mesa
clothes *n.pl.* roupa
clothing *n.* vestuário; **an article of clothing:** uma peça de vestuário
cloud *n.* nuvem ◆ *v.* ficar nublado; enevoar-se
cloudy *adj.* (céu) nublado
clover *n.* trevo
clown *n.* palhaço
club *n.* **1** clube; **football club:** clube de futebol; **to join a club:** entrar para um clube **2** taco (de golfe)
clubs *n.pl.* (cartas de jogar) paus; **the king of clubs:** o rei de paus
cluck *v.* cacarejar ◆ *n.* cacarejo
clue *n.* indício; pista
clumsy *adj.* desastrado; desajeitado
clutch *n.* [*pl.* clutches] **1** (automóvel) embraiagem **2** (ovos, pintainhos) ninhada
coach *n.* [*pl.* coaches] **1** camioneta; autocarro **2** carruagem (de comboio) **3** DESPORTO treinador ◆ *v.* DESPORTO treinar
coachman *n.* cocheiro
coal *n.* carvão
coast *n.* costa
coastline *n.* litoral; costa
coat *n.* casaco; **coat hanger:** cruzeta; **fur coat:** casaco de peles
cobweb *n.* teia de aranha
coccyx *n.* cóccix
cockpit *n.* carlinga (de avião); cockpit
cockroach *n.* [*pl.* cockroaches] barata
cocktail *n.* (bebida, aperitivo) cocktail
cocoa *n.* **1** (planta) cacau **2** (bebida) chocolate quente
coconut *n.* coco; **coconut palm:** coqueiro
cocoon *n.* (insetos) casulo
cod *n.* bacalhau
code *n.* código; **bar code:** código de barras ◆ *v.* codificar
coffee *n.* café; **coffee machine:** máquina de café; **white coffee:** café com leite; **to have a coffee:** tomar um café
coffeepot *n.* cafeteira
coffin *n.* caixão
coherence *n.* coerência
coherent *adj.* coerente
cohesion *n.* coesão
coin *n.* moeda; **to toss up a coin:** atirar a moeda ao ar

coincide *v.* coincidir; **her arrival coincided with our departure:** a chegada dela coincidiu com a nossa partida
coincidence *n.* coincidência; **by coincidence:** por coincidência
cold *adj.* frio ◆ *n.* **1** frio; **don't go out in this cold:** não saias com este frio **2** constipação; **to catch a cold:** apanhar uma constipação
colic *n.* cólica
coliseum *n.* coliseu
collaboration *n.* colaboração (num projeto, trabalho)
collar *n.* **1** colarinho **2** (animal) coleira
collarbone *n.* clavícula
colleague *n.* colega
collect *v.* **1** colecionar **2** juntar; reunir
collection *n.* **1** coleção; **stamp collection:** coleção de selos **2** compilação; **a collection of short stories:** uma compilação de contos
collective *adj.* coletivo; **collective effort:** esforço coletivo
collector *n.* **1** colecionador **2** cobrador
college *n.* **1** *(Estados Unidos da América)* universidade; faculdade **2** instituto; escola superior

> A palavra inglesa **college** não tem o mesmo significado que **colégio** em português. **College**, em inglês, quer dizer *universidade*.

collide *v.* colidir; chocar; **the two planes collided with each other:** os dois aviões colidiram
collision *n.* colisão; embate; **head-on collision:** colisão frontal
colloquial *adj.* coloquial; informal
cologne *n.* (perfume) colónia
colony *n.* [*pl.* colonies] colónia
color *n.* e *v.* *(Estados Unidos da América)* → **colour**
colossal *adj.* colossal
colour *n.* cor; **dark colour:** cor escura; **light/bright colour:** cor clara ◆ *v.* colorir; pintar
coloured *adj.* colorido; de cor; **coloured pencil:** lápis de cor
colourful *adj.* colorido
colourless *adj.* incolor
colt *n.* potro
column *n.* (edifício) coluna
comb *n.* pente ◆ *v.* pentear; **to comb one's hair:** pentear o cabelo; pentear-se
combat *n.* combate ◆ *v.* combater; lutar contra
combination *n.* combinação
combustion *n.* combustão
come *v.* **1** vir; **come here!:** vem cá! **2** aproximar-se; **to come near:** aproximar-se
comedian *n.* cómico; humorista
comedy *n.* [*pl.* comedies] comédia
comet *n.* cometa
comfort *n.* conforto; bem-estar ◆ *v.* consolar; confortar
comfortable *adj.* **1** confortável; cómodo; **comfortable shoes:** sapatos cómodos **2** bem; à vontade; **to feel comfortable:** sentir-se bem

> As palavras inglesas **comfort** e **comfortable** escrevem-se com **m**, mas, em português, **conforto** e **confortável** escrevem-se com **n**.

comic *adj.* cómico ◆ *n.* ator cómico
comics *n.pl.* banda desenhada
coming *n.* vinda; chegada
comma *n.* vírgula; **inverted commas:** aspas
command *n.* ordem
commander *n.* comandante
commandment *n.* mandamento
commemorate *v.* comemorar; celebrar

comment *n.* comentário; **no comment:** sem comentários ◆ *v.* fazer comentários; comentar
commerce *n.* comércio; negócio
commercial *adj.* comercial ◆ *n.* (televisão, rádio) anúncio publicitário
commit *v.* cometer; praticar
commitment *n.* 1 dedicação 2 obrigação 3 compromisso
common *adj.* 1 comum; **by common consent:** de comum acordo 2 frequente; normal
communicate *v.* comunicar
communication *n.* comunicação
communicative *adj.* comunicativo
community *n.* [*pl.* communities] comunidade; **European Community:** Comunidade Europeia
compact *adj.* compacto; **compact disc:** disco compacto
companion *n.* companheiro
companionship *n.* companheirismo
company *n.* [*pl.* companies] 1 companhia; **to keep somebody company:** fazer companhia a alguém 2 empresa; grupo; **insurance company:** companhia de seguros; **theatre company:** companhia de teatro
comparable *adj.* comparável
comparative *adj.* comparativo
compare *v.* comparar(-se); **compare this with that:** compara isto com isso
comparison *n.* comparação; **in comparison with:** em comparação com; **there's no comparison between... and...:** não há comparação entre... e...; **to make comparisons (between):** fazer comparações (entre)
compass *n.* [*pl.* compasses] 1 bússola 2 (instrumento) compasso
compassion *n.* compaixão; pena
compatible *adj.* compatível
compatriot *n.* compatriota
compensation *n.* 1 compensação 2 indemnização
compete *v.* competir
competence *n.* competência
competent *adj.* competente
competition *n.* 1 competição; **to be out of competition:** estar fora de competição; **top-level competition:** alta competição 2 concorrência; **to be in competition with:** fazer concorrência a; **unfair competition:** concorrência desleal
competitive *adj.* 1 competitivo 2 (desporto) de competição
competitor *n.* participante numa competição; concorrente
complain *v.* queixar-se; **to complain to the police:** queixar-se à polícia; **to complain of a headache:** queixar-se de uma dor de cabeça
complaint *n.* queixa
complement *n.* 1 complemento 2 acessório ◆ *v.* complementar
complete *adj.* completo; **the complete works of Lewis Carroll:** a obra completa de Lewis Carroll ◆ *v.* completar; acabar
completely *adv.* completamente; totalmente
complex *adj.* complexo; complicado
complexion *n.* (rosto) pele; tez
complexity *n.* [*pl.* complexities] complexidade
complicate *v.* complicar
complicated *adj.* complicado
complication *n.* complicação
compliment *v.* dar os parabéns a; elogiar ◆ *n.* 1 elogio 2 cumprimento; saudação; **with the compliments of:** com os cumprimentos de
component *n.* componente
composer *n.* compositor
composition *n.* composição
composure *n.* compostura

compound *n.* (palavra, substância) composto
comprehension *n.* compreensão; entendimento
compress *n.* compressa
compression *n.* compressão
compromise *n.* compromisso ◆ *v.* pôr em perigo; comprometer
compulsory *adj.* obrigatório
computer *n.* computador; **computer animation:** animação por computador; **computer game:** jogo de computador; **computer hacking:** pirataria informática; **computer science:** informática
computing *n.* informática
concave *adj.* côncavo
conceal *v.* ocultar; esconder
conceive *v.* (criança, ideia, plano) conceber
concentrate *v.* concentrar
concentration *n.* concentração; **concentration of efforts:** concentração de esforços; **lack of concentration:** falta de concentração
concept *n.* conceito
concern *n.* **1** preocupação **2** interesse ◆ *v.* dizer respeito a; afetar
concerned *adj.* preocupado
concert *n.* concerto; **rock concert:** concerto (de) rock
concerto *n.* (peça musical) concerto; **piano concerto:** concerto para piano
concise *adj.* **1** conciso **2** (edição) reduzido
conclude *v.* concluir
conclusion *n.* conclusão; **to come to a conclusion:** chegar a uma conclusão
conclusive *adj.* conclusivo
concrete *adj.* concreto
concussion *n.* traumatismo craniano
condemnation *n.* condenação
condemned *adj.* condenado
condition *n.* **1** condição; **working conditions:** condições de trabalho **2** estado; **in good condition:** em bom estado
conditional *adj.* condicional
condolences *n.pl.* condolências; **my heartfelt condolences:** os meus sentimentos/pêsames; **to offer one's condolences to:** dar os pêsames a
condom *n.* preservativo
conduct *n.* conduta; procedimento
conductor *n.* **1** ELETRICIDADE condutor **2** (transporte público) revisor
cone *n.* cone
confectioner *n.* pasteleiro; (local) **confectioner's:** confeitaria
confectionery *n.* artigos de confeitaria (bolos, etc.)
conference *n.* conferência; **conference room:** sala de conferências; **press conference:** conferência de imprensa
confess *v.* **1** confessar **2** admitir
confession *n.* confissão
confetti *n.pl.* confetes
confidence *n.* **1** confiança; **I have confidence in you:** tenho confiança em ti **2** confidência; **to share confidences:** trocar confidências
confident *adj.* confiante
confidential *adj.* confidencial
confirm *v.* confirmar
confirmation *n.* **1** confirmação **2** RELIGIÃO crisma
conflict *n.* conflito; **armed conflict:** conflito armado; **to come into conflict with:** entrar em conflito com
conformity *n.* [*pl.* conformities] conformidade; **in conformity with:** em conformidade com
confuse *v.* confundir; atrapalhar
confused *adj.* confuso
congratulate *v.* dar os parabéns; felicitar

congratulations *n.* parabéns
congress *n.* [*pl.* congresses] congresso
conjunction *n.* conjunção
connect *v.* unir; ligar
connection *n.* relação; ligação
conquer *v.* **1** conquistar **2** (dificuldade, problema) vencer
conqueror *n.* conquistador
conquest *n.* conquista
conscious *adj.* consciente
consent *n.* consentimento; autorização ◆ *v.* consentir; autorizar
consequence *n.* consequência
conservatoire *n.* conservatório
consider *v.* **1** considerar **2** refletir sobre
considerable *adj.* considerável
considerate *adj.* atencioso; simpático
consideration *n.* consideração; **to have consideration for someone:** ter consideração por alguém; **to take into consideration:** ter em consideração
consist *v.* consistir
console *n.* consola; **game console:** consola de jogos
consonant *n.* (letra) consoante
conspiracy *n.* [*pl.* conspiracies] conspiração
conspire *v.* conspirar
constant *adj.* constante
constellation *n.* constelação
construction *n.* construção; **construction company:** construtora (empresa)
consul *n.* cônsul
contact *n.* contacto; **contact lens:** lente de contacto; ELETRICIDADE **faulty contact:** mau contacto ◆ *v.* contactar
contagious *adj.* contagioso; **contagious disease:** doença contagiosa
contain *v.* conter; incluir
container *n.* **1** recipiente; embalagem **2** (de mercadorias) contentor
contaminate *v.* contaminar
contamination *n.* contaminação; (poluição) **water contamination:** contaminação da água
contemporary *adj.* contemporâneo
content *n.* conteúdo (de livro ou discurso) ◆ *adj.* satisfeito ◆ *v.* contentar; satisfazer
contest *n.* concurso; **beauty contest:** concurso de beleza
contestant *n.* concorrente
context *n.* contexto
continent *n.* continente; **the European continent:** o continente europeu
continental *adj.* continental
contingency *n.* contingência; eventualidade; **contingency plan:** plano de contingência
continue *v.* continuar; prosseguir
continuity *n.* continuidade
continuous *adj.* contínuo; **continuous assessment:** avaliação contínua
contrabass *n.* contrabaixo
contract *n.* contrato
contradict *v.* **1** contradizer **2** contrariar
contradictory *adj.* contraditório
contrary *adj.* contrário; oposto
contrast *n.* contraste; **to make a contrast between:** estabelecer um contraste entre
contribute *v.* contribuir
contribution *n.* **1** contribuição; contributo **2** colaboração (em jornal, revista)
control *n.* controlo; **quality control:** controlo de qualidade; **remote control:** controlo à distância; **to lose control:** perder o controlo; descontrolar-se ◆ *v.* controlar(-se)
controversy *n.* [*pl.* controversies] controvérsia; polémica
convenience *n.* conveniência; **convenience store:** loja de conveniência
convenient *adj.* **1** conveniente **2** cómodo; prático

convent *n.* convento
conversation *n.* conversa
convertible *adj.* (veículo) descapotável; **convertible car:** carro descapotável
convex *adj.* convexo
convict *n.* preso; condenado
conviction *n.* **1** convicção **2** condenação
convince *v.* convencer
convincing *adj.* convincente
cook *n.* cozinheiro ◆ *v.* cozinhar; **I can't cook:** não sei cozinhar
cooker *n.* fogão
cookery *n.* culinária; **cookery book:** livro de culinária
cookie *n.* **1** biscoito **2** *(Estados Unidos da América)* bolacha
cooking *n.* cozinha; gastronomia; **Portuguese cooking:** cozinha portuguesa
cool *adj.* **1** fresco; frio; **a cool evening:** uma noite fresca **2** *(informal)* calmo; descontraído; **to keep cool:** manter a calma ◆ *v.* **1** refrescar; arrefecer; **to cool the room:** arrefecer a sala **2** acalmar; *(informal)* **come on, cool it!:** vá lá, acalmem-se!
cooperate *v.* cooperar
cooperation *n.* cooperação
cope *v.* lidar; **to cope with a situation:** lidar com uma situação
copilot *n.* (avião) copiloto
copper *n.* cobre
copy *n.* [*pl.* copies] **1** cópia; **to make a copy:** fazer uma cópia **2** exemplar; **to sell a million copies:** vender um milhão de exemplares ◆ *v.* copiar
coral *n.* coral; **coral reef:** recife de coral
cord *n.* **1** ANATOMIA corda; **vocal cords:** cordas vocais **2** ANATOMIA cordão; **umbilical cord:** cordão umbilical
core *n.* **1** caroço (de frutos) **2** *(figurado)* parte essencial; âmago
coriander *n.* coentro
cork *n.* **1** rolha **2** cortiça
corkscrew *n.* saca-rolhas
corn *n.* **1** trigo **2** *(Estados Unidos da América)* milho
cornea *n.* córnea
corner *n.* **1** canto; esquina; **it's just around the corner:** é mesmo ali ao virar da esquina **2** (futebol) canto; **corner kick:** pontapé de canto
cornflakes *n.pl.* flocos de cereais; flocos de milho
corpse *n.* cadáver
corral *n.* curral
correct *adj.* correto; certo ◆ *v.* corrigir
correction *n.* correção ◆ **correction fluid:** tinta corretora
correspond *v.* corresponder
corresponding *adj.* correspondente
corridor *n.* corredor
corrupt *adj.* corrupto ◆ *v.* corromper
corruption *n.* corrupção
cosmetic *n.* cosmético
cost *n.* custo; preço ◆ *v.* custar
costume *n.* **1** traje; **swimming costume:** fato de banho **2** máscara; fantasia; **costume ball:** baile de máscaras

> Repara que **costume** não significa o mesmo que **costume** em português. **Costume**, em inglês, quer dizer *traje*.

cosy *adj.* confortável; acolhedor
cot *n.* berço
cottage *n.* casa de campo; chalé
cotton *n.* algodão; **cotton candy:** algodão-doce; **cotton shirt:** camisa de algodão; **field of cotton:** campo de algodão
couch *n.* [*pl.* couches] sofá
cough *n.* tosse; **to have a cough:** ter tosse ◆ *v.* tossir

council *n.* 1 câmara municipal 2 concílio
count *n.* 1 contagem 2 conde ◆ *v.* contar
countdown *n.* contagem decrescente
counterterrorism *n.* antiterrorismo
counting *n.* contagem; **vote counting:** contagem de votos
country *n.* [*pl.* countries] 1 país; nação; pátria; **country of origin:** país de origem 2 campo; **to live in the country:** viver no campo
countryside *n.* campo
couple *n.* 1 dois; par; **in a couple of weeks:** dentro de duas semanas 2 casal; **they're a nice couple:** eles são um casal simpático
coupon *n.* 1 cupão; **to fill in the coupon:** preencher o cupão 2 vale de desconto
courage *n.* coragem
courageous *adj.* corajoso
course *n.* 1 rumo 2 (de avião ou navio) rota 3 (estudos) curso 4 (refeição) prato; **main course:** prato principal ❖ **of course!:** claro (que sim)!; **of course not!:** claro que não!
court *n.* 1 tribunal; **to take someone to court:** levar alguém a tribunal 2 campo de ténis; **tennis court:** campo de ténis
courthouse *n.* Palácio da Justiça; tribunal
courtyard *n.* pátio
cousin *n.* primo
cover *n.* 1 cobertura 2 capa (de livro) 3 proteção; abrigo ◆ *v.* cobrir
covet *v.* cobiçar
cow *n.* vaca
coward *n.* cobarde
cowardice *n.* cobardia
cowardly *adj.* cobarde
cowboy *n.* [*pl.* cowboys] vaqueiro; cowboy
cowshed *n.* vacaria
coyote *n.* coiote
crab *n.* caranguejo; **rock crab:** sapateira
crack *n.* 1 racha; fenda; abertura 2 estalido; estalo ◆ *v.* 1 rachar; **to crack a cup:** rachar uma chávena 2 partir; **to crack eggs:** partir ovos 3 decifrar; **to crack a code:** decifrar um código
cracker *n.* 1 bolacha de água e sal 2 petardo ❖ **Christmas cracker:** tubo de cartão embrulhado em papel colorido que contém uma surpresa e que faz um barulho explosivo ao abrir
cradle *n.* berço ❖ (jogo) **cat's cradle:** cama de gato
craft *n.* arte; ofício; **craft fair:** feira de artesanato
craftsman *n.* [*pl.* craftsmen] artesão; artífice
cramp *n.* cãibra
crane *n.* guindaste; grua
crash *n.* [*pl.* crashes] 1 (carro) choque; colisão 2 (avião) acidente; desastre 3 estrondo; barulho violento ◆ *v.* 1 (veículos) bater; chocar 2 (avião) cair 3 (empresa) falir 4 (computador) rebentar
crater *n.* cratera
crawl *v.* rastejar ◆ *n.* (natação) crawl
crayfish *n.* [*pl.* crayfishes] lagostim; lavagante
crayon *n.* lápis de cera
crazy *adj.* louco; doido
cream *n.* 1 nata; **cream cake:** nata; **whipped cream:** chantilly 2 creme; pomada; **hand cream:** creme para as mãos
crease *n.* 1 (tecido) prega; vinco 2 (pele) ruga ◆ *v.* enrugar(-se); vincar(-se)
create *v.* criar; gerar
creation *n.* criação
creative *adj.* criativo
creator *n.* 1 criador 2 autor
creature *n.* criatura

credit *n.* **1** crédito; **credit card:** cartão de crédito **2** mérito; **to give somebody credit for:** reconhecer o mérito de alguém por
creeper *n.* (planta) trepadeira
creole *n.* crioulo
crepe *n.* → **crêpe**
crêpe *n.* (tecido, panqueca) crepe
crew *n.* tripulação
crib *n.* **1** presépio **2** *(informal)* cábula
cricket *n.* **1** (inseto) grilo **2** DESPORTO críquete
crime *n.* crime; **to commit a crime:** cometer um crime
criminal *n.* criminoso ◆ *adj.* criminal; criminoso
crippled *adj.* inválido; mutilado
crisis *n.* [*pl.* crises] crise
crisp *adj.* (pão, biscoito) estaladiço; crocante
crisps *n.pl.* batatas fritas
critic *n.* (pessoa) crítico; **music critic:** crítico de música
critical *adj.* crítico; **to be in critical condition:** estar em estado grave/crítico; **to be very critical:** ser muito crítico
criticism *n.* crítica
criticize *v.* criticar
critique *n.* crítica
croak *n.* **1** (rã) coaxar **2** (corvo) crocitar ◆ *v.* **1** (rã) coaxar **2** (corvo) crocitar
crochet *n.* croché; **crochet hook:** agulha de croché
crocodile *n.* crocodilo
croissant *n.* croissant
crook *n.* cajado
crooked *adj.* torto; torcido
crop *n.* colheita; **crop rotation:** alternância de culturas; **to get the crops in:** fazer a colheita
croquette *n.* croquete
cross *n.* [*pl.* crosses] cruz ◆ *v.* **1** atravessar; **to cross the street:** atravessar a rua **2** cruzar; **to cross one's arms:** cruzar os braços **3** cruzar-se; **to cross with someone:** cruzar-se com alguém
cross-examination *n.* interrogatório
cross-eyed *adj.* estrábico
crossing *n.* **1** passadeira (para peões) **2** cruzamento **3** travessia (por mar)
cross-reference *n.* remissão
crossroads *n.* encruzilhada; cruzamento
crossword *n.* palavras cruzadas
crow *n.* **1** (ave) corvo **2** canto do galo ◆ *v.* (galo) cantar
crowd *n.* multidão
crowded *adj.* cheio de gente; a abarrotar de gente
crown *n.* coroa; **Crown Prince:** príncipe herdeiro ◆ *v.* coroar
crowning *n.* coroação
crucial *adj.* crucial
crucifix *n.* [*pl.* crucifixes] crucifixo
cruel *adj.* cruel
cruelty *n.* [*pl.* cruelties] crueldade
cruise *n.* cruzeiro; **to go on a cruise:** fazer um cruzeiro
cruiser *n.* navio de cruzeiro
crumb *n.* migalha
crumble *v.* esmigalhar
crumple *v.* (papel, tecido) amarrotar(-se); amachucar(-se)
crunchy *adj.* estaladiço; crocante
crush *v.* esmagar
crust *n.* **1** crosta **2** (pão) côdea
crustacean *n.* crustáceo
crutch *n.* [*pl.* crutches] muleta; **to walk on crutches:** andar de muletas
cry *n.* [*pl.* cries] **1** grito **2** choro ◆ *v.* **1** chorar **2** gritar
crying *n.* choro
crystal *n.* cristal; **crystal clear:** cristalino
cub *n.* (leão, tigre) cria
cube *n.* cubo; **an ice cube:** um cubo de gelo

cuckoo *n.* cuco; **cuckoo clock:** relógio de cuco
cucumber *n.* pepino
cuddle *n.* abraço ◆ *v.* abraçar(-se)
cultivate *v.* cultivar
cultural *adj.* cultural
culture *n.* cultura
cumin *n.* cominhos
cunning *n.* manha; astúcia ◆ *adj.* manhoso; astuto
cup *n.* 1 chávena; **to have a cup of tea:** tomar uma chávena de chá 2 taça; prémio; **cup final:** final de campeonato
cupboard *n.* armário
cure *n.* cura ◆ *v.* curar
curiosity *n.* [*pl.* curiosities] curiosidade
curious *adj.* curioso
curl *n.* caracol (de cabelo) ◆ *v.* encaracolar; ondular
curly *adj.* encaracolado
currant *n.* (fruto) groselha
currency *n.* [*pl.* currencies] moeda; **single currency:** moeda única
current *n.* corrente; **air current:** corrente de ar ◆ *adj.* atual; **current affairs:** atualidades
currently *adv.* atualmente
curriculum *n.* [*pl.* curricula] currículo
curse *n.* praga; maldição ◆ *v.* amaldiçoar
cursor *n.* INFORMÁTICA cursor
curtain *n.* cortina; **to draw the curtains:** fechar as cortinas
curvature *n.* curvatura
curve *n.* curva ◆ *v.* fazer uma curva
cushion *n.* almofada
custody *n.* custódia
custom *n.* costume; uso; hábito
customary *adj.* usual; habitual
customer *n.* freguês; cliente; **regular customer:** cliente habitual
customs *n.* alfândega
cut *n.* 1 golpe; corte 2 (preço) redução; corte 3 (roupa, cabelo) corte ◆ *v.* 1 cortar 2 (preço) fazer cortes em; reduzir
cutaneous *adj.* cutâneo
cute *adj.* giro; amoroso
cutlery *n.* talher; talheres
cutlet *n.* costeleta
cutter *n.* x-ato
cybernaut *n.* cibernauta
cycle *n.* 1 ciclo 2 bicicleta ◆ *v.* andar de bicicleta; ir de bicicleta
cyclic *adj.* cíclico
cyclical *adj.* → **cyclic**
cycling *n.* ciclismo
cyclist *n.* ciclista
cyclone *n.* ciclone
cylinder *n.* cilindro
cypress *n.* cipreste
cyst *n.* quisto

D

d *n.* (letra) d
D *n.* [*pl.* D's, Ds] **1** (escola) nota abaixo da média; insuficiente **2** (nota musical) ré
dad *n. (informal)* papá
daddy *n.* [*pl.* daddies] *(informal)* papá
dagger *n.* punhal
dahlia *n.* (flor) dália
daily *n.* [*pl.* dailies] jornal diário ♦ *adj.* diário; de todos os dias; **daily routine:** rotina diária ♦ *adv.* diariamente
dainty *adj.* delicado
dairy *n.* [*pl.* dairies] leitaria
daisy *n.* [*pl.* daisies] (flor) margarida
Dalmatian *n.* (cão) dálmata
dam *n.* barragem
damage *n.* dano; estrago; **to cause damage to:** causar estragos a/em ♦ *v.* **1** estragar; **to damage a pair of shoes:** estragar um par de sapatos **2** prejudicar; **smoking damages your health:** fumar prejudica a saúde
damask *n.* (tecido) damasco
damp *adj.* húmido ♦ *n.* humidade
dance *n.* **1** dança; **dance floor:** pista de dança **2** baile; **dance hall:** salão de baile ♦ *v.* dançar
dancer *n.* bailarino; dançarino
dandruff *n.* caspa; **dandruff shampoo:** champô anticaspa
Dane *adj. e n.* → **Danish**
danger *n.* perigo; **danger signal:** sinal de perigo; **out of danger:** livre de perigo
dangerous *adj.* perigoso
Danish *adj. e n.* dinamarquês
dare *v.* atrever-se; **how dare you?:** como te atreves?
daring *adj.* ousado; audaz ♦ *n.* coragem; ousadia
dark *adj.* **1** escuro; **dark blue:** azul-escuro; **dark hair:** cabelo escuro **2** moreno; **dark skin:** pele morena ♦ *n.* **1** escuro; escuridão; **to be afraid of the dark:** ter medo do escuro **2** anoitecer; **before dark:** antes que anoiteça
darkness *n.* escuridão
darling *n.* querido; amor
dart *n.* dardo
dartboard *n.* (dardos) alvo
dash *n.* **1** (sinal gráfico) travessão; **put a dash instead of a comma:** põe um travessão em vez de uma vírgula **2** pitada; **a dash of pepper:** uma pitada de pimenta ♦ *v.* **1** correr; **to dash into the room:** irromper pelo quarto **2** despachar-se; **I must dash:** tenho de me despachar
data *n.pl.* dados; informações
database *n.* INFORMÁTICA base de dados
date *n.* **1** data; **date of birth:** data de nascimento; **to be out of date:** estar desatualizado; **to be up to date:** estar atualizado **2** (fruto) tâmara ♦ *v.* **1** datar; **to date a contract:** colocar a data num contrato **2** *(Estados Unidos da América)* andar com; **she's dating my brother:** ela anda com o meu irmão
dated *adj.* antiquado
daughter *n.* filha; **the youngest/eldest daughter:** a filha mais nova/velha

daughter-in-law *n.* nora
daunt *v.* intimidar
dauntless *adj.* destemido
dawn *n.* madrugada; amanhecer; **at dawn:** de madrugada
day *n.* dia; **by day:** durante o dia; **the day after:** no dia seguinte; **the day before:** na véspera
daybreak *n.* amanhecer
daydream *v.* sonhar acordado ♦ *n.* sonho; devaneio
daydreamer *n.* sonhador
daylight *n.* luz do dia; **in broad daylight:** em pleno dia
day school *n.* externato
daytime *adj.* diurno; **daytime flight:** voo diurno
dazzling *adj.* ofuscante; deslumbrante
dead *adj.* **1** morto; **he is dead:** ele está morto **2** dormente; **my hand is dead:** tenho a mão dormente **3** sem energia; sem carga; que não funciona; **the phone is dead:** o telefone não funciona ♦ *n.pl.* os mortos
deadline *n.* prazo (limite); **to meet a deadline:** cumprir um prazo
deadlock *n.* impasse; **to reach a deadlock:** chegar a um impasse
deaf *adj.* surdo
deafening *adj.* ensurdecedor
deafness *n.* surdez
deal *n.* **1** acordo; negócio; **to make a deal:** fazer um negócio **2** quantidade; **a good deal:** bastante ♦ *v.* negociar; **he deals in art:** negoceia em arte
dear *adj.* **1** querido; amoroso; **you are a dear friend:** és uma amiga amorosa **2** (carta) Querido; Caro; Excelentíssimo; **Dear friend:** Caro/a amigo/a; **Dear Sirs:** Exmos. Srs. ✧ **oh, dear!:** valha-me Deus!; caramba!
death *n.* morte; **death penalty:** pena de morte; **death rate:** taxa de mortalidade
debate *n.* debate; **to hold a debate on human rights:** fazer um debate sobre direitos humanos ♦ *v.* debater; discutir
debit *n.* débito
debt *n.* dívida
decade *n.* década
decadent *adj.* decadente
decaf *adj.* e *n.* *(informal)* (bebida, café) descafeinado
decaffeinated *adj.* e *n.* (bebida, café) descafeinado
decalitre *n.* decalitro
decathlon *n.* decatlo
decay *n.* **1** decadência **2** (alimento) apodrecimento **3** (corpo) decomposição **4** (dente) cárie ♦ *v.* decair
deceased *adj.* e *n.* falecido
deceit *n.* engano; fraude
deceitful *adj.* enganador
deceive *v.* enganar
deceiver *n.* impostor
December *n.* dezembro
decency *n.* [*pl.* decencies] decência
decent *adj.* decente
deception *n.* engano; fraude
decide *v.* decidir(-se); **to decide against doing something:** decidir não fazer alguma coisa; **I decided to go on holidays:** decidi ir de férias
decigram *n.* decigrama
decigramme *n.* → **decigram**
decilitre *n.* decilitro
decimal *adj.* decimal; **decimal system:** sistema decimal
decimetre *n.* decímetro
decipher *v.* decifrar
decision *n.* decisão; **to take a decision:** tomar uma decisão
decisive *adj.* decisivo

deck *n.* **1** (de navio) coberta; convés **2** (de navio ou autocarro) piso
declaration *n.* declaração; **declaration of war:** declaração de guerra
declare *v.* declarar; **do you have anything to declare?:** tem alguma coisa a declarar?
decline *n.* declínio ◆ *v.* **1** piorar; **his health has been declining:** o seu estado de saúde tem piorado **2** recusar; **he declined my invitation:** recusou o meu convite
decompose *v.* decompor(-se)
decomposition *n.* decomposição
decorate *v.* decorar; **to decorate a house:** decorar uma casa
decoration *n.* **1** decoração; **house decoration:** decoração da casa **2** enfeite; **Christmas decorations:** enfeites de Natal
decorative *adj.* decorativo
decorator *n.* decorador
decrease *v.* diminuir; reduzir ◆ *n.* decréscimo
decreasing *adj.* decrescente
decree *n.* decreto ◆ *v.* decretar
dedicate *v.* dedicar
dedication *n.* **1** dedicação **2** dedicatória
deduce *v.* deduzir; concluir
deduct *v.* (quantia) deduzir; subtrair; **to deduct 10 from 50:** subtrair 10 de 50
deduction *n.* dedução
deed *n.* feito; ação
deep *adj.* profundo; fundo; **deep down:** (lá) no fundo; **the well is ten metres deep:** o poço tem dez metros de profundidade
deeply *adv.* profundamente; intensamente
deer *n.* [*pl.* deer] veado
defeat *n.* derrota; **to admit defeat:** admitir a derrota ◆ *v.* derrotar; **Portugal defeated France by 2 goals to 1:** Portugal derrotou a França por dois golos a um
defective *adj.* defeituoso
defence *n.* defesa; proteção
defend *v.* defender; proteger
defender *n.* **1** defensor **2** DESPORTO defesa
defense *n.* *(Estados Unidos da América)* → **defence**
defensive *adj.* defensivo ◆ *n.* defensiva
deferment *n.* adiamento
deficient *adj.* deficiente; insuficiente; **to be deficient in something:** ter falta de alguma coisa
definite *adj.* **1** definido; **definite article:** artigo definido **2** definitivo; **a definite answer:** uma resposta definitiva
definitely *adv.* definitivamente; sem dúvida; **definitely not!:** claro que não!
definition *n.* definição
deformation *n.* deformação
degree *n.* **1** grau; **a 90-degree angle:** um ângulo de 90 graus; GRAMÁTICA **comparative/superlative degree:** grau comparativo/superlativo; **ten degrees centigrade:** 10 graus centígrados **2** licenciatura; curso; **to take a degree in History:** tirar o curso de História
dehydration *n.* desidratação
dejection *n.* desânimo
delay *n.* atraso; **without delay:** sem demora ◆ *v.* **1** adiar; **to delay the match:** adiar o jogo **2** atrasar-se; **don't delay!:** não te atrases!
delete *v.* apagar; eliminar
deliberate *adj.* deliberado; intencional
deliberately *adv.* deliberadamente; de propósito
deliberation *n.* deliberação
delicate *adj.* delicado

delicatessen *n.* (loja e produtos) charcutaria
delicious *adj.* delicioso
delight *n.* prazer ◆ *v.* deliciar
delighted *adj.* encantado; **I am delighted to be here!:** tenho muito gosto em estar aqui!
delightful *adj.* encantador
delimitation *n.* delimitação
delirium *n.* delírio
deliver *v.* **1** entregar; **to deliver newspapers:** distribuir jornais **2** proferir; **to deliver a speech:** fazer um discurso
delivery *n.* [*pl.* deliveries] **1** (produto) entrega; **delivery service:** entrega ao domicílio **2** (bebé) parto; **delivery room:** sala de partos
deluge *n.* dilúvio
demand *n.* exigência; **to give in to someone's demands:** ceder às exigências de alguém ◆ *v.* exigir; **I demand an explanation:** exijo uma explicação
demanding *adj.* exigente
democracy *n.* [*pl.* democracies] democracia
democrat *n.* democrata
democratic *adj.* democrático
democratization *n.* democratização
demolish *v.* demolir; **to demolish a building:** demolir um edifício
demolition *n.* demolição
demoniac *adj.* demoníaco
demonstrate *v.* **1** demonstrar; **to demonstrate the problem:** demonstrar o problema **2** manifestar-se; **to demonstrate against something:** manifestar-se contra algo; **to demonstrate for something:** manifestar-se a favor de algo
demonstration *n.* demonstração; **to give a demonstration:** fazer uma demonstração
demonstrative *n.* demonstrativo
dengue (fever) *n.* (doença) dengue
denims *n.pl.* calças de ganga
Denmark *n.* Dinamarca
denounce *v.* denunciar
dense *adj.* denso; espesso
density *n.* [*pl.* densities] densidade
dent *v.* amolgar; **to dent the car:** amolgar o carro
dental *adj.* dental; dentário; **dental floss:** fio dental
dentist *n.* dentista; **to go to the dentist's:** ir ao dentista
denture *n.* dentadura postiça
deny *v.* negar
deodorant *n.* desodorizante
depart *v.* ir embora; partir
department *n.* **1** (loja) secção; **toy department:** secção de brinquedos **2** (escola, universidade) departamento; **English literature department:** departamento de Literatura Inglesa
departure *n.* partida; **departure for Lisbon:** partida para Lisboa
depend *v.* depender de; **it depends on you:** isso depende de ti; **that depends:** isso depende
dependent *adj.* dependente; **to be dependent on:** depender de
deposit *n.* depósito ◆ *v.* depositar
depress *v.* deprimir
depressed *adj.* deprimido
depressing *adj.* deprimente
depression *n.* depressão
depressive *adj.* depressivo ◆ *n.* deprimido
depth *n.* **1** profundidade; **the water is five metres in depth:** a água tem cinco metros de profundidade **2** espessura; **this wall is one metre in depth:** esta parede tem um metro de espessura
deputy *n.* [*pl.* deputies] substituto

derive *v.* derivar
dermatologist *n.* dermatologista
dermatology *n.* dermatologia
descending *adj.* decrescente; **in descending order:** por ordem decrescente
descent *n.* **1** descida **2** ascendência; **they are of noble descent:** eles são de ascendência nobre
describe *v.* descrever
description *n.* descrição
descriptive *adj.* descritivo
desert *adj.* deserto; **a desert island:** uma ilha deserta ◆ *n.* deserto ◆ *v.* desertar
deserve *v.* merecer; **our team deserved to win:** a nossa equipa mereceu ganhar
design *n.* **1** padrão; **a floral design:** um padrão floral **2** (criação) design; **interior design:** design de interiores ◆ *v.* desenhar
designation *n.* **1** (nome) designação; denominação **2** (para cargo, função) nomeação
designer *n.* estilista; desenhador
desire *n.* desejo ◆ *v.* desejar
desk *n.* **1** (móvel) secretária **2** (escola) carteira **3** receção; balcão; **information desk:** balcão de informações
desktop *n.* (num computador) área de trabalho ◆ *adj.* de secretária; **desktop computer:** computador de secretária
desolate *adj.* **1** (local) deserto **2** (pessoa) desolado
despair *n.* desespero ◆ *v.* desesperar
desperate *adj.* desesperado; **to be desperate:** estar desesperado
desperately *adv.* **1** desesperadamente; perdidamente; **to be desperately in love:** estar perdidamente apaixonado **2** gravemente; **desperately ill:** gravemente doente
despicable *adj.* desprezível; vil
despise *v.* desprezar
despite *prep.* apesar de; **despite the bad weather, we want to go out:** apesar do mau tempo, nós queremos sair
dessert *n.* sobremesa; **what's for dessert?:** o que há de sobremesa?
destination *n.* destino (de viagem)
destiny *n.* [*pl.* destinies] destino
destroy *v.* destruir
destroyer *n.* **1** destruidor **2** (navio) contratorpedeiro
destruction *n.* destruição
destructive *adj.* destrutivo
detach *v.* separar
detached *adj.* **1** (objeto) autónomo; separado **2** (edifício) independente; **detached house:** casa independente; vivenda
detail *n.* pormenor; detalhe; **in detail:** em pormenor; **to go into details:** entrar em pormenores
detailed *adj.* pormenorizado; detalhado
detect *v.* detetar
detective *n.* detetive; **detective story:** policial
detergent *adj.* e *n.* detergente
determination *n.* determinação
determine *v.* **1** determinar **2** (fronteira) delimitar
determined *adj.* decidido; **I am determined to go:** estou decidido a ir
deuce *n.* **1** (dados) dois **2** (cartas) duke
develop *v.* desenvolver(-se)
developed *adj.* desenvolvido; **developed countries:** países desenvolvidos
development *n.* desenvolvimento
device *n.* aparelho; dispositivo; **explosive device:** engenho explosivo
devil *n.* demónio; diabo
devote *v.* dedicar; consagrar
devout *adj.* devoto
dew *n.* orvalho ◆ *v.* orvalhar

dewdrop *n.* gota de orvalho
diabetes *n.* diabetes
diabetic *adj. e n.* diabético
diagnosis *n.* [*pl.* diagnoses] diagnóstico
diagnostic *adj.* diagnóstico
diagonal *adj. e n.* diagonal
diagram *n.* diagrama; gráfico
dial *n.* **1** disco (de telefone) **2** mostrador (de relógio) ◆ *v.* discar; marcar; **to dial a wrong number:** marcar um número errado
dialect *n.* dialeto
dialogue *n.* diálogo
diameter *n.* diâmetro; **1 metre in diameter:** 1 metro de diâmetro
diamond *n.* diamante; **diamond ring:** anel de diamantes
diamonds *n.pl.* (cartas) naipe de ouros; **queen of diamonds:** rainha de ouros
diaper *n. (Estados Unidos da América)* fralda
diarrhoea *n.* diarreia
diary *n.* [*pl.* diaries] diário; **to keep a diary:** ter um diário
dice *n.* [*pl.* dice] dados; **to play dice:** jogar aos dados; **to roll dice:** lançar os dados
dictate *v.* ditar
dictation *n.* ditado; **to take dictation:** fazer um ditado
dictionary *n.* [*pl.* dictionaries] dicionário; **illustrated dictionary:** dicionário ilustrado; **to look up a word in the dictionary:** procurar uma palavra no dicionário
die *v.* morrer
diet *n.* dieta; **to be on a diet:** estar de dieta
difference *n.* diferença; **to make a difference:** ser relevante; ter importância; **make all the difference:** fazer toda a diferença; ser muito importante; **to make no difference:** não fazer diferença; ser irrelevante
different *adj.* diferente
difficult *adj.* difícil; complicado
difficulty *n.* [*pl.* difficulties] dificuldade
dig *v.* cavar; escavar
digestive *adj.* digestivo; **digestive tract:** aparelho digestivo
digger *n.* (máquina) escavadora
digit *n.* dígito; algarismo
digital *adj.* digital; **digital watch:** relógio digital
dilemma *n.* dilema
dim *adj.* **1** fraco; pálido; **dim light:** luz fraca **2** vago; **dim memories:** recordações vagas ◆ *v.* (luz) diminuir
dime *n.* (dólar americano) dez cêntimos; *(informal)* **it's not worth a dime:** não vale um chavo
diminish *v.* diminuir; reduzir
diminutive *n.* diminutivo
dimple *n.* covinha (na face)
dining room *n.* sala de jantar
dinner *n.* jantar; **at dinner time:** à hora de jantar
dinosaur *n.* dinossauro
dip *n.* **1** mergulho; **to go for a dip:** ir dar um mergulho **2** inclinação; declive; **a dip in the road:** uma inclinação na estrada ◆ *v.* mergulhar; molhar; **to dip something in the water:** molhar alguma coisa na água
diploma *n.* [*pl.* diplomas] diploma
diplomacy *n.* diplomacia
diplomat *n.* diplomata
diplomatic *adj.* diplomático
direct *adj.* **1** direto; **a direct consequence:** uma consequência direta **2** franco; frontal; **you are very direct:** és muito frontal ◆ *v.* **1** direcionar; orientar; **could you direct me to the school?:** podia-me indicar o caminho

da escola? **2** dirigir; **to direct a firm:** dirigir uma firma **3** realizar; **to direct a film:** realizar um filme

direction *n.* **1** direção; **to be in the right direction:** estar na direção certa **2** orientação; **sense of direction:** sentido de orientação

directly *adv.* **1** diretamente; **to come directly home:** vir diretamente para casa **2** mesmo; precisamente; **directly opposite:** mesmo em frente **3** imediatamente; logo; **to go directly to bed:** ir logo para a cama

director *n.* **1** (de empresa) diretor **2** (de filme ou peça) realizador

directory *n.* [*pl.* directories] lista telefónica; **to look up in the directory:** procurar na lista telefónica

dirt *n.* sujidade; porcaria

dirty *adj.* **1** sujo; imundo; **dirty fingernails:** unhas sujas **2** indecente; **dirty words:** palavrões ♦ *v.* sujar

disability *n.* [*pl.* disabilities] deficiência; invalidez; **person with disability:** pessoa com deficiência

disabled *adj.* **1** (pessoa) com deficiência **2** (mecanismo) desativado

disadvantage *n.* desvantagem

disagree *v.* discordar; **to disagree with somebody:** discordar de alguém

disagreeable *adj.* desagradável

disagreement *n.* desacordo; discordância

disappear *v.* desaparecer

disappearance *n.* desaparecimento

disappoint *v.* desapontar; dececionar

disappointed *adj.* desiludido; desapontado; **to be disappointed at the news:** ficar desapontado com a notícia; **to be disappointed with someone:** estar desiludido com alguém

disappointment *n.* desilusão; desapontamento

disapprove *v.* **1** desaprovar; **I disapprove of your behaviour:** desaprovo o teu comportamento **2** não gostar; **to disapprove of someone:** não gostar de alguém

disarm *v.* desarmar

disarmament *n.* desarmamento

disaster *n.* catástrofe; desastre; **natural disaster:** catástrofe natural

disastrous *adj.* desastroso

disc *n.* disco; **compact disc (CD):** disco compacto; **disc jockey:** disco-jóquei; (computador) **hard disc:** disco duro/rígido

discipline *n.* disciplina ♦ *v.* disciplinar

disco *n.* [*pl.* discos] discoteca

discomfort *n.* desconforto; incómodo

discontentment *n.* descontentamento

discount *n.* desconto; **a five per cent discount:** um desconto de cinco por cento; **at a discount:** com desconto

discourage *v.* desanimar; desencorajar

discouragement *n.* desânimo

discover *v.* descobrir; encontrar

Discoveries *n.pl.* HISTÓRIA Descobrimentos; **the Portuguese Discoveries:** os Descobrimentos Portugueses

discovery *n.* [*pl.* discoveries] descoberta

discuss *v.* discutir; debater

disdain *v.* desprezar; desdenhar

disease *n.* doença

disenchanted *adj.* desencantado; desiludido

disenchantment *n.* desencanto; desilusão

disguise *n.* máscara; disfarce; **in disguise:** disfarçado ♦ *v.* **1** disfarçar; **to disguise one's voice:** disfarçar a voz **2** mascarar; **to disguise oneself as a fairy:** mascarar-se de fada

a b c d e f g h i j k l m n o p q r s t u v w x y z

disgust *n.* nojo; repugnância ◆ *v.* enojar; repugnar
disgusting *adj.* repugnante; nojento; **that's disgusting!:** que nojo!
dish *n.* prato; **dish of the day:** prato do dia; **to do the dishes:** lavar a louça
dishcloth *n.* pano da louça
dishearten *v.* desanimar
dishonest *adj.* desonesto
dishonesty *n.* [*pl.* dishonesties] desonestidade
dishwasher *n.* máquina de lavar louça
disinfect *v.* desinfetar
disinfectant *adj. e n.* desinfetante
disinfection *n.* desinfeção
disinterest *n.* desinteresse
disk *n.* INFORMÁTICA disco
dislike *v.* não gostar de; antipatizar com ◆ *n.* antipatia; **to take a dislike to somebody/something:** sentir antipatia por alguém/algo
dismiss *v.* **1** despedir; **to dismiss someone:** despedir alguém **2** mandar embora; **class dismissed:** a aula terminou **3** pôr de lado; rejeitar; **to dismiss something:** rejeitar qualquer coisa
disobedience *n.* desobediência
disobedient *adj.* desobediente
disobey *v.* **1** desobedecer; **to disobey one's parents:** desobedecer aos pais **2** desrespeitar; **to disobey an order:** desrespeitar uma ordem
dispatch *n.* [*pl.* dispatches] (carta, encomenda) envio ◆ *v.* enviar (carta, encomenda)
displacement *n.* **1** deslocamento **2** (pessoas) desalojamento
display *v.* **1** exibir; fazer uma demonstração de **2** expor; mostrar ◆ *n.* **1** exposição; **to be on display:** estar em exposição **2** exibição; demonstração; **a display of gymnastics:** uma demonstração de ginástica
displease *v.* desagradar
displeasure *n.* desagrado
disposable *adj.* descartável
dispose *v.* dispor; colocar; **to dispose of:** deitar fora; desfazer-se de; livrar-se de
disqualified *adj.* desclassificado
disqualify *v.* desclassificar
disrupt *v.* perturbar
dissatisfaction *n.* insatisfação
dissatisfied *adj.* **1** descontente **2** insatisfeito
dissuade *v.* dissuadir; demover
distance *n.* distância; **at/from a distance:** de longe; **in the distance:** ao longe
distant *adj.* **1** distante; **to live in a distant place:** viver num local distante **2** reservado; **to be a distant person:** ser uma pessoa reservada
distil *v.* destilar
distillery *n.* [*pl.* distilleries] destilaria
distinguish *v.* distinguir(-se); destacar(-se); **to distinguish one thing from the other:** diferenciar uma coisa da outra; **to distinguish oneself:** distinguir-se
distortion *n.* distorção
distress *n.* **1** aflição; angústia; **to be in distress:** estar numa aflição **2** perigo; **the ship is in distress:** o navio está em perigo
distribute *v.* distribuir; repartir
distribution *n.* distribuição; repartição
district *n.* **1** distrito; região; **country districts:** distritos da província **2** zona; **the fancy district of the town:** a zona chique da cidade
distrust *n.* desconfiança ◆ *v.* desconfiar de
distrustful *adv.* desconfiado
disturb *v.* incomodar; interromper; **do not disturb!:** não incomodar!; **I'm**

sorry to disturb you: desculpa incomodar-te
disturbance *n.* distúrbio; perturbação; **disturbance of public order:** perturbação da ordem pública
disturbing *adj.* perturbador
ditto *adv. (informal)* idem; a mesma coisa
divan *n.* divã; sofá
dive *n.* mergulho; **to go for a dive:** dar um mergulho ◆ *v.* mergulhar; **he dived into the river:** ele mergulhou no rio
diver *n.* mergulhador
divide *v.* dividir(-se); **divide six by three:** divide seis por três; **divide up into small groups:** dividam-se em pequenos grupos
diving *n.* mergulho; **diving suit:** escafandro
divorce *n.* divórcio ◆ *v.* divorciar-se (de)
divorced *adj.* divorciado
divorcee *n.* pessoa divorciada
dizzy *adj.* tonto; zonzo
do *n.* [*pl.* dos] (nota musical) dó ◆ *v.* **1** fazer; preparar; **what are you doing?:** o que estás a fazer? **2** lavar; **to do the dishes:** lavar a loiça; **to do the laundry:** lavar a roupa **3** arranjar; **to do your hair:** arranjar o cabelo **4** estudar; **she's doing History:** ela estuda História **5** passar; **how do you do?:** como tem passado?; como vai?
dobra *n.* (moeda de São Tomé e Príncipe) dobra
dock *n.* **1** doca; cais **2** (tribunal) banco dos réus
dockland *n.* zona portuária
dockyard *n.* estaleiro
doctor *n.* médico; **family doctor:** médico de família; **to go to the doctor:** ir ao médico
doctorate *n.* doutoramento; **to get a doctorate:** fazer o doutoramento
doctrine *n.* doutrina
document *n.* documento ◆ *v.* documentar
documental *adj.* documental
documentary *n.* documentário
documentation *n.* documentação
dodgem *n.* (feira popular) carrinho de choque
dog *n.* cão
do-it-yourself *n.* bricolage
doll *n.* boneca; boneco; **doll's house:** casa de bonecas
dollar *n.* dólar
dolmen *n.* [*pl.* dolmens] dólmen
dolphin *n.* golfinho
domain *n.* domínio
dome *n.* cúpula
domestic *adj.* **1** doméstico; **domestic violence:** violência doméstica **2** interno; nacional; **domestic politics:** política interna/nacional
dominant *adj.* dominante
dominate *v.* dominar
domineering *adj.* dominador
domino *n.* [*pl.* dominoes] (pedra) dominó ❖ **domino effect:** efeito dominó
dominoes *n.pl.* (jogo) dominó; **to play dominoes:** jogar dominó
donate *v.* doar
donation *n.* **1** donativo **2** (ato) doação; **organ donation:** doação de órgãos; **to make a donation:** fazer uma doação
donkey *n.* (animal) burro; jumento
donor *n.* doador; dador; **blood donor:** dador de sangue
door *n.* porta; **to answer the door:** ver quem está à porta; **to knock on the door:** bater à porta
doorbell *n.* campainha da porta
doorman *n.* [*pl.* doormen] porteiro
doorstep *n.* degrau da entrada; **to be on the doorstep:** estar ao pé da porta

door-to-door *adj.* porta a porta; ao domicílio
dormitory *n.* [*pl.* dormitories] dormitório
dose *n.* dose; porção
dot *n.* ponto; pinta
double *adj.* 1 duplo; **double meaning:** duplo sentido 2 de casal; **double bed:** cama de casal ◆ *n.* 1 (quantidade) dobro 2 (ator) duplo ◆ *v.* duplicar
double bass *n.* (instrumento) contrabaixo
double-decker *n.* autocarro de dois andares
doubt *n.* dúvida; **no doubt!:** sem dúvida! ◆ *v.* duvidar de; **I doubt it!:** (eu) duvido!; **to doubt one's word:** duvidar da palavra de alguém
doubtful *adj.* duvidoso
dove *n.* pomba
dovecote *n.* pombal
down *adv.* abaixo; para baixo; **three floors down:** três andares abaixo; **to look down:** olhar para baixo ◆ *prep.* abaixo; **to move down the river:** mover-se rio abaixo ◆ *adj.* em baixo; abatido; **to look down:** estar em baixo
downcast *adj.* abatido; cabisbaixo
download *n.* (ficheiro, programa) transferência; carregamento
downstairs *adv.* 1 escada abaixo; **to go downstairs:** descer 2 em baixo; para baixo; **are you downstairs?:** estás aí em baixo? ◆ *adj.* do andar de baixo; **my neighbour downstairs is nice:** o meu vizinho do andar de baixo é simpático
doze *n.* soneca; **to have a doze:** fazer uma soneca ◆ *v.* dormitar
dozen *n.* dúzia; **half a dozen:** meia dúzia
draft *n.* 1 rascunho 2 esboço ◆ *v.* fazer o rascunho de; **to draft a letter:** fazer o rascunho de uma carta
drag *v.* arrastar
dragon *n.* dragão
dragonfly *n.* libélula; libelinha
drain *n.* cano de esgoto ◆ *v.* 1 escorrer; escoar; **to drain the dishes:** escorrer os pratos 2 drenar; **to drain a lake:** drenar um lago
drama *n.* 1 peça de teatro 2 drama
dramatic *adj.* dramático
drastic *adj.* drástico; **drastic measures:** medidas drásticas
draught *n.* corrente de ar
draughtboard *n.* (jogo de damas) tabuleiro
draughts *n.pl.* jogo de damas
draughtsman *n.* [*pl.* draughtsmen] peça do jogo de damas
draw *n.* (competição, jogo) empate ◆ *v.* 1 desenhar; traçar; **to draw a flower:** desenhar uma flor; **to draw a line:** traçar uma linha 2 tirar; **to draw water from a well:** tirar água do poço
drawer *n.* gaveta
drawers *n.pl.* ceroulas
drawing *n.* desenho; **drawing board:** estirador; **drawing pin:** pionés; **to make a drawing:** fazer um desenho
dreadful *adj.* horrível; medonho
dream *n.* sonho; **to fulfil a dream:** concretizar um sonho; **to have a dream:** ter um sonho ◆ *v.* sonhar; **to dream about a trip:** sonhar com uma viagem; **to dream of someone:** sonhar com alguém
dress *n.* [*pl.* dresses] vestido ◆ *v.* vestir-se; **to get dressed:** vestir-se
dressing *n.* 1 (ferida) curativo 2 (salada) molho ◆ **dressing room:** camarim
dressing-gown *n.* roupão
dribble *n.* 1 baba 2 perdigoto ◆ *v.* 1 babar-se 2 (basquetebol) driblar

dried *adj.* 1 seco; **dried fruits:** frutos secos 2 em pó; **dried milk:** leite em pó
drill *n.* broca
drink *n.* bebida ◆ *v.* beber
drip *n.* gota ◆ *v.* pingar
drive *v.* (veículo) conduzir; guiar; **I can't drive:** não sei conduzir; **to drive a car:** guiar um automóvel ◆ *n.* passeio (de carro, camioneta, etc.); **to go for a drive:** ir dar um passeio (de carro, de camioneta)
driver *n.* condutor; automobilista
driving *n.* condução; **dangerous driving:** condução perigosa ◆ *adj.* de condução; **driving licence:** carta de condução; **driving school:** escola de condução
drizzle *n.* chuva miudinha; morrinha ◆ *v.* chuviscar
drone *n.* abelhão; zângão
drop *n.* 1 gota; pingo; **a drop in the ocean:** uma gota no oceano; **a drop of milk:** uma pinga de leite 2 descida; **a drop in temperature:** uma descida da temperatura ◆ *v.* 1 cair; **to drop to one's knees:** cair de joelhos 2 desmaiar; desfalecer; **to work until you drop:** trabalhar até desfalecer 3 deixar cair; **to drop a book:** deixar cair um livro 4 deixar; largar; **to drop someone home:** deixar alguém em casa 5 baixar; **to drop prices:** baixar os preços
drought *n.* seca
drove *n.* rebanho; manada
drown *v.* afogar-se; **to drown at sea:** afogar-se no mar
drowned *adj.* afogado
drowning *n.* afogamento
drug *n.* 1 FARMÁCIA medicamento 2 droga; **drug addict:** toxicodependente; **to take drugs:** drogar-se
Druid *n.* druida
drum *n.* tambor
drummer *n.* baterista
drums *n.pl.* bateria; **he plays drums:** ele toca bateria
drunk *adj.* e *n.* bêbedo; **to get drunk:** embebedar-se
drunkard *n.* bêbedo
drunken *adj.* bêbedo; alcoolizado
dry *adj.* 1 seco; **dry climate:** clima seco; **dry skin:** pele seca 2 árido; **dry soil:** solo estéril ◆ *v.* secar
dry-clean *v.* limpar a seco
dryer *n.* secador (de roupa ou cabelo)
duchess *n.* [*pl.* duchesses] duquesa
duck *n.* [*pl.* duck, ducks] pato
duckling *n.* patinho; **rubber duck:** patinho de borracha; **ugly duckling:** patinho feio
duct *n.* 1 conduta 2 ANATOMIA canal
dud *n.* inutilidade ◆ *adj.* inútil; ineficaz ◇ **dud cheque:** cheque sem cobertura
due *adj.* 1 esperado; **the train is due at 5 p.m.:** o comboio deve chegar às 5 da tarde 2 devido; **in due time:** na altura devida
duel *n.* duelo; **to challenge somebody to a duel:** desafiar alguém para um duelo ◆ *v.* bater-se em duelo
duet *n.* dueto
duke *n.* duque
dukedom *n.* ducado
dull *adj.* 1 aborrecido; monótono; **a boring job:** um trabalho monótono 2 sem brilho; opaco; **a dull colour:** uma cor sem brilho
dullness *n* 1 monotonia 2 lentidão 3 falta de brilho
duly *adv.* 1 devidamente 2 pontualmente
dummy *n.* [*pl.* dummies] *(linguagem infantil)* chupeta
dump *n.* lixeira

dump bin *n.* expositor de produtos
dune *n.* duna
dungarees *n.pl.* (calças) jardineiras
dungeon *n.* masmorra
duo *n.* [*pl.* duos] **1** (composição) dueto **2** (par) duo
duodenum *n.* [*pl.* duodenums, duodena] duodeno
duration *n.* duração
during *prep.* durante; **during the day:** durante o dia
dust *n.* pó; poeira ◆ *v.* limpar o pó a
dustbin *n.* balde do lixo; contentor de lixo
duster *n.* (quadro de escola) apagador
dustman *n.* [*pl.* dustmen] lixeiro; varredor
dustpan *n.* apanhador
dusty *adj.* empoeirado; poeirento
Dutch *adj.* holandês ◆ *n.* **1** (língua) neerlandês **2** (pessoa) holandês; **the Dutch:** os holandeses
Dutchman *n.* [*pl.* Dutchmen] holandês
Dutchwoman *n.* [*pl.* Dutchwomen] holandesa
duty *n.* [*pl.* duties] **1** dever; obrigação; **to do one's duty:** cumprir o dever **2** serviço; **to be off duty:** não estar de serviço; **to be on duty:** estar de serviço **3** função; **the duties of the president:** as funções do presidente **4** imposto; taxa; **to pay a duty:** pagar um imposto
duvet *n.* edredão
DVD [*abrev. de* Digital Versatile Disc ou Digital Video Disc] DVD
dwarf *adj. e n.* [*pl.* dwarves, dwarfs] anão
dye *n.* tinta (para cabelo ou roupa) ◆ *v.* **1** pintar; **to dye one's hair:** pintar o cabelo **2** tingir; **to dye (something) blue:** tingir (alguma coisa) em azul
dyer *n.* tintureiro; **dyer's:** tinturaria
dynamic *adj.* dinâmico
dynamite *n.* dinamite
dynasty *n.* dinastia

E

e *n.* (letra) e

E *n.* [*pl.* E's, Es] **1** (escola) nota negativa **2** (nota musical) mi

each *adj.* cada; **each day:** cada dia ◆ *adv. e pron.* cada um; **each of the boys has got a bike:** cada um dos rapazes tem uma bicicleta; **each other:** um ao outro

eager *adj.* desejoso; ansioso; **they're eager to leave:** eles estão ansiosos por partir; **to be eager to learn:** estar desejoso de aprender

eagle *n.* águia

ear *n.* **1** orelha; **to be all ears:** ser todo ouvidos **2** ouvido; **to play by ear:** tocar de ouvido

earache *n.* dor de ouvidos

eardrum *n.* (ouvido) tímpano

earl *n.* conde

early *adv.* **1** cedo; **early in the morning:** de manhã cedo **2** no princípio; **early in the year:** no princípio do ano ◆ *adj.* cedo; **you're early:** chegaste cedo

earn *v.* ganhar; receber; **how much do you earn?:** quanto ganhas?; **to earn one's living:** ganhar a vida

earnest *adj.* sério; formal; **in earnest:** a sério

earring *n.* brinco

Earth *n.* (planeta) Terra

earthquake *n.* terramoto; sismo

earthworm *n.* minhoca

earwax *n.* (ouvidos) cera

ease *n.* **1** facilidade; **to swim with ease:** nadar com facilidade **2** à-vontade; **to be at ease:** estar à vontade ◆ *v.* aliviar; **to ease the pain:** aliviar a dor

easel *n.* cavalete

easily *adv.* facilmente

east *n.* **1** este; leste; **go east:** vai para este **2** oriente; **Middle East:** Médio Oriente ◆ *adj.* de este; de leste; **east winds:** ventos de leste

Easter *n.* Páscoa; **Easter eggs:** ovos de Páscoa

easterly *adj.* leste; **easterly wind:** vento leste

eastern *adj.* oriental; do Oriente; de leste

easterner *n.* (pessoa) oriental

East Timor *n.* Timor-Leste

East Timorese *adj. e n.* timorense

eastward *adj.* leste ◆ *adv.* para leste

easy *adj.* fácil; **easy to get:** fácil de obter; **that's an easy question:** essa pergunta é fácil ❖ **take it easy!:** tem calma!

eat *v.* comer; **to eat well:** comer bem

e-book *n.* livro eletrónico

e-business *n.* negócio realizado através da internet

eccentric *adj.* excêntrico; extravagante

eccentricity *n.* excentricidade

echo *n.* [*pl.* echoes] eco ◆ *v.* fazer eco; ecoar

eclipse *n.* eclipse; **lunar eclipse:** eclipse lunar; **solar eclipse:** eclipse solar

ecocentre *n.* ecocentro

ecological *adj.* ecológico

ecologist *n.* ecologista

ecology *n.* ecologia

e-commerce *n.* comércio eletrónico

economic *adj.* económico

economical *adj.* poupado; **to be an economical person:** ser uma pessoa poupada
economy *n.* [*pl.* economies] economia; (bilhete de avião ou comboio) **economy class:** classe turística; **to make economies:** fazer economias; poupar
ecosystem *n.* ecossistema
ecstasy *n.* [*pl.* ecstasies] êxtase
edge *n.* **1** borda; **edge of a cliff:** beira de um precipício **2** gume; fio; **the edge of the knife:** o gume da faca
edible *adj.* comestível; **edible mushrooms:** cogumelos comestíveis
edit *v.* **1** (texto, filme) editar **2** (publicação) coordenar
edition *n.* **1** edição; **new edition:** nova edição; **updated edition:** edição atualizada **2** (televisão, rádio) emissão
educate *v.* educar
educated *adj.* educado; instruído
education *n.* ensino; educação; **elementary education:** ensino básico; **physical education:** educação física; **private education:** ensino privado; **state education:** ensino público
educational *adj.* educativo; **educational toys:** brinquedos educativos
eel *n.* enguia
effect *n.* efeito; **greenhouse effect:** efeito de estufa; **special effects:** efeitos especiais
effective *adj.* eficaz
effectively *adv.* **1** eficazmente **2** com efeito
effectiveness *n.* eficácia
effervescent *adj.* efervescente
efficiency *n.* **1** (pessoa) eficiência **2** (máquina) rendimento
efficient *adj.* eficiente
effort *n.* esforço; **to make an effort:** fazer um esforço; esforçar-se
egg *n.* ovo; **boiled egg:** ovo cozido; **fried egg:** ovo estrelado; **scrambled eggs:** ovos mexidos; **to lay an egg:** pôr um ovo
eggshell *n.* casca de ovo
egocentric *adj.* egocêntrico
egoism *n.* egoísmo
egoist *n.* egoísta
egoistic *adj.* egoísta
Egypt *n.* Egito
Egyptian *adj. e n.* egípcio
eiderdown *n.* edredão
eight *num.card. e n.* oito; **in eight days from now:** dentro de oito dias
eighteen *num.card. e n.* dezoito; **he is eighteen:** ele tem dezoito anos
eighteenth *adj.num.* décimo oitavo; **the eighteenth day of the month:** o décimo oitavo dia do mês
eighth *adj.num.* oitavo; **the eighth pupil:** o oitavo aluno
eighth-finals *n.pl.* oitavos de final
eightieth *adj.num.* octogésimo; **the eightieth part:** a octogésima parte
eighty *num.card. e n.* oitenta; **my grandpa is eighty:** o meu avô tem oitenta anos
either *pron.* **1** ambos; **on either side of the house:** de ambos os lados da casa **2** nenhum; **I don't like either car:** não gosto de nenhum dos carros **3** um ou outro; **do it either way:** fá-lo de um modo ou de outro ◆ *adv.* (frase negativas) também; **I don't like chocolate and he doesn't either:** não gosto de chocolate e ele também não ◆ *conj.* ou; quer; **either today or tomorrow:** ou hoje ou amanhã
elastic *adj. e n.* elástico
elbow *n.* cotovelo
elderly *adj.* idoso; **elderly man:** ancião
elect *v.* eleger

election *n.* eleição; **election campaign:** campanha eleitoral
electoral *adj.* eleitoral; **electoral campaign:** campanha eleitoral
electorate *n.* eleitorado
electric *adj.* elétrico
electrical *adj.* elétrico; **electrical appliance:** eletrodoméstico
electrician *n.* eletricista
electricity *n.* eletricidade
electrocution *n.* eletrocussão
electron *n.* eletrão
electronic *adj.* eletrónico; **electronic mail:** correio eletrónico
electronics *n.* eletrónica
elegance *n.* elegância
elegant *adj.* elegante
element *n.* elemento
elementary *adj.* elementar; **elementary school:** escola primária
elephant *n.* elefante
elevator *n.* *(Estados Unidos da América)* elevador
eleven *num.card. e n.* onze; **to arrive at eleven:** chegar às onze
eleventh *adj.num.* décimo primeiro; **the eleventh player:** o décimo primeiro jogador
elf *n.* [*pl.* elves] duende
eliminate *v.* **1** eliminar **2** excluir
elite *n.* elite
Elizabethan *adj.* HISTÓRIA isabelino (da rainha Isabel I)
ellipse *n.* GEOMETRIA elipse
else *adv.* **1** mais; **anybody else?:** mais alguém?; **anything else?:** mais alguma coisa?; **nothing else:** nada mais **2** de outro modo; **or else:** se não, vais ver
elsewhere *adv.* noutro lado
email *n.* correio eletrónico ◆ *v.* enviar por correio eletrónico
e-mail *n.* → **email**
emancipate *v.* emancipar(-se)
embark *v.* embarcar; **to embark on a ship:** embarcar num navio
embarrass *v.* embaraçar; fazer passar uma vergonha
embarrassing *adj.* embaraçoso; **how embarrassing!:** que vergonha!
embarrassment *n.* embaraço
embassy *n.* [*pl.* embassies] embaixada
embrace *v.* **1** abraçar(-se); **they embraced:** eles abraçaram-se **2** (ideia, crença) adotar
embroidery *n.* [*pl.* embroideries] bordado
embryo *n.* [*pl.* embryos] embrião
emerald *n.* (pedra preciosa) esmeralda ◆ *adj.* (cor) verde-esmeralda
emergency *n.* [*pl.* emergencies] **1** emergência; **emergency exit:** saída de emergência; **in case of emergency:** em caso de emergência **2** urgência; (num hospital) **emergency ward:** sala de urgências
emigrant *adj. e n.* emigrante
emigrate *v.* emigrar
emigration *n.* emigração
emotion *n.* emoção
emotional *adj.* **1** emotivo; **she is very emotional:** ela é muito sensível **2** emocionado; **to get emotional:** emocionar-se
emotive *adj.* emotivo
emotiveness *n.* emotividade
emperor *n.* imperador
emphasis *n.* ênfase; destaque; **to lay/place emphasis on:** dar ênfase a
emphasize *v.* realçar; destacar
empire *n.* império
employ *v.* empregar; contratar
employee *n.* funcionário; empregado
employer *n.* patrão
employment *n.* emprego

empress *n.* imperatriz
empty *adj.* vazio; **on an empty stomach:** com o estômago vazio; em jejum ◆ *v.* esvaziar; **to empty out one's pockets:** esvaziar os bolsos
encephalon *n.* encéfalo
enclave *n.* enclave
enclose *v.* 1 cercar; rodear; **the house is enclosed by a fence:** a casa é rodeada por uma cerca 2 anexar; **to enclose a catalogue:** anexar um catálogo
encode *v.* codificar
encounter *n.* encontro inesperado ◆ *v.* encontrar-se com
encourage *v.* encorajar
encouragement *n.* encorajamento; estímulo
encouraging *adj.* encorajador; animador
encyclopaedia *n.* enciclopédia
encyclopaedic *adj.* enciclopédico
end *n.* 1 fim; **at the end:** por fim; **in the end:** no final; no fim de contas; **to put an end to:** acabar com 2 extremidade; ponta; **from end to end:** dum extremo a outro ◆ *v.* 1 acabar; terminar; **my journey ends here:** a minha viagem termina aqui 2 pôr um fim a; acabar com; **to end the strike:** acabar com a greve
endanger *v.* pôr em perigo; ameaçar
endangered *adj.* ameaçado; em perigo; **endangered species:** espécies em vias de extinção
ending *n.* fim; final; **happy ending:** final feliz
endless *adj.* interminável
enemy *adj. e n.* [*pl.* enemies] inimigo
energetic *adj.* enérgico; dinâmico
energetically *adv.* energicamente
energy *n.* [*pl.* energies] energia
engaged *adj.* 1 ocupado; (telefone) **engaged tone/signal:** sinal de ocupado 2 comprometido (com alguém); **to get engaged to:** ficar noivo de
engagement *n.* 1 noivado; **engagement ring:** aliança de noivado 2 compromisso; **to have an engagement:** ter um compromisso
engine *n.* 1 motor 2 locomotiva
engineer *n.* engenheiro
engineering *n.* engenharia; **civil engineering:** engenharia civil; **mechanical engineering:** engenharia mecânica
England *n.* Inglaterra

> A **Inglaterra** é um dos quatro países que formam o Reino Unido (juntamente com a Escócia, o País de Gales e a Irlanda do Norte). Ocupa a parte sul da ilha da Grã-Bretanha (excluindo, a oeste, o território do País de Gales) e faz fronteira a norte com a Escócia. A capital da Inglaterra é Londres.

English *adj.* inglês; **the English Channel:** o Canal da Mancha ◆ *n.* (pessoa, língua) Inglês; **the English:** os ingleses
Englishman *n.* [*pl.* Englishmen] inglês
English-speaking *adj.* de língua inglesa
Englishwoman *n.* [*pl.* Englishwomen] inglesa
engross *v.* absorver (interesse, atenção)
enigma *n.* enigma
enigmatic *adj.* enigmático
enjoy *v.* gostar de; apreciar; **enjoy your meal!:** bom apetite!; **I enjoy swimming:** gosto de nadar; **to enjoy oneself:** divertir-se
enjoyable *adj.* agradável
enjoyment *n.* prazer; divertimento
enlarge *v.* alargar; aumentar

enlargement *n.* alargamento; ampliação
enormous *adj.* enorme
enough *adj.* suficiente; bastante; **more than enough:** mais do que suficiente; **that's enough!:** basta! ◆ *adv.* bastante; suficientemente; **is it big enough?:** é suficientemente grande?
enrol *v.* inscrever(-se); matricular(-se); **to enrol new candidates:** inscrever novos candidatos; **to enrol on a course:** inscrever-se num curso
enter *v.* **1** entrar; **please enter:** faça o favor de entrar **2** participar em; **to enter the play:** participar na peça de teatro **3** inscrever-se em; **to enter the school:** inscrever-se na escola
enterprise *n.* **1** empresa **2** projeto
entertain *v.* **1** entreter; **to entertain somebody with jokes:** entreter alguém com piadas **2** receber visitas; **we entertain a lot:** nós recebemos muitas visitas
entertainer *n.* artista de entretenimento
entertainment *n.* entretenimento; diversão
enthusiasm *n.* entusiasmo
enthusiastic *adj.* entusiástico
entire *adj.* inteiro; todo; **the entire month:** o mês inteiro
entirely *adv.* inteiramente; totalmente
entity *n.* [*pl.* entities] entidade
entrance *n.* entrada; **back entrance:** porta de serviço; **front entrance:** entrada principal
entry *n.* [*pl.* entries] **1** entrada; **main entry:** entrada principal; **no entry:** entrada proibida **2** participação; inscrição; **entry form:** impresso de inscrição
envelope *n.* envelope
envious *adj.* invejoso; **to be envious of:** ter inveja de
environment *n.* meio ambiente
environmental *adj.* **1** ambiental; **environmental impact:** impacto ambiental **2** ambientalista; ecológico; **environmental group:** grupo ambientalista/ecologista
environmentalist *n.* ambientalista; ecologista
environmentally *adv.* relativamente ao ambiente; **environmentally sensitive area:** área protegida
environment-friendly *adj.* amigo do ambiente
envy *n.* inveja ◆ *v.* invejar
epic *n.* **1** (poema); epopeia **2** (filme) épico
epicentre *n.* epicentro
epidemic *n.* [*pl.* epidemics] epidemia; **flu epidemic:** epidemia de gripe
epidermis *n.* epiderme
epilepsy *n.* epilepsia
epileptic *adj.* epilético; **an epileptic fit:** um ataque epilético
equal *adj.* igual; equivalente; **equal opportunities:** igualdade de oportunidades; **equal rights:** igualdade de direitos; **the two squares are equal:** os dois quadrados são iguais; **to be on an equal footing with:** estar em pé de igualdade com ◆ *v.* ser igual a; **3 + 3 equals 6:** 3 + 3 é igual a 6
equality *n.* igualdade
equation *n.* equação
equator *n.* equador
equestrian *adj.* equestre; **equestrian statue:** estátua equestre
equinox *n.* [*pl.* equinoxes] equinócio
equip *v.* equipar
equipment *n.* equipamento; material
equivalent *adj.* e *n.* equivalente
era *n.* era; época
erase *v.* apagar; safar
eraser *n.* borracha; **ink eraser:** borracha de tinta

ergonomic *adj.* ergonómico
ergonomics *n.* ergonomia
erosion *n.* erosão
erosive *adj.* erosivo
errand *n.* recado; **to run errands for somebody:** fazer recados a alguém
errata *n.* errata
error *n.* erro; **to make an error:** cometer um erro
erupt *v.* (vulcão) entrar/estar em erupção
eruption *n.* erupção
escalator *n.* escada rolante
escalope *n.* escalope; **veal escalope:** escalope de vitela
escape *n.* fuga ◆ *v.* **1** escapar; fugir; **to escape from jail:** escapar da prisão **2** escapar a/de; evitar; **to escape punishment:** escapar do castigo
escort *n.* escolta; **police escort:** escolta policial
escudo *n.* (moeda de Cabo Verde) escudo
Eskimo *adj. e n.* esquimó
especially *adv.* especialmente; sobretudo
espionage *n.* espionagem
essay *n.* (escola) composição; redação
essence *n.* essência
essential *adj.* essencial; **it's essential that you study:** é essencial que estudes
establish *v.* estabelecer
establishment *n.* estabelecimento
estate *n.* **1** propriedade; quinta **2** urbanização; conjunto de casas
esteem *n.* estima; consideração
estimate *n.* estimativa; avaliação ◆ *v.* estimar; avaliar
estuary *n.* estuário
eternal *adj.* eterno
eternity *n.* [*pl.* eternities] eternidade
ethical *adj.* ético
ethics *n.* ética
ethnic *adj.* étnico; **ethnic group:** etnia; grupo étnico
EU [*abrev. de* European Union] UE [*abrev. de* União Europeia]
eucalyptus *n.* [*pl.* eucalyptuses] eucalipto
euro *n.* [*pl.* euros] euro
Europe *n.* Europa
European *adj. e n.* europeu; **European Commission:** Comissão Europeia; **European Union:** União Europeia
evasion *n.* evasão; fuga; **tax evasion:** fuga ao fisco
eve *n.* véspera; **New Year's Eve:** véspera de Ano Novo
even *adv.* **1** ainda; até; até mesmo; **even better:** ainda melhor; **even so:** mesmo assim **2** mesmo; **even now:** agora mesmo ◆ *adj.* **1** plano; liso; **even surface:** superfície plana **2** par; **even number:** número par **3** equilibrado; **an even match:** um jogo equilibrado
evening *n.* fim do dia; a tarde; a tardinha; o anoitecer; **in the evening:** ao fim do dia
event *n.* **1** acontecimento **2** prova; competição desportiva
ever *adv.* **1** sempre; **they lived happily ever after:** viveram felizes para sempre **2** já; alguma vez; **have you ever been to England?:** já estiveste alguma vez em Inglaterra? **3** nunca; **nothing ever happens:** nunca acontece nada
every *adj.* **1** cada; cada um; **every child has a pencil:** cada criança tem um lápis **2** todos; **every day:** todos os dias; **every time:** de todas as vezes

> **Every** usa-se sempre com um nome no singular: *every day* (*todos os dias*), *every book* (*todos os livros*).

everybody *pron.* toda a gente; **everybody knows that:** toda a gente sabe isso
everyday *adj.* de todos os dias; quotidiano; **everyday life:** vida quotidiana; dia a dia
everyone *pron.* toda a gente; **everyone looks happy:** toda a gente parece feliz
everything *pron.* tudo; **is everything all right?:** está tudo bem?; **thanks for everything!:** obrigado por tudo!
everywhere *adv.* em toda a parte; **he follows her everywhere:** ele segue-a para toda a parte
evidence *n.* **1** prova; **the evidence of the crime:** as provas do crime **2** depoimento; testemunho; **to give evidence:** prestar depoimento; testemunhar
evil *adj.* mau; perverso ◆ *n.* mal; maldade
evolution *n.* evolução; desenvolvimento
ewe *n.* ovelha
exact *adj.* exato; preciso
exactly *adv.* exatamente
exaggerate *v.* exagerar; **don't exaggerate!:** não exageres!
exaggeration *n.* exagero
exam *n.* exame; **to fail an exam:** reprovar num exame; **to pass an exam:** passar num exame; **to take an exam:** fazer um exame
examination *n.* exame
examine *v.* examinar; inspecionar
examiner *n.* examinador
example *n.* exemplo; **can you give me an example?:** podes dar-me um exemplo?; **for example:** por exemplo

> Repara que **example** em inglês se escreve com **a** (depois do x), mas **exemplo** em português escreve-se com **e**.

exceed *v.* exceder; ultrapassar; **to exceed the speed limit:** ultrapassar o limite de velocidade
excellent *adj.* excelente
except *prep.* exceto; menos; **all except one:** todos menos um; **every day except Sunday:** todos os dias exceto domingo
exception *n.* exceção; **with the exception of:** com a exceção de
excerpt *n.* excerto
excess *n.* [*pl.* excesses] excesso
excessive *adj.* excessivo; demasiado
exchange *n.* troca; **in exchange for:** em troca de ◆ *v.* trocar; **to exchange ideas with:** trocar ideias com
excite *v.* excitar; entusiasmar
excited *adj.* excitado
excitement *n.* entusiasmo; excitação; agitação
exciting *adj.* emocionante; excitante
exclaim *v.* exclamar
exclamation *n.* exclamação; **exclamation mark:** ponto de exclamação; *(Estados Unidos da América)* **exclamation point:** ponto de exclamação
exclusion *n.* exclusão
exclusive *adj.* exclusivo
exclusivity *n.* exclusividade
excrement *n.* excremento
excuse *n.* desculpa; justificação; **there's no excuse for being late:** não há desculpa para chegar tarde; **to make excuses:** arranjar desculpas ◆ *v.* desculpar; **excuse me for being late:** desculpe o (meu) atraso; **excuse my interrupting you:** desculpe a interrupção
execution *n.* execução; cumprimento; realização
executive *adj.* e *n.* executivo
exemplary *adj.* exemplar

exercise *n.* exercício; **exercise book:** caderno/livro de exercícios; **physical exercise:** exercício físico ◆ *v.* fazer exercícios; exercitar-se
exfoliation *n.* esfoliação
exhaust *n.* (automóvel) escape
exhaustion *n.* exaustão
exhibit *v.* expor; apresentar ◆ *n.* (numa exposição) obra exposta
exhibition *n.* exposição (de artes); **to be on exhibition:** estar em exposição
exile *n.* exílio; **to go into exile:** exilar-se ◆ *v.* exilar
exist *v.* existir
existence *n.* existência; vida; **to come into existence:** nascer
exit *n.* saída; **emergency exit:** saída de emergência
exodus *n.* êxodo
exotic *adj.* exótico
expansion *n.* **1** (cidade) desenvolvimento **2** (negócio) expansão
expansive *adj.* expansivo
expatriate *n.* expatriado
expect *v.* esperar; estar na expectativa de
expectant *adj.* expectante; que espera; **expectant mother:** futura mãe
expectation *n.* expectativa; esperança
expedition *n.* (viagem) expedição
expel *v.* expulsar; expelir
expense *n.* despesa; custo; **at the expense of:** à custa de
expensive *adj.* caro
experience *n.* experiência ◆ *v.* **1** sentir; **to experience fear:** sentir medo **2** ter; **to experience difficulties:** ter dificuldades
experienced *adj.* experiente
experiment *n.* experiência ◆ *v.* fazer experiências; **to experiment on animals:** fazer experiências em animais
experimental *adj.* experimental
expert *adj. e n.* especialista; perito
expiry *n.* termo; prazo; **expiry date:** prazo de validade
explain *v.* explicar(-se)
explanation *n.* explicação; **there must be an explanation:** tem de haver uma explicação
explanatory *adj.* explicativo
explicit *adj.* explícito
explode *v.* explodir
exploit *v.* explorar; aproveitar-se de; **to exploit somebody:** aproveitar-se de alguém
explore *v.* explorar; **to explore a country:** explorar um país
explorer *n.* explorador; aventureiro
explosion *n.* explosão; detonação
explosive *adj. e n.* explosivo
exponent *n.* expoente
export *n.* exportação ◆ *v.* exportar
expose *v.* expor
express *adj.* expresso; rápido; **express bus:** camioneta expresso; **express post/mail/delivery:** correio expresso ◆ *v.* expressar; exprimir
expression *n.* expressão; **freedom of expression:** liberdade de expressão; **idiomatic expression:** expressão idiomática
expressive *adj.* expressivo
expulsion *n.* expulsão
extend *v.* **1** prolongar; adiar; **to extend a visit:** prolongar uma visita **2** alargar; ampliar; **to extend the road:** ampliar a estrada
extension *n.* **1** (construção) alargamento; ampliação **2** (tempo) prolongamento
extensive *adj.* extensivo
extent *n.* **1** extensão **2** amplitude ✧ **to some extent:** até certo ponto
exterior *n. e adj.* exterior
external *adj.* exterior; externo

extinct *adj.* extinto; **to become extinct:** extinguir-se
extinction *n.* extinção; **to be on the verge of extinction:** estar em vias de extinção
extinguisher *n.* extintor; **fire extinguisher:** extintor de incêndios
extra *adj.* extra; adicional; suplementar; **extra cost:** custos adicionais; (vestuário) **extra-large (XL):** muito grande ◆ *n.* **1** extra; **a car with many extras:** um carro com muitos extras **2** CINEMA, TEATRO figurante ◆ *adv.* a mais; à parte; **accommodation is extra:** o alojamento é à parte
extract *n.* (texto, filme, substância) extrato; **plant extract:** extrato de plantas ◆ *v.* extrair; tirar; **to have a tooth extracted:** extrair/tirar um dente
extraction *n.* extração
extraordinary *adj.* extraordinário
extraterrestrial *adj.* e *n.* extraterrestre
extravagant *adj.* extravagante
extreme *adj.* extremo; **extreme poverty:** pobreza extrema ◆ *n.* extremo; **opposite extreme:** extremo oposto
extremely *adv.* extremamente
extrovert *adj.* e *n.* extrovertido
eye *n.* olho; **to close your eyes:** fechar os olhos; **to open your eyes:** abrir os olhos
eyeball *n.* ANATOMIA globo ocular
eyebrow *n.* sobrancelha
eyelash *n.* [*pl.* eyelashes] pestana
eyelid *n.* pálpebra
eye shadow *n.* sombra (para os olhos)
eye sight *n.* vista; visão; **to have good eyesight:** ver bem; **to have poor eyesight:** ver mal
eyewitness *n.* testemunha ocular

F

f *n.* (letra) f
F *n.* [*pl.* F's, Fs] **1** (escola) nota mais baixa; medíocre **2** (nota musical) fá
fable *n.* fábula; **La Fontaine's Fables:** As fábulas de La Fontaine
fabric *n.* tecido

Repara que **fabric** não significa o mesmo que **fábrica** em português. **Fabric**, em inglês, quer dizer *tecido.*

fabulous *adj.* **1** fabuloso **2** fantástico
façade *n.* fachada
face *n.* **1** cara; face; **face powder:** pó de arroz; **face to face:** face a face **2** careta; **to pull a face:** fazer uma careta ◆ *v.* **1** enfrentar; **you must face the problem:** tens de enfrentar o problema **2** estar virado para; **our house faces north:** a nossa casa está virada a norte
facilities *n.pl.* **1** instalações; **sports facilities:** instalações desportivas **2** equipamento; **transport facilities:** meios de transporte
facility *n.* [*pl.* facilities] **1** facilidade; **with great facility:** com muita facilidade **2** talento; **to have a facility for:** ter talento para
fact *n.* facto; **as a matter of fact:** por acaso; **in fact:** de facto
factor *n.* fator
factory *n.* [*pl.* factories] fábrica
faculty *n.* [*pl.* faculties] faculdade; **to lose one's faculties:** perder as faculdades
fade *v.* **1** (cor) desbotar **2** (memória) desvanecer-se **3** (luz) escurecer
faeces *n.pl.* fezes
fail *v.* **1** (expectativa) falhar **2** (promessa) não cumprir **3** (máquina) avariar **4** (na escola) reprovar ◆ *n.* **1** falta; **without fail:** sem falta **2** (escola) reprovação; chumbo
failure *n.* **1** fracasso; falhanço; insucesso; **academic failure:** insucesso escolar **2** falha; avaria; **engine failure:** falha do motor **3** MEDICINA insuficiência; **kidney failure:** insuficiência renal
faint *adj.* **1** (pessoa) fraco; com tonturas **2** (cor) desmaiado ◆ *v.* desmaiar ◆ *n.* desmaio
fair *adj.* **1** justo; **fair trade:** comércio justo; **that's only fair:** nada mais justo; **to play fair:** fazer jogo limpo **2** (pessoa, atitude) correto **3** (quantidade) considerável ◆ *adv.* honestamente; corretamente ◆ *n.* **1** feira; mercado; **book fair:** feira do livro **2** feira popular
fairy *n.* [*pl.* fairies] fada; **fairy godmother:** fada madrinha; **fairy tale:** conto de fadas
faith *n.* fé; **in good/bad faith:** de boa/má fé; **to have faith in God:** ter fé em Deus
faithful *adj.* (pessoa) fiel; leal; **she is faithful to her principles:** ela é fiel aos seus princípios
fake *adj.* **1** falso; **fake money:** dinheiro falso **2** artificial; **fake fur:** pele artificial
falcon *n.* falcão
fall *n.* **1** queda; **to have a fall:** cair **2** baixa; quebra; **a fall in prices:** descida dos preços **3** *(Estados Unidos da América)* outono ◆ *v.* **1** (pessoa, objeto) cair; **to**

fall asleep: adormecer; **to fall ill:** ficar doente; **to fall in love with:** apaixonar-se por **2** (edifício) ruir **3** (preço, temperatura) baixar

false *adj.* **1** falso; **false alarm:** falso alarme **2** postiço; artificial; **false moustache:** bigode postiço

fame *n.* fama

familiar *adj.* **1** familiar; **this is familiar to me:** isto é-me familiar **2** familiarizado; **to be familiar with the Internet:** estar familiarizado com a Internet

family *n.* [*pl.* families] família; **family doctor:** médico de família; **family name:** apelido; **family planning:** planeamento familiar; **family tree:** árvore genealógica

famine *n.* fome; **famine relief:** luta contra a fome

famous *adj.* famoso; célebre; **he is famous for his work:** ele é célebre pelo seu trabalho; **London is famous for its tourist attractions:** Londres é famosa pelas suas atrações turísticas

fan *n.* **1** fã; **fan club:** clube de fãs **2** leque

fancy *n.* [*pl.* fancies] afeto; afeição; gosto; **she has a fancy to him:** ela gosta dele ◆ *v.* **1** apetecer; desejar; **do you fancy a coffee?:** apetece-te um café? **2** julgar; **I fancy that she's right:** julgo que ela está certa ◆ *adj.* extravagante; sofisticado; **fancy dress:** vestido de fantasia

fantastic *adj.* **1** fantástico; maravilhoso; **what a fantastic day!:** que dia fantástico! **2** *(informal)* excecional; **a fantastic amount of money:** uma quantia excecional **3** fantástico; irreal; **fantastic creatures:** seres fantásticos

fantasy *n.* [*pl.* fantasies] fantasia

far *adv.* longe; **far from home:** longe de casa; **that's too far:** isso é muito longe ◆ *adj.* longínquo; remoto; **a far place:** um local distante; **as far as I am concerned:** no que me diz respeito; **as far as I can remember:** tanto quanto me lembro; **as far as I know:** tanto quanto sei; **how far is it?:** a que distância fica?

fare *n.* (bilhete) tarifa; **return fare:** tarifa de ida e volta

farewell *interj.* adeus! ◆ *n.* despedida; adeus

farm *n.* quinta; **to work on a farm:** trabalhar numa quinta ◆ *v.* **1** cultivar a terra **2** fazer criação de animais

farmer *n.* lavrador; agricultor

farming *n.* agricultura; lavoura

farther *adv.* mais longe; **farther away:** mais para lá ◆ *adj.* mais distante; mais longínquo; **the farther end:** o ponto mais distante

farthest *adv.* mais longe; mais distante ◆ *adj.* mais distante; mais longínquo

fascinate *v.* fascinar; seduzir

fascinating *adj.* fascinante

fascination *n.* fascínio

fashion *n.* moda; **fashion show:** desfile de moda; **out of fashion:** fora de moda; **the latest fashion:** a última moda

fashionable *adj.* moderno; na moda

fast *adj.* **1** (carro) rápido; veloz; (estrada) **fast lane:** via rápida **2** (relógio) adiantado ◆ *adv.* depressa; rapidamente; **he is driving fast:** ele está a conduzir depressa

fasten *v.* (vestuário, cinto) apertar; **fasten your seat belt:** aperta o cinto de segurança

fat *adj.* **1** gordo; **to get fat:** ficar gordo **2** (volume) espesso **3** (alimento) com gordura ◆ *n.* **1** gordura **2** banha

fatal *adj.* fatal; **fatal accident:** acidente fatal

fatality *n.* [*pl.* fatalities] **1** fatalidade **2** (acidente) vítima mortal

DBIPPI-6

fate *n.* destino; sorte
father *n.* **1** pai; **to be a father of three:** ser pai de três filhos; **like father, like son:** tal pai, tal filho **2** RELIGIÃO padre; **the Holy Father:** o Santo Padre; o Papa **3** *(figurado)* criador; inventor
father-in-law [*pl.* fathers-in-law] sogro
fatherly *adj.* paternal
fault *n.* **1** falha; **it's my fault:** a culpa é minha; **technical fault:** falha técnica **2** DESPORTO falta
fauna *n.* fauna
favor *n.* *(Estados Unidos da América)* → **favour**
favour *n.* favor; **can I ask you a favour?:** posso pedir-te um favor?; **to owe somebody a favour:** dever um favor a alguém; **to be in favour of:** ser a favor de
favourable *adj.* favorável; **favourable response:** resposta favorável; **to be favourable to the proposition:** ser favorável à proposta
favourite *adj.* e *n.* favorito
fax *n.* fax; **by fax:** por fax ◆ *v.* enviar por fax; **fax me your answer:** manda-me a resposta por fax
fear *n.* medo; receio; **fear of the dark:** medo do escuro ◆ *v.* recear; ter medo de; **to fear the worst:** temer o pior
fearful *adj.* **1** (pessoa) medroso; receoso **2** (situação) assustador
feather *n.* (de ave) pena; pluma; **feather bed:** colchão de penas
feature *n.* característica; faceta
February *n.* fevereiro
fed up *adj.* *(informal)* farto; cheio; **I'm fed up with this:** estou farto disto; **she's fed up with working as a secretary:** ela está farta de trabalhar como secretária
fee *n.* **1** bilhete; taxa; **entrance fee:** bilhete de entrada **2** (escola, universidade) propina **3** (associação) quota
feeble *adj.* fraco; débil
feed *v.* **1** alimentar(-se); **to feed on plants:** alimentar-se de plantas **2** amamentar
feeding *n.* alimentação; comida; **feeding bottle:** biberão
feel *v.* **1** sentir(-se); **I feel sad:** sinto-me triste; **to feel hungry:** ter fome; **to feel sorry for:** ter pena de **2** (tato) tocar **3** (opinião) pensar ◆ *n.* **1** tato; toque; textura; **I like the feel of wool:** gosto da textura da lã **2** sensibilidade; **to have a feel for music:** ter sensibilidade para música
feeling *n.* **1** sentimento; **a feeling of guilt:** um sentimento de culpa; **no hard feelings:** sem ressentimentos **2** sensação; impressão; **I have a feeling that this is wrong:** tenho a sensação de que isto está errado
feint *n.* finta ◆ *v.* fintar; fazer uma finta
feline *adj.* e *n.* felino
fellow *n.* **1** colega **2** *(informal)* indivíduo
fellowship *n.* companheirismo; **have you ever read "The Fellowship of the Ring"?:** já leste "A Irmandade do Anel"?
felt *n.* feltro; **felt hat:** chapéu de feltro
felt-tip *n.* caneta de feltro; marcador
female *adj.* **1** (sexo) feminino **2** (animal) fêmea ◆ *n.* **1** (animal) fêmea **2** *(informal)* mulher
femur *n.* [*pl.* femurs, femora] fémur
fence *n.* **1** cerca; vedação **2** (equitação) obstáculo ◆ *v.* **1** cercar (com vedação) **2** praticar esgrima
fencer *n.* esgrimista
fencing *n.* **1** esgrima **2** vedação
ferocious *adj.* feroz; cruel
ferry *n.* [*pl.* ferries] ferryboat
fertile *adj.* fértil; fecundo
fervor *n.* *(Estados Unidos da América)* → **fervour**
fervour *n.* fervor; entusiasmo

festival *n.* festival
fetch *v.* ir buscar; trazer; **fetch me a glass of water:** traz-me um copo de água
fever *n.* febre; **he has a fever:** ele tem febre; **high fever:** febre alta
feverish *adj.* febril
few *adj.* pouco; algum; **with a few exceptions:** com algumas exceções ◆ *art.indef.* poucos; alguns; uns; **a few hours later:** umas horas mais tarde
fibber *n. (informal)* mentiroso; aldrabão
fiber *n. (Estados Unidos da América)* → **fibre**
fibre *n.* fibra; **cereals are high in fibre:** os cereais são ricos em fibras; **cotton fibre:** fibra de algodão
fiction *n.* ficção
field *n.* 1 campo; **to plough the field:** lavrar o campo 2 (conhecimento) área; **field trip:** visita de estudo 3 DESPORTO campo; **playing field:** campo de jogos
fierce *adj.* feroz
fifteen *num.card. e n.* quinze
fifteenth *adj.num.* décimo quinto
fifth *adj.num.* quinto
fiftieth *adj.num.* quinquagésimo
fifty *num.card. e n.* cinquenta
fifty-fifty *adj. e adv.* a meias; em partes iguais
fig *n.* 1 (fruto) figo 2 (árvore) figueira
fight *n.* 1 luta 2 discussão ◆ *v.* 1 lutar contra; combater; **to fight injustice:** lutar contra a(s) injustiça(s) 2 lutar; bater-se; **to fight for survival:** lutar pela sobrevivência 3 discutir; **to fight with someone over something:** discutir com alguém sobre alguma coisa
fighter *n.* 1 lutador 2 (avião) caça
figurative *adj.* figurado
figure *n.* 1 MATEMÁTICA algarismo 2 figura; GRAMÁTICA **figure of speech:** figura de estilo; MATEMÁTICA **geometrical figure:** figura geométrica ◆ *v.* 1 *(Estados Unidos da América)* calcular; imaginar 2 (imagem) representar; retratar
file *n.* 1 ficheiro (de documentos); arquivo 2 lima (de unhas ou metais) 3 fila; **in single file:** em fila indiana ◆ *v.* 1 (documentação) arquivar 2 (queixa) registar
fill *v.* 1 encher; **to fill the jug with water:** encher o jarro de água 2 (emprego) preencher; ocupar; **to fill a vacancy:** preencher uma vaga 3 (espaço) encher-se; **the room filled:** a sala encheu-se (de gente)
fillet *n.* filete; **whiting fillets:** filetes de pescada
film *n.* filme; **film star:** estrela de cinema; **to shoot a film:** rodar um filme ◆ *v.* filmar
filter *n.* filtro ◆ *v.* filtrar
filthy *adj.* 1 porco; sujo 2 obsceno
fin *n.* barbatana
final *adj.* 1 final; último; **final stage:** fase final 2 (decisão) definitivo; **and that's final!:** e ponto final! ◆ *n.* (numa competição) final; última prova
finally *adv.* 1 finalmente 2 por último 3 definitivamente
finch *n.* [*pl.* finches] (ave) tentilhão
find *v.* 1 (objeto, pessoa) encontrar; descobrir 2 (recurso, tempo) arranjar ◆ *n.* achado
fine *adj.* 1 excelente; **a fine day:** um dia excelente 2 (objeto) bom; de boa qualidade ◆ *adv.* muito bem; **that's fine!:** está muito bem! ◆ *n.* multa
finger *n.* (mão) dedo ◆ *v.* dedilhar
fingermark *n.* dedada
fingernail *n.* unha
fingerprint *n.* impressão digital
fingertip *n.* ponta do dedo
finish *n.* 1 (processo) fim; final 2 (superfície) acabamento; remate ◆ *v.* 1 acabar;

terminar **2** *(informal)* acabar com **3** (processo) terminar; acabar

finite *adj.* finito; **finite number:** número finito

Finland *n.* Finlândia

Finnish *adj.* finlandês ◆ *n.* (pessoa, língua) finlandês; **the Finnish:** os finlandeses

fir *n.* abeto

fire *n.* **1** fogo; **fire alarm:** alarme de incêndio; **fire engine:** carro dos bombeiros; **to set fire to:** pegar fogo a **2** tiro ◆ *v.* **1** *(informal)* despedir; demitir **2** (arma) disparar; **to fire at someone:** disparar contra alguém

fireman *n.* [*pl.* firemen] bombeiro

fireplace *n.* fogão de sala; lareira

fireproof *adj.* à prova de fogo

firewood *n.* lenha

fireworks *n.pl.* (espetáculo) fogo de artifício

firm *n.* empresa; firma comercial ◆ *adj.* firme; seguro; **to hold firm:** manter-se firme ◆ *v.* firmar; fixar

first *adj.* primeiro; **at first sight:** à primeira vista ◆ *n.* **1** o primeiro; **who is first?:** quem é o primeiro? **2** o princípio; **at first:** no princípio ◆ *adv.* primeiro; em primeiro lugar; **let me go first:** deixa-me ir em primeiro lugar

first-aid *adj.* de primeiros socorros; **first-aid kit:** caixa de primeiros socorros

first-class *adj.* **1** de primeira classe **2** (qualidade) excelente

firstly *adv.* em primeiro lugar

fish *n.* [*pl.* fishes] peixe ◆ *v.* pescar

fisherman *n.* [*pl.* fishermen] pescador

fishing *n.* pesca; **fishing boat:** barco de pesca; **fishing rod:** cana de pesca; **to go fishing:** ir à pesca

fishmonger *n.* peixeiro; (loja) **fishmonger's:** peixaria

fist *n.* punho; mão fechada

fit *v.* **1** adaptar a; caber; **the key doesn't fit the lock:** a chave não entra na fechadura **2** (roupa) assentar; servir; **it fits you well:** assenta-te bem ◆ *n.* ataque; **a coughing fit:** um ataque de tosse; **a fit of laughing:** um ataque de riso ◆ *adj.* **1** próprio; **water fit to drink:** água própria para beber; água potável **2** apropriado; apto; **fit for duty:** apto para o serviço; **fit for the position:** adequado ao lugar **3** (saúde) em boa forma; **as fit as a fiddle:** são como um pero

fitting-room *n.* (loja de roupa) gabinete de prova

five *num.card. e n.* cinco

fix *v.* **1** fixar; **to fix the eyes on:** fixar o olhar em **2** arranjar; consertar; **can you fix the radio?:** és capaz de arranjar o rádio? **3** marcar; **can you fix a date?:** podes marcar uma data?

fizzy *adj.* (bebida) gasoso

fjord *n.* fiorde

flag *n.* bandeira; estandarte; **to hoist the flag:** içar a bandeira; **to strike the flag:** arriar a bandeira

flake *n.* floco; **corn flakes:** flocos de milho; **oatmeal flakes:** flocos de aveia

flame *n.* **1** chama; labareda **2** *(figurado)* paixão ◆ *v.* **1** arder **2** brilhar

flamingo *n.* [*pl.* flamingos, flamingoes] flamingo

flap *n.* **1** (casaco, chapéu) aba **2** (livro) badana ◆ *v.* **1** (asas) bater **2** (com as mãos) abanar; sacudir

flash *n.* [*pl.* flashes] **1** clarão; **a flash of lightning:** o clarão de um relâmpago **2** FOTOGRAFIA flash

flat *n.* **1** *(Grã-Bretanha)* andar; apartamento **2** planície ◆ *adj.* **1** plano; liso; **flat face:** superfície plana **2** vazio; sem ar; **flat tyre:** pneu furado **3** achatado; chato; **flat foot:** pé chato **4** raso; **flat shoes:** sapatos rasos

flatten *v.* **1** alisar **2** achatar
flattering *adj.* **1** lisonjeiro **2** (cor, roupa) que fica bem
flattery *n.* [*pl.* flatteries] lisonja
flautist *n.* flautista
flavor *n.* *(Estados Unidos da América)* → **flavour**
flavour *n.* sabor; gosto; aroma ◆ *v.* CULINÁRIA condimentar
flavoured *adj.* **1** com sabor a **2** aromatizado
flaw *n.* falha; defeito
flea *n.* pulga
flee *v.* escapar a; fugir de
fleet *n.* esquadra; frota
flesh *n.* **1** carne **2** (fruta) polpa ❖ **in the flesh:** em carne e osso
fleshy *adj.* **1** (pessoa) rechonchudo **2** (alimento) suculento; carnudo
flight *n.* **1** voo; **flight simulator:** simulador de voo **2** bando; **a flight of ducks:** um bando de patos **3** (escadas) lanço; **a flight of steps:** um lanço de degraus
float *n.* boia ◆ *v.* **1** (na água) flutuar; boiar **2** (no ar) planar
flock *n.* **1** (aves) bando **2** (carneiros, ovelhas) rebanho
flood *n.* **1** cheia; inundação **2** grande quantidade; torrente ◆ *v.* **1** inundar(-se) **2** (rio) transbordar
floor *n.* **1** chão; soalho **2** (casa) andar; **ground floor:** rés do chão; **to live on the second floor:** viver no segundo andar
floppy disk *n.* disquete
flora *n.* flora
floral *adj.* floral
florist *n.* (loja e vendedora) florista
flour *n.* farinha; **maize flour:** farinha de milho; **manioc flour:** farinha de pau; **wheat flour:** farinha de trigo; **whole flour:** farinha integral
flow *n.* **1** (líquido, trânsito) fluxo; **flow of blood:** fluxo de sangue; **flow of the river:** fluxo do rio **2** (rio) caudal **3** (mar) maré ◆ *v.* **1** (líquido) fluir **2** (rio, regato) correr; **the river flows into the sea:** o rio desagua no mar **3** (maré) encher
flower *n.* flor; (loja) **flower shop:** florista; **wild flowers:** flores campestres
flowerpot *n.* floreira
flu *n.* gripe; **H1N1 flu:** gripe A; **seasonal flu:** gripe sazonal; **to catch flu:** apanhar gripe; **to have flu:** estar com gripe
fluent *adj.* fluente; **he speaks fluent English:** ele fala inglês fluente; **she's fluent in three languages:** ela é fluente em três línguas
flush *n.* [*pl.* flushes] **1** rubor (das faces) **2** (autoclismo) descarga ◆ *v.* **1** (quarto de banho) puxar; **to flush the toilet:** puxar o autoclismo **2** corar
flute *n.* flauta
flutter *v.* esvoaçar
fly *n.* [*pl.* flies] **1** mosca; **not to hurt a fly:** não fazer mal a uma mosca **2** (calças) carcela ◆ *v.* **1** (ave) voar **2** (avião) pilotar; **to fly a plane:** pilotar um avião
flying *adj.* voador; **flying saucer:** disco voador; óvni
foal *n.* potro
foam *n.* espuma; **shaving foam:** espuma de barbear
focus *n.* [*pl.* focuses, foci] **1** foco; centro; **out of focus:** desfocado; **to be the focus of attention:** ser o centro das atenções **2** parte essencial; âmago; **the focus of the question:** o âmago da questão ◆ *v.* concentrar(-se); **focus on work:** concentra-te no trabalho
foetus *n.* [*pl.* foetuses] feto; embrião
fog *n.* nevoeiro
foggy *adj.* (tempo) enevoado; nebuloso
fold *n.* **1** (tecido) prega **2** (papel) dobra; vinco ◆ *v.* **1** (papel) dobrar **2** (braços) cruzar

folder *n.* pasta de arquivo; dossier; capa
foliage *n.* folhagem
folk *n. (informal)* povo; gente ◆ *adj.* tradicional; folclórico; **folk dance:** dança folclórica; **folk tale:** conto popular
folklore *n.* folclore
follow *v.* 1 seguir; perseguir; **to follow the robbers:** perseguir os assaltantes 2 seguir; cumprir; **to follow the instructions:** seguir as instruções
follow-up *n.* continuação
fond *adj.* carinhoso; apaixonado; **to be fond of somebody:** gostar muito de alguém; **to be fond of doing something:** gostar de fazer alguma coisa
food *n.* comida; alimento; **food chain:** cadeia alimentar; **food poisoning:** intoxicação alimentar; **food supplement:** suplemento alimentar; **food wheel:** roda dos alimentos
fool *n.* tolo; parvo; **All Fools' Day:** dia dos enganos; **don't be a fool:** não sejas parvo; **to make a fool of oneself:** fazer figura de parvo ◆ *v.* enganar
foolish *adj.* 1 (comportamento) disparatado 2 (pessoa) tolo
foot *n.* [*pl.* feet] 1 (de pessoa) pé; **to go on foot:** ir a pé 2 (de animal) pata 3 (de montanha) sopé 4 (medida de comprimento) pé
football *n.* futebol; **football match:** jogo de futebol; **football player:** futebolista
footballer *n.* futebolista
footmark *n.* pegada
footnote *n.* nota de rodapé
footstep *n.* passo; passada; **to follow in somebody's footsteps:** seguir os passos de alguém
for *prep.* 1 para; **for you:** para ti; **what for?:** para quê? 2 durante; **for a long time:** durante muito tempo 3 para; **for sale:** à venda ◆ *conj.* porque; visto que; **I must go, for I am already late:** eu tenho de ir (embora) porque já estou atrasada
forbid *v.* proibir; **to forbid someone to do something:** proibir alguém de fazer alguma coisa
forbidden *adj.* proibido
force *n.* força; **by force:** à força ◆ *v.* 1 forçar; obrigar; **to force someone to do something:** forçar alguém a fazer alguma coisa 2 forçar; arrancar à força; **to force a lock:** forçar uma fechadura
forearm *n.* antebraço
forehead *n.* testa
foreign *adj.* 1 estrangeiro; **foreign language:** língua estrangeira 2 externo; **foreign trade:** comércio externo
foreigner *n.* estrangeiro
foresee *v.* prever
forest *n.* floresta; **virgin forest:** floresta virgem
forester *n.* guarda florestal
forever *adv.* para sempre; eternamente; **forever and ever:** para todo o sempre
forget *v.* esquecer(-se); **don't forget to bring the book:** não te esqueças de trazer o livro
forgetfulness *n.* esquecimento
forget-me-not *n.* (flor) miosótis
forgive *v.* perdoar; **I will never forgive you:** nunca te perdoarei; **to forgive somebody for doing something:** perdoar alguém por fazer alguma coisa
forgiveness *n.* perdão; **to ask somebody for forgiveness for something:** pedir perdão a alguém por alguma coisa
fork *n.* garfo
form *n.* 1 forma; **to take the form of:** assumir a forma de 2 tipo; género; **in any form:** de qualquer tipo 3 impresso; formulário; **to fill out a form:** preencher um formulário 4 forma física; **to**

be on form: estar em forma; **to be off form:** estar em baixo de forma ◆ *v.* **1** formar; fazer **2** formar-se

formal *adj.* **1** formal; **formal letter:** carta formal **2** oficial; **a formal protest:** um protesto oficial **3** cerimonioso; **formal dress:** traje de cerimónia

formation *n.* **1** formação; **word formation:** formação de palavras **2** criação; elaboração

former *adj.* anterior; precedente; **on a former occasion:** numa ocasião anterior; **the former president:** o presidente anterior

formidable *adj.* formidável; espetacular

formula *n.* [*pl.* formulas, formulae] **1** fórmula; **chemical formula:** fórmula química **2** (expressão) lugar-comum **3** (bebé) substituto do leite materno ◆ (automobilismo) **Formula One:** Fórmula Um

fort *n.* forte; fortaleza

forte *adj.* (nota musical, andamento) forte ◆ *n.* ponto forte; **cooking is not my forte:** cozinhar não é o meu (ponto) forte

forth *adv.* **1** (movimento) adiante; para a frente; **back and forth:** para trás e para a frente **2** (tempo) diante; **and so forth:** e assim sucessivamente

forthcoming *adj.* futuro; vindouro

fortieth *adj. e num.ord.* quadragésimo

fortnight *n.* quinzena; quinze dias

fortnightly *adj.* quinzenal ◆ *adv.* quinzenalmente

fortress *n.* [*pl.* fortresses] fortaleza; forte

fortunate *adj.* **1** (acontecimento) feliz **2** (pessoa) afortunado; sortudo

fortunately *adv.* felizmente

fortune *n.* **1** fortuna; **to make a fortune:** fazer fortuna **2** sorte; **to try one's fortune:** tentar a sorte **3** destino; **to tell someone's fortune:** ler a sorte de alguém

fortune-teller *n.* adivinho; vidente

forty *num.card. e n.* quarenta

forward *adv.* **1** (movimento) para a frente; **a step forward:** um passo em frente; **backwards and forwards:** para trás e para a frente **2** (tempo) em diante; **from that moment forward:** dali em diante ◆ *adj.* **1** (movimento) para a frente **2** (posição, lugar) da frente ◆ *n.* DESPORTO (jogador) avançado; atacante

fossil *n.* [*pl.* fossils] fóssil

found *v.* **1** (organização) fundar; criar **2** (metal, vidro) fundir

foundation *n.* **1** (instituição) fundação **2** (edifício) alicerce **3** (moral) princípio

founder *n.* fundador

fountain *n.* fonte; fontanário

four *num.card. e n.* quatro; **to be on all fours:** estar de gatas

fourteen *num.card. e n.* catorze

fourteenth *adj.num.* décimo quarto; **fourteenth century:** século catorze

fourth *adj.num.* quarto ◆ *n.* um quarto; a quarta parte

fox *n.* [*pl.* foxes] raposa

fraction *n.* fração; **for a fraction of second:** em menos de um segundo

fracture *n.* fratura ◆ *v.* fraturar(-se)

fragile *adj.* frágil

fragrance *n.* fragrância; aroma

frail *adj.* **1** (saúde, pessoa) débil; fraco **2** (objeto) frágil; delicado

frame *n.* **1** (fotografia, quadro) moldura **2** (janela, porta) caixilho **3** (óculos) armação ◆ *v.* **1** (quadro, fotografia) emoldurar **2** (assunto) enquadrar

framework *n.* armação; estrutura

franc *n.* (moeda da Guiné-Bissau) franco

France *n.* França

frangipani *n. (Moçambique)* (planta) frangipani

frank *adj.* franco; sincero; honesto; **to be frank:** para ser sincero
freckle *n.* sarda
freckly *adj.* sardento
free *adj.* 1 (pessoas, ideias) livre; (futebol) **free kick:** pontapé de livre; **free will:** livre vontade 2 desocupado; livre; **is this seat free?:** este lugar está livre? 3 (preço) grátis; gratuito; **free entry:** entrada gratuita 4 (regras, obrigações) isento; **free from taxes:** isento de impostos ◆ *adv.* gratuitamente; de graça; **for free:** de graça ◆ *v.* 1 (pessoas) libertar; pôr em liberdade 2 (coisas) soltar; desatar
freedom *n.* liberdade; **freedom of speech:** liberdade de expressão; **religious freedom:** liberdade religiosa
freely *adv.* livremente; **to walk around freely:** circular livremente
freeze *v.* congelar; **to freeze food:** congelar comida
freezer *n.* arca frigorífica
French *adj.* francês; *(Estados Unidos da América)* **French fries:** batatas fritas ◆ *n.* (pessoa, língua) francês; **the French:** os franceses
Frenchman *n.* [*pl.* Frenchmen] francês
Frenchwoman *n.* [*pl.* Frenchwomen] francesa
frequency *n.* [*pl.* frequencies] frequência
frequently *adv.* frequentemente
fresh *adj.* fresco; **fresh bread:** pão fresco; **fresh vegetables:** legumes frescos; **it's a bit fresh today!:** o tempo hoje está fresco!; **to catch some fresh air:** apanhar ar fresco
fresher *n.* caloiro
freshwater *adj.* de água doce; **freshwater turtle:** cágado
Friday *n.* sexta-feira
fridge *n.* *(informal)* frigorífico
friend *n.* 1 amigo; **best friend:** melhor amigo; **to be friends with somebody:** ser amigo de alguém; **to make friends:** fazer amigos 2 adepto; defensor; **to be no friend of:** não ser adepto de; (provérbio) **a friend in need is a friend indeed:** os amigos são para as ocasiões
friendly *adj.* amigável; cordial; **a friendly conversation:** uma conversa cordial; **to be friendly to someone:** ser simpático com alguém; **to be on friendly terms with someone:** estar de boas relações com alguém
friendship *n.* amizade; camaradagem
fries *n.pl.* batatas fritas
frighten *v.* assustar
frightened *adj.* assustado; **to be frightened of:** ter medo de
frightening *adj.* assustador
fringe *n.* (cabelo) repa; franja
frizzy *adj.* (cabelo) crespo
frog *n.* rã
from *prep.* 1 (origem) de; **a present from Alan:** um presente do Alan; **she's from Edinburgh:** ela é de Edimburgo 2 (tempo, lugar) a partir de; **from now on:** a partir de agora 3 (limites) desde; de; **from time to time:** de tempos a tempos
front *n.* frente; **to sit at the front:** sentar-se à frente ◆ *adj.* da frente; **front door:** porta da frente; (jornal) **front page:** primeira página
frontier *n.* fronteira; **the frontier between the two countries:** a fronteira entre os dois países
frown *n.* sobrolho franzido; olhar severo ◆ *v.* franzir o sobrolho
frozen *adj.* congelado; (alimentos) **frozen food:** congelados
fruit *n.* 1 fruto(s); fruta; **a piece of fruit:** uma peça de fruta; **fruit salad:** salada de fruta; **fruit tree:** árvore de fruto

2 *(figurado)* frutos; resultados; **to bear fruit:** dar frutos
frustration *n.* 1 (pessoa) frustração 2 (plano, projeto) fracasso
fry *v.* fritar; **to fry eggs:** estrelar ovos
frying pan *n.* frigideira
fuel *n.* combustível ◆ *v.* abastecer de combustível
fugitive *n.* fugitivo
fulfil *v.* 1 concretizar; realizar; **to fulfil a dream:** concretizar um sonho 2 cumprir; desempenhar; **to fulfil one's duties:** cumprir o seu dever
full *adj.* 1 cheio; **don't speak with your mouth full:** não fales com a boca cheia 2 inteiro; **in full time:** a tempo inteiro 3 detalhado; pormenorizado; **a full report of the event:** um relatório detalhado do acontecimento 4 preenchido; intenso; **to lead a full life:** ter uma vida preenchida ◆ *adv.* diretamente; **the ball struck him full on the chest:** a bola acertou-lhe em cheio no peito ◆ *n.* tudo; **I can't tell you the full of it:** não posso contar-te tudo; (hotelaria) **full board:** pensão completa; (concerto, teatro) **full house:** lotação esgotada; **full moon:** lua cheia; **full stop:** ponto final; **at full speed:** a toda a velocidade; **in full:** por extenso; (pagamento) **in full:** na íntegra; **to the full:** ao máximo
fully *adv.* inteiramente; completamente
fun *adj.* divertido; alegre ◆ *n.* 1 divertimento; **to be great fun:** ser um grande divertimento 2 gozo; brincadeira; **for fun:** na brincadeira 3 gozo; troça; **to make fun of:** fazer troça de
function *n.* função ◆ *v.* funcionar
functional *adj.* funcional
fund *n.* fundo; verba; **to be short of funds:** ter falta de verbas
fundamental *adj.* fundamental; essencial
funeral *n.* funeral; **funeral parlour:** agência funerária; **to attend a funeral:** ir a um funeral
fungus *n.* fungo
funnel *n.* funil
funny *adj.* 1 engraçado; cómico 2 estranho; esquisito
fur *n.* 1 (animal) pelo 2 (roupa) pele; **fur coat:** casaco de peles
furious *adj.* furioso
furniture *n.* mobiliário; mobília
further *adv.* 1 mais adiante; mais longe; **don't go any further:** não vás mais longe 2 mais; **to investigate further:** investigar mais 3 ainda; **he further added that ...:** ele acrescentou ainda que ...
furthermore *adv.* além disso
furthest *adv.* o mais; **he advances the furthest:** ele é o que mais progride ◆ *adj.* mais afastado; **the furthest house in the street:** a casa mais afastada da rua
fuss *n.* 1 confusão 2 espalhafato ◆ *v.* *(informal)* chatear; **stop fussing me!:** não me chateies!
fussy *adj.* 1 (pessoa) picuinhas 2 (gosto) esquisito
futile *adj.* 1 fútil 2 inútil
futility *n.* [*pl.* futilities] inutilidade
future *n.* 1 futuro; **in future:** da próxima vez; **in the distant future:** a longo prazo; **in the near future:** num futuro próximo; **to have a promising future:** ter um futuro promissor 2 GRAMÁTICA futuro

G

g *n.* (letra) g
G *n.* [*pl.* G's, Gs] (nota musical) sol; **G clef:** clave de sol
gain *n.* **1** aumento; **weight gain:** aumento de peso **2** ganho; lucro; **sales gains:** ganhos de vendas ◆ *v.* ganhar; adquirir
galaxy *n.* [*pl.* galaxies] ASTRONOMIA galáxia
gale *n.* vendaval; tempestade
gallery *n.* [*pl.* galleries] **1** galeria **2** (sala de espetáculos) geral
gallop *n.* galope ◆ *v.* galopar
gallows *n.* forca
game *n.* jogo; partida; **card game:** jogo de cartas; **game of goose:** jogo da glória; **tennis game:** partida de ténis
gang *n.* quadrilha (de ladrões)
gap *n.* **1** fenda; abertura; **a gap on the wall:** uma fenda no muro **2** espaço em branco; lacuna; **to fill a gap:** preencher um espaço em branco **3** (tempo) intervalo; **age gap:** diferença de idades
garage *n.* **1** garagem **2** oficina de reparações
garbage *n.* *(Estados Unidos da América)* lixo
garden *n.* jardim ◆ *v.* jardinar
gardener *n.* jardineiro
gardening *n.* jardinagem
garish *adj.* espalhafatoso; vistoso
garlic *n.* alho
gas *n.* [*pl.* gases] **1** gás; **gas cooker:** fogão a gás **2** *(Estados Unidos da América)* gasolina; **gas station:** bomba de gasolina
gasoline *n.* *(Estados Unidos da América)* gasolina
gate *n.* portão
gather *v.* **1** (frutos, flores) colher **2** (objetos, pessoas) juntar(-se); reunir(-se)
gazelle *n.* gazela
gear *n.* **1** (automóvel, bicicleta) velocidade; mudança; **first gear:** primeira velocidade **2** equipamento; **fishing gear:** equipamento de pesca **3** arreios
gecko *n.* lagartixa; sardanisca
geek *n.* **1** *(informal, ofensivo)* totó **2** *(informal, ofensivo)* fanático de computadores
gel *n.* (cabelo, banho) gel
Gemini *n.* (constelação, signo) Gémeos
gender *n.* género; **feminine gender:** género feminino; **masculine gender:** género masculino
gene *n.* BIOLOGIA gene
general *adj.* geral; **general knowledge:** cultura geral; **in general:** em geral ◆ *n.* MILITAR general
generally *adv.* geralmente
generate *v.* gerar
generation *n.* geração; **generation gap:** conflito de gerações
generosity *n.* [*pl.* generosities] generosidade
generous *adj.* generoso
genius *n.* [*pl.* geniuses] génio
gentle *adj.* **1** (pessoa) bondoso; afável **2** (toque) suave; leve
gentleman *n.* [*pl.* gentlemen] cavalheiro
gently *adv.* suavemente
genuine *adj.* genuíno; verdadeiro
geographer *n.* geógrafo
geographical *adj.* geográfico
geography *n.* [*pl.* geographies] geografia

geological *adj.* geológico
geologist *n.* geólogo
geology *n.* [*pl.* geologies] geologia
geometric *adj.* geométrico
geometrical *adj.* → **geometric**
geometry *n.* [*pl.* geometries] geometria
German *adj. e n.* alemão; **German measles:** rubéola
Germany *n.* Alemanha
gerund *n.* gerúndio
gesture *n.* gesto
get *v.* **1** obter; conseguir; **to get permission:** obter autorização **2** arranjar; **to get a job:** arranjar emprego **3** comprar; **to get a new car:** comprar um carro novo **4** apanhar; **to get the bus:** apanhar o autocarro **5** contrair; **to get a cold:** contrair uma gripe **6** entender; **to get the message:** entender o recado **7** chegar; **to get home late:** chegar a casa tarde
get-together *n.* convívio
ghost *n.* fantasma
ghostly *adj.* fantasmagórico
giant *adj.* gigantesco ◆ *n.* gigante
gift *n.* **1** prenda; **gift shop:** loja de prendas **2** dom; **to have a gift for music:** ter um dom para a música
gigantic *adj.* gigantesco
gill *n.* guelra
ginger *n.* **1** (cabelos) cor ruiva **2** gengibre
giraffe *n.* girafa
girdle *n.* (roupa interior) cinta
girl *n.* menina; rapariga
girlfriend *n.* **1** namorada **2** amiga
give *v.* dar; **give it to me!:** dá-me isso!; **to give someone a message:** dar uma mensagem a alguém
glacier *n.* glaciar
glad *adj.* satisfeito; contente
gladiator *n.* gladiador
glance *n.* vista de olhos; **to have a quick glance at:** olhar de relance para
gland *n.* glândula
glass *n.* [*pl.* glasses] **1** copo **2** vidro
glasses *n.pl.* óculos; **to wear glasses:** usar óculos
glassware *n.* objetos de vidro
glide *v.* planar
glider *n.* planador
glimpse *n.* olhadela; relance; **to catch a glimpse of:** ver de relance
glitter *n.* brilho ◆ *v.* brilhar; reluzir
global *adj.* global; **global warming:** aquecimento global
globe *n.* globo
gloomy *adj.* escuro; sombrio
glorious *adj.* glorioso; esplêndido
glory *n.* [*pl.* glories] glória
glossary *n.* [*pl.* glossaries] glossário
glove *n.* luva
glow *n.* brilho ◆ *v.* brilhar
glue *n.* cola; **a tube of glue:** um tubo de cola ◆ *v.* colar
glutton *n.* glutão; alarve
gluttonous *adj.* glutão; comilão
gnaw *v.* roer
gnome *n.* gnomo
go *v.* **1** ir; ir embora; partir; **I have to go:** tenho de ir **2** correr; **how are things going?:** está tudo a correr bem? **3** ficar; **to go crazy:** ficar doido ◆ *n.* [*pl.* goes] (jogo) vez; **it's your go:** é a tua vez
goal *n.* **1** objetivo; **my goal is to get good marks:** o meu objetivo é tirar boas notas **2** golo; **to score a goal:** marcar um golo
goalkeeper *n.* guarda-redes
goat *n.* cabra; **billy goat:** bode
go-between *n.* intermediário
goblet *n.* copo pequeno com pé; cálice
goblin *n.* duende
God *n.* Deus; **for God's sake!:** por amor de Deus!; **thank God!:** graças a Deus!

godchild *n.* [*pl.* godchildren] afilhado; afilhada
goddaughter *n.* afilhada
goddess *n.* deusa
godfather *n.* padrinho
godlike *adj.* divino
godmother *n.* madrinha
godparents *n.* padrinhos
godson *n.* afilhado
goggles *n.pl.* **1** óculos de mergulho/natação **2** óculos de proteção
going *n.* ida
gold *n.* ouro ◆ *adj.* de ouro
golden *adj.* dourado
goldfinch *n.* [*pl.* goldfinches] pintassilgo
goldsmith *n.* ourives
golf *n.* golfe; **golf club:** taco de golfe; clube de golfe; **golf course:** campo de golfe
golfer *n.* jogador de golfe
good *adj.* **1** bom; **good afternoon!:** boa tarde!; **the weather is good:** o tempo está bom **2** amável; **you're very good to him:** és muito amável com ele ◆ *n.* bem; **for your own good:** para teu bem; **good and evil:** o bem e o mal

> O comparativo de **good** é **better** e o superlativo é **best**.

goodbye *interj.* adeus
good-looking *adj.* bonito; atraente
goodness *n.* bondade; amabilidade; **my goodness!:** meu Deus!
goodnight *interj.* boa noite!
goods *n.pl.* mercadorias
goose *n.* [*pl.* geese] ganso
gooseberry *n.* [*pl.* gooseberries] groselha
gorgeous *adj.* deslumbrante; esplêndido
gorilla *n.* gorila
Gospel *n.* RELIGIÃO Evangelho
gossip *n.* **1** bisbilhotice **2** (pessoa) bisbilhoteiro; coscuvilheiro ◆ *v.* bisbilhotar; coscuvilhar
govern *v.* governar
government *n.* governo
GPS *n.* Sistema de Navegação por Satélite
grab *v.* agarrar; apanhar
grace *n.* graça; charme
graceful *adj.* gracioso
grade *n.* **1** *(Estados Unidos da América)* (escola) ano; **to be in the 3rd grade:** andar no 3° ano **2** (escola) classificação; nota; **to get a good grade:** tirar boa nota **3** categoria; **first grade player:** jogador de primeira categoria ◆ *v.* classificar
gradual *adj.* gradual
graduate *n.* licenciado ◆ *v.* licenciar-se
graduation *n.* **1** licenciatura **2** *(Estados Unidos da América)* (ensino secundário) formatura
grain *n.* **1** grão **2** cereal
gram *n.* (peso) grama
grammar *n.* gramática; **English grammar:** gramática de Inglês ◆ **grammar school:** escola secundária
grammatical *adj.* gramatical; **grammatical rules:** regras gramaticais
granary *n.* [*pl.* granaries] celeiro; espigueiro
grand *adj.* magnífico; fantástico
grandad *n. (informal)* avozinho
grandchild *n.* [*pl.* grandchildren] neto
granddaughter *n.* neta
grandfather *n.* avô
grandma *n. (informal)* avozinha; vovó
grandmother *n.* avó
grandnephew *n.* sobrinho-neto
grandniece *n.* sobrinha-neta
grandpa *n. (informal)* avozinho; vovô
grandparents *n.pl.* avós
grandson *n.* neto
granny *n. (informal)* avozinha; vovó

grant *n.* (estudos) bolsa; subsídio ◆ *v.* conceder; **to grant somebody something:** conceder algo a alguém
grape *n.* uva; **bunch of grapes:** cacho de uvas
grapefruit *n.* toranja
grapevine *n.* videira
graph *n.* diagrama; gráfico; **graph paper:** papel milimétrico
grasp *v.* agarrar; apanhar
grass *n.* [*pl.* grasses] relva; erva
grasshopper *n.* gafanhoto
grateful *adj.* grato
gratitude *n.* gratidão
grave *n.* sepultura; túmulo ◆ *adj.* grave; sério
gravel *n.* cascalho
gravestone *n.* lápide
graveyard *n.* cemitério
gravity *n.* **1** FÍSICA gravidade **2** (de uma situação) gravidade; seriedade
gray *n. e adj. (Estados Unidos da América)* → **grey**
grayish *adj. (Estados Unidos da América)* → **greyish**
grease *n.* gordura
greasy *adj.* **1** gorduroso **2** oleoso
great *adj.* **1** grande; enorme; **it is a great pleasure:** é um grande prazer **2** excelente; ótimo; **that's great!:** isso é ótimo!
great-aunt *n.* tia-avó
Great Bear *n.* (constelação) Ursa Maior
Great Britain *n.* Grã-Bretanha

> A **Grã-Bretanha** é a maior das ilhas britânicas e está situada ao largo da costa ocidental da Europa. Toda a ilha faz parte do Reino Unido e inclui três das quatro nações que formam este país: a Escócia, a norte, a Inglaterra, a sul, e o País de Gales, a oeste.

great-granddaughter *n.* bisneta
great-grandfather *n.* bisavô
great-grandmother *n.* bisavó
great-grandparents *n.* bisavós
great-grandson *n.* bisneto
great-great-granddaughter *n.* trineta
great-great-grandfather *n.* trisavô
great-great-grandmother *n.* trisavó
great-great-grandson *n.* trineto
great-uncle *n.* tio-avô
Greece *n.* Grécia
greed *n.* avareza; ganância
greedy *adj.* ganancioso
Greek *adj. e n.* grego
green *adj.* **1** verde; **dark green:** verde escuro; **light green:** verde claro **2** verde; que não amadureceu ◆ *n.* (cor) verde
greengrocer *n.* vendedor de fruta e hortaliça; (loja) **greengrocer's:** pomar; frutaria
greenhouse *n.* estufa; **greenhouse effect:** efeito de estufa
greens *n.pl.* hortaliça; legumes
greet *v.* cumprimentar; saudar
greeting *n.* saudação; cumprimento; **greetings card:** cartão de felicitações
grey *adj.* **1** (cor) cinzento **2** (cabelo) grisalho ◆ *n.* (cor) cinzento
grid *n.* grelha; grade
grief *n.* dor; pesar
grieve *v.* sofrer
grill *n.* **1** grelha **2** grelhador ◆ *v.* grelhar
grind *v.* (cereais) triturar; moer
groan *v.* gemer ◆ *n.* gemido
grocer *n.* merceeiro; (loja) **grocer's:** mercearia
groceries *n.pl.* artigos de mercearia
groin *n.* virilha
groom *n.* noivo
grope *n.* apalpadela; apalpão ◆ *v.* andar às apalpadelas

ground *n.* 1 chão; **the ground floor:** o rés do chão 2 solo; terra; **under ground:** debaixo da terra 3 campo; **football ground:** campo de futebol
group *n.* 1 grupo; **blood group:** grupo sanguíneo 2 (musical) banda; grupo ◆ *v.* agrupar; **to group up:** dividir em grupos
grow *v.* 1 crescer; **the seeds are growing:** as sementes estão a crescer 2 aumentar; **the population is growing:** a população está a aumentar 3 tornar-se; **to grow old:** envelhecer 4 (planta) cultivar 5 (barba, cabelo) deixar crescer
grown *adj.* crescido; adulto
grown-up *adj. e n.* [*pl.* grown-ups] *(informal)* adulto
growth *n.* crescimento; aumento
grumble *v.* resmungar
grumpy *adj. (informal)* rabugento; resmungão
grunt *n.* grunhido
guarantee *n.* [*pl.* guarantees] garantia; **to be under guarantee:** estar dentro da garantia ◆ *v.* garantir; assegurar
guard *n.* 1 (pessoa) guarda; sentinela; **coast guard:** guarda costeira 2 (atividade) guarda; vigilância; **to be under guard:** estar sob guarda ◆ *v.* guardar
guardian *n.* guardião; **guardian angel:** anjo da guarda
guess *n.* [*pl.* guesses] suposição ◆ *v.* adivinhar
guest *n.* 1 convidado; **guest of honour:** convidado de honra 2 (num hotel) hóspede
guesthouse *n.* pensão
guestroom *n.* quarto de hóspedes
guide *n.* 1 (pessoa) guia 2 (livro) guia turístico ◆ *v.* guiar; orientar
guidebook *n.* (livro) guia; roteiro
guilt *n.* culpa
guilty *adj.* culpado; **to plead guilty:** declarar-se culpado
Guinea-Bissau *n.* Guiné-Bissau
Guinean *adj. e n.* guineense
guinea pig *n.* porquinho-da-índia; cobaia
guitar *n.* guitarra; **to play the guitar:** tocar guitarra/viola
gulf *n.* golfo
gullet *n.* esófago
gulp *n.* gole; trago; **in one gulp:** de um só gole
gum *n.* 1 gengiva 2 (guloseima) goma 3 pastilha elástica; **chewing gum:** pastilha elástica
gun *n.* arma de fogo; pistola
gunfire *n.* tiroteio
gunpowder *n.* pólvora
gunshot *n.* tiro; disparo
gust *n.* rajada; **gust of rain:** chuvada; **gust of wind:** rajada de vento
gut *n. (informal)* intestino; barriga
guts *n.pl. (informal)* coragem; **to have the guts to:** ter coragem para
gutter *n.* valeta; sarjeta
guy *n. (informal)* tipo; indivíduo; **come on, guys:** vá lá, pessoal
gym *n.* 1 *(informal)* ginásio 2 *(informal)* ginástica; **gym lesson:** aula de ginástica
gymnasium *n.* [*pl.* gymnasiums] ginásio
gymnast *n.* ginasta
gymnastics *n.* ginástica
gypsy *adj. e n.* [*pl.* gypsies, gipsies] cigano

H

h *n.* (letra) h

habit *n.* hábito; **by/out of/from habit:** por hábito; **to have a habit of doing something:** ter o hábito de fazer alguma coisa

habitat *n.* habitat

hacker *n.* (Internet) pirata informático

haemorrhage *n.* hemorragia

hail *n.* granizo; saraiva

hair *n.* **1** cabelo; **hair loss:** queda de cabelo; **to have one's hair cut:** ir cortar o cabelo; **to wash one's hair:** lavar a cabeça **2** (corpo) pelos **3** (animal) pelo

hairband *n.* fita de cabelo; bandolete

hairbrush *n.* escova de cabelo

haircut *n.* corte de cabelo

hairdo *n.* [*pl.* hairdos] *(informal)* penteado

hairdresser *n.* (pessoa) cabeleireiro; (estabelecimento) **hairdresser's:** cabeleireiro

hairstylist *n.* cabeleireiro

half *n.* [*pl.* halves] **1** metade; **a day and a half:** um dia e meio; **to cut the cake in half:** cortar o bolo ao meio; **you don't know half of it yet!:** tu ainda não sabes a metade! **2** (jogo) parte; **first half:** primeira parte; **second half:** segunda parte **3** (ano escolar) semestre ◆ *adj.* meio; **half a cup:** meia chávena; **half an hour:** meia hora

half-brother *n.* meio-irmão

half-sister *n.* meia-irmã

half-time *n.* **1** (jogo) intervalo **2** (trabalho) meio tempo

halfway *adv.* a meio caminho; a meio; **we are halfway through dinner:** estamos a meio do jantar

hall *n.* **1** entrada; vestíbulo **2** (para concertos) sala; salão **3** casa senhorial; mansão **4** (em universidade) refeitório; **hall of residence:** residência universitária

hallo *interj.* olá!

Halloween *n.* véspera do dia de Todos os Santos (31 de outubro)

> *O* ***Halloween*** *celebra-se na noite de 31 de outubro. As crianças fazem decorações com abóboras vazias e cortadas em forma de rosto, com uma vela dentro, e vão de porta em porta, disfarçadas de bruxas e fantasmas, pedindo doces e fazendo travessuras quando não os recebem.*

hallucinate *v.* alucinar

hallucination *n.* alucinação

ham *n.* presunto; **a ham sandwich:** uma sande de presunto; **a slice of ham:** uma fatia de presunto

hamburger *n.* hambúrguer

hammer *n.* martelo ◆ *v.* martelar; pregar; **to hammer a nail:** pregar um prego

hamster *n.* hamster

hand *n.* **1** ANATOMIA mão; **hand in hand:** de mãos dadas; **hands up!:** mãos ao ar!; **on the one hand... on the other hand:** por um lado... por outro lado; **to ask for someone's hand in marriage:** pedir a mão de alguém em casamento; **to hold hands:** dar as mãos **2** (relógio) ponteiro **3** (medida) palmo **4** ajuda; **give/lend me a hand:** dá-me uma ajuda ◆ *v.* passar; **hand me the**

salad, please: passa-me a salada, por favor
handbag *n.* mala de senhora; carteira
handball *n.* andebol; **handball player:** andebolista
handbook *n.* **1** manual **2** guia de viagens
handbrake *n.* (automóvel) travão de mão
handcuff *v.* algemar
handcuffs *n.pl.* algemas
handful *n.* mão-cheia; pequena quantidade; **a handful of students:** alguns alunos
handicap *n.* **1** MEDICINA deficiência **2** impedimento; desvantagem
handicapped *adj.* **1** que tem deficiência **2** desfavorecido ◆ *n.pl.* **the handicapped:** as pessoas com deficiência(s)
handicraft *n.* **1** artesanato **2** (escola) trabalhos manuais
handkerchief *n.* [*pl.* handkerchiefs, handkerchieves] lenço de mão
handle *n.* **1** manivela **2** maçaneta **3** (cesto, balde) asa **4** (vassoura, faca) cabo ◆ *v.* **1** tocar em; mexer em **2** lidar com; resolver **3** vender; negociar em
handlebars *n.pl.* (bicicleta, mota) guiador
handmade *adj.* feito à mão
handover *n.* (poder, função) transferência
handrail *n.* corrimão
handsaw *n.* serrote
handset *n.* (telefone) auscultador
handshake *n.* aperto de mão
handsome *adj.* bonito; elegante
handwriting *n.* caligrafia
handwritten *adj.* escrito à mão; manuscrito
handy *adj.* **1** prático; útil **2** à mão; perto **3** jeitoso; habilidoso
hang *v.* **1** pendurar **2** enforcar **3** estar pendurado **4** ser enforcado
hangar *n.* hangar
hanger *n.* cabide
hangman *n.* [*pl.* hangmen] **1** (jogo) forca **2** carrasco
happen *v.* acontecer; ocorrer; **something is happening:** passa-se alguma coisa; **whatever happens:** aconteça o que acontecer
happily *adv.* felizmente
happiness *n.* felicidade
happy *adj.* **1** feliz; **happy ending:** final feliz; **I am happy to help:** tenho todo o prazer em ajudar **2** satisfeito; contente; **they are happy about/with the result:** eles estão contentes com o resultado
harbor *n.* *(Estados Unidos da América)* → **harbour**
harbour *n.* porto (de mar)
hard *adj.* **1** duro; INFORMÁTICA **hard disk:** disco rígido **2** difícil; **she is having a hard time:** ela está a passar um mau bocado **3** severo; **don't be so hard:** não sejas tão severo ◆ *adv.* duramente; **to work hard:** trabalhar duramente
hardcover *n.* livro de capa dura
hardly *adv.* **1** dificilmente; **I can hardly see anything:** dificilmente consigo ver alguma coisa **2** mal; **I hardly know him:** eu mal o conheço **3** quase nunca; raramente; **I hardly see him:** quase nunca o vejo **4** com dureza; com aspereza; **to be hardly treated:** ser tratado com dureza
hardness *n.* **1** dureza **2** severidade
hardware *n.* **1** ferramentas **2** INFORMÁTICA hardware
hard-working *adj.* (aluno, trabalhador) aplicado
hare *n.* lebre
hare-brained *adj.* disparatado; estouvado
harlequin *n.* arlequim

harm *n.* mal; prejuízo; dano; **he means no harm:** ele não faz por mal; **physical harm:** dano físico ◆ *v.* **1** fazer mal a; prejudicar **2** magoar
harmful *adj.* prejudicial; nocivo
harmless *adj.* inofensivo
harmony *n.* [*pl.* harmonies] harmonia
harp *n.* harpa
harpoon *n.* arpão
harpsichord *n.* (instrumento) cravo
harvest *n.* colheita; (uvas) vindima; **harvest festival:** festa das colheitas ◆ *v.* colher
hat *n.* chapéu; **top hat:** cartola
hatch *v.* (galinha) chocar (ovos) ◆ *n.* [*pl.* hatches] **1** incubação (de ovos) **2** escotilha (de navio)
hate *n.* ódio ◆ *v.* odiar; detestar
hateful *adj.* detestável; odioso
haughty *adj.* altivo
haunch *n.* [*pl.* haunches] anca; quadril
haunt *v.* (fantasma) assombrar
haunted *adj.* assombrado; **a haunted house:** uma casa assombrada
have *v.* **1** ter; possuir; **she has blonde hair:** ela tem cabelo loiro; **they have two children:** eles têm dois filhos **2** tomar; comer; beber; **to have a coffee:** tomar um café; **to have a shower:** tomar um duche; **to have lunch:** almoçar **3** experimentar; sentir; **he has flu:** ele tem gripe; **to have a headache:** ter uma dor de cabeça **4** (visitas, notícias) receber; **to have a phone call:** receber um telefonema **5** (operação, tratamento) fazer; **to have one's hair cut:** cortar o cabelo ◆ *v.* ter de; dever; **I have to go now:** eu tenho de ir embora agora
haven *n.* abrigo
hawk *n.* falcão
hay *n.* feno; forragem
hazel *n.* **1** (árvore) aveleira **2** (fruto) avelã ◆ *adj.* cor de avelã
hazelnut *n.* avelã
he *pron.pess.* **1** (pessoa) ele **2** (animal) macho; **a he-tiger:** um tigre macho
head *n.* **1** cabeça; **from head to foot:** da cabeça aos pés **2** chefe; diretor; **head of the department:** chefe do departamento **3** (moeda) face; frente; **heads or tails?:** cara ou coroa? **4** topo; ponta; **head of the table:** cabeceira da mesa **5** título; cabeçalho; **the head of the newspaper:** o cabeçalho do jornal ◆ *v.* dirigir-se; **we're heading for home:** dirigimo-nos para casa
headache *n.* dor de cabeça; **to have a headache:** ter uma dor de cabeça
heading *n.* título; cabeçalho
headmaster *n.* diretor de escola
headmistress *n.* diretora de escola
headphones *n.pl.* auscultadores
headword *n.* (dicionário, enciclopédia) entrada; verbete
heal *v.* **1** curar; sarar **2** cicatrizar
health *n.* **1** saúde; **to be in good health:** estar de boa saúde **2** (brinde) saúde; **to drink a health to:** fazer um brinde à saúde de
healthy *adj.* são; saudável; **healthy as a horse:** são como um pero
heap *n.* monte; amontoado; **a heap of books:** uma pilha de livros; *(informal)* **I've got heaps of time:** tenho montes de tempo
hear *v.* **1** ouvir **2** ouvir dizer
hearing *n.* (sentido) audição
hearsay *n.* boato; rumor
heart *n.* coração; **by heart:** de cor; **heart attack:** ataque cardíaco; **heart failure:** insuficiência cardíaca
heartbeat *n.* batimento cardíaco
hearts *n.pl.* (cartas de jogar) copas; **queen of hearts:** rainha de copas
heat *n.* **1** calor **2** veemência ◆ *v.* aquecer
heater *n.* aquecedor
heather *n.* urze

heating *n.* aquecimento; **central heating:** aquecimento central
heaven *n.* **1** RELIGIÃO céu; **good heavens!:** meu Deus!; **thank heavens!:** graças a Deus!; **to go to heaven:** ir para o céu **2** *(figurado)* paraíso
heavy *adj.* **1** pesado; MILITAR **heavy artillery:** artilharia pesada; **heavy sleep:** sono pesado; **my backpack is very heavy:** a minha mochila está muito pesada **2** intenso; **heavy rain:** chuva intensa **3** árduo; duro; **heavy job:** tarefa dura
hectare *n.* (medida) hectare
hedge *n.* sebe
hedgehog *n.* ouriço-cacheiro
heel *n.* **1** calcanhar **2** (calçado) salto; tacão; **high heels:** tacões altos
height *n.* **1** altura; **we are almost the same height:** somos quase da mesma altura **2** altitude; **to be afraid of heights:** ter medo das alturas; ter vertigens
heir *n.* herdeiro; **heir to the throne:** herdeiro do trono
heiress *n.* herdeira; **heiress to the throne:** herdeira do trono
helicopter *n.* helicóptero
hell *n.* inferno; (insulto) **go to hell!:** vai para o inferno!
hellish *adj.* infernal
hello *interj.* **1** olá!; **hello there!:** se faz favor! **2** (telefone) está?; está lá?
helmet *n.* **1** capacete **2** elmo
help *n.* auxílio; ajuda; **do you need any help?:** precisas de ajuda? ♦ *v.* **1** auxiliar; ajudar; **can you help me with these bags?:** podes ajudar-me com estes sacos? **2** evitar; **I can't help it:** não posso evitar **3** servir-se; **help yourself to some fruit:** serve-te de fruta
helpful *adj.* **1** útil **2** prestável
helping *n.* (comida) dose; porção
helpless *adj.* **1** (pessoa) indefeso; desamparado **2** (situação) irremediável; sem remédio
hem *n.* bainha
hemisphere *n.* hemisfério
hen *n.* galinha; **broody hen:** galinha choca; **hen coop:** capoeira
henceforth *adv.* de hoje em diante; doravante
her *pron.pess.* **1** ela; a; **I know her well:** eu conheço-a bem; **this gift is for her:** esta prenda é para ela **2** lhe; a ela; **send her a letter:** envia-lhe uma carta ♦ *adj.poss.* dela; seu; sua; seus; suas; **Her Majesty the Queen:** Sua Majestade a Rainha; **there is her car:** ali está o carro dela
herb *n.* erva
herbalist *n.* (pessoa) ervanário; (loja) **herbalis's:** ervanária
herd *n.* (elefantes, vacas) manada
here *adv.* aqui; cá; **come here:** vem cá; **I live here:** eu moro aqui
hereditary *adj.* hereditário; **hereditary illness:** doença hereditária
heritage *n.* **1** herança **2** património; **world heritage:** património mundial
hermit *n.* eremita
hermitage *n.* ermida
hero *n.* [*pl.* heroes] **1** herói; ídolo **2** (livro, filme) protagonista
heroic *adj.* heroico; **heroic deeds:** feitos heroicos
heroine *n.* (livro, filme) heroína; protagonista
heroism *n.* heroísmo; **an act of heroism:** um ato de heroísmo
hers *pron.poss.* dela; seu; sua; seus; suas; **is this coat hers?:** este casaco é dela?
herself *pron.pess.refl.* **1** a si mesma; a si própria; **she hurt herself:** ela magoou-se **2** ela própria; **all by herself:** sem ajuda; **she is cooking dinner**

herself: ela própria está a fazer o jantar **3** a própria; **Kate herself feels annoyed:** a própria Kate está irritada
hi *interj.* **1** *(informal)* olá! **2** *(informal)* ei!
hibernate *v.* hibernar
hibernation *n.* hibernação
hiccup *n.* soluço; **to have hiccups:** ter soluços
hide *v.* esconder(-se); ocultar(-se)
hide-and-seek *n.* (jogo) escondidas; **to play hide-and-seek:** jogar às escondidas
hierarchical *adj.* hierárquico
hierarchy *n.* [*pl.* hierarchies] hierarquia
high *adj.* **1** alto; **high jump:** salto em altura; **high relief:** alto relevo; **high school:** escola secundária **2** elevado; **prices are high:** os preços estão elevados **3** pleno; **high summer:** pleno verão **4** animado; **they're in high spirits:** eles estão animados
highland *n.* terras altas; região montanhosa
highlight *n.* **1** ponto alto **2** destaque **3** madeixa (de cabelo); **to have highlights put in one's hair:** fazer madeixas (no cabeleireiro) ◆ *v.* destacar; realçar
highness *n.* **1** altura; elevação **2** (título) alteza; **Your Highness:** Sua Alteza
high-tech *adj.* de alta tecnologia; de ponta
highway *n.* estrada nacional
hijack *n.* desvio de avião; sequestro de avião ◆ *v.* (avião) desviar; sequestrar
hijacker *n.* pirata do ar
hike *n.* caminhada; passeio a pé; **to go for a hike:** fazer uma caminhada
hilarious *adj.* hilariante
hill *n.* colina; monte
him *pron.pess.* **1** o; **I know him:** eu conheço-o **2** ele; **it's him!:** é ele! **3** lhe; **are you going to talk to him?:** vais falar-lhe?
himself *pron.pess.refl.* **1** se; **he cut himself:** ele cortou-se **2** ele mesmo; ele próprio; **he feels pride in himself:** ele sente orgulho em si próprio **3** sozinho; **he goes to school by himself:** ele vai para a escola sozinho
hinge *n.* dobradiça
hint *n.* palpite; dica ◆ *v.* dar a entender; sugerir
hip *n.* anca
hippopotamus *n.* [*pl.* hippopotamuses, hippopotami] hipopótamo
hire *v.* **1** alugar; **to hire a house:** alugar uma casa; **to hire a bicycle by the hour:** alugar uma bicicleta à hora **2** (pessoa) contratar ◆ *n.* aluguer; **for hire:** para alugar
his *adj. e pron.poss.* seu; sua; seus; suas; dele; **a friend of his:** um amigo dele; **His Majesty:** Sua Majestade; **this is his house:** esta é a casa dele
hiss *n.* [*pl.* hisses] **1** assobio; silvo **2** apupo ◆ *v.* **1** assobiar **2** apupar
historian *n.* historiador
historic *adj.* histórico
historical *adj.* histórico; **based on historical facts:** baseado em factos históricos
history *n.* [*pl.* histories] **1** história; **world history:** história universal **2** MEDICINA historial; antecedentes
hit *n.* **1** pancada; golpe **2** êxito; sucesso ◆ *v.* **1** bater em; dar uma pancada em **2** acertar em; atingir **3** (sentimentos) afetar; magoar
hitch *v.* **1** prender; engatar **2** apanhar boleia **3** *(informal)* andar à boleia
hitchhike *v.* andar à boleia; pedir boleia
hive *n.* colmeia; cortiço
hoarse *adj.* rouco
hoarsen *v.* ficar rouco; enrouquecer
hoarseness *n.* rouquidão

hobby *n.* [*pl.* hobbies] hobby; passatempo
hobgoblin *n.* duende
hockey *n.* hóquei; **ice hockey:** hóquei sobre o gelo; **roller-skating hockey:** hóquei em patins
hoe *n.* enxada; sachola ◆ *v.* cavar; sachar
hold *v.* 1 segurar; agarrar 2 ter; possuir
hole *n.* 1 buraco; cova 2 (de lebre, coelho) toca
holiday *n.* 1 feriado; **bank holiday:** feriado oficial; **national holiday:** feriado nacional; **religious holiday:** feriado religioso 2 férias; **Christmas holidays:** férias de Natal; **Easter holidays:** férias da Páscoa; **summer holidays:** férias grandes; **to be on holiday:** estar de férias; **to go on holiday:** ir de férias
Holland *n.* Holanda
hollow *adj.* oco; vazio
holly *n.* [*pl.* hollies] azevinho
holy *adj.* santo; sagrado; **Holy Bible:** Bíblia Sagrada; **holy water:** água benta
homage *n.* homenagem; **to pay homage to:** prestar homenagem a; homenagear
home *n.* 1 casa; lar; **at home:** em casa; **home sweet home:** lar doce lar 2 pátria; terra natal ◆ *adj.* 1 de casa; **home address:** morada 2 natal; **home country:** terra natal ◆ *adv.* a casa; para casa; **to get home:** chegar a casa; **to go home:** ir para casa
homecoming *n.* regresso a casa
homeless *adj.* sem abrigo ◆ *n.pl.* os sem-abrigo
homemade *adj.* caseiro; **homemade bread:** pão caseiro
homepage *n.* (Internet) página principal
homesick *adj.* saudoso; **to be homesick:** estar com saudades de casa
homework *n.* (escola) trabalho(s) de casa; deveres
honest *adj.* 1 honesto; íntegro 2 sincero; franco
honesty *n.* 1 honestidade 2 sinceridade
honey *n.* 1 mel 2 *(informal)* querido; amor
honeybee *n.* abelha
honeycomb *n.* favo de mel
honeymoon *n.* lua de mel
honeysuckle *n.* madressilva
honor *n.* *(Estados Unidos da América)* → **honour**
honour *n.* honra; **in honour of:** em honra de ◆ *v.* honrar
honourable *adj.* 1 honrado; **honourable mention:** menção honrosa 2 digno
hood *n.* capuz; touca; **Little Red Riding Hood:** Capuchinho Vermelho
hoof *n.* [*pl.* hoofs, hooves] casco
hook *n.* 1 cabide; **hang your coat on the hook:** pendura o casaco no cabide 2 (pesca) anzol 3 (telefone) descanso; **to leave the phone off the hook:** deixar o telefone fora do descanso ◆ *v.* 1 pescar 2 pendurar
hooligan *n.* desordeiro; vândalo
hooliganism *n.* vandalismo
hoop *n.* (brinquedo) arco; aro
hooray *interj.* hurra!
hoot *n.* 1 (coruja, mocho) pio 2 (carro) buzinadela 3 (comboio) apito ◆ *v.* 1 (coruja, mocho) piar 2 (carro) buzinar 3 (comboio) apitar
hoover *n.* aspirador ◆ *v.* aspirar
hop *n.* salto; pulo
hope *n.* esperança; **to give up hope:** perder a esperança ◆ *v.* ter esperança; esperar; **I hope she comes:** espero que ela venha; **I hope not!:** espero que não!; **I hope so!:** espero que sim!; **to hope for the best:** esperar o melhor
hopeful *adj.* esperançoso

hopeless *adj.* sem esperança; desesperado; **a hopeless attempt:** uma tentativa desesperada
hopscotch *n.* (jogo) macaca
horizon *n.* horizonte; **on the horizon:** no horizonte
horizontal *adj.* horizontal
horn *n.* **1** chifre; corno **2** (de inseto) antena **3** (de veículo) buzina
horoscope *n.* horóscopo
horrible *adj.* horrível; terrível
horror *n.* horror; terror; **horror film:** filme de terror
horse *n.* cavalo; **horse racing:** corridas de cavalos; **horse riding:** equitação; hipismo
horseback *adj. e adv.* montado; a cavalo; **on horseback:** a cavalo
horseman *n.* [*pl.* horsemen] cavaleiro
horseshoe *n.* ferradura
hospital *n.* hospital; **private hospital:** clínica (privada); **to be admitted to (the) hospital:** ser internado no hospital; **to be discharged from hospital:** ter alta do hospital; **to be in hospital:** estar no hospital
hospitality *n.* [*pl.* hospitalities] hospitalidade
host *n.* **1** anfitrião **2** (televisão) apresentador **3** (missa) hóstia ◆ *v.* **1** ser o anfitrião de **2** (televisão) apresentar
hostage *n.* refém; **to take somebody hostage:** fazer alguém refém
hostel *n.* estalagem; pousada; **youth hostel:** pousada da juventude
hostess *n.* **1** anfitriã **2** (avião) hospedeira
hot *adj.* quente; **hot-air balloon:** balão de ar quente; **hot dog:** cachorro-quente; **to be hot:** ter/estar com calor
hotel *n.* hotel
hound *n.* cão de caça
hour *n.* **1** hora; **a quarter of an hour:** um quarto de hora; **half an hour:** meia hora; **in an hour:** dentro de uma hora **2** horário; **lunch hour:** hora do almoço; **opening hours:** horário de funcionamento; **visiting hours:** horário de visitas
hourglass *n.* ampulheta
house *n.* **1** casa; **at my house:** em minha casa **2** (parlamento) Câmara; **House of Commons:** Câmara dos Comuns; **House of Lords:** Câmara dos Lordes; **Houses of Parliament:** Parlamento ◆ *v.* alojar; acolher
household *n.* agregado familiar ◆ *adj.* doméstico
housewife *n.* [*pl.* housewives] dona de casa
housework *n.* trabalho doméstico
hovel *n.* casebre
how *adv.* **1** como; **how do you do?:** como está/estão? **2** quanto; **how many?:** quantos?; **how much does this cost?:** quanto é que isto custa?; **how often does it happen?:** com que frequência acontece isso?; **how old are you?:** quantos anos tens? **3** que; **how kind of you!:** que simpático!; **how cold it is!:** que frio que está!
however *adv.* **1** no entanto; todavia; contudo; **I want to go; however, there are no more tickets:** eu quero ir; no entanto, já não há bilhetes **2** de qualquer modo; seja como for; **do it however you like:** fá-lo como quiseres **3** por muito; **however nice she may be...:** por muito simpática que ela seja... ◆ *conj.* como; **go however you like:** vai como bem entenderes
howl *n.* **1** uivo **2** gemido ◆ *v.* uivar
hubbub *n.* algazarra

hug *n.* abraço; **to give somebody a hug:** dar um abraço a alguém ♦ *v.* abraçar
huge *adj.* **1** enorme; **a huge house:** uma casa enorme **2** estrondoso; **a huge success:** um êxito estrondoso
hum *n.* **1** zumbido **2** sussurro
human *adj.* humano; **human being:** ser humano; **human rights:** direitos humanos ♦ *n.* ser humano; pessoa
humanitarian *adj.* humanitário; **humanitarian aid:** ajuda humanitária
humankind *n.* humanidade
humble *adj.* humilde; modesto; **in my humble opinion:** na minha modesta opinião
humor *n. e v.* → **humour**
humorous *adj.* engraçado; humorístico
humour *n.* humor; **bad humour:** mau humor; **good humour:** bom humor; **sense of humour:** sentido de humor ♦ *v.* fazer a vontade a
hump *n.* **1** (pessoa) corcunda **2** (camelo) bossa
humpback *n.* → **hunchback**
hunchback *n.* corcunda
hundred *n. e num.card.* **1** cem; **a hundred per cent:** cem por cento; **a hundred years:** cem anos **2** cento; centena; **hundreds of times:** centenas de vezes; **a few hundred people:** algumas centenas de pessoas
hundredth *adj.num.* centésimo
hunger *n.* fome; **to die of hunger:** morrer de fome
hungry *adj.* esfomeado; faminto; **to be hungry:** ter fome/apetite
hunt *v.* caçar ♦ *n.* **1** caça; caçada **2** procura; busca
hunter *n.* caçador
hunting *n.* **1** caça; **to go hunting:** ir à caça **2** *(figurado)* procura; **job hunting:** caça ao emprego; procura de emprego
hurdle *n.* **1** DESPORTO barreira; (atletismo) **the 200 metre hurdles:** os 200 metros barreiras **2** obstáculo
hurricane *n.* furacão
hurry *n.* [*pl.* hurries] pressa; **I'm in no hurry:** não estou com pressa; **to be in a hurry for:** estar cheio de pressa para ♦ *v.* apressar(-se); **hurry up!:** despacha-te!; **to hurry off:** partir a toda a pressa
hurt *v.* **1** ferir; magoar; **that hurts:** isso magoa; **to get hurt:** ferir-se **2** ofender; **to hurt somebody's feelings:** magoar alguém **3** doer; **my leg hurts:** dói-me a perna ♦ *adj.* ferido; magoado; **I'm hurt:** estou ferido
husband *n.* marido
hut *n.* **1** cabana **2** acampamento
hyacinth *n.* (flor) jacinto
hydrangea *n.* hidrângea
hyena *n.* hiena
hypermarket *n.* hipermercado
hyphen *n.* [*pl.* hyphens] hífen
hypothesis *n.* [*pl.* hypotheses] hipótese

I

i *n.* (letra) i
I *pron.pess.* eu; **I am happy:** eu estou feliz; **my sister and I:** eu e a minha irmã
Iberian *adj.* ibérico; **Iberian Peninsula:** Península Ibérica
ice *n.* gelo; **ice cube:** cubo de gelo
ice cream *n.* gelado; sorvete; **vanilla ice cream:** gelado de baunilha
Iceland *n.* Islândia
Icelander *n.* (pessoa) islandês
Icelandic *adj.* islandês ◆ *n.* (língua) islandês
ice-skate *n.* patim de gelo ◆ *v.* patinar sobre o gelo
ice-skating *n.* patinagem sobre o gelo
ID [*abrev. de* identification] BI [*abrev. de* Bilhete de Identidade]
idea *n.* ideia
ideal *n. e adj.* ideal
identical *adj.* idêntico; **identical twins:** gémeos verdadeiros
identification *n.* identificação
identify *v.* identificar
identity *n.* [*pl.* identities] identidade; **identity card:** bilhete de identidade
idle *adj.* preguiçoso; desocupado
if *conj.* se; **if I were you...:** se eu fosse a ti...; **if it rains we'll stay at home:** se chover ficaremos em casa ◆ *adv.* se; **I wonder if he will come:** pergunto-me se ele virá
igloo *n.* iglu
ignorance *n.* **1** ignorância **2** desconhecimento
ignorant *adj.* ignorante
ignore *v.* ignorar
ill *adj.* doente; **to be ill:** estar doente
illegal *adj.* ilegal
illiteracy *n.* [*pl.* illiteracies] analfabetismo
illiterate *adj. e n.* analfabeto
illness *n.* doença
illustrate *v.* ilustrar
illustration *n.* ilustração
illustrative *adj.* ilustrativo
illustrator *n.* ilustrador
image *n.* imagem; **brand image:** imagem de marca
imagination *n.* imaginação
imaginative *adj.* imaginativo
imagine *v.* imaginar
imitate *v.* imitar
immediate *adj.* imediato
immediately *adv.* imediatamente
immigrant *adj. e n.* imigrante
immigrate *v.* imigrar
immigration *n.* imigração
immoral *adj.* imoral
immortal *adj. e n.* imortal
immortality *n.* imortalidade
immune *adj.* imune; **immune system:** sistema imunitário; **to be immune to:** ser imune a
impaired *n.* deficiente
impatience *n.* impaciência
impatient *adj.* impaciente
imperfect *adj. e n.* imperfeito
imperfection *n.* imperfeição
impersonal *adj.* impessoal
imply *v.* sugerir; insinuar; implicar
impolite *adj.* indelicado
impoliteness *n.* indelicadeza; má educação

import *n.* **1** importação **2** artigo de importação ◆ *v.* importar
importance *n.* importância; **to attach importance to something:** dar importância a alguma coisa
important *adj.* importante
importer *n.* importador
impose *v.* impor
impossibility *n.* [*pl.* impossibilities] impossibilidade
impossible *adj. e n.* impossível
imposture *n.* impostura
impoverish *v.* empobrecer
impress *v.* impressionar
impression *n.* impressão; **to make a good impression:** causar boa impressão
impressive *adj.* impressionante
imprison *v.* prender; deter
imprisonment *n.* detenção; prisão
improve *v.* (aluno, doente) melhorar; fazer progressos
improvement *n.* melhoramento; melhoria
in *prep.* **1** em; dentro de; **in bed:** na cama; **in Lisbon:** em Lisboa **2** durante; em; **in summer:** no verão; **in three weeks:** em três semanas **3** a; **in the sun:** ao sol ◆ *adv.* em casa; **to be in:** estar em casa
inability *n.* incapacidade
inaccurate *adj.* incorreto
inadequate *adj.* inadequado
inanimate *adj.* inanimado
inaugurate *v.* inaugurar
inauguration *n.* inauguração
incapacity *n.* [*pl.* incapacities] incapacidade
inch *n.* [*pl.* inches] polegada (2,54 cm)
incinerate *v.* incinerar
incineration *n.* incineração
inclination *n.* **1** inclinação **2** tendência
include *v.* incluir; abranger
included *adj.* incluído; **everything is included in the price:** está tudo incluído no preço
including *adj.* incluído; **including breakfast:** com pequeno-almoço incluído
inclusion *n.* inclusão
inclusively *adv.* inclusivamente
incoherence *n.* incoerência
incoherent *adj.* incoerente
income *n.* rendimento
incompetence *n.* incompetência
incompetent *adj.* incompetente
incomplete *adj.* incompleto
inconceivable *adj.* inconcebível
inconclusive *adj.* não conclusivo; **to be inconclusive:** não dar em nada
inconsistency *n.* inconsistência
inconsistent *adj.* inconsistente; **to be inconsistent with:** não coincidir com
inconstant *adj.* inconstante
inconvenient *adj.* inconveniente; inoportuno
incorporate *v.* incorporar(-se)
incorrect *adj.* incorreto
increase *n.* aumento ◆ *v.* aumentar
incredible *adj.* incrível; inacreditável; **incredible as it may seem:** por incrível que pareça
indecent *adj.* indecente
indecision *n.* indecisão
indeed *adv.* realmente; na verdade; de facto; **it is a very good book indeed:** é realmente um livro muito bom
indefinite *adj.* indefinido; indeterminado
independence *n.* independência; *(Estados Unidos da América)* **Independence Day:** Dia da Independência (4 de julho)
independent *adj.* independente; autónomo

index *n.* [*pl.* indexes, indices] índice; **alphabetical index:** índice alfabético ❖ **index finger:** dedo indicador
India *n.* Índia
Indian *adj.* e *n.* **1** (Índia) indiano **2** índio ❖ **Indian Ocean:** oceano Índico
indicate *v.* indicar
indication *n.* indicação; sinal
indicator *n.* **1** indicador **2** (carro) pisca
indifference *n.* indiferença
indifferent *adj.* indiferente
indignant *adj.* indignado
indirect *adj.* indireto
indirectly *adv.* indiretamente
indiscipline *n.* indisciplina
indiscreet *adj.* indiscreto
indiscretion *n.* indiscrição; falta de discrição
indispensable *adj.* indispensável; imprescindível
individual *adj.* individual ◆ *n.* indivíduo; pessoa
indoor *adj.* **1** interior; **indoor football:** futebol de salão; **indoor plant:** planta de interior **2** coberto; **indoor pool:** piscina coberta
indoors *adv.* dentro de casa; **let's go indoors:** vamos para dentro; **to stay indoors:** ficar em casa
industrial *adj.* industrial
industry *n.* [*pl.* industries] indústria
inefficient *adj.* ineficaz
inequality *n.* [*pl.* inequalities] desigualdade
inevitable *adj.* inevitável; certo
inexperience *n.* inexperiência
inexperienced *adj.* inexperiente
infant *n.* **1** bebé **2** criança; **infant school:** pré-primária
infect *v.* **1** (ferida) infetar **2** (doença) contagiar **3** (água, alimentos) contaminar
infection *n.* infeção; **risk of infection:** risco de infeção
infectious *adj.* contagioso; **infectious disease:** doença infeciosa
inferior *adj.* e *n.* inferior
inferiority *n.* inferioridade
infernal *adj.* infernal; **what an infernal racket!:** que barulheira infernal!
infinite *adj.* infinito; ilimitado
infinitive *n.* (verbo) infinitivo
infirmary *n.* [*pl.* infirmaries] enfermaria
inflame *v.* inflamar(-se)
inflammation *n.* inflamação
influence *n.* influência ◆ *v.* influenciar
inform *v.* informar
informal *adj.* informal; descontraído; **an informal meeting:** uma reunião informal
information *n.* informação; aviso; **a piece of information:** uma informação
ingredient *n.* ingrediente; **the ingredients of a cake:** os ingredientes de um bolo
inhabit *v.* habitar; residir em; morar em
inhabitant *n.* habitante; morador
inhalation *n.* inalação
inhale *v.* inalar; inspirar
inherit *v.* herdar
inheritance *n.* herança
inhumane *adj.* desumano
initial *adj.* inicial; primeiro ◆ *n.* (letra) inicial
initiative *n.* iniciativa; **to take the initiative:** tomar a iniciativa
injection *n.* injeção
injure *v.* ferir
injury *n.* [*pl.* injuries] lesão; ferimento
ink *n.* tinta; **ink bottle:** tinteiro
inlet *n.* enseada
in-line *adj.* em linha; **in-line skates:** patins em linha
inn *n.* estalagem; pensão
inner *adj.* **1** interior; interno; **inner room:** quarto interior **2** íntimo; secreto; profundo; **inner thoughts:** pensamentos íntimos

innocence *n.* inocência
innocent *adj. e n.* inocente
innovate *v.* inovar
innovation *n.* inovação
inquire *v.* **1** perguntar **2** fazer perguntas
inquiry *n.* [*pl.* inquiries] **1** pergunta **2** investigação; inquérito
insane *adj.* louco; maluco; **to go insane:** enlouquecer
insanity *n.* loucura
insect *n.* inseto
insecure *adj.* inseguro
insecurity *n.* [*pl.* insecurities] insegurança
insensitive *adj.* insensível; indiferente
insensitivity *n.* insensibilidade
inseparable *adj.* inseparável
insert *v.* inserir; introduzir
inside *n.* interior; lado de dentro; **the inside of the coat:** o lado de dentro do casaco ◆ *prep.* em; dentro de; **the key is inside the box:** a chave está dentro da caixa ◆ *adj.* interior; **the inside pages:** as páginas interiores ◆ *adv.* interiormente; no interior; **come inside!:** entra!
insignificance *n.* insignificância
insignificant *adj.* insignificante
insinuation *n.* insinuação
insist *v.* insistir
insistence *n.* insistência
insomnia *n.* insónia; **to suffer from insomnia:** ter insónias
inspect *v.* inspecionar; examinar
inspection *n.* inspeção
inspector *n.* inspetor
inspire *v.* inspirar; incentivar
install *v.* instalar
installation *n.* instalação
instance *n.* exemplo; caso; **for instance:** por exemplo
instant *n.* instante; momento; **at the same instant:** nesse preciso momento ◆ *adj.* imediato; instantâneo; **instant coffee:** café instantâneo
instantly *adv.* instantaneamente
instead *adv. e prep.* em vez; em lugar; **I want this dress instead of that:** eu quero este vestido em vez daquele
instinct *n.* instinto; **survival instinct:** instinto de sobrevivência; **to act on instinct:** agir por instinto
institute *n.* instituto
institution *n.* instituição
instruct *v.* instruir; dar instruções a
instruction *n.* instrução; **to follow instructions:** seguir as instruções
instructor *n.* instrutor; **driving instructor:** instrutor de condução
instrument *n.* instrumento; **stringed instrument:** instrumento de corda; **wind instrument:** instrumento de sopro
instrumental *adj.* instrumental
insufficiency *n.* insuficiência
insufficient *adj.* insuficiente
insult *n.* insulto ◆ *v.* insultar
insurance *n.* seguro; **car insurance:** seguro do carro
intact *adj.* intacto
integration *n.* integração
intellect *n.* intelecto
intellectual *adj. e n.* intelectual
intelligence *n.* inteligência
intelligent *adj.* inteligente
intend *v.* tencionar; ter a intenção de
intense *adj.* intenso
intensify *v.* intensificar(-se)
intensity *n.* intensidade
intensive *adj.* intensivo; **intensive care:** cuidados intensivos
intention *n.* intenção
intentional *adj.* intencional
interaction *n.* interação
interactive *adj.* interativo
interactivity *n.* interatividade

intercede *v.* interceder; **to intercede on somebody's behalf:** interceder em favor de alguém
intercept *v.* intercetar
interest *n.* interesse; **to lose interest in:** perder o interesse em; **to take an interest in:** interessar-se por ◆ *v.* interessar; **that interests me:** isso interessa-me; **to interest somebody in something:** interessar alguém por alguma coisa
interested *adj.* interessado
interesting *adj.* interessante
interface *n.* interface
interfere *v.* interferir; **to interfere in:** interferir em; **to interfere with:** dificultar; estorvar
interference *n.* interferência
interior *n. e adj.* interior; **interior decoration:** decoração de interiores; **the interior of the building:** o interior do edifício
interjection *n.* interjeição
intermediate *adj.* intermédio
internal *adj.* interno
international *adj.* internacional; **international relations:** relações internacionais
Internet *n.* Internet
interpret *v.* interpretar
interpretation *n.* **1** interpretação; **interpretation of a text:** interpretação de um texto **2** (numa peça, num filme) interpretação; desempenho; **interpretation of a role:** interpretação de um papel
interrogate *v.* interrogar
interrupt *v.* interromper
interruption *n.* interrupção
interval *n.* intervalo
interview *n.* entrevista ◆ *v.* entrevistar
interviewee *n.* entrevistado
interviewer *n.* entrevistador
intestine *n.* intestino; **large intestine:** intestino grosso; **small intestine:** intestino delgado
intimacy *n.* [*pl.* intimacies] intimidade
intimate *adj.* íntimo
intimidate *v.* intimidar
intimidating *adj.* intimidante; que intimida
into *prep.* **1** para; **to jump into the water:** saltar para a água **2** por; **to divide 50 into 8:** dividir 50 por 8 **3** contra; **to crash into a tree:** chocar contra uma árvore
intolerance *n.* intolerância
intolerant *adj.* intolerante
intransitive *adj.* intransitive; **intransitive verb:** verbo intransitivo
intriguer *n.* intriguista
intriguing *adj.* intrigante
intro *n.* [*pl.* intros] *(informal)* introdução
introduce *v.* **1** apresentar; **let me introduce you to my friend:** deixe-me apresentá-lo ao meu amigo **2** introduzir; **to introduce technological innovations:** introduzir inovações tecnológicas
introduction *n.* **1** introdução; **introduction of new ideas:** introdução de novas ideias; (livro) **read the introduction aloud:** lê a introdução em voz alta **2** apresentação (de pessoas)
introductory *adj.* introdutório
introvert *n.* introvertido
introverted *adj.* introvertido
intruder *n.* intruso
intuition *n.* intuição
invade *v.* invadir
invader *n.* invasor
invading *adj.* invasor; **invading troops:** tropas invasoras
invalid *adj. e n.* (pessoa) inválido; acamado ◆ *adj.* (documento) inválido; nulo
invasion *n.* invasão; **invasion of privacy:** invasão de privacidade

a b c d e f g h i j k l m n o p q r s t u v w x y z

invent *v.* inventar
invention *n.* invenção; invento
inventive *adj.* inventivo; criativo
inventor *n.* inventor
inventory *n.* [*pl.* inventories] inventário
inverse *adj.* inverso
invert *v.* inverter
invertebrate *adj. e n.* invertebrado
inverted *adj.* invertido; **inverted commas:** aspas
invest *v.* investir
investigate *v.* investigar
investigation *n.* investigação
investigator *n.* investigador
invisible *adj.* invisível
invitation *n.* convite; **to accept an invitation:** aceitar um convite; **to decline an invitation:** recusar um convite
invite *v.* convidar; **to invite someone to a party:** convidar alguém para uma festa
invoice *n.* fatura
involve *v.* implicar; envolver
involvement *n.* envolvimento; participação
Iran *n.* Irão
Iranian *adj. e n.* iraniano
Iraq *n.* Iraque
Iraqi *adj. e n.* iraquiano
Ireland *n.* Irlanda; **Northern Ireland:** Irlanda do Norte; **Republic of Ireland:** República da Irlanda

> A **Irlanda do Norte** é um dos quatro países que formam o Reino Unido (juntamente com a Inglaterra, a Escócia e o País de Gales). Está situada no nordeste da ilha da Irlanda e faz fronteira a sul e oeste com a República da Irlanda. A capital da Irlanda do Norte é Belfast.
> A **República da Irlanda** é um país independente (reconhecido como tal em 1922) e a sua capital é Dublin.

iris *n.* [*pl.* irises] íris
Irish *adj.* irlandês ◆ *n.* (pessoa, língua) irlandês; **the Irish:** os irlandeses
Irishman *n.* [*pl.* Irishmen] irlandês
Irishwoman *n.* [*pl.* Irishwomen] irlandesa
iron *n.* **1** (metal) ferro **2** ferro de engomar ◆ *v.* (roupa) passar a ferro; engomar
ironic *adj.* irónico
ironing *n.* passar a ferro; **ironing board:** tábua de passar a ferro
irony *n.* ironia
irrational *adj.* irracional
irregular *adj.* irregular
irregularity *n.* [*pl.* irregularities] irregularidade
irreplaceable *adj.* insubstituível
irresistible *adj.* irresistível
irresponsibility *n.* [*pl.* irresponsibilities] irresponsabilidade
irresponsible *adj.* irresponsável
irreverence *n.* irreverência
irreverent *adj.* irreverente
irritate *v.* irritar
irritating *adj.* irritante
Islam *n.* Islão
Islamic *adj.* islâmico
Islamism *n.* islamismo
island *n.* ilha
isle *n.* ilha
isolate *v.* isolar
isolated *adj.* isolado
Israel *n.* Israel
Israeli *adj. e n.* israelita
issue *n.* **1** questão; tema; problema **2** (publicação) edição; número ◆ *v.* **1** publicar; editar; **to issue a magazine:** publicar uma revista **2** (dinheiro) emitir; **to issue banknotes:** emitir notas
it *pron.pess.* **1** (coisas inanimadas, animais ou crianças muito pequenas) ele; a ele; o; a; **it's a lovely baby:** é um bebé encantador **2** isso; isto; **it's I, it's me:** sou eu; **it is raining:** está a chover; **it**

is the ninth of March: são nove de março; **it doesn't matter:** não importa; **that's it!:** é isso!

Italian *adj. e n.* italiano

italics *n.* itálico

Italy *n.* Itália

itch *n.* comichão ◆ *v.* fazer comichão; ter comichão

itchy *adj.* que faz comichão; que pica

item *n.* [*pl.* items] **1** peça; **an item of clothing:** uma peça de roupa **2** item; ponto; **an important item:** um ponto importante

itinerary *n.* itinerário

its *pron.poss.* (objetos, animais) seu; sua; dele; dela

itself *pron.pess.refl.* se; ele mesmo; ele próprio; **by itself:** sozinho; **to/for itself:** para si

ivory *n.* (material, cor) marfim

ivy *n.* [*pl.* ivies] (planta) hera

J

j *n.* (letra) j
jackal *n.* (animal) chacal
jacket *n.* casaco
jack-of-all-trades *n.* (pessoa) faz-tudo
jackpot *n.* jackpot; grande prémio
jaguar *n.* (animal) jaguar
jail *n.* prisão; cadeia
jam *n.* **1** compota; geleia; **strawberry jam:** compota de morango **2** engarrafamento; **traffic jam:** engarrafamento de trânsito
January *n.* janeiro
Japan *n.* Japão
Japanese *adj. e n.* japonês
jar *n.* frasco; **jar of jam:** frasco de compota
jasmine *n.* jasmim
javelin *n.* dardo; **javelin throwing:** lançamento do dardo
jaw *n.* maxilar; **lower jaw:** maxilar inferior; **upper jaw:** maxilar superior
jealous *adj.* **1** ciumento; **to be jealous of somebody:** ter ciúmes de alguém **2** invejoso; **she's jealous of his success:** ela tem inveja do êxito dele
jealousy *n.* [*pl.* jealousies] **1** ciúme **2** inveja
jeans *n.pl.* calças de ganga
jeep *n.* jipe
jelly *n.* [*pl.* jellies] **1** gelatina **2** geleia
jellyfish *n.* alforreca
jeopardize *v.* pôr em perigo; comprometer
jeopardized *adj.* comprometido; em risco
jeopardy *n.* perigo; risco
jersey *n.* camisola
jet *n.* jato; **jet plane:** avião a jato
Jew *n.* judeu
jewel *n.* joia; **jewel box/case:** guarda-joias
jeweller *n.* joalheiro; **jeweller's (shop):** joalharia; ourivesaria
jewellery *n.* joias; joalharia; **a piece of jewellery:** uma joia
Jewish *adj.* judeu; judaico
jigsaw *n.* puzzle
job *n.* emprego; **what's your job?:** qual é a tua profissão?
jobless *adj.* desempregado
jockey *n.* (cavaleiro) jóquei
jog *n.* corrida ◆ *v.* DESPORTO correr; fazer jogging
jogging *n.* (corrida) jogging
join *v.* **1** juntar; unir; **to join hands:** dar as mãos **2** alistar-se em; ingressar em; **to join the army:** ingressar no exército **3** juntar-se a; associar-se a; **to join the party:** juntar-se à festa
joiner *n.* marceneiro
joint *n.* (ossos) articulação; junta ◆ *adj.* comum; conjunto; **joint bank account:** conta bancária conjunta
joke *n.* **1** anedota; piada; **to crack jokes:** contar anedotas **2** partida; brincadeira; **to play a practical joke on someone:** pregar uma partida a alguém ◆ *v.* brincar; mandar piadas; **I'm joking!:** estou a brincar!
joker *n.* (cartas) jóquer
journal *n.* **1** diário; **I write in my journal every day:** escrevo no meu diário todos os dias **2** revista; **medical journal:** revista de medicina

journalism *n.* jornalismo
journalist *n.* jornalista
journey *n.* **1** viagem; **a four days' journey:** uma viagem de quatro dias **2** percurso; trajeto; **the journey from home to school:** o trajeto entre casa e a escola
joy *n.* alegria; prazer; **to jump for/with joy:** saltar de alegria
joyful *adj.* alegre; animado
joystick *n.* joystick
judge *n.* juiz ◆ *v.* julgar
judgement *n.* opinião; **in my judgement:** na minha opinião
judgment *n.* → **judgement**
judo *n.* judo
judoist *n.* judoca
jug *n.* jarro; caneca
juggle *v.* fazer malabarismo(s)
juice *n.* sumo; **orange juice:** sumo de laranja
juicy *adj.* sumarento; **juicy peaches:** pêssegos sumarentos
July *n.* julho
jump *n.* salto; pulo ◆ *v.* saltar; pular
jumper *n.* camisola de lã; pulôver
jumpsuit *n.* macacão
June *n.* junho
jungle *n.* selva; matagal; **the law of the jungle:** a lei da selva
junior *n.* **1** novo; júnior; **I'm one of the juniors of the firm:** eu sou um dos mais novos da firma **2** aluno da primária; **junior school:** primeiro ciclo ◆ *adj.* novo; **he is junior to his brother:** ele é mais novo do que o irmão
junk *n.* **1** tralha; lixo; **junk food:** comida de plástico **2** velharias; **junk shop:** loja de ferro-velho
Jupiter *n.* ASTRONOMIA, MITOLOGIA Júpiter
jury *n.* [*pl.* juries] júri; **jury box:** bancada do júri
just *adv.* **1** apenas; só; somente; **just a moment:** só um momento **2** quase; mesmo; **just in time:** mesmo a tempo **3** justamente; exatamente; **that's just what I want:** é exatamente o que eu quero ◆ *adj.* justo
justice *n.* justiça
justification *n.* justificação
justify *v.* justificar

K

k *n.* (letra) k
kangaroo *n.* canguru
karaoke *n.* karaoke
karate *n.* karaté
karateka *n.* karateca
keel *n.* (navio) quilha
keen *adj.* entusiasmado; **to be keen on someone:** ter um fraquinho por alguém; **to be keen on sports:** ser um entusiasta do desporto
keep *v.* **1** guardar; ficar com; **to keep a secret:** guardar um segredo **2** conservar; manter; **to keep a promise:** manter uma promessa **3** ter; possuir; **I always keep a spare key:** tenho sempre uma chave sobresselente **4** continuar; **to keep singing:** continuar a cantar **5** manter-se; ficar; **to keep calm:** manter-se calmo; **to keep in touch with somebody:** manter-se em contacto com alguém
keeper *n.* guarda
keep-fit *n.* ginástica de manutenção
kennel *n.* casota do cão
kernel *n.* (amêndoa, avelã) miolo
kettle *n.* chaleira; **to put the kettle boiling:** pôr a chaleira ao lume
key *n.* **1** chave; **key ring:** chaveiro; **key word:** palavra-chave **2** (computador, piano) tecla
keyboard *n.* (computador, piano) teclado
keyhole *n.* buraco de fechadura
key-ring *n.* porta-chaves
keyword *n.* palavra-chave
kick *n.* **1** (animal) coice **2** *(informal)* chuto ◆ *v.* **1** dar coices **2** *(informal)* chutar; **to kick the ball:** chutar a bola; **to kick to the goal:** chutar à baliza
kickoff *n.* **1** (futebol) pontapé de saída **2** *(figurado)* (processo, situação) arranque
kid *n.* **1** *(informal)* miúdo; garoto **2** (animal) cabrito ◆ *v.* (em gozo) brincar; **I'm just kidding:** estou a brincar
kidnap *v.* raptar; sequestrar ◆ *n.* rapto; sequestro
kidnapper *n.* raptor
kidney *n.* rim
kill *v.* matar
killer *n.* assassino
killjoy *n.* desmancha-prazeres
kilo *n.* quilograma; quilo; **a kilo of flour:** um quilo de farinha; **two kilos of tangerines:** dois quilos de tangerinas
kilogram *n.* [*pl.* kilograms] quilograma; quilo
kilogramme *n.* [*pl.* kilogrammes] → **kilogram**
kilolitre *n.* quilolitro
kilometer *n.* *(Estados Unidos da América)* → **kilometre**
kilometre *n.* quilómetro; **kilometres per hour:** quilómetros por hora; **square kilometre:** quilómetro quadrado
kilt *n.* kilt (saia escocesa)
kimono *n.* quimono
kind *n.* espécie; tipo; género; **what kind of person is he?:** que tipo de pessoa é que ele é? ◆ *adj.* amável; gentil; bondoso; **that's very kind of you:** é muita amabilidade sua
kindergarten *n.* infantário; jardim-infantil
kindness *n.* amabilidade; gentileza; bondade
king *n.* rei; **the three Kings:** os três Reis Magos

kingdom *n.* reino; **animal kingdom:** reino animal; (designação comum) **United Kingdom:** Reino Unido; (designação completa) **United Kingdom of Great Britain and Northern Ireland:** Reino Unido da Grã-Bretanha e Irlanda do Norte; **vegetable kingdom:** reino vegetal

O **Reino Unido da Grã-Bretanha e Irlanda do Norte**, mais conhecido como **Reino Unido**, é um país que inclui a ilha da Grã-Bretanha, a parte nordeste da ilha da Irlanda e muitas pequenas ilhas. É formado por quatro nações: a Inglaterra, a Escócia, o País de Gales (situadas na ilha da Grã-Bretanha) e a Irlanda do Norte (na ilha da Irlanda).
A capital do Reino Unido é Londres.

kiosk *n.* **1** quiosque **2** cabine telefónica
kiss *v.* beijar ◆ *n.* [*pl.* kisses] beijo
kit *n.* **1** kit; conjunto de peças **2** (para desporto) equipamento
kitchen *n.* cozinha
kitchenware *n.* trem de cozinha
kite *n.* papagaio de papel; **to fly a kite:** lançar um papagaio
kitten *n.* gatinho
kiwi *n.* (fruto) quivi; kiwi
knee *n.* joelho; **to be on one's knees:** estar de joelhos
kneecap *n.* rótula
kneel *v.* ajoelhar-se
kneepad *n.* joelheira
knickers *n.pl.* calcinhas
knife *n.* [*pl.* knives] faca; navalha; arma branca ◆ *v.* esfaquear
knight *n.* **1** (pessoa) cavaleiro **2** (xadrez) cavalo
knit *v.* tricotar; fazer malha
knock *v.* **1** bater; **to knock at the door:** bater à porta; **to knock on the window:** bater à janela **2** derrubar; **to knock the jug:** derrubar a jarra ◆ *n.* pancada; batida; **a knock at the door:** uma pancada na porta
knot *n.* nó; laço; **to tie a knot:** dar um nó; **to untie a knot:** desfazer um nó
know *v.* **1** saber; **as far as I know:** que eu saiba; **do you know the answer?:** sabes a resposta?; **how should I know?:** sei lá!; **to know by heart:** saber de cor **2** conhecer; **do you know of any restaurant nearby?:** conheces algum restaurante aqui perto?; **to know about the subject:** perceber do assunto; **to know by name:** conhecer de nome; **to know by sight:** conhecer de vista
knowledge *n.* conhecimento; saber
known *adj.* conhecido; famoso; **to become known:** tornar-se conhecido
koala *n.* coala
kwanza *n.* [*pl.* kwanzas, kwanza] (moeda de Angola) kwanza

a b c d e f g h i j k l m n o p q r s t u v w x y z

L

l *n.* (letra) l
lab *n. (informal)* laboratório
label *n.* etiqueta; rótulo ◆ *v.* etiquetar; rotular
labor *n. (Estados Unidos da América)* → **labour**
laboratory *n.* [*pl.* laboratories] laboratório
labour *n.* **1** trabalho; **to go into labour:** entrar em trabalho de parto; **hard labour:** trabalhos forçados **2** mão de obra; **skilled labour:** mão de obra especializada
labyrinth *n.* labirinto
lace *n.* **1** (tecido) renda **2** (sapatos) cordão; atacador ◆ *v.* atar; apertar
lack *n.* falta; carência; **lack of time:** falta de tempo ◆ *v.* ter falta de
lad *n. (informal)* moço; rapaz
ladder *n.* escada; escadote
ladle *n.* concha de sopa
lady *n.* [*pl.* ladies] **1** senhora; **ladies and gentlemen:** minhas senhoras e meus senhores; **ladies' room:** casa de banho das senhoras **2** dama; **first lady:** primeira-dama
ladybird *n.* joaninha
ladybug *n. (Estados Unidos da América)* joaninha
lady-in-waiting *n.* aia; dama de companhia
lagoon *n.* lagoa; laguna
lake *n.* lago
lamb *n.* cordeiro; anho; borrego
lame *adj.* coxo; manco
lament *n.* lamento ◆ *v.* lamentar-se
lamp *n.* candeeiro
lamppost *n.* poste de iluminação pública
lamprey *n.* lampreia
lampshade *n.* abajur
land *n.* **1** terra; solo; **to reach land:** chegar a terra **2** terreno; terra; **a piece of land:** um terreno **3** terra; país; **my native land:** a minha terra natal ◆ *v.* **1** (avião) aterrar **2** (barco) atracar
landing *n.* **1** (avião) aterragem; **crash/forced landing:** aterragem forçada; **emergency landing:** aterragem de emergência **2** (passageiros) desembarque
landlady *n.* senhoria
landlord *n.* senhorio
landmark *n.* marco; ponto de referência
landscape *n.* paisagem
lane *n.* **1** (cidade) ruela; viela **2** (estrada) faixa de rodagem
language *n.* **1** língua; **foreign language:** língua estrangeira **2** linguagem; **sign language:** linguagem gestual
lantern *n.* candeia; lanterna; **magic lantern:** lanterna mágica
lap *n.* **1** colo; regaço **2** (corrida) volta; **he overtook him on the last lap:** ultrapassou-o na última volta
lapel *n.* lapela
laptop *n.* computador portátil
larder *n.* despensa
large *adj.* grande; largo
largely *adv.* em grande parte
lark *n.* cotovia
larva *n.* [*pl.* larvae] larva
larynx *n.* [*pl.* larynxes, larynges] laringe
lasagna *n.* → **lasagne**

lasagne *n.* lasanha
lash *n.* [*pl.* lashes] 1 chicotada 2 chicote 3 pestana ◆ *v.* chicotear
last *adj.* 1 último; **for the last time:** pela última vez 2 passado; **last night:** na noite passada ◆ *adv.* em último lugar; **to finish last:** ficar em último lugar ◆ *v.* durar; **to last a long time:** durar muito; **to last an hour:** durar uma hora ❖ **at last:** por fim; finalmente
lasting *adj.* duradouro; persistente
lastly *adv.* por fim; por último
late *adj.* atrasado; **I'm late:** estou atrasado ◆ *adv.* tarde; **to stay up late:** ficar a pé até tarde
lately *adv.* ultimamente
late-night *adj.* tardio; **late-night television:** programas de televisão que passam ao fim da noite
later *adj.* posterior; **at a later date:** em data posterior ◆ *adv.* mais tarde; depois; **an hour later:** uma hora depois; **see you later:** até logo
Latin *adj.* latino; **Latin America:** América Latina ◆ *n.* 1 (língua) latim 2 (pessoa) latino
latitude *n.* latitude
latte *n.* café com leite
laugh *n.* riso; risada ◆ *v.* rir; rir-se
laughter *n.* riso; risada; gargalhada
launch *n.* [*pl.* launches] 1 (de produto, míssil) lançamento 2 (embarcação) lancha ◆ *v.* (produto, míssil) lançar
laundry *n.* [*pl.* laundries] 1 roupa suja; **to do the laundry:** tratar da roupa 2 (estabelecimento) lavandaria
laurel *n.* loureiro
lava *n.* lava
lavatory *n.* [*pl.* lavatories] quarto de banho
lavender *n.* alfazema; lavanda
law *n.* 1 lei; **to break the law:** infringir a lei 2 advocacia; direito; **to practise Law:** exercer advocacia
lawn *n.* relva; relvado; **to mow the lawn:** cortar a relva
lawyer *n.* advogado
lay *v.* pousar; pôr; colocar; **to lay an egg:** pôr um ovo; **to lay the book on the table:** pousar o livro na mesa; **to lay the table:** pôr a mesa
layer *n.* camada; estrato; **ozone layer:** camada de ozono
layout *n.* disposição; arranjo
laziness *n.* preguiça
lazy *adj.* preguiçoso
lead *n.* 1 chumbo 2 (de lápis) mina ◆ *n.* comando; chefia ◆ *v.* 1 liderar 2 encaminhar; conduzir
leader *n.* líder; dirigente
leadership *n.* liderança; **leadership ability:** capacidade de liderança
leading *adj.* principal; (num filme, numa peça) **leading lady:** atriz principal; **leading man:** ator principal
leaf *n.* [*pl.* leaves] (planta) folha; **a leaf of lettuce:** uma folha de alface
leaflet *n.* panfleto; folheto
league *n.* liga; **football league:** liga de futebol
leak *n.* 1 fuga; **gas leak:** fuga de gás 2 fenda; abertura; **a leak in the tank:** uma fenda no depósito ◆ *v.* verter
lean *adj.* (carne) magro ◆ *v.* 1 apoiar; encostar 2 inclinar-se; encostar-se
leap *n.* salto; pulo; **leap year:** ano bissexto ◆ *v.* saltar; pular
leapfrog *n.* jogo do eixo ◆ *v.* saltar ao eixo
learn *v.* 1 aprender; **to learn one's lesson:** aprender a lição 2 decorar; **to learn by heart:** aprender de cor
lease *n.* aluguer ◆ *v.* alugar
leash *n.* [*pl.* leashes] trela; **to take the dog on the leash:** levar o cão pela trela
least *pron.* mínimo; menos; **that's the least I can do:** é o mínimo que posso

fazer ♦ *adj.* menos; menor; mínimo; **I haven't the least idea:** não tenho a menor ideia ♦ *adv.* menos; **least of all:** muito menos

leather *n.* pele; cabedal; couro; **leather coat:** casaco de couro

leave *n.* licença; **to be on leave:** estar de licença ♦ *v.* **1** sair de; **to leave home:** sair de casa **2** esquecer-se de; **to leave the key inside:** deixar a chave do lado de dentro **3** deixar; **to leave the door open:** deixar a porta aberta **4** partir; ir-se embora; **I'm leaving for London:** vou partir para Londres

lecture *n.* conferência

leek *n.* alho-porro; alho-francês

left *adj.* esquerdo; **left hand:** mão esquerda ♦ *n.* esquerda; **on the left:** à esquerda ♦ *adv.* à esquerda; **turn left:** vira à esquerda

left-hand *adj.* esquerda; **on the left-hand side:** do lado esquerdo

left-handed *adj.* canhoto; esquerdino

leg *n.* **1** (pessoa, mesa) perna **2** (animal) pata

legacy *n.* legado

legal *adj.* legal

legality *n.* legalidade

legalization *n.* legalização

legalize *v.* **1** (situação, pessoa) legalizar **2** (documento) autenticar

legally *adv.* legalmente

legend *n.* lenda

legendary *adj.* lendário

legislate *v.* legislar

legislation *n.* legislação

legitimate *adj.* legítimo

leisure *n.* tempo livre; lazer; **leisure activities:** passatempos

lemon *n.* limão; (erva) **lemon balm:** cidreira; **lemon juice:** sumo de limão; **lemon tree:** limoeiro

lemonade *n.* limonada

lend *v.* emprestar

length *n.* **1** comprimento **2** (tempo) duração; **full-length film:** longa-metragem

lens *n.* [*pl.* lenses] lente; **contact lens:** lente de contacto

Lent *n.* RELIGIÃO Quaresma

lentil *n.* lentilha

Leo *n.* (constelação, signo) Leão

leopard *n.* leopardo

less *pron.,prep. e adv.* menos; **he comes here less and less:** ele vem cá cada vez menos; **ten less two is eight:** dez menos dois é oito

lesson *n.* aula; lição

let *n.* aluguer ♦ *v.* **1** autorizar; consentir; **let me go!:** deixa-me ir! **2** alugar; **house to let:** casa para alugar

letter *n.* **1** letra **2** carta

letterbox *n.* caixa/marco de correio

lettuce *n.* alface

leucocyte *n.* leucócito

leukaemia *n.* leucemia

level *n.* nível; (caminho de ferro) **level crossing:** passagem de nível

lever *n.* **1** alavanca **2** manivela

lexicon *n.* léxico

liar *n.* mentiroso; aldrabão

liberation *n.* **1** libertação **2** emancipação

liberty *n.* [*pl.* liberties] liberdade; **to take the liberty of:** tomar a liberdade de

Libra *n.* (constelação, signo) Balança

library *n.* [*pl.* libraries] biblioteca; **public library:** biblioteca pública

> Repara que **library** não significa o mesmo que **livraria** em português. **Library**, em inglês, quer dizer *biblioteca*.

licence *n.* licença; autorização; **driving licence:** carta de condução

license *n.* *(Estados Unidos da América)* → **licence** ◆ *v.* autorizar; dar licença a
lick *v.* lamber
lid *n.* tampa
lie *v.* mentir ◆ *n.* mentira; **to tell a lie:** mentir ◆ *v.* estar deitado; **he's lying on the sofa:** está deitado no sofá
life *n.* [*pl.* lives] vida; existência; **for life:** para toda a vida; **life jacket:** colete salva-vidas
lifeboat *n.* (barco) salva-vidas
lifeguard *n.* nadador-salvador
lifestyle *n.* estilo de vida
lifetime *n.* (período de tempo) vida; **once in a lifetime:** uma vez na vida
lift *n.* **1** elevador **2** boleia; **to give somebody a lift:** dar boleia a alguém ◆ *v.* levantar
lift-off *n.* (nave espacial) descolagem
lift off *v.* (nave espacial) descolar
light *n.* **1** luz; **light bulb:** lâmpada; **to switch the light on:** acender a luz; **to switch the light off:** desligar a luz **2** (estrada) semáforo **3** (veículo) farol ◆ *adj.* **1** (peso) leve **2** (cor) claro ◆ *v.* **1** acender **2** iluminar
lighter *n.* isqueiro
lighthouse *n.* farol
lightly *adv.* levemente; ligeiramente
lightning *n.* relâmpago; raio
like *v.* **1** gostar; **I like him:** eu gosto dele **2** querer; **I'd like a glass of water:** eu queria um copo de água ◆ *prep.* como; **do it like him:** faz como ele
likely *adj.* provável ◆ *adv.* provavelmente
lilac *n. e adj.* (cor) lilás
lily *n.* [*pl.* lilies] (flor) lírio; **white lily:** açucena
limb *n.* (do corpo) membro; **lower limbs:** membros inferiores; **upper limbs:** membros superiores
limit *n.* limite ◆ *v.* limitar
limp *v.* coxear; mancar
limpet *n.* (molusco) lapa
line *n.* **1** linha; **to draw a line:** fazer uma linha **2** fila; bicha; **to stand in line:** esperar na fila
lineage *n.* linhagem
linen *n.* (tecido) linho
linguist *n.* linguista
linguistics *n.* linguística
link *n.* ligação ◆ *v.* ligar; unir
lion *n.* leão
lioness *n.* leoa
lip *n.* lábio
lipstick *n.* batom; bâton
lip-sync *n.* playback ◆ *v.* fazer playback (de)
liquid *n. e adj.* líquido
list *n.* lista ◆ *v.* listar; catalogar
listen *v.* escutar; ouvir
listener *n.* ouvinte
literal *adj.* literal; **in the literal sense:** no sentido literal; **literal translation:** tradução literal
literary *adj.* literário; **literary work:** obra literária
literature *n.* literatura
litre *n.* litro
litter *n.* **1** lixo; **litter bin:** caixote do lixo **2** ninhada; **a litter of kittens:** uma ninhada de gatinhos
little *adj.* **1** pequeno; **a little cat:** um gato pequeno **2** pouco; **there is little hope:** há pouca esperança ◆ *adv.* pouco; bocado; **to be a little tired:** estar um pouco cansado
Little Bear *n.* (constelação) Ursa Menor
Little Tom Thumb *n.* (contos infantis) Polegarzinho
live *adj.* **1** vivo **2** em direto; **a live concert:** um concerto em direto ◆ *v.* **1** viver; **we live in the 21st century:** nós vivemos no século XXI **2** morar; viver; **I live in a flat:** eu moro num apartamento

liveliness *n.* animação; entusiasmo
lively *adj.* animado; cheio de vida
liver *n.* fígado
living *adj.* vivo; **a living language:** uma língua viva; **living room:** sala de estar ◆ *n.* vida; **living conditions:** condições de vida; **to earn a living:** ganhar a vida
lizard *n.* lagarto
llama *n.* (animal) lama
load *v.* carregar ◆ *n.* carga; carregamento
loaded *adj.* carregado; com carga
loads *n.pl.* *(informal)* montes; **loads of people:** montes de pessoas
loaf *n.* [*pl.* loaves, loafs] pão; pão de forma; **a loaf of bread:** um pão
loan *n.* empréstimo ◆ *v.* emprestar
lobby *n.* [*pl.* lobbies] átrio
lobster *n.* lagosta
local *adj.* local
locate *v.* localizar; situar
location *n.* localização
loch *n.* (Escócia) lago
lock *n.* fechadura; fecho ◆ *v.* **1** fechar; trancar **2** ficar trancado
locker *n.* cacifo
lodge *v.* alojar(-se); hospedar(-se)
loft *n.* sótão
log *v.* registar ◆ *n.* acha (madeira para queimar)
logic *n.* lógica
logical *adj.* lógico
login *n.* INFORMÁTICA acesso (a um computador, uma página da Internet, um sistema)
loin *n.* CULINÁRIA lombo
lollipop *n.* chupa-chupa
London *n.* Londres
Londoner *n.* londrino
loneliness *n.* solidão
lonely *adj.* sozinho; só; **to feel lonely:** sentir-se só
long *adj.* **1** comprido; **long hair:** cabelo comprido **2** longo; **a long time:** muito tempo ◆ *adv.* muito tempo; **a long time ago:** há muito tempo ◆ *v.* desejar; ansiar; **to long for holidays:** ansiar por férias
longitude *n.* longitude
loo *n.* [*pl.* loos] *(informal)* casa de banho
look *n.* **1** olhar; vista de olhos; **to have a look:** dar uma vista de olhos **2** aspeto; aparência; **new look:** novo aspeto ◆ *v.* **1** olhar; **look at me!:** olha para mim! **2** parecer; aparentar; **you look like your mother:** pareces a tua mãe
loom *n.* tear
loophole *n.* **1** buraco; abertura **2** falha; lacuna
loose *adj.* **1** largo; folgado; **the trousers are loose:** as calças estão largas **2** desapertado; **your shoelace is loose:** o teu cordão está desapertado **3** solto; **this page is loose:** esta página está solta
loosen *v.* desapertar; desatar
lord *n.* **1** senhor; amo; **he has read "The Lord of the Rings" several times:** ele leu "O Senhor dos Anéis" várias vezes **2** (título) lorde; (parlamento) **House of Lords:** Câmara dos Lordes
Lord *n.* RELIGIÃO Senhor; Deus; **good Lord!:** meu Deus!
lorry *n.* [*pl.* lorries] camião
lose *v.* perder
loser *n.* perdedor; derrotado
loss *n.* [*pl.* losses] perda; **loss of blood:** perda de sangue; **sense of loss:** sentimento de perda; **weight loss:** perda de peso
lot *n.* **1** grande quantidade; **a lot of money:** muito dinheiro; **lots of cars:** muitos carros; **she talks quite a lot:** ela fala muito **2** (leilão) lote
lotion *n.* loção; **aftershave lotion:** loção para depois da barba; **shaving lotion:** loção de barbear

lottery *n.* [*pl.* lotteries] lotaria; **lottery ticket:** bilhete da lotaria
lotto *n.* loto
lotus *n.* [*pl.* lotuses] lótus
loud *adj.* alto; **in a loud voice:** em voz alta ◆ *adv.* alto; **to talk very loud:** falar muito alto
loudspeaker *n.* **1** altifalante **2** (telefone) alta-voz
lounge *n.* sala de estar
louse *n.* piolho
love *n.* amor; **to be in love with someone:** estar apaixonado por alguém ◆ *v.* amar; gostar de; **I love you:** (eu) amo-te
lovely *adj.* bonito; encantador; adorável
lover *n.* amante
loving *adj.* afetuoso; carinhoso
low *adj. e adv.* baixo
low-cut *adj.* decotado; **low-cut dress:** vestido decotado
lower *v.* baixar
loyal *adj.* leal; fiel
loyalty *n.* [*pl.* loyalties] lealdade; fidelidade
luck *n.* sorte; **bad luck:** azar; **good luck!:** boa sorte!
lucky *adj.* **1** sortudo; **you're a lucky man:** és um sortudo **2** que dá sorte; **lucky charm:** amuleto
luggage *n.* bagagem
lukewarm *adj.* morno; tépido
lullaby *n.* [*pl.* lullabies] canção de embalar
lunar *adj.* lunar; **lunar module:** módulo lunar
lunatic *adj.* lunático
lunch *n.* [*pl.* lunches] almoço; **to have lunch:** almoçar; **lunch case/box:** lancheira ◆ *v.* almoçar

A palavra inglesa **lunch** *não significa* **lanche** *em português.* **Lunch**, *em inglês, quer dizer almoço.*

lunchtime *n.* hora de almoço
lung *n.* pulmão
lusophony *n.* lusofonia
luxurious *adj.* luxuoso
luxury *n.* [*pl.* luxuries] luxo
lynx *n.* [*pl.* lynxes, lynx] (animal) lince
lyre *n.* (instrumento musical) lira
lyrical *adj.* lírico
lyrics *n.pl.* letra de canção

M

m *n.* (letra) m
macaroni *n.* macarrão
macaw *n.* arara
machine *n.* máquina; **espresso machine:** máquina de café; **sewing machine:** máquina de costura; **washing machine:** máquina de lavar roupa
machine-gun *n.* metralhadora
mad *adj.* doido; louco
madam *n.* senhora
made *adj.* feito; fabricado; **made in Portugal:** fabricado em Portugal
madness *n.* loucura
magazine *n.* revista
magic *adj.* mágico ♦ *n.* magia; **black magic:** magia negra; **to do magic:** fazer magia
magical *adj.* mágico
magician *n.* (ilusionista) mágico
magnet *n.* íman
magnificent *adj.* magnífico
magnifying *adj.* que amplia; que aumenta; **magnifying glass:** lupa
magnolia *n.* magnólia
magpie *n.* (ave) pega
maid *n.* empregada; criada
maiden *adj.* **1** solteiro; **maiden name:** nome de solteira **2** inaugural; (navio) **maiden voyage:** viagem inaugural
mail *n.* correio; correspondência ♦ *v.* mandar pelo correio
main *adj.* principal; **main course:** prato principal; **main road:** estrada principal
maintain *v.* manter
maintenance *n.* manutenção; **maintenance service:** serviço de manutenção
maize *n.* milho
major *adj.* **1** maior; **the major part:** a maior parte **2** principal; **major role:** papel principal ♦ *n.* major
majority *n.* [*pl.* majorities] **1** (quantidade) maioria **2** (idade) maioridade
make *v.* **1** fazer; **to make a suggestion:** fazer uma sugestão; **to make the bed:** fazer a cama **2** ganhar; **to make money:** ganhar dinheiro **3** forçar; obrigar; **they make me put out the light early:** eles obrigam-me a apagar a luz cedo
make-believe *n.* faz-de-conta; **to play make-believe:** brincar ao faz-de-conta
make of *v.* **1** pensar de; achar de **2** entender; compreender
maker *n.* fabricante; produtor
make-up *n.* maquilhagem
make up *v.* **1** pôr maquilhagem (a si ou a alguém); maquilhar(-se) **2** (refeição) preparar **3** (cama) fazer **4** (história) inventar
make up for *v.* compensar
making *n.* **1** fabrico **2** criação **3** preparação
malaria *n.* (doença) malária
male *adj.* masculino; **male sex:** sexo masculino
malice *n.* malícia
malicious *adj.* **1** malicioso **2** maldoso
malignant *adj.* maligno; **malignant tumour:** tumor maligno
mall *n.* *(Estados Unidos da América)* centro comercial
mama *n.* *(informal)* → **mamma**

mamma *n.* [*pl.* mammas] *(informal)* mãe; mamã
mammal *n.* mamífero
mammoth *n.* [*pl.* mammoths, mammoth] mamute
man *n.* [*pl.* men] **1** homem **2** ser humano ◆ *interj.* *(informal)* pá
manage *v.* **1** dirigir; administrar; **to manage a company:** dirigir uma empresa **2** conseguir; **how do you manage it?:** como é que consegues?
management *n.* direção; administração
manager *n.* diretor; gerente
mandible *n.* mandíbula
mane *n.* **1** (cavalo) crina; (leão) juba **2** (pessoa) cabeleira
manga *n.* (banda desenhada) manga
manger *n.* manjedoura
mango *n.* [*pl.* mangoes, mangos] (fruto) manga; **mango mousse:** mousse de manga
manioc *n.* mandioca
manipulate *v.* manipular
mankind *n.* espécie humana; humanidade
manner *n.* maneira; modo; **in this manner:** deste modo
manners *n.pl.* modos; maneiras; educação; **bad manners:** falta de educação; **good manners:** boas maneiras
manoeuvre *n.* manobra ◆ *v.* manobrar
mansion *n.* mansão; solar
manual *adj.* manual ◆ *n.* manual; compêndio; **instruction manual:** manual de instruções
manufacture *n.* manufatura; fabrico
manufacturer *n.* fabricante
manuscript *adj. e n.* manuscrito
many *adj.* muitos; **I've got many friends:** eu tenho muitos amigos; **there aren't many cars:** não há muitos carros
map *n.* mapa
marathon *n.* maratona
marble *n.* **1** mármore; **marble cake:** bolo mármore **2** berlinde; **to play marbles:** jogar ao berlinde
march *n.* [*pl.* marches] marcha ◆ *v.* marchar
March *n.* março
Mardi Gras *n.* Terça-Feira de Carnaval
mare *n.* égua
margarine *n.* margarina
margin *n.* (num texto) margem
marigold *n.* malmequer
marine *adj.* marinho ◆ *n.* marinha
marionette *n.* marioneta; fantoche
marital *adj.* conjugal; **marital status:** estado civil
maritime *adj.* marítimo
mark *n.* **1** marca; sinal **2** (escola) nota; classificação ◆ *v.* **1** marcar **2** (escola) classificar; avaliar
marker *n.* marcador
market *n.* mercado; **labour market:** mercado de trabalho; **market research:** estudo de mercado
marmot *n.* (animal roedor) marmota
maroon *adj. e n.* (cor) bordeaux; castanho-avermelhado
marquis *n.* marquês
marriage *n.* casamento; matrimónio
married *adj.* casado
marry *v.* casar(-se)
Mars *n.* ASTRONOMIA, MITOLOGIA Marte
marsh *n.* [*pl.* marshes] pântano; paul
marsupium *n.* [*pl.* marsupia] (animal) marsúpio
marvel *n.* maravilha ◆ *v.* maravilhar-se; ficar maravilhado
marvellous *adj.* maravilhoso; extraordinário
mascara *n.* (cosmética) rímel
mascot *n.* mascote
masculine *adj.* masculino
mash *v.* **1** amassar **2** reduzir a puré; **mashed potatoes:** puré de batata

mask *n.* máscara ◆ *v.* mascarar; disfarçar
mason *n.* pedreiro
mass *n.* massa; aglomerado ◆ *adj.* de massas; **mass media:** meios de comunicação social
Mass *n.* missa; **to go to Mass:** ir à missa
massage *n.* massagem; **a back massage:** uma massagem nas costas; **to give somebody a massage:** fazer uma massagem a alguém ◆ *v.* massajar
masseur *n.* (homem) massagista
masseuse *n.* (mulher) massagista
mast *n.* mastro
master *n.* **1** mestre; senhor **2** (de uma propriedade) dono ◆ *v.* dominar; controlar
mastermind *n.* (líder) cérebro
masterpiece *n.* obra-prima
masterstroke *n.* golpe de mestre
mat *n.* tapete; esteira
match *n.* [*pl.* matches] **1** fósforo; **to strike a match:** acender um fósforo **2** jogo; **football match:** jogo de futebol ◆ *v.* **1** igualar; **no one can match him at school:** ninguém o consegue igualar na escola **2** combinar com; **the ring matches the necklace:** o anel combina com o colar
matchbox *n.* caixa de fósforos
matchmaker *n.* casamenteiro
mate *n.* **1** colega **2** cônjuge **3** (xadrez) xeque-mate ◆ *v.* **1** (animais) acasalar **2** (xadrez) fazer xeque-mate
material *adj. e n.* material
maternal *adj.* maternal; materno
maternity *n.* maternidade
mathematical *adj.* matemático
mathematician *n.* matemático
mathematics *n.* matemática
maths *n.* *(informal)* matemática
matter *n.* **1** assunto; questão; **a personal matter:** um assunto pessoal; **it's a matter of time:** é uma questão de tempo **2** problema; **what's the matter?:** qual é o problema? ◆ *v.* importar; interessar; **it doesn't matter:** não importa; não interessa
mattress *n.* [*pl.* mattresses] colchão
mature *adj.* (pessoa) maduro ◆ *v.* (pessoa) amadurecer
Maundy Thursday *n.* Quinta-Feira Santa
maximum *adj.* máximo; **maximum height:** altura máxima ◆ *n.* [*pl.* maxima, maximums] máximo; **to a maximum:** ao máximo
may *v.* **1** poder; **may I come in?:** posso entrar? **2** ser possível; **it may rain:** é possível que chova
May *n.* maio; **May Day:** Primeiro de Maio
maybe *adv.* talvez
mayday *n.* sinal de pedido de socorro; SOS
mayonnaise *n.* maionese
mayor *n.* presidente da câmara municipal
maze *n.* labirinto
me *pron.pess.* **1** mim; **it's for me:** é para mim **2** me; **follow me:** segue-me **3** eu; **it's me:** sou eu
meadow *n.* prado
meagre *adj.* (quantidade, valor) escasso
meal *n.* refeição; **at meal time:** na hora da refeição
mealtime *n.* hora das refeições
mean *v.* **1** significar; querer dizer; **what does it mean?:** o que é que isso quer dizer? **2** pretender; querer; **I didn't mean to hurt you:** eu não queria magoar-te ◆ *adj.* **1** mau; maldoso; **a mean trick:** uma partida maldosa **2** feroz; **mean dog:** cão feroz
meaning *n.* significado; sentido

meaningful *adj.* 1 significativo 2 importante
meaningless *adj.* sem significado; sem sentido
means *n.* meio; modo; **a means to an end:** um meio para atingir um fim
meantime *adv.* entretanto; **in the meantime:** entretanto
meanwhile *adv.* entretanto
measles *n.* sarampo
measure *n.* medida ◆ *v.* medir
meat *n.* carne
meatball *n.* almôndega
meatloaf *n.* rolo de carne
meaty *adj.* carnudo
mechanic *n.* mecânico
mechanical *adj.* mecânico
mechanics *n.* mecânica
mechanism *n.* mecanismo
medal *n.* medalha
medallion *n.* medalhão
meddle *v.* intrometer-se; **to meddle in someone's affairs:** intrometer-se nos assuntos de alguém
meddlesome *adj.* intrometido
meddling *adj.* intrometido
media *n.* media; meios de comunicação social
mediaeval *adj.* medieval
medical *adj.* médico
medicate *v.* medicar
medication *n.* medicação
medicinal *adj.* medicinal; **medicinal plant:** planta medicinal
medicine *n.* 1 medicina 2 medicamento
medieval *adj.* medieval
Mediterranean *adj.* mediterrâneo ◆ *n.* Mediterrâneo
medium *adj.* médio; **medium height:** altura/estatura média ◆ *n.* [*pl.* media, mediums] meio
medlar *n.* 1 (árvore) nespereira 2 (fruto) nêspera
medulla *n.* [*pl.* medullae, medullas] medula
meet *v.* 1 encontrar; **meet me in the restaurant:** encontramo-nos no restaurante 2 conhecer; **nice to meet you:** prazer em conhecê-lo 3 encontrar-se; reunir-se
meeting *n.* 1 reunião; **to attend a meeting:** estar presente numa reunião 2 encontro; **meeting place:** ponto de encontro
megalithic *adj.* megalítico
melodious *adj.* melodioso
melon *n.* melão
melt *v.* derreter(-se)
member *n.* membro; **a member of the family:** um membro da família; **member state:** estado-membro
memorial *n.* memorial
memorise *v.* → **memorize**
memorize *v.* memorizar; decorar
memory *n.* [*pl.* memories] 1 memória; **memory loss:** perda de memória 2 recordação
mend *v.* remendar; arranjar; reparar
menstrual *adj.* menstrual; **menstrual flow:** fluxo menstrual
menstruation *n.* menstruação
menswear *n.* roupa de homem
mention *v.* mencionar; referir; **don't mention it!:** não tens de quê!
menu *n.* ementa; menu; **what's on the menu?:** qual é a ementa?
merchant *n.* comerciante; negociante
mercury *n.* [*pl.* mercuries] QUÍMICA mercúrio
Mercury *n.* ASTRONOMIA, MITOLOGIA Mercúrio
mercy *n.* [*pl.* mercies] misericórdia; compaixão; **to have mercy on somebody:** ter pena/piedade de alguém
mere *adj.* mero; **a mere formality:** uma mera formalidade
merely *adv.* meramente; unicamente

meridian *n.* meridiano
mermaid *n.* sereia
merry *adj.* alegre; contente; divertido; **merry Christmas!:** feliz Natal!
merry-go-round *n.* carrossel
mess *n.* [*pl.* messes] confusão; desordem; **what a mess!:** que confusão! ◆ *v.* pôr em desordem
message *n.* mensagem; recado; **to leave a message to:** deixar um recado para
messenger *n.* mensageiro
messy *adj.* **1** desarrumado **2** complicado
metal *n.* metal
metaphor *n.* metáfora
meteor *n.* meteoro
meteoric *adj.* meteórico
meteorological *adj.* meteorológico
meteorologist *n.* meteorologista
meteorology *n.* meteorologia
meter *n.* *(Estados Unidos da América)* (unidade de medida) metro
method *n.* método
metical *n.* [*pl.* meticais, meticals] (moeda de Moçambique) metical
metre *n.* (unidade de medida) metro
metric *adj.* métrico; **metric system:** sistema métrico
metropolis *n.* [*pl.* metropolises] metrópole
metropolitan *adj.* metropolitano
mew *n.* (de gato) mio ◆ *v.* miar
Mexican *adj. e n.* mexicano
Mexico *n.* México
miaow *v.* miar ◆ *n.* mio
microbe *n.* micróbio
microphone *n.* microfone
microscope *n.* microscópio
microwave *n.* micro-onda; (forno) **microwave oven:** micro-ondas
midday *n.* meio-dia; **the train arrives at midday:** o comboio chega ao meio-dia
middle *n.* centro; meio; parte central; **in the middle of:** no meio de ◆ *adj.* **1** médio; intermédio; **middle size:** tamanho médio **2** meio; central; **the middle car:** o carro do meio
middle-aged *adj.* de meia-idade
midfield *n.* **1** (zona do campo) área central **2** (jogador) médio
midget *n.* anão
midlife *n.* meia-idade
midnight *n.* meia-noite; **I have to leave at midnight:** tenho de ir embora à meia-noite
midsummer *n.* solstício do verão
midterm *n.* (escola) meio do semestre; meio do período
midwife *n.* [*pl.* midwives] parteira
mighty *adj.* forte; poderoso
migraine *n.* enxaqueca
mike *n.* *(informal)* microfone
mild *adj.* **1** (clima) ameno **2** (pessoa) calmo
mile *n.* milha; **to be miles away from:** ficar a milhas de
mileometer *n.* conta-quilómetros
milestone *n.* marco
militant *adj. e n.* militante
military *adj.* militar ◆ *n.pl.* forças armadas; exército; tropa
milk *n.* leite; **condensed milk:** leite condensado; **milk tooth:** dente de leite ◆ *v.* mungir; ordenhar; **to milk the cows:** mungir as vacas
milkman *n.* [*pl.* milkmen] leiteiro
milkshake *n.* batido (de leite)
milky *adj.* lácteo; leitoso
Milky Way *n.* ASTRONOMIA Via Láctea
mill *n.* moinho
millennium *n.* [*pl.* millennia, millenniums] milénio
miller *n.* moleiro
milligram *n.* miligrama
millilitre *n.* mililitro
million *n.* milhão
millionaire *n.* milionário

milometer *n.* → **mileometer**
mime *n.* mímica
mimic *n.* mímico ◆ *v.* imitar; copiar
mince *v.* (carne) picar ◆ *n.* carne picada
mind *n.* mente; cabeça ◆ *v.* **1** prestar atenção; ter cuidado; **mind the step!:** cuidado com o degrau! **2** importar; interessar; **I don't mind:** não me importo
mind-blowing *adj.* **1** *(informal)* espantoso **2** *(informal)* alucinante
mine *pron.poss.* meu; minha; meus; minhas; **a friend of mine:** um amigo meu; **these glasses are mine:** estes óculos são meus ◆ *n.* mina; **gold mine:** mina de ouro
miner *n.* mineiro
mineral *adj.* e *n.* mineral; **mineral water:** água mineral
mingle *v.* misturar(-se); juntar(-se)
miniature *n.* miniatura ◆ *adj.* em miniatura
minicam *n.* máquina fotográfica muito pequena
minimum *adj.* mínimo; **minimum wage:** salário mínimo ◆ *n.* [*pl.* minimums, minima] mínimo; **to reduce to a minimum:** reduzir ao mínimo
miniskirt *n.* minissaia
minister *n.* ministro
minor *n.* (de idade) menor
minority *n.* [*pl.* minorities] **1** minoria **2** menoridade
mint *n.* menta; hortelã
minus *prep.* **1** menos; **10 minus 5 equals 5:** 10 menos 5 é igual a 5 **2** negativo; **the temperature is minus 20 degrees:** a temperatura é de 20 graus negativos
minuscule *adj.* minúsculo
minute *n.* **1** minuto; **a ten minute walk:** uma caminhada de dez minutos **2** *(informal)* momento; instante; **hold on a minute:** espera um momento
minutes *n.pl.* ata (de reunião)
miracle *n.* milagre
miraculous *adj.* milagroso
mirage *n.* miragem
mirror *n.* espelho ◆ *v.* espelhar; refletir
misbehave *v.* portar-se mal
mischievous *adj.* travesso; traquina(s)
miserable *adj.* miserável; infeliz; **to feel miserable:** sentir-se infeliz
misery *n.* [*pl.* miseries] **1** miséria **2** tristeza; infelicidade
misfortune *n.* **1** infortúnio; desgraça **2** contratempo
miss *v.* **1** faltar; não comparecer; **to miss school:** faltar à escola **2** perder; **to miss the bus:** perder o autocarro **3** ter saudades de; sentir falta de; **to miss someone:** ter saudades de alguém ◆ *n.* **1** (solteira) menina **2** (título de beleza) miss
missile *n.* míssil
missing *adj.* **1** (objeto) perdido **2** (pessoa) desaparecido; **to be reported missing:** ser dado como desaparecido
mission *n.* missão
missionary *adj.* e *n.* missionário
missis *n.* (forma de tratamento) minha senhora; senhora
mist *n.* névoa; neblina
mistake *n.* **1** erro; **by mistake:** por erro **2** engano; **to make a mistake:** enganar-se ◆ *v.* compreender ou interpretar mal
mistaken *adj.* **1** errado **2** enganado
mister *n.* senhor
misunderstand *v.* compreender mal; interpretar mal
misunderstanding *n.* mal-entendido; desentendimento
mite *n.* ácaro
mix *v.* misturar; juntar; combinar ◆ *n.* [*pl.* mixes] combinação; mistura
mixed *adj.* misto
mixture *n.* mistura

moan *n.* gemido ◆ *v.* gemer
mobile *adj.* móvel; portátil; **mobile phone:** telemóvel
modal *adj.* modal; **modal verbs:** verbos modais
model *n.* modelo; manequim ◆ *adj.* **1** exemplar; **a model student:** uma aluna exemplar **2** modelo; **a model school:** uma escola modelo
moderate *adj.* **1** (preço, opinião, comportamento) moderado; razoável **2** (clima) temperado
modern *adj.* moderno
modernity *n.* modernidade
modernize *v.* modernizar(-se)
modest *adj.* modesto
modification *n.* modificação; alteração
modify *v.* modificar; alterar
moist *adj.* húmido
moisture *n.* humidade
mole *n.* **1** (pele) sinal **2** toupeira **3** molhe
molecule *n.* molécula
mollusc *n.* molusco
mom *n. (Estados Unidos da América) (informal)* mamã
moment *n.* momento; instante; **at the moment:** de momento; agora; **in a moment:** num instante
momentary *adj.* momentâneo; breve
Monaco *n.* Mónaco
monarch *n.* monarca
monarchy *n.* monarquia
monastery *n.* [*pl.* monasteries] mosteiro
Monday *n.* segunda-feira
Monegasque *adj. e n.* monegasco
money *n.* dinheiro
moneybox *n.* mealheiro
monk *n.* monge
monkey *n.* macaco
monkfish *n.* (peixe) tamboril
monopoly *n.* [*pl.* monopolies] monopólio
monotonous *adj.* monótono; enfadonho
monster *n.* monstro
month *n.* mês; **once a month:** uma vez por mês
monthly *adj.* mensal ◆ *adv.* mensalmente
monument *n.* monumento
moo *n.* mugido ◆ *v.* mugir
mood *n.* humor; disposição; **to be in a bad/good mood:** estar de mau/bom humor
moon *n.* lua; **full moon:** Lua cheia; **moon landing:** alunagem
moonlight *n.* luar
moose *n.* alce
mop *n.* esfregona
moral *adj.* moral ◆ *n.* (de uma história) moral
more *adj. e adv.* mais; **more expensive than:** mais caro do que; **more or less:** mais ou menos; **once more:** mais uma vez
morning *n.* manhã; **good morning!:** bom dia!; **three o'clock in the morning:** três da manhã
morphologic *adj.* morfológico
morphology *n.* morfologia
mortal *adj. e n.* mortal
mortar *n.* almofariz
mosaic *n.* mosaico
mosque *n.* mesquita
mosquito *n.* [*pl.* mosquitoes, mosquitos] mosquito
moss *n.* [*pl.* mosses] musgo
most *adj. e adv.* **1** mais; **most often:** mais frequentemente; **the most beautiful girl:** a rapariga mais bonita **2** a maioria; a maior parte; **most of the shops are open:** a maior parte das lojas estão abertas
mostly *adv.* na maior parte das vezes; quase sempre
moth *n.* traça

mother *n.* 1 mãe; **Mother's day:** dia da Mãe 2 RELIGIÃO madre; superiora
motherhood *n.* maternidade
mother-in-law *n.* sogra
motherland *n.* terra natal; pátria
motherly *adj.* maternal; materno
mother-of-pearl *n.* madrepérola
motion *n.* movimento; marcha; **in motion:** em movimento
motivate *v.* motivar; estimular
motivation *n.* motivação
motive *n.* motivo; causa
motor *n.* motor; **motor racing:** corrida de automóveis
motorbike *n.* mota; motocicleta
motorboat *n.* barco a motor
motorcycle *n.* mota; motocicleta
motorcycling *n.* motociclismo
motorcyclist *n.* motociclista
motorist *n.* automobilista

> Repara que **motorist** não significa o mesmo que **motorista** em português. **Motorist**, em inglês, quer dizer *automobilista.*

motorway *n.* autoestrada
mount *n.* monte; montanha ◆ *v.* (cavalo, bicicleta) montar
mountain *n.* montanha
mountaineer *n.* montanhista; alpinista
mountaineering *n.* montanhismo; alpinismo
mountainous *adj.* montanhoso
mourn *v.* chorar; **to mourn over someone:** chorar pela morte de alguém
mourning *n.* luto; **to be in mourning:** estar de luto
mouse *n.* [*pl.* mice] 1 (animal) rato; **field mouse:** rato do campo 2 (computador) rato; **mouse mat/pad:** tapete do rato
mousetrap *n.* ratoeira
mousse *n.* mousse; **chocolate mousse:** mousse de chocolate
moustache *n.* bigode; **to grow a moustache:** deixar crescer o bigode; **to wear a moustache:** ter bigode
mouth *n.* [*pl.* mouths] boca; **to keep one's mouth shut:** ficar em silêncio; não abrir a boca; **to make one's mouth water:** fazer crescer água na boca
move *n.* 1 movimento 2 (de casa ou emprego) mudança 3 (jogo) jogada ◆ *v.* 1 mover; mudar; **to move house:** mudar de casa 2 mexer-se; **keep moving!:** não parem! 3 mudar(-se); **to move to a different country:** mudar-se para um país diferente
movement *n.* movimento
movie *n.* *(Estados Unidos da América)* filme; **to go to the movies:** ir ao cinema; **to watch a movie:** ver um filme
moving *adj.* comovente; emocionante
Mozambican *adj. e n.* moçambicano
Mozambique *n.* Moçambique
MP3 [*abrev. de* MPEG audio layer 3] MP3
Mr [*abrev. de* Mister] Sr.
Mrs [*abrev. de* Mistress] Sra.
Ms *n. (Grã-Bretanha)* (solteira ou casada) menina; senhora
much *adj.* muito; bastante; grande quantidade de; **there isn't much milk:** não há muito leite ◆ *adv.* muito; bastante; **I don't like him much:** eu não gosto muito dele; **thank you very much:** muito obrigado
mucous *adj.* mucoso
mucus *n.* muco
mud *n.* lama
muddy *adj.* 1 (solo) lamacento 2 (sapatos, mãos) enlameado
mudguard *n.* guarda-lamas
muffin *n.* 1 pãozinho doce 2 queque (com chocolate ou fruta)
mug *n.* caneca
mugger *n.* gatuno; ladrão

mulberry *n.* [*pl.* mulberries] amora; **mulberry tree:** amoreira
mule *n.* mula
mullet *n.* (peixe) salmonete
multimedia *adj. e n.* multimédia
multiplicity *n.* multiplicidade; **a multiplicity of colours:** uma multiplicidade de cores
multiply *v.* multiplicar(-se); **to multiply five by twelve:** multiplicar cinco por doze
multiracial *adj.* multirracial; **a multiracial society:** uma sociedade multirracial
mum *n. (informal)* mamã; mãezinha
mummy *n.* [*pl.* mummies] **1** múmia **2** *(informal)* mamã
mural *adj.* mural ◆ *n.* pintura mural
murder *n.* assassínio ◆ *v.* matar; assassinar
murderer *n.* assassino
murmur *n.* murmúrio; sussurro ◆ *v.* murmurar; sussurrar
muscle *n.* músculo
muscular *adj.* muscular
museum *n.* museu
mushroom *n.* cogumelo
music *n.* música; **to listen to music:** ouvir música
musical *adj.* musical; **musical box:** caixa de música ◆ *n.* (peça, filme) musical
musician *n.* músico
Muslim *adj. e n.* muçulmano
mussel *n.* mexilhão
must *v.* **1** ter de; ter que; **you must come with me:** tens de vir comigo **2** dever; **he must be right:** ele deve ter razão
mustard *n.* mostarda
mute *adj. e n.* mudo
muteness *n.* mudez
mutiny *n.* motim
muzzle *n.* **1** focinho **2** açaime
my *det. e pron.poss.* meu; minha; meus; minhas; **my bike:** a minha bicicleta; **my brother:** o meu irmão
myself *pron.pess.refl.* eu mesmo; eu próprio; me; a mim mesmo; **I did it by myself:** eu próprio o fiz
mysterious *adj.* misterioso
mystery *n.* [*pl.* mysteries] mistério
myth *n.* mito
mythological *adj.* mitológico
mythology *n.* mitologia

N

n *n.* (letra) n
nail *n.* **1** unha **2** prego ◆ *v.* pregar; cravar
naked *adj.* nu; despido
name *n.* nome; **what's your name?:** como é que te chamas? ◆ *v.* **1** dar nome; **they named their son Peter:** eles chamaram ao filho Pedro **2** nomear
namely *adv.* nomeadamente
nanny *n.* [*pl.* nannies] ama
nap *n.* **1** sesta; **to take a nap:** dormir a sesta **2** (pano) felpo
napkin *n.* guardanapo
nappy *n.* [*pl.* nappies] fralda
narrate *v.* narrar; relatar
narrow *adj.* estreito ◆ *v.* estreitar
nasty *adj.* **1** perverso; malvado; **a nasty person:** uma pessoa perversa **2** desagradável; **a nasty smell:** um cheiro desagradável
nation *n.* nação
national *adj.* nacional
nationality *n.* [*pl.* nationalities] nacionalidade
native *n.* nativo; indígena ◆ *adj.* **1** (país) natal **2** (pessoa) nativo; indígena
natural *adj.* natural
naturally *adv.* naturalmente; de modo natural
nature *n.* natureza
naughty *adj.* travesso; maroto
navel *n.* umbigo; **navel string:** cordão umbilical
navigate *v.* navegar
navigation *n.* navegação
navigator *n.* navegador
navy *n.* [*pl.* navies] marinha
near *adv. e prep.* **1** próximo; perto; **near the window:** perto da janela **2** quase; **near the end of the match:** quase no final do jogo ◆ *adj.* próximo; **near relative:** parente próximo
nearby *adv.* perto; próximo; **is there a hotel nearby?:** há algum hotel perto? ◆ *adj.* próximo; vizinho; **in the nearby town:** na cidade vizinha
nearly *adv.* quase; perto; próximo; **she is nearly sixteen:** ela tem quase dezasseis anos
neat *adj.* limpo; impecável
necessarily *adv.* necessariamente
necessary *adj.* necessário
necessity *n.* [*pl.* necessities] necessidade
neck *n.* **1** pescoço **2** (de roupa) gola **3** (de garrafa) gargalo
necklace *n.* colar; **pearl necklace:** colar de pérolas
need *n.* necessidade; **no need for that:** não há necessidade disso ◆ *v.* **1** precisar; necessitar; **I need to study harder:** preciso de estudar mais **2** querer; desejar; **do you need anything else?:** deseja mais alguma coisa?
needle *n.* agulha
needless *adj.* escusado; desnecessário; **needless to say that:** escusado será dizer que
negative *adj.* negativo
neglect *n.* negligência; descuido ◆ *v.* negligenciar; descurar
negotiate *v.* negociar
neigh *v.* relinchar ◆ *n.* relincho

neighbor *n. (Estados Unidos da América)* → **neighbour**
neighbour *n.* vizinho
neighbourhood *n.* vizinhança; redondezas
neither *adj.* nenhum(a); nenhum dos dois; **neither girl likes chocolate:** nenhuma das raparigas gosta de chocolate ◆ *conj.* nem; **neither John nor Mark:** nem o John nem o Mark ◆ *adv.* nem; também não; **I don't know, and neither does she:** eu não sei e ela também não
nephew *n.* sobrinho
Neptune *n.* ASTRONOMIA, MITOLOGIA Neptuno
nerd *n.* **1** *(informal, ofensivo)* totó **2** *(informal, ofensivo)* fanático de computadores
nerve *n.* **1** nervo **2** *(figurado)* força; coragem; **to lose one's nerve:** perder a coragem **3** *(figurado)* atrevimento; **you've got a lot of nerve!:** tens muita lata!
nervous *adj.* nervoso; inquieto
nest *n.* ninho
net *n.* rede
Net *n. (informal)* Internet
Netherlands *n.* Países Baixos; Holanda
nettle *n.* urtiga
network *n.* (comunicações) rede
never *adv.* nunca; jamais; **never again:** nunca mais
never-ending *adj.* sem fim; interminável
nevertheless *adv. e conj.* contudo
new *adj.* **1** novo; **brand new:** novo em folha **2** novo; recente; **a new discovery:** uma descoberta recente
newborn *adj.* recém-nascido
newcomer *n.* [*pl.* newcomers] recém-chegado
newlywed *n.* [*pl.* newlyweds] recém-casado
news *n.* **1** notícias; novidade; **a piece of news:** uma notícia; **bad news:** más notícias; **good news:** boas notícias **2** noticiário; telejornal; **to watch the eight o'clock news:** ver o noticiário/telejornal das oito (horas)
newsagent *n.* vendedor de jornais; **newsagent's:** quiosque
newsletter *n.* boletim informativo
newspaper *n.* jornal
New Zealand *n.* Nova Zelândia
New Zealander *adj. e n.* neozelandês
next *adj. e adv.* **1** próximo; seguinte; **the next two weeks:** as próximas duas semanas **2** em seguida; depois; **who is next?:** quem é a seguir? **3** junto; ao lado; **it's next to the theatre:** é ao lado do teatro
nib *n.* (de caneta) aparo
nice *adj.* **1** simpático; amável; **she's such a nice girl!:** é uma rapariga tão simpática! **2** bom; agradável; **nice to meet you:** prazer em conhecer-te
nickname *n.* alcunha
niece *n.* sobrinha
night *n.* noite; **all night long:** durante toda a noite; **last night:** a última noite; ontem à noite
nightdress *n.* camisa de noite
nightfall *n.* anoitecer; **at nightfall:** ao cair da noite; ao anoitecer
nightingale *n.* rouxinol
nightmare *n.* pesadelo; **to have nightmares:** ter pesadelos; *(figurado)* **to go through a nightmare:** viver um pesadelo
night-watchman *n.* [*pl.* night-watchmen] guarda-noturno
nine *num.card. e n.* nove
nineteen *num.card. e n.* dezanove
nineteenth *adj.num.* décimo nono; **nineteenth century:** século XIX
ninetieth *adj.num.* nonagésimo

ninety *num.card. e n.* [*pl.* nineties] noventa
ninth *adj.num.* nono
nipple *n.* mamilo
no *adv.* não; **no, thanks!:** não, obrigado! ◆ *adj.* nenhum; nenhuma; **there is no mistake:** não há nenhum engano
nobody *pron.* ninguém; **nobody is perfect:** ninguém é perfeito ◆ *n. (informal)* zé-ninguém
nod *n.* aceno com a cabeça; cumprimento com a cabeça ◆ *v.* acenar com a cabeça
noise *n.* barulho; **to make noise:** fazer barulho
noisy *adj.* ruidoso; barulhento
none *pron.* nenhum; **none of you:** nenhum de vocês
nonsense *n.* absurdo; disparate; **nonsense!:** que tolice!; **to talk nonsense:** dizer disparates
non-smoker *n.* não fumador
nonstop *adj.* (viagem) direto; sem interrupções; **a nonstop flight:** um voo direto ◆ *adv.* sem parar; **days on nonstop working:** dias de trabalho contínuo
noon *n.* meio-dia
nope *adv. (informal)* não
nor *conj.* nem; **neither you nor I:** nem tu nem eu
Nordic *adj. e n.* nórdico; escandinavo; **the Nordic countries:** os países nórdicos
normal *adj.* normal ◆ *n.* normal; média
north *n.* norte; **to the north:** para norte ◆ *adj.* do norte; **north wind:** vento do norte
North American *adj. e n.* norte-americano
north-east *adj.,adv. e n.* nordeste
northern *adj.* do norte; nortenho; setentrional
Northern Ireland *n.* Irlanda do Norte

> A **Irlanda do Norte** é um dos quatro países que formam o Reino Unido (juntamente com a Inglaterra, a Escócia e o País de Gales). Está situada no nordeste da ilha da Irlanda e faz fronteira a sul e oeste com a República da Irlanda. A capital da Irlanda do Norte é Belfast.
> A República da Irlanda é um país independente (reconhecido como tal em 1922) e a sua capital é Dublin.

north-west *adj.,adv. e n.* noroeste
Norway *n.* Noruega
Norwegian *adj. e n.* norueguês
nose *n.* **1** nariz **2** focinho **3** (de pessoa) olfato; (de animal) faro **4** odor; cheiro **5** (de navio) proa **6** (de avião) nariz **7** (de ave) bico; **to stick one's nose into something:** meter o nariz onde não (se) é chamado ◆ *v.* cheirar; farejar
nosey *adj.* intrometido
nostril *n.* narina
nosy *adj. (informal)* coscuvilheiro; abelhudo
not *adv.* não; nem; **not always:** nem sempre; **not at all:** de modo algum; **not yet:** ainda não
notable *adj.* notável; memorável
notably *adv.* **1** notavelmente **2** distintamente; particularmente
note *n.* **1** nota; apontamento; **to take notes:** tirar notas **2** bilhete; recado; **to leave a note:** deixar um recado **3** nota (de banco); **false note:** nota falsa **4** nota musical ◆ *v.* **1** notar; reparar em; **I note that you never study:** noto que nunca estudas **2** tomar nota; anotar; **note my phone number:** anota o meu número de telefone
notebook *n.* caderno

notepad *n.* bloco de notas
nothing *pron.* nada; **that's nothing!:** isso não é nada!
notice *v.* reparar; notar ◆ *n.* 1 letreiro; cartaz; **the notice says "No smoking":** o letreiro diz "Proibido fumar" 2 anúncio; **a notice about a missing girl:** um anúncio sobre uma rapariga desaparecida 3 atenção; **to take notice of:** reparar em
notion *n.* noção; ideia
nought *n.* zero; **noughts and crosses:** jogo do galo
noun *n.* nome; substantivo; **common noun:** nome comum; **noun phrase:** grupo nominal; **proper noun:** nome próprio
nourish *v.* alimentar; nutrir
nourishing *adj.* nutritivo
nova *n.* espuma ◆ *v.* fazer espuma
novel *n.* (livro) romance
novelist *n.* romancista
novelty *n.* [*pl.* novelties] novidade
November *n.* novembro
now *adv.* 1 agora; **where do you live now?:** onde moras agora? 2 imediatamente; **leave now!:** sai imediatamente! ◆ *n.* agora; tempo presente; **from now on:** de agora em diante
nowadays *adv.* hoje em dia; atualmente
nowhere *adv.* em parte alguma; em lado nenhum
nuisance *n.* chatice; maçada; **what a nuisance!:** que chatice/maçada!
null *adj.* nulo
numb *adj.* entorpecido; dormente; **numb with fear:** paralisado de medo
number *n.* número ◆ *v.* numerar
numeral *n.* 1 numeral 2 numeração; **Roman numerals:** numeração romana
numeration *n.* numeração
numerous *adj.* numeroso
nun *n.* freira
nunnery *n.* [*pl.* nunneries] convento de freiras
nuptial *adj.* nupcial
nurse *n.* enfermeiro; enfermeira ◆ *v.* (doentes) tratar; assistir
nursery *n.* [*pl.* nurseries] creche; infantário; **nursery school:** infantário; **nursery tale:** história para crianças
nursing *n.* enfermagem
nut *n.* fruto seco
nutcracker *n.* quebra-nozes
nutmeg *n.* noz-moscada
nutritionist *n.* nutricionista
nutshell *n.* casca de noz ◆ **in a nutshell:** em resumo; em suma
nymph *n.* ninfa

O

o *n.* (letra) o
oak *n.* (árvore) carvalho
oar *n.* remo
oasis *n.* oásis
oat *n.* [*pl.* oats] aveia
oatcake *n.* bolacha de aveia
oatmeal *n.* papas de aveia
obedient *adj.* obediente
obesity *n.* obesidade
obey *v.* obedecer a; acatar; **to obey an order:** acatar uma ordem
object *n.* **1** objeto; **art object:** objeto de arte **2** fim; objetivo ◆ *v.* levantar objeções; opor-se; **to object to something:** opor-se a alguma coisa
objectivity *n.* objetividade
obligation *n.* obrigação
obligatory *adj.* obrigatório
oblige *v.* obrigar; **to oblige somebody to do something:** obrigar alguém a fazer alguma coisa
oboe *n.* (instrumento musical) oboé
obscure *adj.* obscuro; pouco claro
obscurity *n.* [*pl.* obscurities] **1** obscuridade **2** esquecimento
observatory *n.* [*pl.* observatories] observatório
observe *v.* **1** observar; ver **2** cumprir; respeitar; **to observe the law:** cumprir a lei
observer *n.* **1** observador **2** espectador; testemunha
obstetrician *n.* obstetra
obstetrics *n.* obstetrícia
obstinacy *n.* obstinação; teimosia
obstinate *adj.* obstinado; teimoso
obstruct *v.* obstruir; bloquear
obstruction *n.* obstrução; **obstruction of justice:** obstrução da justiça
obtain *v.* obter; conseguir; alcançar
obtuse *adj.* (ângulo) obtuso
obvious *adj.* óbvio; **for obvious reasons:** por razões óbvias
obviously *adv.* obviamente; evidentemente
occasion *n.* **1** ocasião; **on the occasion of:** por ocasião de **2** oportunidade; **on the first occasion:** na primeira oportunidade
occasional *adj.* **1** ocasional **2** acidental
occasionally *adv.* ocasionalmente; de vez em quando
occlusive *adj.* (consoante) oclusivo
occult *adj.* e *n.* oculto; **occult sciences:** ciências ocultas
occupation *n.* **1** MILITAR ocupação; tomada de posse **2** (profissão) ocupação; profissão
occupied *adj.* **1** (quarto de banho) ocupado **2** (casa) habitado
occupy *v.* **1** (tempo, espaço) ocupar; preencher **2** (território) ocupar; tomar posse de
occur *v.* ocorrer; acontecer
ocean *n.* oceano; **Atlantic ocean:** oceano Atlântico; **Indian Ocean:** oceano Índico; **Pacific Ocean:** oceano Pacífico; **the depths of the ocean:** as profundezas do oceano
oceanarium *n.* [*pl.* oceanariums, oceanaria] oceanário
oceanic *adj.* oceânico
oceanography *n.* oceanografia

o'clock *adv.* horas; **it's two o'clock:** são duas horas
octagon *n.* octógono
octagonal *adj.* octogonal
October *n.* outubro
octopus *n.* [*pl.* octopuses] polvo
odd *adj.* **1** estranho; invulgar; **how odd!:** que estranho! **2** ímpar; **odd number:** número ímpar **3** ocasional; acidental; **odd jobs:** trabalhos ocasionais; biscates
odds *n.pl.* probabilidades; **against all odds:** contra todas as probabilidades
odor *n.* *(Estados Unidos da América)* → **odour**
odour *n.* odor; aroma; cheiro
odyssey *n.* odisseia
of *prep.* **1** de; **a glass of milk:** um copo de leite; **the capital of Portugal:** a capital de Portugal **2** feito de; **a house of stone:** uma casa de pedra; **a ring of gold:** um anel de ouro **3** sobre; acerca de; **to dream of something:** sonhar com alguma coisa; **to think of you:** pensar em ti **4** por causa de; devido a; **because of them:** por causa deles **5** (quantidades) de; **most of all:** acima de tudo; **two of them:** dois deles **6** (datas) de; **the end of Summer:** o fim do verão; **the fifth of October:** o (dia) 5 de outubro
off *prep.* **1** de; **to get off the bus:** sair do autocarro **2** ao largo de; **off the Portuguese coast:** ao largo da costa portuguesa **3** junto de; **a house off the main road:** uma casa junto à estrada principal **4** ausente; **she's off school:** ela não está na escola ◆ *adv. e adj.* **1** longe; distante; afastado; **they are far off:** eles estão longe **2** para fora; embora; **I must be off:** tenho de ir embora **3** interrompido; desligado; **the lights are off:** as luzes estão desligadas **4** sem trabalhar; **to take the day off:** tirar o dia de folga
offence *n.* ofensa; **no offence:** sem ofensa; não me leves a mal
offend *v.* **1** (uma pessoa) ofender; ultrajar **2** (lei, código) transgredir; infringir
offense *n.* *(Estados Unidos da América)* → **offence**
offensive *adj.* ofensivo; injurioso
offer *n.* **1** oferta **2** proposta **3** promoção ◆ *v.* oferecer; dar
offering *n.* oferenda
office *n.* **1** gabinete; escritório **2** repartição; **post office:** estação de correios
officer *n.* **1** oficial; **officer of the navy:** oficial da marinha **2** agente; **police officer:** agente da polícia
official *adj.* oficial; **official language:** língua oficial
off-line *adj.* INFORMÁTICA desligado
offside *n.* (futebol) fora de jogo
offspring *n.* (filho, filha) rebento; descendência
often *adv.* muitas vezes; frequentemente
ogre *n.* ogre
oil *n.* **1** óleo (animal, vegetal ou mineral); **olive oil:** azeite **2** petróleo; **oil refinery:** refinaria de petróleo **3** (pintura) óleo; **oil painting:** pintura a óleo
oilskin *n.* **1** (tecido) oleado **2** impermeável
ok *interj.,adj.,adv.* → **okay**
okay *interj.* muito bem!; correto! ◆ *adj.* **1** *(informal)* tudo bem **2** *(informal)* fixe ◆ *adv.* bem; **to be doing okay:** estar a sair-se bem
old *adj.* **1** velho; idoso; **how old are you?:** que idade tens?; **old age:** terceira idade; **to grow old:** envelhecer **2** antigo; **in the old days:** antigamente; (Bíblia) **Old Testament:** Antigo Testamento **3** de longa data; **old friends:** velhos amigos

old-fashioned *adj.* antiquado; **old-fashioned ideas:** ideias antiquadas
olive *n.* **1** azeitona; **olive oil:** azeite **2** (árvore) oliveira
olympic *adj.* olímpico; **olympic pool:** piscina olímpica; **the Olympic Games:** os Jogos Olímpicos
Olympics *n.* Jogos Olímpicos
omelet *n. (Estados Unidos da América)* omeleta
omelette *n.* omeleta; **cheese omelette:** omelete de queijo; **ham omelette:** omeleta de fiambre
omnipotence *n.* omnipotência
omnipotent *adj.* omnipotente
omniscience *n.* omnisciência
omniscient *adj.* omnisciente
on *prep.* **1** em; sobre; em cima de; **I put the book on the table:** pus o livro em cima da mesa; **on Monday:** na segunda-feira; **to sit on the sofa:** sentar-se no sofá **2** sobre; acerca de; **a conference on astronomy:** uma conferência sobre astronomia **3** (meio de transporte) de; **to go on a bicycle:** ir de bicicleta ◆ *adv.* ligado; aceso; **the heater is on:** o aquecedor está ligado; **the radio is on:** o rádio está ligado
once *adv.* uma vez; **once more:** mais uma vez; **once upon a time:** era uma vez ◆ *conj.* assim que; mal; **at once:** imediatamente; **once you arrive, phone me:** telefona-me assim que chegares
one *adj.,num.card. e pron.* um; uma; **one after the other:** um a seguir ao outro; **one day:** um dia
oneself *pron.* se; si próprio; si mesmo; **to cut oneself:** cortar-se
onion *n.* cebola
on-line *adj. e adv.* INFORMÁTICA em linha
only *adj.* único; **only child:** filho único; **the only one:** o único ◆ *adv.* só; somente; apenas; **only you can help me:** só tu me podes ajudar ◆ *conj. (informal)* só que; **I like the dress, only it is too expensive:** eu gosto do vestido, só que é demasiado caro
onomatopoeia *n.* onomatopeia
onomatopoeic *adj.* onomatopaico
onto *prep.* **1** para; em direção a **2** para cima de
onwards *adv.* em diante; **from now onwards:** de agora em diante
open *adj.* **1** aberto; **with open arms:** de braços abertos **2** franco; **to be open with:** ser franco com **3** aberto; recetivo; **open to suggestions:** aberto a sugestões ◆ *v.* **1** abrir; **open your book:** abre o teu livro **2** começar; **the festival opens today:** o festival começa hoje ◆ *n.* **1** ar livre **2** (ténis) torneio
open-air *adj.* ao ar livre; a céu aberto
opening *n.* **1** abertura; **opening hours:** horário de atendimento **2** inauguração; estreia; **opening night:** noite de estreia
opera *n.* ópera; (edifício) **opera house:** ópera; **opera singer:** cantor(a) de ópera
operate *v.* **1** (negócio) gerir **2** (máquina) funcionar **3** MEDICINA operar; **to operate on somebody for something:** operar alguém a alguma coisa
operating *adj.* **1** operatório; **operating theatre:** bloco operatório **2** operativo; (computador) **operating system:** sistema operativo
operation *n.* **1** operação; **police operation:** operação policial **2** MEDICINA operação; intervenção cirúrgica; **to have an operation:** ser operado
ophthalmologist *n.* oftalmologista
ophthalmology *n.* oftalmologia
opinion *n.* opinião; **in my opinion:** na minha opinião; **public opinion:** opinião pública; **to change one's opinion:** mudar de opinião; **to give an opinion:** dar uma opinião

opponent *n.* 1 adversário 2 opositor ♦ *adj.* oposto; contrário
opportunist *n.* oportunista
opportunistic *n.* oportunista
opportunity *n.* [*pl.* opportunities] oportunidade; **job opportunities:** oportunidades de trabalho; **to get an opportunity:** ter uma oportunidade; **to miss an opportunity:** perder uma oportunidade; **to seize an opportunity:** aproveitar uma oportunidade
oppose *v.* opor(-se)
opposite *adj.* 1 oposto; contrário; **in the opposite direction:** na direção oposta 2 da frente; do outro lado; **I live in the opposite house:** eu vivo na casa em frente ♦ *prep.* em frente de; **she lives opposite the station:** ela vive em frente da estação ♦ *adv.* em frente; **they live directly opposite:** eles vivem mesmo em frente
opposition *n.* oposição
optimism *n.* otimismo
optimist *n.* otimista
optimistic *adj.* otimista
option *n.* opção; alternativa; escolha; **to have no option:** não ter alternativa
optional *adj.* opcional; facultativo
or *conj.* 1 ou; **either... or:** ou... ou 2 quer; **whether.. or:** quer... quer
oracle *n.* oráculo
oral *adj.* oral; verbal ♦ *n.* (na escola) exame oral
orange *n.* laranja; **orange juice:** sumo de laranja ♦ *adj.* cor de laranja
orangey *adj.* alaranjado
orangish *adj.* alaranjado
orangutan *n.* orangotango
orbit *n.* órbita
orchard *n.* pomar
orchestra *n.* orquestra
orchid *n.* orquídea
order *n.* 1 ordem; **alphabetical order:** ordem alfabética 2 encomenda; **to cancel an order:** anular uma encomenda ♦ *v.* 1 ordenar 2 encomendar 3 pôr em ordem 4 pedir
ordinary *adj.* normal; vulgar; **out of the ordinary:** fora do vulgar; excecional

> A palavra inglesa **ordinary** não tem o mesmo significado que **ordinário** em português. **Ordinary**, em inglês, quer dizer *normal, vulgar.*

oregano *n.* orégão
organ *n.* (corpo, instrumento musical) órgão
organic *adj.* orgânico; **organic farming:** agricultura biológica
organisation *n.* → **organization**
organise *v.* → **organize**
organism *n.* organismo
organization *n.* organização
organize *v.* organizar
organizer *n.* organizador
oriental *adj.* oriental
origin *n.* origem
original *adj.* original; inicial
originality *n.* [*pl.* originalities] originalidade
ornament *n.* ornamento; adorno ♦ *v.* ornamentar
orphan *n.* órfão
orthographic *adj.* ortográfico
orthographical *adj.* → **orthographic**
orthography *n.* ortografia
orthopaedic *adj.* ortopédico; **orthopaedic shoes:** sapatos ortopédicos
orthopaedics *n.* ortopedia
orthopedics *n.* → **orthopaedics**
ostrich *n.* [*pl.* ostriches] avestruz
other *adj.* outro; outra; outros; outras; **in other words:** por outras palavras; **the other day:** no outro dia ♦ *pron.* o outro; a outra; **all the others:** todos os outros; **one after the other:** um após outro

otherwise *adv.* 1 de outro modo 2 caso contrário
otter *n.* (animal) lontra
ounce *n.* (unidade de peso) onça (equivale a cerca de 30 gramas)
our *adj.poss.* nosso; nossa; **our books are on the table:** os nossos livros estão em cima da mesa; **our mother is a teacher:** a nossa mãe é professora
ours *pron.poss.* 1 nosso; nossa; **a friend of ours:** um amigo nosso 2 o nosso; a nossa; **his house is bigger than ours:** a casa dele é maior do que a nossa
ourselves *pron.pess.refl.* nós mesmos; **we are all by ourselves:** nós estamos sozinhos
out *adj. e adv.* 1 fora; **it's cold out:** está frio lá fora 2 fora de casa; **my mother is out:** a minha mãe saiu 3 apagado; **the lights are out:** as luzes estão apagadas ◆ *prep.* 1 fora; **out of the country:** fora do país; **out of the question:** fora de questão 2 por; devido; **out of curiosity:** por curiosidade 3 sem; **out of breath:** sem fôlego
outcome *n.* desenlace; desfecho
outdoor *adj.* 1 exterior; **outdoor aerial:** antena exterior; **outdoor pool:** piscina exterior 2 ao ar livre; **outdoor activities:** atividades ao ar livre
outfit *n.* 1 uniforme 2 (roupa) conjunto
outline *n.* 1 contorno 2 esquema ◆ *v.* dar uma ideia geral de; esboçar
outlive *v.* durar mais do que; sobreviver a
outside *n.* 1 exterior 2 aparência ◆ *adj.* exterior; externo ◆ *adv.* no exterior; ao ar livre
outskirts *n.pl.* arredores (de cidade); **they live on the outskirts of London:** eles vivem na periferia de Londres
oval *adj.* oval
ovary *n.* ovário
oven *n.* forno
over *prep.* 1 sobre; em cima de; **the book is over the shelf:** o livro está em cima da prateleira 2 do outro lado; **over the street:** do outro lado da rua 3 por; **all over the world:** por todo o mundo 4 mais de; **over twenty people:** mais de vinte pessoas ◆ *adv.* 1 do outro lado; ao lado; **over here:** aqui; deste lado; **over there:** ali; além 2 todo; de ponta a ponta; **read it over:** lê até ao fim 3 outra vez; **over and over:** vezes sem conta 4 terminado; acabado; **to be all over:** estar tudo acabado
overall *adj. e adv.* global; total ◆ *n.* bata
overalls *n.pl.* fato-macaco
overbooking *n.* excesso de reservas
overcoat *n.* sobretudo; casacão
overcome *v.* 1 (dificuldade, obstáculo) ultrapassar 2 (adversário) derrotar
overcook *v.* (alimento) cozer demasiado
overcrowded *adj.* 1 superlotado 2 superpovoado
overloaded *adj.* sobrelotado; **overloaded bus:** autocarro sobrelotado
overnight *adv.* 1 durante a noite; **to stay overnight:** passar a noite 2 de um dia para o outro; **it all happened overnight:** aconteceu tudo de repente
ovine *adj.* ovino; **ovine cattle:** gado ovino
ovule *n.* óvulo
owl *n.* mocho; coruja
own *adj.* próprio; do próprio; **my own sister:** a minha própria irmã ◆ *v.* ter; ser dono de
owner *n.* proprietário; dono
ox *n.* [*pl.* oxen] boi
oxide *n.* óxido
oxygen *n.* oxigénio
oyster *n.* ostra; **oyster bed:** viveiro de ostras
ozone *n.* ozono; **ozone layer:** camada de ozono

P

p *n.* (letra) p
pacific *adj.* pacífico; sossegado
Pacific *n.* Pacífico; **Pacific Ocean:** oceano Pacífico
pacifist *adj. e n.* pacifista; **pacifist movement:** movimento pacifista
pack *n.* **1** pacote **2** (de lobos) alcateia **3** (de cartas) baralho ◆ *v.* **1** empacotar **2** fazer as malas
package *n.* embalagem; pacote
packet *n.* pacote
pact *n.* pacto
paddle *n.* remo; **paddle boat:** barco a remos
padlock *n.* aloquete; cadeado
paediatric *adj.* pediátrico
paediatrician *n.* pediatra
pagan *n.* pagão
page *n.* página
pain *n.* dor
painful *adj.* doloroso
painless *adj.* **1** sem dor; indolor **2** sem esforço
paint *n.* tinta ◆ *v.* pintar
painter *n.* pintor
painting *n.* **1** pintura; **to study painting:** estudar pintura **2** quadro; pintura; **oil painting:** quadro a óleo
pair *n.* par; **a pair of shoes:** um par de sapatos; **a pair of trousers:** um par de calças
pajamas *n.pl. (Estados Unidos da América)* → **pyjamas**
pal *n. (informal)* companheiro; amigalhaço
palace *n.* palácio; paço
Palaeolithic *adj.* paleolítico
pale *adj.* pálido; **to turn pale:** ficar pálido
paleness *n.* palidez
palm *n.* **1** (da mão) palma **2** (árvore) palmeira ❖ **palm oil:** óleo de palma
palmtop *n.* computador de bolso
palm tree *n.* palmeira
pamphlet *n.* panfleto
pan *n.* tacho; caçarola; **frying pan:** frigideira, sertã
pancake *n.* panqueca; **Pancake Day/Tuesday:** terça-feira de Carnaval

> Na Grã-Bretanha, a terça-feira de Carnaval tem o nome de **Pancake Day**, devido à tradição de comer panquecas antes do início da Quaresma. Nesse dia também se realizam as **pancake races** ("corridas de panquecas"), em que os participantes transportam panquecas numa frigideira.

panda *n.* (animal) panda
pandemic *n.* pandemia
panel *n.* painel; **control panel:** painel de controlo
panic *n.* pânico ◆ *v.* entrar em pânico
pansy *n.* (flor) amor-perfeito
panther *n.* [*pl.* panthers, panther] pantera
pantry *n.* [*pl.* pantries] despensa
pants *n.pl.* **1** (femininas) cuecas; calcinhas **2** *(Estados Unidos da América)* calças
pap *n.* (alimento) papa
papa *n. (informal)* papá
papaya *n.* papaia

paper *n.* 1 papel; **a piece of paper:** um bocado de papel 2 jornal; **daily paper:** jornal diário
paperback *n.* livro de capa mole
parachute *n.* paraquedas ◆ *v.* saltar de paraquedas
parachutist *n.* paraquedista
parade *n.* desfile; cortejo
paradise *n.* paraíso
paradox *n.* paradoxo
paraglider *n.* 1 (planador) parapente 2 praticante de parapente
paragliding *n.* (atividade) parapente
paragraph *n.* parágrafo
parallel *adj. e n.* paralelo
paralyse *v.* paralisar
paramedic *n.* paramédico
parameter *n.* parâmetro
parapet *n.* (de telhado, ponte) parapeito
parcel *n.* embrulho; encomenda
parchment *n.* pergaminho
pardon *n.* perdão; desculpa; **(I beg your) pardon!:** (peço) perdão!; desculpe! ◆ *v.* perdoar; desculpar; **to pardon a debt:** perdoar uma dívida
parents *n.pl.* pais; **my parents:** os meus pais

> Repara que **parents** não significa o mesmo que **parentes** em português. **Parents**, em inglês, quer dizer *pais (a mãe e o pai).*

park *n.* parque; jardim público ◆ *v.* estacionar
parking *n.* estacionamento; **no parking:** estacionamento proibido
parliament *n.* parlamento
parrot *n.* (ave) papagaio
parsley *n.* salsa
part *n.* 1 parte; **to be a part of:** fazer parte de 2 peça; componente; **spare part:** peça sobresselente 3 TEATRO, CINEMA papel; **to play a part:** desempenhar um papel ◆ *adv.* em parte; parcialmente ◆ *v.* separar(-se); afastar(-se) ✧ **part of speech:** categoria gramatical
participant *adj. e n.* participante
participate *v.* participar; tomar parte
participation *n.* participação
particular *adj.* particular; especial; **in particular:** em especial
particularly *adv.* especialmente; particularmente
partner *n.* parceiro; colega; sócio
partnership *n.* parceria; **in partnership with:** em parceria com
partridge *n.* perdiz
part-time *adj. e n.* part-time
party *n.* [*pl.* parties] 1 festa; **to give a party:** dar uma festa 2 partido político
pass *v.* 1 passar por; **I pass the bakery on my way to school:** eu passo pela padaria a caminho da escola 2 passar; dar; **pass the water:** passa-me a água 3 passar a; ser aprovado a; **to pass the exam:** passar no exame 4 (tempo) passar ◆ *n.* [*pl.* passes] 1 passe; autorização 2 (em exame) aprovação; passagem 3 (em montanha) desfiladeiro
passage *n.* passagem
pass away *v.* falecer
passenger *n.* passageiro; (automóvel) **passenger seat:** lugar ao lado do condutor
passing *adj.* passageiro; breve
passion *n.* paixão ✧ **passion fruit:** maracujá
passionate *adj.* apaixonado
passive *adj.* passivo ◆ *n.* (voz) passiva
pass out *v.* desmaiar
passport *n.* passaporte
password *n.* senha de acesso
past *adj.* 1 anterior; passado; **a past job:** um emprego anterior; (tempo verbal) **past tense:** pretérito 2 último; **the past few days:** nos últimos dias ◆ *n.*

passado; **in the past:** no passado ◆ *prep.* 1 para além de; a seguir a; **just past:** logo a seguir 2 (horas) e; **half past six:** seis e meia
pasta *n.* CULINÁRIA massa
paste *n.* 1 (pastéis) massa 2 (mistura) pasta ◆ *v.* colar
pastime *n.* passatempo
pastry *n.* [*pl.* pastries] 1 (tarte) massa 2 empada pequena
pasture *n.* pasto; pastagem
pasty *n.* [*pl.* pasties] empada (pequena)
pâté *n.* patê
paternal *adj.* paternal; paterno
path *n.* [*pl.* paths] caminho
patience *n.* paciência
patient *n.* paciente; doente ◆ *adj.* paciente
patriot *n.* patriota
patriotic *adj.* patriótico
patriotism *n.* patriotismo
patrol *n.* patrulha; **coastguard patrol:** patrulha marítima; **patrol car:** carro-patrulha ◆ *v.* patrulhar
patron *n.* 1 patrono; **patron of the arts:** mecenas 2 santo padroeiro
pattern *n.* padrão
pause *n.* pausa; interrupção ◆ *v.* parar; cessar
pavement *n.* (de rua) passeio
pay *n.* salário; ordenado ◆ *v.* 1 pagar; **to pay (in) cash:** pagar em dinheiro 2 prestar; **to pay attention:** prestar atenção
payback *n.* vingança
payment *n.* pagamento
payphone *n.* telefone público
PC [*sigla de* Personal Computer] PC
pea *n.* ervilha
peace *n.* paz
peaceful *adj.* pacífico; sossegado
peach *n.* [*pl.* peaches] pêssego; **peach tree:** pessegueiro
peacock *n.* pavão
peak *n.* 1 (montanha) pico; cume 2 (boné) pala
peanut *n.* amendoim; **peanut butter:** manteiga de amendoim
pear *n.* 1 (fruto) pera 2 (árvore) pereira
pearl *n.* pérola
peasant *n.* camponês
peck *v.* (pássaro) bicar; debicar ◆ *n.* bicada
peculiar *adj.* estranho; esquisito; peculiar
pedagogical *adj.* pedagógico
pedagogy *n.* pedagogia
pedal *n.* pedal ◆ *v.* pedalar
pedestrian *n.* peão; transeunte ◆ *adj.* pedestre; **pedestrian crossing:** passadeira
pee *v.* *(informal)* fazer chichi ◆ *n.* *(informal)* chichi; **to have a pee:** fazer chichi
peel *n.* (fruta) casca; pele ◆ *v.* descascar; pelar
peeler *n.* descascador (de fruta, vegetais)
peep *n.* espreitadela; olhadela ◆ *v.* 1 espreitar; espiar 2 (ave) piar
peg *n.* 1 cabide 2 mola da roupa
pelican *n.* pelicano
pen *n.* caneta
penalty *n.* penálti; **to give a penalty:** assinalar um penálti
pencil *n.* lápis; **pencil case:** estojo; **pencil sharpener:** aguça; afia-lápis
pendulum *n.* pêndulo
penfriend *n.* *(informal)* correspondente
penguin *n.* pinguim; **emperor penguin:** pinguim imperador
peninsula *n.* península
penis *n.* pénis
penknife *n.* [*pl.* penknives] canivete
penny *n.* [*pl.* pence, pennies] (moeda) péni; *(Estados Unidos da América)* cêntimo
pension *n.* pensão; reforma; **life pension:** pensão vitalícia

pensioner *n.* reformado
pentagon *n.* pentágono
pentathlon *n.* pentatlo
people *n.* [*pl.* peoples] **1** pessoas; gente; **a lot of people:** muita gente; **how many people?:** quantas pessoas?; **most people:** a maior parte das pessoas **2** povo; **a man of the people:** um homem do povo
pepper *n.* **1** (especiaria) pimenta; **pepper mill:** moinho de pimenta; **white/black pepper:** pimenta branca/preta **2** (legume) pimento
peppercorn *n.* grão de pimenta
peppermint *n.* hortelã-pimenta
per *prep.* por; **kilometres per hour:** quilómetros por hora
percent *adj. e adv.* por cento; **90 percent:** 90 por cento; 90%
percentage *n.* percentagem
percussion *n.* percussão; **percussion instruments:** instrumentos de percussão
perfect *adj.* perfeito; **it's a perfect day for a picnic:** está um dia perfeito para um piquenique; **nobody's perfect:** ninguém é perfeito ◆ *n.* (tempo verbal) perfeito
perfection *n.* perfeição
perfectly *adv.* **1** perfeitamente; **that's perfectly normal:** isso é perfeitamente normal **2** na perfeição; **to do something perfectly:** fazer algo com/na perfeição
perforation *n.* picotado; **tear out along the perforation:** destacar pelo picotado
perform *v.* **1** TEATRO representar **2** (tarefa, função) desempenhar
performance *n.* **1** TEATRO representação; atuação **2** desempenho
performer *n.* ator; artista
perfume *n.* perfume ◆ *v.* perfumar
perfumery *n.* (indústria, loja) perfumaria
perhaps *adv.* talvez; possivelmente
perimeter *n.* perímetro
period *n.* **1** período; fase **2** tempo letivo; aula
periodic *adj.* periódico; **periodic inspection:** inspeção periódica; **periodic table:** tabela periódica
peripheral *adj.* periférico; **peripheral vision:** visão periférica
periphery *n.* [*pl.* peripheries] periferia
periscope *n.* periscópio
permission *n.* permissão; **to ask permission to do something:** pedir permissão para fazer alguma coisa; **to give permission:** dar permissão; **with your permission:** com a sua permissão
perpetual *adj.* perpétuo
perplexity *n.* perplexidade
persecution *n.* perseguição; **persecution complex:** mania da perseguição; **religious persecution:** perseguição religiosa
persimmon *n.* dióspiro
person *n.* [*pl.* people, persons] pessoa
personal *adj.* pessoal; privado
personality *n.* [*pl.* personalities] **1** personalidade; maneira de ser **2** pessoa famosa; celebridade
personification *n.* personificação
perspective *n.* perspetiva; **in perspective:** em perspetiva
persuade *v.* persuadir; convencer
persuasion *n.* persuasão
persuasive *adj.* persuasivo
pessimism *n.* pessimismo
pessimist *n.* pessimista
pessimistic *adj.* pessimista
pesticide *n.* pesticida
pet *n.* animal de estimação
petal *n.* pétala
petition *n.* petição; abaixo-assinado
petrol *n.* gasolina; **petrol station:** bomba de gasolina

phalanx *n.* [*pl.* phalanges] falange
pharaoh *n.* faraó
pharmacist *n.* farmacêutico
pharmacy *n.* [*pl.* pharmacies] farmácia
pharynx *n.* faringe
phase *n.* fase; **initial phase:** fase inicial; ASTRONOMIA **the four phases of the moon:** as quatro fases da lua
pheasant *n.* faisão; **a brace of pheasants:** um casal de faisões
phenomenal *adj.* fenomenal
phenomenon *n.* [*pl.* phenomena] fenómeno
phew *interj.* (cansaço, calor, alívio) ufa!
philosopher *n.* filósofo; **philosopher's stone:** pedra filosofal
philosophy *n.* filosofia
phoenix *n.* [*pl.* phoenixes] fénix; **I read "Harry Potter and the Order of the Phoenix":** li "Harry Potter e a Ordem da Fénix"
phone *n.* *(informal)* telefone; *(Estados Unidos da América)* **phone booth:** cabina telefónica; **phone box:** cabina telefónica; **phone number:** número de telefone; **to make a phone call:** fazer um telefonema ◆ *v.* telefonar
phoneme *n.* fonema
phonetics *n.* fonética
photo *n.* foto; fotografia; **to take a photo of someone:** tirar uma fotografia a alguém
photocopier *n.* fotocopiadora
photocopy *n.* [*pl.* photocopies] fotocópia ◆ *v.* fotocopiar
photograph *n.* fotografia ◆ *v.* fotografar
photographer *n.* fotógrafo
photography *n.* (arte, atividade) fotografia
photosynthesis *n.* fotossíntese
physical *adj.* físico; **physical education:** educação física
physician *n.* *(Estados Unidos da América)* médico
physics *n.* (ciência) física
pianist *n.* pianista
piano *n.* piano; **grand piano:** piano de cauda; **to play the piano:** tocar piano; **upright piano:** piano vertical
pick *v.* **1** escolher **2** (flores, frutos) colher **3** palitar os dentes
pickpocket *n.* carteirista
picnic *n.* piquenique; **to go for a picnic:** fazer um piquenique
picture *n.* pintura; desenho; retrato; fotografia; **to draw a picture:** fazer um desenho; **to take a picture:** tirar uma fotografia ◆ *v.* imaginar
pie *n.* **1** tarte; **apple pie:** tarte de maçã **2** empada; **chicken pie:** empada de frango
piece *n.* **1** pedaço; bocado; algum; **a piece of cake:** uma fatia de bolo; **a piece of luck:** um pouco de sorte; **a piece of advice:** um conselho **2** peça; **a piece of clothing:** uma peça de roupa
pierce *v.* **1** (parte do corpo) furar **2** esburacar
piercing *n.* (na pele) furo; piercing
pig *n.* porco
pigeon *n.* pombo
piggyback *n.* às cavalitas
piglet *n.* leitão
pigment *n.* pigmento
pigsty *n.* pocilga
pigtail *n.* trança
pile *n.* monte; pilha ◆ *v.* empilhar; amontoar
pilgrim *n.* peregrino
pilgrimage *n.* peregrinação; **to go on a pilgrimage:** ir em peregrinação
pill *n.* pastilha; comprimido
pillow *n.* almofada
pillowcase *n.* fronha da almofada
pilot *n.* piloto ◆ *v.* pilotar

pin *n.* alfinete
pinch *v.* beliscar; trilhar ◆ *n.* [*pl.* pinches] **1** beliscão **2** pitada; **a pinch of salt:** uma pitada de sal
pine *n.* pinheiro; **pine cone:** pinha; **pine forest:** pinhal; **pine nut:** pinhão; **stone pine:** pinheiro manso
pineapple *n.* ananás
pinewood *n.* (madeira) pinho
Ping-Pong *n.* pingue-pongue; ténis de mesa
pink *n. e adj.* cor-de-rosa
Pinocchio *n.* (contos infantis) Pinóquio
pioneer *n.* pioneiro
pip *n.* pevide
pipe *n.* **1** tubo; (automóvel) **exhaust pipe:** tubo de escape **2** cachimbo; **peace pipe:** cachimbo da paz; **to smoke a pipe:** fumar cachimbo **3** gaita; **to play the pipe:** tocar gaita
pirate *n.* pirata ◆ *v.* piratear
pirogue *n.* piroga
Pisces *n.* (constelação, signo) Peixes
pistachio *n.* pistácio
pistol *n.* pistola
pitch-black *adj.* muito escuro; negro
pity *n.* [*pl.* pities] pena; piedade; **what a pity!:** que pena! ◆ *v.* ter pena de
pizza *n.* piza
place *n.* lugar; sítio; posição ◆ *v.* pôr; colocar
plague *n.* peste; **an outburst of plague:** um surto de peste
plain *adj.* óbvio; evidente ◆ *n.* planície
plainly *adv.* **1** nitidamente **2** claramente
plan *n.* plano ◆ *v.* planear
plane *n.* avião; **jet plane:** avião a jato; **to travel by plane:** viajar de avião
planet *n.* planeta; **planet Earth:** planeta Terra
planetarium *n.* planetário
planetary *adj.* planetário; **planetary system:** sistema planetário
planisphere *n.* planisfério
plant *n.* planta ◆ *v.* plantar; semear
plantation *n.* (terreno cultivado) plantação; **sugar plantation:** plantação de açúcar
plasma *n.* (sangue) plasma
plaster *n.* **1** gesso **2** penso rápido ◆ *v.* engessar
plastic *adj.* de plástico ◆ *n.* plástico
Plasticine *n.* plasticina
plate *n.* **1** (para comida) prato; **dessert plate:** prato de sobremesa; **dinner plate:** prato raso **2** (de metal) placa; **number plate:** placa da matrícula
platform *n.* (estação de caminhos de ferro) plataforma; cais
platonic *adj.* platónico; **platonic love:** amor platónico
platter *n.* travessa ◆ **on a silver platter:** de bandeja; de mão beijada
platypus *n.* [*pl.* platypuses, platypi] ornitorrinco
play *v.* **1** brincar; **to play with dolls:** brincar com bonecas **2** jogar; **to play cards:** jogar às cartas **3** (peça de teatro) representar; desempenhar; **to play a role:** desempenhar um papel **4** (instrumento musical) tocar; **to play the piano:** tocar piano ◆ *n.* **1** brincadeira; divertimento; **play on words:** jogo de palavras; trocadilho **2** peça de teatro
playback *n.* repetição
player *n.* **1** jogador; **football player:** jogador de futebol **2** (aparelho) leitor; **CD player:** leitor de CD
playful *adj.* brincalhão
playground *n.* recreio
play-off *n.* jogo de desempate
playschool *n.* jardim de infância; infantário
playtime *n.* (escola) intervalo; recreio
pleasant *adj.* agradável; simpático
please *interj.* por favor; se faz favor ◆ *v.* agradar; satisfazer

pleased *adj.* contente; satisfeito; **pleased to meet you!:** muito prazer!
pleasure *n.* prazer; agrado; **it's my pleasure:** o prazer é todo meu
pleat *n.* (de roupa) prega
plenty *pron.* muito; **plenty of people:** muitas pessoas ◆ *adv.* bastante ◆ *n.* abundância
pliers *n.pl.* alicate
plot *n.* **1** (de livro, filme) enredo **2** conspiração ◆ *v.* tramar; conspirar
plough *n.* arado; charrua ◆ *v.* lavrar; arar
plow *n.* *(Estados Unidos da América)* → **plough**
plug *n.* **1** (eletricidade) ficha; **to put the plug in the socket:** meter a ficha na tomada **2** (lavatório, ouvidos) tampão ◆ *v.* (buracos) tapar
plum *n.* ameixa; **plum tree:** ameixoeira
plumb *v.* sondar; explorar ◆ *adj.* vertical ❖ **plumb line:** fio de prumo
plumber *n.* canalizador; picheleiro
plumbing *n.* canalização
plume *n.* **1** (de ave) pluma **2** (de fumo) nuvem
plump *adj.* rechonchudo; roliço
pluperfect *n.* (pretérito) mais-que-perfeito
plural *n. e adj.* plural; **in the plural:** no plural; **what's the plural of...?:** qual é o plural de...?
pluralism *n.* pluralismo
plurality *n.* pluralidade
plus *prep.* mais; **two plus eight:** dois mais oito ◆ *adj.* positivo; **plus five degrees:** cinco graus positivos
Pluto *n.* ASTRONOMIA, MITOLOGIA Plutão
pluvial *adj.* pluvial
p. m. *adv.* da tarde; **the game is at 2 p. m.:** o jogo é às duas da tarde
pneumatic *adj.* pneumático
pneumonia *n.* pneumonia
poach *v.* escalfar (ovos)
PO Box *n.* apartado
pocket *n.* bolso; algibeira; **pocket money:** mesada
podium *n.* [*pl.* podiums, podia] pódio
poem *n.* poema
poet *n.* poeta
poetess *n.* poetisa
poetic *adj.* poético
poetry *n.* poesia
point *n.* **1** ponto; **point of view:** ponto de vista **2** (lápis, agulha, faca) ponta **3** momento; **at this point:** neste momento **4** objetivo; sentido; **what's the point?:** qual é o objetivo? ◆ *v.* **1** apontar; **to point a gun at somebody:** apontar uma arma para alguém **2** marcar; indicar; **to point the right way:** indicar o caminho certo
pointer *n.* **1** indicador; pista **2** (balança, bússola) ponteiro **3** (cão) perdigueiro **4** *(informal)* dica **5** (ecrã do computador) cursor
poison *n.* veneno ◆ *v.* envenenar
poisoning *n.* envenenamento
poisonous *adj.* venenoso
poker *n.* (jogo de cartas) póquer
Poland *n.* Polónia
polar *adj.* polar; **polar bear:** urso polar
pole *n.* **1** polo; **North Pole:** polo norte; **South Pole:** polo sul **2** poste; **telephone pole:** poste telefónico
Pole *n.* polaco
police *n.pl.* **1** polícia; **police station:** esquadra da polícia **2** polícias; agentes; **police officer:** agente da polícia
policeman *n.* [*pl.* policemen] polícia; agente da polícia
policewoman *n.* [*pl.* policewomen] mulher-polícia
policy *n.* [*pl.* policies] **1** política; estratégia; **environmental policy:** política ambiental **2** apólice (de seguros)
polish *n.* **1** verniz; **nail polish:** verniz para as unhas **2** graxa; **black polish:** graxa preta ◆ *v.* polir

Polish *adj.* polaco ◆ *n.* (língua) polaco
polite *adj.* bem-educado; delicado
political *adj.* político; **political prisoner:** prisioneiro político
politician *n.* político
politics *n.* política
poll *n.* **1** sondagem; **opinion poll:** sondagem de opinião **2** eleições; votação; **to go to the polls:** ir votar
pollen *n.* pólen
pollutant *n.* poluente
pollute *v.* poluir; contaminar
polluting *adj.* poluente
pollution *n.* poluição; contaminação; **air pollution:** poluição atmosférica; **noise pollution:** poluição sonora
polo *n.* polo; **water polo:** polo aquático
polygon *n.* polígono
polysyllable *n.* polissílabo
pomegranate *n.* romã
pompom *n.* [*pl.* pompoms] pompom
pond *n.* pequeno lago de jardim
pony *n.* [*pl.* ponies] pónei; **to ride a pony:** andar de pónei
ponytail *n.* (penteado) rabo de cavalo
poo *n.* *(informal)* cocó ◆ *v.* *(Grã-Bretanha)* *(informal)* fazer cocó
poodle *n.* cão-d'água
pool *n.* **1** poça; charco **2** piscina
poor *adj.* **1** pobre; **he is poor:** ele é pobre **2** mau; fraco; precário; **poor quality:** fraca qualidade ◆ *n.pl.* os pobres; os desfavorecidos
pop *n.* **1** (música) pop **2** estoiro; ruído seco ◆ *v.* rebentar; estoirar; **to pop a balloon:** rebentar um balão
popcorn *n.* pipocas
Pope *n.* Papa
poppy *n.* [*pl.* poppies] papoila
popular *adj.* popular
popularity *n.* popularidade
population *n.* população; **increase in population:** aumento de população; **population explosion:** explosão demográfica
pop-up *n.* (computador, Internet) pop-up
porch *n.* [*pl.* porches] alpendre
porcupine *n.* porco-espinho
pork *n.* carne de porco; **pork chops:** costeletas de porco
porridge *n.* papa de aveia; **porridge oats:** flocos de aveia
port *n.* **1** porto; **port town:** cidade portuária **2** vinho do Porto
portal *n.* portal
porter *n.* **1** (hotel) porteiro **2** (estação) carregador de bagagem
portfolio *n.* portfólio
portion *n.* porção; pedaço; parte
portrait *n.* retrato
Portugal *n.* Portugal
Portuguese *adj.* e *n.* português
position *n.* **1** posição; **the position of the sun:** a posição do sol **2** posto; cargo; **a position of responsibility:** um posto de responsabilidade ◆ *v.* posicionar; colocar no lugar
positive *adj.* **1** certo; confiante; **to be positive about the answer:** ter a certeza da resposta **2** positivo; otimista; **to have a positive attitude:** ter uma atitude positiva
possess *v.* possuir; ter
possession *n.* posse
possibility *n.* [*pl.* possibilities] possibilidade
possible *adj.* possível; **as soon as possible:** o mais depressa possível
post *n.* correio; **by post:** pelo correio; **post office:** estação dos correios ◆ *v.* pôr no correio; enviar por correio
postbox *n.* caixa do correio; marco de correio
postcard *n.* postal ilustrado
postcode *n.* código postal
poster *n.* poster
postman *n.* [*pl.* postmen] carteiro

postpone *v.* adiar
postponement *n.* adiamento
pot *n.* **1** (mel, compotas) frasco **2** (plantas) vaso **3** (chá, café) bule; cafeteira
potato *n.* [*pl.* potatoes] batata; **mashed potatoes:** puré de batata
potential *adj.* e *n.* potencial; **a person full of potential:** uma pessoa cheia de potencialidades
potion *n.* poção; **magical potion:** poção mágica
potter *n.* oleiro; ceramista; **potter's wheel:** roda de oleiro
pottery *n.* [*pl.* potteries] olaria; louça de barro
pound *n.* **1** (moeda) libra esterlina **2** (unidade de peso) libra
pour *v.* **1** deitar; **to pour water into a glass:** deitar água num copo **2** chover torrencialmente
poverty *n.* pobreza; miséria
powder *n.* **1** pó; **face powder:** pó de arroz; **talcum powder:** pó de talco **2** pólvora
power *n.* **1** força; poder **2** energia; potência
powerful *adj.* poderoso; potente
practical *adj.* prático
practically *adv.* praticamente
practice *n.* **1** prática; **in practice:** na prática **2** hábito; prática; costume; **common practice:** prática corrente **3** exercício; treino; **football practice:** treino de futebol
practise *v.* **1** treinar; **to practise English:** treinar o Inglês **2** praticar; **to practise a religion:** praticar uma religião **3** exercer; **to practise medicine:** exercer medicina
prairie *n.* pradaria
praise *n.* elogio ◆ *v.* elogiar
pram *n.* carrinho de bebé
prank *n.* partida; brincadeira; **to play a prank on somebody:** pregar uma partida a alguém
prattle *v.* *(informal)* tagarelar ◆ *n.* *(informal)* tagarelice
prawn *n.* gamba
pray *v.* rezar
prayer *n.* oração
preach *v.* (sermões) pregar
precaution *n.* precaução; **as a precaution:** por precaução
precede *v.* preceder; anteceder
precious *adj.* precioso; valioso; **precious stone:** pedra preciosa
precipice *n.* precipício
precise *adj.* preciso; exato
precisely *adv.* precisamente
predecessor *n.* predecessor; antecessor
predict *v.* prever
predictable *adj.* previsível
prediction *n.* previsão
prefab *n.* *(informal)* casa pré-fabricada
preface *n.* prefácio; prólogo
prefer *v.* preferir; **I prefer coffee to tea:** prefiro café a chá; **she prefers walking to cycling:** ela prefere andar a pé a andar de bicicleta
preferably *adv.* preferivelmente; de preferência; **try to talk to her, preferably today:** tenta falar com ela, de preferência hoje
preference *n.* preferência; **to give (a) preference to:** dar preferência a
prefix *n.* **1** (palavra) prefixo **2** (telefone) indicativo
pregnancy *n.* gravidez; **pregnancy test:** teste de gravidez
pregnant *adj.* grávida; **to become pregnant:** engravidar
prehistoric *adj.* pré-histórico
prehistory *n.* pré-história
prejudice *n.* preconceito
premature *adj.* prematuro

premiere *n.* (filme, peça de teatro) estreia
preparation *n.* **1** preparação **2** preparado (medicinal)
preparations *n.pl.* preparativos
prepare *v.* preparar
prepayment *n.* pré-pagamento
prerequisite *n.* pré-requisito
prescribe *v.* (medicamentos) receitar; **to prescribe a medicine:** receitar um medicamento
present *n.* **1** presente; atualidade; **for the present:** por agora **2** presente; prenda; **birthday present:** presente de aniversário ◆ *adj.* **1** presente; **to be present at the meeting:** estar presente na reunião **2** atual; **at the present time:** no presente ◆ *v.* apresentar
presentable *adj.* apresentável
presenter *n.* (televisão) apresentador
preservation *n.* preservação; conservação
preserve *v.* conservar; preservar
president *n.* presidente; **President of the Republic:** Presidente da República
press *n.* (jornais, revistas) imprensa ◆ *v.* premir; carregar
pressure *n.* pressão
prestige *n.* prestígio
presumption *n.* suposição; conjetura
pretence *n.* **1** pretensão; **he makes no pretence of being funny:** ele não pretende ser engraçado **2** pretexto; **under the pretence of doing something:** sob o pretexto de fazer algo
pretend *v.* fingir; simular
pretense *n.* *(Estados Unidos da América)* → **pretence**
pretty *adj.* bonito; lindo; **a pretty girl:** uma menina bonita ◆ *adv.* *(informal)* bem; **that is pretty good:** isso é bem bom
prevent *v.* impedir
prevention *n.* prevenção ❖ **prevention is better than cure:** mais vale prevenir que remediar
preventive *adj.* preventivo; **preventive detention:** prisão preventiva; **preventive measures:** medidas preventivas
previous *adj.* anterior; prévio
prey *n.* **1** presa; **an easy prey:** uma presa fácil **2** rapina; **birds of prey:** aves de rapina
price *n.* preço; **price list:** preçário
prick *n.* picadela ◆ *v.* picar; furar
pride *n.* orgulho
priest *n.* padre; sacerdote
primary *adj.* primário; **primary school:** escola primária
primate *n.* primata
prime *adj.* primeiro; **prime minister:** primeiro-ministro
primitive *adj.* primitivo
prince *n.* príncipe; **prince charming:** príncipe encantado
princess *n.* princesa
principal *adj.* principal ◆ *n.* (escola) diretor; reitor
principle *n.* princípio; **in principle:** em princípio; **to stick to one's principles:** ser fiel aos seus princípios
print *v.* imprimir ◆ *n.* **1** (de livro) impressão **2** impressão digital
printer *n.* impressora
priority *n.* [*pl.* priorities] prioridade; **to give priority to:** dar prioridade a
prism *n.* prisma
prison *n.* prisão; cadeia; **high-security prison:** prisão de alta segurança; **to go to prison:** ir para a prisão
prisoner *n.* preso; prisioneiro
privacy *n.* [*pl.* privacies] privacidade; **invasion of privacy:** invasão de privacidade; **lack of privacy:** falta de privacidade

private *adj.* privado; particular; **in private:** em privado; **private car park:** parque de estacionamento privativo
privilege *n.* privilégio ◆ *v.* privilegiar
prize *n.* prémio; **consolation prize:** prémio de consolação
pro *n.* [*pl.* pros] **1** pró; vantagem; **the pros and cons:** os prós e os contras **2** *(informal)* profissional ◆ *prep.* a favor de; pró
probability *n.* [*pl.* probabilities] probabilidade
probable *adj.* provável
probably *adv.* provavelmente
problem *n.* problema; *(informal)* **no problem!:** não há crise!
problematic *adj.* problemático
procedure *n.* procedimento; norma
process *n.* processo ◆ *v.* processar
procession *n.* **1** procissão **2** cortejo
produce *n.* produto ◆ *v.* produzir; criar
producer *n.* produtor
product *n.* produto
production *n.* produção
productive *adj.* produtivo
productivity *n.* produtividade
profane *adj.* profano
profession *n.* profissão; carreira
professional *adj.* e *n.* profissional
professionalism *n.* profissionalismo
professor *n.* professor universitário
proficiency *n.* [*pl.* proficiencies] competência; **proficiency course:** curso de aperfeiçoamento
profile *n.* perfil; **in profile:** de perfil
profit *n.* lucro; ganho; proveito ◆ *v.* lucrar
profitable *adj.* lucrativo; rentável
profiterole *n.* profiterole
profound *adj.* profundo
prognosis *n.* [*pl.* prognoses] prognóstico
program *n.* e *v.* *(Estados Unidos da América)* → **programme**
programme *n.* programa ◆ *v.* programar; planear
programmer *n.* INFORMÁTICA programador
progress *n.* [*pl.* progresses] progresso; avanço; **in progress:** em andamento ◆ *v.* progredir; avançar
progression *n.* progressão; **career progression:** progressão na carreira
progressive *adj.* progressivo; gradual
prohibit *v.* proibir
prohibition *n.* proibição
project *n.* **1** projeto; plano **2** (escola) estudo; trabalho ◆ *v.* projetar
projector *n.* (de imagens) projetor
promise *n.* promessa ◆ *v.* prometer
promote *v.* promover
promotion *n.* promoção
prompt *adj.* imediato; rápido; pronto ◆ *adv.* em ponto ◆ *v.* incitar; provocar
pronoun *n.* pronome; **demonstrative pronoun:** pronome demonstrativo; **personal pronoun:** pronome pessoal; **possessive pronoun:** pronome possessivo; **relative pronoun:** pronome relativo
pronounce *v.* pronunciar
pronunciation *n.* pronúncia
proof *n.* [*pl.* proofs] prova; **in proof of:** como prova de
prop *n.* (cinema, teatro) adereço
propaganda *n.* propaganda
proper *adj.* apropriado; adequado; conveniente
properly *adv.* **1** corretamente; devidamente **2** propriamente; exatamente
property *n.* [*pl.* properties] **1** propriedade; **medicinal properties:** propriedades medicinais **2** bens; património; **private property:** propriedade privada
prophet *n.* profeta
proportional *adj.* proporcional
proposal *n.* **1** proposta **2** pedido de casamento

propose *v.* **1** propor; sugerir **2** pedir em casamento
proposition *n.* **1** proposta; oferta **2** MATEMÁTICA proposição
prose *n.* prosa
prosper *v.* prosperar; florescer
prosperity *n.* [*pl.* prosperities] prosperidade
prosperous *adj.* próspero
protagonist *n.* protagonista
protect *v.* proteger; **to protect the environment:** proteger o ambiente
protection *n.* proteção; defesa
protector *n.* protetor
protégé *n.* (pessoa) protegido
protein *n.* proteína
protest *n.* protesto ◆ *v.* protestar
Protestant *adj.* e *n.* RELIGIÃO protestante
Protestantism *n.* RELIGIÃO protestantismo
protocol *n.* protocolo
proton *n.* protão
prototype *n.* protótipo; **this is a prototype car:** este carro é um protótipo
protractor *n.* transferidor
proud *adj.* orgulhoso
prove *v.* provar
provenance *n.* proveniência; procedência
proverb *n.* provérbio
provide *v.* fornecer; abastecer
province *n.* **1** província **2** área de competência
provisional *adj.* provisório
provisions *n.* mantimentos; víveres
provocation *n.* provocação
provocative *adj.* provocante; provocador
provoke *v.* provocar
prow *n.* (navio) proa
prowl *v.* rondar
prowler *n.* gatuno
proximity *n.* [*pl.* proximities] proximidade; vizinhança
prudence *n.* prudência; discrição
prudent *adj.* prudente; cauteloso
prune *n.* ameixa seca
pruning *n.* poda; **pruning scissors:** tesoura de poda
pry *v.* **1** intrometer-se (em) **2** coscuvilhar (sobre)
prying *adj.* intrometido; curioso
pseudonym *n.* pseudónimo
psychiatrist *n.* psiquiatra
psychiatry *n.* psiquiatria
psychic *adj.* psíquico
psychological *adj.* psicológico
psychologist *n.* psicólogo
psychology *n.* psicologia
pub *n.* pub; cervejaria; bar
public *adj.* e *n.* público
publicity *n.* publicidade; **publicity campaign:** campanha publicitária
publish *v.* publicar
publisher *n.* **1** (empresa) editora **2** (pessoa) editor
pudding *n.* pudim
puddle *n.* **1** poça de água **2** charco
pull *v.* puxar; arrancar ◆ *n.* puxão
pullover *n.* pulôver; camisola
pulmonary *adj.* pulmonar
pulpit *n.* púlpito
pulse *n.* pulso; pulsação; **to take someone's pulse:** medir a pulsação a alguém
puma *n.* puma
pumpkin *n.* abóbora
punch *v.* esmurrar; socar ◆ *n.* [*pl.* punches] murro; soco
punctual *adj.* pontual
punctuality *n.* pontualidade
punctuation *n.* pontuação; **punctuation marks:** sinais de pontuação

punish *v.* punir; castigar
punishable *adj.* punível; **punishable by law:** punível por lei
punishment *n.* castigo; punição
pup *n.* **1** cachorrinho **2** (foca, lontra) filhote
pupil *n.* **1** aluno **2** pupila (do olho)
puppet *n.* fantoche; marioneta; **puppet show:** teatro de fantoches/marionetas
puppy *n.* [*pl.* puppies] cachorro; cachorrinho
purchase *n.* compra; **purchase and sale:** compra e venda ◆ *v.* comprar; adquirir
pure *adj.* puro
purée *n.* puré
purity *n.* pureza
purple *adj. e n.* (cor) púrpura; roxo
purpose *n.* propósito; finalidade; **on purpose:** de propósito
purr *n.* (gato) ronrom ◆ *v.* (gato) ronronar
purse *n.* **1** porta-moedas; carteira **2** *(Estados Unidos da América)* bolsa; mala
pursue *v.* perseguir; seguir
pursuit *n.* **1** perseguição **2** busca; procura; **in pursuit of:** em busca de
pus *n.* pus; (ferida) **to gather pus:** ganhar pus
push *v.* **1** empurrar **2** (botão, tecla) pressionar; carregar ◆ *n.* [*pl.* pushes] empurrão; encontrão

> Repara que **push** não significa o mesmo que **puxar** em português. **Push**, em inglês, quer dizer *empurrar*.

puss *n.* [*pl.* -es] *(informal)* bichano; gatinho
Puss in Boots *n.* (contos infantis) Gato das Botas
put *v.* pôr; colocar; **to put a book on the table:** pôr um livro na mesa; **to put a question:** colocar uma questão; **to put an end to:** acabar com; **to put to bed:** deitar
puzzle *n.* **1** puzzle **2** quebra-cabeças; enigma ◆ *v.* intrigar; confundir
puzzled *adj.* admirado; confuso
pyjama party *n.* festa do pijama
pyjamas *n.pl.* pijama; **a pair of pyjamas:** um pijama; **in one's pyjamas:** em/de pijama

> Em inglês, **pyjamas** é um nome plural, mas a palavra portuguesa **pijama** é singular.

pyramid *n.* [*pl.* pyramids] pirâmide

Q

q *n.* (letra) q
quack *n.* (pato) grasnido ◆ *v.* grasnar
quadrangle *n.* 1 GEOMETRIA quadrângulo 2 pátio interior
quadrangular *adj.* quadrangular
quadrant *n.* quadrante
quadrature *n.* quadratura
quadruped *adj. e n.* quadrúpede
quadruple *adj. e n.* quádruplo ◆ *v.* quadruplicar
quadruplicate *v.* quadruplicar ◆ *adj. e n.* quadruplicado; **in quadruplicate:** em quadruplicado
quail *n.* codorniz
qualification *n.* 1 competência; capacidade 2 (numa competição) qualificação
qualifications *n.pl.* habilitações; conhecimentos; **academic qualifications:** habilitações académicas; **to have the necessary qualifications for:** reunir os requisitos necessários para
qualified *adj.* 1 qualificado; **qualified worker:** trabalhador qualificado 2 competente; **a qualified person:** uma pessoa competente; **to be qualified to do something:** ter as habilitações necessárias para fazer alguma coisa
qualify *v.* 1 (para uma função) estar habilitado; **to qualify oneself for a job:** preparar-se para determinado emprego ou função 2 (numa competição) classificar-se
qualifying *adj.* qualificativo; **qualifying exam:** exame de admissão/aptidão; **qualifying round:** (série) eliminatória
quality *n.* [*pl.* qualities] qualidade; **quality of life:** qualidade de vida
quantitative *adj.* quantitativo
quantity *n.* [*pl.* quantities] quantidade
quarantine *n.* quarentena ◆ *v.* pôr de quarentena
quarrel *n.* discussão; desentendimento ◆ *v. (Estados Unidos da América)* discutir
quarrelsome *adj.* conflituoso
quarter *n.* 1 quarto; quarta parte; **a quarter of a mile:** um quarto de milha 2 quarto de hora; **it's a quarter past six:** são seis e um quarto 3 *(Estados Unidos da América)* moeda de 25 cêntimos
quarterly *adj.* trimestral ◆ *n.* (jornal, revista) publicação trimestral
quartet *n.* quarteto
quay *n.* [*pl.* quays] cais; molhe
queen *n.* rainha; **queen bee:** abelha-mestra; **queen mother:** rainha mãe; (cartas) **queen of clubs:** rainha de paus
query *n.* [*pl.* queries] pergunta; dúvida ◆ *v.* questionar; pôr em dúvida
quest *n.* busca; procura; **in quest of:** em busca de
question *n.* pergunta; questão; **question mark:** ponto de interrogação; **to answer a question:** responder a uma pergunta; **to ask somebody a question:** fazer uma pergunta a alguém ◆ *v.* 1 interrogar (alguém) 2 questionar; pôr em dúvida
questionnaire *n.* questionário
queue *n.* fila; bicha ◆ *v.* fazer fila
quick *adj.* rápido; veloz; **quick train:** comboio rápido ◆ *adv.* depressa; **come quick!:** vem depressa!
quickly *adv.* rapidamente; depressa

quicksand *n.* areia movediça
quiet *adj.* 1 silencioso; **to keep quiet:** ficar em silêncio 2 tranquilo; sossegado; **a quiet village:** uma aldeia sossegada ◆ *n.* silêncio; **quiet!:** pouco barulho!; silêncio!
quietly *adv.* 1 (voz) baixinho 2 sem fazer barulho 3 calmamente
quilt *n.* colcha; edredão
quince *n.* marmelo; **quince jam:** marmelada; **quince tree:** marmeleiro
quintet *n.* quinteto
quintuple *adj.* e *n.* quíntuplo ◆ *v.* quintuplicar
quit *v.* 1 abandonar; deixar; **to quit one's job:** deixar o emprego 2 parar de; **to quit smoking:** deixar de fumar 3 (escola, emprego) desistir de
quite *adv.* 1 completamente; **you're quite right:** tens toda a razão 2 muito; bastante; **the food is quite good:** a comida está muito boa 3 bem; exatamente; **it isn't quite what I expected:** não é bem o que eu esperava 4 razoavelmente; mais ou menos; **I quite like maths:** eu até gosto de matemática
quits *adj.* *(informal)* quites; **to call it quits:** dar um assunto por terminado
quiz *n.* [*pl.* quizzes] 1 (televisão) concurso 2 (escola) questionário; teste
quoit *n.* (jogo) malha; **to play at quoits:** jogar à malha
quorum *n.* (assembleia) quórum
quotation *n.* citação; **quotation marks:** aspas
quote *n.* citação ◆ *v.* citar; **to quote an example:** citar um exemplo
quotient *n.* MATEMÁTICA quociente

R

r *n.* (letra) r
rabbi *n.* [*pl.* rabbis] rabino; rabi
rabbit *n.* coelho
rabies *n.* (doença) raiva
race *n.* **1** corrida; **to run a race:** participar numa corrida; **horse race:** corrida de cavalos **2** raça; etnia ♦ *v.* correr; competir em corrida
racer *n.* (pessoa) corredor de automóveis
racing *adj.* de corrida; **racing car:** carro de corrida
racism *n.* racismo
racist *adj. e n.* racista
rack *n.* **1** porta-bagagem **2** prateleira
racket *n.* **1** (ténis, badminton) raqueta **2** barulheira; balbúrdia
radar *n.* radar
radiance *n.* brilho; esplendor
radiant *adj.* radiante; esplendoroso
radiate *v.* irradiar; difundir
radiation *n.* radiação
radiator *n.* radiador
radical *adj. e n.* radical
radio *n.* rádio; **radio station:** estação de rádio; **to listen to the radio:** ouvir rádio
radioactive *adj.* radioativo; **radioactive waste:** resíduos radioativos
radioactivity *n.* radioatividade
radiotherapy *n.* radioterapia
radish *n.* rabanete
raft *n.* jangada
rag *n.* trapo; **rag doll:** boneca de trapos
rage *n.* raiva; ira; fúria
railroad *n. (Estados Unidos da América)* caminho de ferro
railway *n.* caminho de ferro; **railway station:** estação de caminhos de ferro
rain *n.* chuva ♦ *v.* chover
rainbow *n.* arco-íris
raincoat *n.* gabardina; impermeável
raindrop *n.* gota de chuva
rainfall *n.* pluviosidade
rainforest *n.* floresta tropical
rainy *adj.* chuvoso; **rainy weather:** tempo chuvoso
raise *v.* **1** levantar; erguer; **to raise a load:** levantar uma carga; **to raise one's voice:** levantar a voz **2** aumentar; subir; **to raise prices:** subir os preços **3** criar; **to raise a family:** criar uma família ♦ *n. (Estados Unidos da América)* aumento (de salário)
raisin *n.* uva-passa
rake *n.* ancinho
rally *n.* **1** comício **2** (corrida) rali; rally
ram *n.* carneiro
ramp *n.* **1** rampa **2** (estrada) lomba
ranch *n.* [*pl.* ranches] *(Estados Unidos da América)* fazenda; rancho
rancid *adj.* rançoso
rancor *n. (Estados Unidos da América)* → **rancour**
rancour *n.* rancor
random *n.* acaso; **at random:** ao acaso; à toa
range *n.* **1** gama; **a wide range of products:** uma ampla gama de produtos **2** alcance; **out of range:** fora do alcance **3** cordilheira; **mountain range:** cordilheira (de montanhas)
ranger *n.* guarda-florestal
rank *n.* MILITAR posto; categoria

ransom *n.* resgate
rare *adj.* **1** raro; **rare mineral:** minério raro **2** mal passado; **rare meat:** carne mal passada
rarely *adv.* raramente
rarity *n.* [*pl.* rarities] raridade
rash *adj.* imprudente; precipitado; irrefletido
raspberry *n.* [*pl.* raspberries] framboesa
rat *n.* ratazana; **rat poison:** raticida
rate *n.* **1** velocidade; ritmo; **at this rate:** a esta velocidade; por este andar **2** taxa; **birth rate:** taxa de natalidade
rather *adv.* **1** bastante; **a rather difficult question:** uma pergunta bastante difícil **2** em vez de; **I'll have tea rather than coffee:** vou beber chá em vez de café
ration *n.* **1** ração **2** dose
rationality *n.* racionalidade
rattle *n.* (brinquedo) guizo
rattlesnake *n.* cascavel
raven *n.* corvo
raw *adj.* **1** cru; **raw meat:** carne crua **2** em estado natural; **raw material:** matéria-prima
ray *n.* raio (de sol ou de luz)
reach *v.* alcançar; atingir; **to reach perfection:** atingir a perfeição; **to reach the switch:** chegar ao interruptor ◆ *n.* alcance; **out of reach:** fora do alcance; **within reach:** ao alcance
react *v.* reagir
reaction *n.* reação
read *v.* ler
reader *n.* leitor
reading *n.* leitura
ready *adj.* pronto; preparado; **to get ready:** preparar-se
ready-made *adj.* pronto; **a ready-made meal:** uma refeição pronta a comer
ready-to-wear *adj.* pronto-a-vestir
real *adj.* **1** verdadeiro; **real gold:** ouro verdadeiro **2** real; **the real world:** o mundo real ◆ *n.* [*pl.* reals, reales] (moeda do Brasil) real
reality *n.* [*pl.* realities] realidade
realize *v.* aperceber-se; tomar consciência de
really *adv.* realmente
rear *n.* traseiras; **at the rear:** nas traseiras ◆ *adj.* traseiro; **rear wheel:** roda traseira
reason *n.* razão ◆ *v.* raciocinar
reasonable *adj.* razoável; sensato
reasoning *n.* raciocínio
reassure *v.* tranquilizar; reconfortar
rebel *n. e adj.* rebelde ◆ *v.* revoltar-se
recall *v.* lembrar-se; recordar-se
receipt *n.* recibo
receive *v.* receber
receiver *n.* auscultador (de telefone)
recent *adj.* recente
recently *adv.* recentemente
reception *n.* receção
receptionist *n.* rececionista
recipe *n.* receita (de culinária)
recital *n.* recital
recognize *v.* reconhecer
recommend *v.* recomendar
reconcile *v.* reconciliar
reconciliation *n.* reconciliação
reconsider *v.* reconsiderar
record *n.* **1** registo; **to keep a record:** fazer um registo **2** disco; **record player:** gira-discos **3** recorde; **to break a record:** bater um recorde; **world record:** recorde do mundo ◆ *v.* **1** (som, imagem) gravar **2** (dados) registar
recorder *n.* gravador (de som, imagem)
recording *n.* gravação
recover *v.* recuperar
recovery *n.* [*pl.* recoveries] recuperação
rectangle *n.* retângulo
rectangular *adj.* retangular

recyclable *adj.* reciclável
recycle *v.* reciclar
recycling *n.* reciclagem
red *adj.* **1** (cor) vermelho; encarnado **2** (cabelo) ruivo ◆ *n.* (cor) vermelho
reduce *v.* reduzir
reduction *n.* redução; diminuição
reef *n.* recife; **coral reef:** recife de corais
refer *v.* referir; mencionar
referee *n.* árbitro
reference *n.* referência; alusão
reflect *v.* refletir
reflection *n.* **1** (imagem) reflexo **2** (pensamento) reflexão
reform *n.* reforma; restruturação ◆ *v.* reformar
refrain *n.* refrão
refresh *v.* refrescar
refreshing *adj.* refrescante
refreshment *n.* refresco
refrigerator *n.* frigorífico
refuge *n.* refúgio; **to seek refuge:** procurar refúgio
refugee *n.* refugiado
refusal *n.* recusa
refuse *v.* recusar; **to refuse an offer:** recusar uma oferta ◆ *n.* lixo; detritos
regard *v.* considerar ◆ *n.* consideração; estima ❖ (carta, email) **best regards:** cumprimentos
regatta *n.* regata
regime *n.* regime; **democratic regime:** regime democrático
régime *n.* → **regime**
regiment *n.* MILITAR regimento
region *n.* região; (corpo) **abdominal region:** região abdominal; (país) **autonomous region:** região autónoma
regional *adj.* regional
register *n.* registo ◆ *v.* **1** registar **2** inscrever-se; matricular-se
registration *n.* **1** registo; **registration of a letter:** registo de uma carta **2** (veículo) matrícula **3** inscrição; **registration fee:** taxa de inscrição
regression *n.* regressão
regressive *adj.* regressivo
regret *n.* arrependimento; remorso ◆ *v.* lamentar; arrepender-se de
regretful *adj.* arrependido
regrettable *adj.* lamentável
regular *adj.* **1** regular; **regular pulse:** pulso regular **2** habitual; normal; **regular customers:** clientes habituais
regularity *n.* regularidade
regularize *v.* regularizar
regularly *adv.* regularmente
regulate *v.* regular
regulating *adj.* regulador
regulation *n.* **1** regulamento; regra **2** regulação
rehearsal *n.* ensaio
rehearse *v.* ensaiar
reign *n.* [*pl.* reigns] reinado; **Queen Victoria's reign was the longest in British history:** o reinado da rainha Vitória foi o mais longo da história britânica ◆ *v.* reinar; **Queen Victoria reigned for sixty-three years:** a rainha Vitória reinou durante 63 anos
rein *n.* rédea
reindeer *n.* [*pl.* reindeer, reindeers] rena
reject *v.* rejeitar
rejection *n.* rejeição
rejoice *v.* regozijar-se; alegrar-se
relate *v.* relacionar(-se)
related *adj.* **1** aparentado; da mesma família **2** relacionado; ligado
relation *n.* relação; ligação
relationship *n.* **1** relacionamento; relação **2** parentesco
relative *n.* parente; **distant/close relatives:** parentes afastados/próximos ◆ *adj.* relativo

relax *v.* relaxar; descontrair
relaxation *n.* relaxamento; descontração
relaxing *adj.* repousante; relaxante
release *n.* 1 (prisioneiro) libertação 2 (disco, livro, produto) lançamento 3 (gás) emissão ♦ *v.* 1 soltar; libertar 2 (disco, livro, produto) lançar
relevant *adj.* relevante; pertinente
reliable *adj.* 1 (pessoa) fiável; de confiança 2 (informação) seguro; fidedigno
relief *n.* 1 alívio; **to breathe a sigh of relief:** respirar de alívio; **what a relief!:** que alívio! 2 relevo; **relief map:** mapa em relevo
relieve *v.* aliviar
religion *n.* religião
religious *adj.* religioso
reluctance *n.* relutância
reluctant *adj.* relutante
rely *v.* contar; confiar; **to rely on someone:** contar com alguém
remain *v.* permanecer
remaining *adj.* restante
remark *n.* observação; comentário ♦ *v.* observar; comentar
remarkable *adj.* notável; espantoso; impressionante
remedy *n.* [*pl.* remedies] remédio
remember *v.* lembrar-se; recordar
remind *v.* 1 lembrar; **remind me to buy a pen:** lembra-me de comprar uma caneta 2 fazer lembrar; **he reminds me of my father:** ele faz-me lembrar o meu pai
remote *adj.* remoto; distante; **a remote village:** uma aldeia remota; **remote control:** comando (de televisão, DVD, etc.)
removal *n.* 1 remoção; **stain removal:** remoção de nódoas 2 mudança; **removal company:** empresa de mudanças
remove *v.* remover; retirar; tirar
renal *adj.* renal
renewable *adj.* renovável; **renewable energies:** energias renováveis
renowned *adj.* famoso; célebre
rent *n.* renda; aluguer ♦ *v.* alugar; arrendar
repair *n.* reparação; conserto; **the radio is beyond repair:** o rádio não tem conserto; **the house is in need of repair:** a casa está a precisar de obras ♦ *v.* reparar; consertar; **the road was being repaired:** a estrada estava em obras
repeat *v.* repetir
repetition *n.* repetição
repetitive *adj.* repetitivo
replace *v.* substituir
reply *v.* responder ♦ *n.* resposta
report *n.* 1 relatório; relato; **annual report:** relatório anual 2 (escola) boletim de avaliação; *(Estados Unidos da América)* (escola) **report card:** boletim de avaliação ♦ *v.* relatar; registar; referir
reporter *n.* repórter
represent *v.* representar; simbolizar
representative *adj.* representativo ♦ *n.* representante
repress *v.* reprimir; conter
repression *n.* repressão
repressive *adj.* repressivo
reprimand *n.* repreensão; ralhete ♦ *v.* repreender; censurar
reproductive *adj.* reprodutivo; **reproductive organs:** órgãos reprodutivos
reptile *n.* réptil
republic *n.* república; **Portuguese Republic:** República Portuguesa
republican *n. e adj.* republicano
reputation *n.* reputação; **to ruin somebody's reputation:** arruinar a reputação de alguém

request *n.* pedido; solicitação ◆ *v.* pedir; solicitar
require *v.* requerer; exigir
requirement *n.* pedido; exigência
resale *n.* revenda
rescue *v.* socorrer; salvar ◆ *n.* socorro; salvamento
research *n.* [*pl.* researches] investigação; pesquisa; **market research:** pesquisa de mercado; **to do research:** fazer uma pesquisa ◆ *v.* investigar; pesquisar
resemblance *n.* parecenças; semelhança; **to bear a resemblance to somebody/something:** ter parecenças com alguém/alguma coisa
resemble *v.* parecer-se com; assemelhar-se a
resentful *adj.* ressentido; rancoroso
resentment *n.* ressentimento; rancor
reservation *n.* reserva (em hotel ou restaurante); **to make a reservation:** fazer uma reserva
reserve *v.* reservar; **to reserve a table:** reservar uma mesa ◆ *n.* reserva; **game reserve:** reserva de caça
residence *n.* residência
resident *n. e adj.* residente
resign *v.* demitir-se
resignation *n.* 1 resignação; **she accepted the situation with resignation:** ela aceitou a situação com resignação 2 (voluntária) demissão; **letter of resignation:** carta de demissão
resin *n.* resina
resist *v.* resistir
resistance *n.* resistência
resistant *adj.* resistente
resolution *n.* resolução; decisão
resort *n.* 1 estância; **ski resort:** estância de esqui 2 recurso; **as a last resort:** em último recurso
resource *n.* recurso
respect *n.* respeito; **with all due respect:** com o devido respeito ◆ *v.* respeitar; **to respect somebody's opinion:** respeitar a opinião de alguém
respectable *adj.* respeitável
respiratory *adj.* respiratório; **respiratory tract:** aparelho respiratório
respond *v.* responder; reagir
response *n.* resposta; reação
responsibility *n.* [*pl.* responsibilities] responsabilidade
responsible *adj.* responsável

As palavras inglesas **responsibility** e **responsible** escrevem-se com **i**, mas, em português, **responsabilidade** e **responsável** escrevem-se com **a**.

rest *n.* 1 resto; **the rest of the day:** o resto do dia 2 descanso; repouso; **a day of rest:** um dia de descanso ◆ *v.* descansar; repousar; **to be at rest:** estar em descanso
restaurant *n.* restaurante; **to go to a restaurant:** ir a um restaurante
restless *adj.* (criança, pessoa) inquieto
result *n.* resultado; consequência ◆ *v.* resultar
resurrection *n.* ressurreição
retailer *n.* retalhista; revendedor
retina *n.* [*pl.* retinas, retinae] retina
retire *v.* reformar-se; aposentar-se
retired *adj.* reformado; aposentado
retirement *n.* reforma
retreat *v.* 1 (soldados) bater em retirada; retirar-se 2 (nível das águas) baixar ◆ *n.* 1 retirada 2 recuo 3 retiro
retrospect *n.* retrospeção ◇ **in retrospect:** em retrospetiva
retrospective *n.* retrospetiva
return *v.* 1 voltar; regressar 2 devolver ◆ *n.* 1 regresso; volta; **return ticket:** bilhete de ida e volta 2 devolução ◇

(aniversário) **many happy returns (of the day)!:** muitos parabéns!; feliz aniversário!
reveal *v.* revelar
revenge *n.* vingança; **to take revenge on:** vingar-se de
reverse *v.* **1** inverter; trocar **2** (automóvel) fazer marcha-atrás ◆ *n.* (automóvel) marcha-atrás
reversing light *n.* luz de marcha-atrás
revise *v.* rever; corrigir
revision *n.* revisão
revive *v.* **1** (pessoa) reanimar **2** (peça de teatro) repor
revolution *n.* revolução
revolver *n.* revólver
reward *n.* recompensa ◆ *v.* recompensar
rewarding *adj.* recompensador; gratificante
rhapsody *n.* [*pl.* rhapsodies] MÚSICA rapsódia
rheumatic *adj.* reumático
rheumatism *n.* reumatismo
rhino *n. (informal)* rinoceronte
rhinoceros *n.* rinoceronte
rhombus *n.* GEOMETRIA losango
rhyme *n.* rima; verso ◆ *v.* rimar
rhythm *n.* ritmo
rib *n.* **1** costela; **to break a rib:** partir uma costela **2** costeleta; **spare ribs:** costeleta de porco
ribbon *n.* fita (de tecido)
rice *n.* arroz; **rice pudding:** arroz-doce
rich *adj.* rico
rid *v.* livrar; libertar; **to get rid of:** livrar-se de
riddle *n.* **1** adivinha **2** enigma
ride *n.* **1** cavalgada **2** passeio (de carro, de bicicleta); volta ◆ *v.* **1** montar (a cavalo); cavalgar **2** andar de carro, bicicleta
rider *n.* cavaleiro
ridge *n.* cume; crista ✧ (tenda) **ridge tent:** canadiana
ridiculous *adj.* ridículo
riding *n.* equitação; **riding lessons:** aulas de equitação
rifle *n.* espingarda
right *adj.* **1** direito; **right hand:** mão direita **2** certo; correto; exato; **the right answer:** a resposta certa ◆ *adv.* **1** à direita; **to turn right:** virar à direita **2** bem; direito; **to do things right:** fazer as coisas direito ◆ *n.* **1** direito; **human rights:** direitos humanos **2** direita; lado direito; **on your right:** à sua/vossa direita
rind *n.* (queijo, limão) casca
ring *n.* **1** anel; **engagement ring:** anel de noivado; **ring finger:** dedo anelar **2** argola; **napkin ring:** argola de guardanapo **3** (campainha, telefone) toque **4** (circo) pista **5** (boxe) ringue ◆ *v.* **1** (campainha, telefone) tocar **2** (ouvido) zumbir
rink *n.* rinque (de patinagem)
rinse *v.* passar por água; enxaguar
riot *n.* tumulto; motim ◆ *v.* revoltar-se; amotinar-se
rip *v.* rasgar ◆ *n.* rasgão
ripe *adj.* (fruto) maduro
ripen *v.* (fruto) amadurecer
rise *n.* subida; aumento ◆ *v.* **1** subir; aumentar; **to rise the prices:** aumentar os preços **2** levantar-se; erguer-se; **to rise from the table:** levantar-se da mesa
risk *n.* risco ◆ *v.* arriscar
risky *adj.* arriscado
rissole *n.* rissol; croquete
ritual *n. e adj.* ritual
rival *adj. e n.* rival; **without a rival:** sem rival
rivalry *n.* [*pl.* rivalries] **1** rivalidade **2** competição; concorrência

river *n.* rio
road *n.* estrada; via; rua
roar *v.* rugir; bramir ◆ *n.* rugido; bramido
roast *v.* assar ◆ *n. e adj.* assado; **roast meat:** carne assada
rob *v.* roubar; assaltar
robber *n.* assaltante; ladrão
robbery *n.* [*pl.* robberies] assalto; roubo
robin *n.* pintarroxo
robot *n.* robô
rock *n.* rocha; rochedo ◆ *v.* embalar; baloiçar
rocket *n.* foguetão; **to launch a rocket:** lançar um foguetão
rod *n.* cana; **fishing rod:** cana de pesca
rodent *n.* roedor
role *n.* TEATRO papel
roll *n.* **1** rolo; cilindro; **a roll of Sellotape:** um rolo de fita-cola **2** cambalhota; **to do a roll:** dar uma cambalhota ◆ *v.* rolar; rebolar
roller *n.* rolo ✧ **roller coaster:** montanha russa; **roller skate:** patim
rollerblade *n.* patim em linha
roller-skate *v.* patinar
Roman *adj. e n.* romano; **Roman numerals:** numeração romana
romance *n.* **1** romance; aventura amorosa **2** história de amor
romantic *adj. e n.* romântico
roof *n.* [*pl.* roofs] **1** (de casa) telhado **2** (de veículos) tejadilho **3** céu da boca
room *n.* **1** quarto; **a double room:** quarto duplo **2** espaço; **free room:** espaço livre; **to make room for:** arranjar espaço para
roommate *n.* companheiro de quarto
roomy *adj.* espaçoso; amplo
roost *n.* poleiro (de aves) ◆ *v.* empoleirar-se
rooster *n (Estados Unidos da América)* galo
root *n.* raiz ◆ *v.* enraizar
rope *n.* corda; **skipping rope:** corda para saltar
rose *n.* (flor) rosa; **rose garden:** roseiral
rosebud *n.* botão de rosa
rosebush *n.* roseira
rosemary *n.* [*pl.* rosemaries] alecrim
rot *v.* apodrecer
rotten *adj.* podre; estragado
rottenness *n.* apodrecimento
rough *adj.* **1** (terreno, superfície) áspero; acidentado **2** (pessoa) violento; bruto
roulette *n.* roleta; **Russian roulette:** roleta russa
round *adj.* redondo ◆ *adv.* **1** à roda; **to move round:** andar à roda **2** à volta; em redor; **there are flowers all round:** há flores à volta ◆ *prep.* à volta de; em torno de; **round the table:** à volta da mesa ◆ *n.* (em competição desportiva) partida
roundabout *n.* **1** rotunda **2** carrossel
route *n.* percurso; itinerário; caminho
routine *n.* rotina ◆ *adj.* de rotina
row *n.* **1** fila; **in a row:** em fila **2** desentendimento; discussão; bulha; **to have a row:** ter uma discussão ◆ *v.* remar
rowing *n.* DESPORTO remo; **rowing boat:** barco a remos
royal *adj.* real; **royal family:** família real; **royal palace:** palácio real
royalty *n.* [*pl.* royalties] realeza
rubber *n.* borracha; **rubber band:** elástico
rubbish *n.* lixo
rubble *n.* **1** escombros **2** entulho
ruby *n.* [*pl.* rubies] rubi
rucksack *n.* mochila
rude *adj.* rude; grosseiro; mal-educado
rug *n.* tapete
rugby *n.* râguebi

ruin *v.* arruinar ◆ *n.* ruína; **to be in ruins:** estar em ruínas
rule *n.* regra; norma; **as a rule:** em regra; **to follow the rules:** cumprir as regras ◆ *v.* governar; chefiar
ruler *n.* régua
rumour *n.* rumor; boato
run *n.* corrida ◆ *v.* correr
runaway *n.* fugitivo
runner *n.* (pessoa) corredor
running *n.* **1** corrida **2** (empresa) gerência; comando; controlo ◆ *adj.* (água) corrente
runway *n.* (em aeroporto) pista
rupture *n.* **1** rutura; rompimento **2** corte de relações; desavença
rural *adj.* rural
rush *v.* apressar(-se) ◆ *n.* [*pl.* rushes] **1** pressa **2** correria
Russian *adj. e n.* russo; **Russian roulette:** roleta russa
rust *n.* ferrugem ◆ *v.* enferrujar
rustic *adj.* rústico
rusty *adj.* ferrugento; enferrujado
rye *n.* centeio; **rye bread:** pão de centeio

S

s *n.* (letra) s
sack *n.* saco; saca
sacrament *n.* sacramento
sacred *adj.* sagrado
sacristy *n.* [*pl.* sacristies] sacristia
sad *adj.* triste; **a sad event:** um acontecimento triste; **to feel sad:** estar triste
sadden *v.* entristecer
saddle *n.* **1** sela **2** selim (de bicicleta)
sadly *adv.* **1** infelizmente; **sadly for us:** infelizmente para nós **2** tristemente
sadness *n.* tristeza
safari *n.* safári
safe *adj.* seguro; salvo; **safe and sound:** são e salvo; **to be safe from:** estar a salvo de ◆ *n.* cofre
safety *n.* segurança; **safety belt:** cinto de segurança
saffron *n.* **1** açafrão **2** cor de açafrão
Sagittarius *n.* (constelação, signo) Sagitário
sail *v.* navegar; velejar ◆ *n.* (navio, moinho) vela
sailing *n.* **1** navegação **2** DESPORTO vela; **sailing boat:** barco à vela; veleiro
sailor *n.* marinheiro
saint *n.* santo; são
sake *n.* causa; motivo; **for the sake of:** por causa de
salad *n.* salada; **salad bowl:** saladeira
salami *n.* salame
salary *n.* [*pl.* salaries] salário
sale *n.* venda; **for sale:** para venda
sales *n.pl.* saldos; **to be on sales:** estar em saldos
salesman *n.* [*pl.* salesmen] vendedor
saleswoman *n.* [*pl.* saleswomen] vendedora
saliva *n.* saliva
salmon *n.* salmão; **smoked salmon:** salmão fumado
salon *n.* salão
salsa *n.* (dança) salsa
salt *n.* sal; **a pinch of salt:** uma pitada de sal; **salt water:** água salgada ◆ *v.* salgar
salty *adj.* salgado
salvation *n.* salvação
same *adj.* **1** mesmo; **at the same time:** ao mesmo tempo **2** idêntico; igual; **to be exactly the same:** ser igualzinho ◆ *pron.* o mesmo; **the very same:** ele próprio; ele mesmo
sample *n.* amostra
sanctuary *n.* [*pl.* sanctuaries] **1** santuário **2** (animais) reserva natural
sand *n.* areia; **sand castle:** castelo de areia; **shifting sand:** areias movediças
sandal *n.* sandália
sandcastle *n.* castelo de areia
Sandman *n.* (contos infantis) João Pestana
sandpaper *n.* lixa
sandwich *n.* [*pl.* sandwiches] sanduíche; sande(s)
sandy *adj.* arenoso
sane *adj.* são de espírito; equilibrado
sanitary *adj.* higiénico; **sanitary towel:** penso higiénico
Santa *n. (informal)* Pai Natal
Santa Claus *n.* Pai Natal
Sao Tomean *adj. e n.* são-tomense

São Tomé and Principe *n.* São Tomé e Príncipe
sapphire *n.* safira
satchel *n.* sacola
satellite *n.* satélite; **transmission by satellite:** transmissão via satélite
satin *n.* cetim ◆ *adj.* acetinado; de cetim
satire *n.* sátira
satirical *adj.* satírico; **satirical newspaper:** jornal satírico
satisfactory *adj.* satisfatório
satisfy *v.* **1** (desejos) satisfazer **2** (necessidades) saciar
Saturday *n.* sábado; **on Saturday:** ao/no sábado
Saturn *n.* ASTRONOMIA, MITOLOGIA Saturno
sauce *n.* CULINÁRIA molho
saucepan *n.* CULINÁRIA caçarola
saucer *n.* pires
sauna *n.* sauna; **to take a sauna:** fazer sauna
sausage *n.* **1** salsicha **2** chouriço; linguiça
savannah *n.* savana
save *v.* **1** salvar; **to save somebody's life:** salvar a vida de alguém **2** (dinheiro) juntar; poupar; **to save money for a new car:** poupar dinheiro para um carro novo **3** (tempo, energia, dinheiro) poupar; economizar **4** (documento, ficheiro) guardar; gravar
savings *n.pl.* poupanças; economias
savour *n.* sabor ◆ *v.* saborear
savoury *adj.* saboroso; apetitoso
saw *n.* serra; serrote ◆ *v.* serrar
sawdust *n.* serrim
sawmill *n.* (oficina) serração
sax *n. (informal)* saxofone
saxophone *n.* saxofone; **to play the saxophone:** tocar saxofone
saxophonist *n.* saxofonista
say *v.* dizer; **to have something to say:** ter alguma coisa a dizer
saying *n.* ditado; **as the saying goes...:** como diz o ditado...
scab *n.* (ferida) crosta
scaffold *n.* andaime
scale *n.* **1** escala; dimensão **2** MÚSICA escala **3** escama (de peixe) ◆ *v.* **1** (montanhas) escalar **2** (peixe) escamar
scales *n.pl.* balança
scalp *n.* couro cabeludo
scalpel *n.* bisturi
scandal *n.* escândalo
scandalous *adj.* escandaloso
scanner *n.* digitalizador; scanner
scar *n.* cicatriz ◆ *v.* cicatrizar
scarce *adj.* escasso; insuficiente
scare *v.* assustar(-se) ◆ *n.* (momento) susto; **to give somebody a scare:** pregar um susto a alguém
scarecrow *n.* espantalho
scared *adj.* assustado; amedrontado; **to be scared of:** ter medo de
scarf *n.* [*pl.* scarfs, scarves] **1** cachecol **2** lenço; echarpe
scarlet *adj.* e *n.* (cor) escarlate; **scarlet fever:** escarlatina
scary *adj. (informal)* assustador
scatter *v.* espalhar
scene *n.* **1** (filme, peça) cena; **behind the scenes:** nos bastidores **2** local; sítio; **at/on the scene:** no local **3** *(informal)* (discussão) cena; **to make a scene:** fazer uma cena
scenery *n.* **1** vista; paisagem **2** cenário
scent *n.* aroma; perfume ◆ *v.* farejar
scented *adj.* perfumado; **scented candles:** velas perfumadas
sceptre *n.* cetro
schedule *n.* **1** programa; agenda; **to have a full schedule:** ter a agenda cheia **2** horário; tabela; **on schedule:** à tabela
scheme *n.* **1** esquema **2** plano

scholarship *n.* bolsa de estudos; **scholarship holder:** bolseiro
school *n.* **1** escola; **school year:** ano letivo; **to go to school:** ir para a escola **2** aulas; **before school:** antes das aulas **3** *(Estados Unidos da América)* faculdade ◆ *v.* instruir; ensinar
schoolbag *n.* pasta (de escola)
schoolbook *n.* manual escolar
schoolboy *n.* aluno; estudante
schoolmate *n.* colega de escola
schoolroom *n.* sala de aula
schoolwork *n.* trabalho escolar
science *n.* ciência; **natural sciences:** ciências naturais; **science fiction:** ficção científica
scientific *n.* cientista
scientist *n.* cientista
scissors *n.pl.* tesoura
scone *n.* scone
scooter *n.* **1** trotineta **2** lambreta
score *n.* **1** (prova) pontuação; resultado **2** (teste) nota **3** (música) partitura ◆ *v.* **1** DESPORTO marcar golo; pontuar **2** *(informal)* ter sucesso
scorer *n.* **1** (basquetebol, críquete) marcador **2** (futebol, hóquei, andebol) goleador
Scorpio *n.* (constelação, signo) Escorpião
scorpion *n.* escorpião
Scot *n.* escocês
Scotland *n.* Escócia

> A **Escócia** é um dos quatro países que formam o Reino Unido (juntamente com a Inglaterra, o País de Gales e a Irlanda do Norte). Ocupa a parte norte da ilha da Grã-Bretanha, inclui diversas ilhas e faz fronteira a sul com a Inglaterra. A capital da Escócia é Edimburgo.

Scotsman *n.* [*pl.* Scotsmen] escocês
Scotswoman *n.* [*pl.* Scotswomen] escocesa
Scottish *adj.* e *n.* escocês; **the Scottish:** os escoceses
scourer *n.* esfregão
Scout *n.* escuteiro
Scouter *n.* chefe dos escuteiros
Scouting *n.* escutismo
scratch *n.* [*pl.* scratches] arranhadela; arranhão; **without a scratch:** sem um arranhão ◆ *v.* **1** coçar(-se) **2** arranhar(-se)
scream *v.* gritar; berrar; **to scream for help:** gritar por ajuda ◆ *n.* grito
screen *n.* **1** (computador) monitor **2** (televisão) ecrã **3** (cinema) tela
screw *n.* parafuso ◆ *v.* aparafusar
script *n.* guião
sculpt *v.* esculpir
sculptor *n.* escultor
sculpture *n.* escultura
sea *n.* mar; oceano ✧ **sea bass:** robalo; **sea horse:** cavalo-marinho; **sea lion:** leão-marinho
seafood *n.* marisco; **seafood restaurant:** marisqueira
seagull *n.* gaivota
seal *n.* **1** selo **2** carimbo **3** foca ◆ *v.* (carta) selar
seamstress *n.* [*pl.* seamstresses] costureira; modista
search *n.* [*pl.* searches] busca; procura ◆ *v.* **1** procurar **2** (pessoa, local) fazer busca; revistar
seashore *n.* costa; litoral; beira-mar
seaside *n.* litoral; costa; beira-mar
season *n.* **1** estação; **the seasons of the year:** as estações do ano **2** época; **dry season:** época seca **3** quadra; **Christmas season:** quadra natalícia
seasoning *n.* tempero; condimento
seat *n.* **1** assento; **please, take a seat:** sente-se, por favor **2** lugar; **this seat is taken:** este lugar está ocupado **3** (bicicleta) selim ◆ *v.* sentar(-se)
seaweed *n.* alga (marinha)

sec *n.* *(informal)* segundo; momento; **just a sec, please:** só um momento, por favor
second *adj.num.* segundo; **a second time:** uma segunda vez ◆ *n.* 1 segundo; **by the second:** ao segundo 2 momento; instante; **just a second, please:** um momento, por favor ◆ *adv.* em segundo lugar; **to arrive second:** chegar em segundo lugar
secondary *adj.* secundário; **secondary school:** escola secundária
second-class *adj.* de segunda categoria
second-hand *adj. e adv.* em segunda mão
secondly *adv.* segundo; em segundo lugar
secret *adj.* secreto; **secret admirer:** admirador secreto; **secret agent:** agente secreto ◆ *n.* segredo; **to keep a secret:** guardar um segredo
secretary *n.* [*pl.* secretaries] 1 secretário 2 POLÍTICA ministro; secretário de Estado
section *n.* 1 (de repartição) secção; setor 2 (de uma obra) parte; excerto
sector *n.* setor
secular *adj.* secular
secure *adj.* seguro; em segurança ◆ *v.* fixar; prender
security *n.* [*pl.* securities] segurança
sedentary *adj.* sedentário
sediment *n.* sedimento
seduce *v.* seduzir
seduction *n.* sedução
see *v.* 1 ver; observar 2 entender; perceber 3 encontrar-se com 4 namorar com ◆ *n.* sé; catedral; **see you!:** até à vista!; **see you tomorrow:** até amanhã
seed *n.* 1 (planta) semente 2 (fruto) pevide; caroço ◆ *v.* semear
seek *v.* procurar; buscar
seem *v.* parecer; **so it seems:** parece que sim
seesaw *n.* balancé
segment *n.* 1 segmento 2 (fruta) gomo ◆ *v.* segmentar
seize *v.* 1 agarrar; **to seize an opportunity:** agarrar uma oportunidade 2 (polícia) capturar; **to seize the suspect:** capturar o suspeito
seldom *adv.* raramente
select *v.* escolher; selecionar
selection *n.* (processo) seleção; escolha
self *n.* [*pl.* selves] eu; ego
self-confidence *n.* autoconfiança
self-confident *adj.* autoconfiante
self-interested *adj.* interesseiro
self-portrait *n.* autorretrato
self-respect *n.* autoestima; amor-próprio
self-service *n.* autosserviço; self-service
sell *v.* vender
seller *n.* vendedor
sellotape *v.* colar com fita-cola
Sellotape *n.* fita-cola
semantic *adj.* semântico
semester *n.* *(Estados Unidos da América)* semestre
semicircle *n.* semicírculo
semi-final *n.* (competição) meia-final; **to be through to the semi-final:** passar à meia-final
seminar *n.* (conferência) seminário
send *v.* 1 (carta, encomenda) mandar; expedir; enviar 2 (pessoa) mandar; mandar ir
sender *n.* remetente
senior *adj.* sénior
sensational *adj.* sensacional
sense *n.* 1 sentido; **sixth sense:** sexto sentido; **the five senses:** os cinco sentidos 2 bom senso; razão; **common sense:** senso comum 3 (palavra, expressão) sentido; significado; **in a**

sense: de certo modo ◆ *v.* pressentir; intuir
sensibility *n.* [*pl.* sensibilities] sensibilidade
sensible *adj.* 1 sensato; razoável 2 prático; funcional

> *A palavra inglesa* **sensible** *não tem o mesmo significado que* **sensível** *em português.* **Sensible**, *em inglês, quer dizer sensato.*

sensitive *adj.* 1 sensível; **he is sensitive to light:** ele é sensível à luz; **they are sensitive to cold:** eles são sensíveis ao frio 2 sensível; suscetível; **she's very sensitive about her work:** ela é muito suscetível em relação ao seu trabalho
sentence *n.* 1 GRAMÁTICA frase; oração 2 DIREITO sentença; pena; **to serve a sentence:** cumprir uma pena ◆ *v.* sentenciar; condenar; **to sentence somebody to:** condenar alguém a
sentry *n.* [*pl.* sentries] sentinela
separate *adj.* 1 separado; distante 2 diferente; distinto ◆ *v.* 1 (objetos) separar 2 (pessoas) distinguir; diferenciar; **to separate one from the other:** distinguir um do outro 3 (pessoas, casais) separar-se
September *n.* setembro
sequel *n.* (livro, filme) sequela; continuação
sequence *n.* 1 sequência; ordem; **out of sequence:** fora de ordem 2 série; sucessão; **sequence of events:** série de acontecimentos
serenade *n.* serenata
serenity *n.* serenidade
sergeant *n.* 1 sargento 2 chefe da polícia
series *n.* [*pl.* series] 1 série; sucessão 2 TELEVISÃO série
serious *adj.* 1 (situação) sério; grave 2 (pessoa) sério; honesto
seriously *adv.* 1 a sério; **to take something seriously:** levar uma coisa a sério 2 gravemente; **to be seriously hurt:** estar gravemente ferido
servant *n.* 1 (de casa) empregado 2 (de empresa) funcionário
serve *v.* 1 servir; **to serve at table:** servir à mesa; **to serve dinner:** servir o jantar 2 DIREITO cumprir; **to serve a two-year sentence:** cumprir uma pena de dois anos 3 (ténis, vólei) servir
service *n.* 1 serviço; **to be on service:** estar de serviço 2 RELIGIÃO serviço religioso; missa 3 (ténis, vólei) serviço 4 (loiça) serviço; **dinner service:** serviço de jantar
sesame *n.* sésamo
session *n.* 1 sessão 2 (ano letivo) período; semestre
set *n.* 1 série; conjunto; **set of tools:** conjunto de ferramentas 2 aparelho; **television set:** televisor 3 (louça) serviço; **coffee set:** serviço de café 4 (cinema, televisão) cenário; estúdio ◆ *adj.* fixo; pré-definido ◆ *v.* 1 pôr; colocar 2 (data, medida) fixar 3 (aparelho) acertar
setting *n.* (espetáculo) cenário; pano de fundo
settlement *n.* 1 acordo; contrato 2 povoação 3 povoamento
seven *num.card. e n.* sete
seventeen *num.card. e n.* dezassete
seventeenth *adj. e num.ord.* décimo sétimo; **seventeenth century:** século XVII
seventh *adj. e num.ord.* sétimo; **the seventh century:** o século VII
seventieth *adj. e num.ord.* septuagésimo
seventy *num.card. e n.* setenta; **the seventies:** os anos setenta
several *adj.* vários; bastantes

severe *adj.* **1** (pessoa) severo; austero **2** (tarefa) difícil; árduo
sew *v.* coser; costurar
sewing *n.* costura; **sewing box:** caixa de costura; **sewing machine:** máquina de costura
sex *n.* [*pl.* sexes] sexo; **people of both sexes:** pessoas de ambos os sexos; **the opposite sex:** o sexo oposto
sexton *n.* sacristão
sexuality *n.* sexualidade
shack *n.* casebre; barraca
shade *n.* **1** sombra **2** (candeeiro) quebra-luz **3** (cor) tom; tonalidade ◆ *v.* escurecer; sombrear
shadow *n.* sombra
shadowgraph *n.* (brincadeira) sombras chinesas
shake *v.* **1** sacudir; abanar **2** (pessoa) tremer **3** (coisa) abanar ◆ *n.* **1** abanão **2** terramoto
shall *v.* **1** (futuro) ir; **I shall miss her:** vou sentir a falta dela **2** (pergunta, sugestão) dever; ter de; **shall I go with you?:** queres que vá contigo?
shame *n.* vergonha; **to flush with shame:** corar de vergonha
shameful *adj.* vergonhoso
shameless *adj.* descarado; desavergonhado
shampoo *n.* champô
shantytown *n.* bairro de lata
shape *n.* **1** forma; feitio; **to take shape:** tomar forma **2** (pessoa) figura; silhueta **3** forma física; **to be in good shape:** estar em boa forma ◆ *v.* modelar; moldar
share *n.* parte; quinhão ◆ *v.* partilhar; compartilhar; **to share something with somebody:** partilhar alguma coisa com alguém
shark *n.* tubarão
sharp *adj.* **1** (faca, lápis) afiado **2** (som, dor) agudo **3** (nível, curva) acentuado **4** MÚSICA sustenido ◆ *adv.* (tempo, hora) em ponto; **at eleven o'clock sharp:** às onze em ponto
sharpen *v.* **1** (objeto) afiar **2** (apetite) aguçar
sharpener *n.* aguça; **pencil sharpener:** apara-lápis
shave *v.* **1** fazer a barba **2** (com lâmina) fazer depilação
shaver *n.* máquina de barbear
shawl *n.* xaile
she *pron.pess.* [*pl.* they] ela; **who is she?:** quem é ela?
shed *v.* (lágrimas, sangue) derramar
sheep *n.* [*pl.* sheep] ovelha; carneiro; **a flock of sheep:** um rebanho de ovelhas; **black sheep:** ovelha negra; **sheep dog:** cão pastor
sheet *n.* **1** (de tecido) lençol **2** (de papel) folha; **a clean sheet of paper:** uma folha de papel em branco
shelf *n.* [*pl.* shelves] prateleira
shell *n.* **1** concha **2** (de ovo) casca **3** (de caracol) carapaça
shelter *n.* **1** abrigo **2** refúgio ◆ *v.* **1** abrigar-se; proteger-se **2** dar abrigo; acolher
sheltered *adj.* abrigado; **sheltered from the wind:** abrigado do vento
sheriff *n.* xerife
sherry *n.* xerez
shift *n.* **1** turno; **night shift:** turno da noite **2** viragem; mudança ◆ *v.* (direção) virar
shin *n.* (perna) canela
shine *v.* brilhar ◆ *n.* brilho
shiny *adj.* brilhante; cintilante
ship *n.* navio
shirt *n.* camisa; **in shirt sleeves:** em mangas de camisa
shoal *n.* (peixes) cardume; **shoal of sardines:** cardume de sardinhas
shock *n.* **1** choque; **electric shock:** choque elétrico; **in a state of shock:**

em estado de choque; **to get a shock:** apanhar um choque **2** colisão ◆ *v.* chocar; escandalizar ✧ **shock absorber:** amortecedor
shocking *adj.* chocante ✧ (cor) **shocking pink:** rosa-choque
shoe *n.* **1** sapato; **a pair of shoes:** um par de sapatos; **shoe shop:** sapataria (loja); **to take off one's shoes:** descalçar os sapatos **2** (cavalos) ferradura ◆ *v.* ferrar cavalos
shoehorn *n.* calçadeira
shoemaker *n.* (pessoa) sapateiro
shoot *v.* **1** disparar (com arma de fogo); **to shoot at somebody/something:** disparar contra alguém/algo **2** matar (animal) a tiro; caçar **3** (basquetebol, futebol) rematar **4** (filme) filmar; **to shoot a scene:** filmar uma cena
shooting *n.* **1** tiroteio **2** (filme, documentário) rodagem
shop *n.* loja ◆ *v.* ir às compras; fazer compras
shopkeeper *n.* comerciante
shopper *n.* comprador; freguês
shopping *n.* compras; **shopping centre:** centro comercial; **to go shopping:** ir às compras
shore *n.* **1** praia; beira-mar **2** costa; litoral ✧ **on shore:** em terra
short *adj.* **1** (estatura) baixo **2** (tamanho) pequeno; **for short:** para abreviar; **in short:** em resumo **3** (duração) breve; (aviso, informação) **at short notice:** com pouca antecedência; **to cut short:** interromper **4** (quantidade) pouco; **to be short of:** ter falta de
shortage *n.* falta; escassez; **shortage of water:** falta de água
short circuit *n.* [*pl.* short circuits] curto-circuito
shortcut *n.* atalho; **to take a shortcut:** meter por um atalho
shorten *v.* encurtar
shortly *adv.* dentro de momentos; em breve; **shortly after:** pouco depois
shorts *n.pl.* calções; **a pair of shorts:** um par de calções
short-sighted *adj.* míope
short story *n.* [*pl.* short stories] conto
shot *n.* **1** tiro; disparo **2** fotografia **3** CINEMA, TELEVISÃO cena; plano
should *v.* (conselho, opinião) dever; **he shouldn't miss classes:** ele não devia faltar às aulas; **you should go:** devias ir
shoulder *n.* ombro; **to shrug one's shoulders:** encolher os ombros
shout *v.* gritar; berrar; **to shout at somebody:** gritar com alguém; **to shout for help:** gritar por ajuda ◆ *n.* grito; berro; **to give a shout:** dar um grito
show *n.* **1** espetáculo **2** (rádio, televisão) programa **3** exposição; feira; **a flower show:** uma exposição de flores ◆ *v.* **1** mostrar; indicar; **to show the time:** dizer as horas **2** (mancha) ver-se; notar-se; **does the spot on my coat show?:** vê-se a nódoa no meu casaco?
showcase *n.* vitrina; expositor
shower *n.* **1** chuveiro; **to have a shower:** tomar um banho de chuveiro **2** duche; **shower gel:** gel de banho; **to take a shower:** tomar um duche **3** (chuva) aguaceiro ◆ *v.* tomar um duche
show-off *n.* (pessoa) exibicionista; gabarola
shrill *adj.* (som) estridente; agudo ◆ *v.* guinchar; gritar
shrimp *n.* camarão
shrub *n.* arbusto
shudder *v.* estremecer ◆ *n.* estremecimento
shut *v.* **1** (boca, olhos, porta, janela) fechar **2** (loja) encerrar ◆ *adj.* fechado
shuttle *n.* (aeronave) vaivém

shy *adj.* **1** (pessoa) tímido; acanhado; envergonhado **2** (animal) assustadiço; espantadiço
shyness *n.* timidez; acanhamento
Siamese *adj. e n.* siamês; **Siamese cat:** gato siamês; **Siamese twins:** gémeos siameses
sick *adj.* **1** doente; adoentado **2** enjoado; maldisposto **3** *(informal)* farto; cansado; **to be sick of doing something:** estar farto de fazer alguma coisa; **to be sick of something:** estar farto de alguma coisa
sickly *adj.* **1** adoentado **2** doentio
side *n.* **1** lado **2** (lago, rio) beira; margem **3** (monte) encosta; declive **4** (disputa) partido; lado; **to take sides:** tomar partido ♦ *adj.* **1** lateral; **side window:** janela lateral **2** secundário; menor; **side effect:** efeito secundário
sideboard *n.* (mobília) aparador; louceiro
sidelight *n.* (automóvel) farolim
siege *n.* cerco
sigh *n.* suspiro; **sigh of relief:** suspiro de alívio ♦ *v.* suspirar
sight *n.* **1** vista; **at first sight:** à primeira vista; **know somebody by sight:** conhecer alguém de vista **2** visão; **short sight:** miopia; **to lose sight:** perder a visão **3** visor (de arma de fogo)
sightseeing *n.* passeio turístico; **sightseeing tour:** visita guiada
sign *n.* **1** sinal; indício; **a sign of the times:** um sinal dos tempos **2** (com a mão) aceno; gesto; **sign language:** língua gestual **3** sinalização; tabuleta; **traffic signs:** sinais de trânsito **4** (zodíaco) signo ♦ *v.* **1** (documento) assinar **2** (com a mão) acenar
signal *n.* **1** sinal; aviso **2** indício; indicador ♦ *v.* **1** (com mãos) acenar **2** (escrita) assinalar **3** (com pisca-pisca) dar sinal
signature *n.* assinatura
signboard *n.* tabuleta
silence *n.* silêncio; **a one-minute silence:** um minuto de silêncio; **to break the silence:** quebrar o silêncio ♦ *v.* silenciar; calar ♦ *interj.* silêncio!
silent *adj.* **1** silencioso **2** (pessoa) calado
silk *n.* seda
silkworm *n.* bicho-da-seda
silky *adj.* sedoso
silly *adj. (informal)* parvo; tolo
silver *n.* prata ♦ *adj.* de prata; prateado; **silver medal:** medalha de prata
silver-plated *adj.* coberto de prata
silvery *adj.* prateado
similar *adj.* similar; semelhante
simple *adj.* **1** simples; fácil; **it's not as simple as that:** não é tão simples quanto isso **2** simples; puro; **for the simple reason that:** pela simples razão de **3** (estilo) sóbrio **4** (pessoa) simples
simplicity *n.* simplicidade
simply *adv.* simplesmente; unicamente
simulation *n.* simulação; **computer simulation:** simulação por computador
simulator *n.* simulador; **flight simulator:** simulador de voo
sin *n.* **1** pecado; **to commit a sin:** cometer um pecado **2** *(figurado)* erro; falha ♦ *v.* pecar
since *prep.* desde ♦ *conj.* **1** (tempo) desde; **since when?:** desde quando? **2** (causa) visto que; uma vez que; **I'm not going, since you ask:** eu não vou, já que perguntas ♦ *adv.* desde aí; **ever since:** desde então; **long since:** há muito tempo
sincere *adj.* sincero
sincerely *adv.* sinceramente; francamente; (numa carta) **yours sincerely:** atenciosamente
sincerity *n.* sinceridade
sinew *n.* tendão
sing *v.* cantar

singer *n.* cantor
singing *n.* canto; **singing lesson:** aula de canto
single *adj.* **1** (número) único **2** (pessoa) solteiro ◆ *n.* **1** (bilhete) ida **2** *(Estados Unidos da América)* nota de um dólar ❖ **in single file:** em fila indiana; **single currency:** moeda única
singular *n.* singular ◆ *adj.* **1** singular **2** singular; único
sink *n.* **1** (cozinha) banca; lava-louça **2** (laboratório) tanque ◆ *v.* afundar
sinner *n.* pecador
sir *n.* (tratamento formal) senhor
siren *n.* **1** sirene **2** sereia
sister *n.* **1** irmã **2** (hospital) enfermeira-chefe **3** RELIGIÃO irmã; freira
sit *v.* sentar(-se); **to sit back:** recostar-se; **to sit down:** sentar-se
site *n.* **1** sítio; local **2** (Internet) sítio
sitting-room *n.* sala de estar
situation *n.* **1** situação **2** emergência
sit-ups *n.pl.* (ginástica) abdominais; **to do sit-ups:** fazer abdominais
six *num.card. e n.* seis
sixteen *num.card. e n.* dezasseis
sixteenth *num.ord. e n.* décimo sexto
sixth *num.ord. e n.* sexto; **sixth sense:** sexto sentido
sixtieth *adj. e num.ord.* sexagésimo
sixty *num.card. e n.* sessenta
size *n.* **1** tamanho **2** (roupa) número **3** (pessoa) altura
skate *n.* patim; **a pair of skates:** um par de patins ◆ *v.* **1** patinar; andar de patins **2** andar de skate
skateboard *n.* skate; prancha de skate
skater *n.* patinador
skating *n.* patinagem; **skating rink:** ringue de patinagem
skeleton *n.* **1** (corpo) esqueleto **2** (de um trabalho) esboço
sketch *n.* [*pl.* sketches] esboço; **to make a sketch:** fazer um esboço
ski *n.* [*pl.* skis] esqui; **ski run:** pista de esqui; **ski suit:** fato de esqui ◆ *v.* esquiar
skid *v.* **1** (veículo) derrapar **2** (pessoa) escorregar ◆ *n.* **1** (veículo) derrapagem **2** (pessoa) escorregadela
skier *n.* esquiador
skiing *n.* esqui; **to go skiing:** ir esquiar
skill *n.* perícia; aptidão
skin *n.* **1** pele **2** (frutos) casca **3** (animais) couro ◆ *v.* **1** (frutos) descascar **2** (animais) esfolar
skinny *adj.* *(informal)* magricela; esquelético
skip *v.* **1** *(informal)* saltar; avançar; (escola) **to skip a year:** avançar um ano **2** (compromisso) faltar ◆ *n.* **1** salto; pulo **2** (lixo) contentor
skirt *n.* saia
skull *n.* crânio
sky *n.* [*pl.* skies] céu
skylight *n.* claraboia
skyscraper *n.* arranha-céus
slacken *v.* (passo, ritmo) abrandar
slang *n.* gíria; calão
slap *v.* esbofetear; **to slap somebody:** dar uma bofetada a alguém ◆ *n.* bofetada; estalada
slaughter *v.* **1** (animais) abater **2** (pessoas) chacinar ◆ *n.* **1** (animais) abate **2** (pessoas) chacina
slave *n.* escravo
sledge *n.* trenó ◆ *v.* andar de trenó
sleep *n.* sono; **a good night's sleep:** uma boa noite de sono ◆ *v.* dormir; **to sleep like a log:** dormir como uma pedra; **to sleep soundly:** dormir profundamente
sleeping *n.* sono; **sleeping bag:** saco-cama; **sleeping car:** carruagem-cama; **sleeping problems:** dificuldades em dormir
Sleeping Beauty *n.* (contos infantis) Bela Adormecida

sleepy *adj.* sonolento; com sono; **to be sleepy:** ter sono
sleepyhead *n. (informal)* dorminhoco
sleeve *n.* manga
sleigh *n.* trenó; **sleigh ride:** passeio de trenó
slender *adj.* 1 (aspeto) esguio 2 (quantidade) escasso
slice *n.* 1 (comida) fatia; **a slice of bread:** uma fatia de pão 2 (peixe) posta ◆ *v.* cortar em fatias
slide *v.* deslizar; escorregar ◆ *n.* 1 (brinquedo) escorregão; escorrega 2 diapositivo; slide
slight *adj.* 1 (nível, quantidade) leve; ligeiro 2 (aspeto) delicado; frágil
slightly *adv.* levemente; ligeiramente
slim *adj.* 1 (aspeto) elegante 2 (objeto) fino ◆ *v.* emagrecer
sling *n.* (às costas, ao peito) porta-bebés
slip *v.* 1 (pessoa, carro) escorregar; derrapar 2 (objeto) escorregar; escapar ◆ *n.* 1 deslize; lapso 2 (ato) escorregadela
slipknot *n.* nó corredio
slipper *n.* pantufa; chinelo; **a pair of slippers:** um par de chinelos
slippery *adj.* escorregadio
slogan *n.* slogan
slope *n.* declive
slow *adj.* 1 (movimento) lento; vagaroso; CINEMA **in slow motion:** em câmara lenta 2 atrasado; **my watch is ten minutes slow:** o meu relógio está dez minutos atrasado ◆ *adv.* devagar ◆ *v.* abrandar; afrouxar
slowdown *n.* abrandamento
slowly *adv.* devagar; lentamente
slug *n.* lesma
small *adj.* 1 pequeno; **small children:** crianças de colo 2 (letras) minúsculo 3 insignificante; **small talk:** conversa de treta
smart *adj.* 1 inteligente 2 espertinho; engraçadinho
smash *v.* 1 partir 2 desfazer(-se) 3 colidir ◆ *n.* [*pl.* smashes] 1 estrondo 2 (automóvel) colisão
smell *n.* 1 cheiro; odor 2 cheirete; fedor 3 olfato ◆ *v.* 1 cheirar 2 cheirar mal
smile *v.* sorrir; **to smile with joy:** sorrir de alegria ◆ *n.* sorriso; **forced smile:** sorriso amarelo
smiley *n.* (Internet, telemóvel) smiley; risonho
smoke *n.* 1 fumo 2 cigarro; **to have a smoke:** fumar um cigarro ◆ *v.* 1 fumar 2 (carne, peixe) defumar
smoke-free *adj.* onde não se pode fumar
smoker *n.* 1 fumador 2 (comboio) carruagem de fumadores
smoking *n.* ato ou hábito de fumar; **no smoking:** proibido fumar; **to give up smoking:** deixar de fumar
smooth *adj.* liso; macio; suave ◆ *v.* alisar
SMS [*abrev. de* Short Message Service] SMS
smug *adj. (informal)* convencido; presunçoso
snack *n. (informal)* refeição leve; lanche; **snack bar:** snack-bar ◆ *v.* petiscar
snail *n.* caracol (animal)
snake *n.* cobra; serpente
snap *v.* 1 (ramo, pau) partir; quebrar 2 estalar; **to snap one's fingers:** estalar os dedos 3 (animal) morder ◆ *n.* 1 estalo; estalido; **snap-n-pops:** estalinhos (de Carnaval) 2 (fotografia) instantâneo
snare *n.* 1 armadilha 2 cilada ◆ *v.* armar uma cilada
snatch *v.* agarrar; apanhar
sneak *v.* 1 esgueirar-se 2 *(informal)* surripiar; roubar
sneaker *n. (Estados Unidos da América)* sapatilha

sneeze *v.* espirrar ◆ *n.* espirro
sniff *v.* fungar ◆ *n.* fungadela
snip *n.* tesourada; corte ◆ *v.* cortar; aparar
snob *adj. e n.* (pessoa) afetado; vaidoso
snooker *n.* (jogo) snooker ◆ *v. (informal)* tramar; lixar
snore *v.* ressonar ◆ *n.* ronco
snow *n.* neve ◆ *v.* nevar
snowball *n.* bola de neve
snowboard *n.* snowboard
snowflake *n.* floco de neve
snowman *n.* [*pl.* snowmen] boneco de neve
snowstorm *n.* tempestade de neve; nevão
Snow White *n.* (contos infantis) Branca de Neve
snowy 1 com neve 2 branco como neve
snuggle *v.* aconchegar-se; aninhar-se
so *adv.* 1 tão; tanto; **it's so big!:** é tão grande! 2 deste modo 3 também 4 portanto 5 então; **so what?:** e então? ◆ *conj.* 1 por isso; de maneira que 2 para ◆ *n.* MÚSICA (escala) sol
soak *v.* 1 encharcar 2 demolhar
soap *n.* sabão; sabonete ◆ *v.* ensaboar
sober *adj.* sóbrio
soccer *n. (Estados Unidos da América)* futebol

> Nos EUA usa-se o termo **soccer** para não confundir com o futebol americano (*American football*), um desporto mais parecido com o rugby.

sociable *adj.* sociável
social *adj.* social
society *n.* [*pl.* societies] 1 sociedade; **consumer society:** sociedade de consumo 2 associação 3 companhia
sociology *n.* sociologia
sock *n.* 1 peúga; **a pair of socks:** um par de peúgas 2 *(informal)* soco ◆ *v.* bater em; agredir
socket *n.* ELETRICIDADE tomada
sofa *n.* sofá; **sofa bed:** sofá-cama
soft *adj.* 1 macio; mole 2 suave; leve
soften *v.* 1 suavizar 2 amolecer
softener *n.* amaciador (de roupa)
softly *adv.* suavemente
software *n.* INFORMÁTICA software
soil *n.* solo; terra
solar *adj.* solar; **the solar system:** o sistema solar
soldier *n.* soldado; **private soldier:** soldado raso
sole *adj.* 1 único 2 exclusivo ◆ *n.* 1 (pé) planta 2 (sapato) sola 3 (peixe) linguado
solely *adv.* unicamente; somente
solemn *adj.* solene
solemnity *n.* [*pl.* solemnities] solenidade
solid *adj.* 1 sólido 2 compacto 3 firme 4 resistente
solidarity *n.* [*pl.* -ies] solidariedade
solo *n.* MÚSICA solo
soloist *n.* MÚSICA solista
solution *n.* solução
solve *v.* resolver; solucionar
some *adj.* 1 algum; alguma; alguns; algumas; **some years ago:** há alguns anos 2 um pouco de; certa quantidade de 3 certo; determinado; **to some degree:** até certo ponto ◆ *pron.* 1 algum; alguns; alguma; algumas 2 certa quantidade; uma parte
somebody *pron.* alguém; **somebody else:** outra pessoa
someone *pron.* alguém
something *pron.* 1 alguma coisa; **something else:** outra coisa 2 qualquer coisa
sometime *adv.* em alguma ocasião; **sometime soon:** em breve
sometimes *adv.* 1 algumas vezes; às vezes 2 de vez em quando

somewhat *adv. e pron.* um tanto; um pouco
somewhere *adv.* algures; em algum lugar
son *n.* filho; **the youngest/eldest son:** o filho mais novo/velho
song *n.* canção
songbird *n.* ave canora
songwriter *n.* MÚSICA compositor
son-in-law *n.* genro
soon *adv.* 1 depressa 2 em breve; logo; **as soon as possible:** o mais cedo possível; **see you soon!:** até breve!
soprano *n.* MÚSICA soprano
sorcerer *n.* feiticeiro; bruxo
sorceress *n.* [*pl.* sorceresses] feiticeira
sore *adj.* dorido
sorry *adj.* 1 arrependido 2 desgostoso; **sorry!:** desculpe!; **to feel sorry for:** sentir pena de
sort *n.* 1 espécie 2 tipo; género 3 maneira; modo ◆ *v.* 1 separar 2 classificar 3 selecionar
so-so *adj. e adv.* assim-assim
soul *n.* alma; espírito
sound *n.* 1 som 2 barulho ◆ *v.* 1 soar 2 parecer ◆ *adj.* 1 são; saudável 2 certo; correto
soup *n.* sopa
sour *adj.* (alimento) azedo
source *n.* 1 nascente 2 fonte; origem; **source of inspiration:** fonte de inspiração
south *n.* sul ◆ *adj.* do sul ◆ *adv.* para sul
South Africa *n.* África do Sul
South African *n. e adj.* sul-africano
southeastern *adj.* 1 do sudeste 2 a sudeste
southern *adj.* do sul; meridional
southwest *n. e adj.* sudoeste
souvenir *n.* lembrança; recordação
soya *n.* (planta) soja; **soya bean:** rebento de soja
spa *n.* estância termal; termas
space *n.* 1 espaço 2 área; zona ◆ *adj.* espacial; **space shuttle:** vaivém espacial
spacecraft *n.* nave espacial
spaceman *n.* [*pl.* spacemen] astronauta
space out *v.* espaçar
spaceship *n.* nave espacial
spacious *adj.* espaçoso; amplo
spade *n.* pá
spades *n.pl.* (cartas) espadas
spaghetti *n.* esparguete
Spain *n.* Espanha
Spaniard *n.* espanhol
Spanish *adj.* espanhol ◆ *n.* 1 (língua) castelhano 2 (pessoa) espanhol; **the Spanish:** os espanhóis
spanner *n.* chave-inglesa
spare *adj.* 1 livre; disponível; **spare time:** tempo livre 2 sobresselente; de reserva; **spare tyre:** pneu sobresselente ◆ *v.* economizar; poupar; **can you spare me some money?:** podes emprestar-me algum dinheiro?
spark *n.* faísca; faúlha
sparkle *v.* brilhar; cintilar
sparkling *adj.* 1 cintilante; brilhante 2 (bebida) gaseificado
sparrow *n.* pardal
spatula *n.* espátula
speak *v.* 1 falar; **do you speak English?:** sabes falar inglês?; **generally speaking:** em termos gerais; **so to speak:** por assim dizer 2 dizer; **to speak the truth:** dizer a verdade
speaker *n.* 1 orador 2 locutor 3 altifalante
speakerphone *n.* (telefone) alta-voz; **on speakerphone:** em alta-voz
spear *n.* lança; arpão
special *adj.* 1 especial 2 específico
speciality *n.* [*pl.* specialities] especialidade

specially *adv.* especialmente
species *n.* [*pl.* species] espécie (animal ou vegetal)
specific *adj.* **1** específico **2** característico
specimen *n.* **1** amostra **2** espécime
speck **1** partícula **2** (no olho) cisco
spectacle *n.* espetáculo; exibição
spectacles *n.pl.* óculos
spectacular *adj.* espetacular
spectator *n.* espectador
spectrum *n.* espetro; **solar spectrum:** espetro solar
speech *n.* [*pl.* speeches] **1** linguagem **2** discurso; **direct speech:** discurso direto; **reported speech:** discurso indireto
speechless *adj.* mudo (de espanto); calado
speed *n.* **1** rapidez **2** velocidade; **speed limit:** limite de velocidade ◆ *v.* **1** apressar-se **2** conduzir a grande velocidade
speeder *n.* *(informal)* acelera
speedy *adj.* rápido
spell *n.* **1** feitiço; **to cast a spell on someone:** enfeitiçar alguém **2** período; turno; **by spells:** por turnos ◆ *v.* **1** soletrar **2** escrever
spelling *n.* ortografia; **spelling mistake:** erro ortográfico
spend *v.* **1** (dinheiro, recurso) gastar **2** (energia, força) consumir; esgotar **3** (tempo) passar
sperm *n.* esperma
sphere *n.* esfera
sphinx *n.* [*pl.* sphinxes, sphinges] esfinge
spice *n.* **1** especiaria **2** condimento ◆ *v.* **1** condimentar **2** apimentar
spicy *adj.* **1** condimentado **2** picante
spider *n.* aranha; **spider's web:** teia de aranha ✧ **spider crab:** santola
spike *n.* **1** espigão; cavilha **2** (planta) espiga
spillage *n.* derrame
spin *n.* **1** movimento rotativo **2** passeio de carro **3** rotação ◆ *v.* **1** rodar **2** andar a grande velocidade
spinach *n.* espinafre
spinal *adj.* espinal; vertebral; **spinal column:** coluna vertebral
spine *n.* **1** espinho **2** (do corpo) espinha dorsal **3** (de livro) lombada
spiral *n.* espiral; **spiral staircase:** escada de caracol; (caderno, livro) **spiral binding:** argolas em espiral
spirit *n.* espírito; alma; **to be in good/high spirits:** estar bem disposto
spirits *n.pl.* bebidas alcoólicas
spiritual *adj.* espiritual
spirituality *n.* [*pl.* spiritualities] espiritualidade
spit *n.* cuspo ◆ *v.* **1** cuspir **2** (gato) bufar; (cobra) cuspir
spite *n.* rancor; ódio; **in spite of:** apesar de
splash *n.* [*pl.* splashes] salpico ◆ *v.* **1** chapinhar **2** salpicar
splendid *adj.* esplêndido
splendour *n.* esplendor
splits *n.* espargata; **to do the splits:** fazer a espargata
spoil *v.* estragar
spoilt *adj.* **1** estragado **2** (criança, pessoa) mimado
spokesman *n.* [*pl.* spokesmen] porta-voz
spokesperson *n.* porta-voz
spokeswoman *n.* [*pl.* spokeswomen] porta-voz
sponge *n.* esponja
spongy *adj.* esponjoso
sponsor *n.* patrocinador ◆ *v.* patrocinar; apadrinhar
sponsorship *n.* **1** patrocínio **2** garantia
spontaneity *n.* [*pl.* spontaneities] espontaneidade
spontaneous *adj.* espontâneo

spoon *n.* colher
spoonful *n.* colherada
sport *n.* **1** desporto **2** passatempo; jogo ◆ *v.* brincar; divertir-se
sportive *adj.* brincalhão
sports *adj.* desportivo
sportscaster *n.* comentador desportivo
sportsman *n.* [*pl.* sportsmen] desportista
sportswear *n.* roupa desportiva
sportswoman *n.* [*pl.* sportswomen] desportista
spot *n.* **1** mancha **2** (no corpo) sinal **3** sítio; local ◆ *v.* **1** manchar **2** *(informal)* distinguir; localizar
spotlight *n.* **1** holofote; projetor **2** *(figurado)* figura pública
spouse *n.* esposa; esposo
sprat *n.* carapau
spray *n.* **1** água ou outro líquido espalhado em gotas finas **2** pulverizador; vaporizador ◆ *v.* **1** pulverizar **2** borrifar
spring *n.* **1** (estação do ano) primavera **2** nascente (de água) **3** salto **4** mola ◆ *v.* **1** saltar **2** brotar **3** surgir
springboard *n.* **1** trampolim **2** (natação) prancha de saltos
sprinkle *n.* **1** borrifo; salpico **2** chuvisco ◆ *v.* **1** borrifar; polvilhar **2** chuviscar
sprout *n.* BOTÂNICA rebento; botão ◆ *v.* **1** brotar **2** *(figurado)* surgir; aparecer
spur *n.* **1** estímulo; impulso **2** (cavalo) espora
spy *n.* [*pl.* spies] espião ◆ *v.* **1** espiar **2** vigiar
squadron *n.* esquadrão
square *adj.* quadrado; quadrangular ◆ *n.* **1** quadrado **2** esquadria **3** praça ◆ *v.* MATEMÁTICA elevar ao quadrado
squared *adj.* quadriculado; **squared paper:** papel quadriculado
squash *n.* **1** BOTÂNICA abóbora **2** DESPORTO squash
squeak *v.* **1** (rato, calçado) chiar **2** (porta, soalho) ranger **3** guinchar
squeal *n.* guincho ◆ *v.* guinchar
squeezer *n.* espremedor; **orange squeezer:** espremedor de laranjas
squid *n.* lula
squirrel *n.* esquilo
stab *v.* apunhalar ◆ *n.* **1** facada; punhalada **2** dor aguda; pontada
stability *n.* estabilidade
stable *adj.* estável ◆ *n.* estábulo; cavalariça
stadium *n.* [*pl.* stadiums, stadia] estádio; **football stadium:** estádio de futebol
staff *n.* [*pl.* staffs, staves] **1** (numa empresa) pessoal **2** (em escola, universidade) corpo docente
stag *n.* [*pl.* stags, stag] veado macho ✧ **stag party:** despedida de solteiro
stage *n.* **1** palco; estrado **2** período; fase ◆ *v.* **1** encenar **2** representar
stagnant *adj.* estagnado; parado
stagnate *v.* estagnar
stagnation *n.* estagnação
stain *n.* nódoa; **stain remover:** tira-nódoas
staircase *n.* escadaria
stairs *n.pl.* escadas; **to fall down the stairs:** cair das escadas (abaixo); **to run up the stairs:** subir as escadas a correr
stalk *n.* **1** caule **2** pedúnculo
stall *n.* **1** estábulo; estrebaria **2** (em feira) banca
stamp *n.* **1** selo **2** marca **3** carimbo ◆ *v.* **1** (carta) selar **2** (documento) carimbar
stand *n.* **1** posto de venda **2** quiosque **3** lugar **4** posição **5** bancada **6** praça de táxis ◆ *v.* **1** estar de pé **2** levantar-se **3** ficar parado **4** suportar **5** (líquido) assentar

standard *n.* 1 padrão 2 norma 3 média ◆ *adj.* 1 exemplar 2 normal
standardize *v.* uniformizar
standby *n.* substituto; suplente; **to be on standby:** estar em lista de espera (passageiro); estar em alerta (bombeiro, polícia)
stand out *v.* sobressair
staple *n.* agrafo ◆ *v.* agrafar
stapler *n.* agrafador
star *n.* 1 estrela; astro 2 *(figurado)* celebridade
starboard *n.* estibordo; **to starboard:** a estibordo
stare *v.* olhar fixamente; **to stare at something/somebody:** olhar fixamente para algo/alguém ◆ *n.* olhar fixo
starfish *n.* estrela-do-mar
start *n.* início; princípio; **from the start:** desde o princípio ◆ *v.* começar; **to start from scratch:** começar do zero
starter *n.* (numa refeição) entrada
starve *v.* passar fome
starving *adj.* esfomeado
state *n.* 1 estado; **state of mind:** estado de espírito 2 governo; Estado; **state visit:** visita de estado/oficial ◆ *v.* 1 declarar 2 informar
statement *n.* declaração; afirmação
station *n.* 1 estação; **service station:** estação de serviço; **space station:** estação espacial 2 (de autocarros) paragem
stationery *n.* 1 artigos de papelaria 2 papelaria
statistical *adj.* estatístico
statistics *n.* estatística
statue *n.* estátua
statuette *n.* estatueta
statute *n.* estatuto
stay *n.* estadia ◆ *v.* 1 ficar; permanecer 2 demorar-se; deter-se
steady *adj.* firme; seguro ◆ *v.* 1 fixar(-se) 2 equilibrar(-se)
steak *n.* bife; **grilled steak:** bife grelhado
steal *v.* roubar
steam *n.* vapor; **steam engine:** máquina a vapor ◆ *v.* cozer no vapor
steel *n.* aço ◆ *v.* endurecer
stem *n.* 1 (planta) caule 2 (copo) pé
step *n.* 1 passo; **step by step:** passo a passo 2 medida; **to take steps:** tomar medidas 3 degrau ◆ *v.* 1 andar 2 pisar
stepbrother *n.* meio-irmão
stepchild *n.* [*pl.* stepchildren] enteado
stepdaughter *n.* enteada
stepfather *n.* padrasto
stepladder *n.* escadote
stepmother *n.* madrasta
stepsister *n.* meia-irmã
stepson *n.* enteado
stereo *adj.* estéreo ◆ *n.* aparelhagem de som
sterile *adj.* (pessoa, animal) estéril
sterling *n.* (moeda) libra esterlina
stern *n.* (navio) popa
stethoscope *n.* estetoscópio
stew *n.* CULINÁRIA estufado ◆ *v.* estufar
stick *n.* 1 pau 2 galho 3 bengala ◆ *v.* espetar
sticker *n.* autocolante
still *adv.* ainda ◆ *adj.* 1 quieto 2 calmo 3 (bebida) sem gás
stilt *n.* estaca
stilts *n.pl.* andas
stimulant *adj.* e *n.* estimulante; **caffeine is a stimulant:** a cafeína é um estimulante
stimulate *v.* estimular
stimulating *adj.* estimulante
stimulation *n.* estimulação
stimulus *n.* [*pl.* stimuli] estímulo
sting *v.* 1 picar 2 doer ◆ *n.* 1 ferrão 2 picadela 3 dor aguda
stirrup *n.* (cavalo) estribo
stock *n.* reserva; stock; **out of stock:** esgotado ◆ *v.* fornecer; abastecer

stockings *n.* meias
stomach *n.* estômago; barriga
stomachache *n.* dor de barriga
stone *n.* **1** pedra **2** pedra preciosa
stool *n.* banco
stop *v.* **1** parar; interromper; deter(-se) **2** (máquina) desligar ◆ *n.* **1** interrupção; pausa **2** fim; final
stopwatch *n.* cronómetro
storage *n.* armazenamento
store *n.* **1** armazém comercial **2** *(Estados Unidos da América)* loja ◆ *v.* armazenar
storey *n.* andar (de edifício); piso
stork *n.* cegonha
storm *n.* tempestade; temporal ❖ **to take by storm:** tomar de assalto
stormy *adj.* tempestuoso
story *n.* [*pl.* stories] **1** história; **to tell a story:** contar uma história **2** *(Estados Unidos da América)* piso; andar
stove *n.* **1** fogão **2** forno
straight *adj.* **1** reto; direito **2** (cabelo) liso **3** (pessoa) sincero **4** (resposta) claro ◆ *adv.* **1** em linha reta **2** imediatamente **3** corretamente
straighten *v.* endireitar(-se)
strain *v.* **1** coar; filtrar **2** (voz, vista) forçar
strainer *n.* coador
strange *adj.* **1** estranho **2** desconhecido
stranger *n.* estranho; desconhecido
strangle *v.* estrangular
strap *n.* **1** (relógio) correia **2** (vestido) alça **3** fita **4** presilha
stratagem *n.* estratagema
strategic *adj.* estratégico
strategy *n.* estratégia
stratosphere *n.* estratosfera
straw *n.* **1** palha **2** (para beber) palhinha
strawberry *n.* [*pl.* strawberries] **1** (fruto) morango **2** (planta) morangueiro
stream *n.* **1** regato; ribeiro **2** enchente; maré
streamer *n.* serpentina
street *n.* rua; **to cross the street:** atravessar a rua
stress *n.* **1** pressão; stress **2** ênfase **3** acento tónico ◆ *v.* **1** realçar; salientar **2** acentuar
stressful *adj.* desgastante; cansativo
stretch *v.* **1** esticar-se **2** espreguiçar-se **3** espalhar-se ◆ *n.* [*pl.* streches] **1** elasticidade **2** extensão **3** (ginástica) alongamento
strict *adj.* **1** (pessoa) severo; rigoroso **2** (regra) rígido
stride *v.* andar a passos largos ◆ *n.* passada; forma de andar
strident *adj.* (som) estridente
strike *v.* **1** bater em; chocar com **2** fazer greve ◆ *n.* greve; **general strike:** greve geral; **hunger strike:** greve de fome; **to be on strike:** estar em greve; **to go on strike:** fazer greve
striker *n.* pessoa que faz greve; grevista
string *n.* **1** cordel; fio **2** corda (de instrumento musical)
strip *v.* despir(-se) ◆ *n.* tira; faixa
stripe *n.* risca
stroke *n.* **1** derrame cerebral **2** (natação) braçada **3** (golfe) tacada **4** (sino, relógio) badalada ◆ *v.* acariciar (um animal)
stroll *v.* passear ◆ *n.* passeio (breve)
strong *adj.* **1** (físico) forte; vigoroso **2** (material) robusto; resistente **3** (cheiro, cor) intenso
strophe *n.* estrofe
structure *n.* **1** estrutura **2** construção ◆ *v.* **1** estruturar **2** planificar
struggle *v.* **1** lutar; **to struggle with:** lutar com **2** esforçar-se; **to struggle to:** esforçar-se por /para ◆ *n.* luta
stubborn *adj.* teimoso
stubbornness *n.* teimosia
stubby *adj.* roliço

stuck *adj.* **1** encravado; preso **2** (veículo) atolado
student *n.* estudante; aluno
studio *n.* estúdio
study *n.* [*pl.* studies] **1** estudo **2** gabinete de trabalho ◆ *v.* **1** investigar **2** estudar
stuff *n.* **1** *(informal)* coisa **2** *(informal)* tralha ◆ *v.* **1** encher; abarrotar **2** CULINÁRIA rechear
stuffed *adj.* completamente cheio; a abarrotar; **to be stuffed with:** estar a abarrotar de
stumble *v.* tropeçar ◆ *n.* tropeção
stuntman *n.* (ator de cinema) duplo
stupid *adj.* estúpido; parvo
style *n.* **1** estilo **2** modo **3** bom gosto
stylist *n.* **1** cabeleireiro **2** estilista
subject *n.* **1** assunto; **to change the subject:** mudar de assunto **2** (na escola) disciplina **3** (frase) sujeito
subjective *adj.* subjetivo
sublime *adj.* sublime
submarine *adj.* e *n.* submarino
substance *n.* **1** substância **2** veracidade
substantial *adj.* **1** substancial; considerável **2** (refeição) nutritivo
substitute *adj.* e *n.* substituto; suplente ◆ *v.* substituir
subtitle *n.* **1** (livro, texto) subtítulo **2** (cinema, televisão) legenda
subtle *adj.* **1** subtil **2** ténue
subtract *v.* subtrair; **to subtract 10 from 30:** subtrair 10 a 30
subtraction *n.* subtração
suburb *n.* subúrbio
suburban *adj.* suburbano
subway *n.* **1** passagem subterrânea **2** *(Estados Unidos da América)* metro
succeed *v.* ser bem sucedido; ter êxito
succeeding *adj.* seguinte; sucessivo
success *n.* [*pl.* successes] sucesso; êxito
successful *adj.* bem-sucedido
successfully *adv.* com êxito
succession *n.* sucessão
successive *adj.* sucessivo
successor *n.* sucessor
such *adj.* e *pron.* **1** tal; **such as:** tal como **2** tão; **you're such a fool!:** és tão tolo!
suck *v.* **1** sugar **2** chupar **3** mamar ◆ *n.* **1** sucção **2** chupadela
sudden *adj.* súbito; repentino; **all of a sudden:** de repente
suddenly *adv.* subitamente; inesperadamente
sue *v.* DIREITO processar
suede *n.* camurça
suffer *v.* sofrer
suffocating *adj.* sufocante
sugar *n.* açúcar; **sugar bowl:** açucareiro; **sugar cane:** cana-de-açúcar ◆ *v.* adoçar; açucarar
sugar-coated *adj.* coberto de açúcar
sugar-free *adj.* sem açúcar
sugary *adj.* açucarado
suggest *v.* sugerir
suggestion *n.* sugestão; **to make a suggestion:** dar uma sugestão
suggestive *adj.* sugestivo
suicide *n.* suicídio; **to commit suicide:** suicidar-se
suit *n.* **1** (vestuário) fato **2** (cartas de jogo) naipe ◆ *v.* **1** convir **2** assentar bem
suitable *adj.* adequado; **suitable for the needs:** adequado às necessidades
suitcase *n.* mala de viagem
suite *n.* (quarto, peça musical) suite
sulk *v.* amuar ◆ *n.* amuo
sulky *adj.* amuado
sum *n.* **1** soma; adição **2** quantia ◆ *v.* somar
summary *n.* [*pl.* summaries] resumo; **in summary:** em resumo; resumindo
summer *n.* verão; **summer holidays:** férias de verão
summit *n.* **1** (montanha) cume **2** auge
sumo *n.* (desporto) sumo

DBIPPI-12

sumptuous *adj.* sumptuoso
sun *n.* Sol
sunbathe *v.* tomar banho(s) de sol
sunburn *n.* queimadura do sol; escaldão
Sunday *n.* domingo
sunflower *n.* girassol
sunglasses *n.pl.* óculos de sol
sunny *adj.* soalheiro; **sunny spell:** aberta (no tempo)
sunrise *n.* nascer do Sol
sunscreen *n.* protetor solar
sunset *n.* pôr do sol; ocaso
sunshade *n.* **1** guarda-sol **2** sombrinha **3** toldo
sunshine *n.* luz do sol
suntan *n.* bronzeado; (creme) **suntan lotion:** bronzeador; **to get a suntan:** bronzear-se
super *adj. (informal)* bestial; fantástico; espetacular ◆ *adv. (Estados Unidos da América) (informal)* super
superiority *n.* superioridade
superman *n.* [*pl.* supermen] super-homem
supermarket *n.* supermercado
supermodel *n.* supermodelo
supernatural *adj. e n.* sobrenatural
superpower *n.* superpotência
superstition *n.* superstição
superstitious *adj.* supersticioso
supervision *n.* **1** supervisão **2** orientação
superwoman *n.* [*pl.* superwomen] super-mulher
supper *n.* jantar; **to have supper:** jantar; RELIGIÃO **the Last Supper:** a Última Ceia
supplement *n.* (jornal, revista) suplemento
supplies *n.pl.* provisões; mantimentos
supply *v.* fornecer ◆ *n.* abastecimento; fornecimento
support *n.* **1** apoio; **financial support:** apoio financeiro **2** defesa; **in support of:** em defesa de ◆ *v.* **1** apoiar **2** sustentar
supporter *n.* apoiante
suppose *v.* **1** supor; imaginar; **I suppose not:** suponho que não **2** crer; julgar; **I don't suppose he will come:** não creio que ele venha
supposed *adj.* suposto
suppository *n.* [*pl.* suppositories] supositório
suppress *v.* **1** (palavra, texto) suprimir **2** (informação, prova) ocultar **3** (sentimento, sorriso) reprimir
suppression *n.* supressão
supremacy *n.* [*pl.* supremacies] supremacia
supreme *adj.* supremo; vital; **of supreme importance:** de importância vital
sure *adj.* certo; seguro; **for sure:** de certeza
surely *adv.* seguramente; de certeza
surf *n.* (ondas) rebentação ◆ *v.* DESPORTO surfar
surface *n.* superfície; **on the surface:** à superfície ◆ *adj.* superficial
surfboard *n.* DESPORTO prancha de surf
surfer *n.* surfista
surfing *n.* DESPORTO surf
surgeon *n.* cirurgião
surgery *n.* [*pl.* surgeries] **1** cirurgia; operação; **plastic surgery:** cirurgia/operação plástica **2** consultório
surname *n.* apelido; sobrenome
surprise *n.* surpresa; **to make a surprise:** fazer uma surpresa ◆ *v.* surpreender; espantar
surrender *v.* render-se; **to surrender to:** render-se a ◆ *n.* **1** rendição **2** renúncia
surround *v.* cercar; rodear
surrounding *adj.* circundante; envolvente
surroundings *n.* arredores

surveillance *n.* vigilância; **police surveillance:** vigilância policial
survey *n.* **1** inquérito; sondagem **2** vistoria; inspeção ◆ *v.* **1** fazer um inquérito **2** inspecionar
survival *n.* sobrevivência; **the struggle for survival:** a luta pela sobrevivência
survive *v.* sobreviver a; escapar a; **to survive a fire:** escapar a um incêndio
suspect *adj.* e *n.* suspeito ◆ *v.* suspeitar de; desconfiar de
suspicious *adj.* desconfiado
swallow *v.* engolir ◆ *n.* **1** andorinha **2** gole; trago
swan *n.* cisne
swarm *n.* **1** (abelhas) enxame **2** (pessoas) multidão
sweat *n.* suor; transpiração ◆ *v.* suar; transpirar
sweater *n.* camisola; pulôver
sweatshirt *n.* camisola de algodão
Swede *n.* (pessoa) sueco
Sweden *n.* Suécia
Swedish *adj.* sueco ◆ *n.* **1** (língua) sueco **2** (pessoa) sueco; **the Swedish:** os suecos
sweeper *n.* varredor
sweet *adj.* **1** (sabor) doce **2** (pessoa) amoroso **3** (atitude) gentil ◆ *n.* doce; guloseima
sweeten *v.* adoçar; açucarar
sweetener *n.* adoçante
sweetness *n.* doçura
swell *v.* **1** inchar **2** intensificar-se ◆ *n.* **1** ondulação **2** curva
swim *v.* **1** nadar **2** boiar; flutuar ◆ *n.* natação; **to go for a swim:** ir nadar
swimmer *n.* nadador
swimming *n.* natação; **swimming pool:** piscina; **swimming trunks:** calções de banho
swimsuit *n.* fato de banho
swindle *v.* vigarizar; burlar ◆ *n.* **1** vigarista; burlão **2** vigarice; burla
swing *n.* **1** baloiço **2** balanço; oscilação ◆ *v.* balançar; baloiçar
Swiss *adj.* e *n.* suíço; **the Swiss:** os suíços
switch *n.* [*pl.* switches] **1** interruptor; **to turn the switch on/off:** ligar/desligar o interruptor **2** mudança; viragem ◆ *v.* mudar; **to change from something to something:** mudar de alguma coisa para outra coisa
Switzerland *n.* Suíça
sword *n.* espada; **to draw one's sword:** desembainhar a espada
swordfish *n.* peixe-espada; espadarte
swordsman *n.* [*pl.* swordsmen] espadachim
syllable *n.* sílaba
syllabus *n.* [*pl.* syllabuses, syllabi] (disciplina, escola) programa de estudos
symbol *n.* símbolo
symbolic *adj.* simbólico
symbolism *n.* simbolismo
symbolize *v.* simbolizar
symmetrical *adj.* simétrico
symphonic *adj.* sinfónico
symphony *n.* [*pl.* symphonies] sinfonia
symptom *n.* sintoma
synagogue *n.* sinagoga
synonym *n.* sinónimo
synonymous *adj.* sinónimo
synthesis *n.* síntese
synthetic *adj.* sintético
syrup *n.* **1** (medicamento) xarope **2** (doce) calda; **peach syrup:** calda de pêssego
system *n.* **1** sistema; **the nervous system:** o sistema nervoso **2** método; plano; **to lack system:** não ter método
systole *n.* sístole

T

t *n.* (letra) t
table *n.* mesa; **to lay/set the table:** pôr a mesa; **table tennis:** ténis de mesa; pingue-pongue
tablecloth *n.* toalha de mesa
tablespoon *n.* colher de sopa
tablet *n.* comprimido; pastilha
tack *v.* (costura) alinhavar
tag *n.* **1** etiqueta **2** (jogo) caça; caçadinhas; **to play tag:** brincar às caçadinhas
tail *n.* (animal) cauda; rabo
tailor *n.* alfaiate; costureiro
tails *n.pl.* (moeda) coroa; **heads or tails?:** cara ou coroa?
take *v.* **1** tomar; **to take a drink:** tomar uma bebida **2** levar; **to take an umbrella:** levar um guarda-chuva **3** pegar em; **to take someone's hand:** pegar na mão de alguém **4** aceitar; **to take a job:** aceitar um trabalho
take-off *n.* (avião) descolagem
take off *v.* **1** (roupa, calçado) tirar; despir **2** (avião) levantar voo; descolar
tale *n.* história; conto; **fairy tale:** conto de fadas; **folk tale:** conto popular
talent *n.* talento
talented *adj.* talentoso
talisman *n.* talismã
talk *v.* conversar; falar ◆ *n.* conversa
talkative *adj.* falador
talking-to *n.* *(informal)* descompostura; ralhete; **to give someone a good talking-to:** dar uma descompostura a alguém
tall *adj.* alto; **how tall are you?:** quanto medes?
tambourine *n.* pandeireta
tame *adj.* manso; domesticado ◆ *v.* domesticar; **to tame a wild animal:** domar um animal selvagem
tamer *n.* domador; **lion tamer:** domador de leões
tan *n.* bronzeado ◆ *v.* bronzear(-se)
tangerine *n.* tangerina
tank *n.* **1** MILITAR tanque **2** (de gasolina ou gasóleo) depósito
tanker *n.* **1** petroleiro **2** camião-cisterna
tantrum *n.* birra; **to throw a tantrum:** fazer uma birra
tap *n.* **1** torneira **2** pancada ligeira; palmada ◆ *v.* dar pancadinhas; dar palmadinhas
tape *n.* **1** cassete; **tape recorder:** gravador (de cassetes) **2** fita; **adhesive tape:** fita adesiva; **tape measure:** fita métrica ◆ *v.* gravar
tapestry *n.* [*pl.* tapestries] tapete; tapeçaria
tar *n.* alcatrão ◆ *v.* alcatroar
tarantula *n.* tarântula
target *n.* alvo; **target customer/market:** público-alvo; **to shoot at the target:** atirar ao alvo
tart *n.* (doce) torta; tarte
tartar *n.* tártaro
task *n.* tarefa
taste *n.* **1** paladar; sabor; gosto; **salty taste:** sabor salgado **2** gosto; **bad taste:** mau gosto; **good taste:** bom gosto ◆ *v.* **1** provar; **taste this cheese:** prova este queijo **2** saber a; **this cookie tastes like honey:** esta bolacha sabe a mel

tasty *adj.* saboroso
tattletale *adj. (informal)* queixinhas
tattoo *n.* tatuagem ◆ *v.* tatuar; **to have one's arm tattooed:** fazer uma tatuagem no braço
Taurus *n.* (constelação, signo) Touro
tax *n.* [*pl.* taxes] imposto; **free of tax:** isento de impostos ◆ *v.* taxar; tributar
taxi *n.* [*pl.* taxis, taxies] táxi; **taxi driver:** taxista; **to take a taxi:** apanhar um táxi; **to call a taxi:** chamar um táxi
taxpayer *n.* contribuinte
tea *n.* **1** chá; **a cup of tea:** uma chávena de chá **2** lanche; **what do you want for tea?:** o que queres lanchar?
teach *v.* ensinar
teacher *n.* professor(a)
teaching *n.* **1** ensino; **teaching staff:** corpo docente **2** ensinamento
teacup *n.* chávena de chá
team *n.* equipa; **football team:** equipa de futebol; **team spirit:** espírito de equipa
teamwork *n.* trabalho de equipa/grupo; interajuda
teapot *n.* bule
tear *n.* **1** lágrima **2** rasgão ◆ *v.* rasgar
teardrop *n.* lágrima
tease *v.* arreliar; meter-se com; implicar com
teaspoon *n.* colher de chá
technician *n.* técnico
technique *n.* técnica
technology *n.* tecnologia
teddy bear *n.* urso de peluche
teen *n. (informal)* → **teenager**
teenage *adj.* adolescente; juvenil
teenager *n.* adolescente
telegram *n.* telegrama
telephone *n.* telefone; *(Estados Unidos da América)* **telephone booth:** cabina telefónica; *(Grã-Bretanha)* **telephone box:** cabina telefónica ◆ *v.* telefonar
telescope *n.* telescópio
teleshopping *n.* telecompras
television *n.* televisão; **to watch television:** ver televisão
tell *v.* **1** dizer; **to tell the truth:** dizer a verdade **2** contar; **to tell a story:** contar uma história
telly *n. (informal)* televisão
temper *n.* temperamento; carácter
temperature *n.* **1** temperatura **2** febre; **to have a temperature:** ter febre
temple *n.* **1** templo **2** ANATOMIA fonte; têmpora
tempt *v.* aliciar
temptation *n.* tentação; **to yield to temptation:** cair na tentação
tempting *adj.* tentador; **a tempting offer:** uma proposta tentadora
ten *num.card. e n.* dez
tend *v.* tender; ter tendência
tendency *n.* tendência
tender *adj.* **1** (pessoa) terno; meigo **2** (alimento) tenro
tenderness *n.* ternura; meiguice
tendon *n.* tendão
tennis *n.* ténis; **table tennis:** ténis de mesa; **tennis player:** tenista; **to play tennis:** jogar ténis
tense *adj.* tenso
tent *n.* tenda
tentacle *n.* tentáculo
tenth *adj. e num.ord.* décimo
term *n.* **1** (escola) período letivo **2** prazo; limite
terrace *n.* terraço
terrible *adj.* terrível
terrific *adj.* espantoso; formidável
terrify *v.* aterrorizar; apavorar
terrifying *adj.* assustador
territory *n.* [*pl.* territories] território
terror *n.* terror; pavor
terrorism *n.* terrorismo; **to fight terrorism:** combater o terrorismo

terrorist *n.* terrorista
tertiary *adj.* terciário; **tertiary sector:** setor terciário
test *n.* teste; prova; **oral/written test:** prova oral/escrita ◆ *v.* testar
testament *n.* testamento; (Bíblia) **New Testament:** Novo Testamento; **Old Testament:** Antigo Testamento
testicle *n.* testículo
testify *v.* testemunhar
testimony *n.* [*pl.* testimonies] testemunho
text *n.* texto
textbook *n.* manual escolar; compêndio
textile *adj.* têxtil
Thames *n.* (rio) Tamisa
than *conj.* que; do que; **there are more girls than boys:** há mais raparigas do que rapazes
thank *v.* agradecer; **no, thank you!:** não, obrigado!; **thank you!:** obrigado!
thankful *adj.* agradecido; grato; **to be thankful for something:** estar grato por alguma coisa
thanks *interj.* *(informal)* obrigado ◆ *n.pl.* agradecimentos
thanksgiving *n.* ação de graças; *(Estados Unidos da América)* **Thanksgiving Day:** Dia de Ação de Graças (última quinta-feira de novembro)
that *adj. e pron.dem.* [*pl.* those] **1** aquele; aquela; **that man:** aquele homem **2** isso; **after that:** depois disso **3** esse; essa; **at that moment:** nesse momento **4** aquilo; **what's that?:** o que é aquilo? ◆ *pron.rel.* [*pl.* those] que; quem; **the girl that works at the library:** a rapariga que trabalha na biblioteca ◆ *conj.* que; **I know that you study here:** eu sei que estudas aqui
thaw *v.* **1** (neve) derreter **2** (alimento) descongelar ◆ *n.* degelo
the *art.def.* o; a; os; as; **the car:** o carro; **the school:** a escola
theatre *n.* teatro
theatrical *adj.* teatral
theft *n.* roubo
their *det.poss.* seu; sua; seus; suas; dele; dela; deles; delas; **their book:** o livro deles
theirs *pron.poss.* o seu; a sua; os seus; as suas; deles; delas; **a friend of theirs:** um amigo deles
them *pron.pess.* os; as; eles; elas; lhes; **I don't see them:** não os vejo; **it's them:** são eles
themselves *pron.pess.refl.* **1** eles mesmos; elas mesmas; **they are making the cake themselves:** estão a fazer o bolo eles mesmos **2** se; a si mesmos; **they cut themselves:** cortaram-se
then *adv.* **1** então; nessa altura; naquele tempo; **I was very young then:** eu era muito nova nessa altura **2** depois; em seguida; **I'll go to the gym and then to the bank:** vou ao ginásio e depois ao banco ◆ *n.* esse tempo; essa ocasião; essa altura; **by then:** por essa altura
theology *n.* teologia
theorem *n.* teorema
theoretical *adj.* teórico
theory *n.* [*pl.* theories] teoria
therapist *n.* terapeuta
there *adv.* **1** ali; lá; acolá; **it's over there:** está ali **2** aí; **who is there?:** quem está aí?
thereabouts *adv.* **1** por aí; por ali **2** cerca de; aproximadamente
therefore *adv. e conj.* por conseguinte; portanto
thermal *adj.* **1** térmico **2** termal
these *adj. e pron.dem.* estes; estas
they *pron.pess.* eles; elas; **they like singing:** eles gostam de cantar

thick *adj.* **1** (cabelo, tecido) espesso; grosso **2** (nevoeiro, vegetação) denso
thicken *v.* engrossar
thief *n.* [*pl.* thieves] ladrão
thigh *n.* coxa
thimble *n.* dedal
thin *adj.* magro; delgado; fino
thing *n.* coisa; objeto
think *v.* **1** pensar; refletir **2** julgar; crer **3** imaginar; supor
third *adj. e num.ord.* terceiro
thirst *n.* sede
thirsty *adj.* sequioso; com sede; **to be thirsty:** ter sede
thirteen *num.card. e n.* treze
thirteenth *adj. e num.ord.* décimo terceiro
thirtieth *adj. e num.ord.* trigésimo
thirty *num.card. e n.* trinta
this *adj. e pron.dem.* [*pl.* these] **1** este; esta; **this morning:** esta manhã **2** isto; **what's this?:** o que é isto? ◆ *adv.* **1** assim; **like this:** assim **2** tão ... como isto; **this high:** tão alto como isto
thistle *n.* cardo
thoracic *adj.* torácico
thorax *n.* [*pl.* thoraxes, thoraces] tórax
thorn *n.* espinho; pico
thorny *adj.* (planta) espinhoso
those *adj. e pron.dem.* esses; essas; aqueles; aquelas
though *conj.* ainda que; embora ◆ *adv.* todavia; contudo
thought *n.* pensamento
thoughtful *adj.* **1** atencioso **2** pensativo
thousand *n.* milhar; mil ◆ *adj.* mil
thousandth *num.ord. e n.* milésimo
thrashing *n.* sova; tareia
thread *n.* fio; linha
threat *n.* ameaça; **threat of extinction:** ameaça de extinção
threaten *v.* ameaçar
threatening *adj.* ameaçador
three *num.card. e n.* três
thresh *v.* (cereal) malhar; debulhar
thresher *n.* (máquina) debulhadora
threshold *n.* **1** soleira; entrada **2** limiar
thrifty *adj.* poupado; económico
thrill *n.* emoção; excitação ◆ *v.* emocionar
thriller *n.* história ou filme de suspense
thrilling *adj.* emocionante; excitante
throat *n.* garganta
throne *n.* trono
through *prep.* **1** por; através de; **to walk through the crowd:** andar através da multidão **2** durante; **all through the night:** durante toda a noite
throughout *prep.* **1** em toda a parte; **throughout the world:** em todo o mundo **2** durante todo o tempo de; ao longo de; **throughout the year:** durante todo o ano
throw *v.* atirar; lançar
thumb *n.* (dedo) polegar
thunder *n.* trovão; trovoada ◆ *v.* trovejar
thunderbolt *n.* raio; relâmpago
thunderstorm *n.* trovoada; tempestade
Thursday *n.* quinta-feira
thus *adv.* **1** assim; desta maneira **2** por conseguinte; portanto
tibia *n.* [*pl.* tibiae] (osso da perna) tíbia
tick *n.* **1** (animal) carraça **2** (relógio) tiquetaque **3** (teste, documento) sinal; visto
ticket *n.* bilhete; **return ticket:** bilhete de ida e volta; **ticket office:** bilheteira
tickle *n.* cócegas ◆ *v.* fazer cócegas a
ticktack *n.* tiquetaque
tide *n.* maré; **at high tide:** na maré alta; **at low tide:** na maré baixa
tidy *adj.* arrumado ◆ *v.* arrumar
tie *n.* **1** (roupa) gravata **2** (jogo) empate ◆ *v.* **1** atar; amarrar **2** empatar

tiepin *n.* alfinete de gravata
tiger *n.* tigre
tight *adj.* 1 apertado; justo 2 esticado; teso ◆ *adv.* firmemente
tights *n.pl.* meia(s)-calça(s); collants
tilde *n.* til
tile *n.* azulejo
till *prep.* até; **to wait till tomorrow:** esperar até amanhã
timbal *n.* MÚSICA timbale
timber *n.* madeira
timbrel *n.* adufe; pandeiro
time *n.* 1 tempo; **time flies:** o tempo voa 2 horas; **what time is it?:** que horas são? 3 momento; **the right time:** o momento certo 4 vez; **next time:** para a próxima vez ◆ *v.* cronometrar
timekeeper *n.* cronómetro
timeless *adj.* 1 eterno 2 intemporal
timely *adj.* oportuno
timetable *n.* horário
timid *adj.* tímido
tin *n.* 1 lata; **a tin of beans:** uma lata de feijões 2 estanho
tiny *adj.* muito pequeno; minúsculo
tip *n.* 1 ponta; extremidade 2 gorjeta 3 dica; palpite ◆ *v.* 1 dar uma gorjeta 2 dar um palpite
tiptoe *n.* ponta dos pés; **on tiptoe:** em bicos de pés ◆ *v.* andar na ponta dos pés
tire *n.* *(Estados Unidos da América)* pneu ◆ *v.* cansar(-se)
tired *adj.* 1 fatigado; cansado 2 aborrecido; farto
tiring *adj.* cansativo
tissue *n.* 1 lenço de papel 2 (corpo humano) tecido
title *n.* título
tittle-tattle *n.* tagarelice; mexerico
to *prep.* 1 a; **let's go to the cinema:** vamos ao cinema 2 para; **the road to Lisbon:** a estrada para Lisboa 3 até; **to the end:** até ao fim 4 de; **heir to the throne:** herdeiro do trono
toad *n.* sapo
toast *n.* 1 torrada; **dry toast:** torrada sem manteiga 2 brinde; **to propose a toast to somebody:** propor um brinde à saúde de alguém ◆ *v.* 1 torrar; tostar 2 brindar
toaster *n.* torradeira
tobacco *n.* tabaco
toboggan *n.* tobogã
today *adv.* hoje
toe *n.* dedo do pé
together *adv.* juntos
toilet *n.* 1 casa de banho; lavabos 2 sanita; retrete
tolerable *adj.* 1 tolerável; suportável 2 razoável
tolerably *adv.* razoavelmente
tolerance *n.* tolerância
tolerant *adj.* tolerante
tolerate *v.* tolerar; suportar
toll *n.* 1 (pagamento) portagem; **toll road:** estrada com portagem 2 (sino) toque ◆ *v.* (sino) tocar
tomato *n.* [*pl.* tomatoes] tomate
tomb *n.* túmulo; sepultura
tombola *n.* [*pl.* tombolas] tômbola
tomboy *n.* maria-rapaz
tombstone *n.* pedra tumular; lápide
tomcat *n.* gato
tomorrow *adv.* amanhã
ton *n.* tonelada; *(informal)* **tons of:** montes de; toneladas de; *(informal)* **tons of people:** muita gente; montes de pessoas
tone *n.* tom; **don't speak to me in that tone of voice:** não me fales nesse tom (de voz); **to change one's tone:** mudar de tom
tongue *n.* 1 língua; **to stick out one's tongue:** deitar a língua de fora 2 idioma; língua; **foreign language:** lín-

gua estrangeira; **mother tongue:** língua materna; **to speak several languages:** falar várias línguas
tonic *n.* 1 MÚSICA tónica 2 água tónica 3 tónico
tonight *adv.* esta noite; hoje à noite
tonsil *n.* amígdala
tonsillitis *n.* amigdalite
too *adv.* 1 muito; **she is too kind:** ela é muito amável 2 demasiadamente; demasiado; **too good to be true:** demasiado bom para ser verdade 3 excessivamente; de mais; **he works too much:** ele trabalha de mais ◆ *conj.* também; **he is a doctor too:** ele também é médico
tool *n.* ferramenta; **tool box:** caixa de ferramentas
toolbar *n.* INFORMÁTICA barra de ferramentas
tooth *n.* [*pl.* teeth] dente
toothache *n.* dor de dentes
toothbrush *n.* escova dos dentes
toothless *adj.* desdentado
toothpaste *n.* pasta de dentes; dentífrico
toothpick *n.* palito
top *n.* 1 cume; cimo; topo; **the top of the hill:** o cume do monte 2 alto; **from top to bottom:** de cima a baixo 3 o melhor; **the top of the class:** o melhor da turma 4 (brinquedo) pião; **to spin the top:** fazer girar o pião 5 (roupa) top ◆ *adj.* 1 superior; **top floor:** andar superior 2 melhor; **the top jobs:** os melhores empregos
topic *n.* tópico
top model *n.* supermodelo
topography *n.* topografia
top-secret *adj.* ultrassecreto
topsy-turvy *adj. e adv.* virado de pernas para o ar; em pantanas
torch *n.* [*pl.* torches] tocha
tornado *n.* [*pl.* tornadoes, tornados] tornado; furacão
tortilla *n.* tortilha
tortoise *n.* tartaruga (terrestre)
torture *n.* tortura; tormento ◆ *v.* torturar; atormentar
toss *v.* atirar; lançar; **to toss a coin:** atirar uma moeda ao ar
total *n. e adj.* total
totally *adv.* totalmente; completamente
touch *v.* tocar em; mexer em ◆ *n.* [*pl.* touches] 1 (sentido) tato 2 toque; **a gentle touch:** um toque suave 3 contacto; **to keep in touch with:** manter o contacto com
touching *adj.* tocante; comovente
tough *adj.* duro; difícil
tour *n.* excursão; viagem organizada
tourism *n.* turismo
tourist *n.* turista ◆ *adj.* turístico; **tourist visit:** visita turística
tournament *n.* torneio
toward *prep.* *(Estados Unidos da América)* → **towards**
towards *prep.* 1 para; em direção a; na direção de 2 com respeito a; relativamente a; perante
towel *n.* toalha
tower *n.* torre; (aeroporto) **control tower:** torre de controlo; **Tower of London:** Torre de Londres
town *n.* cidade; **town hall:** câmara municipal

> *Usa-se* **town** *para referir uma cidade pequena, maior do que uma village (aldeia), mas menor do que uma city.*

toxic *adj.* tóxico
toxin *n.* toxina
toy *n.* brinquedo; **toy soldier:** soldadinho de chumbo
toyshop *n.* loja de brinquedos

trace *v.* encontrar; localizar; seguir a pista ◆ *n.* vestígio; rasto; pista
track *n.* 1 pista 2 linha de caminho de ferro 3 pegada; rasto ◆ *v.* seguir a pista de; andar no encalço de
tracksuit *n.* fato de treino
tractor *n.* trator
trade *n.* comércio ◆ *v.* negociar; comerciar
trader *n.* comerciante; negociante
tradition *n.* tradição
traditional *adj.* tradicional
traffic *n.* tráfego; trânsito de veículos; **closed to the traffic:** fechado ao trânsito; **traffic light:** semáforo; **traffic jam:** engarrafamento
tragedy *n.* [*pl.* tragedies] tragédia
tragic *adj.* trágico
trailer *n.* atrelado
train *n.* 1 comboio; **to catch the train:** apanhar o comboio; **to miss the train:** perder o comboio; **to travel by train:** viajar de comboio 2 sequência; **a train of events:** uma sequência de eventos 3 cauda de vestido ◆ *v.* treinar
trainee *n.* estagiário; **trainee teacher:** professor estagiário
traineeship *n.* estágio
trainer *n.* 1 treinador 2 (calçado) sapatilha
training *n.* 1 (profissional) formação 2 (físico) treino
traitor *n.* traidor
tram *n.* elétrico
tramcar *n.* elétrico
trance *n.* transe; **to go into a trance:** entrar em transe
tranquillity *n.* tranquilidade
tranquillizer *n.* (medicamento) tranquilizante
transatlantic *adj.* transatlântico
transfer *v.* transferir ◆ *n.* 1 transferência 2 transbordo
transform *v.* transformar
transformation *n.* transformação
transfusion *n.* transfusão; **blood transfusion:** transfusão de sangue
transgress *v.* transgredir
transgression *n.* transgressão
transition *n.* transição; **a period of transition:** um período de transição; **transition to democracy:** transição para a democracia
transitive *adj.* transitivo; **transitive verb:** verbo transitivo
translate *v.* traduzir; **to translate from English into Portuguese:** traduzir de inglês para português
translation *n.* tradução
translator *n.* tradutor
transmission *n.* transmissão
transmit *v.* transmitir
transparency *n.* [*pl.* transparencies] 1 transparência 2 (retroprojetor) acetato
transport *n.* transporte; **public transport:** transportes coletivos ◆ *v.* transportar
trap *n.* armadilha ◆ *v.* apanhar em armadilha
trapdoor *n.* alçapão
trash *n.* [*pl.* trashes] *(Estados Unidos da América)* lixo
trauma *n.* trauma
travel *v.* viajar ◆ *n.* viagem
traveller *n.* viajante
travelling *adj.* 1 itinerante 2 viajante
tray *n.* [*pl.* trays] tabuleiro; bandeja
treasure *n.* tesouro; **treasure hunt:** caça ao tesouro ◆ *v.* estimar; apreciar muito
treat *v.* tratar ◆ *n.* prazer; deleite
treatment *n.* tratamento
treaty *n.* [*pl.* treaties] tratado; **peace treaty:** tratado de paz

tree *n.* árvore; **Christmas tree:** árvore de Natal; **family tree:** árvore genealógica
trek *n.* passeio (longo); caminhada ◆ *v.* caminhar
tremble *v.* tremer
trench *n.* MILITAR trincheira
trendy *adj.* na moda; moderno
trial *n.* **1** (tribunal) julgamento **2** teste; ensaio; prova
triangle *n.* **1** (figura geométrica) triângulo; **equilateral triangle:** triângulo equilátero; **right-angled triangle:** triângulo retângulo **2** (instrumento musical) ferrinhos
triangular *adj.* triangular
tribe *n.* tribo
tribune *n.* tribuna
tributary *n.* (rio) afluente
trick *n.* **1** truque; **a magic trick:** um truque de magia **2** partida; **to play a trick on:** pregar uma partida a
tricycle *n.* triciclo
trifle *n.* ninharia; insignificância
trike *n.* *(informal)* triciclo
trilogy *n.*
trio *n.* trio
trip *n.* **1** viagem **2** excursão; passeio ◆ *v.* **1** passar rasteira; fazer cair **2** tropeçar
triple *adj.* e *n.* triplo ◆ *v.* triplicar
triplicate *adj.* e *n.* triplicado; **in triplicate:** em triplicado ◆ *v.* triplicar
tripod *n.* tripé
tripper *n.* excursionista
triumph *n.* triunfo; vitória
triumphal *adj.* triunfal; **a triumphal entry:** uma entrada triunfal
triumphant *adj.* triunfante; vitorioso
trivial *adj.* trivial
trolley *n.* carrinho de compras
trombone *n.* trombone
troops *n.pl.* tropas
trophy *n.* [*pl.* trophies] troféu
tropic *n.* trópico
tropical *adj.* tropical; **tropical fruit:** fruto tropical
trot *n.* (de cavalo) trote
troubadour *n.* trovador
trouble *n.* **1** problema **2** incómodo; trabalho ◆ *v.* incomodar; perturbar
trousers *n.pl.* calças
trout *n.* (peixe) truta
truce *n.* tréguas
truck *n.* camião; **truck driver:** camionista
true *adj.* **1** verdadeiro; **true sentence:** frase verdadeira **2** real; **true story:** história real
truffle *n.* trufa (de chocolate)
trumpet *n.* trompete
trumpeter *n.* trompetista
trunk *n.* **1** (pessoa, árvore) tronco **2** (elefante) tromba **3** baú; arca
trunks *n.pl.* calções de banho
trust *n.* confiança; **to betray somebody's trust:** trair a confiança de alguém ◆ *v.* confiar em; **I don't trust you:** não confio em ti
truth *n.* [*pl.* truths] verdade
try *v.* **1** tentar; experimentar **2** (comida, bebida) provar ◆ *n.* tentativa; **to have another try:** fazer uma nova tentativa
T-shirt *n.* t-shirt
tuba *n.* tuba
tube *n.* **1** tubo **2** (Londres) metropolitano
Tuesday *n.* terça-feira
tulip *n.* túlipa
tumble *v.* **1** cair; dar um trambolhão **2** andar aos tropeções ◆ *n.* trambolhão; tombo
tummy *n.* [*pl.* tummies] *(linguagem infantil)* barriga
tumour *n.* tumor
tumult *n.* tumulto
tuna *n.* atum

tune *n.* melodia; música ◆ *v.* (instrumento musical) afinar
tunic *n.* túnica
tunnel *n.* túnel
turban *n.* turbante
turbine *n.* turbina
turbulence *n.* turbulência
turbulent *adj.* turbulento
tureen *n.* terrina
turkey *n.* peru
turn *v.* **1** voltar; virar; **to turn the pages of a book:** virar as páginas de um livro **2** fazer girar; rodar; **to turn the key:** rodar a chave **3** ficar; **to turn red:** ficar vermelho; corar **4** fazer (anos); **to turn forty:** fazer quarenta anos **5** virar-se ◆ *n.* vez; **it's your turn:** é a tua vez
turncoat *n. (informal)* (pessoa) vira-casaca
turnip *n.* nabo
turtle *n.* tartaruga (marinha)
turtledove *n.* (ave) rola
tutor *n.* orientador; tutor
twelfth *n.* duodécimo
twelve *num.card. e n.* doze
twentieth *adj. e num.ord.* vigésimo; **twentieth century:** século XX
twenty *num.card. e n.* vinte
twice *adv.* duas vezes; **twice a year:** duas vezes por ano
twilight *n.* crepúsculo
twin *adj. e n.* gémeo; (hotel) **twin room:** quarto com duas camas
twist *v.* **1** torcer; **to twist your wrist:** torcer o pulso **2** distorcer; deformar; **to twist the truth:** distorcer a verdade
two *num.card. e n.* dois
type *n.* tipo; género ◆ *v.* digitar (em máquina ou computador); datilografar
typewriter *n.* máquina de escrever
typhoon *n.* tufão
typical *adj.* típico
typist *n.* datilógrafo
tyrant *n.* tirano
tyre *n.* pneu; **flat tyre:** pneu furado; **spare tyre:** pneu sobresselente

U

u *n.* (letra) u
ugliness *n.* fealdade
ugly *adj.* feio; **ugly duckling:** patinho feio
UK [*abrev. de* United Kingdom] Reino Unido
ulcer *n.* úlcera
ultimate *adj.* derradeiro; final
ultimately *adv.* **1** finalmente; por fim **2** no fim de contas; no fundo

Repara que **ultimately** não significa **ultimamente** em português. **Ultimately**, em inglês, quer dizer *finalmente, no fundo.*

ultimatum *n.* ultimato
ultralight *n.* (avião) ultraleve
ultrasound *n.* **1** ultrassom **2** ecografia
ultraviolet *adj.* ultravioleta; **ultraviolet rays:** raios ultravioleta
umbilical *adj.* umbilical; **umbilical cord:** cordão umbilical
umbrella *n.* guarda-chuva; chapéu de chuva; **to put your umbrella down:** fechar o guarda-chuva
unable *adj.* incapaz; **to be unable to help:** não poder ajudar
unanimity *n.* unanimidade
unanimous *adj.* unânime
unanimously *adv.* unanimemente; por unanimidade
unarmed *adj.* desarmado
unattractive *adj.* pouco atraente; feio
unaware *adj.* não consciente; **to be unaware of the danger:** não ter consciência do perigo
unbeatable *adj.* invencível; imbatível
unbelievable *adj.* inacreditável
unbutton *v.* (roupa) desabotoar
uncertain *adj.* incerto
uncertainty *n.* [*pl.* uncertainties] incerteza; dúvida
uncle *n.* tio
uncomfortable *adj.* desconfortável
uncommon *adj.* fora do vulgar; invulgar
unconscious *adj.* inconsciente
unconsciousness *n.* inconsciência
uncover *v.* destapar
under *prep.* **1** por baixo de; **to wear a sweater under the jacket:** usar uma camisola por baixo do casaco **2** debaixo; **to be under the bed:** estar debaixo da cama **3** sob; **to be under pressure:** estar sob pressão **4** com menos de; **people under twenty:** pessoas com menos de vinte anos
underage *adj.* (pessoa) menor (de idade)
undercoat *n.* (tinta) primeira demão
undercover *adj.* secreto; disfarçado; **undercover agent:** agente secreto
underdeveloped *adj.* subdesenvolvido; **underdeveloped countries:** países subdesenvolvidos
underground *adj.* subterrâneo; **underground car park:** parque subterrâneo ◆ *n.* metro (subterrâneo); metropolitano; **to go by underground:** ir de metro; **underground station:** estação de metro
underline *v.* sublinhar
underneath *prep.* por baixo de; para baixo de ◆ *adv.* **1** em baixo **2** interiormente

underpants *n.pl.* cuecas (de homem)
understand *v.* compreender; entender
understandable *adj.* compreensível
understanding *n.* **1** compreensão **2** entendimento; **to reach an understanding:** chegar a um entendimento ♦ *adj.* compreensivo
understood *adj.* **1** compreendido; entendido; **to make oneself understood:** fazer-se entender **2** combinado; decidido
underwater *adj.* submarino; subaquático ♦ *adv.* debaixo de água
underwear *n.* roupa interior
undo *v.* desfazer
undress *v.* despir(-se)
uneasy *adj.* ansioso; preocupado; pouco à vontade
unemployed *adj. e n.* desempregado; **to be unemployed:** estar desempregado
unemployment *n.* desemprego; **unemployment benefit:** subsídio de desemprego
uneven *adj.* desigual; irregular
unexpected *adj.* inesperado; imprevisto
unexpectedly *adv.* imprevistamente; inesperadamente
unexplained *adj.* inexplicado
unexplored *adj.* inexplorado; desconhecido
unfair *adj.* injusto
unfaithful *adj.* infiel
unfamiliar *adj.* **1** desconhecido; **this place is unfamiliar to me:** este local é-me desconhecido **2** pouco familiarizado; **to be unfamiliar with:** não estar familiarizado com
unfashionable *adj* fora de moda; desatualizado
unfasten *v.* desapertar; desatar
unfavourable *adj.* desfavorável
unfold *v.* (jornal, mapa) desdobrar; abrir
unforgettable *adj.* inesquecível
unfortunate *adj.* infeliz
unfortunately *adv.* infelizmente
unfriendly *adj.* antipático
ungrateful *adj.* ingrato; mal-agradecido
unhappiness *n.* infelicidade
unhappy *adj.* infeliz; triste
unhealthy *adj.* **1** pouco saudável; que faz mal **2** (pessoa) adoentado
unicorn *n.* unicórnio
unification *n.* unificação
uniform *adj.* uniforme; constante ♦ *n.* uniforme; farda
uniformity *n.* uniformidade
unify *v.* unificar
unimportant *adj.* sem importância; irrelevante
uninhabited *adj.* desabitado
uninterested *adj.* desinteressado
uninteresting *adj.* sem interesse; desinteressante
union *n.* união; **Union Jack:** bandeira do Reino Unido

A bandeira do Reino Unido, originalmente chamada *Union Flag*, é normalmente conhecida por **Union Jack** porque *jack* designa uma pequena bandeira usada nos navios para identificar a sua nacionalidade. A *Union Jack* combina a cruz de São Jorge (símbolo da Inglaterra), a cruz de Santo André (símbolo da Escócia) e a cruz de São Patrício (símbolo da Irlanda do Norte).

unique *adj.* único; sem igual
unisex *adj.* unissexo
unison *n.* uníssono; **in unison:** em uníssono
unit *n.* **1** unidade; **time unit:** unidade de tempo **2** serviço; **intensive care unit:** unidade de cuidados intensivos
unitary *adj.* unitário

unite *v.* 1 unir; reunir 2 unir-se
united *adj.* unido; conjunto; **United States of America:** Estados Unidos da América ✧ **united we stand:** a união faz a força
United Kingdom *n.* Reino Unido

> O Reino Unido da Grã-Bretanha e Irlanda do Norte, mais conhecido como **Reino Unido**, é um país que inclui a ilha da Grã-Bretanha, a parte nordeste da ilha da Irlanda e muitas pequenas ilhas. É formado por quatro nações: a Inglaterra, a Escócia, o País de Gales (situadas na ilha da Grã-Bretanha) e a Irlanda do Norte (na ilha da Irlanda).
> A capital do Reino Unido é Londres.

United States of America *n.* Estados Unidos da América
universal *adj.* universal
universe *n.* universo
university *n.* [*pl.* universities] universidade ◆ *adj.* universitário; **to take a university degree:** tirar um curso universitário
unkind *adj.* indelicado; pouco amável
unknown *adj. e n.* desconhecido; **unknown quantity:** incógnita
unless *conj.* a não ser que; a menos que; **I'll go to the beach unless it rains:** vou à praia, a menos que chova
unlike *adj.* diferente de; **they are quite unlike:** são bastante diferentes ◆ *prep.* ao contrário de; **unlike me, he loves sports:** ao contrário de mim, ele gosta de desporto
unlikely *adj.* pouco provável; improvável
unlimited *adj.* ilimitado
unload *v.* descarregar (carga, arma)
unlock *v.* abrir (com chave); destrancar
unlucky *adj.* sem sorte; azarado; **to be unlucky:** ter azar; ter pouca sorte
unmistakable *adj.* inconfundível
unnatural *adj.* artificial
unnecessary *adj.* desnecessário
unnoticed *adj.* despercebido; **to pass/go unnoticed:** passar despercebido
unpack *v.* 1 (objetos) desempacotar; desencaixotar 2 (malas) desfazer
unpleasant *adj.* desagradável
unplug *v.* (tomada) desligar
unpredictable *adj.* imprevisível
unreal *adj.* irreal; imaginário
unsafe *adj.* perigoso; arriscado
unstable *adj.* instável
unsteady *adj.* instável; pouco firme
unsuitable *adj.* impróprio
untidiness *n.* desarrumação
untidy *adj.* desarrumado
untie *v.* desatar; desapertar
until *prep.* até; **until now:** até agora ◆ *conj.* até que; **I will wait until you decide:** vou esperar até decidires
untrue *adj.* falso
unusual *adj.* invulgar; estranho
unwilling *adj.* relutante; que não quer (algo); **to be unwilling to do something:** não querer fazer algo
unwise *adj.* insensato; imprudente
unwrap *v.* desembrulhar
up *adv.* 1 cima; para cima; **right side up:** com o lado direito para cima 2 em cima; acima; **one floor up:** um andar acima 3 alto; **to turn the volume up:** pôr o volume mais alto 4 até; **up to 20 people:** até 20 pessoas 5 acordado; **to be up all night:** passar a noite toda acordado ◆ *prep.* acima; em cima de; **up the river:** pelo rio acima ◆ *n.* alto; **ups and downs:** altos e baixos ✧ *(informal)* **what's up?:** o que se passa?
update *v.* atualizar

upgrade *n.* **1** (computador, programa) atualização **2** (emprego) promover ♦ *v.* (computador, programa) instalar uma versão mais recente; atualizar
upon *prep.* em; sobre; **upon my word!:** palavra de honra!
upper *adj.* **1** superior; **the upper window:** a janela superior **2** alto; elevado; **the upper class:** a classe alta; **upper case:** maiúsculas
uproar *n.* tumulto; alvoroço
upset *v.* transtornar; perturbar; afligir ♦ *adj.* transtornado; perturbado
upside down *adv.* ao contrário; de pernas para o ar
upstairs *adv.* no andar de cima; lá em cima; **to be upstairs:** estar no andar superior ♦ *adj.* de cima; **the upstairs bathroom:** a casa de banho de cima
up-to-date *adj.* atualizado; em dia
upward *adj.* ascendente; **upward direction:** sentido ascendente
upwards *adv.* para cima; **to look upwards:** olhar para cima
uranium *n.* urânio
Uranus *n.* ASTRONOMIA, MITOLOGIA Urano
urban *adj.* urbano; citadino
urethra *n.* uretra
urge *n.* impulso; desejo ardente; ímpeto
urgency *n.* urgência; premência; **a matter of great urgency:** um assunto muito urgente
urgent *adj.* urgente; premente; **urgent need:** necessidade urgente
urinary *adj.* urinário; **urinary tract:** aparelho urinário
urinate *v.* urinar
urine *n.* urina
us *pron.pess.* **1** nos; a nós; **give us the book:** dá-nos o livro **2** nós; **all of us:** todos nós; **it is us:** somos nós; **with us:** connosco
US [*abrev. de* United States] EU [*abrev. de* Estados Unidos]
USA [*abrev. de* United States of America] EUA [*abrev. de* Estados Unidos da América]
usage *n.* **1** uso; utilização **2** tratamento; trato **3** (palavra) uso; emprego **4** (tradição) costume; hábito
use *n.* **1** uso; utilização; **in use:** em uso; **out of use:** fora de uso **2** costume; hábito ♦ *v.* usar; utilizar; **to use a computer:** utilizar um computador
used *adj.* **1** usado; em segunda mão; **used cars:** carros usados; carros em segunda mão **2** habituado; acostumado; **to be used to:** estar habituado a; **I used to get up early:** eu costumava levantar-me cedo
useful *adj.* útil
usefulness *n.* utilidade
useless *adj.* inútil; escusado; desnecessário
user *n.* utilizador
user-friendly *adj.* fácil de utilizar; acessível; prático
username *n.* nome de utilizador (de computador, programa, serviço)
usual *adj.* usual; habitual; **as usual:** como de costume; como sempre ♦ *n.* o costume; **the usual:** o habitual; o costume
usually *adv.* normalmente; geralmente
utensil *n.* utensílio; **cooking utensils:** utensílios de cozinha
utility *n.* [*pl.* utilities] utilidade ◆ **utility vehicle:** veículo utilitário
utmost *adj.* **1** extremo; **they live in the utmost poverty:** eles vivem na mais extrema miséria **2** máximo; **of (the) utmost importance:** de máxima importância
utopia *n.* utopia
utopian *adj.* utópico
utter *adj.* completo; total; **to be an utter fool:** ser um perfeito idiota
U-turn *n.* inversão de marcha

V

v *n.* (letra) v

vacancy *n.* [*pl.* vacancies] **1** vaga; (emprego) **to fill a vacancy:** preencher uma vaga **2** (hotel) quarto livre

vacant *adj.* **1** (lugar) vago; livre **2** (emprego) vago; em aberto

vacation *n. (Estados Unidos da América)* férias; **to be on vacation:** estar de férias; **to go on vacation:** ir de férias; **to take a vacation:** tirar férias

vaccinate *v.* vacinar

vaccination *n.* vacinação

vaccine *n.* vacina; **flu vaccine:** vacina da gripe

vacuum *n.* **1** vácuo **2** (limpeza) aspiradela ◆ *v.* aspirar (com aspirador); **vacuum cleaner:** aspirador

vagina *n.* vagina

vain *adj.* **1** vão; **in vain:** em vão **2** (pessoa) vaidoso

valentine *n.* **1** cartão de S. Valentim; **Valentine's Day:** dia de S. Valentim; dia dos namorados **2** pessoa a quem se manda um cartão de S. Valentim

valid *adj.* válido

validity *n.* [*pl.* validities] **1** (prazo) validade **2** (argumento, prova) valor

valley *n.* vale

valuable *adj.* valioso

value *n.* valor; **cultural values:** valores culturais; **sentimental value:** valor sentimental ◆ *v.* avaliar; estimar o valor de

valve *n.* válvula

vampire *n.* vampiro

van *n. (Estados Unidos da América)* carrinha

vandal *n.* vândalo

vandalism *n.* vandalismo

vanilla *n.* baunilha ◆ *adj.* de baunilha; **vanilla ice cream:** gelado de baunilha

vanish *v.* desaparecer

vanity *n.* [*pl.* vanities] vaidade

vapor *n. (Estados Unidos da América)* → **vapour**

vapour *n.* vapor

variation *n.* variação; variante

varied *adj.* variado; diverso

variety *n.* [*pl.* varieties] variedade

various *adj.* **1** vários **2** variado

varnish *n.* verniz; **nail varnish:** verniz das unhas ◆ *v.* envernizar

vary *v.* variar

vase *n.* jarra; **a vase of flowers:** uma jarra de flores

vastness *n.* vastidão

Vatican *n.* Vaticano

vault *n.* (teto) abóbada

vector *n.* vetor

vegetable *adj.* vegetal ◆ *n.* **1** legume; **green vegetables:** hortaliças **2** planta

vegetarian *adj. e n.* vegetariano; **vegetarian restaurant:** restaurante vegetariano

vegetation *n.* vegetação

veggie *adj. e n. (informal)* vegetariano

vehemence *n.* veemência

vehement *adj.* veemente

vehicle *n.* **1** veículo; viatura; **motor vehicle:** veículo motorizado **2** *(figurado)* meio; **a vehicle for getting something:** um meio para obter alguma coisa

veil *n.* véu; **bride's veil:** véu de noiva ◆ *v.* cobrir com véu; tapar
vein *n.* veia
velvet *n.* veludo
vengeance *n.* vingança; **to take vengeance on somebody:** vingar-se de alguém
ventilation *n.* ventilação
venue *n.* local
Venus *n.* ASTRONOMIA, MITOLOGIA Vénus
verb *n.* verbo
verbal *adj.* oral; verbal
verdict *n.* veredito
verge *n.* **1** limite **2** borda; margem; **on the verge of tears:** à beira das lágrimas
verify *v.* verificar
vermicelli *n.* (massa) aletria
versatile *adj.* versátil
versatility *n.* versatilidade
verse *n.* verso
vertebra *n.* [*pl.* vertebrae] vértebra
vertical *adj.* e *n.* vertical
very *adv.* **1** muito; **I am very sorry:** sinto muito **2** precisamente; **the very next morning:** precisamente na manhã seguinte ◆ *adj.* **1** precisamente; **at that very instant:** naquele preciso instante **2** mesmo; **at the very beginning:** mesmo no princípio
vesicle *n.* vesícula
vessel *n.* barco; embarcação
vest *n.* **1** camisola interior **2** *(Estados Unidos da América)* colete
vet *n.* *(informal)* veterinário
veteran *adj.* e *n.* veterano
veterinary *adj.* veterinário; **veterinary medicine:** veterinária
via *prep.* via; passando por; **to travel via London:** viajar via Londres
viaduct *n.* viaduto
vibrant *adj.* vibrante
vibrate *v.* vibrar
vibration *n.* vibração
vicar *n.* RELIGIÃO pastor
vice-president *n.* vice-presidente
viceroy *n.* vice-rei
vice versa *adv.* vice-versa; reciprocamente
vicious *adj.* **1** cruel **2** violento ◇ **vicious circle:** círculo vicioso
victim *n.* vítima; **fall victim to somebody/something:** ser vítima de alguém/alguma coisa
victorious *adj.* vitorioso; vencedor
victory *n.* [*pl.* victories] vitória; triunfo
video *adj.* e *n.* vídeo; **video camera:** câmara de vídeo; **video club:** clube de vídeo; **video game:** videojogo; **video surveillance:** videovigilância
videotape *n.* cassete vídeo ◆ *v.* gravar em vídeo
videotext *n.* videotexto
view *n.* **1** vista; **a room with a view:** um quarto com vista; **at first view:** à primeira vista; **to know by sight:** conhecer de vista **2** opinião; **in my view:** na minha opinião ◆ *v.* **1** ver **2** considerar
viewer *n.* **1** telespectador **2** visor (de máquina ou aparelho)
viewfinder *n.* visor (de máquina fotográfica)
viewpoint *n.* ponto de vista; perspetiva
vigil *n.* vigília
vigilance *n.* vigilância
vigilant *adj.* vigilante
vigor *n.* *(Estados Unidos da América)* → **vigour**
vigorous *adj.* vigoroso
vigour *n.* vigor; energia
Viking *adj.* e *n.* viking
vile *adj.* vil; desprezível
villa *n.* **1** vivenda **2** casa de campo
village *n.* aldeia
villain *n.* vilão; patife
vindictive *adj.* vingativo

vine *n.* vinha; videira
vinegar *n.* vinagre
vineyard *n.* vinha
violence *n.* violência
violent *adj.* violento
violet *n.* (flor, cor) violeta
violin *n.* violino
violinist *n.* violinista
viper *n.* víbora
virgin *n.* virgem; RELIGIÃO **the Virgin Mary:** a Virgem Maria ◆ *adj.* virgem; **virgin forest:** floresta virgem
Virgo *n.* (constelação, signo) Virgem
virtual *adj.* virtual; **virtual reality:** realidade virtual
virtue *n.* virtude
virus *n.* [*pl.* viruses] vírus; (computador) **virus checker:** antivírus; **virus infection:** virose
visa *n.* (em passaporte) visto
viscera *n.pl.* vísceras
viscount *n.* visconde
viscountess *n.* viscondessa
viscous *adj.* viscoso
visibility *n.* visibilidade; **low visibility:** fraca visibilidade
visibly *adv.* visivelmente
vision *n.* **1** (sentido) vista **2** (sonho) visão
visionary *adj.* e *n.* visionário
visit *n.* visita; **to pay a visit to:** fazer uma visita a ◆ *v.* visitar
visiting *adj.* de visita; visitante; **visiting hours:** horário de visitas; **visiting team:** equipa visitante
visitor *n.* **1** (pessoa) visita; **visitor's book:** livro de visitas **2** turista; visitante
visor *n.* **1** viseira **2** (carro) pala
vista *n.* vista; panorama
visual *adj.* visual
visualization *n.* visualização
visualize *v.* visualizar
vital *adj.* vital; **vital signs:** sinais vitais
vitality *n.* vitalidade
vitamin *n.* vitamina; **vitamin C:** vitamina C
vivacious *adj.* alegre; animado
V-neck *n.* decote em V
vocabulary *n.* [*pl.* vocabularies] vocabulário; léxico
vocalist *n.* vocalista
vocational *adj.* vocacional; **vocational test:** teste vocacional
voice *n.* voz; GRAMÁTICA **active voice:** voz ativa; GRAMÁTICA **passive voice:** voz passiva; **to raise one's voice:** levantar a voz; ANATOMIA **voice box:** laringe ◆ *v.* exprimir; dar voz a
volcanic *adj.* vulcânico; **volcanic eruption:** erupção vulcânica
volcano *n.* [*pl.* volcanoes] vulcão; **an active volcano:** um vulcão ativo; **an extinct volcano:** um vulcão extinto
volleyball *n.* DESPORTO voleibol
volt *n.* ELETRICIDADE volt
volume *n.* volume
voluminous *adj.* volumoso
voluntary *adj.* voluntário; **voluntary service/work:** voluntariado
volunteer *n.* voluntário ◆ *v.* **1** (exército) oferecer-se como voluntário **2** (ajuda, sugestão) oferecer
vomit *v.* vomitar ◆ *n.* vómito
vote *n.* **1** voto **2** votação ◆ *v.* **1** votar **2** eleger
voucher *n.* vale de compras
vow *n.* voto; promessa
vowel *n.* vogal
voyage *n.* viagem (longa, por mar ou por ar); travessia; **to go on a voyage to America:** fazer uma viagem (de barco) à América; **a voyage to the moon:** uma viagem à lua
voyager *n.* viajante
vulgar *adj.* **1** ordinário; grosseiro **2** de mau gosto
vulture *n.* abutre

W

w *n.* (letra) w
wag *v.* abanar; sacudir; (cão) **to wag its tail:** abanar a cauda
wage *n.* ordenado semanal; salário
wagon *n.* carroça
waist *n.* cinta; cintura
waistcoat *n.* colete
wait *n.* espera ◆ *v.* esperar; **wait for me!:** espera por mim!; **to keep someone waiting:** deixar alguém à espera
waiter *n.* empregado de mesa
waiting *n.* espera; **waiting list:** lista de espera; **waiting room:** sala de espera
waitress *n.* empregada de mesa
wake *v.* acordar; despertar
Wales *n.* País de Gales

O **País de Gales** é um dos quatro países que formam o Reino Unido (juntamente com a Inglaterra, a Escócia e a Irlanda do Norte). Está situado na parte oeste da Grã-Bretanha e faz fronteira a leste com a Inglaterra.
A capital do País de Gales é Cardiff.

walk *n.* passeio a pé; caminhada; **let's go for a walk:** vamos dar um passeio ◆ *v.* **1** andar a pé; caminhar; **to walk home:** ir a pé para casa **2** percorrer a pé; atravessar; **to walk 5 kilometres:** percorrer 5 quilómetros **3** passear; **to walk the dog:** passear o cão **4** acompanhar; **to walk somebody home:** acompanhar alguém a casa
walker *n.* pessoa que passeia ou que gosta de passear; **baby walker:** voador (para crianças)
walkie-talkie *n.* walkie-talkie
walking *n.* marcha; caminhada; **walking stick:** bengala
Walkman *n.* walkman
wall *n.* **1** muro **2** parede ❖ (ginásio) **wall bars:** espaldar
wallet *n.* carteira (de documentos, cartões e dinheiro)
walnut *n.* **1** (fruto) noz **2** (árvore) nogueira
walrus *n.* morsa
waltz *n.* (música, dança) valsa
wand *n.* varinha de condão
wander *v.* vaguear por; percorrer
wandering *adj.* errante
want *v.* **1** querer; desejar **2** precisar de
wanted *adj.* procurado; **to be wanted by the police:** ser procurado pela polícia; **to be wanted for a crime:** ser procurado por um crime
war *n.* guerra; **civil war:** guerra civil; **holy war:** guerra santa; **to be at war with:** estar em guerra com; **to declare war on:** declarar guerra a
ward *n.* **1** (hospital) enfermaria **2** (prisão) cela
wardrobe *n.* roupeiro; guarda-vestidos; guarda-fatos
warehouse *n.* armazém
warm *adj.* **1** quente; **warm weather:** tempo quente **2** caloroso; afetuoso; **a warm welcome:** uma receção calorosa ◆ *v.* aquecer
warmth *n.* calor
warm-up *n.* DESPORTO aquecimento; **warm-up exercises:** exercícios de aquecimento; **warm-up lap:** volta de aquecimento

warn *v.* avisar; prevenir; **to warn somebody of something:** avisar alguém de alguma coisa
warning *n.* aviso; advertência; (veículos) **warning triangle:** triângulo de sinalização; **without warning:** sem aviso prévio; inesperadamente
warrant *n.* **1** autorização **2** mandado; **warrant of arrest:** mandado de captura
warranty *n.* [*pl.* warranties] garantia
warrior *n.* guerreiro; soldado
wash *n.* [*pl.* washes] lavagem ◆ *v.* lavar(-se)
washbasin *n.* lavatório
washing *n.* roupa para lavar; **to do the washing:** lavar a roupa; **washing machine:** máquina de lavar roupa
wasp *n.* (inseto) vespa
waste *n.* **1** desperdício; perda; **waste of time:** desperdício de tempo **2** lixo; resíduos; **domestic waste:** lixo doméstico; **toxic waste:** resíduos tóxicos ◆ *v.* desperdiçar; gastar
watch *n.* [*pl.* watches] **1** relógio de pulso; **to set a watch:** acertar um relógio **2** vigilância; vigia; **to be on the watch:** estar de vigia ◆ *v.* **1** ver; **to watch TV:** ver televisão **2** vigiar; **to watch someone:** vigiar alguém **3** ter cuidado com; **to watch one's weight:** ter cuidado com o peso **4** prestar atenção; **watch out!:** presta atenção!
watchdog *n.* cão de guarda
watchful *adj.* **1** vigilante **2** cauteloso
watchmaker *n.* relojoeiro
watchman *n.* [*pl.* watchmen] **1** vigia; guarda **2** guarda-noturno
watchtower *n.* torre de vigia; torre de controlo
water *n.* água; **a glass of water:** um copo de água; (planta) **water lily:** nenúfar ◆ *v.* regar; **to water the plants:** regar as plantas ◈ **water park:** aquaparque
watercolour *n.* aguarela
watercress *n.* agrião
waterfall *n.* queda de água; catarata
watering can *n.* regador
watermelon *n.* melancia
watermill *n.* azenha
waterproof *adj.* impermeável; à prova de água
water-ski *n.* esqui aquático
water-skiing *n.* esqui aquático
watery *adj.* **1** aquoso; aguado **2** (olhos) lacrimejante
wave *n.* **1** onda **2** (mão) aceno ◆ *v.* (com a mão) acenar; **to wave goodbye to:** dizer adeus a
wavy *adj.* ondulado; ondeado; às ondas; **wavy hair:** cabelo ondulado
wax *n.* cera ◆ *v.* encerar
way *n.* **1** caminho; via; **by the way:** já agora; a propósito; **to be on the way:** estar a caminho **2** rumo; direção; **look both ways:** olha para ambas as direções **3** maneira; modo; **in a way:** de certo modo; **no way!:** nem pensar!; **way of living:** maneira de viver **4** meio; processo; **there's no way of knowing:** não há meio de saber
WC [*abrev. de* Water Closet] WC; quarto de banho
we *pron.pess.* nós
weak *adj.* fraco; débil; **weak spot:** ponto fraco
weaken *v.* enfraquecer
weakening *n.* enfraquecimento
weakness *n.* **1** fraqueza **2** ponto fraco
wealth *n.* riqueza
wealthy *adj.* rico; abastado
weapon *n.* arma; **chemical weapon:** arma química; **nuclear weapon:** arma nuclear; **weapon of mass destruction:** arma de destruição maciça

wear *n.* **1** roupa; **ladies' wear:** roupa de senhora **2** uso; desgaste; **wear and tear:** desgaste natural ◆ *v.* vestir; trazer vestido
weasel *n.* doninha
weather *n.* tempo; condições meteorológicas; **what's the weather like?:** como está o tempo?; **weather forecast:** previsão meteorológica; **weather report:** boletim meteorológico; **weather vane:** cata-vento
weathercock *n.* cata-vento
weave *v.* tecer
weaver *n.* tecelão
web *n.* **1** teia; **spider's web:** teia de aranha **2** INFORMÁTICA rede; **web page:** página da Internet
webcam *n.* câmara de vídeo digital que se liga ao computador e permite captar e enviar imagens
webcast *n.* transmissão pela Internet ◆ *v.* transmitir pela Internet
website *n.* (Internet) sítio; site
wed *v.* **1** casar-se com **2** casar-se
wedding *n.* casamento; boda; **wedding cake:** bolo de noiva; **wedding dress:** vestido de noiva; **wedding ring:** aliança
Wednesday *n.* quarta-feira
wee *n. (informal)* chichi ◆ *v. (informal)* fazer chichi
weed *n.* erva daninha
week *n.* semana; **every week:** todas as semanas; **last week:** na semana passada; **next week:** na próxima semana
weekday *n.* dia útil
weekend *n.* fim de semana
weekly *adj.* semanal ◆ *n.* [*pl.* weeklies] semanário
weigh *v.* pesar
weight *n.* peso
weightlifter *n.* halterofilista
weightlifting *n.* halterofilia
weird *adj.* estranho; esquisito
welcome *adj.* bem-vindo ◆ *n.* boas-vindas; **to welcome somebody:** dar as boas-vindas a alguém; **welcome party:** festa de boas-vindas ◆ *v.* dar as boas-vindas
well *n.* poço ◆ *adj. e adv.* bem
well-behaved *adj.* bem-comportado
well-being *n.* bem-estar; conforto
wellingtons *n.pl.* botas de borracha; galochas
well-known *adj.* famoso; célebre
well-off *adj.* abastado; rico
Welsh *adj.* galês ◆ *n.* (língua) galês; **the Welsh:** os galeses
Welshman *n.* [*pl.* Welshmen] galês
Welshwoman *n.* [*pl.* Welshwomen] galesa
werewolf *n.* [*pl.* werewolves] lobisomem
west *n.* oeste; poente; ocidente ◆ *adv.* para oeste; em direção ao oeste ◆ *adj.* ocidental; oeste
western *adj.* ocidental; do ocidente; **western culture:** cultura ocidental; **Western Europe:** Europa Ocidental ◆ *n.* (filme de cowboys) western
westerner *n.* (pessoa) ocidental
wet *adj.* molhado; húmido; **wet paint:** pintado de fresco ◆ *v.* molhar; humedecer
whale *n.* baleia; **sperm whale:** cachalote
what *pron.interr.* **1** que; **what are you doing?:** que estás a fazer? **2** quê; **what for?:** para quê? ◆ *pron.rel.* o que; aquilo que; a coisa que; **tell me what happened:** diz-me o que aconteceu
whatever *adj. e pron.* **1** tudo aquilo que; qualquer coisa que; **whatever you like:** qualquer coisa que queiras **2** seja qual for; **whatever the weather:** seja qual for o tempo **3** qualquer; **whatever colour:** qualquer cor

wheat *n.* trigo
wheel *n.* 1 roda; **front wheel:** roda da frente 2 volante; **to take the wheel:** sentar-se ao volante
wheelchair *n.* cadeira de rodas
whelk *n.* búzio
when *adv. e conj.* quando
whenever *adv. e conj.* sempre que; **whenever you need me:** sempre que precisares de mim
where *adv.* onde; **where are you from?:** de onde és?
wherever *adv.* onde quer que seja; **wherever you go:** onde quer que vás
whether *conj.* 1 se; **I don't know whether to go or not:** não sei se vou ou não 2 quer; **whether you like it or not:** quer queiras quer não
which *adj.,pron.rel. e interr.* 1 que; **which size?:** que tamanho? 2 qual; **which of the two?:** qual das duas? 3 o que; **she says she lives here, which isn't true:** ela diz que mora aqui, o que não é verdade
while *conj.* 1 enquanto; **while there is life there is hope:** enquanto há vida há esperança 2 enquanto que; ao passo que; **he likes football, while I prefer tennis:** ele gosta de futebol, enquanto que eu prefiro ténis ◆ *n.* bocado; momento; espaço de tempo; **to talk for a while:** conversar durante um bocado
whim *n.* capricho; **on a whim:** por capricho
whimper *v.* choramingar
whimsical *adj.* caprichoso
whiner *n.* chorão; choramingas
whip *n.* chicote ◆ *v.* chicotear
whiskers *n.pl.* (gato, rato) bigodes
whiskey *n.* → **whisky**
whisky *n.* [*pl.* whiskies] uísque
whisper *n.* sussurro; murmúrio ◆ *v.* sussurrar; murmurar
whistle *n.* 1 assobio 2 (comboio, chaleira) apito ◆ *v.* 1 assobiar 2 (comboio, chaleira) apitar
white *adj.* branco ◆ *n.* 1 (cor) branco 2 (ovo) clara
whiting *n.* pescada
who *pron.rel. e interr.* 1 quem; **who is it?:** quem é? 2 que; **the man who lives next door:** o homem que mora ao lado
whoever *pron.indef.* quem quer que; **come out, whoever you are!:** saia, quem quer que seja!; **whoever it may be:** seja quem for
whole *adj.* todo; total; completo; **the whole day:** o dia todo
wholemeal *adj.* integral; **wholemeal bread:** pão integral
whose *pron.rel.* 1 de quem; **whose bike is this?:** de quem é esta bicicleta? 2 cujo; cuja; **I met the boy whose sister is in my class:** o rapaz cuja irmã anda na minha turma
why *adv.* porquê; por que razão
wicked *adj.* mau; maldoso
wicker *n.* vime; verga; **wicker basket:** cesto de vime
wide *adj.* 1 largo; **wide road:** estrada larga 2 de largura; **to be 10 metres wide:** ter 10 metros de largura 3 amplo; vasto; **a wide variety of:** uma grande variedade de ◆ *adv.* completamente; **wide awake:** completamente desperto
widespread *adj.* generalizado
widow *n.* viúva
widower *n.* viúvo
widowhood *n.* viuvez
width *n.* largura
wife *n.* [*pl.* wives] esposa; mulher
wig *n.* peruca; cabeleira postiça; **to wear a wig:** usar peruca
wild *adj.* 1 selvagem; **wild animal:** animal selvagem; fera 2 silvestre; **wild**

flowers: flores silvestres ♦ *n.* estado selvagem; natureza
wildlife *n.* vida selvagem; **wildlife park:** reserva natural
will *n.* **1** vontade; **at one's will:** à vontade **2** testamento ♦ *v.* **1** desejar; querer; **do as you will:** faz como quiseres **2** (auxiliar do futuro) **she will come:** ela virá
willing *adj.* disposto; **to be willing to do something:** estar disposto a fazer alguma coisa
willpower *n.* força de vontade
win *v.* ganhar; vencer ♦ *n.* ganho; vitória
wind *n.* vento; **wind power:** energia eólica ♦ *v.* dar corda a (relógio)
windmill *n.* moinho de vento
window *n.* **1** janela; **window cleaner:** limpa-vidros; **window seat:** lugar à janela **2** montra (de loja); **window dressing:** decoração de montras
windowsill *n.* [*pl.* windowsills] parapeito (de janela)
windscreen *n.* para-brisas; **windscreen wiper:** limpa-para-brisas
windsurf *v.* fazer windsurf
windsurfer *n.* praticante de windsurf; windsurfista
windsurfing *n.* windsurf
windy *adj.* ventoso
wine *n.* vinho; **red wine:** vinho maduro; **white wine:** vinho verde; **wine cellar:** adega
winemaking *adj.* vinícola ♦ *n.* vinicultura
wing *n.* **1** (de ave) asa **2** (de edifício) ala ♦ **wing mirror:** retrovisor
wink *n.* piscadela (de olhos); **without a wince:** sem pestanejar ♦ *v.* piscar o olho
winner *n.* vencedor; ganhador
winter *n.* inverno; **winter sports:** desportos de inverno
wipe *n.* limpeza ♦ *v.* limpar; **to wipe one's eyes:** limpar as lágrimas; **to wipe one's nose:** assoar-se
wiper *n.* limpa-para-brisas
wire *n.* **1** arame; **barbed wire:** arame farpado **2** fio elétrico
wisdom *n.* **1** sabedoria **2** sensatez
wise *adj.* **1** sábio **2** sensato
wish *v.* **1** desejar; **to wish somebody good luck:** desejar boa sorte a alguém **2** querer; **as you wish:** como queiras ♦ *n.* desejo; **to make a wish:** pedir um desejo; **to make a wish come true:** tornar um desejo realidade
wishes *n.pl.* votos; (carta, email) **best wishes:** com os melhores cumprimentos
witch *n.* [*pl.* witches] bruxa; feiticeira
witchcraft *n.* bruxaria; feitiçaria
with *prep.* **1** com; **with me:** comigo; **with you:** contigo **2** de; **to tremble with fear:** tremer de medo
withdraw *v.* retirar(-se)
withdrawal *n.* retirada
within *prep.* **1** dentro de; **within four walls:** dentro de quatro paredes **2** no espaço de; em menos de; **within an hour:** em menos de uma hora
without *prep.* sem; **without doubt:** sem dúvida
witness *n.* [*pl.* witnesses] testemunha
wizard *n.* feiticeiro; bruxo
wolf *n.* [*pl.* wolves] lobo; **wolf's cub:** cria de lobo
woman *n.* [*pl.* women] mulher; senhora
womb *n.* útero; ventre
wonder *n.* **1** maravilha; **the seven wonders of the world:** as sete maravilhas do mundo **2** admiração; espanto; **to be filled with wonder:** estar admirado ♦ *v.* perguntar a si próprio; interrogar-se; **I wonder if they'll come:** pergunto-me se eles virão

wonderful *adj.* maravilhoso; espantoso
wood *n.* **1** madeira **2** bosque; mata
wooden *adj.* de madeira; de pau; **wooden leg:** perna de pau
woodpecker *n.* (ave) pica-pau
woodworm *n.* bicho-carpinteiro
woof *n.* au-au; latido ◆ *v.* ladrar
wool *n.* lã
woollen *adj.* de lã
word *n.* palavra; **in other words:** por outras palavras; ou seja
work *n.* **1** trabalho; emprego; **to go to work:** ir trabalhar; **work contract:** contrato de trabalho **2** obra; **public works:** obras públicas; **to be the work of chance:** ser obra do acaso; **work of art:** obra de arte ◆ *v.* **1** trabalhar; **to work hard:** trabalhar muito **2** funcionar; **the TV doesn't work:** a televisão não funciona
workbook *n.* livro de exercícios
worker *n.* trabalhador; operário
working *adj.* **1** ativo; que trabalha; **working class:** classe operária **2** de trabalho; **working day:** dia de trabalho
workman *n.* [*pl.* workmen] trabalhador; operário
workshop *n.* oficina; atelier
world *n.* mundo; **all over the world:** em todo o mundo; **world champion:** campeão do mundo
worldwide *adj.* mundial; universal ◆ *adv.* mundialmente; em todo o mundo
worm *n.* verme
worn *adj.* usado; gasto
worried *adj.* preocupado
worry *n.* [*pl.* worries] preocupação ◆ *v.* preocupar(-se); afligir(-se)
worrying *adj.* preocupante
worse *adj.* pior; **it's worse than I expected:** é pior do que eu esperava ◆ *adv.* pior; **to get worse:** piorar
worship *n.* (divindade) veneração; adoração ◆ *v.* venerar; prestar culto a (divindade)
worst *adj.* o pior; **the worst job:** o pior trabalho ◆ *adv.* da pior maneira; pior; **we all sing badly, but he sings worst of all:** nós cantamos mal, mas ele é o que canta pior ◆ *n.* o pior; **to be prepared for the worst:** estar preparado para o pior
worth *adj.* digno; merecedor; **to be worth it:** valer a pena ◆ *n.* valor
worthwhile *adj.* que vale a pena
wound *n.* ferida; ferimento ◆ *v.* ferir
wow *interj.* uau!; ena!
wrap *v.* embrulhar
wrapping *n.* [*pl.* wrappings] embrulho; **wrapping paper:** papel de embrulho
wrestle *v.* lutar; andar à luta
wrestling *n.* DESPORTO luta
wrinkle *n.* ruga ◆ *v.* enrugar(-se); amarrotar(-se)
wrist *n.* pulso
write *v.* escrever; redigir; **these pens don't write:** estas canetas não escrevem; **to write somebody a letter:** escrever uma carta a alguém
writer *n.* escritor
writing *n.* escrita; caligrafia; letra; **in writing:** por escrito
wrong *adj.* **1** errado; incorreto; **wrong answer:** resposta errada **2** enganado; **to be wrong about something:** estar enganado em relação a alguma coisa **3** moralmente condenável; **lying is wrong:** não se deve mentir ◆ *adv.* mal; erradamente; incorretamente; **to get it all wrong:** perceber tudo mal ◆ *n.* mal; **right and wrong:** o bem e o mal

X

x *n.* (letra) x
Xmas *(informal)* [*abrev. de* Christmas] Natal
X-ray *n.* [*pl.* X-rays] **1** raio X **2** radiografia ♦ *v.* tirar uma radiografia a; radiografar
xylophone *n.* xilofone

Y

y *n.* (letra) y
yacht *n.* iate; **yacht club:** clube náutico; **yacht race:** regata
yard *n.* **1** (unidade de medida) jarda **2** pátio
yawn *v.* bocejar ♦ *n.* bocejo
yeah *adv.* *(informal)* sim
year *n.* ano; **happy New Year!:** feliz Ano Novo!; **once a year:** uma vez por ano; **school year:** ano letivo; **she's fifteen years old:** ela tem quinze anos
yearly *adj.* anual ♦ *adv.* anualmente
yearn *v.* ansiar; **to yearn for:** ansiar por
yeast *n.* levedura; fermento (de padeiro)
yell *v.* gritar; berrar; **don't you yell at me!:** não grites comigo! ♦ *n.* grito; berro; **to give a yell:** dar um berro
yellow *adj. e n.* amarelo; DESPORTO **yellow card:** cartão amarelo; MEDICINA **yellow fever:** febre amarela
yes *adv. e n.* sim; **to answer yes or no:** responder sim ou não; **to say yes:** aceitar
yesterday *adv.* ontem; **since yesterday:** desde ontem; **the day before yesterday:** anteontem; **yesterday afternoon:** ontem à tarde; **yesterday morning:** ontem de manhã
yet *adv.* **1** ainda; **not yet:** ainda não **2** já; **has he eaten yet?:** ele já comeu? **3** até; **as yet:** até agora; por enquanto
yoga *n.* ioga; **to practise yoga:** praticar ioga
yoghurt *n.* iogurte
yoghurt-maker *n.* iogurteira
yogi *n.* [*pl.* yogis] praticante de ioga
yoke *n.* junta (de bois)
yolk *n.* gema de ovo
you *pron.pess.* **1** tu; **you are very nice:** tu és muito simpático **2** você; o senhor; a senhora; **how are you, sir?:** como está o senhor? **3** vós; vocês; **all of you:** todos vocês **4** nós; se; **you can never tell!:** nunca se sabe!
young *adj.* jovem; novo ♦ *n.pl.* os jovens

youngster *n.* jovem

your *det. e pron.poss.* **1** teu; tua; teus; tuas; **your brother:** o teu irmão **2** seu; sua; seus; suas; **your car is ready, sir:** o seu carro está pronto **3** vosso(s); vossa(s); **your father is almost here:** o vosso pai está quase a chegar

yours *pron.poss.* **1** o teu; a tua; os teus; as tuas; **my eyes are blue and yours are brown:** os meus olhos são azuis e os teus são castanhos **2** o seu; a sua; os seus; as suas; **which car is yours?:** qual destes carros é o seu? **3** o(s) vosso(s); a(s) vossa(s); **some friends of yours:** alguns amigos vossos

yourself *pron.pess.refl.* [*pl.* yourselves] **1** tu mesmo; ti mesmo; **don't hurt yourself:** não te magoes **2** si mesmo; si mesma; o senhor mesmo; a senhora mesma; **you can do it yourself, sir:** pode fazê-lo o senhor mesmo

youth *n.* **1** juventude; **youth hostel:** pousada da juventude **2** jovem

yo-yo *n.* ioió

yummy *adj. (informal)* delicioso; saboroso ♦ *interj. (informal)* que delícia!; que bom!

Z

z *n.* (letra) z

zeal *n.* zelo

zealous *adj.* zeloso

zebra *n.* zebra; **zebra crossing:** passadeira para peões

zero *n.* [*pl.* zeros, zeroes] **1** zero; **ten degrees below zero:** dez graus abaixo de zero; **zero tolerance:** tolerância zero **2** nada

zest *n.* **1** entusiasmo **2** satisfação **3** estímulo

zestful *adj.* animado; entusiástico

zigzag *n.* ziguezague ♦ *v.* andar aos ziguezagues

zilch *n. (informal)* nada; nicles

zinc *n.* QUÍMICA zinco

zip *n.* fecho éclair ♦ *v.* **1** fechar com fecho éclair **2** zipar (um ficheiro)

zip code *n. (Estados Unidos da América)* código postal

zipper *n. (Estados Unidos da América)* fecho-éclair

zodiac *n.* Zodíaco; **signs of the zodiac:** signos do Zodíaco

zombie *n.* zombie; morto-vivo

zone *n.* zona; área

zoo *n.* [*pl.* zoos] **1** jardim zoológico **2** *(informal)* confusão; balbúrdia

zoological *adj.* zoológico

zoologist *n.* zoólogo

zoology *n.* zoologia

Vocabulário ilustrado

My classroom
A minha sala de aula

1 **blackboard** quadro preto
2 **chalk** giz
3 **coloured pencil** lápis de cor
4 **pen** caneta
5 **notebook** caderno
6 **scissors** tesoura
7 **glue** cola
8 **sheet of paper** folha de papel
9 **pencil case** estojo
10 **desk** secretária
11 **rubber** borracha
12 **ruler** régua
13 **pencil sharpener** aguça
14 **pencil** lápis
15 **book** livro
16 **chair** cadeira
17 **rucksack** mochila
18 **crayon** lápis de cera
19 **felt-tip** caneta de feltro
20 **bookshelf** estante

My family
A minha família

randfather/
grandad
avô
grandmother/
grandma
avó
father/dad
pai/papá
aunt
tia
uncle
tio
brother
irmão
cousin
primo
friend
amigo

My body
O meu corpo

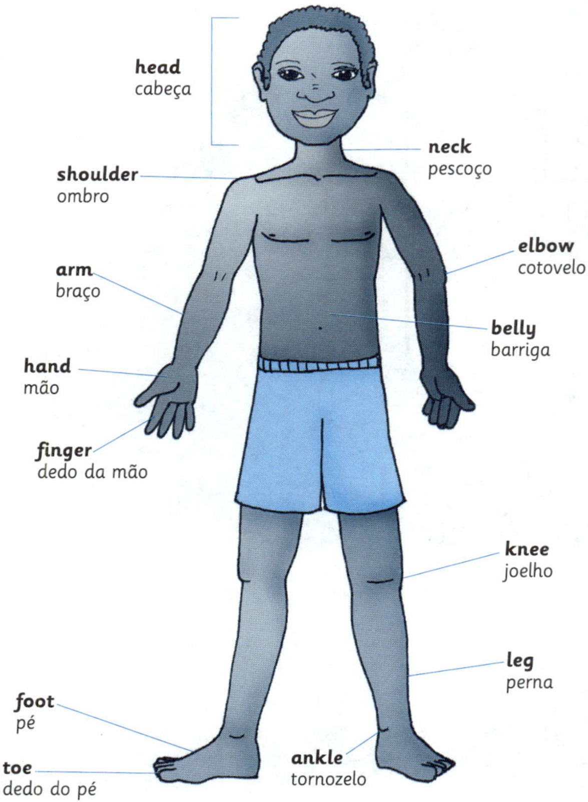

My face
A minha cara

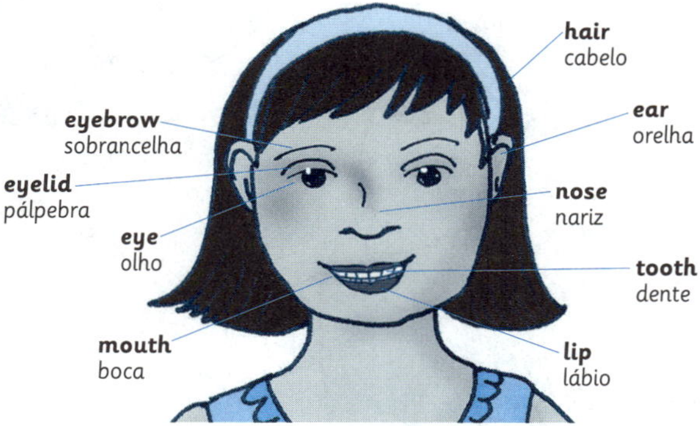

blond hair
cabelo louro

grey hair
cabelo grisalho

dark hair
cabelo escuro

Birthdays
Aniversários

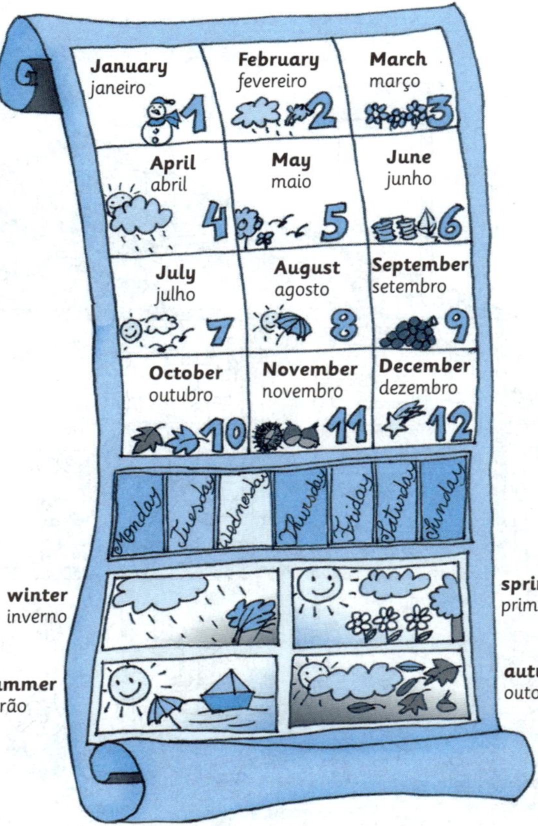

winter
inverno

spring
primavera

summer
verão

autumn
outono

My home
A minha casa

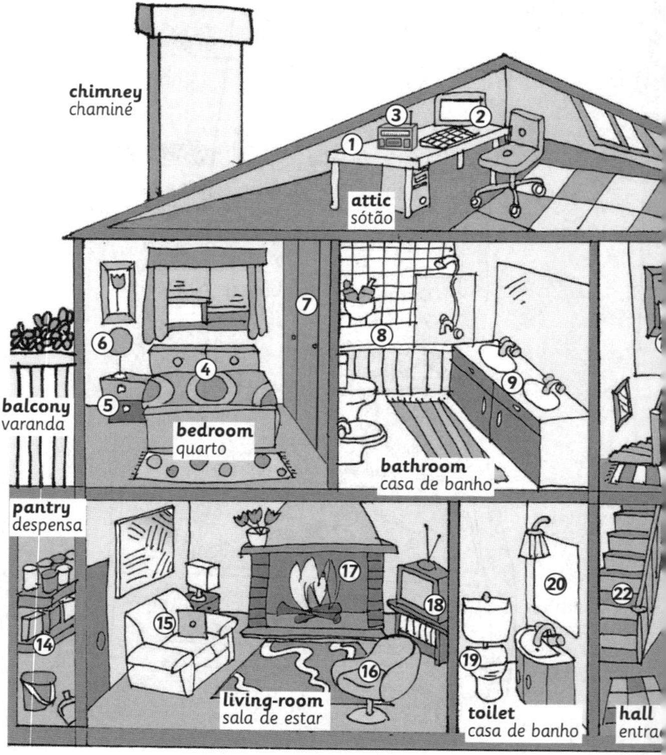

1 **desk** secretária
2 **computer** computador
3 **radio** rádio
4 **bed** cama
5 **bedside table** mesa de cabeceira
6 **lamp** candeeiro
7 **wardrobe** guarda-vestidos
8 **bath** banheira
9 **washbasin** lavatório
10 **painting** quadro
11 **mat** tapete
12 **chair** cadeira
13 **table** mesa
14 **shelf** prateleira
15 **sofa** sofá
16 **armchair** poltrona
17 **fireplace** lareira
18 **TV** televisão
19 **toilet** sanita
20 **mirror** espelho
21 **telephone** telefone
22 **stairs** escadas
23 **cupboard** armário
24 **cooker** fogão
25 **sink** banca

The weather
O tempo

What's the weather like?
Como está o tempo?

it's rainy
está de chuva

it's hot
está calor

it's stormy
está trovoada

it's sunny
está sol

it's cold
está frio

it's windy
está vento

it's snowy
está a nevar

it's cloudy
está nublado

it's foggy
está nevoeiro

The time
As horas

What time is it?
Que horas são?

it's *half* past nine
são nove e meia

it's a quarter past six
são seis e um quarto

it's a quarter to three
são três menos um quarto

it's midday/midnight
é meio-dia/meia-noite

it's six o'clock
são seis horas

it's *five* past nine
são nove e cinco

Sports
Desportos

skiing
esqui
canoeing
canoagem
swimming
natação
running
corrida
football
futebol
tennis
ténis
judo
judo

Food
Alimentos

Breakfast
Pequeno-almoço

Lunch
Almoço

Tea
Lanche

Dinner
Jantar

Clothes
Roupa

tracksuit
fato de treino
slippers
pantufas
pyjamas
pijama
skirt
saia
trousers
calças
jacket
casaco
jumper
camisola
top
top
cap
gorro
trainers
sapatilhas
T-shirt
t-shirt
tights
meia-calça

Transport
Transporte

underground
metro

car
carro

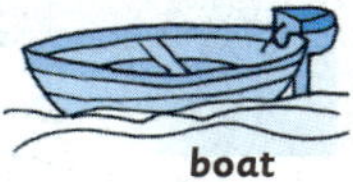

boat
barco

bicycle
bicicleta

aeroplane
avião

rocket
foguetão

bus
autocarro

helicopter
helicóptero

motorbike
mota

ship
navio

jeep
jipe

taxi
táxi

Pets
Animais de estimação

Português
•
Inglês

A

a (á) *n.m.* (letra) a

a (â) *det.art.def.f.* the; **comi a sopa:** I ate the soup; **as duas raparigas:** the two girls ◆ *pron.pess.f.* **1** (pessoa) her; **ele encontrou-a:** he met her **2** (você) you; **eu vi-a ontem:** I saw you yesterday **3** (objeto) it; **eu vi a mala e levei-a:** I saw the bag and took it ◆ *pron.dem.f.* that; the one; **a que está ali:** the one over there ◆ *prep.* **1** (direção) to; **ir à escola:** to go to school **2** (posição) at; by; on; **à direita:** on the right; **à mesa:** at the table; **ao meu lado:** by my side **3** (tempo) at; in; **à noite:** at night; **à tarde:** in the afternoon; **às três horas:** at three o'clock; **daqui a um mês:** in a month **4** (modo) by; on; with; **a cavalo:** on horseback; **à mão:** by hand; **a pé:** on foot

aba *n.f.* **1** (de casaco) flap **2** (de chapéu) brim

abacate *n.m.* avocado (pear)

abacaxi *n.m.* pineapple

abade *n.m.* abbot

abadessa *n.f.* abbess

abadia *n.f.* **1** (edifício) abbey **2** (cargo, função) abbacy

abafado *adj.* **1** (lugar) stifling **2** (tempo); sultry **3** (som, voz) muffled

abafar *v.* **1** (fogo) to smother **2** (ruído) to muffle **3** (pessoa, animal) to suffocate

abaixar *v.* **1** to lower **2** (som, rádio) to turn down ◆ **abaixar-se** to stoop

abaixo *adv.* down; below; **dois andares abaixo:** two storeys down; **pelas escadas abaixo:** down the stairs ◆ *prep.* under; below; **6 graus abaixo de zero:** 6 degrees below zero

abaixo-assinado *n.m.* (documento) petition

abajur *n.m.* lampshade

abalado *adj.* **1** (estrutura, objeto) shaken **2** (pessoa) upset

abalar *v.* **1** (estrutura, objeto) to shake **2** (pessoa) to upset

abalo *n.m.* **1** shake; **abalo sísmico:** earthquake **2** (emocional) shock

abanão *n.m.* **1** shake **2** (emocional) shock

abanar *v.* **1** to shake; **abanar a cabeça (para dizer não):** to shake one's head **2** to wag; (cão) **abanar a cauda:** to wag the tail **3** (dente) to be loose

abandonado *adj.* **1** (animal, pessoa, projeto) abandoned **2** (lugar) deserted

abandonar *v.* **1** to abandon; **abandonar o navio!:** abandon ship! **2** to give up on; to quit; **abandonar um projeto:** to give up on a project **3** to leave; **abandonar a sala:** to leave the room

abandono *n.m.* **1** abandonment; **deixar ao abandono:** to abandon **2** neglect; **a criança sofre de abandono:** the child suffers from neglect

abarcar *v.* **1** to embrace **2** (com a vista) to take in

abastado *adj.* wealthy; well-off

abastecer *v.* to provide; to supply

abastecimento *n.m.* **1** supply; **abastecimento de água/eletricidade:** water/power supply **2** (de combustível) refuelling

abate *n.m.* **1** (animal) slaughter **2** (árvore) felling

abater *v.* **1** (animal) to slaughter **2** (pessoa) to shoot **3** (árvore) to cut down **4** (preços) to cut
abatido *adj.* **1** dejected; downhearted; **sentia-se triste e abatido:** he felt sad and dejected **2** shot; **ser abatido a tiro:** to be shot
abatimento *n.m.* **1** (desânimo) dejection **2** (preço) reduction
abcesso *n.m.* abscess
abdicação *n.f.* abdication
abdicar *v.* to abdicate; **abdicar do trono:** to abdicate the throne; **abdicar em favor de:** to abdicate in favour of
abdómen *n.m.* abdomen
abdominais *n.m.pl.* (ginástica) sit-ups; **fazer abdominais:** to do sit-ups
abdominal *adj.2gén.* abdominal
abecedário *n.m.* alphabet
abelha *n.f.* bee; honeybee
abelha-mestra *n.f.* queen bee
abelhão *n.m.* drone
abelhudo *adj. (informal)* nosy; interfering
abençoado *adj.* blessed
abençoar *v.* to bless; **Deus te abençoe!:** God bless you!
aberta *n.f.* **1** (tempo) sunny spell **2** *(informal)* opportunity
aberto *adj.* **1** open; **aberto ao público:** open to the public **2** running; **deixar uma torneira aberta:** to leave a tap running
abertura *n.f.* **1** opening **2** gap
abeto *n.m.* fir
abismado *adj. (informal)* astonished
abismo *n.m.* abyss
abóbada *n.f.* vault
abóbora *n.f.* pumpkin; squash
abolição *n.f.* abolition
abolir *v.* to abolish
abominar *v.* to abominate
abordagem *n.f.* approach; **uma abordagem diferente do problema:** a different approach to the problem
abordar *v.* to approach; **abordar uma questão:** to approach a question
aborrecer *v.* to bore ◆ **aborrecer-se** to be/get bored
aborrecido *adj.* bored
aborrecimento *n.m.* boredom
abotoar *v.* to button (up); **abotoar o casaco:** to button the jacket
abraçar *v.* **1** (pessoa) to hug; to embrace; **abraça-me:** hug me **2** (ideia, projeto) to embrace
abraço *n.m.* hug; embrace; **dá cá um abraço:** give me a hug; **manda-lhe um abraço:** send him my regards; **um abraço apertado:** a tight hug
abrandamento *n.m.* slowdown
abrandar *v.* **1** to slow down; (passo, ritmo) to slacken **2** (dor, tempestade) to ease (off); (vento) to drop
abranger *v.* to comprise; to include
abre-latas *n.m.2núm. (Grã-Bretanha)* tin opener; *(Estados Unidos da América)* can opener
abreviar *v.* **1** to abbreviate; **abreviar um nome:** to abbreviate a name **2** to shorten; **abreviar uma notícia:** to shorten a piece of news
abreviatura *n.f.* abbreviation
abrigado *adj.* sheltered; **abrigado do vento:** sheltered from the wind
abrigar *v.* to give shelter to ◆ **abrigar-se** to shelter; to take refuge; **abrigar-se da chuva:** to shelter from the rain
abrigo *n.m.* **1** shelter; **procurar abrigo:** to look for shelter **2** refuge; **este é um abrigo seguro:** this is a safe refuge **3** protection; **ao abrigo da lei:** under the protection of the law

abril *n.m.* April; **dia 1 de abril (dia dos enganos):** All Fools' day; April Fool's Day
abrir *v.* **1** to open; **abre a porta:** open the door; **abre os olhos!:** open your eyes! **2** (com chave) to unlock; **abrir um cofre:** to unlock a safe **3** to blossom; **as flores já abriram:** the flowers have already blossomed **4** (tempo) to clear; **o céu abriu:** the sky has cleared ◆ **abrir-se** to open up; **abrir-se com alguém:** to open up to somebody
absolutamente *adv.* absolutely
absoluto *adj.* absolute; complete
absorvente *adj.2gén.* **1** absorbent **2** (livro, filme) absorbing
absorver *v.* **1** to absorb **2** (interesse, atenção) to engross
abstenção *n.f.* abstention
abstração *n.f.* abstraction
abstracção *a nova grafia é* **abstração**
abstracto *a nova grafia é* **abstrato**
abstrato *adj.* abstract
absurdo *adj.* absurd; preposterous; **isso é absurdo!:** that is absurd!
abundância *n.f.* abundance; plenty
abundante *adj.2gén.* **1** abundant **2** (recursos) plentiful **3** (chuva) heavy
abusar *v.* **1** (autoridade, paciência) to abuse **2** to use too much; to overdo; **abusar do tabaco:** to smoke too much
abuso *n.m.* abuse; **abuso de álcool:** alcohol abuse; **abuso de confiança:** breach of trust
abutre *n.m.* vulture
acabado *adj.* **1** (trabalho, projeto) finished **2** (relação) over
acabamento *n.m.* finish; finishing
acabar *v.* **1** to finish; to end; **acabar o(s) trabalho(s) de casa:** to finish homework **2** (atividade) to be over; **por hoje, a aula acabou:** the lesson is over for today **3** (prazo) to expire; **o prazo acabou:** the deadline has expired
acácia *n.f.* acacia
academia *n.f.* academy; **academia de polícia:** police academy; **academia militar:** military academy
académico *adj.* academic
açafrão *n.m.* saffron
açaime *n.m.* muzzle
acalmar *v.* **1** (dor) to relieve **2** (pessoa) to calm down
acampamento *n.m.* **1** (ação) camping **2** (lugar) camp **3** (tropas) camp
acampar *v.* to camp; **ir acampar:** to go camping
acanhado *adj.* **1** (pessoa) shy **2** (espaço) narrow
acanhamento *n.m.* **1** (pessoa) shyness **2** (espaço) narrowness
ação *n.f.* **1** action; **entrar em ação:** to go into action; **filme de ação:** action movie **2** act; deed; action; **uma boa ação:** a good deed; **ação de graças:** thanksgiving
acariciar *v.* **1** (pessoa) to caress **2** (animal) to stroke
ácaro *n.m.* mite
acasalar *v.* (animais) to mate
acaso *n.m.* chance; **ao acaso:** at random; **por acaso:** by chance
acastanhado *adj.* brownish
acção *a nova grafia é* **ação**
aceção *n.f.* meaning; sense
aceitação *n.f.* acceptance
aceitar *v.* **1** to accept; to receive; **aceitar uma oferta:** to accept an offer **2** to agree to; **aceitar um adiamento:** to agree to a postponement
aceitável *adj.2gén.* acceptable
aceite *adj.2gén.* **1** accepted **2** (em escola, hospital) admitted
acelera *n.2gén. (informal)* speeder
aceleração *n.f.* acceleration

acelerador *n.m.* accelerator; **carregar no acelerador:** to step on the accelerator
acelerar *v.* **1** to speed up **2** (veículo) to accelerate
acenar *v.* **1** (com a mão) to wave **2** (com a cabeça) to nod
acender *v.* **1** to light; **acender o lume:** to light the fire; **acender um fósforo:** to strike a match **2** to turn on; to put on; to switch on; **acender a luz:** to switch on the light; **acender os faróis:** to switch on the headlights
aceno *n.m.* **1** (com a mão) wave **2** (com a cabeça) nod
acento *n.m.* **1** (gráfico) accent; **acento agudo:** acute accent; **acento circunflexo:** circumflex accent; **acento grave:** grave accent **2** (tónico) stress
acentuação *n.f.* **1** (gráfica) accentuation **2** (tónica) stress **3** (ênfase) emphasis
acentuado *adj.* **1** (com acento gráfico) accented **2** (com acento tónico) stressed
acentuar *v.* **1** (ao escrever) to accent **2** (ao falar) to stress **3** (dar ênfase) to emphasize
acepção *a nova grafia é* **aceção**
acerca de *loc.prep.* about
acertado *adj.* right; correct
acertar *v.* **1** (relógio) to set right **2** (no alvo) to hit the target **3** (teste, jogo) to get it right
aceso *adj.* **1** (com chama) lit; lighted **2** (luz, aparelho) on; switched on
acessível *adj.2gén.* accessible
acesso *n.m.* **1** entry; **acesso reservado:** no entry **2** (fúria, tosse) fit
acessório *adj.* accessory
acetato *n.m.* (retroprojetor) transparency
acetona *n.f.* (unhas) varnish remover
acha *n.f.* log ❖ **deitar achas na fogueira:** to stir things up
achado *n.m.* find; discovery
achar *v.* **1** to find; to discover; **achar as chaves:** to find the keys **2** to think; **acho que não:** I don't think so; **acho que sim:** I think so
achatar *v.* to flatten
acidentado *adj.* (terreno) rough ◆ *n.m.* (pessoa ferida) injured person
acidental *adj.2gén.* accidental
acidente *n.m.* accident; **acidente aéreo:** plane crash; **acidente de automóvel/viação:** car crash; **ter um acidente:** to have an accident
acidez *n.f.* acidity
ácido *n.m.* QUÍMICA acid ◆ *adj.* **1** acid; **chuva ácida:** acid rain **2** (sabor) sour; sharp
acima *adv.* **1** above; **acima de:** above; **acima de tudo:** above all; **acima mencionado:** above mentioned **2** (para cima) up; **pela rua acima:** up the street
acinzentado *adj.* *(Grã-Bretanha)* greyish; *(Estados Unidos da América)* grayish
aclamação *n.f.* **1** acclamation **2** applause
aço *n.m.* steel; **aço inoxidável:** stainless steel
acolá *adv.* there; **acolá em cima:** up there; **acolá em baixo:** down there
acolhedor *adj.* cosy
acolher *v.* to welcome
acolhimento *n.m.* welcome; reception
acomodar *v.* to accommodate ◆ **acomodar-se** to adapt oneself (to)
acompanhamento *n.m.* **1** supervision; **acompanhamento médico:** medical supervision **2** (refeição) garnish; side dish
acompanhante *n.2gén.* **1** companion **2** (músico) accompanist
acompanhar *v.* **1** (fazer companhia a alguém) to keep (somebody) company **2** (músico) to accompany
acondicionar *v.* to pack

aconselhar *v.* to advise; to give (somebody) advice ◆ **aconselhar-se** to seek advice
aconselhável *adj.2gén.* advisable
acontecer *v.* to happen; to occur; **aconteça o que acontecer:** come what may; no matter what
acontecimento *n.m.* event; happening; **acontecimento desportivo:** sports event; **série de acontecimentos:** series of events
açorda *n.f.* bread panada
acordado *adj.* **1** (pessoa) awake **2** (acordo, contrato) agreed
acordar *v.* **1** (pessoa) to wake (somebody) up; to awake **2** (acordo, contrato) to agree
acordeão *n.m.* accordion
acordeonista *n.2gén.* accordionist
acordo *n.m.* agreement; **chegar a um acordo:** to reach an agreement; **de acordo!:** all right!; **estar de acordo com:** to agree with
Açores *n.m.pl.* Azores
açoriano *adj. e n.m.* Azorean
acorrentar *v.* to chain
acreditar *v.* to believe; **acreditar em Deus:** to believe in God; **não acredito nela:** I don't believe her
acrescentar *v.* to add
acrescento *n.m.* increase
acréscimo *n.m.* increase
acriançado *adj.* childish
acrílico *n.m.* acrylic
acrobacia *n.f.* **1** acrobatics; **fazer acrobacias:** to perform acrobatics **2** stunt; **acrobacias aéreas:** stunt flying
acrobata *n.2gén.* acrobat
acrobático *adj.* acrobatic
acrópole *n.f.* acropolis
acta *a nova grafia é* **ata**
activação *a nova grafia é* **ativação**
activar *a nova grafia é* **ativar**
actividade *a nova grafia é* **atividade**
activo *a nova grafia é* **ativo**
acto *a nova grafia é* **ato**
actor *a nova grafia é* **ator**
actriz *a nova grafia é* **atriz**
actuação *a nova grafia é* **atuação**
actual *a nova grafia é* **atual**
actualidade *a nova grafia é* **atualidade**
actualização *a nova grafia é* **atualização**
actualizar *a nova grafia é* **atualizar**
actualmente *a nova grafia é* **atualmente**
actuar *a nova grafia é* **atuar**
açúcar *n.m.* sugar; **açúcar em pó:** icing sugar; **sem açúcar:** sugar-free
açucarado *adj.* **1** (sabor, fruto) sugary **2** (sumo) sweetened
açucarar *v.* to sweeten; to sugar
açucareiro *n.m.* sugar bowl
açucena *n.f.* white lily
açude *n.m.* dam
acudir *v.* **1** to help; **acudam!:** help! **2** to answer; **acudir ao chamamento:** to answer a call
acumulação *n.f.* accumulation
acumular *v.* **1** to accumulate **2** (experiência) to gain **3** (mercadorias) to store (up) **4** (cargo, emprego) to combine
acusação *n.f.* accusation
acusado *adj. e n.m.* accused
acusar *v.* to accuse; to blame
acústica *n.f.* acoustics
acústico *adj.* acoustic; **guitarra acústica:** acoustic guitar
adaptação *n.f.* adaptation; adjustment
adaptar *v.* to adapt; to adjust
adega *n.f.* wine cellar
adepto *n.m.* fan; supporter
adequado *adj.* adequate; suitable; **adequado às necessidades:** suitable for the needs
adequar *v.* to adjust

a b c d e f g h i j k l m n o p q r s t u v w x y z

adereço *n.m.* **1** (moda) accessory **2** (cinema, teatro) prop
aderir *v.* **1** to adhere **2** (grupo, partido) to join
adesão *n.f.* joining
adesivo *adj.* sticky; adhesive; **fita adesiva:** adhesive tape ◆ *n.m.* adhesive
adeus *n.m.2núm.* goodbye; **dizer adeus:** to say goodbye ◆ *interj.* goodbye!; bye-bye!; *(Grã-Bretanha) (informal)* cheerio!
adiamento *n.m.* **1** postponement **2** (prazo) extension **3** (decisão) deferment
adiantado *adj.* **1** advanced **2** (relógio) fast
adiantamento *n.m.* advance
adiantar *v.* **1** (relógio) to put forward **2** (dinheiro) to advance **3** (valer a pena) to make a difference; **não adianta:** it's no use; **que é que adianta?:** what's the use?
adiante *adv.* **1** (lugar) forward; further; **mais adiante:** further on **2** (tempo) later; **mais adiante:** later on
adiar *v.* to delay; to postpone
adição *n.f.* addition
adicional *adj.2gén.* additional; extra; supplementary
adicionar *v.* **1** to add **2** MATEMÁTICA to add up
aditivo *n.m.* additive; **sem aditivos:** additive-free
adivinha *n.f.* riddle
adivinhar *v.* **1** to guess **2** (futuro) to foretell; to foresee
adivinho *n.m.* fortune-teller
adjacente *adj.2gén.* adjacent
adjectivo *a nova grafia é* **adjetivo**
adjetivo *n.m. e adj.* adjective
administração *n.f.* **1** (de empresa) management **2** (de país) government **3** (de bens) administration
administrador *n.m.* administrator
administrar *v.* to manage; to run
administrativo *adj.* administrative
admiração *n.f.* **1** admiration; consideration **2** surprise; amazement
admirado *adj.* **1** admired **2** surprised
admirador *n.m.* admirer
admirar *v.* **1** to admire; **eu admiro-o pelo seu trabalho:** I admire him for his work **2** to surprise; **não é de/para admirar:** it's no wonder ◆ **admirar-se** to be amazed; to be surprised
admirável *adj.2gén.* admirable; remarkable
admissão *n.f.* admission
admissível *adj.2gén.* admissible
admitir *v.* **1** to admit; **admito que tens razão:** I admit that you are right **2** (acesso, entrada) to allow in **3** (atitude, comportamento) to tolerate
adoçante *n.m.* sweetener
adoção *n.f.* adoption
adoçar *v.* to sweeten
adoecer *v.* to fall ill; **adoecer com gripe:** to fall ill with the flu
adoentado *adj.* sickly
adolescência *n.f.* adolescence
adolescente *n.2gén.* adolescent; teenager ◆ *adj.2gén.* adolescent; teenage
adopção *a nova grafia é* **adoção**
adoptado *a nova grafia é* **adotado**
adoptar *a nova grafia é* **adotar**
adoptivo *a nova grafia é* **adotivo**
adoração *n.f.* **1** (pessoa) adoration **2** (divindade) worship
adorar *v.* to adore
adorável *adj.2gén.* adorable
adormecer *v.* **1** to put to sleep; **ele adormeceu o bebé:** he put the baby to sleep **2** to fall asleep; **adormeci em frente ao televisor:** I fell asleep in front of the TV screen **3** (acordar tarde) to oversleep
adormecido *adj.* **1** asleep; sleeping **2** (dormente) numb
adorno *n.m.* ornament

adotado *adj.* adopted
adotar *v.* **1** (criança) to adopt **2** (método) to follow
adotivo *adj.* **1** adopted; **um filho adotivo:** an adopted son **2** adoptive; **pais adotivos:** adoptive parents
adquirir *v.* to acquire
adro *n.m.* churchyard
adubar *v.* to fertilize
adubo *n.m.* fertilizer
adufe *n.m.* timbrel
adulto *n.m.* adult; grown-up ◆ *adj.* grown-up; adult
advento *n.m.* advent; arrival
Advento *n.m.* Advent
adverbial *adj.2gén.* adverbial
advérbio *n.m.* adverb
adversário *n.m.* adversary; opponent ◆ *adj.* opposing
adversidade *n.f.* adversity
advertência *n.f.* **1** (aviso) warning **2** (ralhete) reprimand
advertir *v.* **1** (avisar) to warn **2** (ralhar) to reprimand
advogado *n.m. (Grã-Bretanha)* lawyer; *(Estados Unidos da América)* counsellor
aéreo *adj.* air; aerial; **Força Aérea:** air force; **por correio aéreo:** via airmail
aeróbica *n.f.* aerobics
aeródromo *n.m.* airfield
aeronáutica *n.f.* aeronautics
aeronave *n.f.* aircraft
aeroplano *n.m. (Grã-Bretanha)* aeroplane; *(Estados Unidos da América)* airplane
aeroporto *n.m.* airport
aeróstato *n.m.* hot-air balloon
afagar *v.* **1** (pessoa) to caress **2** (animal) to stroke
afago *n.m.* **1** (a pessoa) caress **2** (a animal) stroke
afastado *adj.* distant
afastamento *n.m.* **1** distance **2** (separação) parting
afastar *v.* to drive away; to take away ◆ **afastar-se 1** to drift apart **2** to go away
afectado *a nova grafia é* **afetado**
afectar *a nova grafia é* **afetar**
afectividade *a nova grafia é* **afetividade**
afectivo *a nova grafia é* **afetivo**
afecto *a nova grafia é* **afeto**
afectuoso *a nova grafia é* **afetuoso**
afeição *n.f.* affection; fondness
afeiçoar-se *v.* to become attached (to)
aferição *n.f.* **1** evaluation **2** (na escola) assessment
afetado *adj.* affected
afetar *v.* to affect
afetividade *n.f.* affectivity
afetivo *adj.* affectionate
afeto *n.m.* affection; fondness; **ter afeto a (alguém):** to be fond of somebody
afetuoso *adj.* affectionate
afiado *adj.* (faca, lápis) sharp
afia-lápis *n.m.2núm.* pencil sharpener
afiar *v.* to sharpen
afilhada *n.f.* goddaughter
afilhado *n.m.* godson
afinação *n.f.* **1** (instrumento, voz) tuning **2** (máquina) adjustment
afinado *adj.* **1** (instrumento, voz) well-tuned **2** (máquina) adjusted
afinal *adv.* **1** after all; **afinal de contas:** after all **2** (ênfase) then; **que queres tu afinal?:** what do you want then?
afinar *v.* **1** (instrumento musical) to tune **2** (máquina) to adjust
afirmação *n.f.* statement
afirmar *v.* to state; to declare ◆ **afirmar-se** to assert oneself
afirmativo *adj.* affirmative
afixação *n.f.* **1** (informação) posting **2** (com pionés) sticking up; (cartazes) **afixação proibida:** stick no bills

afixar *v.* **1** (informação) to post **2** (com pionés) to stick; **afixar cartazes:** to stick bills
afixo *n.m.* affix
aflição *n.f.* distress; anguish
afligir *v.* to distress; to trouble ◆ **afligir-se** to worry; **não te aflijas com isso:** don't worry about it
aflitivo *adj.* distressing
aflito *adj.* distressed; worried
afluente *n.m.* (rio) tributary
afluir *v.* **1** (rio) to flow **2** (pessoas) to flock
afogado *adj.* drowned; **morrer afogado:** to drown
afogamento *n.m.* drowning
afogar(-se) *v.* to drown
África *n.f.* Africa; **África do Sul:** South Africa
africanismo *n.m.* Africanism
africano *adj. e n.m.* African
afronta *n.f.* affront; insult
afrontar *v.* to insult; to outrage
afta *n.f.* mouth ulcer
afugentar *v.* to frighten away
afundar(-se) *v.* to sink
agarrado *adj.* **1** (preso) stuck **2** (a alguém) attached (to somebody)
agarrar *v.* to grab; to grasp; to seize ◆ **agarrar-se** to stick; to cling
agasalhar(-se) *v.* to wrap up
agasalho *n.m.* (roupa) woolly
agência *n.f.* agency; office; **agência de viagens:** travel agency
agenda *n.f.* **1** (livro) diary **2** (plano) agenda; schedule
agente *n.m.* agent; **agente da polícia:** policeman; policewoman
ágil *adj.2gén.* agile
agilidade *n.f.* agility
agir *v.* **1** to act **2** to do; **agir mal:** to do wrong
agitação *n.f.* agitation
agitado *adj.* **1** restless **2** (mar) rough
agitar *v.* to shake; **agitar antes de usar:** shake before use
agora *adv.* now; at present; **a partir de agora:** from now on; **agora mesmo:** just now; right now; **até agora:** up to now; so far; **por agora:** for the time being
agosto *n.m.* August
agradar *v.* to please; **agradar a todos:** to please everybody; **isso não me agrada:** I don't like this
agradável *adj.2gén.* agreeable; pleasant; nice
agradecer *v.* to thank; **não tem que agradecer:** not at all
agradecido *adj.* grateful; thankful
agradecimento *n.m.* **1** gratitude **2** thanks
agrado *n.m.* liking; **não é do meu agrado:** it's not to my liking
agrafador *n.m.* stapler
agrafar *v.* to staple
agrafo *n.m.* **1** (agrafador) staple **2** (cirurgia) clip
agrário *adj.* agrarian
agravamento *n.m.* **1** (conflito, situação) worsening **2** (doença) aggravation **3** (imposto, dívida) increase
agravar *v.* to worsen ◆ **agravar-se** to get worse
agredir *v.* to attack; to assault
agressão *n.f.* aggression
agressividade *n.f.* aggressiveness
agressivo *adj.* aggressive
agressor *n.m.* aggressor
agrião *n.m.* watercress
agrícola *adj.2gén.* agricultural
agricultor *n.m.* [*f.* agricultora] farmer
agricultura *n.f.* agriculture; farming; **agricultura biológica:** organic farming
agrupar *v.* to group

água *n.f.* water; **água com gás:** sparkling water; **água corrente:** running water; **água doce:** fresh water; **água potável:** drinking water; **água salgada:** salt water; **água sem gás:** still water
aguaceiro *n.m.* shower; downpour
água-mato *n.f. (São Tomé e Príncipe)* flood
água-oxigenada *n.f.* hydrogen peroxide
aguardar *v.* **1** to wait; **aguardar a vez:** to wait for one's turn **2** to await; **aguardar ordens:** to await orders
aguarela *n.f.* watercolour
águas-furtadas *n.f.pl.* attic
aguça *n.m.* pencil sharpener
aguçar *v.* to sharpen; **aguçar um lápis:** to sharpen a pencil
agudo *adj.* **1** (objeto) sharp **2** (som) shrill
aguentar *v.* to bear; to put up with
águia *n.f.* eagle
aguilhão *n.m.* **1** goad **2** (de inseto) sting
agulha *n.f.* needle; **agulha de crochet:** crochet hook; **enfiar a agulha:** to thread the needle
ai *interj.* **1** (dor) ouch! **2** (exclamação) oh!; **ai jesus!:** oh dear!
aí *adv.* **1** there; **aí está:** there it is!; **aí mesmo:** right there **2** then; **e aí/daí?:** and then what?
aia *n.f.* lady-in-waiting
ainda *adv.* **1** (afirmação, pergunta) still; **ela ainda está na escola:** she's still at school; **ainda cá estão?:** are they still here? **2** (negação) yet; **ainda não o vi:** I haven't seen him yet **3** (comparação) even; **isto é ainda melhor:** this is even better
ajeitar *v.* to straighten; to adjust
ajoelhar-se *v.* to kneel (down)
ajuda *n.f.* help; aid; **dar uma ajuda:** to lend a hand
ajudante *n.2gén.* assistant
ajudar *v.* to help; **posso ajudar?:** may I help you?
ajuizado *adj.* sensible
ajuntamento *n.m.* gathering; crowd
ajustar *v.* to adjust
ajuste *n.m.* **1** adjustment **2** (acordo) agreement ❖ **ajuste de contas:** settling of scores
ala *n.f.* (de edifício) wing
alagado *adj.* flooded
alagar *v.* **1** (de água) to flood **2** (de suor) to pour down
alameda *n.f.* avenue
alargamento *n.m.* **1** enlargement **2** (rua, estrada) widening **3** (prazo) extension
alargar *v.* **1** to enlarge **2** to widen
alarido *n.m.* uproar; racket
alarmante *adj.2gén.* alarming
alarmar *v.* to alarm ◆ **alarmar-se** to be alarmed
alarme *n.m.* alarm; **alarme antirroubo:** (para casa) burglar alarm; (para carro) antitheft device; **alarme de incêndio:** fire alarm
alarve *n.2gén.* glutton
alavanca *n.f.* lever
albatroz *n.m.* albatross
albergaria *n.f.* guest house
albergue *n.m.* hostel
albino *n.* albino
albufeira *n.f.* lagoon
álbum *n.m.* album
alça *n.f.* (roupa) strap
alcachofra *n.f.* artichoke
alcançar *v.* **1** to reach **2** to get to
alcance *n.m.* reach; range; **estar ao alcance da mão:** to be at hand; **estar ao alcance da vista:** to be within sight; **estar fora de alcance:** to be out of reach; **fora do alcance da vista:** out of sight
alçapão *n.m.* trapdoor

alcateia *n.f.* (wolf) pack
alcatifa *n.f.* carpet
alcatifar *v.* to carpet
alcatrão *n.m.* tar
alcatroar *v.* to tar
alce *n.m.* moose
alcofa *n.f.* carrycot
álcool *n.m.* **1** alcohol; **sem álcool:** non-alcoholic **2** (para feridas) surgical spirit **3** (bebida) spirits
alcoólico *adj. e n.m.* alcoholic
alcoolismo *n.m.* alcoholism
alcoolizado *adj.* drunk; drunken
alcunha *n.f.* nickname
aldeão *n.m.* villager
aldeia *n.f.* village
aldrabão *n.m.* liar; fibber
aldrabar *v.* **1** (mentir) to lie **2** (trabalho) to botch up
aldrabice *n.f.* (mentira) lie; (história falsa) cock and bull story
alecrim *n.m.* rosemary
alegoria *n.f.* allegory
alegórico *adj.* allegorical
alegrar *v.* **1** (causar alegria) to make happy **2** (animar) to cheer up ◆ **alegrar-se** to be glad; to be pleased
alegre *adj.2gén.* lively; cheerful
alegria *n.f.* joy; cheerfulness
aleijado *adj.* **1** (com deficiência) crippled **2** (com ferimento) injured
aleijar *v.* to hurt ◆ **aleijar-se** to get hurt
aleitamento *n.m.* breastfeeding
aleluia *interj.* **1** (alegria) hallelujah! **2** (finalmente) at last!
além *adv.* over there; **além de:** besides; as well as; **além disso:** besides; moreover; furthermore
Alemanha *n.f.* Germany
alemão *n.m.* [*f.* alemã] (pessoa) German ◆ *n.m.* (língua) German ◆ *adj.* German
alembamento *n.m.* *(Angola)* (dote de casamento) dowry
além-fronteiras *adv.* abroad
alergia *n.f.* allergy; **ter alergia a:** to be allergic to
alérgico *adj.* allergic; **ser alérgico a:** to be allergic to
alerta *adj.2gén.* watchful ◆ *n.m.* alert; alarm; **dar o alerta:** to give the alert ◆ *adv.* on the alert; **estar alerta:** to be on the alert
alertar *v.* **1** to alert **2** (chamar a atenção) to draw (someone's) attention
alfabético *adj.* alphabetical; **por ordem alfabética:** in alphabetical order
alfabetizar *v.* to teach to read and write
alfabeto *n.m.* alphabet
alface *n.f.* lettuce
alfaias *n.f.pl.* (agricultura) farm implements
alfaiate *n.m.* tailor
alfândega *n.f.* (serviço) customs; (edifício) customs house
alfarroba *n.f.* carob
alfazema *n.f.* lavender
alfinete *n.m.* **1** pin **2** (de peito) brooch **3** (gravata) tiepin
alforreca *n.f.* jellyfish
alga *n.f.* alga; seaweed
algarismo *n.m.* figure; number
algazarra *n.f.* uproar; hubbub
algemar *v.* to handcuff
algemas *n.f.pl.* handcuffs
algibeira *n.f.* pocket
algo *pron.indef.* **1** (afirmação) something; **aconteceu algo:** something happened **2** (interrogação) anything; **posso fazer algo?:** is there anything I can do? ◆ *adv.* (um bocado) a bit; rather; **acho-o algo estranho:** I find him rather strange
algodão *n.m.* cotton
algodão-doce *n.m.* candyfloss
alguém *pron.indef.* **1** (afirmação) somebody; someone; **alguém deve saber:** somebody must know **2** (interrogação)

anybody; anyone; **está aqui alguém?:** is anyone here?

algum *det.indef.>quant.exist.*DT *e pron.indef.* **1** (afirmação) some; **algum lugar:** somewhere; **alguma coisa:** something **2** (interrogação) any; **mais alguma coisa?:** anything else? **3** (frase negativa) no; **de modo algum:** (not) at all; in no way

algures *adv.* somewhere

alhada *n.f. (informal)* mess

alheio *adj.* other people's; another's; **falar da vida alheia:** to talk about other people's lives

alho *n.m.* garlic

alho-francês *n.m.* leek

alho-porro *n.m.* → **alho-francês**

ali *adv.* **1** (lugar) there; over there; **ali dentro:** in there; **ali em cima:** up there; **ali mesmo:** right there **2** (tempo) then; **até ali:** until then

aliado *n.m.* ally

aliança *n.f.* **1** (anel) ring; **aliança de casamento:** wedding ring **2** (pacto) alliance; **uma aliança entre dois países:** an alliance between two countries

aliar *v.* to ally ◆ **aliar-se** to ally oneself (with)

aliás *adv.* **1** (além disso) besides **2** (ou antes) or rather **3** (a propósito) incidentally

álibi *n.m.* alibi

alicate *n.m.* pliers

alicerce *n.m.* foundation

aliciante *adj.2gén.* tempting

aliciar *v.* to tempt

alimentação *n.f.* food; nourishment

alimentar *v.* **1** to feed; to nourish **2** *(figurado)* to support; to foster; **alimentar esperanças:** to cherish hopes ◆ *adj.2gén.* food; eating; **cadeia alimentar:** food chain

alimento *n.m.* food; nourishment

alínea *n.f.* **1** (contrato, lei) paragraph **2** (lista) item

alinhavar *v.* (costura) to tack

alisar *v.* to smooth

aliviar *v.* to lighten; to ease; to relieve

alívio *n.m.* relief; **que alívio!:** what a relief!; **respirar de alívio:** to breathe a sigh of relief

alma *n.f.* **1** soul; spirit; **almas gémeas:** kindred spirits **2** *(figurado)* soul; essence; heart; **ser a alma do projeto:** to be the soul of the project

almanaque *n.m.* almanac

almirante *n.2gén.* admiral

almoçar *v.* **1** to have lunch; to lunch; **ir almoçar ao restaurante:** to go to lunch in a restaurant **2** to have for lunch; **o que é que vamos almoçar?:** what are we having for lunch?

almoço *n.m.* lunch; **ao almoço:** at lunch; **hora de almoço:** lunch hour; **intervalo de almoço:** lunch break

almofada *n.f.* pillow; cushion

almofariz *n.m.* mortar

almôndega *n.f.* meatball

alô *interj. (Brasil)* hello

alojamento *n.m.* accommodation; lodging

alojar *v.* to house; to lodge

alongamento *n.m.* **1** (de prazo) extension **2** (ginástica) stretch

aloquete *n.m.* padlock

alpendre *n.m.* porch

alperce *n.m.* apricot

alpinismo *n.m.* mountaineering; mountain climbing

alpinista *n.2gén.* mountaineer; mountain climber

alta *n.f.* **1** rise; increase **2** (de hospital) discharge

altamente *adv.* highly ◆ *adj.2gén. (informal)* wicked; *(Estados Unidos da América)* awesome

altar *n.m.* altar

altar-mor *n.m.* high altar

alta-voz *n.m.* (telefone) speakerphone; **em alta-voz:** on loudspeaker/speakerphone
alteração *n.f.* alteration; modification; change
alterar *v.* to alter; to modify; to change
alternadamente *adv.* in turns
alternado *adj.* alternate
alternância *n.f.* **1** alternation **2** (culturas) crop rotation
alternativa *n.f.* alternative; **não tens alternativa:** you have no choice
altifalante *n.m.* loudspeaker
altitude *n.f.* altitude
altivo *adj.* haughty
alto *adj.* **1** tall; **a minha filha é alta:** my daughter is tall; **este prédio é muito alto:** this is a tall building **2** high; elevated; **a temperatura está alta:** the temperature is high; **estes sapatos têm tacões altos:** these shoes have high heels **3** (som) loud; **está muito alto!:** it's too loud! ◆ *adv.* aloud; loud; loudly; **lê alto, por favor:** read it aloud, please ◆ *n.m.* top; **de alto a baixo:** from top to bottom ◆ *interj.* halt!; stop!
altura *n.f.* **1** (edifício, montanha) height; **ter 15 metros de altura:** to be 15 metres high **2** (pessoa) height; **ter 1,70 metros de altura:** to be 1,70 metres tall **3** (som) loudness **4** (tempo) time; stage; point; **a certa altura:** at one stage; at some point; **em qualquer altura:** any time
alucinação *n.f.* hallucination
alucinante *adj.2gén.* mind-blowing; amazing
alucinar *v.* to hallucinate
alugar *v.* (casa) to rent; to let; (veículo) to hire
aluguer *n.m.* (casa) rent; (veículo) hire; let
alumínio *n.m.* aluminium; **papel de alumínio:** aluminium foil
aluna *n.f.* **1** (escola) pupil; schoolgirl **2** (universidade) student
alunagem *n.f.* moon landing
alunar *v.* to land on the moon
aluno *n.m.* **1** (escola) pupil; schoolboy **2** (universidade) student
alusão *n.f.* (direta) reference; (indireta) allusion; **fazer alusão a algo:** to mention something
alvejar *v.* to shoot
alvéolo *n.m.* **1** (favo de mel) cell **2** (pulmão) alveolus; (dentes) socket
alvo *n.m.* target; **acertar no alvo:** to hit the target; **falhar o alvo:** to miss the target
alvorada *n.f.* dawn; **na alvorada:** at dawn
alvoroçar *v.* to stir up
alvoroço *n.m.* **1** agitation; commotion **2** (tumulto) riot; uproar
ama *n.f.* nanny
amabilidade *n.f.* kindness; politeness
amachucar *v.* (papel, tecido) to crumple
amaciador *n.m.* **1** (cabelo) hair conditioner **2** (roupa) softener
amaciar *v.* **1** to soften **2** (cabelo) to condition
amado *adj. e n.m.* beloved
amador *n.m.* **1** amateur **2** lover
amadurecer *v.* **1** (fruto) to ripen **2** (pessoa) to mature
amadurecido *adj.* **1** (fruto) ripe **2** (pessoa) mature
amadurecimento *n.m.* **1** (fruto) ripening **2** (pessoa) maturity **3** (ideia) maturing
âmago *n.m.* core
amaldiçoar *v.* to curse
amálgama *n.m.* amalgam
amamentação *n.f.* (bebé) breastfeeding; (animal) suckling
amamentar *v.* **1** (bebé) to breastfeed **2** (animal) to suckle

amanhã *adv.* tomorrow; **amanhã de manhã:** tomorrow morning; **depois de amanhã:** the day after tomorrow
amanhecer *v.* to dawn ◆ *n.m.* dawn; daybreak; **ao amanhecer:** at dawn
amanteigado *adj.* buttery
amar *v.* to love; **amo-te:** I love you
amarelo *adj.* yellow; DESPORTO **cartão amarelo:** yellow card; MEDICINA **febre amarela:** yellow fever ◆ *n.m.* (cor) yellow
amarelo-claro *adj. e n.m.* light yellow
amarelo-escuro *adj. e n.m.* dark yellow
amarelo-torrado *adj.* golden yellow ◆ *n.m.* amber
amargo *adj.* bitter
amargura *n.f.* **1** (sabor) bitterness **2** (sentimento) grief
amarra *n.f.* mooring rope; **soltar as amarras:** to cast off
amarrar *v.* to tie; to bind; to fasten (up)
amarrotar *v.* (papel, tecido) to crumple
amassar *v.* **1** (massa, pão, barro) to knead; (cimento) to mix **2** (papel, tecido) to crumple
amável *adj.2gén.* kind; polite; **é muito amável da sua parte:** it's very kind of you
ambanine *interj. (Moçambique)* goodbye!; bye!
âmbar *n.m.* amber
ambição *n.f.* ambition
ambicioso *adj.* ambitious
ambiental *adj.2gén.* environmental
ambientalista *n.2gén.* environmentalist
ambientar *v.* to help (somebody) settle in ◆ **ambientar-se** to adjust; to settle in
ambiente *n.m.* environment; **meio ambiente:** environment ◆ *adj.2gén.* ambient; surrounding; **amigo do ambiente:** environment-friendly
ambiguidade *n.f.* ambiguity
ambíguo *adj.* ambiguous
âmbito *n.m.* **1** (alcance) scope **2** (contexto) context
ambos *det.indef.>quant.univ.*[DT] both; **de ambos os lados:** on both sides
ambulância *n.f.* ambulance; **chamar uma ambulância:** to call an ambulance
ambulante *adj.2gén.* (espetáculo) travelling; (biblioteca) mobile; (artista) strolling; **vendedor ambulante:** pedlar
ameaça *n.f.* threat; **ameaça de bomba:** bomb scare; **ameaça de extinção:** threat of extinction
ameaçador *adj.* threatening
ameaçar *v.* to threaten
amealhar *v.* to save (money)
amedrontado *adj.* scared
amedrontar *v.* to scare
ameias *n.f.pl.* battlements
amêijoa *n.f.* clam
ameixa *n.f.* plum; **ameixa seca:** prune
ameixoeira *n.f.* plum tree
amêndoa *n.f.* almond
amendoeira *n.f.* almond (tree)
amendoim *n.m.* peanut; **manteiga de amendoim:** peanut butter
ameno *adj.* mild; **tempo ameno:** mild weather
América *n.f.* America; **América Central:** Central America; **América do Norte:** North America; **América do Sul:** South America; **Estados Unidos da América:** United States of America
americano *n.m.* [*f.* americana] American ◆ *adj.* American; **futebol americano:** American football
ametista *n.f.* amethyst
amigável *adj.2gén.* friendly
amígdala *n.m.* tonsil

amigdalite *n.f.* tonsillitis
amigo *n.m.* friend; **um amigo meu:** a friend of mine; **o meu melhor amigo:** my best friend ◆ *adj.* kind; generous; **amigo do ambiente:** environment-friendly
amistoso *adj.* friendly
amizade *n.f.* friendship
amnésia *n.f.* amnesia
amnistia *n.f.* amnesty
amo *n.m.* master
amolecer *v.* to soften
amolgar *v.* to dent
amontoado *n.m.* heap; pile ◆ *adj.* piled up
amontoar *v.* to pile up; to heap up
amor *n.m.* love
amora *n.f.* mulberry
amoreira *n.f.* mulberry tree
amoroso *adj.* sweet; adorable
amor-perfeito *n.m.* (flor) pansy
amor-próprio *n.m.* self-esteem; self-respect
amortecedor *n.m.* shock absorber
amortecer *v.* **1** (impacto) to absorb **2** (som) to muffle
amostra *n.f.* sample
amparar *v.* **1** (queda); to break **2** (ajudar, apoiar) to help; to support ◆ **amparar-se** to lean
ampliação *n.f.* **1** enlargement; extension **2** (negócio, rede) expansion
ampliar *v.* **1** to enlarge; to extend **2** (negócio, rede) to expand
amplificador *n.m.* (aparelho de som) amplifier
amplificar *v.* (som) to amplify
amplitude *n.f.* **1** amplitude **2** extent
amplo *adj.* (espaço) spacious
ampulheta *n.f.* hourglass
amuado *adj.* sulky
amuar *v.* to sulk
analfabetismo *n.m.* illiteracy
analfabeto *adj. e n.m.* illiterate
analisar *v.* to analyse
análise *n.f.* analysis
analista *n.2gén.* analyst
analogia *n.f.* analogy
ananás *n.m.* pineapple
anão *n.m.* [*f.* anã] dwarf; midget ◆ *adj.* dwarf
anatomia *n.f.* anatomy
anatómico *adj.* anatomical
anca *n.f.* haunch; hip
ancestral *adj.2gén.* **1** ancestral **2** ancient; former
anchova *n.f.* anchovy
ancião *n.m.* elderly man
ancinho *n.m.* rake
âncora *n.f.* anchor; **lançar a âncora:** to cast anchor; to drop anchor
ancoradouro *n.m.* anchorage
ancorar *v.* to anchor
andaime *n.m.* scaffold
andamento *n.m.* **1** progress; course; **em andamento:** under way; in progress **2** (ritmo musical) tempo **3** (parte de peça musical) movement
andanças *n.f.pl.* *(informal)* wanderings
andar *v.* **1** to walk; **andar a passear:** to walk around **2** (verbo auxiliar) to be; **andar a estudar muito:** to be studying hard **3** *(informal)* to feel; **ele anda feliz:** he feels happy **4** *(informal)* to be dating; **ele anda com ela:** he is dating her ◆ *n.m.* **1** walk **2** *(Grã-Bretanha)* (casa) flat; *(Estados Unidos da América)* apartment **3** floor; **primeiro andar:** first floor; **último andar:** top floor
andas *n.f.pl.* stilts
andebol *n.m.* handball
andebolista *n.2gén.* handball player
andorinha *n.f.* swallow
anedota *n.f.* joke; crack
anel *n.m.* **1** ring; **anel de noivado:** engagement ring **2** (de corrente) link

anelamento *n.m.* *(Moçambique)* (noivado) engagement
anelar *adj.2gén.* annular; **dedo anelar:** ring finger ◆ *v.* *(Moçambique)* (pedir alguém em casamento) to propose to somebody
anemia *n.f.* anaemia
anémico *adj.* anaemic
anémona *n.f.* anemone
anestesia *n.f.* **1** (processo) anaesthesia; **anestesia local/geral:** local/general anaesthesia **2** (substância) anaesthetic
anexar *v.* **1** (documento) to attach **2** (território) to annex
anexo *adj.* **1** annexed **2** (documento) attached ◆ *n.m.* **1** (edifício) annexe **2** (email) attachment
anfíbio *adj.* amphibious ◆ *n.m.* amphibian
anfiteatro *n.m.* amphitheatre
anfitriã *n.f.* hostess
anfitrião *n.m.* host
angariação *n.f.* (dinheiro) raising
angariar *v.* (dinheiro) to raise
angelical *adj.2gén.* angelic
Angola *n.* Angola
angolano *adj. e n.m.* Angolan
ângulo *n.m.* angle; **um ângulo de 90 graus:** an angle of 90 degrees
angústia *n.f.* anguish
angustiado *adj.* in anguish; distressed
angustiar *v.* **1** (sofrimento) to distress **2** (preocupação) to worry ◆ **angustiar-se 1** (sofrimento) to get distressed **2** (preocupação) to get worried
anho *n.m.* lamb
anilha *n.f.* **1** ring **2** (de parafuso) washer
animação *n.f.* liveliness; animation ❖ **animação por computador:** computer animation
animado *adj.* **1** (pessoa) lively **2** (imagens) animated
animador *adj.* encouraging ◆ *n.m.* (atividades) organizer
animal *n.m.* animal; **animal de estimação:** pet; **animal doméstico:** domestic animal; **animais selvagens:** wild animal
animar *v.* **1** to animate **2** to encourage ◆ **animar-se** (pessoa) to cheer up; to liven up
ânimo *n.m.* spirits; **ânimo!:** cheer up! ❖ **de ânimo leve:** lightly
aniversariante *n.2gén.* (homem) birthday boy; (mulher) birthday girl
aniversário *n.m.* **1** anniversary; **aniversário de casamento:** wedding anniversary **2** birthday; **feliz aniversário!:** happy birthday!; **presente de aniversário:** birthday present

> Para referir um aniversário de nascimento usa-se a palavra inglesa **birthday**. Para referir uma comemoração anual de um facto passado, por exemplo, um aniversário de casamento ou o aniversário de uma empresa usa-se a palavra **anniversary**.

anjo *n.m.* angel; **anjo da guarda:** guardian angel
ano *n.m.* **1** year; **ano letivo:** school year; academic year; **feliz Ano Novo!:** happy new year!; **uma vez por ano:** once a year **2** (idade) years; **quantos anos tens?:** how old are you?; **tenho 10 anos:** I am ten years old
anoitecer *v.* to grow dark ◆ *n.m.* nightfall; **ao anoitecer:** at nightfall
anomalia *n.f.* anomaly
anómalo *adj.* anomalous
anónimo *adj.* anonymous
anormal *adj.2gén.* **1** abnormal **2** (estranho) odd
anormalidade *n.f.* abnormality

anotação *n.f.* **1** note **2** (comentário) comment
anotar *v.* to write down
ânsia *n.f.* longing; craving; **ânsia de aprender:** thirst for knowledge
ansiedade *n.f.* anxiety
ansioso *adj.* eager; **eles estão ansiosos por partir:** they're eager to leave
anta *n.f.* dolmen
antárctico *a nova grafia é* **antártico**
Antárctico *a nova grafia é* **Antártico**
antártico *adj.* Antarctic
Antártico *n.m.* Antarctic
ante *prep.* before
antebraço *n.m.* forearm
antecedência *n.f.* advance; **com antecedência:** in advance
antecedente *adj.2gén.* preceding ◆ *n.m.* antecedent
anteceder *v.* to precede; to come before
antecessor *n.m.* predecessor
antecipação *n.f.* **1** (data) bringing forward **2** (adiantamento) advance **3** (previsão) prediction
antecipar *v.* to anticipate ◆ **antecipar-se** to get ahead
antena *n.f.* **1** *(Grã-Bretanha)* aerial; *(Estados Unidos da América)* antenna; **antena parabólica:** dish aerial; parabolic aerial **2** (de caracol ou inseto) antenna
anteontem *adv.* the day before yesterday
antepassado *n.m.* ancestor; forefather; foremother
antepenúltimo *adj.* third from last; antepenultimate
anterior *adj.* previous; **o dia anterior:** the previous day
anteriormente *adv.* before; previously
antes *adv.* **1** before; **muito tempo antes:** long before; **pouco antes:** shortly before **2** rather; **eu antes queria ficar:** I'd rather stay
antever *v.* to foresee; to predict
antevéspera *n.f.* the day before the eve
antibiótico *adj. e n.m.* antibiotic
anticaspa *adj.* anti-dandruff
anticorpo *n.m.* antibody
antigamente *adv.* formerly; in the past
antigo *adj.* ancient; old
antiguidade *n.f.* (tempo) antiquity; ancient times
antiguidades *n.f.pl.* antiques; **loja de antiguidades:** antique shop
antílope *n.m.* antelope
antipatia *n.f.* antipathy; dislike
antipático *adj.* unfriendly
antipatizar *v.* to dislike; to take a dislike; **antipatizar com alguém/alguma coisa:** to take a dislike to somebody/something
antípodas *n.m.pl.* antipodes
antiquado *adj.* old-fashioned; **ideias antiquadas:** old-fashioned ideas
antiquário *n.m.* (loja) antique shop
antiquíssimo *adj.* extremely old
antiterrorismo *n.m.* counterterrorism
antiterrorista *adj. e n.2gén.* anti-terrorist
antítese *n.f.* antithesis
antivírus *n.m.* (computador) antivirus
antologia *n.f.* anthology
antónimo *adj.* antonymous ◆ *n.m.* antonym
antropologia *n.f.* anthropology
antropónimo *n.m.* anthroponym
anual *adj.2gén.* annual; yearly
anualmente *adv.* annually; yearly
anuir *v.* to agree; to consent
anulação *n.f.* **1** invalidation; (decisão, sentença) overturning; (casamento) annulment **2** (golo, lance) disallowing

anular *v.* 1 to invalidate 2 (decisão, sentença) to overturn 3 (golo, lance) to disallow
anunciar *v.* 1 to announce 2 (publicidade) to advertise; **anunciar na televisão:** to advertise on television
anúncio *n.m.* advertisement; *(informal)* ad
ânus *n.m.2núm.* anus
anzol *n.m.* fish hook
aonde *adv.* where; **aonde vais?:** where are you going?
aorta *n.f.* (artéria) aorta
apagado *adj.* (cor) dull; faded; (som) muffled; faint ✧ **estar apagado:** (luz, aparelho) to be off; (fogo, cigarro) to be out
apagador *n.m.* (quadro de escola) duster
apagar *v.* 1 (luz, aparelho) to switch off; to turn off 2 (fogo) to put out 3 (vela) to blow out 4 (com borracha) to erase 5 (ficheiro, documento) to delete
apaixonado *adj.* in love
apaixonar-se *v.* to fall in love
apalpadela *n.f.* grope
apalpão *n.m.* grope
apalpar *v.* 1 (médico) to palpate 2 (pessoa) to grope
apanha-bolas *n.2gén.2núm.* (homem) ball boy; (mulher) ball girl
apanhado *adj.* 1 *(informal)* (apaixonado) besotted 2 (cabelo) tied up ◆ *n.m.* (resumo) summary
apanhador *n.m.* dustpan
apanhar *v.* 1 to catch; **apanhar frio:** to catch cold; **apanhar o autocarro:** to catch the bus; **apanhar uma doença:** to catch a disease 2 (objeto) to pick up 3 (flores, fruta) to pick
aparador *n.m.* (mobília) sideboard
aparafusar *v.* to screw (on)
apara-lápis *n.m.2núm.* pencil sharpener
aparar *v.* 1 (cabelo) to trim 2 (lápis) to sharpen 3 (árvore) to prune
aparatoso *adj.* 1 showy 2 (queda, acidente) spectacular
aparecer *v.* 1 to appear 2 (objeto perdido, pessoa) to show up
aparecimento *n.m.* appearance; emergence
aparelhagem *n.f.* stereo; hi-fi
aparelhar *v.* to equip
aparelho *n.m.* 1 machine 2 (para os dentes) brace
aparência *n.f.* appearance; look
aparente *adj.2gén.* apparent
aparentemente *adv.* apparently
aparição *n.m.* 1 appearance 2 (fantasma) apparition
aparo *n.m.* (de caneta) nib
apartado *n.m.* Post Office Box; PO Box
apartamento *n.m.* *(Grã-Bretanha)* flat; *(Estados Unidos da América)* apartment
apelar *v.* to appeal
apelativo *adj.* appealing
apelido *n.m.* 1 (nome de família) surname; family name 2 (alcunha) nickname
apelo *n.m.* appeal; **fazer um apelo a alguém:** to appeal to somebody
apenas *adv.* 1 only; just; **isto é apenas um exemplo:** this is only an example 2 hardly; scarcely; **ele apenas disse que sim:** he hardly said yes
apêndice *n.m.* (órgão, texto, livro) appendix; **ele foi operado ao apêndice:** he had his appendix out
apendicite *n.f.* appendicitis
aperceber-se *v.* to realize; to notice
aperfeiçoar *v.* to improve ◆ **aperfeiçoar-se** to improve
aperitivo *n.m.* 1 (bebida) aperitif 2 (comida) appetizer

apertado *adj.* **1** (horário, roupa, segurança) tight **2** (caminho, rua) narrow **3** (curva) sharp **4** (sem dinheiro) hard-up
apertar *v.* **1** (camisa, botão) to do up; to fasten; (cordões) to tie; (cinto) to buckle **2** (cinto de segurança) to fasten **3** (roupa, calçado) to be tight
aperto *n.m.* **1** (multidão) crush **2** (sarilho) fix **3** (crise) crisis ❖ (cumprimento) **aperto de mão:** handshake
apesar de *loc. prep.* in spite of; despite; **apesar de que:** although; **apesar disso:** nevertheless
apetecer *v.* to feel like; **não me apetece sair:** I don't feel like going out; **quando te apetecer:** when you feel like it
apetência *n.f.* (gosto) taste; (inclinação) inclination
apetite *n.m.* appetite; **abrir o apetite:** to whet one's appetite; (saudação) **bom apetite!:** enjoy your meal!; **perder o apetite:** to lose one's appetite; **ter apetite:** to be hungry
apicultor *n.m.* beekeeper
apicultura *n.f.* beekeeping
apinhado *adj.* (cheio) full (of); **a sala estava apinhada de gente:** the room was crowded
apitar *v.* **1** (carro) to hoot **2** (comboio, chaleira) to whistle
apito *n.m.* whistle
aplaudir *v.* to clap; to applaud
aplauso *n.m.* applause
aplicação *n.f.* **1** (lei) enforcement **2** (dinheiro) investment
aplicado *adj.* (aluno, trabalhador) hardworking
aplicar *v.* to apply
apodrecer *v.* to rot
apodrecimento *n.m.* rottenness; decay
apoiado *adj.* **1** supported **2** (encostado) leaning ◆ *interj.* hear, hear!; bravo!
apoiante *n.2gén.* supporter
apoiar *v.* **1** to lean; to rest; **apoiar o braço:** to rest one's arm **2** to support; to back up; **apoiar energicamente (algo/alguém):** to give strong support to (something/somebody) ◆ **apoiar-se** to lean
apoio *n.m.* support
apontamento *n.m.* note; **caderno de apontamentos:** notebook; **tirar apontamentos:** to take notes
apontar *v.* **1** (com o dedo) to point at **2** (comentário, observação) to write down **3** (a um alvo) to aim at
após *prep.* after; **dia após dia:** day after day; **um após o outro:** one after the other
aposento *n.m.* room
aposta *n.f.* bet; **fazer uma aposta:** to make a bet
apostar *v.* to bet; **aposto contigo 5 libras em como ele não consegue:** I bet you £5 that he can't do it
apóstrofo *n.m.* apostrophe
apreciar *v.* to enjoy
apreço *n.m.* (estima) regard; **ter um grande apreço por alguém:** to hold somebody in high regard
apreender *v.* **1** (mercadoria) to seize **2** (carta de condução) to take away **3** (sentido) to grasp
apreensão *n.f.* **1** (mercadoria) seizure **2** (compreensão) grasp **3** (ansiedade) apprehension
apreensivo *adj.* apprehensive
aprender *v.* to learn; **aprender a escrever:** to learn to write; **aprender de cor:** to learn by heart
aprendiz *n.m.* apprentice
aprendizagem *n.f.* learning
apresentação *n.f.* **1** (pessoas) introduction **2** (plano, proposta) presentation

apresentador *n.m.* [*f.* apresentadora] **1** (discurso, espetáculo) presenter **2** (televisão) host
apresentar *v.* **1** to present **2** (pessoas) to introduce **3** (programa) to host ◆ **apresentar-se** to introduce oneself
apresentável *adj.2gén.* presentable
apressado *adj.* **1** in a hurry **2** (rápido) fast
apressar *v.* to rush ◆ **apressar-se** to hurry up
aprofundar *v.* to deepen
aprovação *n.f.* **1** approval **2** (escola) pass
aprovado *adj.* approved; (exame) **ficar aprovado:** to pass
aprovar *v.* **1** to approve of **2** (escola) to pass
aproveitamento *n.m.* (escolar) performance; marks
aproveitar *v.* **1** to take advantage of **2** (oportunidade, ocasião) to seize; to take **3** (recursos) to exploit
aproximação *n.f.* **1** approach **2** (proximidade) nearness
aproximar *v.* to bring near/close ◆ **aproximar-se** to come near/close; to approach
aptidão *n.f.* aptitude; ability
apto *adj.* fit; suitable
aquaparque *n.m.* water park
aquário *n.m.* (pequeno) fishbowl; (grande) aquarium
Aquário *n.m.* (constelação, signo) Aquarius
aquático *adj.* **1** aquatic; **plantas aquáticas:** aquatic plants **2** (atividade) water; **ski aquático:** water-skiing
aquecedor *n.m.* heater
aquecer *v.* **1** (água, alimento, espaço) to heat **2** (pessoa, músculo) to warm ◆ **aquecer-se** (pessoa) to warm up
aquecimento *n.m.* **1** heating; **aquecimento central:** central heating; **aquecimento global:** global warming **2** (ginástica) warm-up; **exercícios de aquecimento:** warm-up exercises
aqueduto *n.m.* aqueduct
aquele *adj.* [*f.* aquela] that; **aquele que:** he who(m); the one that; **aqueles que:** they who; those who; those whom ◆ *pron.dem.* that one; (no plural) those
aquém *adv.* on this side ✧ **ficar aquém de:** to fall short of
aqui *adv.* **1** (lugar) here; **aqui mesmo:** right here; **aqui perto:** near here **2** (tempo) now; **de aqui em diante:** from now on
aquilo *pron.dem.* that; it; **o que é aquilo?:** what's that?; **viste aquilo?:** did you see that?
aquisição *n.f.* acquisition
aquoso *adj.* watery; aqueous
ar *n.m.* **1** air; **ar puro:** fresh air; **ao ar livre:** in the open air **2** (aspeto) appearance; look; **ela tem ar de inteligente:** she looks clever ✧ **ar condicionado:** (sistema) air conditioning; (aparelho) air conditioner
árabe *n.2gén.* **1** (pessoa) Arab **2** (língua) Arabic ◆ *adj.2gén.* Arab; Arabic; **numeração árabe:** Arabic numerals
arado *n.m.* plough
aragem *n.f.* breeze
arame *n.m.* wire; **arame farpado:** barbed wire
aranha *n.f.* spider; **teia de aranha:** spider's web
arara *n.f.* macaw
arbitragem *n.f.* **1** (futebol, andebol, basquetebol) refereeing; (ténis, basebol, hóquei) umpiring **2** (disputa) arbitration
arbitrar *v.* **1** (futebol, andebol, basquetebol) to referee **2** (disputa) to arbitrate

arbitrário *adj.* arbitrary
arbítrio *n.m.* 1 (vontade) will 2 (decisão) judgement
árbitro *n.m.* referee
arbusto *n.m.* shrub; bush
arca *n.f.* chest; trunk; **arca congeladora:** chest freezer
arcebispo *n.m.* archbishop
archote *n.m.* torch
arco *n.m.* 1 (brinquedo) hoop 2 (edifício) arch
arco-íris *n.m.* rainbow
árctico *a nova grafia é* **ártico**
Árctico *a nova grafia é* **Ártico**
ardente *adj.2gén.* burning
arder *v.* 1 (fogo) to burn 2 (pele) to sting
árduo *adj.* arduous; hard
área *n.f.* area; (ecologia) **área protegida:** environmentally sensitive area; (futebol) **grande área:** penalty area
areal *n.m.* sands
areia *n.f.* sand; **areia movediça:** quicksand; **castelo de areia:** sandcastle
arejado *adj.* 1 airy; well-ventilated 2 (ideias) open-minded
arejar *v.* (quarto, roupa) to air
arena *n.f.* 1 arena 2 (circo, touradas) ring
arenoso *adj.* sandy
aresta *n.f.* 1 (plano) edge 2 (esquina) corner
argila *n.f.* clay
argola *n.f.* 1 ring; **argola de guardanapo:** napkin ring 2 (brinco) hoop
argumentar *v.* to argue
argumento *n.m.* 1 argument 2 (guião) script
ária *n.f.* (peça musical) aria
aridez *n.f.* 1 (solo, clima) aridity 2 (assunto) dryness
árido *adj.* arid; dry
aristocracia *n.f.* aristocracy
aristocrata *n.2gén.* aristocrat
aristocrático *adj.* aristocratic
aritmética *n.f.* arithmetic
arlequim *n.m.* harlequin
arma *n.f.* weapon; arm; **arma branca:** knife; **arma de destruição maciça:** weapon of mass destruction; **arma de fogo:** firearm; **arma nuclear:** nuclear weapon; **arma química:** chemical weapon
armação *n.f.* 1 framework 2 (óculos) frames
armada *n.f.* navy; fleet
armadilha *n.f.* trap; snare; **armar uma armadilha:** to set a trap; **cair numa armadilha:** to fall into a trap
armadura *n.f.* armour
armanço *n.m. (informal)* boasting; showing-off
armar *v.* 1 to arm 2 to set up; **armar uma cilada a alguém:** to set someone up; to frame someone ♦ **armar-se** to show off; **ele arma-se em forte:** he boasts about his strength
armário *n.m.* 1 cupboard; cabinet 2 *(Grã--Bretanha)* (para roupa) wardrobe; *(Estados Unidos da América)* closet
armazém *n.m.* 1 (depósito) warehouse 2 (loja) department store
armazenamento *n.m.* (depósito) storage; (em armazém) warehousing
armazenar *v.* to store
aro *n.m.* hoop; ring
aroma *n.m.* aroma; fragrance
aromático *adj.* aromatic; **ervas aromáticas:** aromatic herbs
arpão *n.m.* harpoon
arqueologia *n.f.* archaeology
arqueológico *adj.* archaeological
arqueólogo *n.m.* archaeologist
arquipélago *n.m.* archipelago
arquitecto *a nova grafia é* **arquiteto**
arquitectura *a nova grafia é* **arquitetura**
arquiteto *n.m.* [*f.* arquiteta] architect

arquitetura *n.f.* architecture
arquivar *v.* to file
arquivo *n.m.* **1** file **2** archive
arrancar *v.* **1** (puxando) to pull out; (rasgando) to tear out **2** (árvore, planta) to uproot **3** (verdade, confissão) to extract **4** (processo) to start off **5** (veículo) to start up **6** (computador) to boot
arranha-céus *n.m.2núm.* skyscraper
arranhadela *n.f.* scratch
arranhão *n.m.* scratch
arranhar *v.* to scratch
arranjar *v.* **1** (consertar) to fix; to repair; **és capaz de arranjar a máquina?:** can you fix the machine? **2** (encontrar) to get; to find; **arranjar um emprego:** to get a job ◆ **arranjar-se** to get dressed; to get ready
arranjo *n.m.* (reparação) repair
arranque *n.m.* **1** (começo) start **2** (plantas, árvores) pulling up **3** (veículo) starting mechanism
arrapazado *adj.* tomboyish
arrastar *v.* to drag
arrebitado *adj.* **1** turned up **2** (nariz) snub **3** (pessoa) cheeky
arrebitar *v.* **1** to turn up **2** (orelhas) to prick up
arrecadação *n.f.* storeroom
arredondado *adj.* **1** (forma) rounded **2** (número) round
arredores *n.m.pl.* **1** surroundings **2** outskirts; **os arredores da cidade:** the outskirts of the town
arrefecer *v.* **1** to cool **2** to get cold
arrefecimento *n.m.* cooling
arregaçar *v.* (mangas, calças) to roll up
arreios *n.m.pl.* gear
arrepender-se *v.* **1** to regret **2** (pecado) to repent
arrependido *adj.* **1** sorry **2** (pecado) repentant
arrependimento *n.m.* regret
arriscado *adj.* risky
arriscar *v.* to risk; to put at risk ◆ **arriscar-se** to take risks
arroba *n.f.* **1** (unidade de peso) thirty-two pounds **2** (endereço eletrónico) at
arrogância *n.f.* arrogance
arrogante *adj.2gén.* arrogant
arrombar *v.* **1** (porta) to force; (janela, fechadura) to force **2** (edifício, carro) to break into **3** (cofre) to crack
arrotar *v.* to belch
arroto *n.m.* belch
arroz *n.m.* rice
arroz-doce *n.m.* rice pudding
arruinado *adj.* ruined
arruinar *v.* to ruin
arrumação *n.f.* tidying (up)
arrumado *adj.* **1** tidy **2** organized
arrumador *n.m.* **1** (cinema, teatro) usher **2** (carros) parking attendant
arrumar *v.* **1** (objeto) to put in order **2** (casa) to tidy (up)
arte *n.f.* art; **obra de arte:** work of art
artéria *n.f.* artery
arterial *adj.2gén.* arterial; **tensão arterial:** blood pressure
artesanal *adj.2gén.* handmade
artesanato *n.m.* (objeto, arte) handicraft; **feira de artesanato:** craft fair
ártico *adj.* Arctic; **círculo polar ártico:** Arctic Circle
Ártico *n.m.* Arctic
articulação *n.f.* (ossos) joint
artificial *adj.2gén.* artificial; **inteligência artificial:** artificial intelligence
artifício *n.m.* trick
artigo *n.m.* **1** article; **artigo definido:** definite article; **artigo indefinido:** indefinite article **2** (jornal) article; **artigo de fundo:** feature article **3** (objeto) piece; **artigo de vestuário:** piece of clothing
artista *n.2gén.* artist

artístico *adj.* artistic
árvore *n.f.* tree; **árvore de Natal:** Christmas tree; **árvore genealógica:** family tree
ás *n.m.* **1** (cartas) ace; **ás de copas:** ace of hearts **2** (pessoa) ace; whiz
asa *n.f.* (de avião, ave) wing; **abrir as asas:** to stretch the wings; **bater as asas:** to flap the wings
asfixia *n.f.* asphyxia
asfixiante *adj.2gén.* asphyxiating; suffocating
asfixiar *v.* to asphyxiate; to suffocate
Ásia *n.f.* Asia
asiático *adj. e n.m.* Asian
asilo *n.m.* asylum; **asilo político:** political asylum
asma *n.f.* asthma
asmático *adj. e n.m.* asthmatic
asneira *n.f.* blunder; mistake; **fazer asneira:** to make a blunder
aspas *n.f.pl. (Grã-Bretanha)* inverted commas; *(Estados Unidos da América)* quotation marks; **entre aspas:** in inverted commas
aspecto *a nova grafia é* **aspeto**
áspero *adj.* rough; coarse
aspeto *n.m.* **1** aspect; **ter aspetos positivos e negativos:** to have positive and negative aspects **2** look; **ter bom aspeto:** to look well
aspiração *n.f.* **1** (desejo) aspiration **2** (limpeza) vacuuming
aspirador *n.m.* vacuum-cleaner
aspirante *n.2gén.* **1** aspirant; (competição) contender **2** MILITAR officer cadet
aspirar *v.* **1** (com aspirador) to vacuum **2** (desejar) to aspire; **ela aspira a ser bailarina:** she aspires to be a ballerina
assadeira *n.f.* roasting tin
assado *n.m.* roast ◆ *adj.* roast; roasted; **carne assada:** roast meat
assaltante *n.2gén.* **1** (de casa) burglar **2** (de banco, loja) robber **3** (na rua) mugger
assaltar *v.* **1** (casa) to break into; to burgle **2** (banco, loja) to rob **3** (pessoa) to mug
assalto *n.m.* **1** (casa) burglary; break-in **2** (banco, loja) robbery **3** (pessoa) mugging ❖ **tomar de assalto:** to take by storm
assar *v.* (carne) to roast; (batatas) to bake
assassinar *v.* to murder
assassinato *n.m.* murder
assassínio *n.m.* murder
assassino *n.m.* murderer
assembleia *n.f.* assembly; **Assembleia da República:** Parliament
assento *n.m.* seat
assessor *n.m.* **1** adviser **2** officer; **assessor de imprensa:** press officer
assim *adv.* **1** thus; like this; in this manner; in this way **2** so; therefore
assim-assim *adj. e adv.* so-so
assimilação *n.f.* assimilation
assimilar *v.* to assimilate
assinalar *v.* to mark; to signal
assinar *v.* to sign
assinatura *n.f.* signature
assistência *n.f.* **1** assistance; **assistência técnica:** technical assistance **2** (de espetáculo, programa) audience
assistente *adj.2gén.* assistant; auxiliary ◆ *n.2gén.* assistant; helper
assistir *v.* **1** (aula, conferência) to attend **2** (filme, espetáculo) to watch **3** (pessoa) to help; to assist

> Para dizermos **assistir** em inglês usamos a palavra **attend**. Também existe a palavra **assist**, em inglês, mas quer dizer *ajudar* ou *prestar assistência*.

assoar *v.* to blow; **assoar o nariz:** to blow one's nose

assobiar *v.* **1** (pessoa, pássaro, vento) to whistle **2** (serpente) to hiss
assobio *n.m.* **1** (pessoa, pássaro, vento) whistle **2** (serpente) hiss
associação *n.f.* association; **associação comercial:** trading association
associar *v.* to associate ♦ **associar-se** to join
assombrado *adj.* haunted
assombrar *v.* to haunt
assombroso *adj.* amazing; astonishing
assumir *v.* to assume; to take on
assunto *n.m.* matter; subject; **mudar de assunto:** to change the subject
assustado *adj.* frightened; scared
assustador *adj.* frightening
assustar *v.* to frighten ♦ **assustar-se** to be frightened
astro *n.m.* star
astrolábio *n.m.* astrolabe
astrologia *n.f.* astrology
astrólogo *n.m.* astrologer
astronauta *n.2gén.* astronaut
astronomia *n.f.* astronomy
astronómico *adj.* astronomical
astrónomo *n.m.* astronomer
ata *n.f.* minutes
atacador *n.m.* (de sapato) shoelace
atacar *v.* to attack
atalho *n.m.* shortcut; **meter por um atalho:** to take a shortcut
ataque *n.m.* **1** attack; assault; **ataque cardíaco:** heart attack **2** fit; stroke; **ataque de fúria:** fit of anger
atar *v.* to bind; to tie
atarefado *adj.* busy
até *prep.* **1** (tempo) till; until; **até amanhã!:** see you tomorrow!; **até novo aviso:** until further notice **2** (tempo, lugar, quantidade) up to; **até agora:** up to now **3** (lugar) as far as; **até Londres:** as far as London ♦ *adv.* even; **até eu sei fazer isso!:** even I know how to do that!
atear *v.* (fogo) to fan; (incêndio) to start; **atear fogo a:** to set fire to
atenção *n.f.* **1** attention; **chamar a atenção de alguém para algo:** to call someone's attention to something; **prestar atenção a:** to pay attention to **2** care; **fazer algo com atenção:** to do something with care
atencioso *adj.* kind; attentive
atender *v.* **1** to attend to; to serve; **atender um cliente:** to serve a customer **2** to answer; **atender o telefone:** to answer the phone
atentado *n.m.* attempt; attack; **um atentado contra a vida de alguém:** an attempt on somebody's life; **um atentado terrorista:** a terrorist attack
atentamente *adv.* carefully; **ouçam atentamente:** listen carefully ❖ (final de carta ou email) **Atentamente:** Yours sincerely
atento *adj.* **1** (com atenção) attentive; **um público atento:** an attentive audience **2** (com cuidado) careful; **uma leitura atenta:** a careful reading
aterragem *n.f.* landing; **aterragem de emergência:** emergency landing; **aterragem forçada:** forced/crash landing
aterrar *v.* to land
aterrorizar *v.* to terrify; to horrify
atestado *n.m.* certificate; **atestado médico:** medical certificate
atestar *v.* **1** (declarar) to certify **2** (encher) to fill up
atingir *v.* **1** to reach; **atingir a perfeição:** to reach perfection **2** to hit; **atingir o alvo:** to hit the target
atirar *v.* **1** to throw; to toss; **atirar ao ar:** to toss up **2** to knock; **atirar ao chão:** to knock down **3** (com arma de fogo) to shoot ♦ **atirar-se** to throw oneself
atitude *n.f.* attitude
ativação *n.f.* activation

ativar *v.* to activate
atividade *n.f.* activity
ativo *adj.* active; dynamic
atlântico *adj.* Atlantic; **Oceano Atlântico:** Atlantic Ocean
atlas *n.m.* atlas; **atlas do mundo:** world atlas
atleta *n.2gén.* athlete
atlético *adj.* athletic
atletismo *n.m.* athletics
atmosfera *n.f.* atmosphere
atmosférico *adj.* atmospheric
ato *n.m.* **1** act; **um ato de violência:** an act of violence **2** ceremony; **ato público:** public ceremony **3** (peça de teatro) act; **uma peça com quatro atos:** a four-act play
atómico *adj.* atomic
átomo *n.m.* atom
átono *adj.* unstressed
ator *n.m.* actor; performer; **ator principal:** leading actor; **ator secundário:** actor in a supporting role
atração *n.f.* attraction; **atração turística:** tourist attraction; **sentir atração por alguém:** to be attracted to somebody
atracar *v.* to moor
atracção *a nova grafia é* **atração**
atractivo *a nova grafia é* **atrativo**
atraente *adj.2gén.* **1** attractive **2** interesting
atraiçoar *v.* to betray
atrair *v.* to attract
atrapalhado *adj.* **1** embarrassed **2** confused
atrapalhar *v.* **1** to embarrass **2** to confuse
atrás *adv.* **1** (lugar) behind; back; **atrás de uma árvore:** behind a tree **2** (direção) after; **correr atrás de alguém:** to run after a person **3** (tempo) ago; **algumas semanas atrás:** some weeks ago
atrasado *adj.* **1** late; **estou atrasado:** I'm late **2** (relógio) slow **3** (projeto, obras) behind schedule
atrasar *v.* **1** to delay **2** (relógio) to put back ♦ **atrasar-se 1** to be late **2** (relógio) to be slow
atraso *n.m.* delay
atrativo *n.m.* attraction ♦ *adj.* attractive
através *adv.* **1** through; **andar através da multidão:** to walk through the crowd **2** across; **caminhar através dos campos:** to walk across the fields
atravessar *v.* **1** to cross; **atravessar a rua:** to cross the street **2** to go through; **atravessar um momento crítico:** to go through a crisis
atrelado *n.m.* trailer
atrelar *v.* **1** (veículos) to couple **2** (animal) to hitch (up)
atrever-se *v.* to dare; **como te atreves?:** how dare you?
atrevido *adj.* **1** (descarado) cheeky **2** (corajoso) bold
atrevimento *n.m.* boldness
atribuir *v.* **1** (responsabilidade, tarefa) to assign **2** (importância, valor) to attach **3** (prémio, recompensa) to award **4** (culpa) to lay
átrio *n.m.* entrance hall; foyer
atriz *n.f.* actress; performer; **atriz principal:** leading actress; **atriz secundária:** actress in a supporting role
atropelar *v.* to run over; to run down
atuação *n.f.* performance
atual *adj.2gén.* **1** current; present **2** up-to-date

> Para dizermos **actual** em inglês usamos a palavra **current**. Também existe a palavra **actual** em inglês, mas quer dizer *verdadeiro, real.*

atualidade *n.f.* present (time); **na atualidade:** nowadays; at the present time

atualização *n.f.* **1** updating **2** (computador, programa) upgrade
atualizar *v.* **1** to update **2** (computador, programa) to upgrade
atualmente *adv.* currently; at the moment
atuar *v.* **1** to act **2** (ator, artista) to perform
atum *n.m.* tuna fish
aturar *v.* to bear; to put up with
audição *n.f.* **1** (sentido) hearing **2** (para televisão, cinema) audition
audiência *n.f.* audience
auditivo *adj.* **1** hearing; **dificuldades auditivas:** hearing difficulties **2** auditory; **nervo auditivo:** auditory nerve
auditório *n.m.* **1** (sala) hall **2** (público) audience
auge *n.m.* top; peak; height
aula *n.f.* lesson; **sala de aula:** classroom; schoolroom
aumentar *v.* **1** (quantidade) to increase **2** (salário, preço) to raise **3** (tamanho) to extend
aumento *n.m.* **1** increase; **aumento da população:** increase in population **2** rise; **aumento de preço:** rise in price **3** (salário) raise; **pedir um aumento:** to ask for a raise
auricular *n.m.* earpiece; (com microfone) headset ◆ *adj.2gén.* **1** (ouvido) auricular **2** (coração) atrial
aurora *n.f.* dawn; **ao romper da aurora:** at daybreak
auscultação *n.f.* **1** (médica) auscultation **2** (sondagem) sounding
auscultador *n.m.* **1** (de telefone) receiver **2** (de música) headphone
ausência *n.f.* absence
ausente *adj.2gén.* absent
Austrália *n.f.* Australia
australiano *adj. e n.m.* Australian
Áustria *n.f.* Austria
austríaco *adj. e n.m.* Austrian
autêntico *adj.* authentic; genuine; real
autoavaliação *n.f.* self-assessment
auto-avaliação *a nova grafia é* **autoavaliação**
autobiografia *n.f.* autobiography
autocarro *n.m.* bus; **autocarro de dois andares:** double-decker; **condutor do autocarro:** bus driver; **ir de autocarro:** to go by bus; **paragem de autocarro:** bus stop
autoclismo *n.m.* toilet flush; **puxar o autoclismo:** to flush the toilet
autocolante *n.m.* sticker
autoconfiança *n.f.* self-confidence
autoconfiante *adj.2gén.* self-confident
autocontrolo *n.m.* self-control
autodisciplina *n.f.* self-discipline
autoestima *n.f.* self-esteem
auto-estima *a nova grafia é* **autoestima**
autoestrada *n.f.* motorway
auto-estrada *a nova grafia é* **autoestrada**
autografar *v.* to autograph
autógrafo *n.m.* autograph; **dar um autógrafo:** to give an autograph; **pedir um autógrafo:** to ask for an autograph
automático *adj.* automatic; **piloto automático:** automatic pilot
automobilismo *n.m.* motor racing
automobilista *n.2gén.* driver; motorist
automóvel *n.m.* *(Grã-Bretanha)* car; *(Estados Unidos da América)* automobile; **automóvel de corrida:** racing car
autor *n.m.* author
autora *n.f.* authoress
auto-rádio *a nova grafia é* **autorrádio**
auto-retrato *a nova grafia é* **autorretrato**
autoridade *n.f.* authority; **ter autoridade para fazer algo:** to have the authority to do something
autoritário *adj.* authoritarian
autorização *n.f.* permission

autorrádio *n.m.* car radio
autorretrato *n.m.* self-portrait
auxiliar *v.* to help ◆ *n.2gén.* (pessoa) assistant ◆ *adj.2gén.* auxiliary
auxílio *n.m.* help; aid
avaliação *n.f.* assessment; (escola) evaluation; **avaliação contínua:** continuous assessment
avaliar *v.* to assess; (escola) to evaluate
avançado *adj.* **1** advanced **2** (ideias) progressive ◆ *n.m.* (jogador) forward
avançar *v.* to move forward; to move on
avanço *n.m.* **1** progress; **avanço da ciência:** progress of science **2** lead; **ter 3 pontos de avanço:** to have a lead of 3 points
avaria *n.f.* **1** (veículo, mecanismo) breakdown **2** damage
avariado *adj.* (elevador, telefone) out of order; (veículo) broken down
avariar *v.* **1** (veículo, mecanismo) to cause a breakdown to **2** to damage ◆ **avariar-se 1** to break down **2** to become damaged
ave *n.f.* bird; **ave de rapina:** bird of prey; **aves de capoeira:** fowl; poultry
aveia *n.f.* oats; **papas de aveia:** oatmeal
avelã *n.f.* hazelnut
avenida *n.f.* avenue
avental *n.m.* apron
aventura *n.f.* adventure; **história de aventuras:** adventure story
avesso *n.m.* reverse; wrong side; **virado do avesso:** inside out
avestruz *n.m.* ostrich
aviação *n.f.* **1** (civil) aviation **2** (militar) air force
aviador *n.m.* pilot
avião *n.m.* aeroplane; plane; *(Estados Unidos da América)* airplane; **avião a jato:** jet plane; **viajar de avião:** to travel by plane
avioneta *n.f.* light aircraft
avisar *v.* to warn
aviso *n.m.* **1** warning; **um sinal de aviso:** a warning signal **2** notice; **aviso prévio:** advance notice
avó *n.f.* grandmother; *(informal)* grandma
avô *n.m.* grandfather; *(informal)* grandpapa; grandpa
avós *n.m.pl.* grandparents
avozinho *n.m. (informal)* grandpa; grandad
axila *n.f.* armpit
azar *n.m.* bad luck; **dar azar:** to bring bad luck; **que azar!:** what bad luck!
azarento *adj.* unlucky
azedo *adj.* (alimento) sour; (sabor) bitter
azeite *n.m.* olive oil
azeitona *n.f.* olive
azenha *n.f.* watermill
azevinho *n.m.* holly
azul *adj.2gén.* blue; **céu azul:** blue sky ◆ *n.m.* blue; **azul escuro:** dark blue; **azul claro:** light blue
azulejo *n.m.* tile
azul-escuro *adj. e n.m.* dark blue
azul-marinho *adj. e n.m.* navy blue

B

b *n.m.* (letra) b
baba *n.f.* dribble
babete *n.f.* bib
bacalhau *n.m.* cod; **bacalhau seco:** dried codfish
bacana *adj.2gén.* *(Brasil)* *(informal)* nice; great
bacia *n.f.* basin
baço *adj.* **1** (luz, cor) dim; dull **2** (metal) tarnished ◆ *n.m.* (órgão) spleen
badminton *n.m.* badminton
bafo *n.m.* breath
baga *n.f.* berry
bagagem *n.f.* luggage; baggage
bago *n.m.* **1** (uva) grape **2** (cereal) grain
bagunça *n.f.* *(Brasil)* (desordem, desarrumação) mess
baía *n.f.* bay
bailado *n.m.* **1** (espetáculo) ballet **2** (dança) dance
bailarino *n.m.* [*f.* bailarina] dancer
baile *n.m.* ball; **baile de máscaras:** masked ball
bainha *n.f.* hem
bairro *n.m.* (zona) area; neighbourhood; **bairro residencial:** residential area
bairro-de-lata *a nova grafia é* **bairro de lata**
bairro de lata *n.m.* shantytown
baixa *n.f.* **1** (por doença) sick leave; **estar de baixa:** to be on leave **2** (de cidade) downtown
baixar *v.* **1** to lower **2** (som) to turn down **3** (preço, temperatura) to drop **4** (maré) to ebb ◆ **baixar-se** to bend down
baixinho *adv.* in a low voice; softly; **dizer baixinho:** to whisper
baixo *adj.* **1** low; **preço baixo:** low price **2** short; **uma pessoa baixa:** a short person **3** poor; **de baixa qualidade:** of poor quality ◆ *adv.* softly; **falar baixo:** to speak softly
bala *n.f.* bullet; **à prova de bala:** bulletproof
balada *n.f.* ballad
balança *n.f.* scales
Balança *n.f.* (constelação, signo) Libra; the Balance
balançar *v.* to swing
balancé *n.m.* seesaw
balanço *n.m.* swing
balão *n.m.* balloon; **balão de ar quente:** hot-air balloon
balcão *n.m.* **1** (loja, café) counter **2** (edifício, teatro) balcony
balda *n.f.* *(informal)* chaos; mess
baldas *adj. e n.2gén.2núm.* *(informal)* slacker
balde *n.m.* **1** bucket **2** (lixo) dustbin
baleia *n.f.* whale
balido *n.m.* baa
balir *v.* to baa
baliza *n.f.* goal
ballet *n.m.* ballet
balneário *n.m.* changing room
baloiçar *v.* to swing
baloiço *n.m.* swing; **andar de baloiço:** to have a go on the swing
banal *adj.2gén.* trivial; banal
banana *n.f.* banana; **casca de banana:** banana skin
bananeira *n.f.* banana tree
banca *n.f.* **1** (de cozinha) sink **2** (quiosque) newsstand; stand

bancada *n.f.* 1 (teatro) row 2 (estádio) terraces
banco *n.m.* 1 bank; **Banco Mundial:** World Bank 2 bench; (individual) stool; **banco de jardim:** park bench; **banco de piano:** piano stool 3 (automóvel) seat; **banco da frente:** front seat; **banco de trás:** back seat
banda *n.f.* 1 band; **banda rock:** rock band; **banda sonora:** soundtrack 2 (de tecido) strip ❖ **banda desenhada:** comics
bandeira *n.f.* flag; **arriar a bandeira:** to strike the flag; **içar a bandeira:** to hoist the flag
bandeja *n.f.* tray
bando *n.m.* 1 (aves) flock; **um bando de gaivotas:** a flock of seagulls 2 (pessoas) swarm; **um bando de adolescentes:** a swarm of teenagers
bandolete *n.f.* hairband
banga *n.f.* 1 *(Angola)* (vaidade) vanity 2 *(Guiné-Bissau)* (rapariga) girl 3 *(Moçambique)* (taberna) pub
banha *n.f.* fat; **banha de porco:** lard
banhar *v.* to bath ◆ **banhar-se** to bathe
banheira *n.f.* bath; bathtub
banheiro *n.m.* 1 (praia) lifeguard 2 *(Brasil)* bathroom
banhista *n.2gén.* bather
banho *n.m.* 1 (na banheira) bath 2 (com chuveiro) shower 3 (no mar, na piscina) swim
banquete *n.m.* banquet
baptismo *a nova grafia é* **batismo**
baptizado *a nova grafia é* **batizado**
baptizar *a nova grafia é* **batizar**
bar *n.m.* bar; pub; **empregado de bar:** barman
baralhar *v.* 1 to mix up 2 (ideias) to confuse 3 (cartas de jogar) to shuffle
baralho *n.m.* pack; **baralho de cartas:** pack of cards
barão *n.m.* baron
barata *n.f.* cockroach
barato *adj.* cheap
barba *n.f.* beard; **deixar crescer a barba:** to grow a beard; **fazer a barba:** to shave
barbatana *n.f.* fin
barbearia *n.f.* barber's
barbear(-se) *v.* to shave
barbeiro *n.m.* (profissão) barber
barbudo *adj.* bearded
barco *n.m.* boat; **barco a remos:** rowing boat; **barco à vela:** sailing boat; **barco de pesca:** fishing boat; **barco salva-vidas:** lifeboat; **viajar de barco:** to travel by boat
barra *n.f.* bar; (ginástica) **barra fixa:** horizontal bar; (computador) **barra de deslocamento:** scroll bar; (ginástica) **barras paralelas:** parallel bars
barraca *n.f.* shack; shanty
barragem *n.f.* dam
barrar *v.* 1 to bar; **barrar o caminho a alguém:** to bar someone's way 2 to spread; **barrar manteiga no pão:** to spread butter on the bread
barreira *n.f.* barrier
barriga *n.f.* belly; stomach; **dor de barriga:** stomachache
barrigudo *adj.* big-bellied; pot-bellied
barril *n.m.* barrel; cask
barro *n.m.* clay; **louça de barro:** crockery; earthenware
barulhento *adj.* noisy
barulho *n.m.* noise; **fazer barulho:** to make noise; **pouco barulho!:** quiet!; **sem fazer barulho:** quietly
base *n.f.* base; INFORMÁTICA **base de dados:** database
basebol *n.m.* baseball; **jogador de basebol:** baseball player
básico *adj.* 1 basic; fundamental; **ideia básica:** basic idea; **necessidades**

básicas: basic needs **2** elementary; **ensino básico:** elementary education
basquetebol *n.m.* basketball
basquetebolista *n.2gén.* basketball player
bastante *adv.* **1** enough; sufficient; **conheço-o bastante bem:** I know him well enough **2** quite; rather; **bastante caro:** rather expensive **3** much; a lot; **ela está bastante melhor:** she's much better ◆ *det.indef.>quant.exist.*[DT] many; lots of; **bastantes pessoas:** many people
bastar *v.* to be enough; **basta!:** that's enough!
bastidores *n.m.pl.* stage wings; **nos bastidores:** behind the scenes; backstage
bata *n.f.* **1** (de médico) white coat; (de doente) gown **2** (de limpeza) uniform
batalha *n.f.* battle; (jogo) **batalha naval:** battleships
batata *n.f.* potato; **batatas fritas:** chips
batedeira *n.f.* (elétrica) mixer
bater *v.* **1** (vencer) to beat; to defeat; **bater um adversário:** to beat one's opponent **2** (asas) to flap **3** (coração) to beat **4** to crash; **bater com o carro:** to crash one's car **5** to knock; **bater à porta:** to knock at the door
bateria *n.f.* **1** (de automóvel, telemóvel) battery; **carregar a bateria:** to charge the battery **2** (instrumento musical) drums; **ele toca bateria:** he plays drums
baterista *n.2gén.* drummer
batido *n.m.* milkshake
batismo *n.m.* baptism; christening
batizado *n.m.* christening
batizar *v.* **1** (cerimónia) to baptize **2** (dar o nome) to christen
batom *n.m.* lipstick
bâton *n.m.* lipstick
batota *n.f.* cheating; **fazer batota:** to cheat
batoteiro *n.m.* cheat; cheater
bau *n.m.* *(Angola)* buffalo
baú *n.m.* trunk
baunilha *n.f.* vanilla; **gelado de baunilha:** vanilla ice cream
bazar *n.f.* market; bazaar
bêbado *adj.* → **bêbedo**
bebé *n.2gén.* baby
bêbedo *adj. e n.m.* drunk
beber *v.* to drink
bebida *n.f.* drink
beco *n.m.* alley; **beco sem saída:** blind alley
bege *adj.2gén. e n.m.* (cor) beige
begónia *n.f.* begonia
beijar *v.* to kiss
beijo *n.m.* kiss
beira-mar *n.f.* seashore; seaside
Bela Adormecida *n.f.* (contos infantis) Sleeping Beauty
beldade *n.f.* beauty
beleza *n.f.* beauty; **concurso de beleza:** beauty contest; **produtos de beleza:** beauty products
belga *adj. e n.2gén.* Belgian
beliche *n.m.* **1** (em casa) bunk bed **2** (em navio) bunk
beliscão *n.m.* pinch; nip
beliscar *v.* to pinch; to nip
belo *adj.* beautiful
bem *adv.* **1** well; right; **estás bem?:** are you all right?; **não me sinto bem hoje:** I don't feel well today **2** very; much; **está bem sujo:** it's very dirty **3** right; correctly; **respondi bem à pergunta:** I got the answer right ◆ *n.m.* **1** possession; **bens de consumo:** consumer goods **2** good; **o bem e o mal:** good and evil **3** sake; **isto é para o teu bem:** it's for your own sake
bem-comportado *adj.* well-behaved
bem-disposto *adj.* in a good mood
bem-educado *adj.* polite
bem-estar *n.m.* well-being
bem-humorado *adj.* in a good mood

bem-vindo *adj.* welcome
bênção *n.f.* blessing
bendito *adj.* blessed
bendizer *v.* to bless
benefício *n.m.* benefit; **em benefício de:** for the benefit of; **em benefício próprio:** for one's own benefit
bengala *n.f.* walking stick; stick
benzer *v.* to bless ◆ **benzer-se** to make the sign of the cross
berço *n.m.* cradle; cot
beringela *n.f.* aubergine
berlinde *n.m.* marble; **jogar ao berlinde:** to play marbles
berma *n.f.* **1** (estrada) side **2** (autoestrada) hard shoulder
berrante *adj.2gén.* (cor) gaudy
berrar *v.* to yell
berro *n.m.* scream; shout
besouro *n.m.* beetle
bestial *adj.2gén.* *(informal)* great
betão *n.m.* concrete
beterraba *n.f.* beetroot
bexiga *n.f.* bladder
bezerro *n.m.* calf
biberão *n.m.* feeding bottle
Bíblia *n.f.* Bible
biblioteca *n.f.* library; **biblioteca pública:** public library
bicha *n.f.* **1** worm; **bicha solitária:** tapeworm **2** *(informal)* queue; **fazer bicha para o autocarro:** to queue up for the bus
bichano *n.m.* *(informal)* puss; pussy cat
bicho *n.m.* (inseto) bug; *(informal)* **que bicho te mordeu?:** what's bugging you?
bicho-carpinteiro *n.m.* woodworm
bicho-da-seda *n.m.* silkworm
bicho-papão *n.m.* (figura imaginária) bogeyman; bogyman
bicicleta *n.f.* bicycle; bike; **andar de bicicleta:** to ride a bicycle
bico *n.m.* **1** (de pássaro) beak **2** (de caneta) nib
bicudo *adj.* pointed; sharp
bidé *n.m.* bidet
bife *n.m.* steak; beefsteak; **bife grelhado:** grilled steak
bigode *n.m.* **1** moustache; **deixar crescer o bigode:** to grow a moustache; **ter/usar bigode:** to wear a moustache **2** (gato, rato) whisker
bijutaria *n.f.* costume jewellery
bilhar *n.m.* billiards; **jogar bilhar:** to play billiards; **mesa de bilhar:** billiard table; **taco de bilhar:** billiard cue
bilhete *n.m.* **1** ticket; **bilhete de ida e volta:** return ticket; **bilhete de identidade:** identity card **2** note; **deixar um bilhete:** to leave a note
bilheteira *n.f.* **1** ticket office **2** (cinema, teatro) box office
bilião *num.card.>quant.num.*[DT] *e n.m.* billion
bilingue *adj.2gén.* bilingual
bílis *n.f.* bile
bimensal *adj.2gén.* bimonthly
bingo *n.m.* (jogo) bingo ◆ *interj.* bingo!
binóculos *n.m.pl.* binoculars
biodegradável *adj.2gén.* biodegradable
biodiversidade *n.f.* biodiversity
biografia *n.f.* biography
biográfico *adj.* biographical
biologia *n.f.* biology
biológico *adj.* biological
biólogo *n.m.* [*f.* bióloga] biologist
biquíni *n.m.* bikini
birra *n.f.* tantrum; **fazer uma birra:** to throw a tantrum
bisavó *n.f.* great-grandmother
bisavô *n.m.* great-grandfather
bisavós *n.m.pl.* great-grandparents
bisbilhotar *v.* to gossip
bisbilhoteiro *adj.* nosy
bisbilhotice *n.f.* gossip
biscoito *n.m.* *(Grã-Bretanha)* biscuit; *(Estados Unidos da América)* cookie

bisnaga *n.f.* 1 (brinquedo) water pistol 2 (creme, gel, tinta) tube
bisneta *n.f.* great-granddaughter
bisneto *n.m.* great-grandson
bisonte *n.m.* bison
bispo *n.m.* bishop
bissexto *adj. e n.m.* leap; **ano bissexto:** leap year
bisturi *n.m.* scalpel
biznesse *n.m. (Angola, Moçambique)* (negócio) business
bloco *n.m.* 1 block; **bloco de apartamentos:** block of flats 2 (de apontamentos) notepad
blog *n.m.* → **blogue**
blogue *n.m.* (Internet) blog; weblog
bloquear *v.* 1 to block 2 (mecanismo) to get stuck
blusa *n.f.* blouse
blusão *n.m.* jacket
boa-noite *n.f.* 1 good evening 2 (despedida) good night
boas-festas *n.f.pl.* (Natal) Christmas greetings
boas-vindas *n.f.pl.* welcome; **dar as boas-vindas a alguém:** to welcome somebody; **festa de boas-vindas:** welcome party
boa-tarde *n.f.* good afternoon
boato *n.m.* rumour
boca *n.f.* mouth; **não abrir a boca:** to keep one's mouth shut; not to say a word; **fazer crescer água na boca:** to make one's mouth water
bocado *n.m.* 1 bit; piece; (a) little; **um bocado de cada vez:** a bit at a time 2 while; **cheguei há bocado:** I arrived a little while ago
bocal *n.m.* 1 (telefone) mouthpiece 2 (frasco) mouth
bocejar *v.* to yawn
bocejo *n.m.* yawn
bochecha *n.f.* cheek
boda *n.f.* 1 wedding; **bodas de ouro:** golden wedding; **bodas de prata:** silver wedding 2 *(Angola)* party
bode *n.m.* billy goat
bodyboard *n.m.* bodyboard
bofetada *n.f.* slap
boi *n.m.* ox
boia *n.f.* 1 buoy; **boia de salvamento:** life buoy 2 (para nadar) rubber ring
bóia *a nova grafia é* **boia**
boião *n.m.* jar
boiar *v.* to float
boina *n.f.* beret
bola (bóla) *n.f.* 1 ball; **bola de neve:** snowball; **jogar à bola:** to play ball 2 bubble; **bola de sabão:** soap bubble; **fazer bolas de sabão:** to blow bubbles
bola (bôla) *n.f.* meat pie
bolacha *n.f.* biscuit
bolbo *n.m.* bulb
boleia *n.f.* lift; **andar à boleia:** to hitchhike; **dar boleia a alguém:** to give somebody a lift
boletim *n.m.* report; bulletin; **boletim meteorológico:** weather report; **boletim noticioso:** news report
bolha *n.f.* 1 (de ar, sabão) bubble 2 (na pele) blister
bolo *n.m.* cake; **bolo de chocolate:** chocolate cake; **fazer um bolo:** to make/bake a cake
bolota *n.f.* acorn
bolsa *n.f.* 1 bag 2 grant; **bolsa de estudos:** scholarship
bolseiro *n.m.* grant holder
bolso *n.m.* pocket
bom *adj.* 1 good; **o tempo está bom:** the weather is good; **ser bom em:** to be good at 2 well; (saúde) **ficar bom:** to get well
bomba *n.f.* 1 bomb; **bomba atómica:** atom bomb 2 (de ar, água) pump
bombardeamento *n.m.* (aéreo) bombing; (com artilharia) bombardment

bombardear *v.* 1 (bombas) to bomb 2 (mísseis, perguntas) to bombard
bombardeiro *n.m.* (avião) bomber
bombeiro *n.m.* firefighter; fireman; **carro dos bombeiros:** fire engine
bombista *n.2gén.* bomber
bombo *n.m.* bass drum
bombom *n.m.* bonbon; **caixa de bombons:** box of chocolates
bonança *n.f.* (mar) fair weather
bondade *n.f.* goodness; kindness
bonde *n.m.* *(Brasil)* (elétrico) tram (car)
bondoso *adj.* kind; good
boné *n.m.* cap
boneca *n.f.* doll; dolly; **boneca de trapos:** rag doll
boneco *n.m.* 1 doll; **boneco de neve:** snowman 2 (fantoche) puppet
bonito *adj.* 1 (pessoa) good-looking; beautiful; handsome 2 (gesto, lugar) nice; lovely
bónus *n.m.2núm.* 1 bonus 2 discount
borboleta *n.f.* butterfly
borboto *n.m.* (em tecido) lint; fluff
borbulha *n.f.* spot; pimple
borbulhar *v.* to bubble
borda *n.f.* edge; border; **à borda de:** on the edge of
bordado *adj.* embroidered; **bordado à mão:** hand-embroidered ◆ *n.m.* embroidery
bordão *n.m.* 1 staff; stick 2 (frase) catchphrase
bordar *v.* to embroider
bordo *n.m.* 1 board; **a bordo:** aboard; on board 2 (prato, banheira, piscina) edge
borla *n.f.* (oferta) freebie; (bilhete grátis) free ticket; *(informal)* **à/de borla:** for free
borracha *n.f.* 1 (para apagar) rubber; eraser 2 (material) rubber
borracho *n.m.* 1 *(informal)* (pessoa) bombshell 2 (bêbedo) drunkard
borrada *n.f.* *(informal)* botch
borrão *n.m.* (de tinta) blot
borrego *n.m.* lamb
borrifar *v.* to spray ◆ **borrifar-se** *(informal)* not to care; **estou-me a borrifar:** I don't give a damn
bosque *n.m.* wood; forest
bossa *n.f.* (camelo) hump
bosse *n.m.* 1 *(Moçambique)* (patrão) boss 2 *(Moçambique)* (marido) husband
bota *n.f.* boot; **botas de cano alto:** high boots; **botas de montar:** riding boots
botânica *n.f.* botany
botânico *adj.* botanical ◆ *n.m.* botanist
botão *n.m.* 1 (roupa) button; **casa do botão:** buttonhole 2 (flor) bud; **em botão:** in bud
bote *n.m.* boat; **bote salva-vidas:** lifeboat
botija *n.f.* 1 (gás, oxigénio) cylinder; bottle 2 (água quente) hot-water bottle
botim *n.m.* ankle boot
bovino *adj. e n.m.* bovine; **gado bovino:** cattle
bowling *n.* bowling; **pista de bowling:** bowling alley
boxe *n.m.* boxing; **combate de boxe:** boxing match; **luvas de boxe:** boxing gloves
boxer *n.m.* (cão) boxer
boxers *n.m.pl.* boxer shorts
braçada *n.f.* (natação) stroke
bracelete *n.m.* bracelet
braço *n.m.* arm; **de braço dado:** arm in arm; **de braços abertos:** with open arms
brada *n.m.* 1 *(Moçambique)* (irmão) brother 2 *(Moçambique)* (amigo) friend
bramido *n.m.* roar
branca *n.f.* 1 (cabelo) white hair 2 (perda de memória) blank
Branca de Neve *n.f.* (contos infantis) Snow White
branco *adj.* white

brancura *n.f.* whiteness
brando *adj.* soft; mild
brasa *n.f.* ember; live coal; **em brasa:** red-hot
brasão *n.m.* coat of arms
braseiro *n.m.* brazier; fire-pan
Brasil *n.m.* Brazil
brasileiro *adj. e n.m.* Brazilian
bravio *adj.* (terreno, planta, animal) wild
bravo *adj.* 1 (pessoa) brave; courageous 2 (animal) fierce; wild ◆ *interj.* bravo!; well done!
bravura *n.f.* bravery; fierceness
brecha *n.f.* breach; gap
breu *n.m.* **escuro como breu:** pitch-black
breve *adj.2gén.* short; brief ◆ *adv.* soon; **até breve!:** see you soon!
brevemente *adv.* soon; **brevemente ela será mãe:** she will be a mother soon
briga *n.f.* 1 fight 2 quarrel
brigadeiro *n.m.* 1 (militar) brigadier 2 (doce) chocolate truffle
brigar *v.* 1 (lutar) to fight 2 (discutir) to argue; to quarrel
brilhante *adj.2gén.* 1 (luz, cor) bright 2 (superfície) shiny 3 *(figurado)* brilliant; **uma ideia brilhante:** a brilliant idea
brilhar *v.* to shine; to glow; to glitter
brilho *n.m.* shine
brincadeira *n.f.* 1 joke; **estar na brincadeira:** to be joking 2 (brinquedos, jogos) game; play
brincalhão *n.m.* [*f.* brincalhona] joker; teaser ◆ *adj.* playful
brincar *v.* 1 to play; **brincar às escondidas:** to play hide-and-seek 2 to joke; **estar a brincar:** to be joking; to be kidding
brinco *n.m.* earring
brindar *v.* to toast
brinde *n.m.* toast; **fazer um brinde à saúde de alguém:** to propose a toast to somebody
brinquedo *n.m.* toy; **loja de brinquedos:** toyshop
brisa *n.f.* breeze
britânico *adj.* British; **as Ilhas Britânicas:** the British Isles ◆ *n.m.* [*f.* britânica] British person; Briton; **os Britânicos:** the British
broa *n.f.* maize bread
broca *n.f.* drill
brochura *n.f.* brochure
brócolos *n.m.pl.* broccoli
bronca *n.f.* *(informal)* mess; botch-up
bronquite *n.f.* bronchitis
bronze *n.m.* bronze; **medalha de bronze:** bronze medal
bronzeado *n.m.* tan; suntan ◆ *adj.* tanned; suntanned
bronzeador *n.m.* (creme) suntan lotion
bronzear *v.* to tan ◆ **bronzear-se** to get a suntan
brotar *v.* 1 (planta) to sprout 2 (líquido) to spout out
bruços *n.m.pl.* (natação) breaststroke; **nadar bruços:** to do the breaststroke
bruma *n.f.* mist; haze
brusco *adj.* 1 (atitude) abrupt; brusque 2 (palavra, resposta) curt; **resposta brusca:** curt reply
brusquidão *n.f.* abruptness; brusqueness
brutal *adj.2gén.* brutal
bruto *adj.* 1 raw; crude; **petróleo bruto:** crude oil 2 *(figurado)* (pessoa) rude; coarse
bruxa *n.f.* witch
bruxaria *n.f.* witchcraft
bruxedo *n.m.* witchcraft
bruxo *n.m.* wizard; sorcerer
buala *n.f.* 1 *(Angola)* (povoação) village 2 *(Angola)* (bairro) neighbourhood
buço *n.m.* down

búfalo *n.m.* buffalo
bufar *v.* **1** to blow **2** (de cansaço) to puff **3** (de irritação) to huff
bufete *n.m.* **1** (refeição) buffet **2** (serviço) catering service
bugiganga *n.f.* trinket
bula *n.f.* **1** bull; **Bula Papal:** Papal bull **2** (em medicamento) directions for use
bula-bula *n.f.* *(Moçambique)* (mexerico) tittle-tattle
buldogue *n.m.* bulldog
bule *n.m.* teapot
bulha *n.f.* quarrel; fight; row; **andar à bulha:** to fight
bullying *n.m.* bullying
bumbar *v.* *(Angola)* to work hard
bunda *n.f.* *(Brasil) (informal)* (nádegas) bottom
buraco *n.m.* **1** hole; **buraco da fechadura:** keyhole **2** (da agulha) eye
burburinho *n.m.* (vozes) hubbub
burguês *adj. e n.m.* bourgeois
burguesia *n.f.* **1** bourgeoisie **2** middle classes
burla *n.f.* fraud; swindle
burrice *n.f.* **1** stupid thing **2** stupidity
burro *n.m.* (animal) ass; donkey ◆ *adj.* *(depreciativo)* (pessoa) stupid
busca *n.f.* search; **em busca de:** in search of
buscar *v.* to fetch; to get
bússola *n.f.* compass
busto *n.m.* bust
buzina *n.f.* horn
buzinar *v.* to hoot; to toot
búzio *n.m.* whelk

C

c *n.m.* (letra) c
cá *adv.* here; over here; **anda cá:** come here
cabaça *n.f.* calabash
cabana *n.f.* hut; shack
cabaz *n.m.* hamper; basket
cabeça *n.f.* head ◆ *n.2gén.* (chefe) head; leader
cabeçada *n.f.* **1** (acidental) bang **2** (desporto) header
cabeçalho *n.m.* (de jornal) headline
cabecear *v.* **1** (com sono) to nod **2** (em desporto) to head
cabeceira *n.f.* (cama, mesa) head; (cama) **à cabeceira de:** at the bedside of
cabedal *n.m.* leather
cabeleira *n.f.* **1** (cabelo) hair **2** (peruca) wig
cabeleireiro *n.m.* **1** (pessoa) hairdresser **2** (local) hairdresser's
cabelo *n.m.* hair; **arranjar o cabelo:** to have one's hair dressed
cabeludo *adj.* (pessoa) long-haired; (parte do corpo) hairy
caber *v.* to fit in
cabetula *n.f.* *(Angola)* popular dance
cabide *n.m.* hanger
cabina *n.f.* **1** (avião) cockpit; cabin **2** booth; **cabina telefónica:** telephone box
cabo *n.m.* **1** cable **2** (de faca, garfo) handle **3** (de vassoura) broomstick
cabobo *adj. e n.2gén.* *(Angola)* toothless (person)
Cabo Verde *n.* Cape Verde
cabo-verdiano *adj. e n.m.* Cape Verdean
cabra *n.f.* goat
cabra-cega *n.f.* (jogo) blind man's buff
cabrito *n.m.* kid
cábula *n.f.* (escola) crib ◆ *n.2gén.* (estudante) truant; skiver ◆ *adj.2gén.* (estudante) lazy; slack
caca *n.f.* **1** *(linguagem infantil)* pooh **2** *(informal)* shit; rubbish
caça *n.f.* hunting; **época de caça:** hunting season; **ir à caça:** to go hunting
caçadeira *n.f.* shotgun
caçadinhas *n.f.pl.* tag; **brincar às caçadinhas:** to play tag
caçador *n.m.* hunter
caçar *v.* **1** to hunt **2** (com espingarda) to shoot
cacarejar *v.* (galinha) to cluck; (galo) to crow
cacarejo *n.m.* (galinha) cluck; (galo) crowing
caçarola *n.f.* casserole
cacau *n.m.* (planta, bebida) cocoa
cacaueiro *n.m.* (árvore) cacao
cacetada *n.f.* whack; blow
cacete *n.m.* **1** (bastão) club; stick **2** (pão) baguette
cachalote *n.m.* sperm whale
cachecol *n.m.* scarf
cachimbo *n.m.* pipe; **cachimbo da paz:** peace pipe; **fumar cachimbo:** to smoke a pipe
cacho *n.m.* bunch; **cacho de uvas:** bunch of grapes
cachorro *n.m.* (animal) pup; puppy
cachorro-quente *n.m.* hot dog
cachupa *n.f.* *(Cabo Verde)* stew made of corn, beans, and fish or meat

cacifo *n.m.* locker
caco *n.m.* piece; **feito em cacos:** smashed to pieces
cacto *a nova grafia é* **cato**
cada *det.indef.>quant.univ.*[DT] **1** each; **cada um:** each one **2** (tempo) every; **de cada vez que:** every time
cadáver *n.m.* corpse
cadeado *n.m.* padlock; **fechado a cadeado:** padlocked
cadeia *n.f.* **1** chain; **cadeia alimentar:** food chain **2** jail; **estar na cadeia:** to be in jail
cadeira *n.f.* **1** chair; **cadeira de baloiço:** rocking chair; **cadeira de rodas:** wheelchair **2** (disciplina) subject
cadela *n.f.* (animal) bitch
cadência *n.f.* cadence; rhythm
cadente *adj.2gén.* falling; **estrela cadente:** shooting star
caderneta *n.f.* **1** (banco) bankbook **2** (escola) school report book **3** (cromos) sticker album
caderno *n.m.* notebook; **caderno de exercícios:** exercise book
caducar *v.* (documento, prazo) to expire
café *n.m.* **1** (bebida) coffee; **café com leite:** white coffee; **máquina de café:** coffee machine; **tomar um café:** to have a coffee **2** (lugar) coffee house; café
cafeína *n.f.* caffeine; (bebida) **sem cafeína:** caffeine-free
cafetaria *n.f.* coffee shop
cafeteira *n.f.* coffeepot
cafriela *n.f.* *(Guiné-Bissau)* chicken cooked in lemon, onions and butter
cafumbar *v.* *(Angola)* (prejudicar) to harm
cágado *n.m.* freshwater turtle
caiaque *n.m.* kayak
caiar *v.* to whitewash
cãibra *n.f.* cramp
cair *v.* to fall (down); **cair ao chão:** to fall to the ground
cais *n.m.* **1** (porto de mar) quay **2** (estação de comboio) platform
caixa *n.f.* **1** box; **caixa de fósforos:** matchbox; **caixa de música:** musical box **2** (loja) cash; **caixa registadora:** cash register ◆ *n.2gén.* (pessoa) cashier
caixão *n.m.* coffin
caixilharia *n.f.* (janelas, portas) framework
caixilho *n.m.* (janela, porta, quadro) frame
caixote *n.m.* **1** (de cartão) cardboard box **2** (do lixo) dustbin
cajado *n.m.* crook
caju *n.m.* (planta, fruto) cashew
cal *n.f.* lime
calado *adj.* silent; quiet
calar *v.* to silence; to keep quiet ◆ **calar-se** to stop talking; to shut up
calçadeira *n.f.* shoehorn
calcadela *n.f.* tread; **deram-me uma calcadela:** somebody stepped on my foot
calçado *n.m.* footwear
calcanhar *n.m.* heel
calcar *v.* to step on; to tread
calçar *v.* (luvas, meias, sapatos) to put on ◆ **calçar-se** to put one's shoes on
calças *n.f.pl.* trousers; **calças de ganga:** jeans
calcinhas *n.f.pl.* knickers
calções *n.m.pl.* shorts; **calções de banho:** swimming trunks
calculadora *n.f.* calculator; **calculadora de bolso:** pocket calculator
calcular *v.* to calculate; to work out
cálculo *n.m.* calculation
calda *n.f.* **1** (com açúcar) syrup **2** (para arroz) stock; broth
caldeira *n.f.* (aquecimento) boiler
caldeirada *n.f.* fish stew
caldo *n.m.* broth; soup; **caldo de legumes:** vegetable broth; **caldo verde:** kale and potato broth

calendário *n.m.* calendar; **calendário do Advento:** Advent calendar
calhar *v.* to fall; to happen to be; **o meu aniversário calha num sábado:** my birthday falls on a Saturday; **se calhar:** maybe; who knows?
calhau *n.m.* stone; (grande) boulder
calibre *n.m.* calibre
cálice *n.m.* (copo com pé) goblet
caligrafia *n.f.* handwriting
calma *n.f.* calm; quietness; **manter a calma:** to keep calm; **perder a calma:** to lose one's temper; **(tem) calma!:** take it easy!; calm down!
calmante *adj.2gén.* calming; soothing ◆ *n.m.* **1** (dores) painkiller **2** (nervos) tranquillizer
calmo *adj.* **1** calm; cool-headed; **manter-se calmo:** to keep calm **2** quiet; peaceful; **um bairro calmo:** a quiet neighbourhood
calo *n.m.* (mão, planta do pé) callus; (dedo do pé) corn
caloiro *n.m.* **1** (universidade) fresher **2** (principiante) beginner
calor *n.m.* heat
caloria *n.f.* calorie
calórico *adj.* caloric
caloroso *adj.* warm; friendly
caloteiro *n.m.* *(informal)* bad payer
caluda *interj.* hush!
calulu *n.m.* *(Angola)* fish stew
calunga *n.f.* **1** *(Angola)* (eternidade) eternity **2** *(Angola)* (mar) sea ◆ *n.m.* *(Moçambique)* (coelho) rabbit
calúnia *n.f.* slander; (por escrito) libel
caluniar *v.* to slander; (por escrito) to libel
calvo *adj.* bald; **ficar calvo:** to go bald
cama *n.f.* bed; **fazer a cama:** to make the bed; **ir para a cama:** to go to bed ✧ (jogo infantil) **cama de gato:** cat's cradle
camada *n.f.* layer; **camada de ozono:** ozone layer
camaleão *n.m.* (animal) chameleon
câmara *n.f.* **1** chamber; **já leste "Harry Potter e a Câmara dos Segredos"?:** have you read "Harry Potter and the Chamber of Secrets"? **2** (município) council; **presidente da câmara:** mayor **3** (para filmar) camera; **operador de câmara:** cameraman **4** (parlamento) House; **Câmara dos Comuns:** House of Commons; **Câmara dos Lordes:** House of Lords
camarada *n.2gén.* **1** (amigo) mate; pal **2** (de partido) comrade
câmara-de-ar *a nova grafia é* **câmara de ar**
câmara de ar *n.f.* (roda de bicicleta) inner tube
camarão *n.m.* shrimp
camarata *n.f.* dormitory
camarim *n.m.* dressing room
camarote *n.m.* **1** (em navio) cabin **2** (no teatro) box
camba *n.m.* *(Angola)* friend
cambalhota *n.f.* somersault; roll; **dar uma cambalhota:** to do a somersault
camélia *n.f.* camellia
camelo *n.m.* (animal) camel
camião *n.m.* *(Grã-Bretanha)* lorry; *(Estados Unidos da América)* truck
camião-cisterna *n.m.* tanker
caminhada *n.f.* (longa) long walk; trek; (curta) stroll
caminhar *v.* to walk; to stroll
caminho *n.m.* way; **a meio caminho:** halfway; **ir a caminho de:** to be on the way to
caminho-de-ferro *a nova grafia é* **caminho de ferro**
caminho de ferro *n.m.* *(Grã-Bretanha)* railway; *(Estados Unidos da América)* railroad; **estação de caminho de ferro:** railway station
camioneta *n.f.* **1** (de carga) small truck; small lorry **2** (de passageiros) coach
camionista *n.2gén.* truck driver

camisa *n.f.* **1** (de homem) shirt; **em mangas de camisa:** in shirt sleeves **2** (de senhora) blouse **3** (de noite) nightdress; nightie
camisola *n.f.* sweater; pullover; jersey
camomila *n.f.* camomile
campa *n.f.* **1** (sepultura) grave **2** (lápide) gravestone
campainha *n.f.* bell; **tocar à campainha:** to ring the bell
campanha *n.f.* campaign; **campanha eleitoral:** election campaign
campar *v.* *(Angola)* to die
campeão *n.m.* [*f.* campeã] champion; **campeão do mundo:** world champion
campeonato *n.m.* championship; **campeonato do mundo:** world championship
campestre *adj.* country; rural
campismo *n.m.* camping; **fazer campismo:** to go camping; **parque de campismo:** camping site; campsite
campista *n.2gén.* camper
campo *n.m.* **1** country; countryside; **viver no campo:** to live in the country **2** field; **campo de futebol:** football ground **3** (ténis) tennis court
camponês *n.m.* [*f.* camponesa] peasant
camundongo *n.m.* *(Angola)* native of Luanda
camurça *n.f.* **1** (animal) chamois **2** (pele, tecido) suede
cana *n.f.* cane; rod; **cana de pesca:** fishing rod
cana-de-açúcar *n.f.* sugar cane
canadiana *n.f.* **1** (muleta) crutch **2** (tenda) ridge tent
canadiano *adj. e n.m.* Canadian
canal *n.m.* channel; **mudar de canal:** to switch channels; **o Canal da Mancha:** the English Channel
canalização *n.f.* plumbing
canalizador *n.m.* plumber
canalizar *v.* **1** (rio, água) to canalize **2** (conversa, esforço) to channel
canário *n.m.* canary
canção *n.f.* song; **canção de embalar:** lullaby
cancela *n.f.* **1** wrought-iron gate **2** (passagem de nível) barrier
cancelamento *n.m.* cancellation
cancelar *v.* to cancel; to call off
cancro *n.m.* (doença) cancer
candeeiro *n.m.* lamp
candengue *n.2gén.* *(Angola)* child
candidatar-se *v.* **1** (a cargo, função) to run (for) **2** (a emprego, bolsa de estudos) to apply (for)
candidato *n.m.* **1** (a cargo político) candidate **2** (a um emprego) applicant
candidatura *n.f.* **1** (a um cargo) candidacy **2** (a um emprego) application
caneca *n.f.* **1** (para beber) mug **2** (para servir) jug
canela *n.f.* **1** cinnamon **2** (perna) shin
canelones *n.m.pl.* cannelloni
caneta *n.f.* pen; **caneta de feltro:** felt-tip pen; **caneta de tinta permanente:** fountain-pen
canguru *n.m.* kangaroo
canhão *n.m.* **1** cannon **2** (de fechadura) cylinder lock
canhoto *adj. e n.m.* left-handed
canimambo *interj.* *(Moçambique)* thank you; thanks
canino *adj.* canine ◆ *n.m.* (dente) canine (tooth)
canivete *n.m.* penknife
canja *n.f.* chicken soup; *(informal)* **isso é canja!:** it's a piece of cake!
cano *n.m.* **1** pipe; tube **2** (de bota) bootleg
canoa *n.f.* canoe
canoagem *n.f.* canoeing
cansaço *n.m.* tiredness; **estar morto de cansaço:** to be dead tired
cansado *adj.* tired; weary

cansar *v.* to tire out; to exhaust ◆ **cansar-se** to get tired
cansativo *adj.* tiring
cantar *v.* to sing
cântaro *n.m.* pitcher; jug ❖ **chove a cântaros:** it is raining cats and dogs
cantarolar *v.* to hum
canteiro *n.m.* flowerbed
cântico *n.m.* chant; carol; **cântico de Natal:** Christmas carol
cantiga *n.f.* **1** song **2** *(figurado)* (mentira) fib
cantina *n.f.* canteen
canto *n.m.* **1** corner; edge; **canto superior esquerdo:** top left-hand corner **2** singing; **lição de canto:** singing lesson
cantor *n.m.* [*f.* cantora] singer
cão *n.m.* dog; **cão de caça:** hound; **cão de guarda:** watchdog
cão-d'água *n.m.* poodle
cão-guia *n.m.* guide dog
caos *n.m.* chaos
caótico *adj.* chaotic
capa *n.f.* **1** cloak; cape **2** (de livro) cover
capacete *n.m.* helmet
capacidade *n.f.* **1** (jeito) ability; **ela tem muitas capacidades:** she's a very capable person **2** (espaço) capacity; **a sala tem capacidade para 200 pessoas:** the room has a seating capacity of 200
capaz *adj.2gén.* capable; able; **eu não sou capaz:** I can't do it; **ser capaz de:** to be able to
capela *n.f.* chapel
capital *n.f.* (cidade) capital ◆ *adj.2gén.* capital; main; chief
capitão *n.m.* captain
capítulo *n.m.* chapter
capô *n.* (automóvel) bonnet
capoeira *n.f.* coop; poultry yard; **animais de capoeira:** poultry
capota *n.f.* hood
capotar *v.* (carro) to overturn; (avião) to flip over; (barco) to capsize
capricho *n.m.* whim; **por capricho:** on a whim
caprichoso *adj.* whimsical
Capricórnio *n.m.* (constelação, signo) Capricorn; the Goat
caprino *adj.* caprine
cápsula *n.f.* **1** (de garrafa) cap; top **2** (de nave espacial) space capsule
captura *n.f.* capture; arrest
capturar *v.* to capture; to catch
Capuchinho Vermelho *n.m.* Little Red Riding Hood
capucho *n.m.* (capuz) hood
capulana *n.f.* *(Moçambique)* colourful piece of cloth used by women as a skirt or as a shawl
capuz *n.m.* hood
cara *n.f.* **1** face; **cara a cara:** face to face **2** (moeda) head; **cara ou coroa:** heads or tails
caracol *n.m.* **1** (animal) snail; **andar a passo de caracol:** to move at a snail's pace **2** (de cabelo) curl
carácter *n.m.* **1** character **2** nature; **de carácter oficial:** of an official nature
característica *n.f.* characteristic; feature
característico *adj.* characteristic
caracterizar *v.* to characterize
caramba *interj.* **1** *(informal)* (surpresa) gosh!; jeez **2** *(informal)* (contrariedade) damn!
caramelo *n.m.* caramel
caranguejo *n.m.* (animal) crab
Caranguejo *n.m.* (constelação, signo) Cancer; the Crab
carapaça *n.f.* carapace; shell
carapau *n.m.* sprat
carapim *n.m.* (bebé) bootee
carapinha *n.f.* frizzy hair
carapuça *n.f.* cap; hood ❖ **enfiar a carapuça:** to take it personally; **qual carapuça!:** nonsense!

carapuço *n.m.* cap
caráter *a grafia preferível é* **carácter**
caraterística *a grafia preferível é* **característica**
caraterístico *a grafia preferível é* **característico**
caraterizar *a grafia preferível é* **caracterizar**
caravana *n.f. (Grã-Bretanha)* caravan; *(Estados Unidos da América)* trailer
caravela *n.f.* caravel
carcaça *n.f.* **1** (animal) carcass **2** (pão) bread roll
carcela *n.f.* (calças) fly
cardeal *n.m.* RELIGIÃO cardinal ◆ *adj. 2gén.* cardinal; **pontos cardeais:** the cardinal points
cardíaco *adj.* cardiac; **ataque cardíaco:** heart attack ◆ *n.m.* heart patient
cardinal *adj.2gén.* cardinal; **numeral cardinal:** cardinal number
cardiologia *n.f.* cardiology
cardiologista *n.2gén.* cardiologist
cardo *n.m.* thistle
cardume *n.m.* shoal; **cardume de sardinhas:** shoal of sardines
careca *adj.2gén.* bald; **pneus carecas:** bald tyres ◆ *n.2gén.* bald person; baldhead
carência *n.f.* want; need
careta *n.f.* face; grimace; **fazer caretas:** to make faces; to grimace
carga *n.f.* **1** load; burden; **animal de carga:** beast of burden **2** freight; cargo; **navio de carga:** cargo boat
cargo *n.m.* post; position
cariado *adj.* (dente) decayed
cariar *v.* (dente) to decay
caricatura *n.f.* caricature
carícia *n.f.* caress; stroke; **fazer carícias a:** to fondle
caridade *n.f.* **1** charity; **instituição de caridade:** charitable institution **2** generosity; **por caridade:** out of generosity
caridoso *adj.* kind; charitable
cárie *n.f.* caries; tooth decay
carimbar *v.* to stamp
carimbo *n.m.* **1** stamp **2** (correio) postmark
carinho *n.m.* **1** (afeto) affection; tenderness **2** (carícia) caress
carinhoso *adj.* loving; affectionate
Carnaval *n.m.* carnival; **terça-feira de Carnaval:** Pancake Day/Tuesday
carnavalesco *adj.* carnival
carne *n.f.* **1** (pessoa) flesh; **carne viva:** raw flesh **2** (animal) meat; **carne de porco:** pork; **carne de vaca:** beef
carneiro *n.m.* ram
Carneiro *n.m.* (constelação, signo) Aries; the Ram
carnívoro *adj.* carnivorous ◆ *n.m.* carnivore
caro *adj.* **1** expensive; **um automóvel muito caro:** a very expensive car; **um livro caro:** an expensive book **2** dear; **caro senhor:** Dear Sir; **meu caro:** my dear
caroço *n.m.* **1** (de cereja, pêssego) stone **2** (de pera, laranja, maçã) pit
carpa *n.f.* carp
carpete *n.f.* carpet
carpintaria *n.f.* **1** (ofício) carpentry **2** (oficina) carpenter's
carpinteiro *n.m.* carpenter
carraça *n.f.* tick
carrancudo *adj.* (pessoa) frowning; surly
carrapito *n.m.* (cabelo) bun
carregado *adj.* **1** charged; loaded; **bateria carregada:** charged battery **2** heavy; **ambiente carregado:** heavy atmosphere
carregador *n.m.* **1** loader **2** (de bateria) charger; **carregador de telemóvel:** mobile phone charger

carregamento *n.m.* 1 loading 2 (carga) load; cargo 3 (ficheiro, programa) download

carregar *v.* 1 to load; **carregar um camião:** to load a truck; **carregar uma arma:** to load a gun 2 (bateria) to charge 3 INFORMÁTICA to download 4 to press; **carregar no botão de iniciar:** to press the initiate button

carreira *n.f.* career

carril *n.m.* (comboio, elétrico) rail

carrilhão *n.m.* carillon

carrinha *n.f.* 1 *(Grã-Bretanha)* estate car; *(Estados Unidos da América)* station wagon 2 (de mercadorias) van 3 (de caixa aberta) pick-up

carrinho *n.m.* 1 (de bebé) pram 2 (supermercado) trolley 3 (costura) reel; **carrinho de linhas:** cotton reel 4 (brinquedo) toy car ❖ **carrinho de mão:** wheelbarrow; **carrinhos de choque:** bumper cars

carro *n.m.* car; **andar de carro:** to drive; **carro dos bombeiros:** fire engine; **carro do lixo:** dustcart; garbage truck ❖ **pôr o carro à frente dos bois:** to put the cart before the horse

carroça *n.f.* cart; wagon

carro-patrulha *n.m.* patrol car

carrossel *n.m.* merry-go-round

carruagem *n.f.* 1 carriage; coach 2 (de comboio) carriage

carta *n.f.* 1 letter; **carta anónima:** anonymous letter; **carta de amor:** love letter; **carta registada:** registered letter; **responder a uma carta:** to answer a letter 2 (de jogar) card; **dar as cartas:** to deal the cards

cartão *n.m.* 1 card; **cartão de crédito:** credit card; **cartão multibanco:** cash card 2 cardboard; **caixa de cartão:** cardboard box

cartaz *n.m.* 1 poster; **cartaz publicitário:** advertisement poster 2 bill; **é proibido afixar cartazes:** stick no bills

carteira *n.f.* 1 (de bolso) wallet 2 (de mão) handbag 3 (móvel) desk

carteirista *n.2gén.* pickpocket

carteiro *n.m.* postman

cartola *n.f.* top hat

cartolina *n.f.* thin cardboard

carvalho *n.m.* (árvore) oak

carvão *n.m.* 1 coal; **mina de carvão:** coal mine; **negro como o carvão:** as black as coal 2 (para desenho) charcoal; **desenho a carvão:** charcoal drawing

casa *n.f.* 1 house; **casa de bonecas:** doll's house; **casa de campo:** country house; **mudar de casa:** to move house 2 home; **em casa:** at home; **ficar em casa:** to stay at home; **ir para casa:** to go home 3 (compartimento) room; **casa de banho:** bathroom 4 (de botão) buttonhole 5 (de xadrez, damas) square

casaca *n.f.* tailcoat ❖ *(informal)* **cortar na casaca de:** to backbite

casacão *n.m.* overcoat

casaco *n.m.* 1 (curto) jacket 2 (comprido) coat; **casaco comprido:** topcoat; **casaco de lã:** cardigan; **casaco de peles:** fur coat; **casaco desportivo:** blazer; **tira o casaco:** take off your coat; **veste o casaco:** put your coat on

casado *adj.* married

casal *n.m.* 1 (pessoas) couple 2 (animais) pair

casamenteiro *n.m.* matchmaker

casamento *n.m.* 1 marriage; **pedir (alguém) em casamento:** to propose to (somebody) 2 wedding; **aniversário de casamento:** wedding anniversary

> Em português, **casamento** designa quer a instituição, quer a cerimónia. Em inglês, **marriage** refere-se ao casamento como instituição; **wedding** refere-se à cerimónia.

casar *v.* to marry ◆ **casar-se** to get married; **casar-se pela igreja:** to

have a church wedding; **casar pelo civil:** to get married in a registry office
casarão *n.m.* mansion
casca *n.f.* **1** (noz, ovo) shell **2** (fruta) peel **3** (banana, cebola) skin **4** (queijo, limão) rind **5** (cereais) husk
cascalho *n.m.* gravel
cascata *n.f.* cascade; waterfall
cascavel *n.f.* rattlesnake
casco *n.m.* **1** (animal) hoof **2** (navio) hull
casebre *n.m.* shack; hovel
caseiro *adj.* **1** (pessoa) home-loving **2** (alimento) homemade; **pão caseiro:** homemade bread ◆ *n.m.* (inquilino) tenant
casinha *n.f.* **1** small house **2** *(informal)* (casa de banho) loo
casino *n.m.* casino
casmurro *adj.* stubborn; headstrong
caso *n.m.* case; **em caso de emergência:** in case of emergency; **nesse caso:** in that case ◆ *conj.* in case; if; **caso contrário:** otherwise
casota *n.f.* kennel
caspa *n.f.* dandruff
cassete *n.f.* tape; cassette; **cassete virgem:** blank tape
castanha *n.f.* (fruto) chestnut
castanheiro *n.m.* chestnut tree
castanho *adj. e n.m.* (cor) brown
castanholas *n.f.pl.* castanets
castelhano *adj. e n.m.* Castilian
castelo *n.m.* castle; **castelo de areia:** sand castle
castiçal *n.m.* candlestick
castiço *adj.* **1** pure; genuine **2** *(informal)* (engraçado) funny
castigar *v.* to punish
castigo *n.m.* punishment
castor *n.m.* beaver
casual *adj.2gén.* casual; accidental
casualidade *n.f.* chance; accident; **por casualidade:** by chance
casulo *n.m.* (insetos) cocoon
catacumbas *n.f.pl.* catacombs
catálogo *n.m.* catalogue
catarata *n.f.* waterfall
catástrofe *n.f.* catastrophe
cata-vento *n.m.* weathercock
catchupa *n.f.* *(Cabo Verde)* → **cachupa**
catedral *n.f.* cathedral
categoria *n.f.* **1** category; **de primeira categoria:** first-rate **2** status; **categoria profissional:** professional status ❖ **categoria gramatical:** part of speech
cativeiro *n.m.* captivity; **em cativeiro:** in captivity
cato *n.m.* cactus
catolicismo *n.m.* Catholicism
católico *adj. e n.m.* Catholic; **Igreja Católica:** Catholic Church
catorze *num.card.>quant.num.*[DT] *e n.m.* fourteen; **o dia catorze:** the fourteenth
catumua *n.m.* *(Angola)* messenger
cauda *n.f.* **1** (de animal) tail **2** (de vestido) train
caudal *n.m.* (rio) flow
caule *n.m.* stem; stalk
causa *n.f.* cause
causador *n.m.* causer
causar *v.* to cause
cautela *n.f.* caution; precaution; **à cautela:** as a precaution
cauteloso *adj.* careful; cautious
cavalaria *n.f.* (tropa a cavalo) cavalry
cavalariça *n.f.* stable
cavaleiro *n.m.* **1** rider **2** knight
cavalete *n.m.* easel
cavalgar *v.* to ride
cavalheiro *n.m.* gentleman
cavalitas *n.f.pl.* **às cavalitas:** piggyback
cavalo *n.m.* **1** (animal) horse; **corridas de cavalos:** horse racing **2** (xadrez) knight
cavalo-marinho *n.m.* sea horse
cavar *v.* to dig

cave *n.f.* 1 (casa) basement 2 (vinho) cellar

Não confundir com a palavra inglesa **cave**, que significa *caverna*.

caveira *n.f.* skull
caverna *n.f.* cavern
caviar *n.m.* caviar
cavidade *n.f.* cavity
CD *n.m.* [*abrev. de* Compact Disc]
CD-ROM *n.m.* [*abrev. de* Compact Disc Read-Only Memory]
cear *v.* to have supper
cebola *n.f.* onion
ceder *v.* 1 (lugar) to give up; **ceder o lugar a alguém:** to give one's seat up to somebody 2 to yield; to give in; **ceder à pressão:** to yield to pressure
cedilha *n.f.* cedilla
cedo *adv.* 1 early; **levantar-se cedo:** to get up early 2 soon; **o mais cedo possível:** as soon as possible
cédula *n.f.* certificate
cegar *v.* to blind; to go blind
cego *adj.* blind ◆ *n.m.* blind person
cegonha *n.f.* stork
cegueira *n.f.* blindness
ceia *n.f.* supper; RELIGIÃO **a Última Ceia:** the Last Supper
ceifar *v.* to reap; to harvest
cela *n.f.* cell
celebração *n.f.* celebration
celebrar *v.* 1 to celebrate 2 (acordo) to seal 3 (contrato) to sign
célebre *adj.2gén.* famous; well-known
celebridade *n.f.* celebrity
celeiro *n.m.* barn
celeste *adj.2gén.* celestial
celestial *adj.2gén.* celestial
celta *adj.2gén.* Celtic ◆ *n.2gén.* Celt ◆ *n.m.* (língua) Celtic
célula *n.f.* cell
cem *num.card.>quant.num.*[DT] *e n.m.* one/a hundred
cemitério *n.m.* cemetery
cena *n.f.* 1 (teatro) stage; **ele retira-se de cena:** he goes offstage; **entrar em cena:** to go on stage; **levar à cena:** to stage 2 (situação) scene; **cena tocante:** touching scene; **não faças cenas!:** don't make a scene!
cenário *n.m.* 1 TEATRO scenery 2 CINEMA set 3 (de acontecimento) setting; scene; **cenário do crime:** scene of the crime
cenoura *n.f.* carrot
centeio *n.m.* rye; **pão de centeio:** rye bread
centena *n.f.* a hundred; **às centenas:** by the hundreds; **centenas de vezes:** hundreds of times
centenário *adj.* centenarian ◆ *n.m.* *(Grã-Bretanha)* (comemoração) centenary; *(Estados Unidos da América)* centennial
centésimo *num.ord.>adj.num.*[DT] hundredth
centígrado *adj.* centigrade
centilitro *n.m.* *(Grã-Bretanha)* centilitre; *(Estados Unidos da América)* centiliter
centímetro *n.m.* centimetre
cêntimo *n.m.* cent
cento *n.m.* a hundred; **cento e um:** a hundred and one; **aos centos:** by the hundreds; **por cento:** per cent
centopeia *n.f.* centipede
central *adj.2gén.* 1 (localização) central 2 (importância) fundamental ◆ *n.f.* 1 power station; **central nuclear:** nuclear power station 2 (de loja ou empresa) head office; headquarters
centrar *v.* 1 to centre 2 (atenção, olhar) to focus
centro *n.m.* *(Grã-Bretanha)* centre; *(Estados Unidos da América)* center; **centro comercial:** shopping centre; mall; **centro da cidade:** town centre; **centro de saúde:** health centre
ceptro *a nova grafia é* **cetro**
cera *n.f.* 1 (velas, depilação) wax 2 (ouvidos) earwax

cerâmica *n.f.* 1 (arte) ceramics; pottery 2 (objeto) piece of pottery
cerca *n.f.* fence; **cerca de arame:** wire fence ◆ *adv.* 1 about; around; **cerca das três horas:** about three o'clock; **deve ter cerca de dois anos:** he must be two or so 2 near; **cerca daqui:** near here
cercadura *n.f.* 1 (barreira) fence 2 (borda) border; edge
cercar *v.* to surround
cerco *n.m.* siege
cereais *n.m.pl.* breakfast cereal
cereal *n.m.* cereal; grain
cerebelo *n.m.* cerebellum
cerebral *adj.2gén.* cerebral; brain; **tumor cerebral:** brain tumour
cérebro *n.m.* brain
cereja *n.f.* cherry
cerejeira *n.f.* (árvore) cherry
cerimónia *n.f.* 1 ceremony; **cerimónia de abertura:** opening ceremony; **cerimónia de posse:** swearing-in ceremony, investiture 2 deference; ceremony; **fazer cerimónia:** to stand on ceremony; **sem cerimónias:** without ceremony
ceroulas *n.f.pl.* drawers
cerrado *adj.* 1 (nevoeiro, vegetação) thick; dense 2 (punho) clenched 3 (pronúncia) thick
cerrar *v.* 1 to close; to shut 2 (punho) to clench
certamente *adv.* certainly
certeza *n.f.* certainty; certitude; **ter a certeza:** to be sure; **ter a certeza absoluta:** to be positive
certidão *n.f.* certificate; **certidão de nascimento:** birth certificate
certificar *v.* 1 to certify 2 to assure
certo *adj.* 1 right; **o relógio está certo:** the watch is right; **tem horas certas?:** what is the right time? 2 true; **isso é certo:** that is true 3 certain; sure; positive; **estar certo de:** to be sure of; to be positive about 4 certain; **até certo ponto:** to some extent; **de certo modo:** in a way; **uma certa pessoa:** a certain person ◆ *adv.* 1 certainly 2 correctly
cerveja *n.f.* beer; ale
cervejaria *n.f.* 1 beerhouse; brasserie 2 (bar) pub
cesta *n.f.* basket
cesto *n.m.* basket; **cesto de compras:** shopping basket; **cesto de papéis:** wastepaper basket; (basquetebol) **meter um cesto:** to score a basket
cetáceo *adj. e n.m.* cetacean
cetim *n.m.* satin
cetro *n.m.* sceptre
céu *n.m.* 1 sky; **céu limpo:** blue sky; **céu nublado:** cloudy sky 2 RELIGIÃO heaven; **céus!:** good heavens!; **ir para o céu:** to go to heaven
céu-da-boca *a nova grafia é* **céu da boca**
céu da boca *n.m.* roof
cevada *n.f.* 1 barley 2 (bebida) barley water
chá *n.m.* tea; **uma chávena de chá:** a cup of tea
chacal *n.m.* (animal) jackal
chacota *n.f.* mockery; **fazer chacota de:** to make fun of
chalaça *n.f. (informal)* joke
chalé *n.m.* cottage
chaleira *n.f.* kettle; **pôr a chaleira ao lume:** to put the kettle boiling
chama *n.f.* flame
chamada *n.f.* (telefone) call
chamamento *n.m.* calling
chamar *v.* to call; **chamar a atenção para:** to call attention to; **chamar alguém:** to call someone; **mandar chamar:** to send for ◆ **chamar-se** to be called; **como te chamas?:** what is

your name?; **chamo-me Maria:** my name is Maria
chaminé *n.f.* chimney
champanhe *n.m.* champagne
champô *n.m.* shampoo
chana *n.f. (Angola)* plain
chantagem *n.f.* blackmail; **fazer chantagem com alguém:** to blackmail someone
chantilly *n.m.* whipped cream
chão *n.m.* **1** ground; soil **2** (de casa) floor
chapa *n.f.* **1** plate; **chapa de matrícula:** plate number **2** (fina) sheet ◆ *n.m. (Moçambique)* bus
chapada *n.f.* slap; smack
chapado *adj.* **1** stark; **um idiota chapado:** a stark idiot **2** exact; **ser a cara chapada de alguém:** to be the spitting image of someone
chapéu *n.m.* hat; **pôr o chapéu:** to put on one's hat; **tirar o chapéu:** to take off one's hat
chapéu-de-chuva *a nova grafia é* **chapéu de chuva**
chapéu de chuva *n.m.* umbrella
chapéu-de-sol *a nova grafia é* **chapéu de sol**
chapéu de sol *n.m.* sunshade
chapinhar *v.* to splash about
charada *n.f.* (verbal) riddle; (com gestos) charade
charco *n.m.* puddle; pool
charcutaria *n.f.* (loja) pork butcher's shop; delicatessen
charlatão *n.m.* charlatan
charrua *n.f. (Grã-Bretanha)* plough; *(Estados Unidos da América)* plow
charuto *n.m.* cigar
chateado *adj.* **1** angry **2** upset
chatear *v. (informal)* to pester; to nag ◆ **chatear-se 1** *(informal)* to get angry **2** *(informal)* to get bored
chatice *n.f. (informal)* nuisance; **que chatice!:** what a nuisance!
chato *adj.* **1** (objeto, superfície) flat; level; **fundo chato:** flat bottom **2** *(informal)* (dia, pessoa, história) boring; dull; **um dia chato:** a boring day
chave *n.f.* key; **molho de chaves:** bunch of keys
chave-inglesa *n.f.* spanner
chaveiro *n.m.* **1** (armário) key cabinet **2** (argola) key-ring
chávena *n.f.* cup; **chávena de chá:** teacup; **tomar uma chávena de chá:** to have a cup of tea
chaveta *n.f.* (sinal gráfico) brace
chefe *n.2gén.* **1** chief; boss; **chefe de Estado:** head of state **2** head; leader; **chefe de família:** head of household
chefia *n.f.* leadership
chefiar *v.* to lead; to be in command of
chegada *n.f.* **1** arrival; **à chegada:** on arrival **2** (corrida, maratona) finishing line
chegar *v.* **1** to arrive; **chegar a Edimburgo:** to arrive at Edinburgh; **chegar às sete da tarde:** to arrive at seven p.m.; **chegar atrasado:** to arrive late **2** to reach; **chegar ao destino:** to reach one's destination **3** to come; **chegar a um acordo:** to come to an understanding; **chegar ao fim:** to come to an end **4** to be enough; **chega e sobra:** enough is enough; **já chega!:** that is enough!
cheia *n.f.* flood
cheio *adj.* **1** full; **não fales com a boca cheia:** don't speak with your mouth full; **maré cheia:** high tide **2** *(informal)* fed up; **estou cheio disto!:** I'm fed up with this!
cheirar *v.* **1** to smell; **cheirar a perfume:** to smell of perfume; **cheirar uma flor:** to smell a flower **2** to stink; **cheira mal:** it stinks
cheiro *n.m.* **1** smell; **perder o cheiro:** to lose the sense of smell **2** (agradável) scent; (desagradável) stench

cheque *n.m.* *(Grã-Bretanha)* cheque; *(Estados Unidos da América)* check; **livro de cheques:** chequebook; **pagar em cheque:** to pay by cheque
chiar *v.* to squeal; to squeak
chichi *n.m.* *(informal)* wee; pee; **fazer chichi:** to wee
chiclete *n.f.* *(informal)* chewing gum
chi-coração *n.m.* *(linguagem infantil)* cuddle; hug
chicotada *n.f.* lash
chicote *n.m.* whip
chicotear *v.* to whip; to lash
chifre *n.m.* **1** horn **2** (veado) antler
chilrear *v.* to chirp
chilreio *n.m.* chirp
chimpanzé *n.m.* chimpanzee
chinelo *n.m.* slipper; **um par de chinelos:** a pair of slippers
chinês *adj. e n.m.* Chinese
chique *adj.2gén.* chic
chita *n.f.* (animal) cheetah
chocante *adj.2gén.* shocking
chocar *v.* **1** to shock **2** (ovos) to hatch **3** *(informal)* (doença) to come down with; **chocar uma gripe:** to be coming down with a flu **4** to crash; **o carro chocou contra uma árvore:** the car crashed into a tree
chocolate *n.m.* chocolate; **uma tablete de chocolate:** a bar of chocolate; (bebida) **chocolate quente:** hot chocolate
choque *n.m.* **1** shock; **choque elétrico:** electric shock; **estar em estado de choque:** to be in shock **2** (colisão de veículos) crash; collision; **choque frontal:** head-on collision
choramingar *v.* to whimper
choramingas *n.2gén.2núm.* whiner
chorar *v.* **1** to cry; to weep; **chorar de alegria:** to weep for joy; **desatar a chorar:** to burst into tears **2** to mourn; **chorar a morte de alguém:** to mourn someone's death
choro *n.m.* crying; weeping
chouriço *n.m.* pork sausage
chover *v.* to rain; (aguaceiro) to shower; **chove torrencialmente:** it's raining cats and dogs; **quer chova, quer faça sol:** come rain or shine
chucha *n.f.* *(linguagem infantil)* (chupeta) dummy
chuinga *n.m.* *(Angola, Moçambique, São Tomé e Príncipe)* (chiclete) chewing gum
chumbar *v.* **1** (dente) to fill **2** *(informal)* (escola) to flunk; **chumbar a matemática:** to flunk maths; **chumbar o ano:** to flunk the school year
chumbo *n.m.* **1** (de arma) bullet **2** (de dente) filling **3** *(informal)* (na escola) failure
chupa-chupa *n.m.* lollipop
chupar *v.* to suck; **chupar um rebuçado:** to suck a candy
chupeta *n.f.* dummy
churrasco *n.m.* barbecue; grill
chutar *v.* *(informal)* to kick; **chutar a bola:** to kick the ball; **chutar à baliza:** to kick to the goal
chuteira *n.f.* football boot
chuto *n.m.* *(informal)* kick
chuva *n.f.* rain; **chuva miudinha:** drizzle; **chuva torrencial:** heavy rain
chuveiro *n.m.* shower; **tomar um banho de chuveiro:** to have a shower
chuviscar *v.* to drizzle
chuvisco *n.m.* drizzle
chuvoso *adj.* rainy; **tempo chuvoso:** rainy weather
cibernauta *n.2gén.* cybernaut
cicatriz *n.f.* scar
cíclico *adj.* cyclic
ciclismo *n.m.* cycling
ciclista *n.2gén.* cyclist
ciclo *n.m.* cycle
ciclone *n.m.* cyclone
ciclónico *adj.* cyclonic

cidadania *n.f.* citizenship
cidadão *n.m.* [*f.* cidadã] citizen
cidade *n.f.* city; (mais pequena) town; **centro da cidade:** city centre

Usa-se **city** para designar uma cidade grande e importante. Usa-se **town** para referir uma cidade pequena, maior do que uma *village* (aldeia), mas menor do que uma *city*.

cidreira *n.f.* **1** (erva) lemon balm **2** (árvore) citron tree
cieiro *n.m.* chap; **lábios com cieiro:** chapped lips
ciência *n.f.* science; **ciências naturais:** natural sciences
científico *adj.* scientific
cientista *n.2gén.* scientist
cigano *adj. e n.m.* [*f.* cigana] gypsy
cigarra *n.f.* cicada
cigarro *n.m.* cigarette; **acender um cigarro:** to light up a cigarette; **fumar um cigarro:** to smoke a cigarette
cilada *n.f.* ambush; trap; **cair numa cilada:** to be framed
cilindro *n.m.* cylinder
cima *n.f.* top; **de cima a baixo:** from top to bottom; **em cima de:** on top of; **lá em cima:** up there; **na parte de cima:** on top; **para cima:** upwards; **para cima e para baixo:** up and down; **por cima:** above
cimento *n.m.* cement
cimo *n.m.* top; summit; **no cimo:** at the top
cinco *num.card.>quant.num.*[DT] *e n.m.* five; **ele tem cinco anos:** he is five; **há cinco anos:** five years ago
Cinderela *n.f.* Cinderella
cineclube *n.m.* film club/society
cinema *n.m.* **1** *(Grã-Bretanha)* cinema; *(Estados Unidos da América)* movies **2** (edifício) film theatre; *(Estados Unidos da América)* movie theatre; movie house
cinquenta *num.card.>quant.num.*[DT] *e n.m.* fifty; **os anos cinquenta:** the fifties
cinta *n.f.* **1** (faixa) band; strip **2** (roupa interior) girdle **3** (de livro) band; (de jornal, revista) wrapper
cintilante *adj.2gén.* sparkling
cintilar *v.* to sparkle
cinto *n.m.* belt; **cinto de segurança:** safety belt
cintura *n.f.* **1** (corpo) waist **2** (roupa) waistband
cinturão *n.m.* (karaté) belt; **cinturão negro:** black belt
cinza *n.f.* ash
cinzeiro *n.m.* ashtray
cinzento *adj. e n.m.* grey
cipreste *n.m.* cypress
circo *n.m.* circus
circuito *n.m.* circuit
circulação *n.f.* circulation
circular *adj.2gén.* circular ♦ *v.* **1** to circulate **2** (sangue) to flow **3** to move; **circular pela cidade:** to move around the town
circulatório *adj.* circulatory
círculo *n.m.* circle; **traçar um círculo:** to draw a circle ✧ **círculo vicioso:** vicious circle
circundante *adj.2gén.* surrounding
circunferência *n.f.* circumference
circunflexo *adj.* (acento) circumflex
circunstância *n.f.* circumstance; **dadas as circunstâncias:** in/under the circumstances; **em circunstância nenhuma:** under no circumstances
circunvalação *n.f.* ring road
cirurgia *n.f.* surgery; **cirurgia estética:** aesthetic surgery; **cirurgia plástica:** plastic surgery
cirurgião *n.m.* surgeon
cisco *n.m.* **1** (pó) dust **2** (no olho) speck

cisne *n.m.* swan
cisterna *n.f.* tank; cistern
citação *n.f.* quotation
citadino *adj.* urban
citar *v.* to quote; **citar um exemplo:** to quote an example
citrino *n.m.* citrus fruit
ciúme *n.m.* jealousy; **ter ciúmes de alguém:** to be jealous of somebody
ciumento *adj.* jealous
cívico *adj.* civic-minded
civil *adj.2gén.* civil; **estado civil:** marital status; **direitos civis:** civil rights
civilização *n.f.* civilization
civilizado *adj.* civilized
civismo *n.m.* civic-mindedness
clã *n.m.* clan
claque *n.f.* **1** supporters **2** fans
clara *n.f.* (de ovo) white
claraboia *n.f.* skylight
clarabóia *a nova grafia é* **claraboia**
claramente *adv.* clearly; plainly
clarão *n.m.* flash
clareira *n.f.* clearing
clareza *n.f.* clarity; clearness; **com clareza:** clearly
claridade *n.f.* light; brightness
clarim *n.m.* bugle
clarinete *n.m.* clarinet
claro *adj.* **1** clear; evident; **claro como água:** crystal-clear **2** (luz) bright **3** (cor) light ◆ *adv.* clearly; plainly; **falar claro:** to speak plainly ◆ *interj.* of course!; **claro que não!:** of course not!; **claro que sim!:** of course!
classe *n.f.* **1** (grupo social) class; **classe média:** middle class **2** (escola) class **3** (qualidade) class; **de primeira classe:** first-class
clássico *adj.* classical; **música clássica:** classical music
classificação *n.f.* **1** classification; rating **2** (escola) mark **3** DESPORTO place; ranking
classificado *adj.* classified ❖ **o primeiro classificado:** the winner; **o segundo classificado:** the runner-up
classificar *v.* **1** to class; to classify **2** (escola) to mark; to grade ◆ **classificar-se** to qualify; **classificar-se para a final:** to qualify for the final
claustro *n.m.* cloister
clavícula *n.f.* clavicle; collarbone
clementina *n.f.* clementine
clérigo *n.m.* clergyman
clero *n.m.* clergy
clicar *v.* to click
cliente *n.2gén.* **1** client **2** (loja, restaurante) customer; **cliente habitual:** regular customer
clientela *n.f.* customers
clima *n.m.* climate; weather; **clima tropical:** tropical climate
clímax *n.m.* climax
clínica *n.f.* clinic; private hospital
clipe *n.m.* (para papel) paper clip
clique *n.m.* click
clonagem *n.f.* cloning
clonar *v.* to clone
clone *n.2gén.* clone
clorofila *n.f.* chlorophyll
clube *n.m.* club; **clube de futebol:** football club; **entrar para um clube:** to join a club
coador *n.m.* strainer
coala *n.m.* koala
coar *v.* to strain
coaxar *v.* to croak
cobaia *n.f.* guinea pig
cobarde *adj.2gén.* cowardly ◆ *n.2gén.* coward
cobardia *n.f.* cowardice
coberta *n.f.* **1** (cama) bedspread; bedcover **2** (navio) deck
coberto (cubérto) *adj.* covered
coberto (cubêrto) *n.m.* shed
cobertor *n.m.* blanket; **cobrir com um cobertor:** to put a blanket over

cobertura *n.f.* covering; cover
cobiça *n.f.* greed
cobiçar *v.* to covet
cobra *n.f.* snake; serpent
cobrador *n.m.* **1** (dívidas, faturas) collector **2** (transporte público) conductor
cobrar *v.* **1** (preço) to charge **2** (imposto, dívida, juros) to collect
cobre *n.m.* copper; **liga de cobre:** copper alloy
cobrir *v.* to cover
coça *n.f.* beating; thrashing
coçar *v.* to scratch
cóccix *n.m.* coccyx
cócegas *n.f.pl.* tickle; **fazer cócegas:** to tickle; **ter cócegas:** to be ticklish
coche *n.m.* coach; carriage
cocheiro *n.m.* coachman
cochichar *v.* to whisper
coco *n.m.* **1** (fruto) coconut **2** (chapéu) bowler
cocó *n.m. (linguagem infantil)* poo
cocuana *n.2gén. (Moçambique)* elderly person
côdea *n.f.* **1** (pão) crust **2** (queijo) rind
código *n.m.* code; **código de barras:** bar code; **código postal:** postcode
codorniz *n.f.* quail
coelho *n.m.* [*f.* coelha] rabbit
coentro *n.m.* coriander
coerência *n.f.* coherence
coerente *adj.2gén.* coherent
coesão *n.f.* cohesion
cofre *n.m.* safe; chest
cogumelo *n.m.* mushroom
coice *n.m.* kick; **dar coices:** to kick
coincidência *n.f.* coincidence; **por coincidência:** by coincidence
coincidir *v.* to coincide; **a chegada dela coincidiu com a nossa partida:** her arrival coincided with our departure
coiote *n.m.* coyote
coisa *n.f.* thing; **alguma coisa:** something; **mais coisa menos coisa:** more or less; **outra coisa:** something else
coitado *adj.* poor; wretched ◆ *interj.* poor thing!
cola *n.f.* glue; **um tubo de cola:** a tube of glue
colaboração *n.f.* **1** (em projeto, trabalho) collaboration; **em colaboração com:** in collaboration with **2** (em jornal, revista) contribution
colaborador *n.m.* **1** (em projeto, trabalho) collaborator **2** (em jornal, revista) contributor
colaborar *v.* **1** (esforço conjunto) to cooperate; (obra, pesquisa) to collaborate **2** (publicação) to contribute
coladeira *n.f. (Cabo Verde)* traditional music genre danced in pairs
colagem *n.f.* **1** glueing **2** (artes) collage; **fazer uma colagem:** to make a collage
colapso *n.m.* collapse; breakdown
colar *v.* **1** to glue **2** to stick ◆ *n.m.* necklace; **colar de pérolas:** pearl necklace
colarinho *n.m.* collar
cola-tudo *n.f.2núm.* instant glue; super glue
colcha *n.f.* bedspread; quilt
colchão *n.m.* **1** mattress **2** (insuflável) airbed
coleção *n.f.* collection; **coleção de selos:** stamp collection
colecção *a nova grafia é* **coleção**
coleccionador *a nova grafia é* **colecionador**
coleccionar *a nova grafia é* **colecionar**
colecionador *n.m.* collector
colecionar *v.* to collect
colectânea *a nova grafia é* **coletânea**
colectivo *a nova grafia é* **coletivo**

a b c d e f g h i j k l m n o p q r s t u v w x y z

colega *n.2gén.* **1** (de trabalho) colleague; workmate **2** (de escola) classmate
colégio *n.m.* *(Grã-Bretanha)* public school; *(Estados Unidos da América)* private school; **colégio interno:** boarding school

> Para dizermos **colégio** em inglês usamos a expressão **public school**. Também existe a palavra **college** em inglês, mas quer dizer *universidade.*

coleira *n.f.* collar
cólera *n.f.* **1** (fúria) fury; rage; **acesso de cólera:** fit of rage **2** (doença) cholera
coletânea *n.f.* collection; **coletânea de discos:** record collection
colete *n.m.* **1** (com botões) waistcoat; **colete salva-vidas:** life jacket **2** (de lã) tank top
coletivo *adj.* **1** collective; **esforço coletivo:** collective effort **2** public; **transporte coletivo:** public transport
colheita *n.f.* **1** (atividade) harvest **2** (produtos) crop
colher (culhér) *n.f.* **1** (objeto) spoon; **colher de café:** coffee spoon; **colher de chá:** teaspoon; **colher de sobremesa:** dessertspoon; **colher de sopa:** tablespoon **2** (conteúdo) spoonful; **uma colher de farinha:** a spoonful of flour
colher (culhêr) *v.* **1** (flores, frutos) to pick **2** (cereais) to harvest
colherada *n.f.* spoonful
cólica *n.f.* colic
colidir *v.* to collide; **os dois aviões colidiram:** the two planes collided with each other
colina *n.f.* hill
colisão *n.f.* collision; **colisão frontal:** head-on collision
coliseu *n.m.* coliseum
collants *n.m.pl.* tights
colmeia *n.f.* beehive
colo *n.m.* lap; **criança de colo:** babe in arms; **trazer/levar ao colo:** to carry in one's arms
colocação *n.f.* **1** placing; positioning **2** (emprego) job; position
colocar *v.* **1** (objeto) to put; to place **2** (problema, questão) to raise; to put forward
colónia *n.f.* **1** colony; **colónia de férias:** holiday camp; summer camp **2** (perfume) cologne
coloquial *adj.2gén.* colloquial
colóquio *n.m.* conference
colorido *adj.* **1** coloured **2** colourful
colorir *v.* *(Grã-Bretanha)* to colour; *(Estados Unidos da América)* to color
coluna *n.f.* **1** (edifício) column **2** (hi-fi, rádio) stereo speaker **3** (do corpo) spine; backbone
com *prep.* **1** with; **estás chateado com ela?:** are you upset with her? **2** to; **foi muito simpática com eles:** she was very nice to them **3** (alimento) and; **pão com manteiga:** bread and butter
comadre *n.f.* (madrinha do filho) godmother of one's child; (mãe do afilhado) mother of one's godchild
comandante *n.2gén.* commander
comandar *v.* **1** to be in charge of **2** (tropas) to command
comando *n.m.* **1** command; control; **assumir o comando:** to take control of **2** (de televisão, DVD) remote control
combate *n.m.* combat; fight
combatente *n.2gén.* combatant; fighter
combater *v.* to fight; to struggle against
combinação *n.f.* agreement
combinado *adj.* settled; agreed
combinar *v.* **1** (encontro, reunião, viagem) to arrange; to plan **2** (cores, roupa) to match; **o preto combina com o branco:** black goes well with white

comboio *n.m.* train; **apanhar o comboio:** to catch the train; **perder o comboio:** to miss the train; **viajar de comboio:** to travel by train
combustão *n.f.* combustion
combustível *n.m.* fuel
começar *v.* to begin; to start; **começar do zero:** to start from scratch; **começar mal:** to get off on the wrong foot
começo *n.m.* start; beginning; **no começo:** in the beginning
comédia *n.f.* comedy
comediante *n.2gén.* comedian
comemoração *n.f.* celebration
comemorar *v.* to celebrate
comentador *n.m.* commentator; **comentador desportivo:** sportscaster
comentar *v.* to comment on
comentário *n.m.* comment; remark; **fazer um comentário:** to make a remark; **sem comentários:** no comment
comer *v.* **1** to eat; **comer bem:** to eat well **2** (xadrez, damas) to take
comercial *adj.2gén.* commercial
comerciante *n.2gén.* trader; merchant
comerciar *v.* to trade; to deal in
comércio *n.m.* **1** (atividade) commerce; trade; **comércio eletrónico:** e-commerce; **comércio justo:** fair trade **2** (loja) business
comestível *adj.2gén.* edible; **cogumelos comestíveis:** edible mushrooms
cometa *n.m.* comet
comichão *n.f.* itch; itching; **fazer comichão:** to itch
comício *n.m.* rally
cómico *adj.* **1** funny; amusing **2** comic; **ator cómico:** comedy actor
comida *n.f.* **1** food **2** (refeição) meal
comigo *pron.pess.* with me; to me; **comigo mesmo/próprio:** with myself
comilão *adj.* gluttonous ◆ *n.m.* glutton
cominhos *n.m.pl.* cumin
comissão *n.f.* **1** (conjunto de pessoas) committee **2** (percentagem) commission
como *adv.* **1** as; **faz como ela:** do as she does; **como eu estava a dizer...:** as I was saying... **2** like; **o teu carro é como o meu:** your car is like mine **3** how; in what way; **como estás?:** how are you?; **como se diz...?:** how do you say...? **4** sorry?; pardon?; **como? podes repetir?:** pardon? could you repeat, please? ◆ *conj.* as; **como cheguei a casa cedo, telefonei-lhe:** as I was home early, I called her
cómoda *n.f.* chest of drawers
comodidade *n.f.* comfort; well-being
cómodo *adj.* comfortable; cosy
comovente *adj.2gén.* moving; touching
comover *v.* to move; to touch ◆ **comover-se** to be moved
comovido *adj.* touched; moved
compacto *adj.* compact; **disco compacto:** compact disc
compadre *n.m.* (padrinho do filho) godfather of one's child; (pai do afilhado) father of one's godchild
compaixão *n.f.* pity; compassion; **ter compaixão de alguém:** to take pity on; to have compassion for
companheirismo *n.m.* companionship
companheiro *n.m.* [*f.* companheira] **1** companion; fellow; **companheiro de viagem:** fellow traveller **2** (de turma) classmate **3** (de equipa) team-mate
companhia *n.f.* **1** company; **fazer companhia a alguém:** to keep a person company **2** (empresa) company; **companhia aérea:** airline; **companhia de seguros:** insurance company; **companhia de teatro:** (theatre) company

comparação *n.f.* comparison; **em comparação com:** in comparison with; **fazer comparações (entre):** to make comparisons (between); **não há comparação entre...e...:** there's no comparison between...and...
comparar *v.* to compare; **compara isto com isso:** compare this with that
comparativo *adj.* comparative
comparável *adj.* comparable
comparecer *v.* to appear
comparência *n.f.* appearance; attendance
compartilhar *v.* to share; **compartilhar algo com alguém:** to share something with somebody
compartimento *n.m.* **1** (edifício) room **2** (móvel) compartment
compasso *n.m.* **1** (instrumento) a pair of compasses; compass **2** MÚSICA time; **marcar o compasso:** to beat time
compatível *adj.2gén.* compatible
compatriota *n.2gén.* compatriot
compensação *n.f.* **1** compensation **2** (futebol) stoppage time **3** (escola) remedial work; **aulas de compensação:** remedial lessons
compensador *adj.* rewarding
compensar *v.* **1** to compensate for; to make up for **2** to repay; **não sei como compensar-te:** I don't know how to repay you
competência *n.f.* competence; proficiency
competente *adj.2gén.* competent
competição *n.f.* competition; **alta competição:** top-level competition; **desporto de competição:** competitive sport; **estar fora de competição:** to be out of competition
competir *v.* to compete
competitivo *adj.* competitive
compilação *n.f.* compilation
complementar *v.* to complement ♦ *adj.2gén.* complementary
complemento *n.m.* complement
completamente *adv.* completely; absolutely
completar *v.* to complete
completo *adj.* **1** complete; **a obra completa de Lewis Carroll:** the complete works of Lewis Carroll **2** full; **nome completo:** full name
complexidade *n.f.* complexity
complexo *adj.* complex; complicated
complicação *n.f.* complication
complicado *adj.* complicated
complicar *v.* to complicate
compor *v.* **1** to compose; **compor uma sinfonia:** to compose a symphony **2** to mend; to repair ♦ **compor-se** to consist of; to be composed of
comportamento *n.m.* behaviour; **bom comportamento:** good behaviour; **mau comportamento:** bad behaviour
composição *n.f.* **1** (redação) essay **2** MÚSICA composition
compositor *n.m.* composer
composto *adj.* **1** composed; **ser composto por:** to be composed of **2** (palavra) compound ♦ *n.m.* compound
compota *n.f.* jam; **compota de morango:** strawberry jam
compra *n.f.* **1** purchase; **compra e venda:** purchase and sale; **fazer uma compra:** to make a purchase **2** buy; **esse carro foi uma boa compra:** that car was a good buy ◆ **ir às compras:** to go shopping
comprador *n.m.* buyer
comprar *v.* to buy
compreender *v.* to understand
compreensão *n.f.* understanding
compreensível *adj.2gén.* understandable
compreensivo *adj.* understanding

compressa *n.f.* compress
compressão *n.f.* compression
comprido *adj.* long; **cabelo comprido:** long hair
comprimento *n.m.* length; **a piscina tem dez metros de comprimento:** the swimming pool is ten meters long
comprimido *adj.* compressed ◆ *n.m.* pill; tablet
comprimir *v.* to compress
comprometer *v.* to compromise
comprometido *adj.* **1** (em risco) jeopardized **2** (noivo) engaged
compromisso *n.m.* **1** (obrigação) commitment **2** (entendimento) agreement; **chegar a um compromisso:** to reach an agreement
computador *n.m.* computer; **computador portátil:** laptop; **jogo de computador:** computer game
comum *adj.2gén.* common; **de comum acordo:** by common consent; **fora do comum:** unusual
comunicação *n.f.* communication; **meios de comunicação social:** mass media
comunicar *v.* to communicate
comunicativo *adj.* communicative
comunidade *n.f.* community; **Comunidade Europeia:** European Community
comunitário *adj.* **1** (de um grupo social) communal **2** (da União Europeia) EU (European Union); **normas comunitárias:** EU rules
côncavo *adj.* concave
conceber *v.* (criança, ideia, plano) to conceive
conceito *n.m.* concept
concentração *n.f.* concentration; **concentração de esforços:** concentration of efforts; **falta de concentração:** lack of concentration
concentrar(-se) *v.* **1** (esforços, tropas) to gather **2** (atenção) to concentrate; to focus; **concentra-te no exame:** concentrate on the exam
concerto *n.m.* **1** (espetáculo) concert; **concerto (de) rock:** gig; rock concert **2** (peça musical) concerto; **concerto para piano:** piano concerto
concha *n.f.* **1** shell **2** (da sopa) ladle
concílio *n.m.* council
conciso *adj.* concise; brief
concluir *v.* **1** to conclude **2** to finish
conclusão *n.f.* conclusion; **chegar a uma conclusão:** to come to a conclusion
conclusivo *adj.* conclusive
concordar *v.* to agree; **concordo contigo:** I agree with you; **concordar com um plano:** to agree to a plan; **não concordo contigo:** I don't agree with you
concorrência *n.f.* competition; **concorrência desleal:** unfair competition; **fazer concorrência a:** to be in competition with
concorrente *n.2gén.* **1** candidate **2** (negócios) competitor
concorrer *v.* **1** to compete **2** (a um emprego) to apply
concreto *adj.* concrete
concurso *n.m.* **1** competition; contest; **concurso de beleza:** beauty contest **2** (de televisão) quiz show
conde *n.m.* count; earl
condecoração *n.f.* decoration; medal
condecorar *v.* to decorate; to grant a decoration
condenação *n.f.* condemnation
condenado *adj.* condemned ◆ *n.m.* convict
condenar *v.* to condemn; to blame
condição *n.f.* condition; **condições de trabalho:** working conditions; **em boas condições:** in good condition

condicionado *adj.* 1 conditioned 2 restricted; **trânsito condicionado:** restricted traffic
condicional *adj.2gén. e n.m.* conditional
condimento *n.m.* (tempero) seasoning
condizer *v.* to match; **o anel condiz com o colar:** the ring matches the necklace
condomínio *n.m.* (apartamentos) commonhold development; **condomínio fechado:** private development
condução *n.f.* driving; **carta de condução:** driving licence; **escola de condução:** driving school
conduta *n.f.* conduct; **código de conduta:** code of conduct
condutor *n.m.* 1 driver; **condutor de autocarro:** bus driver 2 conductor; **condutor de eletricidade:** conductor of electricity
conduzir *v.* 1 (automóvel) to drive; **não sei conduzir:** I can't drive 2 (mota) to ride
cone *n.m.* cone
confeitaria *n.f.* 1 (local) confectioner's 2 (bolos) confectionery
conferência *n.f.* 1 lecture; **dar uma conferência sobre:** to lecture on 2 conference; **conferência de imprensa:** press conference; **sala de conferências:** conference room
confessar *v.* 1 to confess; **confessar um crime:** to confess to a crime 2 RELIGIÃO to hear in confession ♦ **confessar-se** RELIGIÃO to go to confession
confetes *n.m.pl.* confetti
confiança *n.f.* 1 confidence; trust; **ser de confiança:** to be trustworthy; to be reliable; **trair a confiança de alguém:** to betray somebody's trust 2 familiarity; **ter confiança com alguém:** to be on close terms with someone
confiante *adj.2gén.* confident
confiar *v.* 1 (objeto) to entrust; **confiar uma coisa a alguém:** to entrust someone with something 2 to trust; to rely; **confiar em alguém:** to rely upon a person; **não confio em ti:** I don't trust you
confidência *n.f.* confidence
confidencial *adj.2gén.* confidential
confirmação *n.f.* confirmation
confirmar *v.* to confirm
confissão *n.f.* confession
conflito *n.m.* conflict; **conflito armado:** armed conflict; **entrar em conflito com:** to come into conflict with
conflituoso *adj.* quarrelsome
conforme *prep.* according to; in conformity with; **conforme as circunstâncias:** according to circumstances ♦ *conj.* according to what; **conforme li no jornal:** according to what I read in the newspaper
conformidade *n.f.* conformity; **em conformidade com:** in conformity with
confortar *v.* to comfort
confortável *adj.2gén.* comfortable
conforto *n.m.* comfort

> As palavras **confortável** e **conforto** escrevem-se com **n**, mas, em inglês, **comfortable** e **comfort** escrevem-se com **m**.

confundido *adj.* confused; puzzled
confundir *v.* to confuse; to puzzle ♦ **confundir-se** to get confused
confusão *n.f.* 1 confusion; mess; **que confusão!:** what a mess! 2 tumult; **armar confusão:** to make a racket
confuso *adj.* 1 (pessoa) confused 2 (texto) unclear
congelado *adj.* frozen
congelador *n.m.* (parte do frigorífico) freezer
congelar *v.* to freeze; **congelar comida:** to freeze food

congresso *n.m.* congress
conhecedor *n.m.* expert
conhecer *v.* to know; **conhecer de nome:** to know by name; **conhecer de vista:** to know by sight; **conheces algum restaurante aqui perto?:** do you know of any restaurant nearby?
conhecido *adj.* known; **ser conhecido como:** to be known as
conhecimento *n.m.* **1** knowledge; **tomar conhecimento de:** to find out about **2** acquaintance; **travar conhecimento com:** to make the acquaintance of
conjugação *n.f.* **1** combination **2** (gramática) conjugation
conjugar *v.* **1** (verbos) to conjugate **2** (cores) to combine
conjunção *n.f.* conjunction
conjuntivo *adj. e n.m.* (gramática) subjunctive
conjunto *n.m.* **1** set; **conjunto de ferramentas:** set of tools **2** (grupo musical) band **3** (roupa) suit; outfit; **conjunto de saia e casaco:** suit
connosco *pron.pess.* with us; **queres vir connosco?:** do you want to come with us?
conquista *n.f.* conquest
conquistador *n.m.* conqueror
conquistar *v.* to conquer
consciência *n.f.* **1** (moral) conscience; **ter a consciência tranquila:** to have a clear conscience **2** (sentidos) consciousness; **perder a consciência:** to lose consciousness **3** (conhecimento) awareness; **não ter consciência do perigo:** to be unaware of the danger; **tenho consciência disso:** I'm aware of that
consciente *adj.2gén.* aware
conseguinte *adj.2gén.* **por conseguinte:** therefore; consequently
conseguir *v.* **1** to get; **eu consigo sempre o que quero:** I always get what I want **2** (objetivo) to succeed; **consegui passar no exame:** I succeeded in passing the examination **3** (capacidade) can; **não consigo dormir:** I can't sleep
conselheiro *n.m.* adviser
conselho *n.m.* **1** advice; **dar um conselho a alguém:** to give somebody a piece of advice; **pedir um conselho a alguém:** to ask somebody's advice **2** (escola) council; board; **conselho diretivo:** school board; **conselho disciplinar:** disciplinary board
consenso *n.m.* consensus
consentimento *n.m.* consent
consentir *v.* to allow; to consent
consequência *n.f.* consequence; **em consequência de:** as a result of, due to; **por consequência:** therefore
consequentemente *adv.* consequently; therefore
consertar *v.* to repair; to fix
conserto *n.m.* repair; fixing; **o rádio não tem conserto:** the radio is beyond repair
conservar *v.* **1** to maintain; to keep **2** (alimentos) to preserve
conservatório *n.m.* conservatoire
consideração *n.f.* consideration; regard; **ter consideração por alguém:** to have consideration for someone; **ter em consideração:** to take into consideration; to take into account
considerar *v.* **1** (respeitar) to consider **2** (refletir sobre) to take into consideration
considerável *adj.2gén.* considerable; substantial
consigo *pron.pess.* **1** (com você) to you; with you; about yourself; **a decisão é consigo!:** the decision is up to you!; **não se preocupe tanto consigo!:**

don't worry so much about yourself!; **posso ir consigo?:** can I go with you? **2** (com ele/ela) with himself; with herself

consoada *n.f.* **1** (ceia) Christmas supper/dinner **2** (presente) Christmas bonus

consoante *n.f.* (letra) consonant ◆ *prep.* **1** according to; **consoante o gosto de cada um:** according to one's taste **2** in accordance with; **consoante a opinião de alguém:** in accordance with someone's opinion

consola *n.f.* console; **consola de jogos:** game console

consolança *n.f. (Cabo Verde)* (consolo) consolation

consolar *v.* to comfort

conspiração *n.f.* conspiracy

conspirar *v.* to conspire; to plot

constelação *n.f.* constellation

constipação *n.f.* cold; **apanhar uma constipação:** to catch a cold

constipado *adj.* with a cold; **estou muito constipado:** I have a terrible cold

constituição *n.f.* constitution

construção *n.f.* **1** (processo) construction; building; **em construção:** under construction **2** (estrutura) frame; structure; **construção em pedra:** stone structure

construir *v.* **1** to build; **construir uma casa:** to build a house **2** to make; **construir uma frase:** to make a sentence

construtor *n.m.* builder

construtora *n.f.* (empresa) construction company

cônsul *n.m.* consul

consulta *n.f.* appointment; **consulta no dentista:** appointment at the dentist's

consultar *v.* **1** to consult; to see; **consultar o médico:** to see a doctor **2** to look up; **consultar uma palavra no dicionário:** to look up a word in the dictionary

consultório *n.m.* surgery

consumidor *n.m.* consumer

consumir *v.* to consume

consumo *n.m.* **1** consumption; **consumo de energia:** consumption of energy **2** sale; order; **consumo mínimo:** minimum order

conta *n.f.* **1** sum; **conta de dividir:** division; **conta de somar:** addition; sum **2** (banco) account; **abrir uma conta:** to open an account **3** (fatura) bill; (bar, restaurante) **a conta, por favor!:** the bill, please! ❖ **ajustar contas com alguém:** to settle accounts with someone; **fazer de conta:** to pretend; **isso não é da tua conta!:** mind your own business!; **tomar conta de:** to take care of

contactar *v.* to contact; to get in touch with

contacto *n.m.* contact; **entrar em contacto com:** to get in touch with; ELETRICIDADE **mau contacto:** faulty contact

contador *n.m.* (aparelho) counter; (água, gás, eletricidade) meter

contagem *n.f.* counting; **contagem decrescente:** countdown

contagiante *adj.2gén.* contagious

contagiar *v.* to contaminate

contagioso *adj.* contagious; infectious; **doença contagiosa:** contagious disease

contaminação *n.f.* contamination; (poluição) **contaminação da água:** water contamination

contaminar *v.* to contaminate

conta-quilómetros *n.m.2núm.* mileometer; milometer

contar *v.* **1** to tell; **conta-me tudo:** tell me all about it; **contar uma história:** to tell a story **2** to count; **contar pelos**

dedos: to count on one's fingers; contar até cem: to count up to a hundred
contemporâneo *adj. e n.m.* contemporary
contentamento *n.m.* joy
contentar *v.* to please; contentar alguém: to please someone ◆ contentar-se to content oneself; to be satisfied; não se contenta com nada: nothing seems to satisfy him
contente *adj.2gén.* pleased; glad; estar contente: to be pleased/glad; fico contente: I'm glad
contentor *n.m.* 1 (camião) container 2 (lixo) skip
conter *v.* 1 to contain 2 to refrain; conter o riso: to refrain from laughing ◆ conter-se to restrain oneself
contestação *n.f.* protest
conteúdo *n.m.* content
contexto *n.m.* context
contigo *pron.pess.* with you; é contigo: it's up to you; vou contigo: I'll go with you
continental *adj.2gén.* continental
continente *n.m.* continent; o continente europeu: the European continent
contingência *n.f.* contingency; plano de contingência: contingency plan
continuação *n.f.* follow-up; a continuação da série: the follow-up of the series
continuar *v.* 1 to continue; continua no próximo episódio: to be continued 2 to go on; to carry on; continua!: go on!; continuar a história: to go on with the story
continuidade *n.f.* continuity
contínuo *adj.* continuous; avaliação contínua: continuous assessment
conto *n.m.* tale; conto de fadas: fairy tale; conto popular: folk tale
contorno *n.m.* outline; contour
contra *prep.* against; dez contra um: ten to one; é/vai contra a lei: it's against the law; os prós e os contras: the pros and cons
contrabaixo *n.m.* (instrumento) contrabass; double bass
contração *n.f.* contraction
contracapa *n.f.* back cover
contracção *a nova grafia é* **contração**
contradição *n.f.* contradiction; cair em contradição: to contradict oneself
contraditório *adj.* contradictory
contradizer *v.* to contradict ◆ contradizer-se to contradict oneself
contrariar *v.* to contradict
contrário *adj.* contrary; opposite; caso contrário: if not; muito pelo contrário: quite the opposite; pelo contrário: on the contrary ◆ *n.m.* opposite
contraste *n.m.* contrast; estabelecer um contraste entre: to make a contrast between
contratação *n.f.* 1 (emprego) hiring 2 (jogador, artista) signing
contratar *v.* 1 to hire; (jogador, artista) to sign 2 (empresa, serviço) to contract
contrato *n.m.* contract; contrato de aluguer: lease; contrato de trabalho: work contract
contratorpedeiro *n.m.* (navio) destroyer
contribuição *n.f.* contribution
contribuinte *n.2gén.* taxpayer
contribuir *v.* to contribute; muitos fatores contribuíram para isso: many factors contributed to this
controlador *n.m.* (profissão) controller; controlador aéreo: air-traffic controller
controlar *v.* to control ◆ controlar-se to control oneself
controlo *n.m.* control; controlo à distância: remote control; controlo de qualidade: quality control; perder o controlo: to lose control

a b c d e f g h i j k l m n o p q r s t u v w x y z

controvérsia *n.f.* controversy
contudo *conj.>adv.*[DT] nevertheless; however
convencer *v.* 1 to convince; **convencer alguém de algo:** to convince someone of something 2 to persuade; **convencer alguém a fazer algo:** to persuade someone to do something ♦ **convencer-se** to convince oneself; **convencer-se de alguma coisa:** to convince oneself of something
convencido *adj.* 1 convinced; **estou convencido de que:** I feel confident that 2 *(informal)* smug
conveniência *n.f.* convenience; **loja de conveniência:** convenience store
conveniente *adj.2gén.* convenient; **numa hora conveniente:** at a convenient hour
convento *n.m.* convent
conversa *n.f.* 1 conversation; **conversa animada:** lively conversation 2 talk; chat; **estar na conversa:** to be chatting
conversar *v.* to talk about; to chat about
converter *v.* to convert ♦ **converter-se** to be converted
convés *n.m.* deck
convexo *adj.* convex
convicção *n.f.* conviction
convidado *adj.* invited; **eles foram convidados para a festa:** they were invited to the party ♦ *n.m.* guest; **convidado de honra:** guest of honour
convidar *v.* 1 to invite; **convidar alguém para uma festa:** to invite someone to a party 2 (pedir) to ask; **convido-o a sair daqui:** I am asking you to leave
convir *v.* to suit; to fit; **se te convém:** if that suits you
convite *n.m.* invitation; **aceitar um convite:** to accept an invitation; **recusar um convite:** to decline an invitation
convívio *n.m.* get-together
convosco *pron.pess.* with you; **isso é convosco:** that's up to you
cooperação *n.f.* cooperation
cooperar *v.* to cooperate
copa *n.f.* (de árvore) top; tree top
copas *n.f.pl.* (cartas) hearts; **dama de copas:** queen of hearts
cópia *n.f.* 1 copy; duplicate; **fazer uma cópia:** to make a copy 2 imitation; **ser uma cópia de:** to be an imitation of
copianço *n.m.* 1 *(informal)* (escola) cheating 2 *(informal)* (cábula) crib
copiar *v.* 1 to copy; **copiar um ficheiro:** to copy a file 2 *(informal)* (escola) to cheat; to crib; **copiar num teste:** to cheat in a test
copiloto *n.2gén.* (avião) co-pilot
co-piloto *a nova grafia é* **copiloto**
copo *n.m.* 1 glass 2 *(informal)* (bebida) drink; **estar com os copos:** to be drunk
coqueiro *n.m.* coconut palm
cor (cór) *n.m.* **saber de cor:** to know by heart
cor (côr) *n.f.* colour; **a cores:** in colour; **cores vivas:** lively colours
coração *n.m.* 1 heart; **do fundo do coração:** straight from the heart 2 *(figurado)* kindness; **pessoa com coração:** a kind sort of person
corado *adj.* rosy; **ter faces coradas:** to have rosy cheeks; **estar corado de vergonha:** to be red with shame
coragem *n.f.* courage
corajoso *adj.* courageous
coral *n.m.* 1 coral; **recife de coral:** coral reef 2 MÚSICA chorus; choir ♦ *adj.2gén.* MÚSICA choral
corar *v.* to blush; **corar de vergonha:** to blush with embarrassment
corcunda *n.f.* (curvatura) hump ♦ *n.2gén.* (pessoa) hunchback
corda *n.f.* 1 rope; **corda para saltar:** skipping rope 2 MÚSICA string; **instru-**

mentos de corda: the strings **3** ANATOMIA cord; **cordas vocais:** vocal cords
cordão *n.m.* **1** (calçado) shoestring; shoelace **2** (bebé) cord; **cordão umbilical:** navel string **3** (colar) string; **cordão de ouro:** gold string
cordeiro *n.m.* lamb
cordel *n.m.* string
cor-de-laranja *a nova grafia é* **cor de laranja**
cor de laranja *adj.2gén.* orange
cor-de-rosa *adj.2gén.* pink
cordilheira *n.f.* mountain range
coreto *n.m.* bandstand
córnea *n.f.* cornea
corneta *n.f.* bugle
coro *n.m.* **1** chorus **2** (igreja) choir
coroa *n.f.* **1** (de rei, rainha) crown **2** (grinalda) wreath; **coroa de flores:** wreath of flowers **3** (moeda) tail; **cara ou coroa?:** heads or tails?
coroação *n.f.* coronation
coroar *v.* to crown
corpo *n.m.* body
corporação *n.f.* corporation
corporal *adj.2gén.* body
corpúsculo *n.m.* corpuscle
correção *n.f.* correction
correcção *a nova grafia é* **correção**
correcto *a nova grafia é* **correto**
corrector *a nova grafia é* **corretor**
corredor *n.m.* **1** (edifício) corridor; gallery **2** (teatro, avião) gangway
correia *n.f.* **1** strap **2** (bicicleta) chain
correio *n.m.* **1** mail; post; **caixa do correio:** postbox; **correio eletrónico:** electronic mail, e-mail; **mandar pelo correio:** to send by post; **marco do correio:** pillar box; **pôr uma carta no correio:** to post a letter **2** (cartas) correspondence; (edifício) Post Office
corrente *adj.2gén.* **1** running; **água corrente:** running water **2** common; **prática corrente:** common practice ◆ *n.f.* current; **corrente de ar:** air current
correr *v.* **1** to run; **correr atrás de:** to run after **2** (tempo) to pass **3** (cortinas) to draw
correria *n.f.* rush
correspondência *n.f.* correspondence
correspondente *adj.2gén.* corresponding ◆ *n.2gén. (informal)* penfriend
corresponder *v.* to correspond; **corresponde à descrição:** it corresponds to the description; **corresponder às exigências:** to meet the requirements
correto *adj.* **1** correct; right; **está correto:** that is correct **2** proper; fit; **vestido de modo correto:** properly dressed
corretor *n.m.* **1** corrector **2** (tinta) correction fluid
corrida *n.f.* **1** run **2** race; **participar numa corrida:** to run a race; **corrida de cavalos:** horse race; **corrida de touros:** bullfight
corrigir *v.* (testes) to mark; to correct
corrimão *n.m.* (escada) banister; handrail
corrupção *n.f.* corruption
corrupto *adj.* corrupt
corsários *n.m.pl.* (calças) capri pants
cortante *adj.2gén.* **1** (objeto) sharp **2** (vento) cutting
cortar *v.* **1** to cut; **cortar ao meio:** to cut in halves; **cortar aos bocados:** to cut to pieces **2** (com tesoura) to cut out **3** (árvore) to fell ◆ **cortar-se** to cut oneself
corta-unhas *n.m.* nail clippers
corte (córte) *n.m.* **1** cut; incision; **corte de cabelo:** haircut; (água, luz) **corte de energia:** power cut; **fiz um corte no dedo:** I've cut my finger **2** (roupa) cut; **corte de um vestido:** cut of a dress
corte (côrte) *n.f.* **1** (rei, rainha) court **2** (namoro) courtship; **fazer a corte a:** to court
cortejo *n.m.* **1** (casamento, funeral) procession **2** (Carnaval, Queima das Fitas) parade

cortesão *n.m.* courtier
cortesia *n.f.* courtesy; **por cortesia:** out of courtesy
cortiça *n.f.* cork; bark
cortiço *n.m.* beehive
cortina *n.f.* curtain; **correr as cortinas:** to draw the curtains
cortinado *n.m.* curtains; drapes
coruja *n.f.* owl
corvo *n.m.* crow; raven
coscuvilheiro *adj.* nosy
coscuvilhice *n.f.* gossip
coser *v.* to sew; to stitch; **coser um botão:** to sew a button
cósmico *adj.* cosmic
cosmonauta *n.2gén.* cosmonaut; astronaut
costa *n.f.* (mar) coast; shore; **dar à costa:** to be washed ashore
costas *n.f.pl.* **1** ANATOMIA back; **às costas:** on one's back; **deitar-se de costas:** to lie on one's back; **dor de costas:** backache **2** (natação) backstroke; **nadar de costas:** to do the backstroke
costela *n.f.* rib; **partir uma costela:** to break a rib
costeleta *n.f.* (de porco) chop; (de vitela) cutlet
costumar *v.* **1** (no presente) to usually do something; **eu costumo ir ao teatro:** I usually go to the theatre **2** (no passado) to use to do something; **eu costumava vir aqui:** I used to come here
costume *n.m.* custom; **como de costume:** as usual; **ter o costume de:** to be in the habit of

> Para dizermos **costume** em inglês usamos as palavras **custom** ou **habit**. Também existe a palavra **costume** em inglês, mas quer dizer *traje*.

costura *n.f.* sewing; **caixa de costura:** sewing box; **máquina de costura:** sewing machine
costurar *v.* to sew
costureira *n.f.* **1** seamstress **2** (alta costura) fashion designer
costureiro *n.m.* **1** tailor; dressmaker **2** (alta costura) fashion designer
cotovelo *n.m.* elbow ❖ **dor de cotovelo:** jealousy, envy
cotovia *n.f.* lark
couro *n.m.* leather; **blusão de couro:** leather jacket
couve *n.f.* cabbage
couve-flor *n.f.* Brussels sprout
cova *n.f.* (buraco) hole; **fazer uma cova:** to dig a hole
covarde *adj.* e *n.2gén.* → **cobarde**
covardia *n.f.* → **cobardia**
covinha *n.f.* (queixo, face) dimple
coxa *n.f.* thigh
coxear *v.* to limp; to hobble
coxo *adj.* lame ◆ *n.m.* lame person
cozer *v.* **1** (em água) to boil **2** (no forno) to bake
cozido *adj.* (em água) boiled; (no forno) baked; **ovo cozido:** hard-boiled egg
cozinha *n.f.* **1** (lugar) kitchen; **trem de cozinha:** kitchenware **2** (arte) cookery; **livro de cozinha:** cookery book **3** (gastronomia) cooking; **cozinha portuguesa:** Portuguese cooking
cozinhar *v.* to cook; **não sei cozinhar:** I can't cook
cozinheiro *n.m.* [*f.* cozinheira] cook
crânio *n.m.* skull
cratera *n.f.* crater
cravo *n.m.* **1** (flor) carnation **2** (instrumento) harpsichord
crédito *n.m.* **1** credit; **cartão de crédito:** credit card **2** trust; **digno de crédito:** reliable

creme *n.m.* 1 (sopa) soup 2 cream; **creme de barbear:** shaving cream ◆ *adj.2gén.* (cor) cream; cream-coloured
cremoso *adj.* creamy
crença *n.f.* belief
crente *n.2gén.* believer
crepe *n.f.* (tecido, panqueca) crêpe; crepe
crepúsculo *n.m.* twilight
crer *v.* to believe; **crer em Deus:** to believe in God; **creio que sim:** I believe so; I suppose so; I think so; **não creio:** I don't think so; I believe not; *(informal)* **ver para crer:** seeing is believing
crescente *adj.2gén.* increasing; **por ordem crescente:** in ascending order ◆ *n.m.* (fase da Lua) crescent; **quarto crescente:** crescent moon
crescer *v.* 1 to grow; to grow up; **deixar crescer a barba:** to grow a beard; **deixar crescer o cabelo:** to let one's hair grow 2 to increase; **crescer em população:** to increase in population
crescimento *n.m.* 1 growth 2 increase
crespo *adj.* (cabelo) frizzy
cretcheu *n.2gén.* *(Cabo Verde)* dear; darling
cria *n.f.* baby; (cão, foca) pup; (gato, coelho) kitten; (leão, tigre, etc.) cub; (ave) chick
criação *n.f.* 1 creation 2 (animais) breeding
criado *n.m.* servant
criador *n.m.* 1 creator 2 (de animais) farmer; breeder; **criador de gado:** cattle breeder
criança *n.f.* child; kid; **brincadeira de criança:** child's play; **criança de colo:** babe in arms
criancice *n.f.* childishness
criar *v.* 1 to create; to make; **criar distúrbios:** to make trouble 2 (filho) to bring up 3 (planta) to grow 4 (animal) to breed
criatividade *n.f.* creativity
criativo *adj. e n.m.* creative
criatura *n.f.* creature
crime *n.m.* crime; **cometer um crime:** to commit a crime
criminalidade *n.f.* crime
criminoso *adj. e n.m.* criminal
crina *n.f.* (cavalo) mane
crioulo *adj. e n.m.* creole
crise *n.f.* 1 crisis; **estar em crise:** to be in crisis 2 (doença) fit; attack
crisma *n.2gén.* (sacramento) confirmation
crismar *v.* RELIGIÃO to confirm
crista *n.f.* crest; (galo) comb
cristal *n.m.* 1 crystal 2 (de rocha) quartz
cristalino *adj.* crystal clear ◆ *n.m.* (olho) crystalline lens
cristão *adj.* RELIGIÃO Christian; **era cristã:** Christian era ◆ *n.m.* [*f.* cristã] RELIGIÃO Christian
cristianismo *n.m.* Christianity
Cristo *n.m.* 1 RELIGIÃO Christ 2 crucifix
critério *n.m.* criterion
crítica *n.f.* 1 criticism; critique 2 (de filme, livro) review
criticar *v.* 1 to criticize 2 (filme, obra) to review
crítico *n.m.* 1 critic 2 (livro) reviewer
crocante *adj.2gén.* crunchy; crisp
croché *n.m.* crochet; **agulha de croché:** crochet hook
crocodilo *n.m.* crocodile
croissant *n.m.* croissant
cromo *n.m.* picture card
cromossoma *n.m.* chromosome
crónica *n.f.* 1 (jornal, revista) column 2 (história, narrativa) chronicle
crónico *adj.* chronic; **doença crónica:** chronic disease
cronologia *n.f.* chronology
cronológico *adj.* chronological
cronometrar *v.* to time
cronómetro *n.m.* stopwatch
croquete *n.m.* croquette

crosta *n.f.* 1 crust; **crosta terrestre:** the earth's crust 2 (ferida) scab
cru *adj.* raw; **peixe cru:** raw fish
crucial *adj.2gén.* crucial
crucifixo *n.m.* crucifix
cruel *adj.2gén.* cruel
crueldade *n.f.* cruelty
crustáceo *n.m.* crustacean
cruz *n.f.* cross
cruzado *adj.* crossed; **com as pernas cruzadas:** cross-legged; with one's legs crossed; **estar de braços cruzados:** to be with one's arms folded; **palavras cruzadas:** crossword
cruzamento *n.m.* crossing; crossroads
cruzar *v.* 1 (pernas) to cross 2 (braços) to fold
cruzeiro *n.m.* 1 (viagem) cruise; **fazer um cruzeiro:** to go on a cruise 2 (navio) cruiser
cruzeta *n.f.* coat hanger
cúbico *adj.* cubic
cubículo *n.m.* cubicle
cubo *n.m.* 1 cube; **cubo de gelo:** ice cube 2 (potência) cube; third power; **elevar ao cubo:** to cube 3 (brinquedo) brick
cuco *n.m.* 1 (ave) cuckoo 2 (relógio) cuckoo clock
cuecas *n.f.pl.* 1 (de homem) underpants 2 (de mulher) knickers
cuidado *n.m.* care; **cuidado com o cão:** beware of the dog; (hospital) **cuidados intensivos:** intensive care; **tem cuidado!:** be careful! ♦ *interj.* look out!; watch out!
cuidadoso *adj.* careful
cuidar *v.* to take care of; to look after
cujo *pron.rel.>det.rel.*[DT] whose; **encontrei o rapaz cuja irmã anda na minha turma:** I met the boy whose sister is in my class
culinária *n.f.* cookery
culpa *n.f.* fault; blame; **a culpa é minha:** it's my fault; **por culpa de:** because of
culpado *adj.* guilty; **declarar-se culpado:** to plead guilty
culpar *v.* to blame
cultivar *v.* 1 (flores, plantas) to grow 2 to cultivate; **cultivar uma amizade:** to cultivate a person's friendship
cultivo *n.m.* (terra) cultivation; (plantas, fruta) growing
culto *adj.* cultivated; cultured ♦ *n.m.* cult; worship; **prestar culto:** to worship
cultura *n.f.* 1 (cultivo da terra) cultivation; growing; **cultura alternada:** crop rotation 2 (saber) culture; knowledge; **cultura geral:** general knowledge
cultural *adj.2gén.* cultural
cume *n.m.* top; summit; **chegar ao cume:** to reach the top
cúmplice *n.2gén.* accomplice
cumpridor *adj.* dutiful; diligent
cumprimentar *v.* 1 to greet; to salute 2 to compliment; to congratulate
cumprimento *n.m.* 1 accomplishment; fulfilment 2 (de lei, ordem) compliance ❖ **apresentar os cumprimentos a alguém:** to give somebody one's regards; **os meus (melhores) cumprimentos:** best regards; best wishes
cumprir *v.* 1 (promessa, obrigação) to fulfil 2 (lei, ordem) to comply with; to obey 3 (palavra) to keep 4 (prazo) to meet 5 (pena) to serve ♦ **cumprir-se** to come true; to be fulfilled
cúmulo *n.m.* heap; pile
cunhada *n.f.* sister-in-law
cunhado *n.m.* brother-in-law
cunhar *v.* 1 (moedas) to mint 2 (expressão, palavras) to coin
cunho *n.m.* 1 (moeda) coin die 2 (marca) mark
cupão *n.m.* coupon
cúpula *n.f.* dome
cura *n.f.* cure; healing
curar *v.* (doença) to cure; to heal ♦ **curar-se** to recover; to be cured; **curar-se**

do sarampo: to recover from the measles
curativo *adj.* curative; healing ♦ *n.m.* (em ferida) dressing; **fazer um curativo:** to put on a dressing
curgete *n.f.* courgette
curiosidade *n.f.* curiosity
curioso *adj.* **1** curious; eager **2** interesting
curral *n.m.* corral
currículo *n.m.* **1** (documento) CV **2** (programa escolar) curriculum
curso *n.m.* **1** course; **curso de aperfeiçoamento:** proficiency course; **curso de línguas:** languages course **2** (universidade) degree; **curso universitário/superior:** university degree **3** run; course; (processo) **em curso:** in progress; **o curso dos acontecimentos:** the run of events
cursor *n.m.* INFORMÁTICA cursor
curta-metragem *n.f.* short film
curtir *v.* **1** to tan; **curtir peles:** to tan leader hides **2** *(informal)* to dig; to enjoy; **não curto futebol:** I don't dig football
curto *adj.* **1** (tamanho) short; **camisa de manga curta:** short-sleeved shirt; **cabelo curto:** short hair **2** (duração) brief
curto-circuito *n.m.* [*pl.* curtos-circuitos] short circuit
curtume *n.m.* tanning
curva *n.f.* **1** curve; **fazer uma curva:** to take a curve; *(informal)* **vai dar uma curva!:** get lost! **2** (estrada, rio) bend
curvar(-se) *v.* to bend
curvatura *n.f.* curvature
curvo *adj.* curved; crooked; bent
cuspir *v.* to spit
cuspo *n.m.* spit
custa *n.f.* expense; cost; **à custa de:** at the cost of; at the expense of; **à minha custa:** at my expense
custar *v.* **1** to cost; **custar muito dinheiro:** to cost a lot of money; **quanto custa?:** how much does it cost? **2** to be expensive; **custe o que custar:** at any price; at all costs **3** to be painful; **custa-me falar-te assim:** it pains me to talk to you like this **4** to be difficult; to be hard; **custa a crer!:** it is hard to believe!
custo *n.m.* **1** cost; price; **custo de vida:** cost of living **2** *(figurado)* difficulty; pain; **a custo:** with difficulty
custódia *n.f.* custody
custoso *adj.* difficult; hard
cutâneo *adj.* cutaneous

D

d *n.m.* (letra) d
da *contr. da prep.* de + *art. def. f.* a
dádiva *n.f.* gift
dado *adj.* 1 affable; easy-going; **é uma criança muito dada:** she's a very affable child 2 given; **em dado momento:** at a given moment 3 given to; **dado que:** given that; **ser dado a:** to be given to; provided that ◆ *n.m.* (jogo) dice
dador *n.m.* [*f.* dadora] donor; **dador de sangue:** blood donor
dados *n.m.pl.* (informações) data
dália *n.f.* (flor) dahlia
dálmata *n.m.* (cão) Dalmatian
dama *n.f.* 1 lady; **dama de companhia:** lady-in-waiting; **primeira dama:** the first lady 2 maid; **dama de honor:** bridesmaid 3 (xadrez, cartas) queen
damas *n.f.pl. (Grã-Bretanha)* (jogo) draughts; *(Estados Unidos da América)* checkers; **tabuleiro do jogo de damas:** draughtboard
damasco *n.m.* 1 (fruto) apricot 2 (tecido) damask
danado *adj. (informal)* angry; furious
dança *n.f.* dance; **dança folclórica:** folk dance
dançar *v.* to dance; **queres dançar comigo?:** will you dance with me?
dançarino *n.m.* [*f.* dançarina] dancer
danificar *v.* to damage; to spoil
dano *n.m.* 1 damage; loss; **danos e prejuízos:** damages 2 (moral) harm; **causar dano a:** to harm
dantes *adv.* formerly; before
dar *v.* 1 to give; **dar algo a alguém:** to give somebody something; **dar à luz:** to give birth to; **dar um passeio:** to take a walk 2 (aulas) to teach; **dar (aulas de) Inglês:** to teach English 3 (matéria) to do; **estamos a dar os verbos irregulares:** we're doing the irregular verbs 4 to strike; **o relógio deu as doze:** the clock struck twelve 5 (fruto, flor) to bear; **dar fruto:** to bear fruit 6 to hit; to strike 7 to find; to come across; **dar com uma coisa:** to find something 8 to be enough; **isto dá para tudo?:** is this enough for everything? 9 to have; **deu-lhe um ataque de coração:** he had a heart attack 10 to be possible; **dá para trocar dinheiro aqui?:** is it possible to exchange money here? 11 to lead to; **este caminho dá para o rio:** this path leads to the river 12 to overlook; **o meu quarto dá para o jardim:** my bedroom overlooks the garden ◆ **dar--se** 1 to give oneself up to; to devote oneself to 2 to happen; to take place 3 to get on; **dar-se bem/mal com:** to get on well/badly with 4 to get on; **dar--se bem com alguém:** to get on well with somebody
dardo *n.m.* 1 javelin; **lançar o dardo:** to throw the javelin 2 (jogo) dart
data *n.f.* (tempo) date; **data de nascimento:** date of birth; **data de validade:** sell-by date; **nessa data:** at that date
datar *v.* to date
de *prep.* 1 (origem) from; **cheguei da Escócia:** I arrived from Scotland; **veio do Porto:** he came from Oporto 2 (tempo)

by; in; at; **de dia:** by day; **de noite:** at night; **de tarde:** in the afternoon **3** (meio de transporte) by; **viajar de avião/comboio:** to travel by plane/train **4** of; **um copo de água/leite:** a glass of water/milk **5** (frequência) from; every; **de dez em dez dias:** every ten days **6** (cores) in; **vestido de branco:** dressed in white

debaixo *adv.* under; underneath; below

debate *n.m.* debate

debater *v.* to debate; to discuss

debicar *v.* to peck

débil *adj.2gén.* weak; feeble

debilidade *n.f.* debility

debilitar *v.* to debilitate

débito *n.m.* debit

debruar *v.* (roupa) to edge; to hem

debruçar-se *v.* to lean over

debulhadora *n.f.* threshing machine

debulhar *v.* (cereais) to thresh

década *n.f.* decade; **a década de noventa:** the nineties

decadência *n.f.* decadence; decay

decadente *adj.2gén.* decadent

decair *v.* to decline; to decay

decalcar *v.* (desenho) to transfer

decalitro *n.m.* decalitre

decalque *n.m.* **1** (desenho) tracing **2** (imitação) copy

decatlo *n.m.* decathlon

deceção *n.f.* disappointment

dececionar *v.* to disappoint; to let down ◆ **dececionar-se** to be disappointed

decência *n.f.* decency

decente *adj.2gén.* decent

decepção *a nova grafia é* **deceção**

decepcionar *a nova grafia é* **dececionar**

decerto *adv.* surely; certainly

decidir *v.* to decide; **decidir não fazer alguma coisa:** to decide against doing something; **decidi ir de férias:** I decided to go on holidays ◆ **decidir-se** to make up one's mind; **vê lá se te decides!:** make up your mind!

decifrar *v.* **1** (escrita) to decipher **2** (enigma) to solve

decigrama *n.m.* decigram; decigramme

decilitro *n.m.* decilitre

decimal *adj.2gén.* decimal; **sistema decimal:** decimal system

decímetro *n.m.* decimetre

décimo *num.ord.>adj.num.*[DT] tenth

decisão *n.f.* decision; **tomar uma decisão:** to take a decision

decisivo *adj.* decisive

declamar *v.* to recite

declaração *n.f.* **1** declaration; **declaração de guerra:** declaration of war **2** statement; **a polícia ouviu a sua declaração:** the police took his statement

declarado *adj.* **1** (intenção) declared **2** (evidente) clear

declarar *v.* to declare; **tem alguma coisa a declarar?:** have you anything to declare?

declínio *n.m.* decline

declive *n.m.* slope; **em declive:** sloping

decompor(-se) *v.* to decompose

decomposição *n.f.* decomposition

decoração *n.f.* decoration; **decoração da casa:** house decoration; **decoração de montras:** window dressing

decorador *n.m.* decorator

decorar *v.* **1** to decorate; **decorar uma casa:** to decorate a house **2** to learn by heart; **decorar uma lição:** to learn a lesson by heart

decorativo *adj.* decorative

decorrente *adj.2gén.* resulting

decorrer *v.* (tempo) to pass

decotado *adj.* low-cut; **vestido decotado:** low-cut dress

decote *n.m.* (roupa) low neck; **decote redondo:** crew neck

decrescente *adj.2gén.* decreasing; **por ordem decrescente:** in descending order
decrescer *v.* to decrease
decretar *v.* to decree
decreto *n.m.* decree
decurso *n.m.* course; **no decurso de um mês:** in the course of a month
dedada *n.f.* fingermark
dedal *n.m.* thimble
dedicação *n.f.* **1** dedication **2** affection
dedicar *v.* **1** to dedicate; **dedicar um livro a alguém:** to dedicate a book to somebody **2** (tempo, atenção) to devote; **dedicar a vida a uma causa:** to dedicate one's life to a cause ◆ **dedicar-se** to devote oneself; **dedicar-se ao estudo:** to devote oneself to study
dedicatória *n.f.* dedication
dedilhar *v.* to finger
dedo *n.m.* **1** (mão) finger; **pontas dos dedos:** fingertips **2** (pé) toe
dedução *n.f.* deduction
deduzir *v.* **1** (quantia) to deduct **2** (conclusão) to deduce
defeito *n.m.* **1** defect; **defeito na fala:** speech defect **2** (moral) fault; **apesar dos seus muitos defeitos:** in spite of his many faults; **pôr defeitos em:** to find fault with
defeituoso *adj.* defective; faulty
defender *v.* **1** to defend **2** to protect **3** (golo) to save **4** to stand up for; **defender uma opinião:** to stand up for an opinion ◆ **defender-se 1** to defend oneself; **defender-se de um ataque:** to defend oneself against an attack **2** to protect oneself; **defender-se do frio:** to protect oneself against cold
defensiva *n.f.* defensive
defensivo *adj.* defensive
defensor *n.m.* defender
defesa *n.f.* **1** *(Grã-Bretanha)* defence; *(Estados Unidos da América)* defense **2** protection; **defesa antiaérea:** antiaircraft protection; **defesa do consumidor:** consumer protection **3** *(Grã-Bretanha)* (jogador) defence; *(Estados Unidos da América)* defense; **o guarda-redes fez uma defesa incrível:** the goalkeeper made a spectacular defence ◆ *n.m.* (jogador) back; **defesa esquerdo/direito:** full back
défice *n.m.* deficit; shortage
deficiência *n.f.* handicap
deficiente *adj.2gén.* **1** (com falta) deficient **2** (pessoa) disabled ◆ *n.2gén.* person with disability
definição *n.f.* definition
definido *adj.* definite; **artigo definido:** definite article
definir *v.* to define ◆ **definir-se 1** to take form **2** to make a decision **3** to describe oneself
definitivamente *adv.* **1** (sem dúvida) definitely **2** (para sempre) for good
definitivo *adj.* **1** final **2** (solução) definitive **3** (resposta, data) definite
deflagrar *v.* to deflagrate
deformação *n.f.* deformation
deformar *v.* to deform ◆ **deformar-se 1** (corpo) to become deformed **2** (imagem, pensamento) to become distorted
defrontar *v.* **1** to face **2** to come face to face with **3** to confront ◆ **defrontar-se** to face each other
defunto *adj. e n.m.* deceased
degelo *n.m.* thaw
degradar *v.* to degrade ◆ **degradar-se** to deteriorate
degrau *n.m.* step; **no último degrau da escada:** on the top step of the ladder
deitar *v.* **1** to lay down **2** to put to bed **3** (líquidos) to pour **4** to throw; **deitar fora:** to throw away ◆ **deitar-se 1** to lie down **2** (na cama) to go to bed; **deitar-se tarde:** to stay up late
deixar *v.* **1** to leave; **deixar para trás:** to leave behind; **deixo isso consigo:**

I'll leave it to you **2** to let; to allow; **deixar alguém ficar mal:** to let someone down **3** to give up; **deixar de estudar:** to give up your studies **4** to stop; **deixou de chover:** it's stopped raining ◆ **deixar-se 1** to stop; *(informal)* **deixa-te de brincadeiras:** stop fooling around **2** to let; **deixa-me ver:** let me see

dela *contr. da prep.* de + *pron. pess.* ela **1** of her; from her; hers; **a culpa é toda dela:** the fault is all hers; **estão a falar dela:** they are talking about her; **por causa dela:** because of her **2** (coisa, animal) its

dele 1 of him; from him; his; **a culpa é toda dele:** the fault is all his; **estão a falar dele:** they are talking about him; **por causa dele:** because of him **2** (coisa, animal) its

delegação *n.f.* delegation

delegacia *n.f. (Brasil)* police station

delegado *n.m.* [*f.* delegada] delegate; **delegado/a de turma:** head boy/girl; **delegado sindical:** Union delegate

delgado *adj.* **1** (espessura) thin **2** (pessoa) slender; slim

deliberação *n.f.* deliberation

deliberadamente *adv.* deliberately

deliberado *adj.* deliberate; intentional

delicadeza *n.f.* **1** (qualidade) delicacy **2** (simpatia) kindness; courtesy; **que delicadeza!:** how thoughtful!

delicado *adj.* delicate

delícia *n.f.* delight; **que delícia!:** how lovely!; **ser uma delícia:** to be delicious

deliciar *v.* to delight ◆ **deliciar-se** to take delight; **deliciar-se com algo:** to take delight in something

delicioso *adj.* delicious

delimitação *n.f.* delimitation

delimitar *v.* to demarcate

delirar *v.* **1** (de febre) to be delirious **2** (de alegria) to go wild

delírio *n.m.* **1** delirium **2** (de alegria) enthusiasm

delito *n.m.* crime; **cometer um delito:** to commit a crime; **em flagrante delito:** in the very act

demais *adv.* **1** (além disso) besides **2** (demasiado) too much

demão *n.f.* (tinta) coat; coating; **a última demão:** the last touch

demasia *n.f.* surplus; excess; **em demasia:** in excess; too much/many

demasiado *adj.* **1** excessive; too much; **demasiada comida:** too much food **2** too many; **demasiadas coisas:** too many things ◆ *adv.* **1** (com verbo) too much; **fumas demasiado:** you smoke too much **2** (com adjetivo, advérbio) too; **demasiado grande:** too big

demissão *n.f.* **1** (voluntária) resignation; **carta de demissão:** letter of resignation **2** (forçada) dismissal

demitir *v.* to dismiss; to discharge ◆ **demitir-se** to resign; **demitir-se de um cargo:** to resign from a post

democracia *n.f.* democracy

democrata *n.2gén.* democrat ◆ *adj.* democratic

democrático *adj.* democratic

democratização *n.f.* democratization

demolhar *v.* to soak

demolição *n.f.* demolition

demolir *v.* to demolish; **demolir um edifício:** to demolish a building

demoníaco *adj.* demoniac

demonstração *n.f.* **1** demonstration; **fazer uma demonstração:** to give a demonstration **2** show; **uma demonstração de força:** a show of force

demonstrar *v.* **1** to demonstrate **2** (resultado) to prove **3** (sentimento) to show

demonstrativo *adj.* demonstrative

demora *n.f.* **1** delay; **sem demora:** without delay **2** (no trânsito) hold-up

demorado *adj.* late
demorar *v.* **1** to delay **2** to be late ◆ **demorar-se 1** to linger **2** to be long; **demoras-te?:** will you be long?; **não te demores com isso!:** don't be long about it!
demover *v.* to dissuade
dengue *n.f.* (doença) dengue (fever)
denominar *v.* to name; to call
densidade *n.f.* density
denso *adj.* dense; thick
dentada *n.f.* bite
dentadura *n.f.* teeth; **dentadura postiça:** denture
dental *adj.2gén.* dental; **fio dental:** dental floss
dentário *adj.* dental
dente *n.m.* **1** tooth; **dente do siso:** wisdom tooth; **dor de dentes:** toothache; **tirar um dente:** to have a tooth pulled **2** (de animal) fang; tusk **3** (de alho) clove **4** (de garfo, ancinho) prong
dentição *n.f.* teeth; **primeira dentição:** milk teeth
dentífrico *n.m.* toothpaste
dentista *n.2gén.* dentist; **ir ao dentista:** to go to the dentist's
dentro *adv.* **1** (local) in; inside; **aqui dentro:** in here **2** (tempo) within; in; **dentro de momentos:** in a little while
dentuça *n.f.* bucktooth ◆ *n.2gén.* toothy person
denúncia *n.f.* denunciation
denunciar *v.* to denounce
departamento *n.m.* department; **departamento de Literatura Inglesa:** English Literature department
dependente *adj.2gén.* dependent; **estar dependente de:** to be dependent on
depender *v.* to depend; **depender de:** to be dependent on; **isso depende:** that depends; **isso depende de ti:** that is up to you
dependurar *v.* → **pendurar**
depilação *n.f.* (com cera) waxing; (com lâmina) shaving; (com pinça) to pluck
depilar *v.* to depilate; (com cera) to wax; (com lâmina) to shave
depois *adv.* **1** after; **pouco depois:** soon after; **um dia depois:** one day after **2** afterwards; **só vamos lá depois:** we will only go there afterwards **3** then; **só depois é que fomos:** only then did we go **4** (mais tarde) later; **falamos depois:** we'll talk later ◆ *conj.* after; **depois disso:** after that; next ◆ *prep.* after; **depois de amanhã:** the day after tomorrow; **um depois do outro:** one after the other
depositar *v.* **1** to deposit; **depositar um cheque:** to deposit a cheque **2** to entrust; **depositar confiança em alguém:** to entrust confidence to someone
depósito *n.m.* **1** deposit; **depósito à ordem:** money at call; **depósito a prazo:** deposit account **2** (de água) reservoir **3** (de gasolina) petrol tank
depressa *adv.* **1** fast; quickly; **mais depressa!:** hurry up! **2** soon; **volta depressa:** come back soon
depressão *n.f.* **1** (saúde) depression; **entrar em depressão:** to fall into a depression **2** (economia) recession
deprimente *adj.2gén.* depressing; depressive
deprimido *adj.* depressed; **sentir-se deprimido:** to feel down
deprimir *v.* to depress
deputado *n.m.* Member of Parliament; **deputado/a do Parlamento Europeu:** Member of the European Parliament
deriva *n.f.* drift; **andar à deriva:** to drift; to be adrift
derivado *adj.* derived
derivar *v.* to derive
dermatologia *n.f.* dermatology

dermatologista *n.2gén.* dermatologist
derramar *v.* (lágrimas, sangue) to shed
derrame *n.m.* spillage
derrapagem *n.f.* skid; skidding
derrapar *v.* (veículo) to skid
derreter *v.* (neve, gelo) to melt
derrota *n.f.* defeat; **sofrer uma derrota:** to be defeated
derrotar *v.* to defeat; to beat
derrubar *v.* 1 (objeto) to throw down 2 (árvore) to fell
desabafar *v.* to open one's heart; **tenho de desabafar:** I have to get it off my chest
desabafo *n.m.* (emoções, sentimentos) expression of one's feelings
desabar *v.* (construção) to collapse; to tumble down
desabitado *adj.* uninhabited
desabotoar *v.* (roupa) to unbutton
desabrochar *v.* (flor) to blossom
desacordo *n.m.* disagreement
desafiar *v.* to challenge
desafinado *adj.* MÚSICA out of tune
desafinar *v.* MÚSICA to put/go out of tune
desafio *n.m.* 1 challenge; **aceitar um desafio:** to accept a challenge 2 (jogo) match; **desafio de futebol:** football match
desagradar *v.* to displease; **isto desagrada-me:** I don't like this
desagradável *adj.2gén.* unpleasant; disagreeable
desagrado *n.m.* displeasure
desaguar *v.* (rio) to flow; **o rio desagua no mar:** the river flows into the sea
desajeitado *adj.* awkward; clumsy; **ser desajeitado com as mãos:** to be awkward with one's hands
desamparado *adj.* unprotected
desamparar *v.* to deprive of assistance
desamparo *n.m.* helplessness
desanimado *adj.* downcast; **estar desanimado:** to be in low spirits
desanimar *v.* to dishearten; **não desanimes!:** lighten up!
desânimo *n.m.* discouragement
desanuviar *v.* (céu) to clear up; **o dia desanuviou:** the day cleared up
desaparecer *v.* 1 to disappear; to vanish; **desaparecer de vista:** to disappear from your sight 2 to be lost; **as minhas chaves desapareceram:** I have lost my keys
desaparecido *adj.* missing; **ser dado como desaparecido:** to be reported missing ◆ *n.m.* missing person
desaparecimento *n.m.* disappearance; vanishing
desapertar *v.* 1 to unfasten; **desapertar o cinto de segurança:** to unfasten the seat-belt 2 (laço) to unlace; (nó) to untie 3 (botão) to unbutton
desapontado *adj.* disappointed; **ficar desapontado com a notícia:** to be disappointed at the news
desapontamento *n.m.* disappointment
desapontar *v.* to disappoint
desaprovar *v.* to disapprove; **desaprovo o teu comportamento:** I disapprove of your behaviour
desarmado *adj.* unarmed
desarmamento *n.m.* disarmament
desarmar *v.* to disarm
desarrumação *n.f.* untidiness; mess
desarrumado *adj.* untidy
desarrumar *v.* to mess up
desastrado *adj.* clumsy; awkward
desastre *n.m.* 1 accident; crash; **desastre de automóvel/avião:** car/plane crash 2 disaster; catastrophe; **desastre ambiental:** environmental disaster
desastroso *adj.* disastrous; calamitous
desatar *v.* 1 (laço, cordão) to unlace 2 to start; **desatar a correr/gritar:** to start running/screaming 3 (chorar, rir) to burst;

desatar a rir/chorar: to burst into laughter/tears ◆ **desatar-se** (laço, cordão) to get untied
desatento *adj.* absent-minded
desatinar *v.* to go crazy/mad; **desatinar com alguém:** to go mad at someone
desbastar *v.* to trim
desbaste *n.m.* trim
desbloquear *v.* **1** (entrada, passagem) to unblock; **desbloquearam a entrada do prédio:** they unblocked the entrance of the building **2** (aparelho) to unlock; **desbloqueei o telemóvel:** I unlocked the mobile phone
desbotado *adj.* bleached
desbotar *v.* (cor) to lose colour; to fade
descafeinado *adj. e n.m.* decaffeinated; decaf
descair *v.* to droop
descalçar *v.* to take off; **descalçar os sapatos/as luvas:** to take off the shoes/gloves ◆ **descalçar-se** to take off one's shoes
descalço *adj. e adv.* barefoot; **andar descalço:** to walk barefooted
descansado *adj.* **1** not worried; **estejam descansados:** don't worry **2** relaxed; rested; **dorme descansado:** sleep well
descansar *v.* **1** to rest; to take a rest; **descansar um pouco:** to take a short rest **2** to pause; to have a break; **descansar durante duas horas:** to have two hours break
descanso *n.m.* **1** rest; **estar em descanso:** to be at rest **2** break; **sem descanso:** without stop
descapotável *adj.2gén. e n.m.* convertible; **carro descapotável:** convertible
descarado *adj.* **1** cheeky **2** shameless
descaramento *n.m.* nerve; cheek; **que descaramento!:** the nerve!; **ter o descaramento de perguntar:** to have the cheek to ask
descarga *n.f.* **1** discharge; **descarga de eletricidade:** power discharge **2** (de mercadoria) unloading; (barco) unshipment
descarregar *v.* **1** (arma, mercadoria) to unload **2** (bateria, pilha) to discharge
descascador *n.m.* (fruta, vegetais) peeler
descascar *v.* **1** (fruta, pele) to peel **2** (ervilhas, nozes) to shell **3** (cereais) to husk
descendência *n.f.* offspring
descendente *adj.2gén.* (direção, sentido) descending ◆ *n.2gén.* (pessoa) descendant
descender *v.* to be descended; **descender de uma família nobre:** to be descended from a noble family
descer *v.* **1** to go down; **descer as escadas:** to go downstairs **2** (preço, temperatura) to drop **3** (de transporte) to get off; (do carro) to get out
descida *n.f.* **1** descent **2** (de preço, temperatura) fall; drop
desclassificado *adj.* disqualified
desclassificar *v.* to disqualify
descoberta *n.f.* discovery; **fazer uma descoberta:** to make a discovery
descoberto *adj.* **1** discovered **2** (sem cobertura) uncovered
descobridor *n.m.* discoverer
descobrimento *n.m.* discovery
Descobrimentos *n.m.pl.* HISTÓRIA Discoveries; **os Descobrimentos Portugueses:** the Portuguese Discoveries
descobrir *v.* to discover; to find; **descobrir uma ilha:** to discover an island; **descobrir uma vacina:** to discover a vaccine
descodificar *v.* (escrita, enigma) to decode; to decipher
descolagem *n.f.* (avião) take-off
descolar *v.* **1** (avião) to take off; (nave espacial) to lift off **2** (autocolante) to unstick

descompostura *n.f.* talking-to; **dar uma descompostura a alguém:** to give someone a good talking-to
descomunal *adj.2gén.* enormous; huge
desconfiado *adj.* distrustful; suspicious
desconfiança *n.f.* distrust; suspicion
desconfiar *v.* 1 to distrust; to suspect; **desconfiar dos motivos de alguém:** to distrust somebody's motives; **nós desconfiamos dele:** we suspect him 2 to doubt; **desconfio que ela não vem:** I doubt if she'll come
desconfortável *adj.2gén.* uncomfortable
desconforto *n.m.* discomfort
desconhecer *v.* to ignore
desconhecido *adj.* unknown ◆ *n.m.* [*f.* desconhecida] stranger
desconhecimento *n.m.* ignorance
desconseguir *v.* *(Moçambique)* to be unable to
descontar *v.* to deduct; to deduce
descontentamento *n.m.* discontentment
descontente *adj.2gén.* dissatisfied; displeased
descontínuo *adj.* discontinuous
desconto *n.m.* discount; **com desconto:** at a discount; **um desconto de cinco por cento:** a five per cent discount
descontração *n.f.* relaxation
descontracção *a nova grafia é* **descontração**
descontraído *adj.* relaxed
descontrair *v.* to relax
descontrolado *adj.* (máquina) out of control
descontrolar-se *v.* 1 (pessoa) to lose control 2 (máquina) to go out of control 3 (situação) to be/get out of hand
descoser *v.* (costura) to unpick
descrever *v.* to describe
descrição *n.f.* description
descritivo *adj.* descriptive
descuidado *adj.* careless; **ser descuidado com a aparência:** to be careless about one's appearance
descuido *n.m.* 1 (falta de cuidado) carelessness 2 (erro) oversight; slip; **por descuido:** inadvertently
desculpa *n.f.* 1 excuse; **arranjar desculpas:** to make excuses; **não há desculpa para chegar tarde:** there's no excuse for being late 2 apology; **pedir desculpa a alguém por alguma coisa:** to apologize to somebody for something
desculpar *v.* 1 to forgive; **desculpar alguma coisa a alguém:** to forgive somebody for something 2 to excuse; (para pedir perdão) **desculpe:** sorry; (para chamar a atenção) excuse me ◆ **desculpar-se** to apologize
desde *prep.* 1 (tempo) **desde então:** ever since; from then on 2 (lugar) from... to...; **caminhei desde casa até à praia:** I walked from my place to the beach ◆ *conj.* (contanto que) **desde que:** since; as long as
desdenhar *v.* to disdain
desdentado *adj.* toothless
desdobrar(-se) *v.* (mapa, papel) to unfold
desejar *v.* 1 to want; **que deseja?:** what would you like? 2 to wish; **desejar boa sorte a alguém:** to wish somebody good luck
desejo *n.m.* wish; **pedir um desejo:** to make a wish; **tornar um desejo realidade:** to make a wish come true
desejoso *adj.* eager; **estar desejoso de aprender:** to be eager to learn
deselegante *adj.2gén.* (gesto, resposta) inelegant
desembaraçado *adj.* resourceful
desembaraçar *v.* to free ◆ **desembaraçar-se** to get rid
desembaraço *n.m.* resourcefulness

desembarcar *v.* **1** (carga) to unload **2** (passageiros) to put on shore
desembarque *n.m.* **1** (passageiros) landing **2** (em aeroporto) arrivals **3** (mercadoria) unloading
desembocar *v.* **1** (rio) to flow **2** (rua, túnel) to lead
desembrulhar *v.* to unwrap
desempacotar *v.* to unpack
desempatar *v.* (corrida, jogo) to play off
desempate *n.m.* tie-break; DESPORTO **jogo de desempate:** play-off
desempenhar *v.* **1** (papel) to play **2** (função, tarefa) to perform
desempenho *n.m.* performance
desempregado *adj. e n.m.* unemployed
desemprego *n.m.* unemployment; **subsídio de desemprego:** unemployment benefit; dole
desencaminhar *v.* to mislead; to lead astray
desencantado *adj.* disenchanted
desencantar *v.* to disenchant; to disappoint
desencanto *n.m.* disenchantment; disappointment
desencontro *n.m.* **1** failure to meet **2** (divergência) disagreement
desencorajar *v.* to discourage
desenhador *n.m.* [*f.* desenhadora] designer; *(Grã-Bretanha)* draughtsman; *(Estados Unidos da América)* draftsman
desenhar *v.* **1** to draw **2** (mobiliário, vestuário) to design
desenho *n.m.* drawing; **fazer um desenho:** to make a drawing
desenlace *n.m.* **1** (aventura, problema) outcome **2** (filme, livro) ending
desenrolar *v.* **1** (papel, rolo) to unroll **2** (cabo) to unwind
desentendimento *n.m.* misunderstanding
desenvolver(-se) *v.* to develop
desenvolvido *adj.* developed; **países desenvolvidos:** developed countries
desenvolvimento *n.m.* development; **países em vias de desenvolvimento:** developing countries
desequilibrado *adj.* unbalanced
desequilibrar *v.* to unbalance ◆ **desequilibrar-se** to lose one's balance
desequilíbrio *n.m.* **1** imbalance **2** (mental) mental disorder
desertar *v.* to desert
desertificação *n.f.* desertification
deserto *adj.* desert; **uma ilha deserta:** a desert island ◆ *n.m.* desert
desesperado *adj.* **1** (pessoa) desperate; **estar desesperado:** to be desperate **2** (situação) hopeless; **uma tentativa desesperada:** a hopeless attempt
desesperar *v.* **1** to drive to despair **2** to despair
desespero *n.m.* despair; desperation; **levar ao desespero:** to drive to despair; **por desespero/em desespero de causa:** in desperation
desfavorecer *v.* to be unfavourable to
desfavorecido *adj.* underprivileged
desfazer *v.* **1** (embrulho, nó) to undo **2** (mala) to unpack **3** (dúvida, engano) to dispel; (mistério) to clear up
desfecho *n.m.* outcome; ending
desfeito *adj.* undone
desfiladeiro *n.m.* canyon
desfilar *v.* to parade; to march
desfile *n.m.* parade; procession; **desfile de moda:** fashion show
desfocado *adj.* (foto, imagem) blurred
desfocar *v.* to put out of focus
desfolhar *v.* (flor) to strip of petals; (planta, árvore) to strip of leaves
desforra *n.f.* revenge; **tirar a desforra:** to get even
desforrar-se *v.* to take revenge
desfrutar *v.* to enjoy

desgastante *adj.2gén.* wearing; stressful
desgastar *v.* **1** (roupa, calçado) to wear (out) **2** (superfície, rocha) to wear away
desgaste *n.m.* **1** (máquina, mobiliário, roupa) wear and tear; wearing out **2** (rocha) erosion **3** (emocional) stress and strain
desgosto *n.m.* sorrow; grief; **desgosto de amor:** heartbreak
desgraça *n.f.* disaster
desgraçado *adj.* **1** (infeliz) unlucky **2** (pobre) poor ◆ *n.m.* wretch
desidratação *n.f.* dehydration
design *n.m.* (criação) design; **design de interiores:** interior design
designação *n.f.* designation
designar *v.* to appoint; to name; **designar um sucessor:** to name a successor
designer *n.2gén.* designer; **designer de moda:** fashion designer
desígnio *n.m.* plan; design
desigual *adj.2gén.* **1** unequal **2** (textura, superfície) uneven
desigualdade *n.f.* inequality
desiludido *adj.* disappointed
desiludir *v.* to disappoint; to let down ◆ **desiludir-se** to be disillusioned; to be disappointed
desilusão *n.f.* disappointment; letdown; **o filme foi uma desilusão:** the film was a letdown; **sofrer uma desilusão:** to suffer a disillusion
desimpedir *v.* to clear; **desimpedir o caminho:** to clear the way
desinfeção *n.f.* disinfection
desinfecção *a nova grafia é* **desinfeção**
desinfectante *a nova grafia é* **desinfetante**
desinfectar *a nova grafia é* **desinfetar**
desinfetante *adj.2gén. e n.m.* disinfectant
desinfetar *v.* to disinfect
desinteressado *adj.* uninterested
desinteresse *n.m.* disinterest
desistência *n.f.* **1** giving up **2** withdrawal
desistir *v.* **1** to give up **2** (estudo, competição) to drop out; **ele desistiu da faculdade:** he dropped out of college
desktop *n.m.* INFORMÁTICA desktop
desleal *adj.2gén.* disloyal; unfaithful
deslealdade *n.f.* disloyalty
desleixado *adj.* careless; slovenly
desligado *adj.* (aparelho) disconnected; off; **a televisão está desligada:** the TV is off
desligar *v.* **1** to turn off; **desliga a luz!:** turn off the light! **2** to disconnect; **desligar a eletricidade:** to cut off the electricity; **desligar o telefone:** to hang up
deslizar *v.* to slide; to glide
deslize *n.m.* slide; slip
deslocação *n.f.* **1** (de ar, água, objeto) displacement **2** (de articulação, osso) dislocation
deslocado *adj.* **1** (de ar, água, objeto) displaced **2** (articulação, osso) dislocated
deslocar *v.* **1** to move **2** (osso) to dislocate ◆ **deslocar-se** to travel; **deslocar-se ao estrangeiro:** to travel abroad
deslumbrado *adj.* dazzled; fascinated
deslumbrante *adj.2gén.* dazzling; splendid
deslumbrar *v.* to fascinate; to amaze ◆ **deslumbrar-se** to be fascinated
desmaiar *v.* to faint; to pass out
desmaio *n.m.* faint; blackout
desmancha-prazeres *n.2gén.2núm.* killjoy
desmanchar *v.* **1** (nó, laço) to undo; to untie **2** (namoro, noivado) to put an end to
desmarcar *v.* (consulta, reunião) to cancel ◆ **desmarcar-se** (jogador) to lose one's marker
desmascarar *v.* to unmask ◆ **desmascarar-se** to take off one's mask

desmentido *n.m.* denial
desmentir *v.* to deny; **desmentir uma notícia:** to deny a story
desmontar *v.* **1** to get off **2** (cavalo) to dismount **3** (máquina, objeto) to dismantle
desmoronamento *n.m.* collapse; breakdown
desnecessário *adj.* unnecessary
desnível *n.m.* **1** (desigualdade) unevenness **2** (declive) declivity
desobedecer *v.* to disobey; **desobedecer aos pais:** to disobey one's parents
desobediência *n.f.* disobedience
desobediente *adj.2gén.* disobedient
desocupado *adj.* (casa, mesa) unoccupied; vacant
desocupar *v.* **1** (edifício) to vacate **2** (rua) to clear
desodorizante *n.m.* deodorant
desolado *adj.* (lugar, pessoa) desolate
desonestidade *n.f.* dishonesty
desonesto *adj.* dishonest
desordeiro *adj.* loutish ◆ *n.m.* hooligan
desordem *n.f.* disorder; mess
desordenado *adj.* disorderly; messy
desordenar *v.* **1** to untidy **2** to disorganize
desorganização *n.f.* disorganization
desorganizar *v.* to disorganize
desorientação *n.f.* disorientation
desorientado *adj.* disoriented; confused
desorientar *v.* to disorientate ◆ **desorientar-se** to lose direction
despachado *adj.* resourceful
despachar(-se) *v.* to hurry up; **despacha-te!:** hurry up!
despedida *n.f.* **1** farewell; goodbye; **festa de despedida:** farewell party **2** end; **a despedida do verão:** the end of the summer
despedimento *n.m.* dismissal
despedir *v.* to dismiss ◆ **despedir-se** **1** (emprego) to resign **2** (ao partir) to say goodbye; **despedir-se de alguém:** to see a person off
despejar *v.* **1** (recipiente) to empty; **despejar o caixote do lixo:** to empty the garbage can **2** (líquidos) to pour; **despejar a água no lavatório:** to pour the water in the sink **3** (lixo, resíduos) to dump
despenhar-se *v.* (avião) to crash
despensa *n.f.* larder; pantry
despenteado *adj.* (cabelo) tousled
despentear *v.* (cabelo) to mess up; to tousle; **não me despenteies!:** don't mess up my hair!
despercebido *adj.* unnoticed; **passar despercebido:** to pass/go unnoticed
desperdiçar *v.* to waste; to throw away
desperdício *n.m.* waste
despertador *n.m.* (relógio) alarm clock
despertar *v.* to wake (up); to awaken
despesa *n.f.* expense
despido *adj.* undressed; naked
despir *v.* **1** (roupas) to take off **2** (pessoa) to undress ◆ **despir-se** to undress
despiste *n.m.* (veículo) skid
despontar *v.* **1** (dia) to break **2** (barba, pelo) to sprout
desportista *n.2gén.* (homem) sportsman; (mulher) sportswoman
desportivo *adj.* **1** sporting; sports; **provas desportivas:** sporting events **2** casual; sporty; **roupas desportivas:** casual wear; sporty clothes
desporto *n.m.* **1** sport; **fazer/praticar desporto:** to practice some sport **2** pastime; hobby; **por desporto:** as a hobby; as a pastime
desposar *v.* to marry
despovoado *adj.* depopulated
desprezar *v.* to despise
desprezível *adj.* despicable
desprezo *n.m.* disdain; contempt
despropósito *n.m.* nonsense
desprotegido *adj.* unprotected

desse *contr. da prep.* de + *pron. dem.* esse **1** of that; **os quartos desse hotel são bons:** the rooms of that hotel are nice **2** from that; **tira os livros dessa estante:** take the books from that shelf
destacado *adj.* **1** outstanding **2** (equipa, tropa) detached
destacar *v.* **1** (realçar) to emphasize **2** (soldado, tropa) to detach ♦ **destacar--se** to stand out
destapar *v.* **1** (tampa, testo) to take the lid off; to open **2** to uncover
destaque *n.m.* prominence; **de destaque:** outstanding; **pôr em destaque:** to highlight
deste *contr. da prep.* de + *pron. dem.* este **1** of this; **eles saíram deste restaurante:** they came out of this restaurant **2** from this; **deste dia em diante:** from this day on
destemido *adj.* fearless; bold
destilar *v.* to distil
destilaria *n.f.* distillery
destinatário *n.m.* [*f.* destinatária] (carta, encomenda) addressee
destino *n.m.* **1** fate; destiny **2** (viagem) destination; **viajar sem destino:** to travel without destination
destravar *v.* (automóvel) to release the brake of
destreza *n.f.* skill; dexterity
destruição *n.f.* destruction
destruidor *adj.* destructive ♦ *n.m.* destroyer
destruir *v.* to destroy
destrutivo *adj.* destructive; **críticas destrutivas:** destructive criticism
desumano *adj.* inhumane
desunir *v.* to disunite
desvairado *adj.* deranged
desvantagem *n.f.* disadvantage; **estar em desvantagem:** to be at a disadvantage
desviar *v.* **1** (olhos) to turn away; to look aside **2** (objeto) to remove; to put something out of the way **3** (conversa) to digress **4** (aviões) to hijack ♦ **desviar-se** to step aside; **pode fazer o favor de se desviar?:** can you step aside, please?
desvio *n.m.* **1** (direção) deflection; turn **2** (trânsito) detour **3** (assunto) digression; turn
detalhado *adj.* detailed
detalhe *n.m.* detail; **entrar em detalhes:** to go into details
detectar *a nova grafia é* **detetar**
detective *a nova grafia é* **detetive**
detector *a nova grafia é* **detetor**
detenção *n.f.* arrest
deter *v.* **1** (prender) to arrest **2** (fazer parar) to stop **3** (ter) to hold
detergente *n.m.* detergent
deterioração *n.f.* deterioration
deteriorar *v.* to damage ♦ **deteriorar--se** **1** (situação) to deteriorate **2** (alimentos) to decay
determinação *n.f.* determination
determinado *det.indef.* certain ♦ *adj.* determined
determinante *det.indef.>quant.exist.*[DT] determinant
determinar *v.* to determine
detestar *v.* to hate
detetar *v.* to detect
detetive *n.2gén.* detective; **detetive privado:** private eye
detetor *n.m.* detector; **detetor de incêndios:** fire detector; **detetor de metais:** metal detector
detido *n.m.* **1** prisoner **2** (prisão) inmate ♦ *adj.* (trânsito) trapped; **ficar detido num engarrafamento de trânsito:** to be trapped in a traffic jam
detonar *v.* to detonate
detrito *n.m.* (obras, destroços) detritus; debris
deus *n.m.* god; **deuses pagãos:** pagan gods

Deus *n.m.* God; **Deus nos livre!:** God forbid!; **graças a Deus:** thank God; **pelo/por amor de Deus!:** for God's sake!
deusa *n.f.* goddess
devagar *adv.* slowly; slow; **ir muito devagar:** to move slowly
dever *n.m.* duty; obligation ♦ *v.* **1** to owe; **dever dinheiro a alguém:** to owe money to someone **2** should; ought to; **devias seguir o meu conselho:** you should follow my advice **3** must; **deve ser assim:** it must be so
deveres *n.m.pl.* (escola) homework
devido *adj.* due; **devido a:** due to; owing to
devoção *n.f.* devotion
devolução *n.f.* return
devolver *v.* to return; to hand back; to give back
devorar *v.* to devour
devoto *adj.* devout
dez *num.card.>quant.num.*DT *e n.m.* ten
dezanove *num.card.>quant.num.*DT *e n.m.* nineteen; **no dia 19:** on the nineteenth
dezasseis *num.card.>quant.num.*DT *e n.m.* sixteen; **o dia dezasseis:** the sixteenth
dezassete *num.card.>quant.num.*DT *e n.m.* seventeen
dezembro *n.m.* December
dezena *n.f.* (número) ten; **uma dezena de vezes:** about ten times
dezoito *num.card.>quant.num.*DT *e n.m.* eighteen
dia *n.m.* day; **de dia:** by day; **dia sim, dia não:** on alternate days; **o dia inteiro:** the whole day; **todos os dias:** every single day
dia-a-dia *a nova grafia é* **dia a dia**
dia a dia *n.m.* everyday life
diabetes *n.f.2núm.* diabetes
diabético *adj. e n.m.* diabetic
diabo *n.m.* devil
diabrura *n.f.* trick; devilry
diagnóstico *n.m.* diagnosis; **fazer o diagnóstico da doença:** to diagnose the disease ♦ *adj.* diagnostic
diagonal *adj.2gén. e n.f.* diagonal
diagrama *n.m.* diagram
dialecto *a nova grafia é* **dialeto**
dialeto *n.m.* dialect
dialogar *v.* to talk
diálogo *n.m.* dialogue
diamante *n.m.* diamond; **anel de diamantes:** diamond ring
diâmetro *n.m.* diameter; **1 metro de diâmetro:** 1 metre in diameter
diante *adv.* **diante de:** in front of; (perante) in the presence of; (face a) in view of; **em diante:** on; onwards
diapositivo *n.m.* slide
diária *n.f.* **1** (rendimento) daily income **2** (despesa) daily expense
diariamente *adv.* daily
diário *adj.* daily ♦ *n.m.* **1** (pessoal) diary; journal; **ter um diário:** to keep a diary **2** (jornal) daily newspaper; daily paper
diarreia *n.f.* diarrhoea
dica *n.f.* *(informal)* tip; hint; piece of advice; **vou dar-te uma dica:** let me give you a hint
dicção *n.f.* diction
dicionário *n.m.* dictionary; **dicionário de bolso:** pocket dictionary; **procurar uma palavra no dicionário:** to look up a word in the dictionary
dieta *n.f.* diet; **estar a fazer dieta/estar de dieta:** to be on a diet; **uma dieta saudável:** a healthy diet
diferença *n.f.* **1** difference; **faz diferença:** it makes a difference; **não faz diferença:** it makes no difference **2** difference; divergence; **diferença de opiniões:** divergence of opinion
diferente *adj.2gén.* different; distinct; **muito diferente:** quite different
difícil *adj.2gén.* difficult; hard; **exercício difícil:** difficult exercise

dificílimo *adj.* very difficult
dificuldade *n.f.* difficulty
digerir *v.* to digest
digestão *n.f.* digestion
digestivo *adj.* digestive; **aparelho digestivo:** digestive tract
digital *adj.2gén.* digital; **gravação digital:** digital recording; **impressão digital:** fingerprints; **relógio digital:** digital watch
dignidade *n.f.* dignity
digno *adj.* honourable
dilatar *v.* to dilate
dilema *n.m.* dilemma; **estar num dilema:** to find oneself in a dilemma
diluição *n.f.* dilution
diluir *v.* (líquido) to dilute; (sólido) to dissolve
dilúvio *n.m.* deluge
dimensão *n.f.* dimension; **a três dimensões:** three-dimensional; **de grandes dimensões:** large-scale
diminuição *n.f.* decrease; reduction; drop
diminuir *v.* to diminish
diminutivo *adj. e n.m.* diminutive
Dinamarca *n.f.* Denmark
dinamarquês *adj.* Danish ◆ *n.m.* [*f.* dinamarquesa] (pessoa) Dane ◆ *n.m.* (língua) Danish
dinâmico *adj.* dynamic
dinamite *n.f.* dynamite
dinastia *n.f.* dynasty
dinheiro *n.m.* 1 money; (trocos) **dinheiro miúdo:** small change; **estar sem dinheiro:** to be short of money; to be penniless 2 (notas ou moedas) cash; **pagar em dinheiro:** to pay in cash
dinossauro *n.m.* dinosaur
dióspiro *n.m.* persimmon
diploma *n.m.* diploma; certificate
diplomacia *n.f.* diplomacy
diplomata *n.2gén.* diplomat
diplomático *adj.* diplomatic

direção *n.f.* 1 direction; **em direção a:** towards; **em direção oposta:** in the opposite direction 2 (morada) address 3 (de empresa) management
direcção *a nova grafia é* **direção**
directo *a nova grafia é* **direto**
director *a nova grafia é* **diretor**
direita *n.f.* right; right side; **à direita:** on the right
direito *adj.* 1 right; **isto não está direito:** this is not right 2 straight; **costas direitas!:** backs straight! ◆ *n.m.* 1 law; **direito civil:** civil law 2 right; **ter direito a:** to have the right to
direto *adj.* 1 direct; **ação direta:** direct action; TELEVISÃO **transmissão em direto:** live transmission 2 direct; nonstop; **comboio direto:** through train; **um voo direto:** a nonstop flight ◆ *adv.* directly; straight; **ir direto ao assunto:** to get straight to the point
diretor *n.m.* [*f.* diretora] 1 (responsável) director 2 (escola) headmaster; principal
dirigente *n.2gén.* 1 leader; head 2 (associação, clube) officer ◆ *adj.2gén.* ruling
dirigir *v.* to lead; to command; to direct; **dirigir as operações:** to command the operations ◆ **dirigir-se** 1 to go; **dirija-se às informações:** go to the information desk 2 to address; **dirigir-se a alguém:** to address someone
disciplina *n.f.* 1 subject; **qual é a tua disciplina favorita?:** what's your favourite subject? 2 discipline; order; **disciplina militar:** military discipline
disciplinar *adj.2gén.* disciplinary; **problemas disciplinares:** disciplinary problems
disco *n.m.* 1 *(Grã-Bretanha)* disc; *(Estados Unidos da América)* disk 2 (de música) record
disco-jóquei *n.2gén.* disc jockey

DBIPPI-20

discordância *n.f.* disagreement
discordar *v.* to disagree
discoteca *n.f.* discotheque; disco
discreto *adj.* discreet
discrição *n.f.* discretion
discurso *n.m.* speech; **fazer um discurso:** to make a speech
discussão *n.f.* **1** argument; quarrel; **discussão acesa:** bitter quarrel; heated argument **2** discussion; debate; **estar em discussão:** to be under discussion
discutição *n.f.* *(Cabo Verde)* discussion
discutir *v.* **1** to discuss; **discutir (sobre) política:** to discuss politics **2** to argue; to quarrel; to fight; **discutir por tudo e por nada:** to fight over nothing
disfarçar *v.* to disguise ♦ **disfarçar-se** to put on a disguise; to disguise oneself; **disfarçar-se de pirata:** to put on a disguise of a pirate
disfarce *n.m.* **1** disguise **2** costume; **disfarce de Carnaval:** carnival costume
disparar *v.* to shoot; to fire
disparate *n.m.* nonsense; rubbish; **disparate!:** rubbish!; **dizer disparates:** to talk nonsense
disparo *n.m.* shot
disponível *adj.2gén.* available
dispor *v.* to have; to possess; **não dispor de tempo suficiente:** not to have enough time ♦ *n.m.* disposal; **ao seu dispor:** at your disposal
disposição *n.f.* **1** (estado de espírito) mood; **estar com boa disposição:** to be in a good mood **2** arrangement; layout; **disposição em camadas:** arrangement in layers **3** (serviço) disposal; **à sua disposição:** at your disposal
disquete *n.f.* INFORMÁTICA floppy disk
disso *contr. da prep.* de + *pron. dem.* isso of that; about that; **não sei nada disso:** I don't know anything about that
distância *n.f.* distance; **a curta distância de:** within easy distance of; **a grande distância:** at great distance; a long way off; **a que distância fica?:** how far is it?
distante *adj.2gén.* **1** distant; remote; **locais distantes:** faraway places **2** distant; reserved; **manter-se distante:** to keep one's distance
distinção *n.f.* distinction; difference
distinguir *v.* to distinguish; to differentiate; **distinguir um do outro:** to distinguish one from the other ♦ **distinguir-se** to distinguish oneself; to excel; **distinguir-se nos estudos:** to distinguish oneself in one's studies
distintivo *adj.* distinctive ♦ *n.m.* (para identificação) badge
distinto *adj.* different; distinct
disto *contr. da prep.* de + *pron. dem.* isto **disto se conclui que...:** of this comes out that...; about this; of this; **gostas disto?:** do you like this?; **muito antes disto:** long before this
distração *n.f.* **1** (falta de atenção) absent-mindedness; **por distração:** inadvertently **2** (divertimento) distraction; amusement; **para distração:** for pleasure
distracção *a nova grafia é* **distração**
distraído *adj.* absent-minded; **estar distraído:** to be miles away
distrair *v.* **1** to distract; to divert **2** to amuse ♦ **distrair-se 1** to be distracted **2** to amuse oneself
distribuição *n.f.* distribution
distribuir *v.* **1** (comida, panfletos, roupas) to distribute **2** (fotocópias) to hand out **3** (cartas, jornais) to deliver
distrito *n.m.* district; **distrito urbano:** urban district
distúrbio *n.m.* disturbance; (violento) riot; **criar distúrbios:** to make trouble; **provocar distúrbios:** to cause a disturbance

ditado *n.m.* 1 (escola) dictation; **fazer um ditado:** to take dictation 2 (provérbio) saying; **como diz o ditado...:** as the saying goes...
ditar *v.* to dictate
diurno *adj.* day; daytime; **voo diurno:** daytime flight
divã *n.m.* divan; couch
diversão *n.f.* diversion; amusement; entertainment; **parque de diversões:** amusement park
diversidade *n.f.* diversity; variety
diversificar *v.* to diversify; to vary
diverso *adj.* different; diverse; varied ❖ **diversas vezes:** several times
divertido *adj.* 1 amusing; entertaining 2 funny; **ser muito divertido:** to be great fun
divertimento *n.m.* amusement; entertainment; fun
divertir *v.* to amuse; to entertain ♦ **divertir-se** to have a good time; to enjoy oneself; to have fun
dívida *n.f.* debt; **em dívida:** in debt
dividido *adj.* divided
dividir *v.* to divide; to share ♦ **dividir-se** to be divided; to divide; to split up
divinal *adj.2gén.* godlike; divine
divindade *n.f.* 1 (qualidade) divinity 2 (deus) deity
divino *adj.* godlike; divine; **dádiva divina:** godsend
divisão *n.f.* division
divorciado *adj.* divorced ♦ *n.m.* (pessoa) divorcee
divorciar *v.* to divorce ♦ **divorciar-se** to get divorced
divorciar-se *v.* to get divorced
divórcio *n.m.* divorce
divulgação *n.f.* divulging
divulgar *v.* (notícias) to spread ♦ **divulgar-se** to become known
dizamba *n.f. (Angola)* wide-brimmed straw hat
dizer *v.* to say; to tell; to utter; **dizer a verdade:** to tell the truth; **dizer que sim:** to say yes ❖ **diz-se que...:** it is said that...
do *contr. da prep.* de + *art. def.* o 1 of the; **os passageiros do avião:** the passengers of the plane 2 from the; **dos pés à cabeça:** from head to foot/toe
dó *n.m.* 1 pity; compassion; **ter dó de alguém:** to take pity on somebody 2 MÚSICA do
doação *n.f.* donation; MEDICINA **doação de órgãos:** organ donation; **fazer uma doação:** to make a donation
doador *n.m.* donor; MEDICINA **doador de órgãos:** organ donor
doar *v.* to donate
dobar *v.* (fio, linha) to reel; to wind
dobra *n.f.* 1 (tecido) fold; pleat; (envelope, livro) flap 2 (moeda de São Tomé e Príncipe) dobra
dobradiça *n.f.* hinge
dobrado *adj.* 1 folded 2 (filme, programa) dubbed
dobragem *n.f.* 1 folding 2 (filme, programa) dubbing
dobrar *v.* 1 (papel) to fold 2 (filme) to dub 3 (objeto, parte do corpo) to bend 4 (esquina) to turn; to go round 5 (duplicar) to double; to duplicate ♦ **dobrar-se** to bend over
dobro *num.mult.>quant.num.*[DT] double ♦ *n.m.* twice as much; twice as many
doca *n.f.* dock
doçaria *n.f.* confectionery
doce *adj.2gén.* sweet; sugary ♦ *n.m.* 1 (sobremesa) sweet 2 (compota) jam; (de citrinos) marmalade; **doce de laranja:** orange marmalade; **doce de morango:** strawberry jam
docente *n.2gén.* teacher ♦ *adj.2gén.* teaching; **corpo docente:** teaching staff
dócil *adj.2gén.* docile

documentação *n.f.* **1** documentation **2** (de pessoa) papers; (de carro) documents
documental *adj.2gén.* documentary; **prova documental:** documentary evidence/proof
documentar *v.* to document ◆ **documentar-se** to gather information
documentário *adj. e n.m.* documentary
documento *n.m.* document
doçura *n.f.* sweetness
doença *n.f.* illness; sickness; disease
doente *adj.2gén.* sick; ill; **estar doente:** to be sick ◆ *n.2gén.* sick person; patient
doentio *adj.* sickly
doer *v.* **1** (estômago, perna) to hurt; **dói-me a perna:** my leg hurts **2** (cabeça, dentes) to ache; **dói-me a cabeça:** my head aches
doido *adj.* mad; crazy; insane
dói-dói *n.m. (linguagem infantil)* wound; bruise
dois *num.card.>quant.num.*[DT] *e n.m.* **1** (número) two; **dois a dois:** in twos; in pairs; **os dois:** both of them; the two of them **2** (data) the second; **a 2 de agosto:** on the second of August
dólar *n.m.* dollar
dólmen *n.m.* dolmen
doloroso *adj.* painful
dom *n.m.* gift; talent
domador *n.m.* [*f.* domadora] tamer; **domador de leões:** lion tamer
domar *v.* to tame; **domar um animal selvagem:** to tame a wild animal
doméstica *n.f.* (dona de casa) housewife
domesticar *v.* to domesticate
doméstico *adj.* **1** household; **tarefas domésticas:** housework **2** domestic; **animais domésticos:** domestic animals
domicílio *n.m.* home; residence; **entrega ao domicílio:** delivery service
dominador *adj.* domineering; dominating
dominante *adj.2gén.* dominant
dominar *v.* to dominate
domingo *n.m.* Sunday; **aos domingos:** on Sundays; **Domingo de Páscoa:** Easter Sunday; **Domingo de Ramos:** Palm Sunday
domínio *n.m.* **1** domination; control; **estar sob o domínio de alguém:** to be in/under the control of somebody **2** field; sphere; **ser do domínio público:** to be common knowledge
dominó *n.m.* **1** (jogo) dominoes; **jogar dominó:** to play dominoes **2** (pedra) domino ◇ **efeito dominó:** domino effect
dona *n.f.* **1** (casada) Mrs; **dona Irene Silva:** Mrs Silva **2** (proprietária) owner; (de bar, pensão) landlady
Dona *n.f.* (título) lady; queen; **Dona Maria I:** Queen Maria I
donativo *n.m.* donation; **fazer um donativo:** to make a donation
doninha *n.f.* weasel
dono *n.m.* (proprietário) owner; master; (de bar, pensão) landlord
donzela *n.f.* maiden
dor *n.f.* **1** pain; ache; **dor de barriga:** stomach ache; **dor de cabeça:** headache; **dores de garganta:** sore throat **2** (desgraça, morte) grief; sorrow
doravante *adv.* from now on; henceforth
dorido *adj.* sore; aching
dormente *adj.2gén.* numb; asleep; **tenho o pé esquerdo dormente:** my left foot is gone to sleep
dorminhoco *n.m.* [*f.* dorminhoca] *(informal)* sleepyhead
dormir *v.* to sleep; **dormir a sesta:** to take a nap; **dorme bem!:** sleep tight!
dormitar *v.* to doze; to drowse
dormitório *n.m.* dormitory

dorsal *adj.2gén.* dorsal; **espinha dorsal:** spine; backbone
dorso *n.m.* back
dose *n.f.* dose; portion
dossier *n.m.* **1** (processo) file **2** (escolar) folder
dotado *adj.* gifted; talented
dote *n.m.* **1** (de casamento) dowry **2** (talento) gift; talent; **ter dotes musicais:** to have a gift for music
dourada *n.f.* (peixe) gilded catfish
dourado *adj.* golden
dourar *v.* to gild
doutor *n.m.* [*f.* doutora] **1** (médico) doctor **2** (licenciado) graduate
doutorado *n.m.* doctor
doutoramento *n.m.* doctorate; PhD; **fazer o doutoramento:** to get a doctorate
doutrina *n.f.* doctrine
doze *num.card.>quant.num.*[DT] *e n.m.* twelve
dragão *n.m.* dragon
drageia *n.f.* tablet
drama *n.m.* drama; tragedy
dramático *adj.* dramatic
dramatizar *v.* to dramatize
drástico *adj.* drastic; **medidas drásticas:** drastic measures
drenagem *n.f.* drainage; draining
drenar *v.* to drain
driblar *v.* (basquetebol) to dribble
drive *n.f.* INFORMÁTICA drive
droga *n.f.* drug; **consumir drogas:** to be on drugs ◆ *interj.* damn!
drogado *n.m.* [*f.* drogada] addict; drug addict
drogar *v.* to drug ◆ **drogar-se** to take drugs; to be on drugs
drogaria *n.f.* chemist's
druida *n.m.* Druid
ducal *adj.2gén.* ducal
duche *n.m.* shower; **tomar um duche:** to have/take a shower
duelo *n.m.* duel; **bater-se em duelo:** to fight a duel; to duel; **desafiar alguém para um duelo:** to challenge somebody to a duel
duende *n.m.* elf; goblin
dueto *n.m.* duet; duo
dumba nengue *n.m.* *(Moçambique)* informal street market
duna *n.f.* dune
duo *n.m.* **1** (par) duo **2** (composição) duet
duodeno *n.m.* duodenum
dupla *n.f.* **1** (par) duo **2** (ténis) doubles
duplicação *n.f.* doubling; duplication
duplicado *adj. e n.m.* duplicate
duplicar *v.* **1** to duplicate **2** to double
duplo *adj.* double; **duplo sentido:** double meaning ◆ *n.m.* (ator de cinema) stuntman
duque *n.m.* **1** duke **2** (baralho de cartas) deuce
durabilidade *n.f.* durability
duração *n.f.* **1** duration; **de curta duração:** of short duration; **de pouca duração:** short-lived **2** (filme) length
duradouro *adj.* lasting
durante *prep.* **1** during; throughout; **durante a nossa vida:** throughout our life; **durante o dia:** during the day **2** for; **durante algum tempo:** for some time
durar *v.* to last; **durar muito:** to last a long time; **durar uma hora:** to last an hour
dureza *n.f.* hardness; stiffness
duro *adj.* hard
dúvida *n.f.* doubt; **sem dúvida!:** no doubt!; absolutely!
duvidar *v.* to doubt; **(eu) duvido!:** I doubt it!; **duvidar da palavra de alguém:** to doubt one's word
duvidoso *adj.* doubtful
duzentos *num.card.>quant.num.*[DT] *e n.m.* two hundred
dúzia *n.f.* dozen; **à dúzia:** by the dozen; **meia dúzia:** half a dozen

E

e (é) *n.m.* (letra) e
e (i) *conj.* **1** (enumeração) and; **eu e tu:** me and you; **isto e aquilo:** this and that **2** (interrogação) (and) what about; **eu estou bem, e tu?:** I'm fine, (and) what about you? **3** (horas) past; **são 8 (horas) e 10 (minutos):** it's 10 past 8
ébano *n.m.* ebony
ebulição *n.f.* boiling; **ponto de ebulição:** boiling point
écharpe *n.f.* scarf
eclesiástico *adj.* ecclesiastical ◆ *n.m.* clergyman
eclipse *n.m.* eclipse; **eclipse lunar:** lunar eclipse; **eclipse solar:** solar eclipse
eclodir *v.* to appear; to emerge
eclosão *n.f.* appearance; emergence
eco *n.m.* echo; **fazer eco:** to echo
ecologia *n.f.* ecology
ecológico *adj.* ecological
ecologista *n.2gén.* ecologist; environmentalist ◆ *adj.2gén.* environmental
economia *n.f.* **1** economy **2** (ciência) economics
economias *n.f.pl.* (poupanças) savings
económico *adj.* **1** economic; **crescimento económico:** economic growth **2** economical; **carro económico:** economical car
economista *n.2gén.* economist
economizar *v.* **1** to cut costs **2** to save; **economizar tempo:** to save time
ecoponto *n.m.* drop-off recycling location
ecossistema *n.m.* ecosystem
ecrã *n.m.* screen
edição *n.f.* edition; **edição atualizada:** updated edition; **nova edição:** new edition
edifício *n.m.* building; **edifício público:** public building
editar *v.* **1** (livro, revista) to publish **2** (texto) to edit
editor *n.m.* [*f.* editora] publisher
editora *n.f.* publishing house; publisher
edredão *n.m.* eiderdown; down quilt
educação *n.f.* **1** education; **educação física:** physical education **2** (dos filhos) upbringing; **boa educação:** good upbringing **3** manners; **não ter nenhuma educação:** to have no manners
educacional *adj.2gén.* educational
educado *adj.* **1** educated **2** polite; well-mannered; **bem educado:** well-bred; **mal educado:** ill-bred
educador *n.m.* educator; teacher; **educador de infância:** infant teacher
educar *v.* to educate
educativo *adj.* **1** educational; **brinquedos educativos:** educational toys **2** (programa, sistema) education; **material educativo:** teaching aids
efectivo *a nova grafia é* **efetivo**
efectuar *a nova grafia é* **efetuar**
efeito *n.m.* effect; **efeito de estufa:** greenhouse effect; **efeitos especiais:** special effects
efervescente *adj.2gén.* (bebida) effervescent
efetivo *adj.* **1** effective **2** (cargo, funcionário) permanent ◆ *n.m.* MILITAR force
efetuar *v.* to make

eficácia *n.f.* **1** (de pessoa) efficiency **2** (de tratamento) effectiveness
eficaz *adj.2gén.* effective; efficient
eficiência *n.f.* efficiency
eficiente *adj.2gén.* efficient
egípcio *adj.* e *n.m.* Egyptian
egocêntrico *adj.* egocentric
egoísmo *n.m.* selfishness; egoism
egoísta *adj.2gén.* selfish; egoistic ◆ *n.2gén.* egoist
égua *n.f.* mare
eis *adv.* here it is
eixo *n.m.* **1** (roda) axle **2** (máquina) shaft; spindle **3** (jogo) leapfrog
ela *pron.pess.* (sujeito) she; (com preposições) her; (coisa) it
elaboração *n.f.* **1** elaboration **2** (teoria) working out
elaborar *v.* **1** to prepare **2** to make **3** (teoria) to work out
elástico *adj.* elastic
ele *pron.pess.* (sujeito) he; (com preposições) him; (coisa) it
electrão *a nova grafia é* **eletrão**
electricidade *a nova grafia é* **eletricidade**
electricista *a nova grafia é* **eletricista**
eléctrico *a nova grafia é* **elétrico**
electrificar *a nova grafia é* **eletrificar**
electrocardiograma *a nova grafia é* **eletrocardiograma**
electrocussão *a nova grafia é* **eletrocussão**
electrodoméstico *a nova grafia é* **eletrodoméstico**
electrónica *a nova grafia é* **eletrónica**
elefante *n.m.* elephant
elegância *n.f.* elegance
elegante *adj.2gén.* elegant
eleger *v.* to elect
eleição *n.f.* election; poll
eleito *adj.* elected
eleitor *n.m.* elector; voter
eleitorado *n.m.* electorate
eleitoral *adj.2gén.* electoral; **campanha eleitoral:** electoral campaign
elementar *adj.* **1** elementary **2** basic; fundamental
elemento *n.m.* **1** element **2** (equipa) member
elenco *n.m.* (cinema, teatro) cast
eletrão *n.m.* electron
eletricidade *n.f.* electricity
eletricista *n.2gén.* electrician
elétrico *adj.* electric; electrical ◆ *n.m.* tramcar; tram
eletrificar *v.* to electrify
eletrocardiograma *n.m.* electrocardiogram
eletrocussão *n.f.* electrocution
eletrodoméstico *n.m.* electrical appliance
eletrónica *n.f.* electronics
elevação *n.f.* **1** (altura, nível) height **2** (terreno) elevation; bump
elevado *adj.* **1** (altura, nível) high **2** (pensamento, estilo) elevated
elevador *n.m.* lift
elevar *v.* **1** to elevate **2** (preço, voz) to raise ◆ **elevar-se 1** to amount to **2** to rise; **elevar-se no ar:** to rise in the air
eliminação *n.f.* elimination
eliminar *v.* to eliminate
eliminatória *n.f.* qualifying round
elipse *n.f.* GEOMETRIA ellipse
elite *n.f.* elite
elmo *n.m.* helmet
elo *n.m.* link
elogiar *v.* to praise
elogio *n.m.* praise
elucidativo *adj.* informative; explanatory
em *prep.* **1** (lugar) at; in; **em casa:** at home; **em Inglaterra:** in England **2** (sobre) on; **na mesa:** on the table **3** (tempo) in; on; **em julho:** in July; **na segunda-feira:** on Monday **4** (modo, meio) in; **em silêncio:** in silence **5** (es-

tado) in; at; **em lágrimas:** in tears **6** (proporção) out of; **três em cinco:** three out of five

emagrecer *v.* to lose weight; **emagrecer três quilos:** to lose three kilos

emagrecimento *n.m.* **1** loss of weight **2** (dieta) slimming

email *n.m.* email; e-mail

emancipar *v.* to emancipate ◆ **emancipar-se** to become emancipated

embaciado *adj.* **1** tarnished **2** (vidro, superfície) misted **3** (olhos) misty

embaciar *v.* **1** to tarnish **2** (vidro) to steam **3** (olhos) to mist

embaixada *n.f.* embassy

embaixador *n.m.* ambassador

embaixatriz *n.f.* ambassadress

embalado *adj.* **1** (arma) loaded **2** (apressado) in a hurry

embalagem *n.f.* package; packing

embalar *v.* **1** (objeto) to pack **2** (criança) to rock

embaraço *n.m.* embarrassment

embaraçoso *adj.* embarrassing

embarcação *n.f.* boat; vessel

embarcar *v.* **1** (navio) to embark **2** (avião) to board

embarque *n.m.* **1** (pessoas) boarding; (aeroporto) **porta de embarque:** boarding gate **2** (mercadorias) shipping

embasbacado *adj. (informal)* dumbfounded; **ficar embasbacado:** to be dumbfounded

embate *n.m.* collision

embater *v.* to collide with

embeber *v.* to soak

embelezar *v.* to embellish

emblema *n.m.* badge

embora *conj.* though; although; **embora não gostasse dele:** though I didn't like him; **muito embora:** although; **vamos embora:** let's go ◆ *adv.* away; **ir-se embora:** to go away; to leave; **vai-te embora:** go away!; off you go!

emboscada *n.f.* ambush; **armar uma emboscada a alguém:** to lay an ambush for someone

embraiagem *n.f.* (automóvel) clutch

embriagado *adj.* drunk

embriaguez *n.f.* drunkenness

embrião *n.m.* embryo

embrulhado *adj.* (pacote) wrapped up

embrulhar *v.* to wrap up; to pack up

embrulho *n.m.* package; parcel; packet

embutido *adj.* built-in; fitted; **armários embutidos:** fitted cupboards

emenda *n.f.* correction

emendar *v.* to correct

ementa *n.f.* menu; **qual é a ementa?:** what's on the menu?

emergência *n.f.* emergency; **em caso de emergência:** in case of emergency; **saída de emergência:** emergency exit

emigração *n.f.* emigration

emigrante *n.2gén.* emigrant

emigrar *v.* to emigrate

emissão *n.f.* **1** emission **2** RÁDIO, TELEVISÃO broadcast

emissor *n.m.* **1** emitter; sender **2** transmitter; **emissor automático:** automatic transmitter

emissora *n.f.* (estação) broadcasting station; **emissora de rádio:** radio station

emitir *v.* **1** (calor, luz, som) to emit **2** (nota, moeda) to issue **3** RÁDIO, TELEVISÃO to broadcast

emoção *n.f.* emotion

emocional *adj.2gén.* emotional

emocionante *adj.2gén.* thrilling; exciting; **uma viagem emocionante:** an exciting journey

emocionar *v.* to move ◆ **emocionar-se** to be moved

emoldurar *v.* to frame

emotividade *n.f.* emotiveness

emotivo *adj.* emotional; emotive
empacotar *v.* to pack up
empada *n.f.* **1** (grande) pie **2** (pequena) pasty
empadão *n.m.* **1** (carne) meat pie **2** (peixe) fish pie
empatado *adj.* (jogo) drawn; **estar empatados:** to be even
empatar *v.* (votação, concurso) to tie; **as duas equipas empataram:** the two teams tied
empate *n.m.* **1** (competição, jogo) draw **2** (concurso, votação) tie
empecilho *n.m.* obstacle
empenhado *adj.* **1** (com dívidas) indebted **2** (com esforço) interested
empenhar *v.* **1** (penhorar) to pawn **2** (palavra) to pledge ◆ **empenhar-se 1** (endividar-se) to run into debt **2** (esforçar-se) to make an effort
empenho *n.m.* **1** (penhora) pawn **2** (esforço) commitment; **ele pôs todo o empenho neste projeto:** he committed himself wholeheartedly to this project
empilhar *v.* to heap up; to pile up
empobrecer *v.* to impoverish
empolgante *adj.2gén.* overpowering; thrilling
empreendedor *adj.* enterprising; **espírito empreendedor:** spirit of enterprise ◆ *n.m.* entrepreneur
empreender *v.* to undertake; to enterprise
empreendimento *n.m.* enterprise; undertaking; **empreendimento arriscado:** dangerous undertaking
empregado *n.m.* [*f.* empregada] **1** employee **2** (de escritório) clerk **3** (de restaurante) waiter **4** (de loja) shop assistant
empregador *n.m.* employer
empregar *v.* **1** (pessoal) to employ; to engage **2** (ferramenta, objeto) to use
emprego *n.m.* **1** employment; **agência de emprego:** employment bureau **2** job; **candidatar-se a um emprego:** to apply for a job **3** use; **modo de emprego:** instructions for use
empresa *n.f.* **1** enterprise **2** company; firm
empresária *n.f.* businesswoman
empresário *n.m.* businessman
emprestar *v.* to lend; (ceder) **emprestar dinheiro:** to lend money; (pedir) **emprestas-me o teu lápis?:** may I borrow your pencil?
empréstimo *n.m.* **1** loan **2** (palavra estrangeira) loanword
empurrão *n.m.* push; shove; **dar um empurrão:** to give a shove
empurrar *v.* to push; to shove; **não empurre!:** stop pushing!
enamorado *adj.* in love; **estar enamorado de alguém:** to be in love with someone
encadeamento *n.m.* link
encadear *v.* to link
encaixar *v.* to fit (into)
encaixe *n.m.* **1** groove; notch **2** (ato de encaixar) fitting
encaixilhar *v.* **1** (quadro) to frame **2** (janela) to sash
encaixotar *v.* **1** to box **2** to pack up
encalço *n.m.* pursuit; track; **ir no encalço de:** to follow; to track
encalhar *v.* **1** (embarcação) to run aground **2** (processo) to grind to a halt
encaminhar *v.* to lead; to direct; to guide ◆ **encaminhar-se** to set out; to head
encandear *v.* to dazzle
encantado *adj.* delighted; **estar encantado com alguma coisa:** to be delighted with something; **príncipe encantado:** prince charming
encantador *adj.* charming ◆ *n.m.* [*f.* encantadora] charmer; **encantador de serpentes:** snake charmer

encantamento *n.m.* **1** enchantment; charm **2** (magia) spell; **romper um encantamento:** to break a spell
encantar *v.* **1** to charm **2** to delight
encanto *n.m.* **1** charm; **ela é um encanto:** she is charming **2** spell; **quebrar o encanto:** to break the spell
encapar *v.* (livro) to put a cover on
encaracolado *adj.* curly; curled
encaracolar *v.* to curl (up)
encarar *v.* to face; **encarar a realidade:** to face the facts
encarecer *v.* to go up in price
encarnado *n.m.* (cor) red
encarnar *v.* **1** to embody **2** (papel) to play
encarregado *adj.* in charge (of) ◆ *n.m.* person in charge
encéfalo *n.m.* encephalon
encenação *n.f.* **1** (peça de teatro) staging **2** *(figurado)* simulation
encenador *n.m.* stage manager; stage director
encenar *v.* (peça de teatro) to stage
encerar *v.* to wax
encerramento *n.m.* **1** (estabelecimento) closure **2** (cerimónia) closing; **discurso de encerramento:** closing speech
encerrar *v.* to shut; to close
encharcado *adj.* **1** drenched; soaked **2** (terreno) swamped
encharcar *v.* to drench; to soak ◆ **encharcar-se** to get drenched
enchente *n.f.* **1** overflow; flood **2** *(figurado)* overflow; **uma enchente de gente:** an overflow of people
encher *v.* to fill; (depósito da gasolina) to fill up ◆ **encher-se** (recipiente, sala) to fill up
enchido *n.m.* (chouriço) sausage
enchimento *n.m.* **1** filling up **2** stuffing
enciclopédia *n.f.* encyclopaedia
enciclopédico *adj.* encyclopaedic
enclave *n.m.* enclave
encoberto *adj.* **1** hidden; concealed **2** (céu, dia) cloudy; overcast
encobrimento *n.m.* **1** (pessoa) harbouring **2** (crime) covering up
encobrir *v.* **1** to conceal **2** (crime) to cover up **3** (céu) to cloud over
encolher *v.* **1** to shrink; to shorten **2** (ombros) to shrug
encolhido *adj.* shrunken
encomenda *n.f.* **1** order; **fazer uma encomenda:** to place an order **2** parcel; **encomenda postal:** parcel post
encomendar *v.* to order; **encomendar o livro na loja:** to order the book from the shop
encontrão *n.m.* shove; push; **andar aos encontrões:** to push and shove
encontrar *v.* **1** (coisa) to find; to discover **2** (pessoa) to meet; to come across ◆ **encontrar-se 1** (encontro marcado) to meet **2** (por acaso) to run into; to come across
encontro *n.m.* **1** (amigos) appointment; (amoroso) date; **marcar um encontro:** to make an appointment **2** meeting; **ponto de encontro:** meeting place
encorajamento *n.m.* encouragement
encorajar *v.* to encourage
encorrilhar *v.* (pele) to wrinkle; (papel) to crumple; (tecido) to crease
encosta *n.f.* slope; hillside
encostar(-se) *v.* **1** to lean **2** (carro) to pull over
encosto *n.m.* **1** prop; stay **2** (cadeira) back
encruzilhada *n.f.* crossroads; crossway; crossing
encurtar *v.* to shorten
endereço *n.m.* address; INFORMÁTICA **endereço de correio eletrónico:** e-mail address
endiabrado *adj.* naughty; mischievous
endireitar *v.* to straighten ◆ **endireitar-se** to straighten up
endireitar(-se) *v.* to straighten

endividar *v.* to run into debt
endoidecer *v.* to go mad
energético *adj.* energetic
energia *n.f.* 1 energy; power; **energias renováveis:** renewable energy 2 energy; strength; **estar sem energia:** to be lacking in energy
enérgico *adj.* 1 energetic 2 (pessoa, atitude) dynamic
enervar *v.* to get on somebody's nerves ◆ **enervar-se** to get nervous
enevoado *adj.* cloudy; foggy
enfadonho *adj.* tiresome; boring
enfartado *adj.* *(informal)* full up; crammed
enfarte *n.m.* heart attack
ênfase *n.f.* emphasis; **dar ênfase a:** to emphasize; to put emphasis on
enfeitar *v.* 1 to adorn 2 (montra) to dress
enfeite *n.m.* ornament; decoration; **enfeites de Natal:** Christmas ornaments
enfeitiçar *v.* to bewitch; to cast a spell on
enfermagem *n.f.* nursing
enfermaria *n.f.* (hospital) ward; infirmary
enfermeiro *n.m.* [*f.* enfermeira] nurse
enferrujado *adj.* rusty
enferrujar *v.* to rust ◆ **enferrujar-se** to get rusty
enfiada *n.f.* row; rank
enfiar *v.* 1 to put 2 (agulha) to thread 3 (roupa, sapatos) to slip on ◆ **enfiar-se** to slip
enfim *adv.* finally; at length; **até que enfim!:** at last!
enforcado *adj.* hanged
enforcamento *n.m.* hanging
enforcar *v.* to hang ◆ **enforcar-se** to hang oneself
enfraquecer *v.* to weaken
enfraquecimento *n.m.* weakening
enfrentar *v.* to face
enfurecer *v.* to infuriate; to enrage ◆ **enfurecer-se** to get mad
enfurecido *adj.* furious; mad
enganado *adj.* 1 (errado) mistaken; **estar enganado:** to be mistaken 2 (burlado) deceived; **ser enganado:** to be deceived
enganador *adj.* 1 misleading 2 deceptive
enganar *v.* to deceive; to mislead ◆ **enganar-se** to be wrong; to be mistaken
engano *n.m.* 1 mistake; **por engano:** by mistake 2 misunderstanding; **deve haver um engano:** there must be some misunderstanding
enganoso *adj.* 1 deceptive 2 misleading
engarrafamento *n.m.* 1 (trânsito) bottleneck 2 (bebidas) bottling
engarrafar *v.* 1 (bebidas) to bottle 2 (trânsito) to jam
engasgado *adj.* choked
engatar *v.* 1 (atrelar) to hitch 2 (automóvel) to put into gear 3 *(informal)* (pessoa) to chat (somebody) up
engate *n.m.* 1 cramp; clamp 2 coupling 3 *(informal)* (pessoa) pickup
engenharia *n.f.* engineering; **engenharia civil:** civil engineering; **engenharia mecânica:** mechanical engineering
engenheiro *n.m.* [*f.* engenheira] engineer
engenho *n.m.* 1 device; **engenho explosivo:** explosive device 2 (moinho) mill 3 *(figurado)* (talento) art; skill
engenhoca *n.f.* *(informal)* contraption; gadget
engenhoso *adj.* skilful; ingenious
engessar *v.* to plaster
englobar *v.* to comprise
engolir *v.* to swallow
engomar *v.* (roupa) to iron
engordar *v.* to put on weight
engraçado *adj.* funny; amusing; **que engraçado!:** how funny!

a b c d e f g h i j k l m n o p q r s t u v w x y z

engravidar *v.* to become pregnant
engraxar *v.* **1** to polish; to shine **2** *(figurado)* (bajular) to bootlick; to butter up
engrenagem *n.f.* gear
engrossar *v.* to thicken
enguia *n.f.* eel
enigma *n.m.* enigma; riddle
enigmático *adj.* enigmatic
enjaular *v.* to jail; to cage
enjoado *adj.* sick; (no mar) seasick; **estar enjoado:** to be seasick
enjoar *v.* **1** to make (somebody) sick; **isso enjoa-me:** that makes me sick **2** to get sick; (no mar) to get seasick
enjoativo *adj.* sickening; nauseating
enjoo *n.m.* nausea; (no mar) seasickness
enlameado *adj.* muddy
enlamear *v.* to cover (something) in mud ◆ **enlamear-se** to get muddy
enlatado *adj.* tinned; canned
enlatar *v.* to tin; to can
enlouquecer *v.* **1** to drive mad **2** to go mad
enojado *adj.* disgusted
enojar *v.* to disgust; to make sick ◆ *v.* to be disgusted
enorme *adj.* huge; enormous
enquadramento *n.m.* framing
enquadrar *v.* to frame
enquanto *conj.* **1** (duração) while; as long as; **enquanto estive fora:** while I was away **2** (ao mesmo tempo) as; at the same time as; **sorria enquanto falava:** she smiled as she spoke **3** (contraste) while; whereas; **ele é bom aluno, enquanto que o irmão não:** he's a good student, while his brother is not ❖ **por enquanto:** for the time being
enrascada *n.f. (informal)* fix; tight spot; **meter-se numa enrascada:** to get into a tight spot
enredo *n.m.* (livro) plot
enregelar *v.* to freeze
enriquecer *v.* **1** to get rich **2** to enrich; to improve; **enriquecer o vocabulário:** to improve one's vocabulary
enriquecimento *n.m.* **1** acquiring of wealth **2** (melhoria) improvement
enrolar *v.* **1** (fio, filme, corda) to wind (up) **2** (papel, tapete) to roll (up) **3** (cabelo) to curl
enrouquecer *v.* to hoarsen
enrugar *v.* **1** (pele) to wrinkle **2** (roupa) to crease
ensaboar *v.* to soap
ensaiar *v.* to rehearse
ensaio *n.m.* **1** LITERATURA essay **2** MÚSICA, TEATRO rehearsal
enseada *n.f.* bay; inlet
ensinamento *n.m.* teaching; lesson
ensinar *v.* to teach; **ensinar alguém a ler:** to teach someone (how) to read
ensino *n.m.* **1** education; **ensino básico:** elementary education; **ensino privado:** private education; **ensino público:** state education **2** (atividade) teaching
ensopado *adj.* soaked; wet ◆ *n.m.* CULINÁRIA stew
ensopar *v.* to soak ◆ **ensopar-se** to get soaked
ensurdecedor *adj.* deafening; **barulho ensurdecedor:** deafening noise
ensurdecer *v.* **1** to deafen **2** to go deaf
entalado *adj.* tightened; (pessoas) packed
entalar(-se) *v.* to get (something) caught; **entalei-me na porta:** I got caught in the door
entalhe *n.m.* carving; engraving
entanto *adv.* in the meantime; **no entanto:** however; nevertheless
então *adv.* **1** (nesse momento) then; by then; **até então:** till then **2** (naquele tempo) at that time; by that time **3** (nesse caso) so ◆ *interj.* **1** (espanto) now then!;

well then! 2 (impaciência, discordância) so what? 3 (ânimo) come on!
entardecer *v.* to draw on (the evening) ◆ *n.m.* evening; nightfall
enteada *n.f.* (mulher) stepdaughter
enteado *n.m.* (homem) stepson
entender *v.* to understand ◆ *n.m.* opinion; understanding; **no meu entender:** in my opinion
entendido *adj.* understood ◆ *n.m.* expert; specialist
entendimento *n.m.* understanding; **chegar a um entendimento:** to reach an understanding
enterrar *v.* to bury
enterro *n.m.* burial; funeral
entidade *n.f.* entity; being
entoação *n.f.* intonation
entoar *v.* to intone; to carol
entortar *v.* to bend; to crook
entrada *n.f.* 1 entry; **entrada principal:** main entry; **entrada proibida:** no entry 2 (local) entrance 3 (refeição) starter 4 (dicionário, enciclopédia) headword
entrar *v.* 1 to enter; to go in/inside; **entrar para o comboio:** to get on the train; **posso entrar?:** may I come in? 2 (jogo) to play 3 (brincadeira) to take part in
entre *prep.* 1 (dois) between; **entre a árvore e o muro:** between the tree and the wall 2 (vários) among; amongst; **entre eles:** among themselves
entreaberto *adj.* ajar; **deixaram a porta entreaberta:** they left the door ajar
entreabrir *v.* to set ajar
entrega *n.f.* 1 delivery; **entrega ao domicílio:** home delivery 2 (em mão) handing over
entregar *v.* 1 (produto, objeto) to deliver; **o carteiro entregou uma carta:** the postman delivered a letter 2 (documento) to hand in; **entregar um trabalho ao professor:** to hand in a project to the teacher 3 (em mão) to hand over; **entregar um livro a alguém:** to hand a book over to someone
entregue *adj.2gén.* 1 (carta, objeto) delivered; handed over 2 (ao cuidado de alguém) taken care of
entrelaçar *v.* to interweave; to interlace
entretanto *adv.* in the meantime; meanwhile
entretenimento *n.m.* entertainment
entreter *v.* to amuse; to entertain ◆ **entreter-se** to spend the time
entretido *adj.* 1 (divertido) entertained 2 (ocupado) busy
entrevista *n.f.* interview
entrevistado *n.m.* interviewee
entrevistador *n.m.* [*f.* entrevistadora] interviewer
entrevistar *v.* to interview
entristecer *v.* to sadden
Entrudo *n.m.* Carnival
entulho *n.m.* rubbish; trash
entupir *v.* to block
entusiasmado *adj.* enthusiastic
entusiasmar *v.* to excite ◆ **entusiasmar-se** to get excited; to be enthusiastic; **entusiasmar-se com um filme:** to be enthusiastic about a film
entusiasmo *n.m.* enthusiasm; excitement
entusiasta *n.2gén.* enthusiast; fan
entusiástico *adj.* enthusiastic; excited
enumerar *v.* to enumerate
enunciado *n.m.* 1 (discurso) statement 2 (teste) test sheet
envelhecer *v.* to grow old; to become old
envelhecido *adj.* aged; **de aspeto envelhecido:** old-looking
envelhecimento *n.m.* ageing; **envelhecimento do vinho:** ageing of the wine

a b c d e f g h i j k l m n o p q r s t u v w x y z

envelope *n.m.* envelope
envenenamento *n.m.* poisoning
envenenar *v.* to poison ◆ **envenenar-se** (voluntariamente) to take poison; (sem querer) to be poisoned
envergonhado *adj.* **1** (com vergonha) embarrassed **2** (com timidez) shy
envergonhar *v.* to embarrass ◆ **envergonhar-se** to feel ashamed
envernizar *v.* to varnish
enviar *v.* to send; to forward
envio *n.m.* **1** (carta, embrulho) sending **2** (de dinheiro) remittance; **envio de fundos:** remittance of funds
envolver *v.* **1** (embrulhar) to wrap up **2** (abranger) to comprise ◆ **envolver-se** (pessoas) to get involved
enxada *n.f.* hoe
enxaguar *v.* to rinse
enxame *n.m.* swarm
enxaqueca *n.f.* migraine
enxofre *n.m.* sulphur
enxotar *v.* (pessoa, animal) to drive away; (mosca) to swatter
enxoval *n.m.* **1** (bebé) layette **2** (noiva) trousseau
enxugar *v.* **1** (roupa) to dry **2** (louça) to dry up **3** (lágrima, suor) to wipe away
enxurrada *n.f.* **1** torrent; flux **2** *(figurado)* hail; **enxurrada de perguntas:** hail of questions
enxuto *adj.* dry; **olhos enxutos:** dry eyes
eólico *adj.* aeolian; aeolic; **energia eólica:** wind power
epicentro *n.m.* epicentre
épico *adj. e n.m.* epic
epidemia *n.f.* epidemic; **epidemia de gripe:** flu epidemic
epiderme *n.f.* epidermis
epilepsia *n.f.* epilepsy
epiléptico *a nova grafia é* **epilético**
epilético *adj.* epileptic; **um ataque epilético**: an epileptic fit
episódio *n.m.* episode; **episódio histórico:** historical event; (televisão) **último episódio da série:** final episode of the series
época *n.f.* age; time; **naquela época:** at that time
epopeia *n.f.* epic
equação *n.f.* equation
equador *n.m.* equator
equestre *adj.2gén.* equestrian; **estátua equestre:** equestrian statue
equídeo *adj.* equine ◆ *n.m.* equine; horse
equilibrado *adj.* balanced
equilibrar *v.* to balance ◆ **equilibrar-se** to keep one's balance
equilíbrio *n.m.* balance; **manter o equilíbrio:** to keep one's balance; **perder o equilíbrio:** to lose one's balance
equilibrista *n.2gén.* tightrope walker
equinócio *n.m.* equinox
equipa *n.f.* team; group; **equipa de futebol:** football team; **espírito de equipa:** team spirit; **trabalhar em equipa:** to work as a team
equipado *adj.* equipped; **bem equipado:** well equipped; **mal equipado:** ill equipped
equipamento *n.m.* equipment; kit
equipar *v.* to equip ◆ **equipar-se** to equip oneself
equitação *n.f.* riding; **aulas de equitação:** riding lessons
equitativo *adj.* equitable; just
equivalência *n.f.* equivalence; correspondence
equivalente *n.m.* equivalent ◆ *adj.2gén.* equivalent; corresponding
equivaler *v.* to be equivalent
equívoco *n.m.* **1** (engano) mistake **2** (mal-entendido) misunderstanding
era *n.f.* era; age; **a era dos telemóveis:** the age of the mobile phones

eremita *n.2gén.* hermit
ergonomia *n.f.* ergonomics
ergonómico *adj.* ergonomic
erguer *v.* to lift; to raise ◆ **erguer-se** to stand up
erigir *v.* to erect; to build
ermida *n.f.* hermitage
ermo *adj.* solitary; desert ◆ *n.m.* wilderness; wasteland
erosão *n.f.* erosion
erosivo *adj.* erosive
errado *adj.* **1** mistaken; **estás errado:** you are mistaken **2** wrong; **é errado da parte dele:** it is quite wrong of him
errante *adj.2gén.* wandering
errar *v.* to fail; to be wrong; **errar o exercício:** to fail the exercise
errata *n.f.* errata
erro *n.m.* error; mistake; **por erro:** by mistake
erupção *n.f.* **1** eruption; **entrar em erupção:** to erupt **2** (na pele) rash
eruptivo *adj.* eruptive
erva *n.f.* **1** grass; **erva daninha:** weed **2** (chá) herb
erva-cidreira *n.f.* balm; melissa
ervanária *n.f.* (loja) herbalist's
ervanário *n.m.* (pessoa) herbalist
ervilha *n.f.* pea
ervilheira *n.f.* pea
esbaforido *adj.* out of breath
esbanjamento *n.m.* (recurso) squandering; (dinheiro) waste
esbanjar *v.* **1** (recurso) to squander **2** (dinheiro) to waste
esbarrar *v.* to run into
esbater *v.* (cor) to tone down
esbelto *adj.* slender; slim
esboçar *v.* (desenho, plano) to sketch; to outline
esboço *n.m.* sketch; **fazer um esboço:** to make a sketch
esbofetear *v.* to slap
esborrachar *v.* to crush; to squash
escada *n.f.* stairs; **escada de mão:** ladder; **escada rolante:** escalator; **descer as escadas:** to go downstairs; **subir as escadas:** to go upstairs
escadaria *n.f.* staircase
escadote *n.m.* stepladder
escafandro *n.m.* diving suit
escala *n.f.* scale
escalada *n.f.* DESPORTO climbing
escalão *n.m.* **1** (carreira) rung **2** MILITAR echelon
escalar *v.* (montanha, árvore) to climb
escaldante *adj.2gén.* **1** (temperatura) scalding **2** (tempo) scorching; **um dia escaldante:** a scorching day
escaldão *n.m.* sunburn; **apanhar um escaldão:** to get sunburnt
escalfar *v.* (ovos) to poach
escalope *n.m.* escalope; **escalope de vitela:** veal escalope
escama *n.f.* scale
escamar *v.* (peixe) to scale
escancarado *adj.* wide-open; **de portas escancaradas:** with doors wide open
escancarar *v.* (porta) to set wide open; to open wide
escandalizar *v.* to shock ◆ **escandalizar-se** to be shocked
escândalo *n.m.* scandal
escandaloso *adj.* scandalous
escapada *n.f.* → **escapadela**
escapadela *n.f.* **1** (aventura) escapade **2** (pausa) break
escapar *v.* to escape; to get away
escaparate *n.m.* display-window; shop-window; **o livro já está nos escaparates:** the book is out
escape *n.m.* (automóvel) exhaust
escarafunchar *v.* to scratch
escaramuça *n.f.* skirmish
escaravelho *n.m.* beetle
escarlate *adj.2gén. e n.m.* (cor) scarlet
escarnecer *v.* to make fun

escárnio *n.m.* mockery; scorn
escarpa *n.f.* slope
escarpado *adj.* sloping; slanting
escarrar *v.* to spit
escarro *n.m.* spit; gob
escassear *v.* **1** to fall short; **a produção escasseia:** production falls short **2** to run short; **o tempo escasseia:** time is running short
escassez *n.f.* **1** (pouca quantidade) scarcity; **escassez de alimentos:** scarcity of food **2** (falta) lack; **escassez de tempo:** lack of time
escasso *adj.* sparse; short
escavação *n.f.* **1** (cova) digging **2** excavation; **escavações arqueológicas:** archaeological excavations
escavadora *n.f.* (máquina) digger
escavar *v.* to dig
esclarecedor *adj.* **1** (esclarecimento) enlightening **2** (explicação) elucidatory
esclarecer *v.* **1** (dúvida, explicação) to explain **2** (desentendimentos) to clear up ◆ **esclarecer-se** (dúvida, enigma) to become clear
esclarecimento *n.m.* **1** explanation **2** clearing up
escoamento *n.m.* **1** (de líquido) drainage **2** (de mercadoria) selling
escoar *v.* **1** (líquido) to drain **2** (mercadoria) to sell out
escocês *n.m.* Scot; (homem) Scotsman; (mulher) Scotswoman ◆ *adj.* Scottish
Escócia *n.f.* Scotland

A **Escócia** é um dos quatro países que formam o Reino Unido (juntamente com a Inglaterra, o País de Gales e a Irlanda do Norte). Ocupa a parte norte da ilha da Grã-Bretanha, inclui diversas ilhas e faz fronteira a sul com a Inglaterra. A capital da Escócia é Edimburgo.

escola *n.f.* school; **andar na escola:** to be at school; **escola pré-primária:** nursery school; **escola primária:** elementary school
escolar *adj.2gén.* school; academic; **ano escolar:** school year; **período escolar:** school term
escolaridade *n.f.* schooling; **escolaridade obrigatória:** compulsory schooling
escolha *n.f.* **1** choice; pick; **isso fica à tua escolha:** that's your choice **2** choice; option; alternative; **não me deixas escolha:** you leave me no choice
escolher *v.* to choose; to select; to pick
escolhido *adj.* chosen; **bem escolhido:** well-chosen
escolta *n.f.* escort; **escolta policial:** police escort
escombros *n.m.pl.* rubble; ruins
esconder *v.* to hide ◆ **esconder-se** to hide oneself
esconderijo *n.m.* **1** hideout; hiding place **2** refuge; shelter
escondidas *n.f.pl.* (jogo) hide-and-seek; **vamos jogar às escondidas:** let's play hide and seek
escopro *n.m.* chisel; flat chisel
escorpião *n.m.* scorpion
escorraçar *v.* to drive/chase away
escorrega *n.m.* → **escorregão**
escorregadio *adj.* slippery
escorregão *n.m.* (brinquedo) slide
escorregar *v.* to slip; to slide
escorrer *v.* to drain
escotilha *n.f.* (navio) hatch; hatchway
escova *n.f.* brush; **escova de dentes:** toothbrush; **escova do cabelo:** hairbrush
escovar *v.* to brush
escravo *n.m.* slave
escrever *v.* **1** to write; **escrever no computador:** to type; **escrever um li-**

vro: to write a book 2 to spell; **como é que se escreve o teu nome?:** how do you spell your name?
escrita *n.f.* 1 (atividade) writing 2 (caligrafia) handwriting
escrito *adj.* written ◆ *n.m.* piece of writing
escritor *n.m.* [*f.* escritora] writer
escritório *n.m.* 1 (local de trabalho) office 2 (em casa) study
escritura *n.f.* deed
Escrituras (Bíblia) Scriptures
escrivaninha *n.f.* desk; writing desk
escrúpulo *n.m.* scruple; **sem escrúpulos:** without scruples; unscrupulous
escrupuloso *adj.* scrupulous; **pouco escrupuloso:** unscrupulous
escudo *n.m.* shield; **escudo de armas:** coat of arms
escudo *n.m.* (moeda de Cabo Verde) escudo
esculpir *v.* to sculpt; to carve
escultor *n.m.* sculptor
escultura *n.f.* 1 (obra) sculpture 2 (arte) sculpture; carving
escuras *n.f.pl.* **às escuras:** in the dark
escurecer *v.* 1 to darken 2 to grow dark
escuridão *n.f.* darkness; dark
escuro *adj.* 1 dark; **está a ficar escuro:** it's getting dark 2 (pão) brown ◆ *n.m.* dark; **ter medo do escuro:** to be afraid of the dark
escusado *adj.* unnecessary; needless; **escusado será dizer:** needless to say
escutar *v.* to listen
escuteiro *n.m.* Scout; **chefe dos escuteiros:** Scouter
escutismo *n.m.* Scouting
esfarrapar *v.* to tear; to rip
esfera *n.f.* sphere
esférico *adj.* spherical ◆ *n.m.* DESPORTO ball
esferográfica *n.f.* ballpoint (pen)
esfinge *n.f.* sphinx
esfolar *v.* to skin; to flay
esfomeado *adj.* starving; hungry
esforço *n.m.* effort; **fazer um esforço:** to make an effort
esfregão *n.m.* scourer
esfregar *v.* 1 (chão, superfície) to scrub 2 (panela, tacho) to scour 3 (olhos) to rub
esfregona *n.f.* mop
esganar *v.* to strangle
esgar *n.m.* grimace
esgotado *adj.* 1 sold out; (concerto, teatro) **lotação esgotada:** full house 2 (livro, edição) out of print
esgotamento *n.m.* exhaustion ❖ **esgotamento nervoso:** nervous breakdown
esgotar *v.* (mercadoria) to be sold out ◆ **esgotar-se** 1 (livro, bilhete) to be sold out 2 (força, energia, paciência) to run out
esgoto *n.m.* drain
esgrima *n.f.* fencing; **praticar esgrima:** to fence
esgrimir *v.* 1 DESPORTO to fence 2 (argumentos) to put forward
esgrimista *n.2gén.* fencer
esgueirar-se *v.* to slip away; to sneak off
esguichar *v.* to squirt; to gush
esguicho *n.m.* squirt; gush
esguio *adj.* slender
esmagador *adj.* crushing; overwhelming
esmagar *v.* to crush
esmaltar *v.* to enamel
esmalte *n.m.* enamel; **louça de esmalte:** enamel ware
esmerado *adj.* careful
esmeralda *n.f.* emerald
esmero *n.m.* care; neatness
esmigalhar *v.* to crumble
esmola *n.f.* alms; **dar uma esmola a alguém:** to give alms to somebody; **pedir esmola:** to beg

esmurrar *v.* 1 (agredir) to punch 2 (amolgar) to dent; **esmurrar o carro:** to dent the car
esófago *n.m.* gullet
espaçado *adj.* 1 (no espaço) spaced out 2 (no tempo) postponed 3 (visita) occasional; **a intervalos espaçados:** at regular intervals
espaçar *v.* to space out
espacial *adj.2gén.* space; **nave espacial:** spaceship
espaço *n.m.* 1 (extensão) space; **espaço aéreo:** air space 2 (a ocupar) room; **espaço livre:** free room; **arranjar espaço para:** to make room for
espaçoso *adj.* spacious; wide
espada *n.f.* sword; **desembainhar a espada:** to draw one's sword ✧ **estar entre a espada e a parede:** to have one's back against the wall
espadachim *n.m.* swordsman
espadarte *n.m.* swordfish
espadas *n.f.pl.* (naipe de cartas) spades; **rei de espadas:** king of spades
espaldar *n.m.* (ginásio) wall bars
espalhafato *n.m.* bustle; fuss; **fazer um espalhafato:** to make a fuss
espalhafatoso *adj.* 1 garish; showy 2 fussy
espalhar *v.* 1 to spread 2 to scatter ◆ **espalhar-se** to spread
espalmar *v.* to flatten; to squash
Espanha *n.f.* Spain
espanhol *n.m.* (pessoa) Spaniard; **os espanhóis:** the Spanish ◆ *n.m.* (língua) Spanish; **falar espanhol:** to speak Spanish ◆ *adj.* Spanish
espantado *adj.* astonished; amazed
espantalho *n.m.* scarecrow
espantar *v.* to surprise; to amaze; to astonish ◆ **espantar-se** to be astonished
espanto *n.m.* 1 astonishment; amazement 2 wonder
espantoso *adj.* wonderful; amazing
espargata *n.f.* splits; **fazer a espargata:** to do the splits
espargo *n.m.* asparagus
esparguete *n.m.* spaghetti
esparregado *n.m.* CULINÁRIA purée of green vegetables
espátula *n.f.* spatula
especial *adj.2gén.* special
especialidade *n.f.* speciality
especialista *n. e adj.2gén.* specialist; expert
especializado *adj.* 1 specialized 2 (trabalhador) skilled
especialmente *adv.* 1 (sobretudo) especially; **adoro música, especialmente jazz:** I love music, especially jazz 2 (especificamente) specially; **desenhado especialmente para:** specially designed for
especiaria *n.f.* spice
espécie *n.f.* 1 sort; kind 2 (animal ou vegetal) species
especificação *n.f.* specification
especificar *v.* to specify
específico *adj.* specific; particular
espécime *n.m.* specimen; sample
espectacular *a nova grafia é* **espetacular**
espectáculo *a nova grafia é* **espetáculo**
espectador *n.m.* [*f.* espectadora] 1 DESPORTO spectator 2 TELEVISÃO viewer; (teatro, filme, espetáculo) **os espectadores:** the audience
espectro *a grafia preferível é* **espetro**
espelhar *v.* to mirror
espelho *n.m.* mirror
espera *n.f.* waiting; **lista de espera:** waiting list; **sala de espera:** waiting-room
esperança *n.f.* hope; **perder a esperança:** to give up hope
esperançoso *adj.* hopeful

esperar *v.* 1 (aguardar) to wait; **espera por mim:** wait for me 2 (desejar) to hope for; **é melhor do que eu esperava:** it's better than I hoped for 3 to expect; **era de esperar:** it was to be expected
espertalhão *n.m.* wise guy
esperteza *n.f.* cleverness
esperto *adj.* clever; smart
espesso *adj.* thick; dense
espessura *n.f.* thickness; **ter 20 centímetros de espessura:** to be 20 centimetres thick
espetacular *adj.2gén.* spectacular
espetáculo *n.m.* show; performance; **espetáculo de variedades:** variety show
espetada *n.f.* (comida) kebab
espetador *a grafia preferível é* **espectador**
espetar *v.* 1 to stick; (dedo, pau) poke 2 (picar) to prick
espeto *n.m.* spit; skewer; **assar no espeto:** to spit-roast
espetro *n.m.* 1 spectre; ghost 2 FÍSICA spectrum; **espetro solar:** solar spectrum
espião *n.m.* [*f.* espiã] spy
espiar *v.* to spy on
espiga *n.f.* spike
espigado *adj.* 1 spiked 2 (cabelo) ragged
espigão *n.m.* 1 (haste) spike 2 (unha) hangnail
espigueiro *n.m.* granary
espinafre *n.m.* spinach
espinal *adj.2gén.* spinal
espingarda *n.f.* rifle
espinha *n.f.* 1 spine; backbone; **espinha dorsal:** spine 2 (peixe) fishbone 3 (na pele) pimple
espinho *n.m.* thorn
espinhoso *adj.* (planta) thorny
espionagem *n.f.* spying; espionage
espiral *n.f.* spiral; (caderno, livro) **argolas em espiral:** spiral binding
espírito *n.m.* 1 spirit; **espírito de equipa:** team spirit; **Espírito Santo:** Holy Ghost; **estado de espírito:** mood 2 soul
espiritual *adj.2gén.* spiritual
espiritualidade *n.f.* spirituality
espirrar *v.* to sneeze
espirro *n.m.* sneeze; **dar um espirro:** to sneeze
esplanada *n.f.* outdoor café; **vamos para a esplanada:** let's sit outside
esplêndido *adj.* splendid
esplendor *n.m.* splendour
esponja *n.f.* sponge
esponjoso *adj.* spongy
espontâneo *adj.* spontaneous
espora *n.f.* spur
esporádico *adj.* sporadic
esporão *n.m.* 1 spur 2 (galo) spur 3 (barco) head
esporo *n.m.* spore
espreguiçadeira *n.f.* 1 lounger 2 (praia) deck chair
espreguiçar-se *v.* to stretch
espreitar *v.* to peep; **espreitar para dentro:** to peep in/into; **espreitar para fora:** to peep out
espremedor *n.m.* squeezer; **espremedor de laranjas:** orange squeezer
espremer *v.* (laranja, esponja) to squeeze; (uvas) to press
espuma *n.f.* foam; **espuma de barbear:** shaving foam
espumante *n.m.* sparkling wine; champagne
espumoso *adj.* 1 (vinho) sparkling 2 (cerveja) frothy
esquadra *n.f.* police station
esquadrão *n.m.* squadron
esquadria *n.f.* GEOMETRIA square; **pôr em esquadria:** to square
esquadro *n.m.* set square; **esquadro em T:** T-square

esquecer *v.* to forget ◆ **esquecer-se** forget; to leave behind
esquecido *adj.* **1** (objeto) forgotten; **ficar esquecido:** to be forgotten **2** (pessoa) forgetful; **andas muito esquecido:** you've been very forgetful
esquecimento *n.m.* forgetfulness
esquelético *adj. (informal)* skinny
esqueleto *n.m.* **1** (corpo) skeleton **2** (estrutura) framework
esquema *n.m.* scheme
esquentador *n.m.* heater
esquerda *n.f.* left; **à esquerda:** on the left; **vira à esquerda:** turn left
esquerdo *adj.* left; **mão esquerda:** left hand
esqui *n.m.* ski; **fato de esqui:** ski suit; **fazer esqui:** to go skiing; **pista de esqui:** ski run
esquiador *n.m.* skier
esquiar *v.* to ski
esquilo *n.m.* squirrel
esquimó *adj. e n.2gén.* Eskimo
esquina *n.f.* corner
esquisitice *n.f.* (excentricidade) eccentricity; (capricho) whim
esquisito *adj. (informal)* weird; strange; **que esquisito!:** how strange!
esse *adj.* that; **esses livros:** those books ◆ *pron.dem.m.* (coisa) that one; **não quero esses:** I don't want those
essência *n.f.* essence
essencial *adj.2gén.* essential; **é essencial que estudes:** it's essential that you study
estabelecer *v.* to establish
estabelecimento *n.m.* establishment
estabilidade *n.f.* stability
estábulo *n.m.* **1** (cavalos) stable **2** (vacas) cowshed
estaca *n.f.* **1** (de tenda) peg **2** (parte de ramo) cutting
estação *n.f.* **1** station; **estação de metro:** underground station; **estação de serviço:** service station; **estação espacial:** space station **2** season; **as estações do ano:** the seasons of the year **3** office; **estação dos correios:** post office
estacionamento *n.m.* parking; **estacionamento proibido:** no parking
estacionar *v.* to park
estada *n.f.* stay; sojourn
estadia *n.f.* → **estada**
estádio *n.m.* stadium; **estádio de futebol:** football stadium
estado *n.m.* state; condition; **em bom/mau estado:** in good/bad condition
estado-membro *n.m.* member state
Estados Unidos da América *n.m.pl.* United States of America
estafado *adj.* tired out; exhausted
estafar *v.* to tire; to weary
estafeta *n.2gén.* courier; messenger ◆ DESPORTO **corrida de estafetas:** relay race
estagiar *v.* to be in training; to do a traineeship
estagiário *n.m.* **1** trainee **2** (professor) trainee teacher **3** (médico) junior doctor
estágio *n.m.* traineeship
estagnação *n.f.* stagnation
estagnado *adj.* stagnant; still
estagnar *v.* to stagnate
estalada *n.f. (informal)* slap; **dar uma estalada a alguém:** to slap somebody
estaladiço *adj.* (alimento) crunchy; crisp
estalagem *n.f.* inn; hostel
estalar *v.* **1** to crack; to click **2** (dedos) to snap
estaleiro *n.m.* dockyard; shipyard
estalido *n.m.* **1** (língua) click **2** (dedos) snap **3** (fogueira) crackle
estalinhos *n.m.pl.* (brincadeira de Carnaval) snap-n-pops; snap'n pops
estalo *n.m.* **1** crack; click **2** (dedos) snap

estância *n.f.* resort; **estância de esqui:** ski resort
estandarte *n.m.* banner
estante *n.f.* bookshelf; bookcase
estar *v.* **1** (encontrar-se) to be; **estar em casa:** to be at home **2** (aspeto) to look; **estás muito bonita:** you look very nice **3** (data, tempo, temperatura) to be; **está calor:** it's hot; **estamos a 3 de maio:** it's the third of May; **estão 30 graus:** it's 30 °C **4** (modo) to be; **estar com medo:** to be afraid
estatal *adj.2gén.* state; **escola estatal:** state school
estatística *n.f.* statistics
estatístico *adj.* statistical
estátua *n.f.* statue
estatueta *n.f.* statuette
estatura *n.f.* height; **de estatura mediana:** of medium height
estatuto *n.m.* statute
este (éste) *n.m.* (ponto cardeal) east
este (êste) *pron.dem.* [*f.* esta] **1** (coisa) this one; **prefiro este:** I prefer this one **2** (pessoa) this; **quem é este?:** who's this? ◆ *adj.* this; (plural) these
esteira *n.f.* straw mat; mat
estendal *n.m.* clothes horse
estender *v.* **1** to spread out; **estender um mapa:** to spread a map out **2** to extend; **estender o prazo das matrículas:** to extend the registration period **3** (braços, pernas) to stretch out **4** (roupa) to hang out **5** (mão) to hold out; to reach out ◆ **estender-se** to lie down
estéril *adj.2gén.* (pessoa, animal) sterile
esterilidade *n.f.* (pessoa, animal) sterility
estética *n.f.* aesthetics
esteticista *n.2gén.* beautician
estético *adj.* aesthetic
estetoscópio *n.m.* stethoscope
estibordo *n.m.* starboard; **a estibordo:** to starboard
esticão *n.m.* pull; yank; **roubo por esticão:** bag-snatch
esticar *v.* to stretch ◆ **esticar-se** to stretch out
estilhaço *n.m.* chip; splinter
estilista *n.2gén.* (moda) fashion designer; stylist
estilístico *adj.* stylistic
estilo *n.m.* style
estima *n.f.* esteem; regard; **ter alguém em grande estima:** to think highly of somebody
estimado *adj.* **1** esteemed **2** (correspondência) dear; **estimado senhor:** dear sir
estimar *v.* **1** (ter estima) to prize **2** (avaliar) to estimate
estimativa *n.f.* estimate
estimulante *adj.2gén.* stimulating ◆ *n.m.* stimulant; **a cafeína é um estimulante:** caffeine is a stimulant
estimular *v.* **1** to stimulate **2** (incentivar) to encourage
estímulo *n.m.* stimulus; incentive
estirador *n.m.* drawing board
estofar *v.* (cadeira, assento) to upholster; **cadeira estofada:** upholstered chair
estofo *n.m.* (cadeira, assento) upholstery
estoirar *v.* → **estourar**
estoiro *n.m.* → **estouro**
estojo *n.m.* **1** case; **estojo (para lápis):** pencil case **2** kit; **estojo de primeiros socorros:** first-aid kit
estômago *n.m.* stomach; **dor de estômago:** stomach ache
estonteante *adj.2gén.* stunning
estore *n.m.* blind
estorninho *n.m.* starling
estorvar *v.* **1** (impedir passagem) to block **2** (prejudicar) to get in the way of
estorvo *n.m.* **1** (obstáculo) hindrance **2** (dificuldade) embarrassment
estourar *v.* **1** to explode **2** (pneu) to burst
estouro *n.m.* burst
estouvado *adj.* harebrained; foolish

estrábico *adj.* cross-eyed
estrada *n.f.* road
estrado *n.m.* **1** platform **2** (de cama) base
estragar *v.* to spoil; to damage
estrago *n.m.* damage; **causar estragos a/em:** to cause damage to
estrangeirismo *n.m.* (palavra) foreign word
estrangeiro *n.m.* [*f.* estrangeira] foreigner; **ir para o estrangeiro:** to go abroad ◆ *adj.* foreign
estrangulamento *n.m.* strangulation; strangling
estrangular *v.* to strangle
estranhar *v.* to find strange; to be surprised at; **estranhei a tua conduta:** I was surprised at your behaviour
estranheza *n.f.* strangeness; oddness
estranho *n.m.* [*f.* estranha] stranger ◆ *adj.* strange; odd
estratagema *n.m.* stratagem
estratégia *n.f.* strategy
estratégico *adj.* strategic
estrato *n.m.* **1** (rocha) stratum **2** (social) stratum **3** (nuvem) stratus
estratosfera *n.f.* stratosphere
estrear *v.* (filme, peça, programa) to premiere; to open ◆ **estrear-se** to make one's debut
estrebaria *n.f.* stable
estreia *n.f.* **1** (filme, peça) premiere **2** (artista, desportista) debut
estreitar *v.* **1** to narrow **2** (relação) to strengthen ◆ **estreitar-se 1** to become narrower **2** (relação) to deepen
estreito *adj.* narrow
estrela *n.f.* **1** star; **estrela cadente:** shooting star **2** star; celebrity; **estrela de cinema:** film star
estrelado *adj.* **1** (céu) starry; starlit **2** (ovos) fried; **ovos estrelados:** fried eggs
estrela-do-mar *n.f.* starfish
estrelar *v.* **1** (ovo) to fry **2** (céu) to star
estremecer *v.* **1** to shake **2** to shudder; **estremecer de medo:** to shudder with fear
estremecimento *n.m.* shudder
estria *n.f.* (pele) stretch mark
estribeira *n.f.* stirrup ◆ *(informal)* **perder as estribeiras:** to lose one's temper
estribo *n.m.* (cavalo) stirrup
estridente *adj.2gén.* (som) strident; shrill
estrofe *n.f.* strophe
estroina *adj.2gén.* hare-brained
estrondo *n.m.* (som) roar; crash
estrondoso *adj.* **1** (aplauso) thunderous **2** (sucesso) resounding
estrume *n.m.* manure; dung
estrutura *n.f.* structure
estrutural *adj.2gén.* structural
estruturar *v.* to structure
estuário *n.m.* estuary
estudado *adj.* **1** studied **2** (afetado) affected
estudante *n.2gén.* **1** (escola) pupil **2** (universidade) student
estudar *v.* to study
estúdio *n.m.* studio
estudioso *adj.* studious; hard-working
estudo *n.m.* **1** study; **estudo da História:** study of History **2** (escolaridade) education; **não ter estudos:** to lack education
estufa *n.f.* greenhouse; **efeito de estufa:** greenhouse effect
estufar *v.* CULINÁRIA to stew
estupefacto *adj.* amazed; stupefied
estupendo *adj.* amazing; wonderful
estupidez *n.f.* **1** stupidity **2** (ato, dito) stupid thing; **que estupidez!:** what a stupid thing to do!
estúpido *adj.* stupid; dull
esturricar *v.* (comida) to burn

esturro *n.m.* burning; **cheirar a esturro:** to smell of burning
esvaziar *v.* **1** to empty; **esvaziar os bolsos:** to empty out one's pockets **2** (pneu) to deflate
esverdeado *adj.* greenish
esvoaçar *v.* to flutter
etapa *n.f.* stage; **por etapas:** in stages
éter *n.m.* ether
eternidade *n.f.* eternity
eterno *adj.* eternal; everlasting
ética *n.f.* ethics
ético *adj.* ethical
etiqueta *n.f.* **1** (mala de viagem) tag **2** (roupa) label
etiquetar *v.* to label; to tag
etnia *n.f.* ethnic group
étnico *adj.* ethnic
eu *pron.pess.* **1** (sujeito) I; **eu e a minha irmã:** my sister and I **2** (comparações, com preposições) me; **como eu:** like me
eucalipto *n.m.* eucalyptus
euro *n.m.* euro
Europa *n.f.* Europe
europeu *adj. e n.m.* European; **Comissão Europeia:** European Commission; **União Europeia:** European Union
evacuação *n.f.* evacuation
evacuar *v.* to evacuate
Evangelho *n.m.* RELIGIÃO Gospel
evaporação *n.f.* evaporation
evasão *n.f.* evasion
evento *n.m.* event
eventual *adj.2gén.* **1** occasional **2** possible
eventualidade *n.f.* **1** eventuality **2** possibility
evidência *n.f.* evidence; **em evidência:** in evidence
evidente *adj.2gén.* evident; clear; obvious; plain
evidentemente *adv.* obviously
evitar *v.* to avoid
evolução *n.f.* evolution; development
evoluir *v.* **1** to develop **2** to evolve
evolutivo *adj.* evolutionary
exactamente *a nova grafia é* **exatamente**
exactidão *a nova grafia é* **exatidão**
exacto *a nova grafia é* **exato**
exagerado *adj.* exaggerated
exagerar *v.* **1** to exaggerate; **não exageres!:** don't exaggerate! **2** (reação) to overreact
exagero *n.m.* exaggeration
exame *n.m.* exam; examination; **fazer um exame:** to do an exam
examinador *n.m.* examiner
examinar *v.* to examine
exatamente *adv.* exactly; precisely; **são exatamente onze horas:** it's precisely eleven o'clock
exatidão *n.f.* exactness
exato *adj.* exact; precise; accurate
exaustão *n.f.* exhaustion
exaustivo *adj.* **1** (com pormenor) thorough; exhaustive; **uma procura exaustiva:** a thorough search **2** (cansativo) exhausting
exausto *adj.* exhausted
exaustor *n.m.* extractor fan; ventilator
exceção *n.f.* exception; **abrir uma exceção:** to make an exception; **com exceção de:** except; **sem exceção:** without exception
excecional *adj.2gén.* exceptional; extraordinary; **não ser nada de excecional:** to be nothing special
excedente *adj.2gén.* exceeding; extra ◆ *n.m.* surplus; excess
exceder *v.* to exceed; to surpass
excelência *n.f.* (qualidade) excellence; (pessoa) Excellency; **por excelência:** par excellence; **Sua Excelência:** His/Her Excellency
excelente *adj.2gén.* **1** excellent; superb **2** (pessoa) wonderful; marvellous **3** (nota) very good; excellent; A
excelentíssimo *adj.* most excellent; **Excelentíssimo Senhor:** Dear Sir

excêntrico *adj.* eccentric
excepção *a nova grafia é* **exceção**
excepcional *a nova grafia é* **excecional**
excepto *a nova grafia é* **exceto**
exceptuar *a nova grafia é* **excetuar**
excessivo *adj.* excessive
excesso *n.m.* excess; **em excesso:** too much
exceto *prep.>adv.*[DT] except (for); but; **todos exceto um:** all but one; **todos os dias exceto domingo:** every day except Sunday
excetuar *v.* to except; to exclude
excitação *n.f.* excitement; enthusiasm
excitado *adj.* excited
excitante *adj.2gén.* exciting; stimulating
excitar *v.* to excite
exclamação *n.f.* exclamation; **ponto de exclamação:** exclamation mark
exclamar *v.* to exclaim
excluir *v.* to exclude; to reject
exclusão *n.f.* exclusion
exclusividade *n.f.* exclusivity
exclusivo *adj.* exclusive
excremento *n.m.* excrement
excursão *n.f.* excursion; trip; tour; **fazer uma excursão:** to go on a trip
excursionista *n.2gén.* tripper
execução *n.f.* execution; accomplishment
executar *v.* to carry out; to execute; to accomplish
executivo *adj. e n.m.* executive
exemplar *adj.* exemplary ◆ *n.m.* copy; **exemplar grátis:** free copy
exemplificar *v.* to exemplify; to illustrate
exemplo *n.m.* example; instance; **por exemplo:** for instance; for example

> Repara que **exemplo** em português se escreve com **e** (depois do x), mas **example** em inglês escreve-se com **a**.

exercer *v.* **1** (profissão) to practise **2** (autoridade, influência) to exercise **3** (dever, funções) to perform
exercício *n.m.* exercise; **exercício físico:** physical exercise; **fazer exercício (físico):** to take exercise; to exercise; **livro de exercícios:** exercise book
exército *n.m.* army
exibição *n.f.* exhibition; display; presentation; **exibição de pintura:** painting exhibition
exibir *v.* to exhibit; to display; to show
exigência *n.f.* demand; requirement
exigente *adj.2gén.* demanding
exigir *v.* to require; to demand
exilar *v.* to exile ◆ **exilar-se** to go into exile
exílio *n.m.* exile; **ir para o exílio:** to go into exile
existência *n.f.* existence; life
existente *adj.2gén.* **1** (matéria) existing **2** (seres) living **3** (produto, mercadoria) in stock
existir *v.* to exist; to be; **isso não existe:** that doesn't exist
êxito *n.m.* success
êxodo *n.m.* exodus
exótico *adj.* exotic
expandir(-se) *v.* to expand
expansão *n.f.* expansion; growth; increase
expansivo *adj.* expansive
expatriado *adj.* expatriated ◆ *n.m.* expatriate
expatriar *v.* to banish
expectativa *n.f.* expectation; hope
expedição *n.f.* **1** (viagem) expedition **2** (carta, encomenda) dispatch
expedir *v.* (carta, encomenda) to dispatch
expelir *v.* to expel
experiência *n.f.* **1** experience; **uma experiência desagradável:** an unpleasant experience **2** try; experiment;

fazer uma experiência: to make an experiment
experiente *adj.2gén.* experienced
experimentado *adj.* **1** (pessoa) experienced **2** (método) tested; tried
experimental *adj.2gén.* experimental
experimentar *v.* **1** to try; **experimenta outra chave:** try another key **2** (roupa) to try out; **experimenta esta saia:** try on this skirt **3** (comida, bebida) to taste; to try; **experimenta este bolo:** try this cake
expetativa *a grafia preferível é* **expectativa**
explicação *n.f.* explanation; **tem de haver uma explicação:** there must be an explanation; **sem explicação:** with no reason
explicações *n.f.pl.* private lessons; **dar explicações:** to give private lessons; **ter explicações:** to have private lessons
explicador *n.m.* tutor; coach; private teacher
explicar *v.* to explain
explicativo *adj.* explanatory
explícito *adj.* explicit
explodir *v.* to explode; to blow up; to burst out
exploração *n.f.* **1** exploration **2** (de pessoas) exploitation
explorador *n.m.* [*f.* exploradora] explorer; researcher
explorar *v.* **1** to explore **2** (uma pessoa) to exploit; to use; to take advantage of
explosão *n.f.* explosion; **explosão demográfica:** population explosion
explosivo *adj. e n.m.* explosive
expoente *n.m.* exponent
expor *v.* **1** to show; to exhibit; to display; **expor na montra:** to exhibit in the shop-window **2** (corpo, pele) to expose
exportação *n.f.* export; exportation
exportador *n.m.* exporter
exportar *v.* to export
exposição *n.f.* exhibition; **estar em exposição:** to be on exhibition
expositor *n.m.* exhibitor; showcase
exposto *adj.* **1** exposed **2** (obra, objeto) on exhibition; (artigo, produto) on display **3** (fratura) open
expressamente *adv.* on purpose; **vim expressamente para te visitar:** I came on purpose to visit you
expressão *n.f.* **1** expression; communication; **expressão verbal:** verbal communication **2** phrase; sentence; **expressão idiomática:** idiomatic expression **3** air; look; **expressão de alegria:** happy look
expressar *v.* to express; to show; **expressar os seus sentimentos:** to express one's feelings
expressivo *adj.* expressive
expresso *n.m.* **1** (comboio) express; express train **2** (café) espresso
exprimir *v.* to express; **exprimir gratidão:** to express one's gratitude
expulsão *n.f.* expulsion; (jogo, competição) sending-off
expulsar *v.* **1** to expel **2** (de um jogo) to send off
expulso *adj.* **1** expelled; **o estudante foi expulso da universidade:** the student was sent down **2** (inquilino) evicted
êxtase *n.m.* ecstasy; rapture
extensão *n.f.* **1** extension **2** (de problema, dano) extent **3** (cabelo) hair extension
extensivo *adj.* extensive; **ser extensivo a:** to extend to
extenso *adj.* extensive; large; **por extenso:** in full
exterior *adj.* **1** exterior; external **2** (porta, janela) outside; (parede) outer ◆ *n.m.* exterior; outside
exterminar *v.* to exterminate
extermínio *n.m.* extermination; extinction

externato *n.m.* day school
externo *adj.* **1** external; outward; **parte externa:** outside **2** foreign; **dívida externa:** foreign debt
extinção *n.f.* extinction; **estar em vias de extinção:** to be on the verge of extinction
extinguir *v.* **1** (fogo, luz) to extinguish **2** (espécie animal ou vegetal) to drive to extinction ◆ **extinguir-se 1** (fogo, luz) to go out **2** (espécie, vulcão) to become extinct
extinto *adj.* **1** (fogo) extinguished **2** (espécie animal ou vegetal) extinct
extintor *n.m.* extinguisher; **extintor de incêndios:** fire extinguisher
extra *n.m.* extra ◆ *adj.2gén.2núm.* extra; additional; **trabalhar horas extra:** to work overtime
extração *n.f.* **1** extraction **2** (sorteio) draw
extracção *a nova grafia é* **extração**
extracto *a nova grafia é* **extrato**
extrair *v.* to extract; **extrair carvão:** to extract coal; **extrair um dente:** to have a tooth extracted
extraordinário *adj.* extraordinary
extraterrestre *adj. e n.2gén.* extraterrestrial
extrato *n.m.* **1** (texto, filme, substância) extract; **extrato de plantas:** plant extract **2** (bancário) bank statement
extravagância *n.f.* extravagance; extravagancy
extravagante *adj.2gén.* extravagant
extraviar *v.* (correio, mercadoria) to lose ◆ **extraviar-se** (correio, mercadoria) to get lost
extravio *n.m.* deviation
extremamente *adv.* extremely
extremidade *n.f.* (ponta) extremity; (de dedo, faca) end; tip
extremo *adj.* extreme; **pobreza extrema:** extreme poverty
extrovertido *adj. e n.m.* extrovert

F

f *n.m.* (letra) f
fá *n.m.* MÚSICA fa; F
fã *n.2gén.* fan; **clube de fãs:** fan club
fábrica *n.f.* factory; **fábrica de automóveis:** car plant

Para dizermos ***fábrica*** em inglês usamos a palavra ***factory***. Também existe a palavra ***fabric*** em inglês, mas quer dizer *tecido*.

fabricação *n.f.* manufacture; production
fabricante *n.2gén.* manufacturer
fabricar *v.* to manufacture; to make; (produto) **fabricado em Portugal:** made in Portugal
fabrico *n.m.* manufacture; production; making; **de fabrico artesanal:** handmade; **de fabrico caseiro:** home-made
fábula *n.f.* fable; **As fábulas de La Fontaine:** La Fontaine's Fables
fabuloso *adj.* **1** fabulous **2** fictitious
faca *n.f.* knife; **afiar uma faca:** to sharpen a knife; **cortar com uma faca:** to cut with a knife
facada *n.f.* stab; **dar uma facada a alguém:** to stab someone; **levar uma facada:** to get stabbed
façanha *n.f.* deed; feat
face *n.f.* **1** face; (superfície) **à face de:** on the surface of; **face a face:** face to face **2** (de moeda) head
faceta *n.f.* feature
fachada *n.f.* front; façade
facial *adj.2gén.* facial
fácil *adj.2gén.* easy; **essa pergunta é fácil:** that's an easy question; **fácil de obter:** easy to get
facilidade *n.f.* facility; ease; **com facilidades de pagamento:** on easy terms; **com toda a facilidade:** quite easily
facilitar *v.* to facilitate
facilmente *adv.* easily
facto *n.m.* fact; **a verdade dos factos:** the truth of the facts; **de facto:** in fact; as a matter of fact
factor *a nova grafia é* **fator**
factura *a nova grafia é* **fatura**
faculdade *n.f.* **1** faculty; **perder as faculdades:** to lose one's faculties **2** (universidade) college; **andar na faculdade:** to go to college; **faculdade de direito:** faculty of law; law school
facultativo *adj.* optional
fada *n.f.* fairy; **conto de fadas:** fairy tale; **fada madrinha:** fairy godmother
fadiga *n.f.* fatigue
fagulha *n.f.* spark
faia *n.f.* **1** (árvore) beech **2** (madeira) beechwood
faina *n.f.* *(informal)* work
faisão *n.m.* pheasant; **um casal de faisões:** a brace of pheasants
faísca *n.f.* spark
faixa *n.f.* **1** (de tecido) band; strip **2** (na estrada) lane; **faixa de rodagem:** carriageway; lane **3** (de disco, CD) track **4** (de terreno) strip ◆ **faixa etária:** age group
fala *n.f.* speech; **ficar sem fala:** to be speechless
fala-barato *n.m.* *(informal)* chatterbox
falador *adj.* talkative; communicative

falange *n.f.* phalanx
falar *v.* **1** to speak; **fala comigo:** speak to me; **falar ao ouvido de alguém:** to whisper in someone's ear; **falar em público:** to speak in public; **olha quem fala!:** look who's talking!; **por falar nisso:** by the way **2** (assunto) to refer; to mention; **ele falou-me nisso:** he mentioned that **3** (língua) to speak; **ela fala Inglês:** she speaks English ◆ *n.m.* speech
falatório *n.m.* gossip
falcão *n.m.* hawk; falcon
falecer *v.* to die; to pass away
falecido *adj. e n.m.* deceased
falecimento *n.m.* death
falésia *n.f.* cliff
falha *n.f.* **1** fault; **falha sísmica:** seismic fault; **falha técnica:** technical fault **2** error; **falha humana:** human error
falhado *adj.* unfulfilled ◆ *n.m.* loser
falhanço *n.m.* failure; flop
falhar *v.* to fail
falir *v.* to go bankrupt
falsidade *n.f.* falsehood; untruthfulness
falsificar *v.* **1** (assinatura) to forge **2** (dinheiro) to counterfeit
falso *adj.* false; **falso alarme:** false alarm
falta *n.f.* **1** shortage; **falta de água:** shortage of water; **ter falta de:** to be short of **2** lack; **falta de cuidado:** carelessness; **falta de educação:** impoliteness **3** absence; **dar por falta de:** to notice the absence of; **sentir a falta de:** to miss **4** (futebol) foul; (ténis) fault
faltar *v.* **1** (objeto) to be missing; (pessoa) to be absent; **falta-me um livro:** one of my books is missing; **faltar às aulas:** to miss classes; **quem falta?:** who's absent? **2** to fail; **faltar à palavra:** to break one's word; **faltar ao respeito a alguém:** to be rude to someone **3** to remain; **falta pouco para:** it won't be long till; **faltam cinco minutos para as nove:** it's five to nine
fama *n.f.* fame; **ganhar fama:** to become famous; **ter fama mundial:** to be world-famous
família *n.f.* family; household; **é de família:** it runs in the family; **o mais velho da família:** the eldest of the family
familiar *adj.2gén.* **1** family **2** familiar ◆ *n.2gén.* (parente) relative
faminto *adj.* famished; starving
famoso *adj.* famous; well-known
fanático *adj. e n.m.* fanatic
faneca *n.f.* whiting pout
fanfarrão *adj.* swanky; boastful ◆ *n.m.* braggart; boaster
fanhoso *adj.* snuffling
fantasia *n.f.* **1** fantasy **2** (máscara) costume
fantasiar *v.* to fancy ◆ **fantasiar-se** to put on a fancy dress
fantasma *n.m.* ghost
fantasmagórico *adj.* ghostly
fantástico *adj.* fantastic; terrific; wonderful; **isso é fantástico!:** that is terrific!
fantochada *n.f.* **1** (espetáculo de fantoches) puppet show **2** *(figurado)* (disparate) nonsense
fantoche *n.m.* puppet; marionette; **teatro de fantoches:** puppet show
faraó *n.m.* pharaoh
farda *n.f.* uniform
fardado *adj.* in uniform; **soldados fardados:** soldiers in uniform
fardar *v.* to dress in uniform ◆ **fardar-se** to put on one's uniform
fardo *n.m.* **1** burden; **ele leva um fardo às costas:** he is carrying a burden on his back **2** bale; **um fardo de palha:** a bale of straw

farejar *v.* to scent; to smell out; **farejar o rasto de um coelho:** to smell out a rabbit
farelo *n.m.* (farinha) bran
faringe *n.f.* pharynx
farinha *n.f.* flour; **farinha de mandioca:** cassava; **farinha de milho:** maize flour; **farinha de trigo:** wheat flour; **farinha integral:** whole flour
farinha-de-pau *a nova grafia é* **farinha de pau**
farinha de pau *n.f.* cassava; manioc flour
farmacêutico *n.m.* [*f.* farmacêutica] chemist; pharmacist
farmácia *n.f.* **1** (ciência) pharmacy **2** (estabelecimento) chemist's; pharmacy
fármaco *n.m.* medicine
farnel *n.m.* **1** knapsack **2** (para viagem) provisions
faro *n.m.* **1** scent; smell **2** *(figurado)* intuition; **ter faro para o negócio:** to have a nose for business
farol *n.m.* **1** (para barcos) lighthouse **2** (de automóvel) headlight; light; **faróis de nevoeiro:** fog lamps; **farol de trás/traseiro:** rear light
farolim *n.m.* (automóvel) sidelight
farpa *n.f.* **1** (de arame) barb **2** (de madeira) splinter
farpado *adj.* barbed; **arame farpado:** barbed wire
farra *n.f. (informal)* partying
farrapo *n.m.* (pano) rag
farsa *n.f.* **1** TEATRO farce **2** *(figurado)* sham
fartar-se **1** (ficar cheio) to be full **2** *(informal)* (ficar aborrecido) to get fed up
farto *adj.* **1** abundant; **uma colheita farta:** an abundant crop **2** *(informal)* fed up; **estar farto de alguma coisa:** to be fed up with something
fartura *n.f.* abundance; plenty; **com fartura:** in plenty
fascinação *n.f.* → **fascínio**
fascinante *adj.2gén.* fascinating
fascinar *v.* to fascinate
fascínio *n.f.* fascination
fase *n.f.* **1** phase; stage; **fase inicial:** initial phase; **nesta fase:** at this stage **2** ASTRONOMIA phase; **as quatro fases da lua:** the four phases of the moon
fasquia *n.f.* DESPORTO bar
fatal *adj.2gén.* fatal; deadly; **acidente fatal:** fatal accident
fatalidade *n.f.* fatality
fatalista *n.2gén.* fatalist ◆ *adj.2gén.* fatalistic
fatia *n.f.* **1** (bolo, tarte) slice; **em fatias:** sliced; **cortar às fatias:** to slice up **2** (pão, carne) piece
fatigado *adj.* tired; weary
fatigante *adj.2gén.* tiresome; wearisome; **um dia fatigante:** a tiresome day
fatigar *v.* to tire ◆ **fatigar-se** to get tired
fato *n.m.* suit; **fato de banho:** swimsuit; bathing suit; **fato de treino:** tracksuit
fato-macaco *n.m.* overalls
fator *n.m.* factor
fatura *n.f.* invoice; bill
faúlha *n.f.* spark
fauna *n.f.* fauna
fava *n.f.* broad bean
favela *n.f. (Brasil)* shanty town
favo *n.m.* honeycomb
favor *n.m.* favour; **és a favor ou contra?:** are you for or against?; **faz-me um favor:** do me a favour
favorável *adj.2gén.* favourable; **resposta favorável:** favourable response; **ser favorável à proposta:** to be favourable to the proposition
favorecer *v.* to favour
favorecido *n.m.* favoured
favorito *adj.* favourite

fax *n.m.* fax; **manda-me a resposta por fax:** fax me your answer; **por fax:** by fax

faz-de-conta *n.m.2núm.* make-believe; **brincar ao faz-de-conta:** to play make-believe

fazenda *n.f.* **1** (tecido) cloth; **fazenda de lã:** woollen cloth; **loja de fazendas:** draper's **2** (propriedade) plantation; **fazenda de café:** coffee plantation

fazendeiro *n.m.* landowner

fazer *v.* **1** to make; **fazer a cama:** to make the bed; **fazer uma oferta:** to make an offer; **isso fez-me mudar de ideias:** that made me change my mind **2** to do; **faz como quiseres:** do as you please; **que é que tu fazes?:** what is your job?; **que estás a fazer?:** what are you doing? **3** (saúde) to do; **fazer mal ao estômago:** that is bad for your stomach; **isto vai fazer-te bem:** this will do you good

faz-tudo *n.2gén.* (pessoa) jack-of-all-trades

fé *n.f.* faith; **de boa/má fé:** in good/bad faith; **ter fé em Deus:** to have faith in God

febra *n.f.* (carne) lean meat

febre *n.f.* fever; **estar com febre:** to have a fever; **febre alta:** high fever

febril *adj.2gén.* feverish

fechado *adj.* (porta, janela, torneira) closed; (com chave) locked

fechadura *n.f.* lock; **buraco da fechadura:** keyhole

fechar *v.* **1** to close; **fechar a porta:** to close/shut the door; **fecha os olhos!:** close your eyes!; **fechar um negócio:** to close a bargain **2** to lock; **fechar a porta à chave:** to lock the door **3** (torneira) to turn off **4** (cortina) to draw **5** to be shut down; **a loja fechou há uns anos:** the store was shut down a few years ago

fecho *n.m.* **1** (de roupa) zip; **fechar o fecho:** to zip up **2** (de porta) lock; (de automóvel) **fecho centralizado:** central locking system

fécula *n.f.* starch; **fécula de batata:** potato flour

feijão *n.m.* bean

feijão-frade *n.m.* cowpea; black-eyed pea

feijão-verde *n.m.* green bean

feijoeiro *n.m.* bean plant

feio *adj.* ugly

feira *n.f.* **1** market; fair; **feira do livro:** bookseller's fair; **feira popular:** funfair **2** show; exhibition; **feira de automóveis:** car show

feirante *n.2gén.* stallholder

feita *n.f.* occasion; time; **desta feita:** this time; on this occasion

feitiçaria *n.f.* witchcraft

feiticeira *n.f.* witch; sorceress

feiticeiro *n.m.* [*f.* feiticeira] sorcerer

feitiço *n.m.* **1** sorcery; witchcraft **2** *(figurado)* charm; spell; **estar sob o feitiço de alguém:** to be under someone's spell; **lançar um feitiço a alguém:** to cast a spell on someone; **virar o feitiço contra o feiticeiro:** to turn the tables on someone

feitio *n.m.* **1** form; shape; **de todas as formas e feitios:** in any shape and size **2** shape; **não gosto do feitio do casaco:** I don't like the coat's shape **3** temper; **ter bom feitio:** to be good-tempered; **ter mau feitio:** to be bad-tempered

feito *adj.* **1** made; **feito à mão:** handmade **2** (resultado) done; **um trabalho bem feito:** a well done job ◆ *n.m.* **1** deed; achievement; **um feito histórico:** a historical deed; **um grande**

feito: a great achievement 2 act; action; um feito inesperado: an unexpected act
felicidade *n.f.* 1 happiness; busca da felicidade: search for happiness 2 luck; muitas felicidades!: good luck to you!; ter a felicidade de: to be lucky enough to
felicitar *v.* to congratulate; felicitar alguém por alguma coisa: to congratulate someone on something
felino *adj. e n.m.* feline
feliz *adj.* 1 happy; um casamento feliz: a happy marriage 2 merry; joyful; feliz Natal!: merry Christmas!
felizardo *n.m. (informal)* lucky devil
felizmente *adv.* happily; fortunately
felpo *n.m.* (tecido) nap; pile
felpudo *adj.* downy
feltro *n.m.* felt; caneta de feltro: felt-tip pen; chapéu de feltro: felt hat
fêmea *n.f.* 1 (animal) female; um tigre fêmea: a she-tiger 2 (gancho) eye 3 (parafuso) nut
feminino *adj.* feminine; nome feminino: feminine noun; pronome feminino: feminine pronoun
fémur *n.m.* femur
fenda *n.f.* 1 (louça, parede) crack; split 2 (rocha, terra) fissure; crevice
fénix *n.* phoenix; ontem li "Harry Potter e a Ordem da Fénix": yesterday I read "Harry Potter and the Order of the Phoenix"
feno *n.m.* hay
fenomenal *adj.2gén.* phenomenal; amazing
fenómeno *n.m.* phenomenon
fera *n.f.* wild animal
feriado *n.m.* holiday; feriado nacional: national holiday; feriado oficial: bank holiday; feriado religioso: religious holiday
férias *n.f.pl.* holidays; vacation; estar de férias: to be on holiday; férias da Páscoa: Easter holidays; férias de Natal: Christmas holidays; férias grandes: summer holidays; ir de férias: to go on holiday
ferida *n.f.* wound; cicatrizar uma ferida: to heal a wound
ferido *adj.* 1 (fisicamente) wounded; injured 2 (emocionalmente) hurt ◆ *n.m.* (pessoa) casualty
ferimento *n.m.* wound; injury; ferimento grave: severe injury
ferir *v.* 1 (ferida) to wound; to injure; ferido em combate: wounded in action 2 *(figurado)* to hurt; ferir os sentimentos de alguém: to hurt someone's feelings ◆ ferir-se to get injured; to get hurt
fermentação *n.f.* fermentation; leavening
fermentar *v.* to ferment
fermento *n.m.* (de padeiro) yeast; fermento em pó: baking powder
feroz *adj.2gén.* fierce; ferocious
ferradela *n.f.* (de cão, inseto) bite
ferradura *n.f.* horseshoe
ferramenta *n.f.* tool; caixa de ferramentas: tool box
ferrão *n.m.* (de inseto) sting
ferrar *v.* to bite
ferreiro *n.m.* blacksmith
ferrinhos *n.m.pl.* triangle; tocar ferrinhos: to play the triangle
ferro *n.m.* 1 (metal) iron; ferro forjado: wrought iron 2 (de engomar) iron; passar a ferro: to iron
ferrolho *n.m.* bolt
ferroviário *adj.* railway
ferrugem *n.f.* rust
ferrugento *adj.* rusty; rusted
fértil *adj.2gén.* 1 fertile; solo fértil: fertile soil 2 *(figurado)* fertile; fruitful; ter

uma imaginação fértil: to have a fertile imagination
fertilidade *n.f.* fertility; fecundity
fervedor *n.m.* boiler
ferver *v.* to boil; **água a ferver:** boiling water; **ferver o leite:** to boil the milk
fervilhar *v.* to simmer; to boil
fervor *n.m.* fervour; zeal
festa *n.f.* **1** party; **dar uma festa:** to give a party; **festa de aniversário:** birthday party; **festa de boas vindas:** welcome party; **festa de despedida:** farewell party; **organizar uma festa:** to hold a party **2** get-together; gathering; **vou organizar uma pequena festa:** I'm going to hold a small get-together **3** (festa religiosa) feast; festival **4** stroke; caress; **fazer festas a um cão:** to stroke a dog
festejar *v.* to celebrate; to commemorate; **festejar o quinto aniversário de casamento:** to celebrate the fifth wedding anniversary; **festejar um golo:** to celebrate a goal
festejo *n.m.* celebration; festivity
festim *n.m.* feast; banquet
festival *n.m.* **1** festival; **festival de música rock:** rock festival; **festival de cinema:** film festival **2** contest; **festival da canção:** song contest
festividade *n.f.* festivity
festivo *adj.* festive
feto *n.m.* **1** (embrião) foetus **2** (planta) fern
feudal *adj.2gén.* feudal
feudalismo *n.m.* feudalism
fêvera *n.f.* (carne) lean meat
fevereiro *n.m.* February
fezes *n.f.pl.* faeces
fiambre *n.m.* (cooked) ham
fiar *v.* **1** (venda) to sell on credit **2** (fio, lã) to spin ◆ **fiar-se** *(informal)* to trust
fibra *n.f.* fibre
ficar *v.* **1** to stay; **ficar em casa:** to stay at home; **ficar para trás:** to lay behind **2** to remain; to stay; **ficar na mesma:** to stay the same **3** to keep; **ficar calado:** to keep quiet **4** to be; to feel; **ficar com medo:** to be scared; **ficar triste:** to be sad; **fico contente:** I'm glad **5** to be; **a casa fica junto ao mar:** the house is by the sea; **isso fica no centro da cidade:** that is in the town centre **6** (classificação) to be placed; **ficar em terceiro:** to be placed third **7** (roupa) to suit; to fit; **o vestido fica-te mesmo bem:** the dress really becomes you ◆ **ficar-se** *(informal)* not to go further; **fico-me por aqui:** I won't go any further
ficção *n.f.* fiction; **ficção científica:** science fiction
ficcional *adj.2gén.* fictional
ficcionista *n.2gén.* storyteller; fiction writer
ficha *n.f.* **1** (biblioteca, ficheiro) card **2** (elétrica) plug; **meter a ficha na tomada:** to put the plug in the socket **3** (escola) sheet; **ficha de avaliação:** evaluation test; **ficha de trabalho:** exercise sheet
ficheiro *n.m.* INFORMÁTICA file; **abrir um ficheiro:** to open a file; **gravar um ficheiro:** to save a file
fictício *adj.* fictitious; made-up
fidalgo *n.m.* nobleman
fidelidade *n.f.* fidelity; faithfulness
fiel *adj.2gén.* **1** faithful; loyal; **ser fiel a:** to be faithful to **2** (descrição, relato) exact; accurate; **um relato fiel dos acontecimentos:** an accurate report of the events
fígado *n.m.* liver
figo *n.m.* fig; **figos secos:** dried figs
figueira *n.f.* fig
figura *n.f.* **1** figure; GRAMÁTICA **figura de estilo:** figure of speech; MATEMÁTICA

figura geométrica: geometrical figure **2** picture; **um livro cheio de figuras:** a book filled with pictures

figurado *adj.* figurative

figurante *n.2gén.* CINEMA, TEATRO extra

fila *n.f.* **1** file; line; **em fila indiana:** in single file **2** (espera) queue; line; **fazer fila:** to queue **3** row; rank; **filas de trás:** back rows; **estar na primeira fila:** to be in the front row

fileira *n.f.* **1** rank; row; **fileira de casas:** row of houses **2** (pessoas) file; line

filete *n.m.* fillet; **filetes de pescada:** whiting fillets

filha *n.f.* daughter; **a filha mais nova/velha:** the youngest/eldest daughter

filho *n.m.* son; **eu sou filho único:** I'm an only child; **o filho mais novo/velho:** the youngest/eldest son

filhó *n.f.* fritter

filho-da-terra *a nova grafia é* **filho da terra**

filho da terra *n.m. (Angola, Guiné-Bissau, Moçambique)* native; indigenous

filhos *n.m.pl.* (rapazes, raparigas) children

filhote *n.m.* **1** (mamífero) cub **2** (pássaro) nestling; fledgling

filiação *n.f.* **1** (pais) filiation **2** (grupo, partido) affiliation

filmagem *n.f.* filming; shooting

filmar *v.* to film; to shoot

filme *n.m.* **1** (fotografia, reportagem) film **2** CINEMA movie; film; **filme de ação:** action film; **filme de suspense:** thriller

filosofia *n.f.* philosophy

filosófico *adj.* philosophic; philosophical

filósofo *n.m.* philosopher

filtrar *v.* to filter

filtro *n.m.* filter; **papel de filtro:** filtering paper

fim *n.m.* **1** end; **ao fim do dia:** at the end of the day; **chegar ao fim:** to come to an end; **por fim:** at last; **pôr um fim a:** to put an end to; **sem fim:** endless **2** conclusion; end; **o fim da peça:** the conclusion of the play **3** aim; goal; purpose; **com que fim?:** to what purpose?

fim-de-semana *a nova grafia é* **fim de semana**

fim de semana *n.m.* weekend; **bom fim de semana!:** have a nice weekending!; **durante o fim de semana:** during the weekend; **fim de semana prolongado:** long weekend

final *adj.2gén.* final; last; **etapa final:** final stage ◆ *n.m.* **1** end; **final feliz:** happy ending; **no final:** in the end **2** ending; closing; **o final do filme:** the closing of the film ◆ *n.f.* DESPORTO final; **a final do campeonato do mundo:** the final of world championship

finalidade *n.f.* purpose; aim

finalista *n.2gén.* DESPORTO finalist ❖ **aluno finalista:** senior pupil

finalizar *v.* to finish; to conclude

finalmente *adv.* finally; at last

finanças *n.f.pl.* finances

financeiro *adj.* financial; **dificuldades financeiras:** financial difficulties

fingido *adj.* false; dissimulated

fingidor *n.m.* pretender

fingimento *n.m.* pretence

fingir *v.* to pretend; **fingir não ouvir:** to pretend not to hear; **para de fingir:** stop pretending ◆ **fingir-se** to pretend; **ela fingiu-se doente:** she pretended to be sick

finito *adj.* finite; **número finito:** finite number

finlandês *adj.* Finnish ◆ *n.m.* **1** (pessoa) Finn **2** (língua) Finnish

fino *adj.* **1** thin; slender **2** refined; elegant; **gente fina:** elegant people

DBIPPI-22

finta *n.f.* DESPORTO feint; **fazer uma finta:** to feint
fintar *v.* to feint
fio *n.m.* **1** thread; string; line; **fio de algodão:** cotton thread; **fio de seda:** silk thread **2** wire; **fio condutor:** conducting wire **3** trickle; thread; **fio de água:** water thread
fio-de-prumo *a nova grafia é* **fio de prumo**
fio de prumo *n.m.* plumb line
fiorde *n.m.* fjord; fiord
firma *n.f.* firm
firme *adj.2gén.* **1** firm; stable; **terra firme:** dry land **2** steady; steadfast; **firme como uma rocha:** as steady as a rock
firmeza *n.f.* steadiness; firmness
fiscal *adj.2gén.* tax; **sistema fiscal:** tax system ◆ *n.2gén.* inspector
fiscalização *n.f.* inspection
fiscalizar *v.* to inspect
fisga *n.f.* catapult
física *n.f.* physics
físico *adj.* **1** physical; **esforço físico:** physical effort **2** (substância) material ◆ *n.m.* (cientista) physicist
fisionomia *n.f.* features
fisioterapia *n.f.* physiotherapy
fita *n.f.* **1** (de tecido) ribbon **2** tape; **fita adesiva:** adhesive tape; **fita métrica:** tape measure **3** *(informal)* scene; **não faças fitas!:** don't make a scene!
fita-cola *n.f.* Sellotape
fitar *v.* to stare; **fitar algo/alguém:** to stare at something/someone
fivela *n.f.* buckle; clasp
fixar *v.* to fix
fixe *adj.2gén.* *(informal)* cool; great
fixo *adj.* **1** fixed; **ideia fixa:** fixed idea; **preços fixos:** fixed prices **2** stable; **um emprego fixo:** a stable job
flagrante *adj.2gén.* flagrant; **em flagrante:** in the act
flamingo *n.m.* flamingo
flash *n.m.* FOTOGRAFIA flashlight; flash
flauta *n.f.* flute
flautista *n.2gén.* MÚSICA flautist; flute player
flecha *n.f.* arrow; **arco e flecha:** bow and arrow; **lançar uma flecha:** to shoot an arrow
flectir *a nova grafia é* **fletir**
fletir *v.* to flex; to bend; **fletir os joelhos:** to flex one's knees
flexão *n.f.* **1** (corpo, objeto) bending **2** (palavra) inflection **3** (exercício físico) press-up
flexibilidade *n.f.* flexibility
flexionar *v.* to inflect
flexível *adj.2gén.* flexible
floco *n.m.* flake; **flocos de aveia:** oatmeal flakes; **flocos de milho:** cornflakes; **flocos de neve:** snowflakes
flor *n.f.* **1** flower; **flores campestres:** wild flowers **2** (árvore de fruto) blossom; **flor de laranjeira:** orange blossom
flora *n.f.* flora
floral *adj.2gén.* floral
floreira *n.f.* flowerpot
florescente *adj.2gén.* **1** (planta) in flower; in bloom **2** (atividade, negócio) prosperous; thriving
florescer *v.* **1** (planta) to bloom; to blossom **2** (atividade, negócio) to prosper; to flourish
floresta *n.f.* forest; **floresta tropical:** rainforest; **floresta virgem:** virgin forest
florestal *adj.2gén.* forest; **guarda florestal:** forester; **incêndio florestal:** forest fire
florido *adj.* **1** (em flor) in bloom; in flower **2** (com flores) florid; flowery
florir *v.* to bloom; to blossom
florista *n.2gén.* (pessoa) florist ◆ *n.f.* (loja) florist's; flower shop

fluência *n.f.* fluency
fluente *adj.2gén.* fluent; **ela é fluente em três línguas:** she's fluent in three languages; **ele fala inglês fluente:** he speaks fluent English
fluidez *n.f.* **1** fluency; **a fluidez de um discurso:** the fluency of a speech **2** flow; **a fluidez do trânsito:** the flow of traffic
fluido *n.m.* fluid
fluir *v.* to flow
flúor *n.m.* **1** fluorine **2** (dentífrico) fluoride
fluorescente *adj.2gén.* fluorescent; **lâmpada fluorescente:** fluorescent lamp
flutuação *n.f.* fluctuation
flutuante *adj.2gén.* **1** floating **2** (nível, mercado) fluctuating
flutuar *v.* to float
fluvial *adj.2gén.* fluvial; river; **praia fluvial:** river beach
fluxo *n.m.* flux
fobia *n.f.* phobia
foca *n.f.* seal
focar *v.* **1** (fotografia) to focus **2** (assunto, questão) to approach
focinho *n.m.* (de animal) snout; muzzle
foco *n.m.* **1** (fotografia) focus **2** (de luz) spotlight
fofo *adj.* **1** (material) soft **2** *(informal)* cute
fofoca *n.f.* *(Brasil)* *(informal)* piece of gossip
fofoqueiro *n.m.* *(Brasil)* *(informal)* gossiper
fogão *n.m.* *(Grã-Bretanha)* cooker; *(Estados Unidos da América)* stove; **fogão a gás:** gas cooker; (lareira) **fogão de sala:** fireplace; **fogão elétrico:** electric cooker
fogo *n.m.* **1** fire; **apagar um fogo:** to put out the fire; **deitar/pegar fogo a:** to set fire to **2** (armas) fire; **abrir fogo:** to open fire; **arma de fogo:** firearm
fogo-de-artifício *a nova grafia é* **fogo de artifício**
fogo de artifício *n.m.* (espetáculo) fireworks
fogueira *n.f.* fire; bonfire; **fazer uma fogueira:** to build a fire
foguetão *n.m.* rocket; **lançar um foguetão:** to launch a rocket
foguete *n.m.* rocket; **lançar um foguete:** to launch a rocket
foice *n.f.* sickle
folclore *n.m.* **1** folklore **2** (dança) folkdance
folclórico *adj.* folkloric; **rancho folclórico:** group of folk-dancers
fôlego *n.m.* breath; **estar sem fôlego:** to be out of breath; **perder o fôlego:** to lose your breath; **recuperar o fôlego:** to catch your breath
folga *n.f.* **1** rest; break **2** time off; day off; **dar folga:** to give time off; **estar de folga:** to be off duty; **segunda(-feira) é o meu dia de folga:** Monday is my day off
folgado *adj.* **1** (roupa) loose; loose-fitting **2** *(Brasil)* (atrevido) cheeky
folha *n.f.* **1** (planta) leaf; **uma folha de alface:** a leaf of lettuce **2** (papel) sheet; **uma folha de papel em branco:** a clean sheet of paper
folhado *adj.* flaky; **massa folhada:** puff pastry
folhagem *n.f.* foliage
folhear *v.* (livro, revista) to leaf through; to thumb through
folheto *n.m.* leaflet; pamphlet
folho *n.m.* (roupa) flounce; frill; ruffle
folia *n.f.* revelry; spree
fome *n.f.* hunger; famine; **estar com/ter fome:** to be hungry
fomentar *v.* to promote
fonema *n.m.* phoneme
fonética *n.f.* phonetics

fonético *adj.* phonetic
fontanário *n.m.* *(Grã-Bretanha)* drinking fountain; *(Estados Unidos da América)* water fountain
fonte *n.f.* **1** (de água) spring **2** (em lugar público) fountain **3** source; **fonte de inspiração:** source of inspiration
fora *adv.* **1** outside; **ir lá para fora:** to go outside **2** out; **passámos o dia inteiro fora:** we were out all day **3** abroad; **ele foi para fora:** he travelled abroad ◆ *prep.* **1** except for; **saíram todos fora um:** they left all except one **2** out of; **fora de perigo:** out of danger ◆ *interj.* go away!
fora-de-jogo *a nova grafia é* **fora de jogo**
fora de jogo *n.m.* (futebol) offside
foragido *n.m.* fugitive; runaway
foral *n.m.* (documento) charter
forasteiro *n.m.* [*f.* forasteira] stranger; outsider
forca *n.f.* gallows
força *n.f.* **1** force; **força aérea:** air force; **força de vontade:** willpower; **por motivos de força maior:** by force of circumstance **2** strength; **força interior:** inner strength **3** force; violence; **à/pela força:** by force; **recorrer à força:** to resort to violence
forçado *adj.* forced
forçar *v.* **1** to force; **forçar alguém a fazer algo:** to force someone to do something; **forçar uma fechadura:** to force a lock **2** to strain; **forçar a vista:** to strain the eyes
forma (fórma) *n.f.* **1** shape; form; **sob a forma de:** in the shape of; **tomar forma:** to take shape **2** manner; way; **de certa forma:** in a way; **de qualquer forma:** anyway; **desta forma:** in this way **3** (condição física) shape; fitness; **estar em forma:** to be in shape; **estar em baixo de forma:** to be in poor shape; **manter-se em forma:** to keep fit
forma (fôrma) *n.f.* **1** (de pudim) mould **2** (de bolo) cake tin **3** (de sapato) last
fôrma *a grafia preferível é* **forma** (fôrma)
formação *n.f.* **1** formation; **formação de palavras:** word formation **2** (ensino) education; **ação de formação:** training session; **formação profissional:** vocational training
formado *adj.* **1** formed; made up; **a equipa era formada apenas por mulheres:** the team was made up only by women **2** graduated; **ela é formada em Direito:** she has a degree in Law
formador *n.m.* instructor; trainer
formal *adj.2gén.* formal
formalizar *v.* to formalize
formão *n.m.* chisel
formar *v.* **1** (opinião, ideia) to form **2** (frase) to build **3** (empresa, negócio) to found ◆ **formar-se 1** to appear **2** (curso universitário) to graduate
formatar *v.* to format
formato *n.m.* format
formidável *adj.2gén.* wonderful; splendid
formiga *n.f.* ant
formigueiro *n.m.* **1** anthill **2** (na pele) pins and needles
fórmula *n.f.* formula; **uma fórmula mágica:** a magic formula ◇ (automobilismo) **Fórmula Um:** Formula One
formular *v.* **1** to formulate **2** to express
formulário *n.m.* formulary
fornada *n.f.* batch
fornalha *n.f.* furnace
fornecedor *n.m.* **1** (mercadorias) supplier **2** (restauração) caterer
fornecer *v.* to supply; to provide
fornecimento *n.m.* supply; delivery

forno *n.m.* oven
forrar *v.* **1** (roupa) to line **2** (mobília) to upholster **3** (parede, fundo do computador) to wallpaper
forro *n.m.* **1** (de roupa) lining **2** (de mobília) cover; covering **3** (de parede) wallpaper **4** (pessoa) native of São Tomé and Principe
fortalecer *v.* to strengthen
fortalecimento *n.f.* strengthening
fortaleza *n.f.* fortress
forte *adj.* **1** strong **2** (cor) bright; strong **3** (chuva) heavy **4** (crítica, dor) severe ◆ *n.m.* (de personalidade) strong point
fortificação *n.f.* fortification
fortuna *n.f.* **1** fortune; wealth; **fazer fortuna:** to make a fortune **2** fortune; good luck; **roda da fortuna:** wheel of fortune
fórum *n.m.* forum; (na Internet) **fórum de discussão:** chat room
fosco *adj.* **1** dim **2** (vidro) frosted
fósforo *n.m.* match; **acender um fósforo:** to strike a match; **caixa de fósforos:** matchbox
fossa *n.f.* **1** (buraco) hole; **cavar uma fossa:** to dig a hole **2** ANATOMIA fossa; **fossas nasais:** nasal cavity **3** *(Brasil) (informal)* depression; **estar na fossa:** to be down in the dumps
fóssil *n.m.* [*pl.* fósseis] fossil
foto *n.m. (informal)* photo; **tirar uma foto:** to take a photo; **uma foto de família:** a family photo
fotocópia *n.f.* photocopy
fotocopiadora *n.f.* photocopier; photocopying machine
fotocopiar *v.* to photocopy
fotografar *v.* to photograph; to take a photograph of
fotografia *n.f.* **1** (arte) photography **2** (imagem) photograph; **fotografia a cores:** colour photography; **fotografia tipo passe:** passport photograph; **tirar uma fotografia a alguém:** to take a photo of someone
fotográfico *adj.* photographic; **máquina fotográfica:** camera
fotógrafo *n.m.* photographer
fotossíntese *n.f.* photosynthesis
foz *n.f.* mouth
fração *n.f.* fraction
fracassar *v.* to fail; to fall through; **o meu plano fracassou:** my plan fell through
fracasso *n.m.* failure
fracção *a nova grafia é* **fração**
fraco *adj.* **1** weak; **ser fraco a/em Matemática:** to be weak at Maths **2** (saúde) weak; **sentir-se fraco:** to feel weak ◆ *n.m.* weakness; **ter um fraco por:** to have a weakness for
fractura *a nova grafia é* **fratura**
fracturar *a nova grafia é* **fraturar**
frade *n.m.* monk
frágil *adj.2gén.* fragile; frail
fragilidade *n.f.* fragility
fragmentação *n.f.* fragmentation
fragmento *n.m.* fragment; piece
fralda *n.f.* **1** *(Grã-Bretanha)* nappy; *(Estados Unidos da América)* diaper; **mudar a fralda ao bebé:** to change the baby's nappy **2** (de camisa) shirt-tail
framboesa *n.f.* raspberry
França *n.f.* France
francês *adj.* French ◆ *n.m.* **1** (homem) Frenchman; (mulher) Frenchwoman; **os franceses:** the French **2** (língua) French
franco *adj.* frank; open-hearted ◆ *n.m.* (moeda da Guiné-Bissau) franc
frangipani *n.m. (Moçambique)* (planta) frangipani
frango *n.m.* chicken

franja *n.f.* **1** *(Grã-Bretanha)* (de cabelo) fringe; *(Estados Unidos da América)* bangs **2** (tecido) fringe; trimming

franqueza *n.f.* frankness

fraqueza *n.f.* **1** weakness **2** (fome) hunger

frasco *n.m.* **1** (de comprimidos) bottle **2** (de perfume) flask **3** (de compota, geleia) jar

frase *n.f.* sentence; **construir uma frase:** to build a sentence; **frase feita:** set phrase

fraternal *adj.2gén.* fraternal; brotherly

fraternidade *n.f.* fraternity; brotherhood

fraterno *adj.* fraternal; brotherly

fratura *n.f.* fracture

fraturar *v.* to fracture

fraude *n.f.* fraud; **fraude fiscal:** tax fraud

freguês *n.m.* [*f.* freguesa] customer; client

freguesia *n.f.* **1** (concelho) parish **2** (clientela) customers

freio *n.m.* **1** (de cavalo) bit **2** (de veículo) brake

freira *n.f.* nun

frente *n.f.* **1** front; **de frente para:** facing; **frente a frente:** face-to-face; **ir à frente:** to lead the way; **seguir em frente:** to move forward **2** MILITAR front (line); **frente de batalha:** battle front

frequência *n.f.* **1** frequency; **com frequência:** frequently **2** attendance; **a frequência das aulas:** attendance at school

frequentar *v.* (curso, escola) to attend

frequente *adj.2gén.* **1** frequent; habitual; regular; **um cliente frequente:** a regular customer **2** common; **um erro frequente:** a common mistake

fresco *adj.* fresh; **apanhar ar fresco:** to catch some fresh air; **legumes frescos:** fresh vegetables; **o tempo hoje está fresco!:** it's a bit fresh today!; **pão fresco:** fresh bread

frescura *n.f.* **1** freshness **2** coolness

frete *n.m.* *(informal)* bore; **fazer um frete:** to do something you don't want to do; **que frete!:** what a bore!

fricção *n.f.* friction

frieza *n.f.* **1** (temperatura) coolness; cold **2** (atitude) indifference; cold-heartedness

frigideira *n.f.* frying pan

frigorífico *n.m.* refrigerator; fridge

frincha *n.f.* chink; slit; gap

frio *adj.* cold; **a sangue frio:** in cold blood; cold-bloodedly; **carnes frias:** cold cuts ◆ *n.m.* cold; **apanhar frio:** to catch cold; **estou com muito frio:** I'm very cold; **está muito frio aqui:** it's very cold in here

frisado *adj.* (cabelo) wavy; curly

frisar *v.* (cabelo) to curl; to frizz

fritar *v.* to fry

frito *adj.* fried; **batatas fritas:** chips; fried potatoes

fronha *n.f.* pillowcase

frontal *adj.2gén.* **1** (pessoa) frank **2** (ataque) frontal **3** (choque) head-on

fronteira *n.f.* frontier; border; **a Espanha faz fronteira com Portugal:** Spain borders on Portugal; **atravessar a fronteira:** to cross the border; **na fronteira:** on the frontier

fronteiriço *adj.* **1** frontier; border; **região fronteiriça:** border area **2** neighbouring; **países fronteiriços:** neighbouring countries

frota *n.f.* fleet; **frota mercante:** merchant fleet

frugal *adj.2gén.* **1** (refeição) frugal **2** (pessoa) thrifty

fruição *n.f.* fruition

frustração *n.f.* frustration

frustrado *adj.* **1** (pessoa) frustrated **2** (planos) thwarted

frustrar *v.* 1 (pessoa) to frustrate 2 (planos) to thwart; **frustrar os planos de alguém:** to thwart somebody's plans
fruta *n.f.* fruit; **fruta da época:** fruit of the season; **salada de fruta:** fruit salad; **uma peça de fruta:** a piece of fruit
frutaria *n.f.* (loja) greengrocer's; greengrocery
fruteira *n.f.* 1 (cesto) fruit basket 2 (peça de louça) fruit bowl
fruto *n.m.* 1 fruit; **árvore de fruto:** fruit tree 2 *(figurado)* result; fruit; **dar frutos:** to bear fruit
frutuoso *adj.* 1 fruitful 2 (negócio) profitable
fuga *n.f.* 1 (de pessoa) flight; escape 2 (de gás, água, informação) leak; **fuga de água:** water leak; **fuga de gás:** gas leakage 3 MÚSICA fugue
fugir *v.* 1 to escape; to run away; **fugiram da prisão:** they escaped from prison 2 to avoid; to evade; **fugir à responsabilidade:** to evade responsibility
fugitivo *adj.* fugitive; runaway ◆ *n.m.* fugitive
fulano *n.m.* Mr. So-and-So; what's-his-name
fuligem *n.f.* soot
fulminante *adj.2gén.* 1 (doença) sudden 2 (olhar) withering
fulminar *v.* (raio) to strike
fulo *adj.* *(informal)* furious; wild
fumaça *n.f.* smoke screen
fumado *adj.* smoked; **salmão fumado:** smoked salmon
fumador *n.m.* smoker; **fumador passivo:** passive smoker; **não fumador:** non-smoker
fumar *v.* to smoke; **deixar de fumar:** to give up smoking; **proibido fumar:** no smoking
fumegante *adj.2gén.* steaming
fumegar *v.* 1 (fumo) to smoke 2 (vapor) to steam
fumo *n.m.* 1 (fogo) smoke; **cortina de fumo:** smoke screen 2 (gás, vapor) fume; **fumo do tubo de escape:** exhaust fumes
função *n.f.* 1 function; **em função de:** according to 2 duty; office; **desempenhar as funções de:** to act as
funcional *adj.2gén.* functional
funcionamento *n.m.* working; operation; **modo de funcionamento:** working method; **pôr em funcionamento:** to set going
funcionar *v.* 1 to function 2 (aparelho) to work; **a máquina não funciona:** the machine is out of order 3 (combustível) to run; **este carro funciona a gasóleo:** this car runs on diesel
funcionário *n.m.* [*f.* funcionária] 1 employee; **funcionário público:** civil servant 2 (representante) official; **funcionário da ONU:** a UN official
fundação *n.f.* 1 (instituição) foundation 2 (criação) establishment
fundador *n.m.* [*f.* fundadora] founder
fundamental *adj.2gén.* 1 fundamental 2 essential
fundamentar *v.* 1 to found 2 to base
fundamento *n.m.* foundation; **sem fundamento:** unfounded
fundar *v.* to found; to establish
fundir *v.* 1 to fuse 2 (metal) to melt down 3 (lâmpada, fusível) to burn out ◆ **fundir-se** to melt
fundo *adj.* deep; **um poço muito fundo:** a very deep well ◆ *n.m.* 1 bottom; **do fundo do coração:** from the bottom of one's heart; (barco) **ir ao fundo:** to sink 2 (sala) back; **ao fundo do restaurante:** at the back of the restaurant; **quarto dos fundos:** back room

fúnebre *adj.2gén.* funeral; **cortejo fúnebre:** funeral procession
funeral *n.m.* funeral; **ir a um funeral:** to attend a funeral
funerário *adj.* funeral; **agência funerária:** funeral parlour
fungar *v.* to sniff
fungo *n.m.* fungus
funil *n.m.* funnel
funje *n.m. (Angola)* dish made from dried cassava flour
furacão *n.m.* hurricane
furador *n.m.* **1** borer; piercer **2** (de papel) paper punch
furar *v.* **1** (pneu) to puncture; **furar um pneu:** to puncture a tyre **2** (com berbequim) to drill **3** (parte do corpo) to pierce
furgoneta *n.f.* van
fúria *n.f.* fury; rage; **explosão de fúria:** a fit of temper
furioso *adj.* furious; mad
furo *n.m.* **1** hole **2** (no pneu) puncture **3** *(informal)* (às aulas) free period
furtar *v.* to steal
furtivo *adj.* furtive; **caçador furtivo:** poacher; **um olhar furtivo:** a furtive glance
furto *n.m.* theft; robbery
fusão *n.f.* **1** FÍSICA fusion **2** (gelo, metais) melting; **ponto de fusão:** melting point **3** (empresas) merger
fuso *n.m.* (para fiar) spindle ⬩ **fuso horário:** time zone
futebol *n.m. (Grã-Bretanha)* football; *(Estados Unidos da América)* soccer; **futebol de salão:** indoor football; **jogo de futebol:** football match

> Nos EUA usa-se o termo **soccer**, para não confundir com o futebol americano (*American football*), um desporto mais parecido com o rugby.

futebolista *n.2gén.* football player; footballer
fútil *adj.2gén.* futile
futilidade *n.f.* futility
futurista *adj.2gén.* futuristic
futuro *n.m.* future; **de futuro:** for the future; in future ◆ *adj.* future; coming; **a minha futura casa:** my future house ⬩ **de futuro:** in future
fuzilamento *n.m.* shooting
fuzilar *v.* to shoot
fuzileiro *nm* fusilier ⬩ **fuzileiro naval:** marine

G

g *n.m.* (letra) g
gabar *v.* to praise ◆ **gabar-se** to boast; **está sempre a gabar-se das suas vitórias:** he is always boasting about his victories
gabardina *n.f.* raincoat
gabarola *n.2gén.* boastful
gabinete *n.m.* **1** (de escritório) office; **gabinete de imprensa:** press office **2** small study; den; **gabinete de estudo:** den
gado *n.m.* livestock; **gado bovino:** cattle; **gado ovino:** sheep; **gado suíno:** pigs
gafanhoto *n.m.* grasshopper
gafe *n.f.* gaffe; blunder
gago *adj.* stuttering ◆ *n.m.* stammerer; stutterer
gaguejar *v.* to stammer; to stutter
gaguez *n.f.* stammering; stutter
gaiola *n.f.* cage; **gaiola de pássaros:** birdcage
gaita *n.f.* pipe; **tocar gaita:** to play the pipe
gaita-de-foles *a nova grafia é* **gaita de foles**
gaita de foles *n.f.* bagpipes
gaivota *n.f.* seagull
gajo *n.m.* *(informal)* guy
gala *n.f.* gala; **traje de gala:** formal dress
galã *n.m.* (ator) romantic lead
galão *n.m.* **1** (de uniforme) stripe **2** (café com leite) glass of white coffee
galardão *n.m.* prize; award
galáxia *n.f.* galaxy
galeria *n.f.* **1** (de arte) gallery **2** (mina) drift way; tunnel
galês *adj.* Welsh ◆ *n.m.* **1** (homem) Welshman; (mulher) Welshwoman; **os Galeses:** the Welsh **2** (língua) Welsh
galgo *n.m.* (cão) greyhound
galheteiro *n.m.* cruet stand; cruet set
galho *n.m.* **1** (de árvore) branch **2** (de animal) horn
galhofa *n.f.* banter; fun
galinha *n.f.* **1** (ave) hen; **galinha choca:** broody hen **2** (refeição) chicken; **galinha assada:** roasted chicken
galinheiro *n.m.* coop; hen-house
galo *n.m.* **1** (ave) cock; rooster **2** *(informal)* bump; **tenho um galo na cabeça:** I have a bump on my head
galochas *n.f.pl.* rubbers; wellingtons
galopante *adj.2gén.* galloping
galopar *v.* to gallop
galope *n.m.* gallop; **a galope:** at full gallop
gama *n.f.* range; **uma vasta gama de produtos:** a wide range of products
gamão *n.* (jogo de tabuleiro) backgammon
gamba *n.f.* prawn
ganância *n.f.* greed
ganancioso *adj.* greedy
gancho *n.m.* **1** hook **2** (de cabelo) hairpin **3** (das calças) crotch
ganga *n.f.* (tecido) denim; **calças de ganga:** blue jeans
gângster *n.m.* gangster
ganha-pão *n.m.* *(informal)* breadwinner
ganhar *v.* **1** to win; **ganhar a lotaria:** to win the lottery **2** (experiência, força, tempo) to gain; **ganhar a confiança:** to gain the confidence; **ganhar fama:** to gain a reputation **3** (dinheiro, respeito) to earn

ganho *n.m.* gain; profit; **ganhos e perdas:** profit and loss
ganido *n.m.* (cão) bark; yelp
ganir *v.* (cão) to yelp
ganso *n.m.* goose; gander
garagem *n.f.* garage
garante *n.m.* guarantor; guarantee
garantia *n.f.* **1** (segurança) guarantee **2** (produto) warranty; **estar dentro da garantia:** to be under guarantee; **tem garantia de cinco anos:** it has a five-year guarantee
garantir *v.* **1** to guarantee; **eu não posso garantir o resultado:** I can't guarantee the result **2** to warrant; **isso não volta a acontecer, garanto-te!:** it won't happen again, I warrant you! **3** to assure; **garanto-te que virão:** they'll come, I assure you
garça *n.f.* heron
gare *n.f.* (caminhos de ferro) platform
garfo *n.m.* fork
gargalhada *n.f.* burst of laughter; guffaw; **desatar às gargalhadas:** to break into laughter
gargalo *n.m.* (de garrafa) neck
garganta *n.f.* throat; **garganta seca:** dry throat
gargarejar *v.* to gargle
gargarejo *n.m.* **1** (ação) gargling **2** (líquido) gargle
garota *n.f.* roguish girl
garotada *n.f.* (criançada) kids
garoto *n.m.* lad
garra *n.f.* **1** (de animal) claw **2** (de ave de rapina) talon **3** *(figurado)* guts
garrafa *n.f.* bottle
garrafão *n.m.* flagon; demijohn
garrafa-termo *n.f.* thermos flask
garrafeira *n.f.* **1** wine cellar **2** (loja) off-licence
garrido *adj.* showy
garupa *n.f.* **1** (cavalo) croup **2** (moto) back seat
gás *n.m.* gas; **fuga de gás:** gas leak; **gás lacrimogéneo:** tear gas
gaseificado *adj.* (bebida) sparkling
gasóleo *n.m.* diesel
gasolina *n.f.* petrol; gasoline; **bomba de gasolina:** filling station
gasoso *adj.* **1** gaseous **2** (água) sparkling **3** (bebida) fizzy
gastador *n.m.* spendthrift; spender
gastar *v.* **1** to spend; **gasto muito em livros:** I spend a lot on books **2** to waste; **gastar tempo e dinheiro:** to waste time and money **3** (vestuário, calçado) to wear out **4** (gasolina, eletricidade) to use
gasto *adj.* **1** (roupa) worn out **2** (tempo, dinheiro) spent **3** (recurso) wasted
gastronomia *n.f.* gastronomy
gastronómico *adj.* gastronomic
gastrónomo *n.m.* gastronome; gourmet
gata *n.f.* (fêmea) female cat; she-cat ❖ **de gatas:** on all fours
Gata Borralheira *n.f.* Cinderella
gatafunho *n.m.* **1** (escrita) scrawl; scribble **2** (desenho) doodle
gatilho *n.m.* trigger; **apertar o gatilho:** to pull the trigger
gatinhar *v.* to crawl
gato *n.m.* [*f.* gata] **1** cat **2** (macho) tom-cat
Gato das Botas *n.m.* (contos infantis) Puss in Boots
gatuno *n.m.* [*f.* gatuna] thief
gaulês *adj.* Gaulish ◆ *n.m.* Gaul; Gaulish
gaveta *n.f.* drawer
gavetão *n.m.* large drawer
gaze *n.f.* gauze
gazela *n.f.* gazelle
gazeta *n.f.* newspaper
geada *n.f.* frost; hoar-frost
gel *n.m.* (cabelo, banho) gel
geladeira *n.f.* *(Brasil)* (frigorífico) fridge; refrigerator
gelado *adj.* **1** chilled **2** frozen ◆ *n.m.* ice cream; **bola de gelado:** ice cream scoop; **gelado em pau:** ice lolly

gelar *v.* to freeze
gelataria *n.f.* ice cream parlour
gelatina *n.f.* **1** (ingrediente) gelatine **2** (doce) jelly
gelatinoso *adj.* gelatinous
geleia *n.f.* (de fruta) jelly; jam
gelo *n.m.* ice; **cubo de gelo:** ice cube
gema *n.f.* **1** (ovo) yolk **2** (pedra preciosa) gem
gémeo *n.m.* [*f.* gémea] twin; **elas são gémeas:** they are twins ◆ *adj.* twin; **irmãos gémeos:** twin brothers
Gémeos *n.m.pl.* (constelação, signo) Gemini; the Twins
gemer *v.* to groan; **gemer de dor:** to groan with pain
gemido *n.m.* groan; **soltar um gemido:** to groan
geminado *adj.* (edifício) semi-detached; **casas geminadas:** semi-detached houses
geminar *v.* to geminate
gene *n.m.* BIOLOGIA gene
genealogia *n.f.* genealogy
genealógico *adj.* genealogical; genealogic; **árvore genealógica:** family tree
general *n.m.* general
generalidade *n.f.* generality; **na generalidade:** in general
generalizado *adj.* generalized; widespread; **ideia generalizada:** generalized idea
generalizar *v.* to generalize ◆ **generalizar-se** to become widespread
genericamente *adv.* generically; in general
genérico *adj.* generic ◆ *n.m.* (medicamento) generic drug
género *n.m.* **1** gender; **género feminino/masculino:** feminine/masculine gender **2** kind; sort; **coisas desse género:** that sort of thing
géneros *n.m.pl.* goods; **géneros alimentícios:** foodstuffs
generosidade *n.f.* generosity
generoso *adj.* generous
génese *n.f.* genesis; origin
genética *n.f.* genetics
genético *adj.* genetic; **código genético:** genetic code
gengibre *n.m.* ginger
gengiva *n.f.* gum
genial *adj.2gén.* brilliant; splendid; great; **ideia genial:** great idea
genica *n.f.* *(informal)* energy
génio *n.m.* **1** (talento) genius; **és um génio:** you are a genius **2** (temperamento) nature; temper; **ter mau génio:** to have a bad temper
genital *adj.2gén.* genital; **órgãos genitais:** genitals; genitalia
genoma *n.m.* BIOLOGIA genome
genro *n.m.* son-in-law
gente *n.f.* **1** people; **toda a gente:** everybody **2** crowd; **o teatro estava cheio de gente:** the theatre was crowded **3** (alguém) someone; somebody; anyone; anybody; **há gente em casa?:** is there anyone at home?
gentil *adj.2gén.* kind; **é muito gentil da tua parte:** that is very kind of you
gentileza *n.f.* kindness
genuíno *adj.* genuine; authentic
geocêntrico *adj.* geocentric; **teoria geocêntrica:** geocentric theory
geografia *n.f.* geography
geográfico *adj.* geographical
geógrafo *n.m.* geographer
geologia *n.f.* geology
geológico *adj.* geological
geólogo *n.m.* geologist
geometria *n.f.* geometry
geométrico *adj.* geometric; geometrical
geração *n.f.* **1** generation; **as gerações futuras:** future generations; **conflito de gerações:** generation gap **2** time; **o melhor artista da sua geração:** the best artist of his time

gerador *n.m.* (eletricidade) generator
geral *adj.2gén.* **1** general; **cultura geral:** general knowledge; **de um modo geral:** on the whole; **em geral:** in general **2** common; public; **é do conhecimento geral que...:** it is common knowledge that... ◆ *n.f.* (sala de espetáculos) gallery
geralmente *adv.* in general; usually; **geralmente vêm juntos:** they usually come together
gerânio *n.m.* geranium
gerar *v.* **1** to create **2** (eletricidade) to generate **3** (sentimentos) to give rise to; **gerar controvérsia:** to give rise to controversy ◆ **gerar-se** to come about; to happen; **gerou-se uma grande confusão:** a great hubbub came about
gerência *n.f.* management; board of directors
gerente *n.2gén.* manager
gerir *v.* to administer; to manage; **gerir os recursos:** to administer one's resources
germânico *adj.* Germanic; **cultura germânica:** Germanic culture; **estudos germânicos:** German studies
gérmen *n.m.* germ
germinação *n.f.* (plantas, ideias) germination
germinar *v.* (planta, flor, ideia) to germinate
gerúndio *n.m.* gerund
gesso *n.m.* **1** (arte) plaster; gesso **2** MEDICINA plaster cast
gestação *n.f.* gestation
gestão *n.f.* management; administration
gesto *n.m.* **1** (com a mão) gesture **2** (ato) token; sign; **um gesto de amizade:** a token of friendship
gestor *n.m.* **1** (departamento) manager **2** (direção) director
gestual *adj.2gén.* gestural; **língua gestual:** sign language
giesta *n.f.* broom
gigabyte *n.m.* gigabyte
gigante *adj.2gén.* gigantic; huge ◆ *n.m.* giant
gigantesco *adj.* gigantic; huge
gilete *n.f.* razor
gimnodesportivo *adj.* sporting; **pavilhão gimnodesportivo:** sports centre; sports complex
ginásio *n.m.* gymnasium; *(informal)* gym
ginasta *n.2gén.* gymnast
ginástica *n.f.* gymnastics; **aula de ginástica:** gym lesson
ginga *n.f.* *(Moçambique)* (bicicleta) bicycle
girafa *n.f.* giraffe
girar *v.* **1** to turn round; **girar o volante:** to turn the wheel round **2** (volta completa) to revolve; **a Terra gira em volta do sol:** the Earth revolves around the sun
girassol *n.m.* sunflower
giro *adj.* *(informal)* (pessoa, objeto) cute; **é tão giro!:** it's so cute! ◆ *n.m.* **1** rotation **2** *(informal)* stroll; **dar um giro:** to go for a stroll
giz *n.m.* chalk; **pau de giz:** piece of chalk
glaciar *n.m.* glacier
gladiador *n.m.* gladiator
gladíolo *n.m.* gladiolus
glândula *n.f.* gland
glicose *n.f.* glucose
global *adj.2gén.* global
globo *n.m.* **1** globe; world; **por todo o globo:** around the world **2** globe; **globo terrestre:** terrestrial globe **3** ball; ANATOMIA **globo ocular:** eyeball
glóbulo *n.m.* (sangue) corpuscle; blood cell; **glóbulos brancos:** white corpuscles; **glóbulos vermelhos:** red corpuscles
glória *n.f.* glory; **jogo da glória:** game of goose; **um dia de glória:** a day of glory
glutão *n.m.* [*f.* glutona] glutton ◆ *adj.* gluttonous
gnomo *n.m.* gnome

goela *n.f.* *(informal)* pipes; throat
goiabada *n.f.* guava jam
goivo *n.m.* wallflower
gola *n.f.* collar; **agarrar pela gola:** to seize by the collar; **gola alta:** polo neck; **levantar a gola:** to turn the collar up
gole *n.m.* **1** gulp; **de um só gole:** in one gulp **2** (pequena quantidade) sip; **beber um gole de champanhe:** to have a sip of champagne
goleada *n.f.* DESPORTO high score
goleador *n.m.* (futebol, hóquei, andebol) scorer
golfe *n.m.* golf; **campo de golfe:** golf course; **jogador de golfe:** golfer; **taco de golfe:** golf club
golfinho *n.m.* dolphin
golfo *n.m.* gulf
golo *n.m.* goal; **marcar um golo:** to score a goal
golpe *n.m.* **1** (corte) cut **2** stroke; **um golpe de génio:** a stroke of genius **3** DESPORTO throw; **de um só golpe:** at one stroke **4** trick; **um golpe baixo:** a dirty trick
goma *n.f.* **1** (guloseima) gum; gumdrop **2** (cola) glue
gomo *n.m.* **1** (planta) bud; **uma árvore em gomos:** a tree in bud **2** (fruto) segment; **gomo de laranja:** orange segment
gôndola *n.f.* gondola
gondoleiro *n.m.* gondolier
gongo *n.m.* gong
goraz *n.m.* sea bream
gordo *adj.* **1** (pessoa) fat; **ficar gordo:** to get fat **2** (alimento) oily; greasy; **carne gorda:** fat meat; **leite gordo:** whole milk ◆ *(informal)* **nunca o vi mais gordo:** I've never seen him before
gorducho *adj.* plump; chubby
gordura *n.f.* **1** (em pessoa) fatness **2** (em alimentos) fat; **gordura vegetal:** vegetable fat; **uma dieta pobre em gorduras:** a low fat diet **3** grease; **nódoa de gordura:** grease spot
gorduroso *adj.* greasy; oily
gorila *n.m.* gorilla
gorjeta *n.f.* tip; **dar uma gorjeta:** to give a tip; to tip
gorro *n.m.* cap
gostar *v.* **1** to like; **gostar de chocolate:** to like chocolate; **gostar muito de alguma coisa:** to hold something dear; **gostava mais de ir ao cinema do que ficar em casa:** I would rather go to the cinema than stay at home; **gostavas de vir?:** would you like to come?; **não gostar de alguma coisa:** to have a dislike for something **2** to be fond; to be keen; **gostar de desporto:** to be fond of sports **3** (amor) to love; **gostar de alguém:** to love someone
gosto *n.m.* **1** taste; **bom gosto:** good taste; **gostos não se discutem:** there is no accounting for tastes; **muito gosto em conhecê-lo:** I'm happy to meet you; **sem gosto absolutamente nenhum:** absolutely tasteless **2** flavour; taste; **com gosto a chocolate:** with chocolate flavour
gostoso *adj.* **1** (saboroso) tasty **2** (agradável) pleasant
gota *n.f.* **1** drop; **gota a gota:** drop by drop; **gota de chuva:** raindrop; **gota de orvalho:** dewdrop **2** (bebida) dash; drop; **só quero uma gota:** just a dash, please; **uma gota no oceano:** a drop in the ocean
goteira *n.f.* (caleira) gutter; trough
gotejar *v.* to drip
gótico *adj. e n.m.* Gothic; **estilo gótico:** Gothic style
governação *n.f.* governing; ruling; **a governação de um país:** the ruling of a country
governador *n.m.* governor
governamental *adj.2gén.* governmental; **decisão governamental:** government decision
governanta *n.f.* governess

governante *adj.2gén.* governing ◆ *n.2gén.* leader; ruler
governar *v.* **1** to govern **2** NÁUTICA to steer
governo *n.m.* government; **formar Governo:** to form a government
gozar *v.* **1** to enjoy; **gozar a vista:** to enjoy the view; **gozar de boa saúde:** to enjoy good health; **gozar férias:** to be on holiday **2** to make fun of; **gozar alguém:** to make fun of someone; **gozar com a cara de alguém:** to laugh at someone's face
gozo *n.m.* **1** pleasure; joy **2** *(informal)* fun; **ele está no gozo:** he is just kidding
Grã-Bretanha *n.f.* Great Britain

A **Grã-Bretanha** é a maior das ilhas britânicas e está situada ao largo da costa ocidental da Europa. Toda a ilha faz parte do Reino Unido e inclui três das quatro nações que formam este país: a Escócia, a norte, a Inglaterra, a sul e o País de Gales, a oeste.

graça *n.f.* **1** grace; **de graça:** for free; **graças a:** thanks to **2** (piada) crack; joke; **dizer uma graça:** to crack a joke; **não teve graça nenhuma:** that was not funny
gracioso *adj.* gracious; graceful
gradação *n.f.* gradation; **gradações de cor:** colour gradations
grade *n.f.* **1** (em janela, porta) grating **2** (em vedação) railing **3** (para garrafas) crate
graduação *n.f.* **1** graduation **2** MILITAR grade; rank
graduado *adj.* graduated; graduate; **frasco graduado:** graduated flask; **óculos graduados:** prescription glasses ◆ *n.m.* graduate
gradual *adj.2gén.* gradual
gradualmente *adv.* bit by bit; little by little
graduar *v.* to graduate
grafia *n.f.* **1** (ortografia) spelling **2** (caligrafia) handwriting
gráfico *adj.* graphic; **design gráfico:** graphic design ◆ *n.m.* graph; chart
grainha *n.f.* pip
gralha *n.f.* **1** (ave) rook **2** (escrita) misprint; spelling mistake **3** *(informal)* (pessoa) chatterbox
grama *n.m.* gram ◆ *n.f. (Brasil)* (relva) grass
gramática *n.f.* (disciplina, livro) grammar; **gramática de Inglês:** English grammar
gramatical *adj.2gén.* grammatical; **regras gramaticais:** grammatical rules
gramínea *n.f.* grass
grampo *n.m.* **1** (para colar madeiras) clamp **2** (para unir blocos) cramp
granada *n.f.* **1** MILITAR grenade **2** (pedra) garnet
grande *adj.* **1** big; **grande cidade:** big town **2** large; spacious; **uma sala grande:** a spacious room **3** (em altura) tall; **ser grande para a idade:** to be tall for one's age **4** (quantia) large; great; **uma grande quantidade de:** a great deal of; a large amount of **5** important; great; **um grande poeta:** a great poet
grandeza *n.f.* **1** grandeur; **grandeza de um evento:** the grandeur of an event **2** greatness; **escritores desta grandeza:** writers of such greatness **3** (alcance) magnitude; **de primeira grandeza:** of the first magnitude
grandioso *adj.* grand; great
granito *n.m.* granite
granizo *n.m.* hail
granulado *adj.* granulated; **açúcar granulado:** granulated sugar
grânulo *n.m.* granule
grão *n.m.* **1** (de arroz, cereal, areia) grain **2** (de café) bean
grão-de-bico *n.m.* chickpea
grasnido *n.m.* **1** (pato) quack **2** (gralha, corvo) caw; croak

gratidão *n.f.* gratitude; thankfulness; **demonstrar gratidão por:** to show one's gratitude for
gratificação *n.f.* bonus
gratificante *adj.2gén.* gratifying; rewarding; **um trabalho gratificante:** a gratifying job
grátis *adv.* free
grato *adj.* grateful; thankful; **estou-te muito grato!:** I am so grateful to you!
gratuito *adj.* **1** free; gratis; **ser gratuito:** to be for free **2** gratuitous; **atos de violência gratuita:** gratuitous acts of violence
grau *n.m.* **1** degree; **10 graus centígrados:** ten degrees centigrade; GRAMÁTICA **grau comparativo/superlativo:** comparative/superlative degree; **um ângulo de 90 graus:** a 90-degree angle **2** (classificação) grade; rank
gravação *n.f.* **1** (som, imagem) recording; **gravação de vídeo:** VCR recording; **gravação em cassete:** tape recording **2** (em madeira, metal, pedra) engraving
gravador *n.m.* **1** (pessoa) engraver **2** (de som, imagem) recorder
gravar *v.* **1** (som, imagem) to record **2** (em fita magnética) to tape **3** INFORMÁTICA to save **4** (na pedra) to engrave **5** (em madeira) to carve **6** (na memória) to stamp; **ficar gravado na memória:** to be stamped on one's memory
gravata *n.f.* tie
grave *adj.2gén.* **1** serious; **acidente grave:** serious accident; **doença grave:** serious illness; **uma questão grave:** a serious issue **2** (expressão) serious; solemn; **olhar grave:** solemn look **3** (voz) deep **4** (acento) grave
gravidade *n.f.* **1** FÍSICA gravity; **centro de gravidade:** centre of gravity **2** (assunto, situação) seriousness; importance; **assunto de extrema gravidade:** a matter of the utmost importance
gravidez *n.f.* pregnancy; **teste de gravidez:** pregnancy test
gravura *n.f.* **1** (pedra, madeira, metal) engraving; **gravura rupestre:** rock engraving **2** (livro) picture; illustration
graxa *n.f.* **1** (de sapatos) shoe polish **2** *(figurado, informal)* butter; flattery; **dar graxa a alguém:** to butter someone up
Grécia *n.f.* Greece
grego *adj. e n.m.* Greek
grelha *n.f.* **1** (tabela) chart **2** (de lareira) grate **3** (para cozinhar) grill **4** (de televisão) programmes
grelhado *adj.* grilled ◆ *n.m.* grill
grelhador *n.m.* grill
grelhar *v.* to grill
grelo *n.m.* **1** (nabo) turnip shoot **2** (couve) cabbage shoot
greta *n.f.* (pele, lábios) chap
gretar *v.* **1** (ferida) to slit **2** (racha) to crack
greve *n.f.* strike; **estar em greve:** to be on strike; **fazer greve:** to go on strike; **greve de fome:** hunger strike; **greve geral:** general strike
grevista *n.2gén.* striker
grilo *n.m.* cricket
grinalda *n.f.* garland; wreath
gripe *n.f.* flu; **apanhar gripe:** to catch flu; **estar com gripe:** to have flu; **gripe A:** H1N1 flu; **gripe das aves:** avian flu; **gripe sazonal:** seasonal flu
gritar *v.* **1** to scream **2** to call out; **gritar o nome de alguém:** to call out someone's name
gritaria *n.f.* shouting; screaming
grito *n.m.* **1** scream; **aos gritos:** screaming **2** (de emoção) cry; **grito de surpresa:** cry of surprise **3** call; **grito de socorro:** a call for help **4** *(figurado)* (moda) hit; trend; **o último grito:** the latest hit
groselha *n.f.* **1** (fruto) gooseberry **2** (sumo) gooseberry juice
grosseiro *adj.* **1** (pessoa) coarse; rude **2** (material) harsh; **tecido grosseiro:** harsh material **3** (modos) impolite **4** (erro,

falha) gross; **erro grosseiro:** gross mistake
grosso *adj.* **1** (espessura) thick; **camisola grossa:** thick sweater **2** (espessura, volume) thick; dense **3** (pessoa) coarse; rude **4** (chuva) heavy
grua *n.* crane
grunhido *n.m.* grunt
grupo *n.m.* **1** group; **dividir em grupos:** to group up; **grupo sanguíneo:** blood group **2** party; **pertencer ao grupo:** to be one of the party **3** (musical) band; group; **grupo de rock:** rock band
gruta *n.f.* cave; cavern
guarda *n.f.* **1** guard; protection; **estar sob guarda:** to be under guard; **guarda costeira:** coast guard **2** (prisioneiro) custody; **estar sob guarda da polícia:** to be under custody **3** watch; guard; **estar de guarda:** to keep watch; to be on guard ◆ *n.2gén.* **1** policeman; police officer **2** (de prisão) guard; warder
guarda-chuva *n.m.* umbrella; **fechar o guarda-chuva:** to put your umbrella down
guarda-costas *n.2gén.* bodyguard
guarda-fatos *n.m.* wardrobe
guarda-lamas *n.m.2núm.* mudguard
guardanapo *n.m.* napkin
guarda-nocturno *a nova grafia é* **guarda-noturno**
guarda-noturno *n.m.* night watchman
guardar *v.* **1** to guard; to watch **2** to keep; **guardar um segredo:** to keep a secret **3** (dinheiro) to put away; to save up **4** to preserve; **guardar o leite no frigorífico:** to preserve the milk in the fridge
guarda-redes *n.2gén.2núm.* goalkeeper; keeper
guarda-roupa *n.m.* **1** (armário) wardrobe **2** (vestuário de filme, peça de teatro) costume design
guarda-sol *n.m.* parasol; sunshade
guarda-vestidos *n.m.* wardrobe
guardião *n.m.* guardian
guelra *n.f.* gill
guerra *n.f.* war; warfare; **declarar guerra a:** to declare war on; **estar em guerra com:** to be at war with; **guerra biológica:** biological warfare; **guerra civil:** civil war; **guerra santa:** holy war
guerreiro *n.m.* [*f.* guerreira] warrior
guia *n.2gén.* **1** guide; leader **2** (turismo) tour leader ◆ *n.m.* (livro) guidebook
guiador *n.m.* **1** (de carro, barco) steering wheel **2** (de bicicleta, mota) handlebar
guião *n.m.* script
guiar *v.* **1** (veículo) to drive; **guiar a toda a velocidade:** to drive at full speed; **guiar um automóvel:** to drive a car **2** (barco) to steer **3** (com conselhos) to guide
guiché *n.m.* **1** (balcão fechado) window **2** (balcão de atendimento) desk
guindaste *n.m.* crane
Guiné-Bissau *n.* Guinea-Bissau
guineense *adj. e n.2gén.* Guinean
guisado *adj.* stewed ◆ *n.m.* CULINÁRIA stew
guisar *v.* to stew
guitarra *n.f.* guitar; **guitarra elétrica:** electric guitar; **tocar guitarra:** to play the guitar
guitarrista *n.2gén.* guitar player; guitarist
guizo *n.m.* rattle
gula *n.f.* gluttony
gulodice *n.f.* **1** (rebuçado) candy **2** (gula) gluttony
guloseima *n.f.* **1** (rebuçado) candy **2** (doce) goody; sweet **3** (alimento apetitoso) delicacy; titbit
guloso *adj.* gluttonous; **ser guloso:** to have a sweet tooth
gume *n.m.* edge; **gume de uma faca:** edge of a knife

H

h *n.m.* (letra) h
hábil *adj.2gén.* skilful; handy
habilidade *n.f.* skill
habitação *n.f.* residence; dwelling; house
habitante *n.2gén.* **1** (país, povoação) inhabitant **2** (local, casa) dweller; resident
habitar *v.* **1** to inhabit **2** to live (in)
habitat *n.m.* habitat; **habitat natural:** natural habitat
hábito *n.m.* habit; custom; **ter o hábito de:** to be in the habit of
habituação *n.f.* **1** (hábito) growing habit **2** (vício) addiction; **a nicotina causa habituação:** nicotine causes addiction
habituado *adj.* used
habitual *adj.2gén.* usual; habitual; customary; **como é habitual:** as usual; as always
habitualmente *adv.* **1** (hábito) usually **2** (frequência) frequently; often
habituar *v.* to habituate; to accustom; to get used ◆ **habituar-se** to get used; to become accustomed
hálito *n.m.* breath; **mau hálito:** halitosis; bad breath
haltere *n.m.* dumbbell
halterofilista *n.2gén.* weightlifter
hambúrguer *n.m.* hamburger; **hambúrguer de queijo:** cheeseburger
hangar *n.m.* hangar
hardware *n.m.* hardware
harmonia *n.f.* harmony; **em harmonia com:** in harmony with
harmónica *n.f.* harmonica; mouth organ
harmónico *adj.* harmonic
harpa *n.f.* harp
harpista *n.2gén.* harper; harpist
haste *n.f.* **1** (bandeira) pole **2** (de óculos) arm **3** (veado) antler
hastear *v.* (bandeira) to hoist
haver *v.* **1** there to be; **há leite no frigorífico:** there is some milk in the fridge; **há tantos animais aqui!:** there are so many animals here! **2** to happen; **que é que houve?:** what happened?
hectare *n.m.* (medida) hectare
hectolitro *n.m.* hectolitre
hélice *n.f.* **1** (avião, barco) propeller **2** (helicóptero) rotor blade
helicóptero *n.m.* helicopter
hélio *n.m.* helium
hemisfério *n.m.* hemisphere
hemorragia *n.f.* haemorrhage; **hemorragia cerebral:** cerebral haemorrhage; **hemorragia nasal:** nasal haemorrhage
hera *n.f.* (planta) ivy
herança *n.f.* inheritance; heritage
herbicida *n.m.* weedkiller; herbicide
herbívoro *adj.* herbivorous ◆ *n.m.* herbivore
herdade *n.f.* **1** (quinta) farm **2** (propriedade) estate; property
herdar *v.* to inherit; **herdar uma fortuna:** to inherit a fortune
herdeiro *n.m.* [*f.* herdeira] heir; inheritor; **herdeiro do trono:** heir to the throne
hereditário *adj.* hereditary; **doença hereditária:** hereditary illness
herói *n.m.* [*f.* heroína] **1** hero; idol **2** (de livro ou filme) hero

heroico *adj.* heroic; **feitos heroicos:** heroic deeds
heróico *a nova grafia é* **heroico**
heroísmo *n.m.* heroism; **um ato de heroísmo:** an act of heroism
hesitação *n.f.* hesitation
hesitante *adj.2gén.* hesitant
hesitar *v.* to hesitate
hibernação *n.f.* hibernation
hibernar *v.* to hibernate
hidrângea *n.f.* hydrangea
hidratação *n.f.* hydration
hidratante *adj.2gén.* moisturizing ◆ *n.m.* moisturizing cream
hidratar *v.* **1** to hydrate **2** (pele) to moisturize
hidrato *n.m.* hydrate; **hidrato de carbono:** carbohydrate
hidroginástica *n.f.* aquarobics; aquaerobics
hiena *n.f.* hyena
hierarquia *n.f.* hierarchy
hierárquico *adj.* hierarchical
hífen *n.m.* hyphen; dash
higiene *n.f.* hygiene; **higiene oral:** mouth hygiene; **higiene pessoal:** personal hygiene
higiénico *adj.* hygienic; **papel higiénico:** toilet paper
hilariante *adj.2gén.* hilarious
hino *n.m.* anthem; hymn; **hino nacional:** national anthem
hipermercado *n.m.* hypermarket
hipertensão *n.f.* hypertension
hípico *adj.* equestrian; **concurso hípico:** horse show
hipismo *n.m.* horse riding
hipnotizar *v.* to hypnotize
hipopótamo *n.m.* hippopotamus
hipótese *n.f.* **1** hypothesis; **por hipótese:** hypothetically **2** (oportunidade) chance; **dar uma hipótese a alguém:** to give somebody a chance
hirto *adj.* stiff; rigid
história *n.f.* **1** history; **história universal:** world history **2** story; tale; **contar uma história:** to tell a story; **história para crianças:** nursery tale
historiador *n.m.* historian
histórico *adj.* historical; **baseado em factos históricos:** based on historical facts
hoio-hoio *interj.* *(Moçambique)* (saudação) hello; hi!
hoje *adv.* today; **de hoje em diante:** from this day on; **hoje em dia:** nowadays
holandês *adj.* Dutch ◆ *n.m.* **1** (homem) Dutchman; (mulher) Dutchwoman; **os holandeses:** the Dutch **2** (língua) Dutch
holofote *n.m.* spotlight
homem *n.m.* **1** (indivíduo) man **2** (ser humano) human being
homenagear *v.* to pay homage to
homenagem *n.f.* homage; tribute; **prestar homenagem a:** to pay homage to
honestidade *n.f.* honesty
honesto *adj.* honest; frank
honra *n.f.* honour; **em honra de:** in honour of
honrar *v.* to honour
hóquei *n.m.* hockey; **hóquei em patins:** roller-skating hockey; **hóquei sobre o gelo:** ice hockey
hora *n.f.* **1** hour; **meia hora:** half an hour; **são duas horas:** it's two o'clock **2** time; **a qualquer hora:** at any time; **chegar a horas:** to be on time; **dizer as horas:** to tell the time; **que horas são?:** what time is it?
horário *n.m.* (escola, transportes) timetable; schedule
horizontal *adj.2gén.* horizontal
horizonte *n.m.* horizon; **no horizonte:** on the horizon
hormona *n.f.* hormone
hormonal *adj.2gén.* hormonal

horóscopo *n.m.* horoscope
horrendo *adj.* horrible; horrifying
horrível *adj.2gén.* horrible; awful; **um tempo horrível:** an awful weather
horror *n.m.* horror; **que horror!:** how awful!
horroroso *adj.* horrible; terrible
horta *n.f.* vegetable garden; kitchen garden
hortaliça *n.f.* greens; green vegetables
hortelã *n.f.* mint
hortênsia *n.f.* hydrangea
hortícola *adj.2gén.* horticultural; **produtos hortícolas:** horticultural items
horto *n.m.* market garden
hospedaria *n.f.* inn; hostel
hospedar(-se) *v.* to lodge
hóspede *n.2gén.* guest
hospedeira *n.f.* (avião) hostess; **hospedeira de bordo/do ar:** air hostess; stewardess
hospital *n.m.* hospital; **estar no hospital:** to be in hospital; **ser internado no hospital:** to be admitted to (the) hospital; **ter alta do hospital:** to be discharged from hospital
hospitalidade *n.f.* hospitality
hóssi *n.m.* **1** *(Moçambique)* (deus) god **2** *(Moçambique)* (rei) king
hóstia *n.f.* host
hostil *adj.2gén.* hostile
hostilidade *n.f.* hostility; **suspender as hostilidades:** to suspend hostilities
hotel *n.m.* hotel
hotelaria *n.f.* **1** (atividade) catering business **2** (curso) hotel management
humanidade *n.f.* **1** (género humano) humankind **2** (compaixão) humanity
humanitário *adj.* humanitarian; **ajuda humanitária:** humanitarian aid
humano *adj.* **1** human; **direitos humanos:** human rights; **ser humano:** human being **2** (bondoso) humane
humedecer *v.* to dampen; to moisten
humidade *n.f.* **1** (vapor) moisture **2** (atmosfera) humidity **3** (parede) dampness; damp
húmido *adj.* **1** (ar) moist **2** (clima) humid **3** (relva) wet **4** (roupa) damp
humildade *n.f.* humbleness
humilde *adj.2gén.* humble
humilhação *n.f.* humiliation; **sofrer humilhações:** to be humiliated
humilhante *adj.2gén.* humiliating
humilhar *v.* to humiliate ◆ **humilhar-se** to humble oneself
humor *n.m.* **1** humour; **sentido de humor:** sense of humour **2** mood; **estar de bom/mau humor:** to be in a good/bad mood
humorista *n.2gén.* **1** (ator) comedian **2** (escritor) humorist

I

i *n.m.* (letra) i
iate *n.m.* yacht
ibérico *adj.* Iberian; **Península Ibérica:** Iberian Peninsula
içar *v.* **1** (bandeira) to hoist; to lift **2** (vela) to haul up
ida *n.f.* **1** (a pé) going **2** (partida) departure; **bilhete de ida e volta:** return ticket
idade *n.f.* **1** age; **não aparentar a idade:** not to look one's age; **pessoa de idade:** an elderly person **2** (anos de vida) years; **um ano de idade:** one year old; **que idade tem?:** how old are you? **3** (época) age; **Idade da Pedra:** the Stone Age; **Idade Média:** the Middle Ages
ideal *adj.2gén.* ideal; **o sítio ideal:** the ideal place ◆ *n.m.* (princípio, valor) ideal
ideia *n.f.* **1** idea; **mudar de ideias:** to change one's mind; **que ideia!:** the very idea!; **ter uma ideia:** to come up with an idea; **transmitir uma ideia:** to convey an idea **2** convictions; **ideias políticas:** political convictions
idêntico *adj.* identical; **é idêntico ao meu:** it's identical to mine
identidade *n.f.* identity; **bilhete de identidade:** identity card
identificação *n.f.* identification
identificar *v.* to identify; **não identificado:** unidentified ◆ **identificar-se** to identify oneself
idioma *n.m.* idiom; language
idiota *adj.* idiot; idiotic ◆ *n.m.* idiot; *(informal)* **um idiota chapado:** a tomfool; a drivelling idiot
ídolo *n.m.* idol
idosa *n.m.* elderly woman
idoso *adj.* elderly; old ◆ *n.m.* senior citizen; elderly man; **os idosos:** the elderly
iglu *n.m.* igloo
ignorado *adj.* ignored
ignorância *n.f.* ignorance; **por ignorância:** out of ignorance
ignorante *adj.2gén.* ignorant
ignorar *v.* to ignore; not to know; **ignorar o facto:** to be ignorant of the fact
igreja *n.f.* church; **ir à igreja:** to go to church
igual *adj.2gén.* **1** equal; **de igual para igual:** between equals; **duas partes iguais:** two equal parts **2** just like; **aquela saia é igual à tua:** that skirt is just like yours ◆ *n.2gén.* equal; **nunca veremos outro igual:** we shall never see his equal; **sem igual:** without equal
igualar *v.* **1** to equal; **igualar o recorde do mundo:** to equal the world record. **2** (nivelar) to level **3** (jogo, competição) to equalize ◆ **igualar-se** to be equal to; to match; **igualar-se a alguém em inteligência:** to equal somebody in intelligence
igualdade *n.f.* equality; **estar em pé de igualdade com:** to be on an equal footing with; **igualdade de direitos:** equal rights; **igualdade de oportunidades:** equal opportunities; **igualdade perante a lei:** equality under the law
igualmente *adv.* **1** equally; **eles são igualmente culpados:** they are equally guilty **2** (também) likewise; also **3** (saudação) the same to you!

igualzinho *adj.* perfectly equal; identical
iguaria *n.f.* delicacy
ilegal *adj.2gén.* illegal; illicit
ilegítimo *adj.* **1** illegitimate **2** illegal
ileso *adj.* unhurt; uninjured; **ele sai sempre ileso:** he always comes off clear
ilha *n.f.* **1** island **2** (com nome próprio) isle; **as Ilhas Britânicas:** the British Isles
ilimitado *adj.* unlimited; **confiança ilimitada:** unlimited confidence
iludir *v.* to delude; to deceive; **iludir alguém:** to deceive someone ◆ **iludir-se** to deceive oneself
iluminação *n.f.* lighting; illumination; **iluminação elétrica:** electric light; **iluminação natural:** natural lighting
iluminar *v.* to illuminate; to light up ◆ **iluminar-se** to light up; **a cara dele iluminou-se:** his face lit up
ilusão *n.f.* illusion; **ilusão de ótica:** optical illusion
ilusionista *n.2gén.* illusionist
ilustração *n.f.* **1** (livro) picture; plate **2** (exemplo) illustration
ilustrado *adj.* illustrated
ilustrador *n.m.* illustrator
ilustrar *v.* to illustrate
ilustrativo *adj.* illustrative
ilustre *adj.2gén.* illustrious; famous; **de ascendência ilustre:** of high birth; **um ilustre desconhecido:** a complete stranger
imagem *n.f.* **1** image; **imagem de marca:** brand image **2** (num espelho) reflection
imaginação *n.f.* **1** (fantasia) fancy; fantasy; **dar largas à imaginação:** to give free rein to one's imagination **2** (criatividade) imagination; **sem imaginação:** unimaginative
imaginar *v.* **1** to imagine; **estás a imaginar coisas!:** you're imagining things! **2** to suppose; **eu imagino que sim:** I suppose so
imaginário *adj.* imaginary
imaginativo *adj.* imaginative; fanciful
íman *n.m.* magnet
imbecil *n.2gén.* imbecile; idiot; *(informal)* jerk; **cala-te, imbecil!:** be quiet, you idiot! ◆ *adj.2gén.* imbecile; stupid; **não sejas imbecil!:** don't be stupid!
imediatamente *adv.* immediately; at once; right away
imediato *adj.* **1** immediate; **de imediato:** straight away; **uma resposta imediata:** an immediate answer **2** without delay; prompt; **entrega imediata:** prompt delivery
imensidão *n.f.* immensity; vastness
imenso *adj.* immense; vast; enormous ◆ *adv.* a lot; **choveu imenso:** it rained a lot; **lamento imenso:** I'm awfully sorry
imigração *n.f.* immigration
imigrante *adj. e n.2gén.* immigrant
imigrar *v.* to immigrate
iminente *adj.2gén.* imminent; impending; **estar iminente:** to impend; **perigo iminente:** imminent danger
imitação *n.f.* **1** imitation; **cuidado com as imitações!:** beware of imitations! **2** (cópia) copy
imitar *v.* **1** (caligrafia, exemplo) to imitate; to copy **2** (pessoa) to mimic; **imita muito bem os professores:** he's really good at mimicking the teachers
imortal *adj. e n.2gén.* immortal
imortalidade *n.f.* immortality
imóvel *adj.2gén.* **1** immobile **2** still; **ficar imóvel:** to stand still ◆ *n.m.* (edifício) building
impaciência *n.f.* impatience
impaciente *adj.2gén.* impatient
impacto *n.m.* impact; **causar impacto:** to cause a stir; to make an impact; **im-**

pacto ambiental: environmental impact
ímpar *adj.2gén.* **1** odd; **número ímpar:** odd number **2** (único) single; unique
impecável *adj.2gén.* **1** impeccable **2** (pessoa) great; **é um tipo impecável:** he's a great guy
impedido *adj.* **1** hindered; prevented **2** (linha telefónica) engaged **3** (trânsito) blocked
impedimento *n.m.* obstacle; hindrance
impedir *v.* to prevent; to stop; **impedir alguém de fazer alguma coisa:** to prevent somebody from doing something
impensado *adj.* thoughtless; rash
imperador *n.m.* emperor
imperativo *adj. e n.m.* imperative
imperatriz *n.f.* empress
imperfeição *n.f.* imperfection
imperfeito *adj. e n.m.* imperfect
imperial *adj.2gén.* imperial
império *n.m.* empire
imperioso *adj.* **1** (tom, olhar) imperious; commanding **2** (necessidade) urgent; pressing
impermeável *adj.2gén.* **1** impermeable; impervious **2** (tecido, roupa) waterproof ◆ *n.m.* (casaco) raincoat
impessoal *adj.2gén.* impersonal
impetuoso *adj.* **1** (pessoa) impetuous; hotheaded **2** (ato) rash; hasty
impingir *v.* to impose
implantar *v.* **1** MEDICINA to implant **2** to implement
implorar *v.* to implore; to beg
imponente *adj.2gén.* imposing; sumptuous
impor *v.* to impose; **impor os seus hábitos a alguém:** to impose one's habits on somebody ◆ **impor-se 1** to assert oneself; **impor-se como líder:** to assert oneself as leader **2** to prevail; **impor-se sobre os adversários:** to impose over one's enemies
importação *n.f.* **1** (atividade) importation; imports; **importação e exportação:** import and export **2** (mercadoria) import; **importação de trigo:** the import of wheat
importador *n.m.* importer
importância *n.f.* **1** importance; **dar importância a alguma coisa:** to attach importance to something; **não tem importância:** never mind; **sem importância:** unimportant, immaterial **2** (dinheiro) sum; cost; amount; **qual é a importância?:** what is the amount?
importante *adj.2gén.* **1** important; **dar-se ares de importante:** to give oneself airs; **é muito importante:** it is very important **2** considerable; **um importante número de ofertas:** a considerable number of offers
importar *v.* **1** to import; **Portugal importa petróleo:** Portugal imports oil **2** (quantidade) to amount to **3** to matter; **não importa:** it doesn't matter ◆ **importar-se 1** to mind; **importas-te de fechar a porta?:** do you mind shutting the door?; **se não se importa:** if you don't mind **2** to care; *(informal)* **pouco me importa!:** I couldn't care less!
importunar *v.* to annoy
imposição *n.f.* imposition
impossibilidade *n.f.* impossibility
impossível *adj.2gén.* impossible; **é impossível!:** it's impossible!; that's not possible!; **pedir o impossível:** to cry for the moon
imposto *n.m.* **1** tax; **imposto sobre o rendimento:** income tax; **imposto sobre o valor acrescentado (IVA):** value added tax (VAT); **isento de imposto:** tax-free **2** duty; **imposto de selo:** stamp duty

impostor *n.m.* [*f.* impostora] impostor; deceiver
impostura *n.f.* imposture
imprensa *n.f.* **1** (jornalistas) press **2** (jornais) papers
impressão *n.f.* **1** impression; **impressão digital:** fingerprint **2** (processo) printing; **impressão a cores:** colour-printing **3** INFORMÁTICA printout **4** (opinião) opinion
impressionante *adj.2gén.* **1** moving; affecting; touching; **uma cena impressionante:** a touching scene **2** striking; **uma beleza impressionante:** a striking beauty
impressionar *v.* **1** to impress **2** to move; to affect ◆ **impressionar-se** to be moved
impresso *adj.* printed; **impresso no verso:** printed on the back ◆ *n.m.* **1** form; **preencher um impresso:** to fill in a form **2** (impressão) printed matter
impressora *n.f.* INFORMÁTICA printer; **impressora laser:** laser printer
imprevisível *adj.2gén.* unpredictable; unforeseeable
imprevisto *adj.* unforeseen; unexpected; **despesas imprevistas:** unforeseen charges ◆ *n.m.* unexpected event; **surgiu um imprevisto:** something came up
imprimir *v.* **1** to print; **imprimir um jornal:** to print off a newspaper **2** INFORMÁTICA to print out
impróprio *adj.* **1** unsuitable; **água imprópria para consumo:** water unsuitable for human consumption **2** improper; **piada imprópria:** blue joke
improvisação *n.f.* **1** improvisation **2** MÚSICA impromptu
improvisar *v.* to improvise; **improvisar um discurso:** to improvise a speech
improviso *n.m.* improvisation
imprudência *n.f.* rashness
imprudente *adj.2gén.* **1** rash **2** (condutor) careless
impulsionar *v.* **1** to impel **2** *(figurado)* to promote
impulsivo *adj.* impulsive
impulso *n.m.* impulse; **num impulso:** on an impulse
impune *adj.* unpunished
impureza *n.f.* impurity
impuro *adj.* impure
imundície *n.f.* dirt; filth
imundo *adj.* filthy
imune *adj.* immune; **ser imune a:** to be immune to
imunitário *adj.* immune; **sistema imunitário:** immune system
inacabado *adj.* unfinished; incomplete
inacessível *adj.2gén.* inaccessible
inacreditável *adj.2gén.* incredible; unbelievable
inadmissível *adj.2gén.* inadmissible; unacceptable; **um comportamento inadmissível:** unacceptable behaviour
inadvertência *n.f.* inadvertence; carelessness
inalação *n.f.* inhalation
inalar *v.* to inhale
inalterado *adj.* unaltered; unchanged
inanimado *adj.* inanimate
inauguração *n.f.* inauguration
inaugural *adj.2gén.* inaugural; **discurso inaugural:** inaugural speech
inaugurar *v.* to inaugurate
incandescência *n.f.* incandescence; glow
incandescente *adj.2gén.* incandescent; glowing
incapacidade *n.f.* **1** incapacity **2** incapability; **incapacidade física:** physical disablement
incapacitar *v.* **1** to incapacitate **2** (fisicamente) to disable

incapaz *adj.* incapable; **ser incapaz de mentir:** to be incapable of lying
incendiar *v.* to set on fire; to set fire to ◆ **incendiar-se** to catch fire
incêndio *n.m.* fire; **incêndio florestal:** forest fire
incenso *n.m.* incense
incentivar *v.* to encourage; to stimulate; to inspire
incentivo *n.m.* **1** incentive; **incentivos fiscais:** tax incentives **2** incitement; encouragement
incerteza *n.f.* uncertainty; incertitude; doubt
incerto *adj.* uncertain
incessante *adj.2gén.* incessant; unceasing; endless
inchaço *n.m.* swelling
inchado *adj.* swollen
inchar *v.* to swell
incidente *n.m.* incident
incineração *n.f.* incineration
incineradora *n.f.* incinerator
incinerar *v.* to incinerate
incisão *n.f.* (corte) incision; cut
incisivo *adj.* (crítica, palavra) incisive; mordant ◆ *n.m.* (dente) incisor
incitar *v.* **1** to incite; to urge; **incitar alguém a fazer alguma coisa:** to incite somebody to do something **2** to instigate; **incitar à violência:** to instigate violence
inclinação *n.f.* **1** inclination; **uma inclinação de 180°:** an inclination of 180 degrees **2** (gosto) inclination; bent; **ela tem uma inclinação para as línguas:** she has a bent for languages
inclinar *v.* **1** (posição) to incline **2** (cabeça) to bow ◆ **inclinar-se** to bend (down); to lean; **inclinar-se para a frente:** to lean forward; **inclinar-se para trás:** to lean back
incluído *adj.* included; **está tudo incluído no preço:** everything is included in the price
incluir *v.* to include; **este preço não inclui o imposto:** this price doesn't include tax
inclusão *n.f.* inclusion
inclusivamente *adv.* inclusively
inclusive *adv.* inclusively; inclusive
inclusivo *adj.* inclusive
incluso *adj.* enclosed
incoerência *n.f.* incoherence
incoerente *adj.2gén.* incoherent
incógnita *n.f.* **1** unknown quantity **2** *(figurado)* (mistério) mystery
incógnito *adj.* **1** unknown; **o remetente da carta é incógnito:** the sender of the letter is unknown **2** (com disfarce) incognito; undercover
incolor *adj.2gén.* colourless
incomodado *adj.* disturbed; annoyed; bothered
incomodar *v.* to disturb; to trouble; to bother; **não incomodar:** do not disturb; **peço desculpa por incomodá-lo:** I hate to disturb you ◆ **incomodar-se** **1** to worry; **não te incomodes com isso:** don't worry about that; never mind that **2** to get upset
incómodo *adj.* **1** uncomfortable; **esta cadeira é muito incómoda:** this chair is very uncomfortable **2** annoying; upsetting ◆ *n.m.* trouble; **dar-se ao incómodo de fazer algo:** to take the trouble to do something
incompatível *adj.2gén.* incompatible
incompetência *n.f.* incompetence
incompetente *adj.2gén.* incompetent
incompleto *adj.* incomplete; unfinished
incompreendido *adj.* misunderstood; misinterpreted
incompreensão *n.f.* incomprehension; failure to understand

incompreensível *adj.2gén.* incomprehensible
inconcebível *adj.2gén.* inconceivable; unthinkable
incondicional *adj.2gén.* unconditional
inconfundível *adj.2gén.* unmistakable
inconsciência *n.f.* **1** unconsciousness **2** (falta de responsabilidade) irresponsibility; thoughtlessness
inconsciente *adj.2gén.* unconscious; unaware
inconstante *adj.2gén.* inconstant; changeable
inconveniente *adj.2gén.* inconvenient; inopportune ◆ *n.m.* inconvenience
incorporar(-se) *v.* to incorporate
incorreção *n.f.* **1** (erro) mistake; error **2** (falta de delicadeza) impoliteness
incorrecção *a nova grafia é* **incorreção**
incorrecto *a nova grafia é* **incorreto**
incorreto *adj.* incorrect
incorrigível *adj.2gén.* incorrigible
incrível *adj.2gén.* incredible; **por incrível que pareça:** incredible as it may seem
incubação *n.f.* **1** (de doença) incubation **2** (de ovos) hatching; incubation
incubadora *n.f.* incubator
incubar *v.* to incubate
indecente *adj.2gén.* indecent
indecisão *n.f.* indecision
indeciso *adj.* undecided; irresolute
indefeso *adj.* helpless
indefinido *adj.* **1** indefinite; undefined; uncertain; **ele estará ausente por tempo indefinido:** he will be absent for an indefinite period **2** (ideia, pensamento) vague; ambiguous **3** GRAMÁTICA indefinite; **artigo indefinido:** indefinite article
indelicadeza *n.f.* impoliteness
indelicado *adj.* indelicate; crude
indemnização *n.f.* indemnity; compensation; **pagar uma indemnização a:** to pay an indemnity to
independência *n.f.* independence; autonomy
independente *adj.2gén.* **1** independent; **um candidato independente:** an independent candidate **2** autonomous; self-sufficient; **uma pessoa independente:** a self-sufficient person ◆ *n.2gén.* independent
independentemente *adv.* **1** (com independência) independently **2** (apesar de) regardless; irrespective
indescritível *adj.2gén.* indescribable; beyond description
indestrutível *adj.2gén.* indestructible
indeterminado *adj.* indeterminate; indefinite; uncertain; **por tempo indeterminado:** for an indefinite period
indiano *adj. e n.m.* Indian ❖ **em fila indiana:** in single file
indicação *n.f.* **1** direction; instruction; **seguir as indicações:** to follow the instructions **2** recommendation; advice; **por indicação de:** at the recommendation of; on the orders of
indicador *adj.* indicative ◆ *n.m.* **1** indicator **2** (dedo) index finger; forefinger
indicar *v.* **1** to point at **2** to indicate **3** to recommend
indicativo *adj.* indicative; **modo indicativo:** indicative mood ◆ *n.m.* **1** GRAMÁTICA indicative **2** (telefone) dialling code
índice *n.m.* **1** (num livro) index; **índice alfabético:** alphabetical index **2** rate; index; **o índice de desemprego:** the unemployment index/rate **3** level; **índice de álcool no sangue:** blood alcohol level
indício *n.m.* sign; **indícios de:** signs of
indiferença *n.f.* indifference
indiferente *adj.2gén.* indifferent; **é-me completamente indiferente:** I couldn't care less; **ser indiferente a:** to be indifferent to

a b c d e f g h i j k l m n o p q r s t u v w x y z

indígena *adj.2gén.* indigenous; **povos indígenas:** indigenous peoples ◆ *n.2gén.* native
indigestão *n.f.* indigestion; **ter uma indigestão:** to suffer from indigestion
indigesto *adj.* indigestible
indignação *n.f.* indignation
indignado *adj.* indignant
indignar *v.* to arouse indignation ◆ **indignar-se** to grow indignant
indigno *adj.* unworthy; **indigno de respeito:** unworthy of respect
índio *adj. e n.m.* (pessoa) Indian ◆ *n.m.* (elemento químico) indium
indirecta *a nova grafia é* **indireta**
indirecto *a nova grafia é* **indireto**
indireta *n.f. (informal)* insinuation; hint; **mandar uma indireta:** to drop a hint
indireto *adj.* indirect; **complemento indireto:** indirect object; **discurso indireto:** reported speech
indisciplina *n.f.* indiscipline; lack of discipline
indisciplinado *adj.* undisciplined; disobedient
indiscreto *adj.* indiscreet
indiscrição *n.f.* indiscretion
indiscutível *adj.2gén.* indisputable; unquestionable; undeniable
indisposição *n.f.* indisposition
indisposto *adj.* indisposed; slightly unwell
individual *adj.2gén.* **1** individual; **doses individuais:** individual portions **2** single; **quarto individual:** single room
individualidade *n.f.* individuality
individualismo *n.m.* **1** individualism **2** (egoísmo) selfishness
individualista *adj.2gén.* **1** individualistic **2** (egoísta) selfish ◆ *n.2gén.* individualist
individualmente *adv.* individually; separately
indivíduo *n.m.* individual; person
indivisível *adj.2gén.* indivisible
índole *n.f.* character; temper
indolência *n.f.* indolence; idleness
indolente *adj.2gén.* indolent; idle
indolor *adj.2gén.* painless
indulgência *n.f.* indulgence
indumentária *n.f.* costume; clothing
indústria *n.f.* industry
industrial *adj.2gén.* industrial; **revolução industrial:** industrial revolution; **zona industrial:** industrial park ◆ *n.2gén.* industrialist
industrialização *n.f.* industrialization
industrializar *v.* to industrialize
induzir *v.* to induce
inédito *adj.* **1** (obra) unpublished **2** (acontecimento) unprecedented ◆ *n.m.* unpublished work
inércia *n.f.* inertia; apathy
inerte *adj.2gén.* (imóvel) inert; motionless
inesperado *adj.* unexpected; unforeseen
inesquecível *adj.2gén.* unforgettable; memorable
inexistência *n.f.* **1** non-existence **2** (falta) lack; want
inexistente *adj.2gén.* non-existent
inexperiência *n.f.* inexperience
inexperiente *adj.2gén.* **1** inexperienced **2** innocent; naïve
inexplorado *adj.* unexplored
infame *adj.2gén.* infamous
infâmia *n.f.* infamy
infância *n.f.* childhood
infantaria *n.f.* MILITAR infantry; foot-soldiers; **infantaria a cavalo:** mounted infantry
infantário *n.m.* nursery school; playschool
infante *n.m.* (filho de rei) infante; prince
infantil *adj.2gén.* **1** (criança) infantile **2** (adulto) immature; childish; **não sejas infantil!:** grow up!

infeção *n.f.* infection; **risco de infeção:** risk of infection
infecção *a nova grafia é* **infeção**
infeccionar *a grafia preferível é* **infecionar**
infeccioso *a grafia preferível é* **infecioso**
infecionar *v.* **1** to infect **2** to become infected
infecioso *adj.* infectious; contagious
infectar *a nova grafia é* **infetar**
infelicidade *n.f.* **1** unhappiness **2** (acontecimento) misfortune
infeliz *adj.2gén.* **1** unhappy; miserable **2** unfortunate; unlucky
infelizmente *adv.* unfortunately; sadly; **infelizmente para nós:** sadly for us
inferior *adj.* **1** inferior; **de qualidade inferior:** of inferior quality; **ser inferior a alguém:** to be inferior to someone **2** lower; **membro inferior:** lower limb; **piso inferior:** lower floor
inferioridade *n.f.* inferiority; **complexo de inferioridade:** inferiority complex
inferir *v.* to infer; to deduce
infernal *adj.2gén.* infernal; hellish; **que barulheira infernal!:** what an infernal racket!
inferno *n.m.* hell; (insulto) **vai para o inferno!:** go to hell!
infértil *adj.2gén.* infertile; barren
infetar *v.* **1** to infect **2** to become infected
infiel *adj.2gén.* **1** unfaithful **2** disloyal
infiltração *n.f.* infiltration
infinitivo *n.m.* (verbo) infinitive
infinito *adj. e n.m.* infinite
inflação *n.f.* ECONOMIA inflation; **reduzir a inflação:** to bring down inflation; **taxa anual de inflação:** annual inflation rate
inflamação *n.f.* inflammation
inflamado *adj.* **1** inflamed **2** *(figurado)* passionate
inflamar *v.* to inflame
inflamatório *adj.* inflammatory
inflexibilidade *n.f.* inflexibility
inflexível *adj.2gén.* inflexible
infligir *v.* to inflict
influência *n.f.* influence; **sob a influência de:** under the influence of; **ter influência em:** to have influence on; **uma pessoa de influência:** a person of influence
influenciar *v.* to influence; to exert influence on
influente *adj.2gén.* influential; powerful; **um empresário influente:** an influential businessman
informação *n.f.* information; **recolher informação:** to gather information; **uma informação útil:** a useful piece of information
informador *n.m.* **1** informant **2** (da polícia) informer
informal *adj.2gén.* **1** informal; **uma reunião informal:** an informal meeting **2** (roupa) casual
informar *v.* to inform ◆ **informar-se** to ask for information; to inquire (about)
informática *n.f.* (disciplina) computer science
informático *n.m.* [*f.* informática] computer expert; computer scientist ◆ *adj.* computing
informativo *adj.* informative
infortúnio *n.m.* misfortune
infração *n.f.* **1** (de lei, regra) infraction **2** (em competição desportiva) foul play
infracção *a nova grafia é* **infração**
infringir *v.* to infringe; to violate; **infringir a lei:** to break the law
infusão *n.f.* infusion
ingenuidade *n.f.* naivety

> Não confundir **ingenuidade** com a palavra inglesa **ingenuity**, que significa **engenho**, *habilidade*.

ingénuo *adj.* naïve; ingenuous

a b c d e f g h **i** j k l m n o p q r s t u v w x y z

ingerir *v.* to swallow; to ingest
ingestão *n.f.* ingestion; swallowing
Inglaterra *n.f.* England

> A **Inglaterra** é um dos quatro países que formam o Reino Unido (juntamente com a Escócia, o País de Gales e a Irlanda do Norte). Ocupa a parte sul da ilha da Grã-Bretanha (excluindo, a oeste, o território do País de Gales) e faz fronteira a norte com a Escócia.
> A capital da Inglaterra é Londres.

inglês *adj.* English ♦ *n.m.* **1** (homem) Englishman; (mulher) Englishwoman; **os ingleses:** the English **2** (língua) English ❖ **isso é só para inglês ver:** that's just show-off

> O **inglês** é a primeira língua para cerca de 400 milhões de falantes e é usada como segunda língua por um número ainda maior. É a língua oficial de mais de 50 países e é a segunda mais falada em todo o mundo.

ingratidão *n.f.* ingratitude; ungratefulness
ingrato *adj.* **1** (pessoa) ungrateful **2** (atividade) thankless; **uma tarefa ingrata:** a thankless task
ingrediente *n.m.* ingredient; **os ingredientes de um bolo:** the ingredients of a cake
íngreme *adj.2gén.* steep
ingresso *n.m.* **1** admission; **preço de ingresso:** admission fare **2** (bilhete) ticket
inhaca *n.m. (Angola, Moçambique)* sovereign; king
iniciação *n.f.* **1** (primeira experiência) initiation **2** (formação) introduction
inicial *adj.2gén.* (primeiro) initial ♦ *n.f.* (letra) initial
inicialmente *adv.* in the beginning; initially
iniciar *v.* to initiate; to start; **iniciar um torneio:** to initiate a tournament ♦ **iniciar-se** (facto, processo) to begin; to start
iniciativa *n.f.* initiative; **por iniciativa própria:** on one's own initiative; **tomar a iniciativa:** to take the initiative
início *n.m.* beginning; start; **desde o início:** from the outset; **no início:** in the beginning; **ter início:** to start off
inimigo *adj. e n.m.* enemy
injeção *n.f.* MEDICINA injection; shot; **levar uma injeção:** to be given a shot; **tomar uma injeção:** to have an injection
injecção *a nova grafia é* **injeção**
injectar *a nova grafia é* **injetar**
injetar *v.* to inject
injúria *n.f.* insult; offence
injustamente *adv.* unjustly; unfairly
injustiça *n.f.* injustice; unfairness
injusto *adj.* unjust; unfair; inequitable
inocência *n.f.* innocence; **proclamar a sua inocência:** to protest one's innocence
inocente *adj.2gén.* innocent; guiltless; **declarar inocente:** to declare not guilty ♦ *n.2gén.* innocent
inofensivo *adj.* harmless
inoportuno *adj.* inopportune; unseasonable; inconvenient; untimely; **a uma hora inoportuna:** at an unseasonable hour
inovação *n.f.* innovation; **inovação tecnológica:** technological innovation
inovador *adj.* innovative; progressive ♦ *n.m.* innovator; pioneer
inovar *v.* to innovate
inquérito *n.m.* **1** (de opinião pública) survey **2** (de polícia) inquiry; investigation; **abrir um inquérito:** to hold an inquiry
inquietação *n.f.* **1** (agitação) restlessness; unrest **2** (preocupação) anxiety; anxiousness; concern

inquietar *v.* to worry ♦ **inquietar-se** to fret; to worry; **inquietar-se com a demora:** to fret over the delay; **não se inquiete:** don't worry
inquieto *adj.* **1** (agitado) restless **2** (preocupado) worried; concerned
inquilino *n.m.* [*f.* inquilina] tenant
insatisfação *n.f.* dissatisfaction
insatisfeito *adj.* dissatisfied
inscrever *v.* **1** (escola, universidade) to enrol **2** (gravação) to inscribe ♦ **inscrever-se 1** to register; **já te inscreveste?:** have you registered yet? **2** MILITAR to enlist; **inscrever-se na Força Aérea:** to enlist in the Air Force **3** (escola, universidade) to enrol; **inscrever-se num curso de tradução:** to enrol in a translation course
inscrição *n.f.* **1** (em pedra ou metal) inscription **2** (em competição) entry **3** (matrícula) enrolment; registration **4** (candidatura) application
inscrito *adj.* (em escola, associação) enrolled; signed-in; **membros inscritos:** enrolled members
insecticida *a nova grafia é* **inseticida**
insecto *a nova grafia é* **inseto**
insegurança *n.f.* insecurity
inseguro *adj.* insecure; **sentir-se inseguro:** to feel insecure
insensato *adj.* unwise
insensibilidade *n.f.* insensitivity
insensível *adj.2gén.* insensitive; **insensível à dor:** insensitive to pain
inserir *v.* to insert
inseticida *adj. e n.m.* insecticide
inseto *n.m.* insect
insígnia *n.f.* emblem; insignia
insignificância *n.f.* insignificance; trifle; **preocupar-se com insignificâncias:** to worry about trifles
insignificante *adj.2gén.* insignificant; unimportant
insinuação *n.f.* insinuation
insinuante *adj.2gén.* insinuating
insinuar *v.* to insinuate; to hint at; **que estás a insinuar?:** what are you insinuating?
insistência *n.f.* insistence
insistente *adj.2gén.* insistent
insistir *v.* to insist
insolência *n.f.* **1** insolence **2** arrogance
insolente *adj.2gén.* insolent; rude
insónia *n.f.* insomnia; **ter insónias:** to suffer from insomnia
insosso *adj.* **1** (sem sal) unsalted **2** (sem sabor) unsavoury
inspeção *n.f.* inspection; examination
inspecção *a nova grafia é* **inspeção**
inspeccionar *a nova grafia é* **inspecionar**
inspecionar *v.* to inspect; to investigate
inspector *a nova grafia é* **inspetor**
inspetor *n.m.* inspector
inspiração *n.f.* **1** (criação) inspiration **2** (respiração) breathing; inhaling
inspirar *v.* **1** (respiração) to breathe in; to inhale **2** to inspire; **inspirar confiança a alguém:** to inspire trust in someone
instabilidade *n.f.* instability
instalação *n.f.* installation
instalações *n.f.pl.* facilities; **instalações desportivas:** sports facilities
instalar *v.* to install; to set up; to fit out ♦ **instalar-se 1** to settle **2** to sit comfortably **3** (negócio) to set up business
instantaneamente *adv.* instantly
instantâneo *adj.* **1** instantaneous; immediate; **a reação foi instantânea:** reaction was instantaneous **2** sudden; **morte instantânea:** sudden death **3** (alimentos) instant; **café instantâneo:** instant coffee
instante *n.m.* instant; moment; **a cada instante:** all the time; **nesse preciso instante:** at that very moment; **num instante:** in a moment

instauração *n.f.* establishment
instaurar *v.* to establish
instável *adj.2gén.* **1** (equilíbrio) unsteady **2** (pessoa, situação) unstable
instintivo *adj.* instinctive; **reação instintiva:** instinctive reaction
instinto *n.m.* instinct; **agir por instinto:** to act on instinct; **instinto de sobrevivência:** survival instinct
instituição *n.f.* **1** (organização) institution; organization; **instituição de caridade:** charitable institution **2** (processo) institution; setting-up; establishment; creation; **instituição de novas regras:** the setting-up of new regulations
instituir *v.* **1** (regra, sistema) to institute; to establish **2** (fundação) to set up; to found
instituto *n.m.* **1** (ensino, pesquisa) institute; **instituto de investigação médica:** medical research institute; **instituto de línguas:** language institute **2** (arte) academy; institute; **instituto de beleza:** beauty salon
instrução *n.f.* instruction; education
instruções *n.f.pl.* instructions; **receber instruções para:** to be instructed to; **seguir as instruções:** to follow instructions
instruído *n.m.* learned
instruir *v.* **1** (ordens) to instruct **2** (ensino) to train ♦ **instruir-se** to learn
instrumental *adj.2gén.* instrumental
instrumentista *n.2gén.* instrumentalist
instrumento *n.m.* instrument; **instrumento de corda:** stringed instrument; **instrumento de sopro:** wind instrument
instrutivo *adj.* instructive
instrutor *n.m.* [*f.* instrutora] instructor; **instrutor de condução:** driving instructor
insubstituível *adj.2gén.* irreplaceable
insucesso *n.m.* failure; flop; **insucesso escolar:** academic failure
insuficiência *n.f.* insufficiency; **insuficiência cardíaca:** heart failure
insuficiente *adj.2gén.* insufficient ♦ *n.m.* (avaliação, nota) D; **tive insuficiente no teste:** I got a D on the test
insultar *v.* to insult; to be offensive to
insulto *n.m.* insult; abuse; offence; **isso é um insulto à minha inteligência:** that is an insult to my intelligence
insuportável *adj.2gén.* unbearable; intolerable
insurreição *n.f.* **1** insurrection **2** riot
intacto *adj.* intact
íntegra *n.f.* totality; full text; **na íntegra:** in full
integração *n.f.* integration
integral *adj.2gén.* **1** integral; complete; **leitura integral:** comprehensive reading **2** whole; **alimentos integrais:** wholefood; **pão integral:** wholemeal bread
integrar *v.* to be part of; **integrar uma equipa:** to be part of a team
inteiramente *adv.* entirely; absolutely
inteiro *adj.* **1** entire; whole; complete; **no país inteiro:** all over the country; **por inteiro:** fully **2** MATEMÁTICA integer; **número inteiro:** integer
intelecto *n.m.* intellect
intelectual *adj. e n.2gén.* intellectual
inteligência *n.f.* intelligence
inteligente *adj.2gén.* intelligent
inteligível *adj.2gén.* intelligible
intenção *n.f.* intention; aim; goal; purpose; **qual é a intenção?:** what's the purpose?; **segundas intenções:** ulterior motive; **ter a intenção de:** to mean to
intencional *adj.2gén.* intentional; deliberate
intensidade *n.f.* intensity
intensificar *v.* to intensify
intensivo *adj.* intensive; **cuidados intensivos:** intensive care; **curso intensivo:** crash course

intenso *adj.* intense
interação *n.f.* interaction; interplay
interactividade *a nova grafia é* **interatividade**
interactivo *a nova grafia é* **interativo**
interajuda *n.f.* cooperation; teamwork
interatividade *n.f.* interactivity
interativo *adj.* interactive
intercâmbio *n.m.* interchange; exchange; **intercâmbio de ideias:** interchange of ideas
interceder *v.* to intercede; **interceder em favor de alguém:** to intercede on somebody's behalf
interceptar *a nova grafia é* **intercetar**
intercetar *v.* to intercept
interdisciplinar *adj.2gén.* interdisciplinary
interessado *adj.* **1** (ter interesse) interested; **estar interessado em alguma coisa:** to be interested in something **2** (estar envolvido) concerned; **as partes interessadas:** the concerned parties
interessante *adj.2gén.* interesting
interessar *v.* to interest; **a quem interessar:** to whom it may concern; **interessar alguém por alguma coisa:** to interest somebody in something; **não interessa:** it doesn't matter ◆ **interessar-se** to be interested; **interessar-se por:** to take an interest in; **isso interessa-me:** that interests me
interesse *n.m.* interest; **perder o interesse em:** to lose interest in
interesseiro *adj.* self-interested
interface *n.f.* interface
interferência *n.f.* interference
interferir *v.* to interfere; **interferir em:** to interfere in
interior *adj.2gén.* **1** interior; **o interior do edifício:** the interior of the building **2** (estrada) inside; **faixa interior:** inside lane ◆ *n.m.* **1** interior; **decoração de interiores:** interior decoration **2** (território) inland; **habitantes do interior:** inlanders
interiorizar *v.* to internalize; **interiorizar conhecimentos:** to internalize knowledge
interjeição *n.f.* interjection
interligar *v.* to interconnect; to interrelate
interlocutor *n.m.* interlocutor
intermediário *n.m.* go-between; intermediary
intermédio *adj.* **1** intermediate; **por intermédio de:** through **2** (tamanho) medium; average
intermitente *adj.2gén.* intermittent
internacional *adj.2gén.* international; **relações internacionais:** international relations
internamente *adv.* internally
internamento *n.m.* hospitalization
internar *v.* (hospital, clínica) to hospitalize
Internet *n.f.* INFORMÁTICA Internet; Net; **fazer uma pesquisa na Internet:** to make a search on the Internet; **navegar na Internet:** to surf the Net
interno *adj.* **1** internal; interior **2** (aluno) boarding **3** internal; domestic; home; **assuntos internos:** internal affairs **4** (território) interior; inland; **comércio interno:** inland trade
interpretação *n.f.* **1** interpretation; **interpretação de textos:** interpretation of a text **2** (músico, ator) performance
interpretar *v.* **1** to interpret; to take; **como interpretas a reação dele?:** how do you take his reaction? **2** (música, filme) to perform
intérprete *n.2gén.* **1** interpreter; translator **2** (música, representação) performer
interrogação *n.f.* **1** interrogation; inquiry; **ponto de interrogação:** question mark **2** (pergunta) question
interrogar *v.* **1** to interrogate; to question **2** (numa investigação) to cross-exam-

ine; **interrogar testemunhas:** to cross-examine witnesses
interrogativo *adj.* interrogative; **pronome interrogativo:** interrogative pronoun
interrogatório *n.m.* **1** (tribunal) cross-examination **2** (investigação) inquiry
interromper *v.* to interrupt
interrupção *n.f.* interruption
interruptor *n.m.* switch; **desligar o interruptor:** to switch off; **interruptor da luz:** electric light switch
interrutor *a grafia preferível é* **interruptor**
interseção *n.f.* intersection
intersecção *a grafia preferível é* **interseção**
intervalo *n.m.* **1** interval; **com intervalos curtos:** at short intervals; **com intervalos de:** at intervals of **2** break; **vamos fazer um intervalo:** let's take a break
intervenção *n.f.* **1** intervention; **intervenção armada:** armed intervention **2** MEDICINA intervention; operation; **intervenção cirúrgica:** surgical operation
intervir *v.* to intervene; **intervir numa disputa:** to intervene in a dispute
intestino *n.m.* intestine; **intestino delgado/grosso:** small/large intestine
intimar *v.* to summon; to notify
intimidade *n.f.* intimacy; closeness; **ter uma relação de intimidade com alguém:** to have a close relationship with someone
intimidar *v.* to intimidate
íntimo *adj.* **1** (amizade) intimate; close; **amigos íntimos:** close friends **2** (espaço) intimate; cosy; **restaurante íntimo:** cosy restaurant **3** intimate; private; **conversa íntima:** private conversation ◆ *n.m.* core; heart; **no seu íntimo:** deep down inside
intitular *v.* to name; to entitle ◆ **intitular-se 1** (obra) to be entitled **2** (pessoa) to call oneself
intolerância *n.f.* intolerance
intolerante *adj.2gén.* intolerant
intoxicação *n.f.* intoxication; poisoning; **intoxicação alimentar:** food poisoning
intoxicar *v.* to poison
intransitivo *adj.* intransitive; **verbo intransitivo:** intransitive verb
intriga *n.f.* **1** intrigue **2** (de livro, filme) plot
intrigante *adj.2gén.* intriguing; puzzling
intrigar *v.* to intrigue; to puzzle; **o telefonema intrigou-me:** the call puzzled me
intriguista *n.2gén.* intriguer; schemer
introdução *n.f.* introduction; **introdução de novas ideias:** introduction of new ideas; **lê a introdução em voz alta:** read the introduction aloud
introdutório *adj.* introductory; preliminary
introduzir *v.* **1** to introduce; to bring in; **introduzir novas tecnologias:** to bring in new technologies **2** (estabelecimento) to establish; to set up; **introduzir novas regras:** to set up new regulations
intrometer-se *v.* to meddle; to interfere
intrometido *adj.* meddlesome; interfering
introvertido *adj.* introverted ◆ *n.m.* introvert
intrujão *adj.* deceitful ◆ *n.m.* cheat
intrujar *v.* to swindle
intruso *n.m.* [*f.* intrusa] intruder
intuição *n.f.* intuition
intuitivo *adj.* intuitive; instinctive
intuito *n.m.* aim; objective
inundação *n.f.* flood
inundar *v.* **1** (rio, mar) to flood **2** *(figurado)* to inundate; **inundar o mercado de produtos:** to inundate the market with products

inútil *adj.2gén.* **1** (sem utilidade) useless **2** (sem sentido) vain; pointless ◆ *n.2gén.* (pessoa) a good-for-nothing; **ele é um inútil:** he is a good-for-nothing
invadir *v.* to invade
invalidez *n.f.* invalidity; disability
inválido *adj.* **1** (pessoa) disabled **2** (validade) invalid; **o contrato foi considerado inválido:** the contract was considered invalid ◆ *n.m.* person with disability; disabled person
invasão *n.f.* invasion; **invasão de privacidade:** invasion of privacy
invasor *adj.* invading; **tropas invasoras:** invading troops ◆ *n.m.* invader
inveja *n.f.* envy; **ter inveja de:** to be envious of
invejar *v.* to envy
invejoso *adj.* envious
invenção *n.f.* invention
invencível *adj.2gén.* unbeatable; invincible
inventar *v.* **1** to invent; **inventar uma nova máquina:** to invent a new machine **2** (história, mentira) to make up **3** (plano, esquema) to devise; to conceive
inventário *n.m.* inventory
inventivo *adj.* inventive
invento *n.m.* invention
inventor *n.m.* [*f.* inventora] inventor
inverno *n.m.* winter; **desportos de inverno:** winter sports
inversão *n.f.* inversion; reversal; **inversão de marcha:** U-turn
inverso *adj.* inverse; reverse; **em ordem inversa:** in reverse order
invertebrado *adj.* e *n.m.* invertebrate
inverter *v.* to invert; to reverse; **inverter a ordem natural das coisas:** to reverse the natural course of things
investigação *n.f.* **1** investigation; **investigação criminal:** crime investigation **2** research; **investigação científica:** scientific research; **trabalho de investigação:** research work
investigador *n.m.* **1** (polícia, função) investigator **2** (pesquisa) researcher
investigar *v.* **1** (crime) to investigate; to look into **2** (assunto, disciplina) to do research on; to research
investimento *n.m.* investment
investir *v.* to invest
invisível *adj.2gén.* invisible
invisual *adj.2gén.* blind ◆ *n.2gén.* blind person
invocar *v.* to invoke
involuntário *adj.* **1** (movimento) involuntary **2** (erro) unintentional
invulgar *adj.* uncommon; unusual
ioga *n.m.* yoga; **praticar ioga:** to practise yoga
iogurte *n.m.* yoghurt
iogurteira *n.f.* yoghurt-maker
ioiô *n.m.* yo-yo
ir *v.* to go; (situação) **como vão as coisas?:** how are things going?; **ir a pé:** to go on foot; (caminho) **ir dar a:** to lead to; (de transporte) **ir de carro/comboio:** to go by car/train; **ir ter com:** to meet ◆ **ir-se** to go away; to depart; **ir-se embora:** to go away
ira *n.f.* anger; rage; wrath; **acesso de ira:** fit of rage
íris *n.f.* iris
Irlanda *n.f.* Ireland; **Irlanda do Norte:** Northern Ireland; **República da Irlanda:** Republic of Ireland

A **Irlanda do Norte** é um dos quatro países que formam o Reino Unido (juntamente com a Inglaterra, a Escócia e o País de Gales). Está situada no nordeste da ilha da Irlanda e faz fronteira a sul e oeste com a República da Irlanda. A capital da Irlanda do Norte é Belfast.
A **República da Irlanda** é um país independente (reconhecido como tal em 1922) e a sua capital é Dublin.

irlandês *adj.* Irish ◆ *n.m.* **1** (homem) Irishman; (mulher) Irishwoman; **os irlandeses:** the Irish **2** (língua) Irish
irmã *n.f.* sister
irmão *n.m.* brother
ironia *n.f.* irony
irónico *adj.* ironic
irracional *adj.2gén.* irrational
irreal *adj.2gén.* unreal
irreflectido *a nova grafia é* **irrefletido**
irrefletido *adj.* rash; **de maneira irrefletida:** rashly
irregular *adj.* **1** irregular; **verbo irregular:** irregular verb **2** abnormal; **uma situação irregular:** an abnormal situation
irregularidade *n.f.* **1** irregularity **2** (superfície) unevenness; **irregularidades do terreno:** unevenness of the ground
irrelevante *adj.2gén.* irrelevant
irrequieto *adj.* restless; **criança irrequieta:** a restless child
irresistível *adj.2gén.* irresistible; **encantos irresistíveis:** irresistible charms
irresponsabilidade *n.f.* irresponsibility
irreverência *n.f.* irreverence
irreverente *adj.2gén.* irreverent
irritação *n.f.* **1** (nervosismo) irritation; anger **2** (na pele, olhos) rash; irritation
irritante *adj.2gén.* irritating; annoying
irritar *v.* **1** to irritate; to anger; to annoy **2** (pele, olhos) to inflame; to irritate ◆ **irritar-se** to get angry; to get annoyed; **irritar-se por tudo e por nada:** to get annoyed very easily
isca *n.f.* (de pesca) bait; decoy
isco *n.m.* bait; **morder o isco:** to take/swallow the bait
isento *adj.* exempt; free; **isento de impostos:** tax-free
islâmico *adj.* Islamic
islamismo *n.m.* Islamism
islandês *adj.* Icelandic ◆ *n.m.* **1** (pessoa) Icelander **2** (língua) Icelandic
Islândia *n.f.* Iceland
isolado *adj.* isolated
isolamento *n.m.* **1** isolation **2** insulation; **isolamento acústico:** sound insulation
isolante *adj.2gén.* insulating ◆ *n.m.* insulator
isolar *v.* **1** to isolate **2** (ruído) to soundproof
isqueiro *n.m.* lighter
isso *pron.dem.* that; **é isso mesmo:** that's it; **é só isso?:** is that all?; **nem por isso:** not really
isto *pron.dem.* this; **isto é:** that is
Itália *n.f.* Italy
italiano *adj. e n.m.* Italian
itálico *adj.* italic ◆ *n.m.* italics; **em itálico:** in italics
item *n.m.* item
itinerário *n.m.* itinerary

J

j *n.m.* (letra) j
já *adv.* 1 already; **já acabaste?:** have you already finished? 2 at once; right now; **vem já aqui!:** come here at once!; **vou já!:** I'm coming! 3 (em perguntas) ever; yet; **já estiveste em Inglaterra?:** have you ever been to England?
jacaré *n.m.* alligator
jacinto *n.m.* (flor) hyacinth
jacto *a nova grafia é* **jato**
jaguar *n.m.* (animal) jaguar
jamais *adv.* 1 never; **jamais vi algo assim:** I've never seen anything like this 2 (com palavra negativa) ever; **ninguém jamais o viu:** nobody ever saw him
janeiro *n.m.* January
janela *n.f.* window; **olhar pela janela:** to look out the window; **um lugar à janela:** a window seat
jangada *n.f.* raft; float
jantar *n.m.* dinner; **ao jantar:** at dinner time ◆ *v.* to have dinner; to dine; **jantar fora de casa:** to dine out
jante *n.f.* (automóvel) wheel rim
Japão *n.m.* Japan
japonês *adj. e n.m.* Japanese
jarda *n.f.* (unidade de medida) yard
jardim *n.m.* garden; **jardim zoológico:** zoo
jardim-infantil *n.m.* kindergarten; nursery school
jardinagem *n.f.* gardening
jardinar *v.* to garden
jardineiras *n.f.pl.* dungarees
jardineiro *n.m.* gardener
jarra *n.f.* (de flores) vase
jarro *n.m.* 1 jug; **jarro de água:** water jug 2 (planta) arum lily
jasmim *n.m.* jasmine
jato *n.m.* 1 (água) jet; stream 2 jet; **avião a jato:** jet plane
jaula *n.f.* cage
javali *n.m.* (macho) wild boar; (fêmea) wild sow
jazigo *n.m.* 1 (monumento funerário) tomb; **jazigo de família:** family tomb 2 (minerais) bed; **jazigo de minerais:** ore bed
jeito *n.m.* 1 way; **de jeito nenhum!:** no way!; **não gosto do jeito como ele fala:** I don't like the way he talks 2 skill; flair; **não ter jeito para nada:** to be clumsy; **ter jeito para o Inglês:** to have a flair for English
jeitoso *adj.* 1 (hábil) handy; skilful 2 (elegante) handsome
jejum *n.m.* fast; fasting; **estar de/em jejum:** to be fasting
jerico *n.m.* donkey; ass
jesus *interj.* bless me!
Jesus *n.m.* Jesus; **Menino Jesus:** Christ child
jiboia *n.f.* boa constrictor
jibóia *a nova grafia é* **jiboia**
jindungo *n.m.* *(Angola)* chili; chili pepper; hot pepper
jipe *n.m.* jeep
joalharia *n.f.* 1 jewellery 2 (loja) jeweller's
joalheiro *n.m.* jeweller
joanete *n.m.* bunion
joaninha *n.f.* *(Grã-Bretanha)* ladybird; *(Estados Unidos da América)* ladybug
João Pestana *n.m.* (contos infantis) sandman

jobar *v.* *(Moçambique)* to work
joelhada *n.f.* blow with the knee; **dar uma joelhada a alguém:** to knee somebody
joelheira *n.f.* kneepad
joelho *n.m.* knee; **até aos joelhos:** knee-deep; **pôr-se de joelhos:** to go down on one's knees
jogada *n.f.* **1** (jogo) move **2** (vez) play **3** (lançamento) throw; hit
jogador *n.m.* [*f.* jogadora] **1** (competição) player; **jogador de futebol:** football player **2** (a dinheiro) gambler
jogar *v.* **1** (futebol, cartas) to play; **jogar às escondidas:** to play hide and seek **2** (a dinheiro) to gamble; **jogar a dinheiro:** to gamble **3** (dados) to throw; **joga os dados:** throw the dice
jogo *n.m.* **1** (diversão, competição) game; **jogo de tabuleiro:** board game; **Jogos Olímpicos:** Olympic Games **2** (a dinheiro) gambling; **perder ao jogo:** to gamble away
joguete *n.m.* **1** plaything; toy **2** (bobo) fool ✧ **ser um joguete nas mãos de alguém:** to be a tool in someone's hands
joia *n.f.* **1** jewel; piece of jewellery; **ele comprou-lhe uma joia:** he bought her a jewel **2** *(informal)* (pessoa) darling; treasure; **ela é uma joia:** she's a treasure
jóia *a nova grafia é* **joia**
jóquei *n.m.* (cavaleiro) jockey
jóquer *n.m.* (cartas) joker
jornada *n.f.* (viagem) journey
jornal *n.m.* newspaper; paper; **jornal diário:** daily paper
jornalismo *n.m.* journalism
jornalista *n.2gén.* journalist
jornalístico *adj.* journalistic
jorrar *v.* to spout out; **o sangue jorrava da ferida:** the blood was spouting from the wound
jorro *n.m.* **1** jet **2** (abundante) gush; **a jorros:** in torrents **3** (sangue) spurt
jovem *adj.2gén.* young ◆ *n.2gén.* young person; youth
jovial *adj.2gén.* **1** jovial **2** cheerful
jovialidade *n.f.* joviality
joystick *n.m.* joystick
juba *n.f.* **1** (leão) mane **2** *(informal)* (cabelo) mop
jubileu *n.m.* jubilee
júbilo *n.m.* jubilation
judaísmo *n.m.* Judaism
judeu *adj.* Jewish ◆ *n.m.* Jew
judia *n.f.* Jewess
judo *n.m.* judo
judoca *n.2gén.* judoist
juiz *n.m.* [*f.* juíza] judge
juízo *n.m.* **1** (sensatez) good sense; common sense **2** (sentença) judgement
julgamento *n.m.* **1** (opinião) judgement **2** (em tribunal) trial
julgar *v.* **1** to judge; **até onde posso julgar:** as far as I can judge **2** to think; to suppose; **julgo que não:** I don't think so; **julgo que sim:** I think so
julho *n.m.* July
jumento *n.m.* [*f.* jumenta] (animal) donkey; ass
junco *n.m.* rush
junho *n.m.* June
júnior *adj.2gén.* junior; younger ◆ *n.2gén.* DESPORTO junior; **ele joga nos juniores:** he plays in the junior team
junta *n.f.* **1** council; **junta de freguesia:** parish council **2** (de bois) yoke
juntamente *adv.* jointly; together
juntar *v.* **1** to join; to unite; to put together; **juntar as mesas:** to put the tables together; **juntar dois pedaços:** to join two pieces **2** to add; **junte um pouco de água:** add a little water **3** (dinheiro) to save up; **ando a juntar dinheiro para um skate:** I'm saving

up for a skateboard **4** (recolher) to collect ◆ **juntar-se** to gather; to meet; to join up
junto *adj.* together; **todos juntos:** all together ◆ *adv.* **1** (juntamente) together; **mistura a farinha junto com a manteiga:** mix the flour and the butter together **2** (perto) near; next; **junto do cinema:** next to the cinema; near the cinema
Júpiter *n.m.* Jupiter
jura *n.f.* **1** (juramento) oath **2** (praga) curse
juramento *n.m.* oath; **prestar juramento:** to take an oath; **sob juramento:** on/upon one's oath
jurar *v.* to swear
júri *n.m.* jury; **membro do júri:** member of the jury
justiça *n.f.* justice; **tratar com justiça:** to treat fairly
justificação *n.f.* justification
justificar *v.* to justify
justo *adj.* **1** fair; just; **ser justo com:** to be fair to **2** right; **o preço justo:** the right price **3** tight; **esta saia está-me muito justa:** this skirt is too tight for me
juvenil *adj.2gén.* **1** (roupa) teenage **2** (aparência) youthful
juventude *n.f.* youth; **pousada de juventude:** youth hostel

K

k *n.m.* (letra) k
kanimambo *interj. (Moçambique)* thank you; thanks
karaoke *n.m.* karaoke
karaté *n.m.* karate
karateca *n.2gén.* karateka
kart *n.m.* go-kart
karting *n.m.* go-karting
kartódromo *n.m.* circuit for karting races
kilowatt *n.m.* kilowatt
kit *n.m.* kit; set
kiwi *n.m.* (fruto, ave) kiwi
kwanza *n.m.* (moeda de Angola) kwanza

L

l *n.m.* (letra) l
lá *adv.* **1** (lugar) there; **anda lá!:** come on!; **cá e lá:** here and there; **lá dentro:** in there; **lá em baixo:** down there; downstairs; **lá em cima:** up there; upstairs; (estrangeiro) **lá fora:** abroad **2** (fora) outside; **para lá de:** beyond **3** (tempo) then; **até lá:** until then
lã *n.f.* **1** wool; **lã virgem:** new wool; **de lã:** woollen; **de pura lã:** pure wool **2** (de ovelha) fleece
labareda *n.f.* blaze; flame
lábio *n.m.* ANATOMIA lip; **lábio inferior:** lower lip; **lábio superior:** upper lip
labirinto *n.m.* **1** labyrinth **2** (num jardim) maze
laboratório *n.m.* laboratory; *(informal)* lab; **laboratório de análises clínicas:** pathology laboratory
laca *n.f.* hair spray
laçada *n.f.* slipknot
laço *n.m.* **1** bow **2** (em fita) ribbon **3** (em gravata) knot **4** *(figurado)* bond; tie; **laços de família:** family ties
lácteo *adj.* milky; **produtos lácteos:** dairy products
lacuna *n.f.* gap; **preencher uma lacuna:** to fill a gap
lado *n.m.* **1** side; **ao lado de:** beside; **de lado:** sideways; **do lado de alguém:** on someone's side; **lado a lado:** side by side; **pôr de lado:** to set aside; **por outro lado:** on the other hand; **por um lado:** on the one hand **2** (rumo) direction; way; **foram por outro lado:** they went a different way; **olhar para todos os lados:** to look in all directions; **de todos os lados:** on all sides; on every side **3** place; **andar de um lado para o outro:** to run

about from one place to another; **em algum lado:** somewhere
ladrão *n.m.* [*f.* ladra] **1** thief **2** (de bancos) robber **3** (de casas) burglar **4** (de automóveis) carjacker
ladrar *v.* to bark
ladrilho *n.m.* **1** tile **2** (chão) tiled floor
lagar *n.m.* press
lagarta *n.f.* caterpillar
lagartixa *n.f.* gecko
lagarto *n.m.* lizard
lago *n.m.* **1** (natural) lake; **região de lagos:** lake district **2** (em jardim, parque) pond
lagoa *n.f.* lagoon
lagosta *n.f.* (animal) lobster; spiny lobster; **viveiro de lagostas:** lobster-bed
lagostim *n.m.* crayfish
lágrima *n.f.* tear; *(informal)* **lágrimas de crocodilo:** crocodile tears
laje *n.f.* (placa) slab; **laje de granito:** granite slab
lama *n.f.* mud; **enterrar-se na lama:** to stick in the mud ◆ *n.m.* (animal) llama
lamacento *adj.* muddy; **caminhos lamacentos:** muddy roads
lamber *v.* to lick; *(informal)* **lamber as botas a alguém:** to lick someone's boots
lambreta *n.f.* scooter
lamentar *v.* to regret; to lament; **lamentamos informar que:** we regret to inform you that; **lamento imenso:** I'm terribly sorry ◆ **lamentar-se 1** to lament **2** to complain
lamento *n.m.* lament
lâmina *n.f.* **1** (de faca, espada) blade **2** (de barba) razor blade **3** (de persiana) slat **4** (de microscópio) slide
lâmpada *n.f.* light bulb; **lâmpada de incandescência:** glow-lamp; **lâmpada elétrica:** electric bulb; **lâmpada fluorescente:** fluorescent light
lampião *n.m.* **1** (casa) lantern **2** (rua) streetlamp **3** (jardim) garden light
lampreia *n.f.* lamprey
lança *n.f.* lance; spear
lançamento *n.m.* **1** DESPORTO throwing; **lançamento do dardo:** javelin throwing; **lançamento do martelo:** hammer throwing **2** (de produto, míssil) launch **3** (de disco, filme) release; **novo lançamento:** new release; (livro) new title
lançar *v.* **1** DESPORTO to throw **2** (produto, míssil) to launch; **lançar no mercado:** to put on the market **3** (disco, filme) to release ◆ **lançar-se** to throw oneself
lance *n.m.* **1** (lançamento) throwing; throw; casting **2** DESPORTO shot; **lance livre:** free throw
lancha *n.f.* (embarcação) launch
lanchar *v.* to have tea; to have an afternoon snack
lanche *n.m.* **1** (refeição rápida) snack **2** (tarde) afternoon tea

> Para dizermos **lanche** em inglês usamos a palavra **snack** ou a expressão **afternoon tea**. Também existe a palavra **lunch** em inglês, mas quer dizer *almoço*.

lancheira *n.f.* lunch case; lunch box
lanterna *n.f.* **1** lantern; **lanterna mágica:** magic lantern **2** (portátil) torch; flashlight
lapa *n.f.* (molusco) limpet
lapela *n.f.* lapel
lápide *n.f.* **1** (túmulo) tombstone; gravestone **2** (comemorativa) memorial stone
lápis *n.m.* pencil; **escrito a lápis:** written in pencil; **lápis de cor:** coloured pencil; crayon
lapiseira *n.f.* propelling pencil

lapso *n.m.* **1** mistake; **por lapso:** by mistake **2** (de memória) slip **3** (de tempo) period (of time)
lar *n.m.* **1** home; **lar de terceira idade:** old people's home; **lar doce lar:** home sweet home **2** family; household
laranja *n.f.* (fruto) orange ◆ *adj. e n.m.* (cor) orange
laranjada *n.f.* orange juice
laranjeira *n.f.* (árvore) orange tree
lareira *n.f.* fireplace; **estar à lareira:** to be by the fireplace
larga *n.f.* looseness; **dar largas a:** to give vent to; **dar largas à imaginação:** to set one's imagination free
largar *v.* **1** to release **2** to let go; to drop; **larga isso!:** drop it!; **larga-me!:** let me go!
largo *adj.* **1** (medida, extensão) broad; wide; **estrada muito larga:** wide open road; **ter vistas largas:** to be open-minded **2** (roupa) loose; baggy; **calças largas:** baggy trousers **3** (tempo) many; **durante largos anos:** for many years ◆ *n.m.* (praça) square; plaza
largura *n.f.* width; breadth; **largura de uma mesa:** width of a table; **qual é a largura desta sala?:** how wide is this room?; **ter um metro de largura:** to be one meter wide
laringe *n.f.* larynx
larva *n.f.* larva
lasanha *n.f.* lasagne; lasagna
lasca *n.f.* **1** chip **2** (de madeira, metal) splinter **3** (de comida) morsel
lata *n.f.* **1** can; tin; **conservas em lata:** tinned goods; canned goods **2** *(informal)* cheek; nerve; **tens muita lata!:** you've got a lot of nerve!
latão *n.m.* yellow brass; brass
lateral *adj.2gén.* lateral
latido *n.m.* bark
latim *n.m.* Latin
latino *adj.* Latin; **América Latina:** Latin America ◆ *n.m.* (língua, pessoa) Latin
latir *v.* to bark
latitude *n.f.* latitude
lava *n.f.* lava
lavabos *n.m.pl.* toilet
lavagante *n.m.* crayfish
lavagem *n.f.* wash; washing; **lavagem a seco:** dry cleaning
lava-louça *n.m.* sink; kitchen sink
lavanda *n.f.* lavender
lavandaria *n.f.* **1** (estabelecimento) dry cleaner's; **levar à lavandaria:** to have (something) cleaned; to take (something) to the cleaner's **2** (divisão da casa) utility room **3** (divisão em edifício) laundry
lavar *v.* to wash; **lavar a cabeça:** to wash one's hair; **lavar a louça:** to do the dishes; **lavar a roupa:** to do the laundry; **lavar as mãos:** to wash one's hands; **lavar os dentes:** to brush one's teeth
lavatório *n.m.* washbasin; sink; lavatory
lavoura *n.f.* farming; husbandry
lavrador *n.m.* [*f.* lavradeira] **1** (trabalhador) farmhand **2** (proprietário) farmer
lavrar *v.* **1** to plough **2** to till; to cultivate
lazer *n.m.* **1** leisure; relaxation **2** spare time; free time; recreation
leal *adj.2gén.* loyal; fair; **ser leal:** to play fair
lealdade *n.f.* loyalty; fair play
leão *n.m.* lion; **juba de leão:** lion's mane
Leão *n.m.* (constelação, signo) Leo; the Lion
leão-marinho *n.m.* sea lion
lebre *n.f.* hare
lectivo *a nova grafia é* **letivo**
legado *n.m.* legacy
legal *adj.2gén.* legal; lawful
legalidade *n.f.* legality
legalização *n.f.* legalization

legalizar *v.* **1** (situação, pessoa) to legalize **2** (documento) to certify
legalmente *adv.* according to law; legally
legar *v.* (herança) to bequeath
legenda *n.f.* (cinema, televisão) subtitle
legislação *n.f.* legislation
legislar *v.* to legislate
legítimo *adj.* **1** (ato) legitimate; valid; acceptable; justifiable; **em legítima defesa:** in self-defence **2** lawful; legal; legitimate; **filho legítimo:** legitimate child
legível *adj.2gén.* legible; readable
legume *n.m.* vegetable; **legumes frescos:** green vegetables
lei *n.f.* **1** law; **infringir a lei:** to break the law **2** rule; regulation; **a lei do mais forte:** the law of the jungle
leilão *n.f.* auction; **vender tudo em leilão:** to auction off
leiloar *v.* to auction
leitão *n.m.* sucking pig; suckling pig
leitaria *n.f.* creamery
leite *n.m.* milk; **leite condensado:** condensed milk; **leite em pó:** dried milk; powdered milk; **leite gordo:** whole milk; **leite magro:** skimmed milk; skim milk; **leite meio-gordo:** low-fat milk
leite-creme *n.m.* custard
leiteira *n.f.* **1** (recipiente) milk pot; milk jug **2** (pessoa) milkmaid
leiteiro *n.m.* milkman
leito *n.m.* bed; **leito do rio:** river bed; river bottom
leitor *n.m.* [*f.* leitora] **1** reader **2** (em universidade) foreign language assistant **3** INFORMÁTICA drive; **leitor de CD:** CD player; **leitor de cassetes:** tape recorder
leitoso *adj.* milky
leitura *n.f.* reading; **leitura fácil:** easy reading; **uma boa leitura:** a good reading
lema *n.m.* **1** (divisa) motto **2** (publicidade) slogan
lembrança *n.f.* **1** (memória) recollection **2** (prenda) souvenir ❖ **dê lembranças minhas aos seus pais:** give my regards to your parents
lembrar *v.* to remember; to recall; to remind ◆ **lembrar-se 1** to remember; to recall; **não me lembro do número:** I can't remember the number; **se bem me lembro:** if I remember rightly; **tanto quanto me lembro:** to the best of my recollection **2** to bear in mind; **lembra-te disto:** mark my words
leme *n.m.* rudder
lenço *n.m.* **1** (de mão) handkerchief; **lenço de papel:** tissue **2** (do pescoço) scarf
lençol *n.m.* sheet; *(informal)* **estar em maus lençóis:** to be in a pickle; **jogo de lençóis:** sheet set; **lençol de água:** sheet of water; **lençol de baixo:** bottom sheet; **lençol de cima:** top sheet
lenda *n.f.* legend
lendário *adj.* legendary
lengalenga *n.f.* rigmarole
lenha *n.f.* wood; firewood; **lenha rachada:** split wood; **pilha de lenha:** wood pile
lenhador *n.m.* woodcutter; lumberjack
lentamente *adv.* slowly
lente *n.f.* lens; **lentes de contacto:** contact lenses
lentidão *n.f.* slowness
lentilha *n.f.* lentil
lento *adj.* (velocidade) slow; **trânsito lento:** slow-moving traffic
leoa *n.f.* lioness
leopardo *n.m.* leopard
leque *n.m.* fan
ler *v.* to read; **aprender a ler e a escrever:** to learn how to read and write; **ele não sabe ler:** he can't read; **ler em voz alta:** to read aloud; **ler nas**

entrelinhas: to read between the lines; **ler os pensamentos de alguém:** to read someone's thoughts; **ler um livro:** to read a book
lés *n.m.* east; **de lés a lés:** coast to coast
lesão *n.f.* injury; lesion; **ter uma lesão grave:** to be seriously injured
lesar *v.* to harm; to damage
lesionar *v.* to injure ◆ **lesionar-se** to get injured
lesma *n.f.* slug
leste *n.m.* east; *(informal)* **estar a leste de alguma coisa:** to be unaware of something; **países de Leste:** Eastern countries; **seguir para leste:** to move on eastward
letivo *adj.* academic; **ano letivo:** school year; **período letivo:** term
letra *n.f.* **1** letter **2** (caligrafia) handwriting **3** MÚSICA lyrics
letreiro *n.m.* sign; notice
leucemia *n.f.* leukaemia
leucócito *n.m.* leucocyte
levantamento *n.m.* **1** raising **2** insubordination; rebellion; **levantamento militar:** army rebellion **3** withdrawal; **levantamento de dinheiro:** withdrawal of money
levantar *v.* **1** to raise; to lift **2** to raise; **levantar dúvidas:** to raise doubts **3** to pick up; **levantar o auscultador do telefone:** to pick up the phone **4** to withdraw; **levantar dinheiro do banco:** to withdraw money from the bank **5** (avião) to take off ◆ **levantar-se 1** to stand up; **levantar-se da mesa:** to leave the table **2** (da cama) to get up; to rise; **levantar-se cedo:** to get up early
levar *v.* **1** to take; **leva o casaco:** take the coat; **levar pela mão:** to take by the hand **2** to carry; **quem leva o saco?:** who carries the bag? **3** to take away; **leva isso daqui:** take that away from here; **levar à força:** to take away by force **4** *(informal)* (pancada) to be smacked; to be hit; **levar a cabo:** to carry it out; **levar a mal:** to take something amiss; **levar a peito:** to take it personally; **levar a sério:** to take it seriously; **levar uma injeção:** to have an injection
leve *adj.* **1** light; **leve como uma pena:** as light as a feather **2** thin; faint; **uma leve esperança:** a faint hope **3** slight; **ao de leve:** slightly; **uma leve constipação:** a slight cold
levedar *v.* **1** (massa) to leaven **2** (pão) to ferment
levedura *n.f.* yeast; leaven
leveza *n.f.* lightness
lexical *adj.2gén.* lexical
léxico *n.m.* lexicon
libelinha *n.f.* dragonfly
libélula *n.f.* dragonfly
liberal *adj.2gén.* **1** liberal; generous **2** tolerant; liberal; **educação liberal:** liberal education **3** (mentalidade) broad-minded; open-minded
liberdade *n.f.* freedom; liberty; **estar em liberdade condicional:** to be on probation; **liberdade religiosa:** religious freedom; **liberdade de expressão:** freedom of speech; **tomar a liberdade de:** to take the liberty of
libertação *n.f.* **1** release; **libertação de refugiados:** refugee release **2** release; emission; discharge; **libertação de calor para a atmosfera:** emission of heat into the atmosphere
libertar *v.* **1** to set free; to release **2** (calor, energia) to release; to discharge; to emit ◆ **libertar-se 1** to get rid **2** to set oneself free
liberto *adj.* free; **liberto de:** free from
libra *n.f.* pound; **libra irlandesa:** punt
lição *n.f.* **1** lesson; **dar uma lição a alguém:** to teach somebody a lesson;

que isto te sirva de lição: let this be a lesson to you **2** *(figurado)* (sermão) lecture; lesson; **não preciso das tuas lições:** stop lecturing me

licença *n.f.* **1** leave; **estar de licença:** to be on leave; **licença de parto:** maternity leave **2** permission; **conceder licença:** to grant permission; **dás-me licença?:** excuse me!, may I? **3** (documento) licence; permit; **licença de construção:** building permit

licenciado *n.m.* (universidade) graduate; **licenciado em Letras:** Master of Arts

licenciar *v.* (autorização) to license ◆ **licenciar-se** (universidade) to graduate

licenciatura *n.f.* graduation; academic degree

liceu *n.m.* *(Grã-Bretanha)* grammar school; secondary school; *(Estados Unidos da América)* high school

licor *n.m.* liqueur

lidar *v.* to deal; **como vais lidar com esse problema?:** how will you deal with that problem?

líder *n.2gén.* leader

liderança *n.f.* leadership; **capacidade de liderança:** leadership ability

liderar *v.* to lead; to be at the head of

liga *n.f.* **1** alliance; league; pact **2** QUÍMICA alloy **3** DESPORTO league; **Liga dos Campeões:** Champions League

ligação *n.f.* **1** connection; association; **em ligação com:** in connection with **2** (telefone) connection; call; **a ligação está feita:** the call is through **3** (relação amorosa) relationship

ligadura *n.f.* bandage

ligamento *n.m.* ligament

ligar *v.* **1** to unite; to join; to link up **2** (canos, fios) to connect; to link **3** (luz, aparelho) to switch on; to turn on; **liga a televisão:** turn the TV on **4** to plug in; **ligar a ficha à corrente:** to plug in **5** to bandage; **ligar o braço:** to bandage the arm **6** to care; to pay attention; **ele não me liga nenhuma:** he pays no attention to me; **não ligues!:** never mind! **7** (telefone) to phone; to ring up

ligeiro *adj.* light; superficial

lilás *n.m.* (planta, flor) lilac ◆ *adj.2gén. e n.m.* (cor) lilac; mauve

lima *n.f.* **1** (utensílio) file **2** (fruto) sweet lime

limão *n.m.* lemon; **sumo de limão:** lemon juice

limar *v.* **1** (metal, madeira, unhas) to file; to smooth **2** *(figurado)* to polish; **limar as arestas:** to polish up

limiar *n.m.* threshold

limitação *n.f.* **1** limitation; restriction **2** limitation; shortcoming; **conhecer as suas limitações:** to know one's limitations

limitar *v.* **1** to limit; to restrict; **limitar as entradas:** to limit entries; **limitar despesas:** to limit expenditure **2** (espaço) to limit; to bound; to circumscribe ◆ **limitar-se** to limit oneself; to do no more; **limitei-me a dizer que não:** I just said no

limite *n.m.* **1** limit; restriction; **limite de velocidade:** speed limit **2** limit; end; **dentro de certos limites:** within limits

limoeiro *n.m.* (árvore) lemon tree

limonada *n.f.* lemonade

limpa-chaminés *n.m.* chimney sweeper

limpa-para-brisas *n.m.2núm.* windscreen wiper

limpa-pára-brisas *a nova grafia é* **limpa-para-brisas**

limpar *v.* **1** to clean; to tidy up; **limpar a seco:** to dry-clean; **limpar o pó:** to dust **2** (pó, louça, lágrimas) to wipe; to rub **3** (ferida) to cleanse

limpeza *n.f.* cleaning; **fazer limpezas:** to clean up; **limpeza a seco:** dry cleaning

limpidez *n.f.* clearness; brightness
límpido *adj.* limpid; crystal-clear
limpo *adj.* 1 clean; **mãos limpas:** clean hands; **roupa limpa:** clean laundry 2 (céu) clear; bright
lince *n.m.* (animal) lynx
lindamente *adv.* 1 beautifully 2 well; fine
lindo *adj.* 1 beautiful; **uma paisagem linda:** a beautiful landscape 2 pretty; handsome; **uma rapariga linda:** a pretty girl; **um rapaz lindo:** a handsome boy
língua *n.f.* 1 tongue; **deitar a língua de fora:** to stick out one's tongue 2 (idioma) language; **falar várias línguas:** to speak several languages; **língua estrangeira:** foreign language; **língua materna:** mother tongue
linguado *n.m.* (peixe) sole
linguagem *n.f.* language; **linguagem gestual:** sign language
linguista *n.2gén.* linguist
linguística *n.f.* linguistics
linha *n.f.* 1 line; **linha reta:** straight line 2 INFORMÁTICA line; connection; **em linha:** on line 3 thread; line; **agulha e linha:** needle and thread 4 (comboios, etc.) railway; **linha principal:** main line 5 line; route; **linha aérea:** airline
linhagem *n.f.* lineage
linho *n.m.* 1 (planta) flax 2 (tecido) linen
liquidação *n.f.* 1 (falência) liquidation 2 (loja) clearance sale; sell-out; **liquidação total:** clearance sale
liquidar *v.* 1 (falência) to liquidate 2 (recheio de loja) to sell out 3 (conta) to close
líquido *n.m.* liquid; fluid ♦ *adj.* liquid; **iogurte líquido:** liquid yoghurt
lira *n.f.* (instrumento musical) lyre
lírico *adj.* lyrical
lírio *n.m.* (flor) lily
liso *adj.* 1 (superfície) smooth; even 2 (cabelo) straight 3 (folha, espaço) blank
lisonja *n.f.* flattery
lisonjeiro *adj.* flattering
lista *n.f.* 1 list; **lista das compras:** shopping list 2 stripe; **tecido com listas:** striped cloth
listagem *n.f.* listing; list
listar *v.* to list; to catalogue
listra *n.f.* stripe; streak
literal *adj.2gén.* literal; **no sentido literal:** in the literal sense; **tradução literal:** literal translation
literário *adj.* literary; **obra literária:** literary work
literatura *n.f.* literature
litoral *n.m.* coastline
litro *n.m.* litre
lívido *adj.* (pálido) pale; livid
livrar *v.* to release; to free; **Deus me livre!:** God forbid! ♦ **livrar-se** 1 to free oneself; **livrar-se de responsabilidades:** to free oneself from responsibility 2 to get rid; **livrar-se de alguém:** to get rid of someone
livraria *n.f.* *(Grã-Bretanha)* bookshop; *(Estados Unidos da América)* bookstore

> *Para dizermos* **livraria** *em inglês usamos a palavra* **bookshop**. *Também existe a palavra* **library** *em inglês, mas quer dizer biblioteca.*

livre *adj.* 1 free; **um país livre:** a free country 2 (espaço) open; **ao ar livre:** in the open air 3 free; available; **estás livre agora?:** are you free now?; **este lugar está livre?:** is this seat taken? 4 clear; **o caminho está livre:** the coast is clear 5 out; free; **estar livre de perigo:** to be out of danger
livreiro *n.m.* bookseller
livremente *adv.* freely; **circular livremente:** to walk around freely

livrete *n.m.* **1** (livro pequeno) booklet **2** (documento) registration; **livrete do carro:** car registration
livro *n.m.* book; **livro de bolso:** pocketbook; **livro de cabeceira:** bedside book; **livro de capa mole:** paperback; **livro de reclamações:** complaints book; **livro eletrónico:** e-book
lixa *n.f.* (material) sandpaper; glasspaper
lixar *v.* (superfície) to sand (down)
lixeira *n.f.* dump
lixeiro *n.m.* dustman; garbage collector
lixo *n.m.* **1** rubbish; refuse; trash; *(Estados Unidos da América)* garbage **2** waste; **lixo atómico:** atomic waste
lobisomem *n.m.* werewolf
lobo (lóbo) *n.m.* lobe; **lobo da orelha:** ear's lobe
lobo (lôbo) *n.m.* wolf
lobolo *n.m.* *(Moçambique)* (dote de casamento) dowry
local *adj.2gén.* local; **autoridades locais:** local authority ◆ *n.m.* place; **local de nascimento:** birthplace; **local de trabalho:** workplace
localidade *n.f.* place; site
localização *n.f.* **1** (ação) location **2** (local) locale; site
localizar *v.* **1** to locate; to pinpoint **2** to track down ◆ **localizar-se** to be situated; to be located
loção *n.f.* lotion; **loção de barbear:** shaving lotion; **loção para depois da barba:** aftershave lotion
lógica *n.f.* logic
lógico *adj.* logical
logo *adv.* **1** (mais tarde) later; **até logo!:** see you later! **2** (já) right away; at once **3** (brevemente) soon; **logo que:** as soon as ◆ *conj.* therefore; so; **penso, logo existo:** I think, therefore I am
loiça *n.f.* → **louça**
loiro *adj. e n.m.* → **louro**
loja *n.f.* shop; **loja de brinquedos:** toyshop
lomba *n.f.* (estrada) ramp
lombada *n.f.* (livro) spine; back
lombar *adj.2gén.* lumbar
lombo *n.m.* CULINÁRIA loin; **lombo de vaca:** sirloin
lona *n.f.* canvas; sailcloth ❖ *(informal)* **estar nas lonas:** to be broke
Londres *n.* London
londrino *adj.* of London; from London ◆ *n.m.* [*f.* londrina] Londoner
longe *adv.* far; far away; a long way; **ao longe:** at a distance; far off; **de longe:** from far away; by a long way; **longe disso:** far from it
longínquo *adj.* distant; remote
longitude *n.f.* longitude
longo *adj.* **1** (extensão) long **2** (demorado) lengthy
lontra *n.f.* (animal) otter
lorde *n.m.* lord
losango *n.m.* rhombus
lotação *n.f.* **1** (veículo) capacity **2** (navio) tonnage **3** (sala de espetáculos) house; **lotação esgotada:** the house is sold out; full house
lotaria *n.f.* lottery; **bilhete de lotaria:** lottery ticket
lote *n.m.* **1** (terreno) plot **2** (leilão) lot
loto *n.m.* (jogo) lotto
lótus *n.m.2núm.* lotus
louça *n.f.* tableware; dishes; **lavar a louça:** to do the dishes
louco *adj.* **1** mad; crazy **2** insane
loucura *n.f.* madness; insanity
loureiro *n.m.* laurel
louro *adj.* blond; fair; **cabelo louro:** blond hair ◆ *n.m.* [*f.* loura] **1** (pessoa) blond **2** BOTÂNICA laurel; **coroa de louros:** laurel wreath
lousa *n.f.* slate
louvar *v.* to praise
louvor *n.m.* praise; commendation

lua *n.f.* moon; **Lua cheia:** full moon; **Lua nova:** new moon
lua-de-mel *a nova grafia é* **lua de mel**
lua de mel *n.f.* honeymoon
luar *n.m.* moonlight
lucrar *v.* to profit
lucrativo *adj.* lucrative; profitable
lucro *n.m.* gain; profit
lúdico *adj.* entertaining; recreational
lufada *n.f.* (vento) gust; blast
lugar *n.m.* **1** place; **dar lugar a:** to give place to **2** (cinema, teatro, veículo) seat; **lugar à janela:** window seat; **perder o lugar:** to lose one's seat **3** space; room; **deixar lugar para:** to leave room for
lula *n.f.* squid
lume *n.m.* fire
luminoso *adj.* **1** (luz) luminous; bright **2** (letreiro) illuminated
lunar *adj.2gén.* lunar; **módulo lunar:** lunar module
lunático *n.m.* lunatic
lupa *n.f.* magnifying glass
lusofonia *n.f.* lusophony
lusófono *adj.* Portuguese-speaking ◆ *n.m.* Portuguese speaker
luta *n.f.* fight; struggle
lutador *n.m.* fighter
lutar *v.* **1** to struggle; to fight **2** DESPORTO to wrestle
luto *n.m.* mourning; **estar de luto:** to be in mourning
luva *n.f.* glove; **assentar como uma luva:** to fit like a glove
luxo *n.m.* luxury; **dar-se ao luxo de:** to allow oneself to; **de luxo:** luxury; luxurious
luxuoso *adj.* luxurious
luz *n.f.* light; **à luz do dia:** in broad daylight; **acender a luz:** to turn on the light; (filho) **dar à luz:** to give birth to (a child); **desligar a luz:** to turn off the light; to switch off the light; **luz verde:** go-ahead
luzes *n.f.pl.* (automóvel) headlights

M

m *n.m.* (letra) m
maca *n.f.* stretcher
maçã *n.f.* apple; **caroço de maçã:** apple core; **maçãs do rosto:** cheekbones; **tarte de maçã:** apple pie
macaca *n.f.* (jogo) hopscotch
macacão *n.m.* **1** (calças de peito) dungarees **2** (roupa de trabalho) overall
macaco *n.m.* **1** (animal) monkey; ape; *(informal)* **macaco de imitação:** copycat; *(informal)* **macacos me mordam!:** I'll be damned! **2** (aparelho) screw jack; **macaco hidráulico:** hydraulic jack
maçada *n.f.* bore; nuisance; **dá-te muita maçada?:** would it trouble you too much?; **que maçada!:** what a bore!
maçador *adj.* **1** boring **2** tiresome ◆ *n.m.* [*f.* maçadora] bore; **ser um grande maçador:** to be an awful bore
macambuz *n.m.* *(Moçambique)* (pastor) shepherd
maçar *v.* **1** to bother; to pester; **maçar uma pessoa:** to bother a person **2** to bore; **estar horrivelmente maçado:** to be bored to death ◆ **maçar-se 1** to trouble oneself **2** to get bored
macarrão *n.m.* macaroni
machado *n.m.* axe
machamba *n.f.* *(Moçambique)* farm
machambeiro *n.m.* *(Moçambique)* landowner; farm manager
machimbombo *n.m.* *(Angola, Moçambique)* bus
macho *n.m.* **1** (sexo) male **2** (animal) mule ◆ *adj.* male
macieira *n.f.* apple tree
macio *adj.* **1** (tenro) soft **2** (liso) smooth
maço *n.m.* **1** packet; **maço de cartas:** packet of cards **2** bundle; wad; **maço de notas:** wad **3** (de folhas) pad
má-criação *n.f.* **1** rudeness **2** coarseness
macuto *n.m.* *(Angola)* lie
madala *n.2gén.* *(Moçambique)* elderly person
madeira *n.f.* **1** wood; **de madeira:** wooden; **bater na madeira:** to touch wood **2** (construção) timber
madeirense *adj.2gén.* from Madeira ◆ *n.2gén.* native or inhabitant of Madeira
madeixa *n.f.* **1** (cabelo) lock **2** (cabeleireiro) highlight; **fazer madeixas:** to have highlights put in one's hair
madrasta *n.f.* stepmother
madre *n.f.* **1** RELIGIÃO mother; **madre superiora:** Mother Superior **2** RELIGIÃO (freira) nun
madrepérola *n.f.* mother-of-pearl
madressilva *n.f.* honeysuckle
madrinha *n.f.* **1** (de batismo) godmother; **ser madrinha de uma criança:** to stand godmother to a child **2** *(figurado)* patron
madrugada *n.f.* dawn; daybreak; **de madrugada:** at daybreak; at dawn
madrugar *v.* to rise early; to get up early
maduro *adj.* **1** (fruto) ripe **2** (pessoa) mature
mãe *n.f.* **1** mother; **dia da mãe:** mother's day; **futura mãe:** expectant mother; **mãe de família:** wife and mother **2** *(figurado)* source
maestro *n.m.* conductor; maestro

magia *n.f.* 1 magic; **fazer magia:** to do magic; **magia negra:** black magic 2 (bruxaria) sorcery; witchcraft
mágico *adj.* magical; magic; **por artes mágicas:** as if by magic ◆ *n.m.* (ilusionista) magician
magnético *adj.* magnetic
magnetismo *n.m.* magnetism
magnífico *adj.* magnificent; splendid; **uma voz magnífica:** a magnificent voice
magnitude *n.f.* magnitude
magnólia *n.f.* magnolia
mago *n.m.* magician; **os três reis magos:** the three wise men
mágoa *n.f.* sorrow; grief
magoado *adj.* 1 (fisicamente) hurt; injured 2 (emocionalmente) hurt
magoar *v.* 1 (fisicamente) to hurt; to injure 2 (emocionalmente) to hurt ◆ **magoar-se** to get injured; to hurt oneself
magricela *adj.2gén.* *(informal)* skinny ◆ *n.2gén.* *(informal)* skinny person
magro *adj.* 1 (pessoa) slim; thin 2 (carne) lean 3 (alimento) low-fat 4 (leite) skimmed
mainato *n.m.* *(Moçambique)* (empregado doméstico) cleaner
maio *n.m.* May
maionese *n.f.* mayonnaise
maior *adj.* 1 (comparativo de tamanho) larger; bigger; **Londres é maior do que Lisboa:** London is bigger than Lisbon 2 (comparativo de importância) greater; bigger; **há problemas maiores do que esse:** there are bigger problems than that 3 (superlativo de tamanho) biggest; **o maior dos três:** the biggest of the three 4 (superlativo de importância) greatest; **um dos maiores escritores da atualidade:** one of the greatest writers of today
maioria *n.f.* majority; **a maioria das pessoas:** most people; **a maioria de:** most of
maioridade *n.f.* full age; coming of age; adulthood; **atingir a maioridade:** to come of age
mais *adv.* 1 (comparativo) more; **ela é mais inteligente do que eu:** she is more intelligent than me 2 (superlativo) most; **a loja que mais livros vendeu:** the shop that has sold most books 3 (com pronomes interrogativos, indefinidos) else; **mais alguém?:** anybody else?; **que mais?:** what else? 4 (frases negativas) only; **não sabemos mais do que isto:** we only know that ◆ *det.indef.*>*quant.exist.*[DT] *e pron.indef.* more ◆ *n.m.* (sinal) plus ◆ *conj.* 1 and 2 MATEMÁTICA plus; **dois mais dois são quatro:** two plus two are four ◈ **mais ou menos:** more or less; **sem mais nem menos:** out of the blue
mais-que-perfeito *adj. e n.m.* (pretérito) pluperfect
maiúscula *n.f.* capital letter; **escreva em maiúsculas:** write in block letters/in capitals
majestade *n.f.* 1 (título) majesty; **Sua Majestade:** His (Her) Majesty; **Vossa Majestade:** your Majesty 2 (pompa) grandeur 3 (dignidade) dignity
majestoso *adj.* majestic; stately
major *n.m.* MILITAR major
mal *n.m.* 1 evil; **de mal a pior:** from bad to worse; **o bem e o mal:** good and evil; **o mal menor:** the lesser of two evils 2 harm; **ele não fez por mal:** he meant no harm; **fazer mal:** to be harmful ◆ *adv.* 1 badly; **levar a mal:** to take something amiss; **não faz mal!:** never mind! 2 ill; **falar mal de:** to speak ill of 3 (qualidade, aspeto) bad; **isso fica-te mal:** it doesn't suit you;

parecer mal: to look bad **4** (quase nunca) hardly ever; **agora mal os vemos:** we hardly ever see them now **5** (pouco mais de) scarcely; **mal faz um ano:** scarcely a year ago ◆ *conj.* (assim que) as soon as; no sooner... than; **mal chegaram, adormeceram:** as soon as they arrived, they fell asleep

mala *n.f.* **1** (de viagem) suitcase; **fazer as malas:** to pack **2** (de automóvel) boot **3** (carteira) handbag

mal-agradecido *adj.* ungrateful

malagueta *n.f.* chili; chili pepper; hot pepper

malandro *adj.* mischievous; naughty ◆ *n.m.* rascal; scamp

malária *n.f.* (doença) malaria

malcriado *adj.* **1** rude **2** impolite

maldade *n.f.* **1** (malícia) malice **2** (mau comportamento) naughtiness; **fazer maldades:** to be naughty

maldição *n.f.* curse; malediction

maldisposto *adj.* **1** (saúde) indisposed **2** (humor) in a bad mood; cross

maldito *adj.* cursed; damned

maldizer *v.* to slander; to defame

maldoso *adj.* **1** (mau) wicked; bad **2** (malicioso) mischievous **3** (mal-intencionado) ill-meant

male *n.m.* *(Moçambique)* money; wealth

mal-educado *adj.* **1** rude **2** ill-bred

mal-entendido *n.m.* **1** (situação) misunderstanding **2** (engano) mistake

mal-estar *n.m.* indisposition; discomfort

malfeitor *n.m.* crook; villain

malga *n.f.* bowl

malha *n.f.* **1** (em rede) mesh **2** (em meia) ladder **3** (de animal) spot **4** (jogo) quoit; **jogar à malha:** to play at quoits **5** (de ballet, ginástica) leotard **6** (roupa) knitwear; **fazer malha:** to knit

malhado *adj.* (animal) spotted

malhar *v.* (cereais) to thresh

mal-humorado *adj.* ill-tempered; ill-humoured; **estar mal-humorado:** to be in a bad mood

malícia *n.f.* malice

malicioso *adj.* malicious

maligno *adj.* malignant; **tumor maligno:** malignant tumour

má-língua *n.f.* (ação) gossip; backbiting ◆ *n.2gén.* (pessoa) backbiter

malmequer *n.m.* (flor) daisy

malta *n.f.* *(informal)* gang

maltratar *v.* **1** (fisicamente) to ill-treat; to ill-use **2** (verbalmente) to abuse

maluco *adj.* mad; crazy; **isso põe-me maluco:** it drives me crazy ◆ *n.m.* madman

maluquice *n.f.* **1** (loucura) madness **2** (disparate) crazy thing; **é uma maluquice ir sozinho:** it's crazy to go alone

malvado *adj.* wicked

mama *n.f.* breast; teat

mamã *n.f.* mum; mummy

mamana *n.f.* *(Moçambique)* married woman; lady

mamar *v.* **1** to suck; **dar de mamar:** to suckle; to breastfeed **2** (bebé) to feed

mamífero *n.m.* mammal ◆ *adj.* mammalian

mamilo *n.m.* nipple

mamute *n.m.* mammoth

manada *n.f.* herd; drove

mancar *v.* to limp; to hobble

mancha *n.f.* **1** (sujidade) stain; **uma mancha de gordura:** a grease stain **2** (na pele) spot; mark

manchar *v.* to stain; **manchar de vinho:** to stain with wine

manco *adj.* *(informal)* (coxo) lame

mandado *n.m.* warrant; writ; **mandado de prisão:** warrant of arrest; **um mandado de busca:** a search warrant

mandamento *n.m.* commandment

mandão *adj.* bossy ◆ *n.m.* [*f.* mandona] *(informal)* bossy boots

mandar *v.* **1** to command; to order **2** to send; **mandar buscar:** to send for; **mandar embora:** to send away **3** to have something done; **vou mandar limpá-lo:** I'm going to have it cleaned

mandato *n.m.* **1** (autorização) mandate **2** (ordem) order

mandíbula *n.f.* mandible

mandioca *n.f.* manioc; cassava

mando *n.m.* **1** command; rule; **a mando de:** by order of **2** power; authority

mandrião *n.m.* idler; lazybones; **é um mandrião:** he's a lazybones ◆ *adj.* idle; lazy

maneira *n.f.* manner; way; **à maneira de:** in the way of, in the manner of; **de certa maneira:** in a way, to a certain extent; **de maneira nenhuma:** by no means, not at all; **de outra maneira:** elsewise; **de qualquer maneira:** anyway; anyhow; **de que maneira?:** in what way?

maneiras *n.f.pl.* manners; **ter boas maneiras:** to have good manners

manejar *v.* **1** (instrumento) to handle **2** (máquina) to operate

manequim *n.m.* **1** (pessoa) model **2** (de montra) dummy

maneta *adj.2gén.* *(informal)* one-handed ◆ *n.2gén.* **1** *(informal)* (sem mão) one-handed person **2** *(informal)* (sem braço) one-armed person

manga *n.f.* **1** sleeve; **em mangas de camisa:** in shirt sleeves **2** (fruto) mango; **mousse de manga:** mango mousse **3** (banda desenhada) manga

mangonha *n.f.* *(Angola)* laziness

mangueira *n.f.* **1** hose; **mangueira de incêndio:** firehose **2** (árvore) mango tree

manha *n.f.* **1** cunning; **ter manha:** to be cunning; **usar de manha:** to play the fox **2** (truque) trick **3** (fingimento) act; **fazer manha:** to put on an act

manhã *n.f.* morning; **amanhã de manhã:** tomorrow morning; **de manhã:** in the morning; **de manhã cedo:** early in the morning; **todas as manhãs:** every morning

manhoso *adj.* cunning; crafty; artful

mania *n.f.* **1** mania; **mania da perseguição:** persecution mania **2** (passatempo) hobby; **ele tem a mania de colecionar selos:** his hobby is collecting stamps **3** (obsessão) craze; **mania dos computadores:** computer craze

maníaco *adj. e n.m.* maniac

manicómio *n.m.* mental hospital

manifestação *n.f.* **1** (de protesto) demonstration; **uma manifestação contra a guerra:** a demonstration against war **2** expression; display; **uma manifestação de apoio:** an expression of support

manifestante *n.m.* demonstrator

manifestar *v.* **1** to express **2** to show ◆ **manifestar-se 1** to appear **2** to express an opinion **3** (participar em manifestação) to demonstrate

manifesto *adj.* evident; clear ◆ *n.m.* manifesto

maningue *adv.* *(Moçambique)* very; very much

manipulação *n.f.* manipulation; handling; **manipulação genética:** genetic manipulation

manipular *v.* **1** to manipulate; **não te deixes manipular:** don't let yourself be manipulated **2** (máquina) to handle **3** (genética) to engineer

manivela *n.f.* handle; crank; **dar à manivela:** to crank

manjar *n.m.* delicacy; titbit

manjedoura *n.f.* manger

manjericão *n.m.* sweet basil

manobra *n.f.* **1** (carro, barco, avião) manoeuvre **2** (comboio) shunting

manobrar *v.* **1** to manoeuvre **2** (instrumento) to handle **3** (mecanismo) to operate
mansão *n.f.* mansion
mansinho *adj.* very docile; very meek; **de mansinho:** softly; gently
manso *adj.* **1** (pessoa) meek **2** (mar) calm **3** (animal) tame
manta *n.f.* **1** (cobertor) blanket **2** (viagem) rug **3** (xaile) shawl
manteiga *n.f.* butter; **manteiga de cacau:** cocoa butter; **manteiga sem sal:** unsalted butter; **pão com manteiga:** bread and butter; **pôr manteiga em:** to butter
manter *v.* to maintain; to keep ◆ **manter-se** to remain; **manter-se calmo:** to keep calm; **manter-se em contacto com alguém:** to keep in touch with somebody
manto *n.m.* mantle; cloak; **um manto de neve:** a blanket of snow
manual *adj.2gén.* manual; handmade ◆ *n.m.* **1** manual; handbook; **manual de instruções:** instruction manual **2** (escola) textbook; schoolbook
manuscrito *adj.* handwritten; manuscript ◆ *n.m.* manuscript
manusear *v.* **1** to handle **2** (livro) to thumb through
manutenção *n.f.* maintenance service; **manutenção da paz:** peacekeeping; **serviço de manutenção:** maintenance service
mão *n.f.* **1** hand **2** (de animal) forefoot **3** (de tinta) coat **4** *(figurado)* help; **dar uma mão a:** to lend a hand to **5** hand; talent; **ele tem mão para a cozinha:** he has a hand for cooking ◇ **à mão:** (close) at hand; **de mãos a abanar:** empty-handed; **de mãos dadas:** holding hands; **estar em boas mãos:** to be in good hands
mão-cheia *n.f.* handful
mão-de-obra *a nova grafia é* **mão de obra**
mão de obra *n.f.* labour; **mão de obra especializada:** skilled labour
mapa *n.m.* map; plan; **mapa de estradas:** road map; **um mapa do centro da cidade:** a map of the city centre
maquilhagem *n.f.* make-up; **pôr maquilhagem:** to put on make-up
maquilhar *v.* to make up ◆ **maquilhar-se** to put on make-up
máquina *n.f.* machine; **máquina de barbear:** shaver; **máquina de café:** espresso machine; **máquina de calcular:** calculator; **máquina de costura:** sewing machine; **máquina de lavar louça:** dishwasher; **máquina de lavar roupa:** washing machine; **máquina fotográfica:** camera
maquinação *n.f.* machination; scheme
maquinal *adj.2gén.* mechanical; **uma reação maquinal:** a mechanical response
maquinaria *n.f.* **1** machinery; **maquinaria pesada:** heavy machinery **2** (casa das máquinas) engine room
maquinismo *n.m.* **1** machinery **2** mechanism
maquinista *n.2gén.* (de comboio) engine driver
mar *n.m.* **1** sea; ocean; **acima/abaixo do nível do mar:** above/below sea level; **fazer-se ao mar:** to set sail; to put out to sea; **no alto mar:** on the open sea; **por mar:** by sea; *(figurado)* **um mar de rosas:** a bed of roses **2** *(figurado)* sea; **um mar de gente:** a sea of people
maracujá *n.m.* passion fruit
maratona *n.* marathon
maravilha *n.f.* wonder; marvel; **as sete maravilhas do mundo:** the seven

wonders of the world; **às mil maravilhas:** wonderfully well
maravilhado *adj.* amazed; awestruck
maravilhar *v.* to amaze ◆ **maravilhar-se** to be amazed
maravilhoso *adj.* marvellous; wonderful
marca *n.f.* **1** (característica) mark; sign **2** brand; make; **marca registada:** trademark; **qual é a marca do teu carro?:** which make of car do you drive?; **roupa de marca:** designer clothes **3** (limite, nível) level; mark; *(informal)* **passar das marcas:** to overstep the mark
marcação *n.f.* **1** (espetáculo, hotel, restaurante) reservation; booking **2** (de consulta) appointment **3** (de adversário) marking
marcado *adj.* **1** (espetáculo, hotel, restaurante) booked; reserved **2** (combinado) agreed
marcador *n.m.* **1** (caneta) marker; marker pen; **marcador fluorescente:** highlighter **2** (de livro) bookmark **3** (jogador) marker **4** (quadro de resultados) scoreboard
marcante *adj.2gén.* remarkable; outstanding
marcar *v.* **1** to mark; **marcar uma falta a alguém:** to mark someone absent **2** (número de telefone) to dial **3** (consulta, data) to arrange; to set **4** (influenciar) to leave its mark on **5** DESPORTO to score; **marcar um golo:** to score a goal **6** DESPORTO to mark; **marcar o avançado:** to mark the forward
marcenaria *n.f.* joinery; cabinet-making
marcha *n.f.* **1** march; **em marcha:** on the march; in progress; **marcha de protesto:** protest march **2** (atletismo) walk
marchar *v.* to march
marciano *adj. e n.m.* Martian
marco *n.m.* **1** milestone; landmark **2** *(Grã-Bretanha)* (de correio) letter box; *(Estados Unidos da América)* mailbox
março *n.m.* March
maré *n.f.* **1** tide; **a maré está a subir:** the tide is coming in; **andar ao sabor da maré:** to go with the flow; **maré alta/cheia:** high tide; **maré baixa:** low tide; **maré negra:** oil slick **2** *(figurado)* streak; series; **estar em maré de sorte/azar:** to be on a lucky/unlucky streak
marechal *n.m.* marshal
maresia *n.f.* sea breeze
marfim *n.m.* ivory
margarida *n.f.* (flor) daisy
margarina *n.f.* margarine
margem *n.f.* **1** (de texto) margin; **escrever na margem:** to scribble in the margin **2** (de rio, lago) bank; shore; **a margem esquerda do rio:** the left bank of the river; **uma casa na margem do lago:** a house on the shore of the lake **3** (grau) margin; **margem de erro:** margin of error
marginal *adj.2gén.* marginal ◆ *n.2gén.* outcast ◆ *n.f.* esplanade; coast road
maria-rapaz *n.f.* tomboy
marido *n.m.* husband
marimbar-se *v. (informal)* not to care
marinha *n.f.* navy; **ele alistou-se na Marinha:** he joined the Navy; **marinha de guerra:** (war) navy; **oficial da Marinha:** Navy officer; marine
marinheiro *n.m.* sailor; seaman
marinho *adj.* **1** marine; **biologia marinha:** marine biology **2** sea; **ave marinha:** sea bird
marioneta *n.f.* puppet; **teatro de marionetas:** puppet show
mariposa *n.f.* (borboleta, natação) butterfly; **nadar (estilo) mariposa:** to do the butterfly

marisco *n.m.* **1** ZOOLOGIA shellfish **2** CULINÁRIA seafood
marisqueira *n.f.* seafood restaurant
marítimo *adj.* **1** maritime; **uma grande potência marítima:** a great maritime power **2** sea; **brisa marítima:** sea breeze
marmelada *n.f.* quince jam
marmeleiro *n.m.* quince tree
marmelo *n.m.* (fruto) quince
marmita *n.f.* small pot
mármore *n.m.* marble; **bolo mármore:** marble cake
marmota *n.f.* **1** (peixe) whiting **2** (animal roedor) marmot
maroto *adj.* naughty
marquês *n.m.* marquis
marquesa *n.f.* **1** (nobreza) marchioness **2** (em consultório ou hospital) (examination) table
marrabenta *n.f.* *(Moçambique)* marrabenta (traditional dance music)
marsúpio *n.m.* **1** (animal) marsupial **2** (porta-bebés) baby sling
marta *n.f.* marten; **pelo de marta:** marten fur
Marte *n.m.* Mars
martelada *n.f.* hammer blow
martelar *v.* to hammer; **martelar em ferro frio:** to flog a dead horse
martelo *n.m.* **1** hammer **2** (no tribunal, em leilões) gavel
mártir *n.2gén.* martyr; **um mártir da liberdade:** a martyr for the cause of freedom
martírio *n.m.* **1** martyrdom **2** *(figurado)* torment; torture
marujo *n.m.* sailor; seaman
mas *conj.* but; yet; **não só... mas também:** not only... but also
mascar *v.* to chew
máscara *n.f.* **1** mask; **máscara de mergulho:** snorkelling mask; **máscara de oxigénio:** oxygen mask **2** (de carnaval) disguise
mascarar *v.* **1** to dress up as **2** to mask; to disguise; to conceal ◆ **mascarar-se 1** to put on a mask **2** to dress up; **mascarar-se de bruxa:** to dress up as a witch
mascote *n.m.* mascot
masculino *adj.* masculine; **nome masculino:** masculine noun; **pronome masculino:** masculine pronoun
masmorra *n.f.* dungeon
massa *n.f.* **1** mass; (inteligência) **massa cinzenta:** grey matter; **produção em massa:** mass production **2** CULINÁRIA pasta; **adoro massa italiana:** I love Italian pasta **3** CULINÁRIA dough; pastry; mixture; **massa de bolos:** cake mixture; **massa de pão:** bread dough; **massa folhada:** puff pastry **4** *(informal)* (dinheiro) dosh; dough; **ele está cheio de massa:** he has money to burn
massacrar *v.* to massacre; to slaughter
massacre *n.m.* massacre; slaughter; **sobreviver a um massacre:** to survive a massacre
massagem *n.f.* massage; **fazer uma massagem a alguém:** to give somebody a massage; **uma massagem nas costas:** a back massage
massagista *n.2gén.* (homem) masseur; (mulher) masseuse
massajar *v.* to massage
mastigar *v.* to chew
mastro *n.m.* mast
mata *n.f.* wood
matabichar *v.* *(Angola, Guiné-Bissau, Moçambique, São Tomé e Príncipe)* to have breakfast
matabicho *n.m.* *(Angola, Guiné-Bissau, Moçambique, São Tomé e Príncipe)* breakfast

matadouro *n.m.* slaughterhouse
matagal *n.m.* thicket; brake
matambira *n.f.* *(Moçambique)* money
matança *n.f.* slaughter; massacre
matar *v.* **1** to kill; to murder; **matar dois coelhos de uma cajadada:** to kill two birds with one stone **2** (animais) to slaughter **3** *(figurado)* to quench; to satisfy; **matar a fome:** to satisfy one's hunger; **matar a sede:** to quench one's thirst ♦ **matar-se** to kill yourself; to commit suicide
matemática *n.f.* mathematics; maths
matemático *n.m.* mathematician ♦ *adj.* mathematical
matéria *n.f.* **1** matter; **matéria orgânica:** organic matter **2** subject; **ser perito na matéria:** to be an expert on the subject
material *n.m.* **1** (tecido) material; fabric **2** material; **materiais de construção:** building materials; **material escolar:** school materials **3** equipment; **material desportivo:** sports equipment ♦ *adj.2gén.* material; **bens materiais:** worldly goods; **o mundo material:** the material world
matéria-prima *n.f.* raw material
maternal *adj.2gén.* maternal; motherly
maternidade *n.f.* **1** motherhood **2** (hospital, clínica) maternity
materno *adj.* **1** motherly; maternal; **avô materno:** maternal grandfather **2** mother; **língua materna:** mother tongue
matilha *n.f.* (de cães, lobos) pack
matinal *adj.2gén.* morning; **café matinal:** morning coffee
matiz *n.m.* shade; hue
mato *n.m.* wood(s)
matraca *n.f.* **1** (instrumento) rattle **2** *(figurado)* (boca) mouth **3** *(figurado)* (pessoa faladora) chatterbox
matreiro *adj.* cunning; sly
matrícula *n.f.* **1** (em escola, curso) enrolment; registration **2** *(Grã-Bretanha)* (de automóvel) number plate; *(Estados Unidos da América)* license plate
matricular *v.* (em escola, curso) to enrol; to register
matricular(-se) *v.* (em escola, curso) to enrol; to register
matrimonial *adj.2gén.* matrimonial; marital; **votos matrimoniais:** marital vows
matrimónio *n.m.* matrimony; marriage
matulão *n.m.* *(informal)* hulk; bruiser
maturidade *n.f.* **1** (pessoa) maturity; adulthood; **atingir a maturidade:** to reach maturity **2** (fruto) ripeness
matutar *v.* *(informal)* to muse; to brood
mau *adj.* **1** bad; **más notícias:** bad news; **mau humor:** bad mood; **mau tempo:** bad weather **2** evil; wicked **3** poor; **em mau estado:** in a poor condition
mausoléu *n.m.* mausoleum
maxamba *n.f.* *(Moçambique)* → **machamba**
maxilar *n.m.* jaw; maxilla; **maxilar inferior/superior:** lower/upper jaw
máxima *n.f.* **1** (frase) maxim; saying **2** (temperatura) maximum temperature
máximo *adj.* **1** maximum; **prisão de segurança máxima:** maximum security prison **2** highest; **a nota máxima:** the highest mark ♦ *n.m.* maximum; **ao máximo:** to the maximum; **é o máximo que posso fazer por ti:** that is all I can do for you; **no máximo:** at the most; **ser o máximo:** to be great; **um máximo de 15 pessoas:** a maximum of 15 people
máximos *n.m.pl.* (faróis) high beams; **com os máximos ligados:** with the high beams on

meada *n.f.* (lã) hank ◆ **perder o fio à meada:** to lose the thread of the story
mealheiro *n.m.* moneybox; piggy bank
mecânica *n.f.* mechanics
mecânico *n.m.* mechanic; **mecânico de automóveis:** car mechanic ◆ *adj.* **1** mechanical; **avaria mecânica:** mechanical failure **2** mechanical; automatic; **uma resposta mecânica:** a mechanical answer
mecanismo *n.m.* mechanism; **mecanismo de defesa:** defence mechanism
medalha *n.f.* medal; **atribuir uma medalha:** to award a medal
média *n.f.* **1** average; **abaixo da média:** below average; **acima da média:** above average; **em média:** on average **2** (velocidade) average speed **3** MATEMÁTICA mean; **média aritmética:** arithmetic mean
medicação *n.f.* medication; **estar sob medicação:** to be on medication
medicamento *n.m.* medication; drug; medicine; **andar a tomar medicamentos:** to be on medication; **medicamentos de venda livre:** drugs without prescription; **tomar um medicamento:** to take a medicine
medição *n.f.* measurement; measuring
medicar *v.* to medicate
medicina *n.f.* medicine; **faculdade de medicina:** medical school; **medicina dentária:** dentistry; **medicinas alternativas:** alternative medicine
medicinal *adj.2gén.* medicinal; **planta medicinal:** medicinal plant
médico *n.m.* [*f.* médica] *(Grã-Bretanha)* doctor; *(Estados Unidos da América)* physician; **médico de clínica geral:** general practitioner; **médico de família:** family doctor; **médico especialista:** specialist, consultant ◆ *adj.* medical; **investigação médica:** medical research
medida *n.f.* **1** measurement; **à medida de:** according to; **em certa medida:** to some extent; **feito à medida:** made to measure; **na medida do possível:** as far as possible; **tirar as medidas a alguém:** to take somebody's measurements **2** measure; **medidas de prevenção:** preventive measures
medieval *adj.2gén.* mediaeval; medieval
médio *adj.* **1** middle; **a Idade Média:** the Middle Ages; **classe média:** middle class **2** medium; **um homem de altura média:** a man of medium height **3** average; **temperatura média:** average temperature ◆ *n.m.* (jogador) halfback; half
medíocre *adj.* mediocre
médios *n.m.pl.* (faróis) dipped beams
medir *v.* **1** to measure; **esta sala mede dez metros quadrados:** this room measures ten square meters **2** (pessoa) to be... tall; **ele mede um metro e oitenta:** he is 1,80 metres tall **3** to estimate; **medir as consequências:** to estimate the consequences; **medir forças com:** to match one's strength with **4** to ponder; to weigh; **medir as palavras:** to weigh your words
meditação *n.f.* meditation
meditar *v.* to meditate
mediterrâneo *adj.* Mediterranean
mediterrânico *adj.* Mediterranean
medo *n.m.* fear; dread; **a medo:** tentatively; **estar a morrer de medo:** to be terrified
medonho *adj.* **1** (assustador) frightening; terrifying **2** (feio) awful; ugly
medricas *n.2gén.2núm.* *(informal)* yellow-belly; sissy ◆ *adj.2gén.2núm.* yellow-bellied; chicken
medronho *n.m.* arbutus berry

medroso *adj.* fearful
medula *n.f.* ANATOMIA medulla; marrow; **medula óssea:** bone marrow
medusa *n.f.* medusa; jellyfish
megalítico *adj.* megalithic
meia *n.f.* **1** (curta) sock; **um par de meias:** a pair of socks **2** (até meio da perna) stocking
meia-calça *n.f.* → **meias-calças**
meia-final *n.f.* (competição) semi-final; **passar à meia-final:** to be through to the semi-final
meia-idade *n.f.* midlife
meia-irmã *n.f.* half-sister
meia-noite *n.f.* midnight; **tenho de ir embora à meia-noite:** I have to leave at midnight
meias-calças *n.f.pl.* tights
meigo *adj.* **1** (pessoa) tender; loving; affectionate **2** (voz, olhar) soft; gentle; kind
meiguice *n.f.* tenderness
meio *n.m.* **1** middle; **a meio da noite:** in the middle of the night; **ele é o filho do meio:** he is the middle son; **na gaveta do meio:** in the middle drawer **2** means; **meio de transporte:** means of transport **3** medium; **meios de comunicação:** mass media **4** way; **não olhar a meios para atingir os fins:** to do anything to achieve your ends; **por meio de:** by means of **5** environment; **meio ambiente:** the environment; **meio social:** social environment; milieu **6** world; **o meio artístico:** the artistic world ◆ *adj.* half; **a meio caminho:** halfway; **corta o pão ao meio:** cut the bread in half; (comida) **meia dose:** half a serving; **meia hora:** half an hour; **meio litro:** half a litre; (hotelaria) **meia pensão:** half board; **quando chegámos o filme ia a meio:** when we arrived the film was halfway through ◆ *adv.* half; **ele está meio a dormir:** he is half asleep; **ela deixou o trabalho a meio:** she left the work half-done
meio-campo *n.m.* **1** (zona do campo) midfield **2** (jogador) halfback
meio-dia *n.m.* midday; noon; **ao meio-dia:** at midday; at noon
meio-irmão *n.m.* half-brother
mel *n.m.* honey
melancia *n.f.* watermelon
melancolia *n.f.* melancholy
melancólico *adj.* melancholic
melão *n.m.* melon
melga *n.f.* **1** (inseto) gnat; midge **2** *(informal)* (pessoa) nagger; pest
melhor *adj.* **1** better; **é melhor do que nada:** it's better than nothing; **não há nada melhor do que:** there's nothing better than; **o meu irmão é melhor do que eu a matemática:** my brother is better at maths than me; **tanto melhor:** so much the better; **tirar o melhor partido de:** to make the most of **2** best; **a minha melhor amiga:** my best friend ◆ *adv.* better; **ela pinta muito melhor do que eu:** she paints much better than I do ◆ *n.m.* best; **ele é o melhor!:** he is the greatest!; **fazer o melhor possível:** to do one's best
melhora *n.f.* **1** improvement **2** (saúde) change for the better; recovery; **as melhoras!:** get well soon!
melhoramento *n.m.* improvement
melhorar *v.* **1** to improve; to get better; **tenho de melhorar o meu inglês:** I must improve my English **2** (depois de doença) to get better; to recover **3** (tempo) to clear up
melhoria *n.f.* **1** improvement; betterment **2** (depois de doença) recovery
melindrar *v.* to offend; to hurt ◆ **melindrar-se** to take offence
meloa *n.f.* cantaloupe

melodia *n.f.* melody; tune
melódico *adj.* melodious
melodioso *adj.* melodious
melro *n.m.* blackbird
membrana *n.f.* membrane
membro *n.m.* **1** member; **um membro da família:** a member of the family **2** (do corpo) limb; **membros inferiores:** lower limbs; **membros superiores:** upper limbs
memória *n.f.* memory; **perda de memória:** memory loss; **se a memória não me falha:** if my memory serves me well
memorial *n.m.* memorial
memórias *n.f.pl.* (livro) memoirs
memorizar *v.* to memorize
menção *n.f.* mention; **menção honrosa:** honourable mention
mencionar *v.* to mention; to make mention of; to refer to; **abaixo mencionado:** undermentioned; **acima mencionado:** aforementioned
mendigar *v.* to beg
mendigo *n.m.* beggar
menina *n.f.* **1** (little) girl; **uma menina de seis anos:** a six-year-old girl **2** (forma de tratamento) Miss; **é a menina Isabel:** this is Miss Isabel
meninge *n.f.* meninx
menino *n.m.* (little) boy; **menino da mamã:** mummy's boy; **menino prodígio:** child prodigy
menor *adj.2gén.* **1** (em tamanho) smaller; **a minha casa é menor do que a tua:** my house is smaller than yours **2** (de idade) underage **3** (de pouca importância) minor; **um escritor menor:** a minor writer **4** MÚSICA minor; **dó menor:** C minor **5** smallest; **ele é o menor dos cinco primos:** he is the smallest of the five cousins; **não faço a menor ideia!:** I haven't got a clue! ◆ *n.2gén.* minor; **proibida a entrada a menores:** entry barred to minors
menoridade *n.f.* minority
menos *adv.* **1** fewest; less; **devias fumar menos:** you should smoke less **2** (comparativo) less **3** (superlativo) the least ◆ *det.indef.>quant.exist.*[DT] *e pron. indef.* less; fewer; **tenho menos trabalho:** I have less work ◆ *prep.* **1** MATEMÁTICA minus; **dez menos três são sete:** ten minus three is seven **2** (horas) to; **dez menos um quarto:** a quarter to ten **3** (exceto) except; **tudo menos isso:** anything but that
menosprezar *v.* to undervalue; to underestimate
mensageiro *n.m.* [*f.* mensageira] messenger; go-between
mensagem *n.f.* message
mensal *adj.2gén.* monthly
mensalidade *n.f.* **1** (que se paga) monthly payment **2** (que se recebe) monthly allowance
menstruação *n.f.* menstruation; period; **estar com a menstruação:** to have one's period
menta *n.f.* mint; **com sabor a menta:** mint-flavoured
mental *adj.2gén.* mental
mentalidade *n.f.* mentality; mind; **ter uma mentalidade aberta:** to have an open mind; to be open-minded
mente *n.f.* **1** mind; intellect; **ele tem uma mente brilhante:** he has a brilliant mind **2** imagination; mind; **uma mente fértil:** a fertile imagination
mentir *v.* to lie
mentira *n.f.* lie; **dizer mentiras:** to tell lies
mentiroso *n.m.* liar; **és um grande mentiroso!:** you're a big liar!
menu *n.m.* menu

mercado *n.m.* market; **estudo de mercado:** market research; **mercado de trabalho:** labour market
mercadoria *n.f.* goods; merchandise
mercearia *n.f.* **1** (loja) grocer's **2** (produtos) groceries
merceeiro *n.m.* grocer
mercúrio *n.m.* QUÍMICA mercury
Mercúrio *n.m.* ASTRONOMIA, MITOLOGIA Mercury
merecedor *adj.* worthy; deserving
merecer *v.* to deserve; **a nossa equipa mereceu ganhar:** your team deserved to win
merecido *adj.* deserved
merenda *n.f.* afternoon snack
merendar *v.* to take an afternoon snack
mergulhador *n.m.* diver
mergulhar *v.* **1** to dive; **ele mergulhou no rio:** he dived into the river **2** to dip; **mergulhei o biscoito no chá:** I dipped the biscuit in the tea
mergulho *n.m.* **1** dive; **fato de mergulho:** diving suit; (em piscina) **prancha de mergulho:** diving board **2** (banho rápido) dip; plunge; **dar um mergulho:** to go for a dip
meridiano *adj. e n.m.* meridian
mérito *n.m.* merit; **por mérito próprio:** on its merits
mero *adj.* mere; **uma mera formalidade:** a mere formality; **por mero acaso:** by pure chance
mês *n.m.* month; **daqui a um mês:** in a month's time; **no mês passado:** last month; **no fim do mês:** at the end of the month; **o mês em curso:** the current month; **uma vez por mês:** once a month; **um bebé de seis meses:** a six-month-old baby
mesa *n.f.* table; **levantar a mesa:** to clear the table; **levantar-se da mesa:** to rise from the table; **pôr a mesa:** to lay/set the table; **sentar-se à mesa:** to sit at the table
mesada *n.f.* pocket money
mesa-de-cabeceira *a nova grafia é* **mesa de cabeceira**
mesa de cabeceira *n.f.* bedside table
mesmo *adj.* same; **ao mesmo tempo:** at the same time; **do mesmo modo:** in the same way; **vivemos na mesma casa há doze anos:** we live in the same house for twelve years ◆ *adv.* **1** just; **ele saiu agora mesmo:** he's just left; **era mesmo disto que eu precisava:** this is just what I needed; **por isso mesmo:** for that very reason **2** even; **mesmo que chova vou ao teatro:** even if it rains, I'm going to the theatre **3** really; **vens mesmo à festa?:** are you really coming to the party? ◆ *pron. e n.m.* the same; **estar na mesma:** to be just the same; **eu voltaria a fazer o mesmo:** I would do the same thing again
mesquinho *adj.* mean; nasty
mesquita *n.f.* mosque
mestre *n.m.* [*f.* mestra] master; expert; **golpe de mestre:** masterstroke ◆ *adj.* chief; main; **parede-mestra:** master wall
meta *n.f.* **1** end; limit **2** DESPORTO finishing line; **passar a meta:** to cross the finishing line **3** (objetivo) goal; aim; **atingir as nossas metas:** to reach one's goals
metade *n.f.* half; **deixar as coisas pela metade:** to do things by halves; **pagar metade:** to pay half
metáfora *n.f.* metaphor
metais *n.m.pl.* MÚSICA brass
metal *n.m.* **1** metal; **metal precioso:** precious metal **2** *(figurado)* (dinheiro) coin; dough; **metal sonante:** hard cash
metálico *adj.* metallic; **som metálico:** metallic sound

metediço *adj.* *(informal)* nosy; interfering ◆ *n.m.* *(informal)* busybody; nosy parker
meteoro *n.m.* meteor
meteorologia *n.f.* meteorology
meteorológico *adj.* meteorological ◈ **boletim meteorológico:** weather report
meteorologista *n.2gén.* meteorologist
meter *v.* **1** to put; **meter gasolina:** to refuel **2** to thrust; **meter o papel no bolso:** to thrust the paper into the pocket **3** (início) to set; **meter mãos à obra:** to set to work ◆ **meter-se 1** to meddle; to pick a quarrel; **não te metas comigo!:** don't meddle with me! **2** to interfere; **meter-se na vida alheia:** to meddle in other people's business; *(informal)* **mete-te na tua vida!:** mind your own business!
metical *n.m.* (moeda de Moçambique) metical
metódico *adj.* methodical; systematic
método *n.m.* method; system; technique; **com método:** methodically
metralhadora *n.f.* machine-gun
métrica *n.f.* metrics
métrico *adj.* metrical; **sistema métrico:** metric system
metro *n.m.* **1** (unidade de medida) metre; **metro cúbico:** cubic metre; **metro quadrado:** square metre; **ter cinco metros de altura:** to be five metres high; **ter dois metros de largura:** to be two metres wide **2** *(Grã-Bretanha)* (meio de transporte) underground; tube; *(Estados Unidos da América)* subway; **estação de metro:** underground station; **ir de metro:** to go by underground
metrópole *n.f.* metropolis
metropolitano *n.m.* *(Grã-Bretanha)* underground; tube; *(Estados Unidos da América)* subway
meu *det.poss.* (primeira pessoa) my; **a minha mãe:** my mother; **um amigo meu:** a friend of mine ◆ *pron.poss.* mine; **isso é meu:** that's mine
mexer *v.* **1** to stir; **acrescente a farinha e mexa:** stir the flour in; **mexer o café:** to stir one's coffee **2** (tocar) to touch; **não mexas em nada:** don't touch anything **3** (sentimentos) to stir up; **isso mexe comigo:** that really stirs me up ◆ **mexer-se** (movimento) to stir; to move; **mexe-te!:** get a move on!
mexerico *n.m.* gossip; rumour
mexeriqueiro *n.m.* gossip; busybody
mexicano *adj.* e *n.m.* Mexican
México *n.m.* Mexico
mexilhão *n.m.* mussel
mi *n.m.* (nota musical) mi
miado *n.m.* mew; mewing
miar *v.* to mew; to meow; to miaow
micróbio *n.m.* microbe
microfone *n.m.* microphone; **falar ao microfone:** to talk into the microphone
microondas *a nova grafia é* **micro-ondas**
micro-ondas *n.m.2núm.* microwave; microwave oven
microscópio *n.m.* microscope
migalha *n.f.* (pão, bolo) crumb; **migalha de pão:** breadcrumb
mil *num.card.>quant.num.*[DT] *e n.m.* thousand
milagre *n.m.* miracle; **fazer milagres:** to work miracles; **por milagre:** by a miracle
milagroso *adj.* miraculous
milando *n.m.* *(Moçambique)* argument; quarrel
milénio *n.m.* millennium; **um novo milénio:** a new millennium
milésimo *num.ord.>adj.num.*[DT] *e n.m.* thousandth
milha *n.f.* mile; **ficar a milhas de:** to be miles away from

milhão *num.card.>quant.num.*[DT] *e n.m.* million; **um milhão de vezes:** a million times
milhar *num.card.>quant.num.*[DT] *e n.m.* a thousand; **aos milhares:** by the thousands
milho *n.m. (Grã-Bretanha)* maize; *(Estados Unidos da América)* corn
miligrama *n.m.* milligramme
mililitro *n.m.* millilitre
milímetro *n.m.* millimetre; **examinar tudo ao milímetro:** to check everything inch by inch
milionário *n.m.* [*f.* milionária] millionaire
milionésimo *num.ord.>adj.num.*[DT] *e n.m.* millionth
militar *adj.2gén.* military; **agente da polícia militar:** military policeman; **polícia militar:** military police ◆ *n.m.* soldier; member of the army; **ser militar:** to be in the army
milongo *n.m. (Angola)* (remédio) medicine; remedy
mim *pron.pess.* me; **faz isso por mim:** do it for me; **para mim:** for myself
mimado *adj.* spoilt; **criança mimada:** spoilt child
mimalho *adj.* spoilt; **criança mimalha:** spoilt child
mimar *v.* **1** (tratar bem) to pamper **2** (indulgência) to spoil
mímica *n.f.* mime
mimo *n.m.* **1** pampering; **estragar alguém com mimos:** to spoil someone **2** (carícia) caress
mimosa *n.f.* mimosa
mina *n.f.* **1** (de minério) mine; pit; **mina de carvão:** coal mine; **mina de ouro:** gold mine **2** (de lapiseira) lead; refill **3** (bomba) mine
mindinho *n.m.* little finger
mineiro *n.m.* miner; (de carvão) collier ◆ *adj.* mining; **região mineira:** mining district
mineral *adj.2gén. e n.m.* mineral; **água mineral:** mineral water; **reino mineral:** mineral kingdom
minério *n.m.* ore
minguante *adj.2gén.* decreasing ❖ (lua) **quarto minguante:** last quarter
minguar *v.* to shrink
minhoca *n.f.* earthworm
miniatura *n.f.* miniature; **em miniatura:** in miniature
minigolfe *n.m.* miniature golf
mínimo *adj.* **1** (quantidade) smallest; least; **condições mínimas de segurança:** the least safety conditions; **é o mínimo que se pode fazer:** that is the least you can do; **no mínimo:** at the least; **o mínimo possível:** as little as possible **2** (valor) lowest; **temperatura mínima:** lowest temperature **3** slightest; faintest; **não faço a mínima ideia:** I haven't got a clue ◆ *n.m.* **1** minimum **2** ANATOMIA little finger
mínimos *n.m.pl.* (faróis) parking lights; **ligar os mínimos:** to turn on the parking lights
minissaia *n.f.* miniskirt
ministério *n.m.* ministry; office ❖ **ministério das Finanças:** Exchequer; **ministério do Interior:** Home Office; **ministério dos Negócios Estrangeiros:** the Foreign Office; **ministério do Trabalho:** Ministry of Labour
ministro *n.m.* [*f.* ministra] minister
minoria *n.f.* minority; **estar em minoria:** to be in a/the minority; **minorias étnicas:** ethnic minorities
minucioso *adj.* **1** meticulous **2** (estudo, trabalho) accurate; precise; **descrições minuciosas:** minute descriptions
minúscula *n.f.* lower case; small letter

minúsculo *adj.* miniscule; tiny; small
minuto *n.m.* 1 minute; **falta um minuto:** one minute left 2 minute; moment; **espera um minuto:** wait a minute
miolo *n.m.* 1 (de pão) crumb 2 (de noz) kernel 3 *(figurado)* kernel; core 4 *(informal)* (cérebro) brain; **dar a volta ao miolo:** to rack one's brains
míope *adj.* myopic; *(informal)* short-sighted ◆ *n.2gén.* myope; *(informal)* short-sighted person
miopia *n.f.* myopia; *(informal)* short-sightedness
miosótis *n.f.* (flor) forget-me-not
mira *n.f.* 1 (arma) sight; **ponto de mira:** line of sight 2 *(figurado)* goal; aim; **ter alguma coisa em mira:** to aim at something
miradouro *n.m.* 1 sightseeing point 2 (em edifício) glassed-in balcony
miragem *n.f.* mirage
mirar *v.* 1 (olhar) to look at 2 (fazer pontaria) to aim
miséria *n.f.* 1 (pobreza) poverty 2 (condição) wretchedness; squalor 3 (pouca quantidade) trifle; sheer nothing
misericórdia *n.f.* mercy; pity; **pedir misericórdia:** to cry for mercy
missa *n.f.* Mass; **ajudar à missa:** to serve at Mass; **missa do galo:** midnight Mass
missal *n.m.* missal; Mass book
missão *n.f.* mission
míssil *n.m.* missile
mistério *n.m.* mystery
misterioso *adj.* mysterious; enigmatic
misto *adj.* mixed; **tosta mista:** cheese and ham toast
mistura *n.f.* 1 mixture; assortment; medley 2 (de substâncias) mixture; combination; blend 3 (de bebidas) blend 4 TELEVISÃO, RÁDIO editing
misturar *v.* 1 to mix 2 MÚSICA to sample 3 CULINÁRIA to add
mítico *adj.* mythical
mito *n.m.* myth
mitologia *n.f.* mythology
mitológico *adj.* mythological
miúdo *n.m.* [*f.* miúda] kid ◆ *adj.* 1 (tamanho) tiny; minute; **despesas miúdas:** petty expenses 2 (magro) slender; slim
mó *n.f.* 1 (moinho) millstone 2 (para afiar) grindstone
mobilar *v.* to furnish
mobília *n.f.* furniture; **mobília completa:** a suite of furniture
mobiliário *n.m.* furniture; fittings
moca *n.f.* club; cudgel
moça *n.f.* girl; lass
moçambicano *adj. e n.m.* Mozambican
Moçambique *n.* Mozambique
mochila *n.f. (Grã-Bretanha)* rucksack; *(Estados Unidos da América)* backpack
mocho *n.m.* owl
mocidade *n.f.* youth
moço *adj.* young; **ele é ainda muito moço:** he is still very young ◆ *n.m.* [*f.* moça] 1 young person 2 servant; boy; **moço de recados:** errand boy
moda *n.f.* 1 fashion; **a última moda:** the latest fashion; **estar na moda:** to be all the fashion; **fora de moda:** out of fashion, old-fashioned 2 (costumes) way; custom; **à nossa moda:** our way
modal *adj.2gén.* modal; **verbos modais:** modal verbs
modalidade *n.f.* 1 modality 2 DESPORTO sport; **qual é a tua modalidade desportiva favorita?:** what sport do you like the most?
modelar *adj.2gén.* (exemplo) exemplary; **um caso modelar:** an exemplary case ◆ *v.* 1 to mould; to shape 2 to adapt; to adjust; to fit

modelo *n.m.* model; **modelo de virtudes:** a model of virtue ◆ *n.2gén.* 1 model; **passagem de modelos:** fashion show 2 (pintura, escultura) model; sitter
moderação *n.f.* moderation; restraint; temperance; **com moderação:** in moderation
moderador *n.m.* (discussão, debate) moderator
moderar *v.* 1 to moderate 2 (velocidade) to slow down; **moderar a marcha:** to slow down 3 (discussão, debate) to moderate; to mediate; **moderar as negociações:** to mediate negotiations ◆ **moderar-se** to check oneself; to control oneself
modernidade *n.f.* modernity
modernizar *v.* to modernize; to update
moderno *adj.* 1 modern; **línguas modernas:** modern languages 2 modern; up-to-date; *(informal)* hip; **estilo moderno:** modern style
modificação *n.f.* modification; change; **modificação de planos:** change of plans
modificar *v.* to modify; to alter; to change ◆ **modificar-se** to change
modo *n.m.* 1 way; manner; **de certo modo:** in a way; **de modo geral:** broadly speaking; **de modo nenhum:** by no means; **de modo que:** in order that, so that; **de qualquer modo:** anyway, all the same, at any rate; **modo de dizer:** manner of speaking; **modo de emprego:** instructions for use; **modo de ser:** temperament; **modo de vida:** way of living 2 GRAMÁTICA mood; **modo verbal:** verbal mood
modos *n.m.pl.* (atitudes) manners; **bons modos:** good manners; **com bons modos:** politely
módulo *n.m.* 1 module; unit 2 (lunar) capsule
moeda *n.f.* 1 coin; **atirar a moeda ao ar:** to toss up a coin; **pagar na mesma moeda:** to give tit for tat 2 (unidade monetária) currency; **moeda única:** single currency
moela *n.f.* gizzard
moer *v.* 1 (grãos) to grind 2 *(informal)* to grind down; to nag; **moer o juízo a alguém:** to nag someone
moinho *n.m.* 1 (edifício) mill; **moinho de água:** water mill; **moinho de vento:** windmill 2 (utensílio) mill; grinder; **moinho de café:** coffee grinder
mola *n.f.* 1 spring; **colchão de molas:** spring mattress 2 (de roupa) peg
molar *adj.2gén. e n.m.* molar
moldar *v.* to mould; to shape ◆ **moldar-se** to adjust oneself
molde *n.m.* 1 cast; mould 2 pattern; model
moldura *n.f.* frame; picture frame; **moldura de madeira:** wooden frame
mole *adj.* 1 (objeto) soft; smooth 2 (pessoa) soft; soft-hearted
molécula *n.f.* molecule
moleiro *n.m.* miller
molha *n.f.* *(informal)* wetting; **apanhar uma molha:** to get a wetting; to get wet through
molhar *v.* to wet; **molhar os lábios:** to wet one's lips ◆ **molhar-se** to get wet; to get soaked; **ele molhou-se todo:** he got wet through
molhe *n.m.* mole; breakwater
molho (mólho) *n.m.* 1 (de palha) sheaf 2 (de papéis) bundle; **molho de chaves:** bunch of keys
molho (môlho) *n.m.* 1 sauce; **molho de tomate:** tomato sauce; **molho picante:** hot sauce 2 (em água) soak; **pôr de molho:** to put to soak
molusco *n.m.* mollusc
momentâneo *adj.* momentary; brief

momento *n.m.* 1 moment; instant; time; **a todo o momento:** at any time, at any moment; **até ao momento:** up to now; **de momento:** for the moment; **de um momento para o outro:** from one minute to the next; **no último momento:** in the nick of time 2 (espera) moment; second; **só um momento se faz favor:** just a second please 3 opportunity; chance; **chegou o teu momento:** now is your chance

mona *n.2gén. (Angola)* son; daughter; offspring

Mónaco *n.m.* Monaco

monarca *n.m.* monarch

monarquia *n.f.* monarchy

monárquico *adj.* monarchical ◆ *n.m.* monarchist; royalist

monegasco *adj. e n.m.* Monegasque

monge *n.m.* monk

monitor *n.m.* 1 (professor) instructor 2 (computador, televisão) monitor; screen

monótono *adj.* monotonous

monstro *n.m.* monster

montagem *n.f.* 1 (de objetos) setting 2 TELEVISÃO, CINEMA editing 3 (fábrica) assembly; **linha de montagem:** assembly line

montanha *n.f.* mountain; **cadeia de montanhas:** mountain range

montanha-russa *n.f.* roller-coaster

montanhismo *n.m.* mountaineering; mountain climbing; **praticar montanhismo:** to mountaineer

montanhista *n.2gén.* mountain climber; mountaineer

montanhoso *adj.* mountainous

montão *n.m.* heap; pile; mass; **aos montões:** by heaps

montar *v.* 1 (equitação) to ride; to go riding 2 (exposição) to put on 3 (objetos) to fit up 4 (em fábrica) to assemble 5 to set up; **montar um negócio:** to set up business 6 (no campismo) to pitch; **montar uma tenda:** to pitch a tent

monte *n.m.* 1 hill; hillock; **cimo do monte:** hilltop; **pelo monte acima:** uphill 2 *(informal)* heap; pile; **demorou montes de tempo:** it took a lot of time; **montes de pessoas:** loads of people

montra *n.f.* shop window; **decoração de montras:** window-dressing; **ver as montras:** to window-shop

monumental *adj.2gén.* 1 monumental 2 *(informal)* (enorme) huge

monumento *n.m.* monument; **monumento nacional:** national monument

moqueca *n.f. (Angola, Brasil)* fish or seafood ragout

morabeza *n.f. (Cabo Verde)* kindness

morada *n.f.* 1 (endereço) address 2 (residência) residence; home; domicile

moradia *n.f.* detached house; single-family house

morador *adj. e n.m.* resident

moral *adj.2gén.* moral; ethical; **dever moral:** moral duty ◆ *n.f.* (conclusão) moral; morals; **moral da história:** moral of the story ◆ *n.m.* (ânimo) morale; **o moral das tropas é excelente:** the morale of the troops is excellent

morango *n.m.* strawberry

morangueiro *n.m.* (planta) strawberry plant

morar *v.* to live; **ir morar para:** to move to; **onde mora?:** where do you live?

morcego *n.m.* bat

morcela *n.f.* black pudding

mordaz *adj.2gén.* mordant; sarcastic

mordedura *n.f.* bite; nip; **mordedura de cobra venenosa:** poisonous snake bite

morder *v.* to bite; **morder o isco:** to take the bait; **morder os lábios:** to bite one's lips; **morder-se de inveja:** to grow green with envy

moreno *adj.* **1** (pele) dark-skinned **2** (cabelo) dark-haired **3** suntanned; brown; **ficar moreno:** to get a suntan ◆ *n.m.* dark-haired person

morfologia *n.f.* morphology

morfológico *adj.* morphologic

morna *n.f. (Cabo Verde)* music and dance genre expressing love, loss and sadness

morno *adj.* lukewarm; tepid

morrer *v.* **1** to die; **morrer de curiosidade:** to be dying to know; **morrer de fome:** to starve to death; **morrer de frio:** to freeze to death; **morrer de riso:** to kill oneself laughing **2** (desejo) to long; **morrer por um duche quente:** to long for an hot shower

morsa *n.f.* walrus

mortal *adj.2gén.* **1** mortal; RELIGIÃO **pecados mortais:** mortal sins; **restos mortais:** mortal remains **2** (veneno, inimigo) deadly; **ódio mortal:** deadly hatred **3** (doença, acidente) fatal ◆ *n.2gén.* mortal

morte *n.f.* death; **por morte de:** on the death of

morto *adj.* dead; **cair morto:** to drop dead; **estar morto por:** to be itching to; **morto de cansaço:** dead tired; **não ter onde cair morto:** to have nowhere to lay one's head; (situação, impasse) **ponto morto:** deadlock, standstill ◆ *n.m.* [*f.* morta] **1** dead person **2** victim

mosaico *n.m.* mosaic

mosca *n.f.* fly; **não fazer mal a uma mosca:** not to hurt a fly

mosquito *n.m.* mosquito

mostarda *n.f.* mustard; **subir a mostarda ao nariz:** to take the huff

mosteiro *n.m.* monastery

mostra *n.f.* show; display; **à mostra:** uncovered, bare, naked; **dar mostras de:** to show signs of

mostrador *n.m.* (de relógio) dial; face

mostrar *v.* **1** to show **2** (mercadorias) to display; to exhibit **3** (caminho, direção) to point out ◆ **mostrar-se 1** to appear; to seem **2** to show off

mota *n.f. (informal)* motorbike; motorcycle

motim *n.m.* mutiny

motivação *n.f.* motivation

motivar *v.* to motivate

motivo *n.m.* cause; reason; **o motivo da nossa viagem:** the reason for our trip; **por motivos de saúde:** for health reasons; **sem motivo:** for no reason

moto (mótó) *n.m. (informal)* (motocicleta) bike; motorbike; **andar de moto:** to ride a motorbike

motocicleta *n.f.* motorcycle; motorbike

motociclismo *n.m.* motorcycling

motociclista *n.2gén.* motorcyclist

motor *n.m.* **1** motor; **barco a motor:** motorboat **2** (de carro, avião) engine; **motor de arranque:** starter

motorista *n.2gén.* driver

motriz *adj.* motive; driving; **força motriz:** driving force

mouro *adj.* Moorish ◆ *n.m.* [*f.* moura] Moor

mousse *n.f.* mousse; **mousse de chocolate:** chocolate mousse

móvel *adj.2gén.* movable; mobile; **bens móveis:** personal property ◆ *n.m.* **1** (peça de mobília) piece of furniture **2** (causa) motive; cause

mover *v.* **1** to move; to shift; to remove **2** to affect; to touch ◆ **mover-se 1** to move **2** to walk; to go

movimentado *adj.* **1** busy; **rua muito movimentada:** busy street **2** (animado) lively; **um bar muito movimentado:** a very popular bar

movimentar *v.* to move

movimento *n.m.* **1** movement; motion; **em movimento:** in motion; on the move; **pôr em movimento:** to set in motion **2** (veículos) traffic; **há pouco movimento nas estradas:** there is very little traffic on these roads

MP3 [*abrev. de* MPEG audio layer 3]

muamba *n.f. (Angola)* chicken and palm-oil stew

muco *n.m.* mucus

mucosa *n.f.* mucous membrane

mucoso *adj.* mucous

muçulmano *adj. e n.m.* [*f.* muçulmana] Muslim

muda *n.f.* **1** change; **muda de roupa:** change of clothes **2** (de penas) moulting

mudança *n.f.* **1** change; **uma mudança de planos:** a change of plans **2** (em automóvel) gear; **mudança de velocidade:** change of gear **3** (de casa) move; **camioneta das mudanças:** removal van

mudar *v.* **1** (alterar) to change; **mudar de ideias:** to change your mind **2** (transformar) to transform **3** to move; **mudar de casa:** to move **4** (trocar) to change; **mudar a fralda:** to change a nappy; **mudar de roupa:** to change **5** (teatro) to shift; **mudar de cena:** to shift the scene ◆ **mudar-se** (de casa) to move

mudez *n.f.* muteness

mudo *adj.* **1** speech-impaired **2** silent; **cinema mudo:** silent films ◆ *n.m.* [*f.* muda] (pessoa) speech-impaired

mufana *n.m. (Moçambique)* child

mugido *n.m.* **1** (touro) bellow **2** (vaca) moo

mugir *v.* **1** (touro) to bellow **2** (vaca) to moo; to low

muito *det.indef.>quant.exist.*[DT] **1** (frases afirmativas) a lot of; **muitas vezes:** often; **tenho muito trabalho:** I've got a lot of work **2** (frases negativas e interrogativas) much; **muito melhor:** much better; **não muito:** not much ◆ *pron.indef.* **1** (frases afirmativas) a lot; **muitos dos meus amigos:** a lot of my friends **2** (frases negativas e interrogativas) much; many ◆ *adv.* **1** (com adjetivo ou advérbio) very; very much; **estão muito bem:** they are very well; **muito devagar:** very slowly **2** (com formas comparativas) much; **és muito mais velho do que ela:** you're much older than her; **muito mais interessante:** much more interesting **3** (muito tempo) a long time; **há muito:** a long time ago

mujimbo *n.m. (Angola)* (boato) hearsay

mula *n.f.* mule

mulato *adj. e n.m.* (person) of mixed race

muleta *n.f.* crutch; **andar de muletas:** to walk on crutches

mulher *n.f.* **1** woman **2** (esposa) wife

mulher-polícia *n.f.* policewoman

multa *n.f.* fine; **apanhar uma multa:** to get fined; **pagar uma multa:** to pay a fine

multar *v.* to fine; **multar em dez euros:** to fine a person 10 €

multidão *n.f.* crowd; **uma multidão de:** lots of

multimédia *adj. e n.m.* multimedia

multiplicação *n.f.* multiplication

multiplicador *adj.* multiplying ◆ *n.m.* multiplier; multiplicator

multiplicando *n.m.* multiplicand

multiplicar *v.* to multiply; **multiplicar dois por quatro:** to multiply two by four ◆ **multiplicar-se** **1** to multiply **2** to grow

multiplicativo *adj.* multiplicative

multiplicidade *n.f.* multiplicity; **uma multiplicidade de cores:** a multiplicity of colours

múltiplo *adj.* multiple; **escolha múltipla:** multiple choice ◆ *n.m.* MATEMÁTICA multiple

multirracial *adj.2gén.* multiracial; **uma sociedade multirracial:** a multiracial society
múmia *n.f.* mummy
mundial *adj.2gén.* **1** worldwide **2** (guerra, recorde) world; **Primeira Guerra Mundial:** First World War ◆ *n.m.* (campeonato) world championship; **Mundial de Futebol:** World Cup
mundo *n.m.* **1** world; **dar a volta ao mundo:** to go round the world; **meio mundo:** all the world and his wife; **vir ao mundo:** to come into the world **2** (Terra) the earth
municipal *adj.2gén.* municipal
município *n.m.* **1** municipality **2** (divisão administrativa) township **3** (câmara municipal) city council
mural *adj.2gén. e n.m.* mural
muralha *n.f.* **1** (muro) wall **2** (fortaleza) rampart
murar *v.* (muro) to wall; to enclose; **murar um jardim:** to enclose a garden
murchar *v.* (flor) to wither
murcho *adj.* (flor) wilting; withered
murmurar *v.* to murmur; to whisper
murmúrio *n.m.* murmur; whisper
muro *n.m.* wall
murro *n.m.* punch; cuff; **levar um murro de alguém:** to be punched by somebody
musa *n.f.* muse
musculação *n.f.* DESPORTO body-building; **praticante de musculação:** bodybuilder
muscular *adj.* muscular; **lesão muscular:** a muscle injury; **tecido muscular:** muscular tissue
músculo *n.m.* **1** muscle **2** *(figurado)* strength; **ter músculo:** to be strong
musculoso *adj.* muscular
museu *n.m.* museum; **museu aeronáutico:** air museum
musgo *n.m.* moss
música *n.f.* **1** music **2** *(informal)* song
musical *adj.2gén.* musical; **instrumento musical:** musical instrument ◆ *n.m.* (peça, filme) musical
músico *n.m.* musician
mutação *n.f.* mutation
mutante *adj. e n.2gén.* mutant
mutilação *n.f.* mutilation
mutilado *adj.* mutilated
mútuo *adj.* mutual; reciprocal

N

n *n.m.* (letra) n
na *contr. da prep.* em + *art. def. f.* a
nabiça *n.f.* turnip greens
nabo *n.m.* **1** (planta) turnip **2** *(informal)* (pessoa) blockhead; dork
nação *n.f.* nation; **Nações Unidas:** United Nations
nacional *adj.2gén.* **1** national; **bandeira nacional:** national flag **2** domestic; **produtos nacionais:** domestic goods; **voos nacionais:** domestic flights
nacionalidade *n.f.* nationality; **ter dupla nacionalidade:** to have dual nationality
naco *n.m.* piece; slice
nada *pron.* **1** nothing; anything; **antes de mais nada:** first of all; **hoje ainda não fez nada:** he has done nothing all day; **nada mais:** nothing else; **não é nada contigo:** it is none of your business **2** do not; **coragem, nada de pânico!:** courage, do not panic! ◆ *adv.* at all; **absolutamente nada:** not at all; not in the least; **a casa não é nada cara:** the house is not expensive at all; **de nada!:** not at all!
nadador *n.m.* [*f.* nadadora] swimmer
nadador-salvador *n.m.* lifeguard
nadar *v.* to swim; **nadar como um prego:** to sink like a stone; **nadar em dinheiro:** to roll in money
nádega *n.f.* buttock
nado *n.m.* swim; **ir a nado:** to go swimming
naipe *n.m.* (de cartas) suit
namorada *n.f.* girlfriend
namorado *n.m.* boyfriend
namorar *v.* to date
namoro *n.m.* **1** (relação) relationship **2** (ação de namorar) courtship
não *adv.* **1** (resposta) no; **não, obrigado:** no, thank you **2** (verbos, advérbios, frases) not; **não é um bom exemplo:** it's not a good example; **para não dizer:** not to say; **pois não!:** certainly!; **que eu saiba não:** not that I know of ◆ *n.m.* no; **responder com um não redondo:** to answer with a downright "no"
não-fumador *a nova grafia é* **não fumador**
não fumador *n.m.* non-smoker
narciso *n.m.* narcissus
narigudo *adj.* long-nosed; **ser narigudo:** to have a big nose
narina *n.f.* nostril
nariz *n.m.* nose; **meter o nariz em tudo:** to poke one's nose into everything; to nose around; **nariz arrebitado:** turned-up nose; snub nose; **torcer o nariz a:** to turn up one's nose at
narração *n.f.* **1** narration; narrative **2** (relato) account
narrador *n.m.* **1** narrator **2** storyteller
narrar *v.* to narrate; to tell
narrativa *n.f.* narrative; tale
narrativo *adj.* narrative
nasal *adj.2gén.* nasal
nascença *n.f.* birth; **de nascença:** from birth; by birth
nascente *n.f.* spring; **nascente de água:** water spring ◆ *n.m.* East; Orient ◆ *adj.2gén.* **1** new **2** (Sol) rising

nascer *v.* **1** (pessoa, animal) to be born; **eu não nasci ontem:** I wasn't born yesterday **2** (Sol) to rise **3** (ave) to hatch **4** (planta) to sprout **5** (cabelo) to grow **6** (dente) to come through **7** (dia) to dawn ◆ *n.m.* **1** birth **2** (Sol) rising

nascimento *n.m.* **1** birth; **data de nascimento:** date of birth **2** origin

nata *n.f.* **1** cream **2** (leite fervido) skin

natação *n.f.* swimming

natal *adj.* native; **país natal:** native country; **terra natal:** native land

Natal *n.m.* Christmas; **árvore de Natal:** Christmas tree; **dia de Natal:** Christmas Day; **Feliz Natal!:** Merry Christmas!; **véspera de Natal:** Christmas Eve

natalício *adj.* **1** (do Natal) Christmas; **época natalícia:** Christmas tide **2** (do nascimento) natal; **aniversário natalício:** birthday **3** (terra, local) birth

natalidade *n.f.* birth; **taxa de natalidade:** birth rate

nativo *adj. e n.m.* [*f.* nativa] native

nato *adj.* born; **um músico nato:** a born musician

natural *adj.2gén.* **1** natural; **desastre natural:** natural disaster; **luz natural:** natural light **2** (pessoa) native; **ser natural de:** to be a native of; to come from **3** (gesto, riso) instinctive; spontaneous **4** (provável) likely; **é natural que chova:** it is likely to rain **5** (alimento) fresh; **ananás ao natural:** fresh pineapple **6** (iogurte) plain

naturalidade *n.f.* **1** simplicity; spontaneity; **agir com a maior naturalidade:** to act as if nothing had happened **2** (nascimento) birthplace

naturalmente *adv.* naturally ◆ *interj.* naturally!; of course!

natureza *n.f.* **1** nature; **leis da natureza:** laws of nature **2** (espécie) kind; sort; class; **coisas dessa natureza:** things of that nature **3** (carácter) character; nature; **natureza humana:** human nature; **ser tímido por natureza:** to be timid by nature

nau *n.f.* ship; vessel

naufragar *v.* to be shipwrecked

naufrágio *n.m.* shipwreck

náufrago *n.m.* castaway; shipwrecked person

náutica *n.f.* **1** navigation; seamanship **2** (ciência) nautical science

náutico *adj.* nautical

naval *adj.2gén.* naval

navalha *n.f.* **1** knife **2** (para a barba) razor

nave *n.f.* **1** (espacial) spacecraft; spaceship **2** (igreja) nave; aisle; **nave central:** nave; central aisle

navegação *n.f.* **1** navigation; **navegação aérea:** air traffic **2** shipping; **companhia de navegação:** shipping company

navegador *n.m.* [*f.* navegadora] **1** navigator **2** (automóvel) navigator

navegar *v.* **1** (em barco) to sail **2** (em avião) to fly **3** INFORMÁTICA to surf; **navegar na Internet:** to surf the Net

navio *n.m.* ship; vessel; *(informal)* **ficar a ver navios:** to be left high and dry; **navio de guerra:** warship; **navio mercante:** merchant ship

ndjinga *n.f. (Moçambique)* (bicicleta) bicycle

neblina *n.f.* mist; **neblina matinal:** morning mist

nebulosidade *n.f.* cloudiness

nebuloso *adj.* **1** misty; foggy **2** (céu) cloudy

necessário *adj.* necessary; needful; **fazer o que for necessário:** to do what's necessary; **não é necessário que venhas:** it's not necessary for you to come; **se for necessário:** if need be

necessidade *n.f.* 1 (coisa imprescindível) necessity; **o aquecimento é uma necessidade:** heating is a necessity 2 (o que se necessita) need; **não há necessidade:** there's no need 3 (carência) poverty; want; **passar necessidades:** to be in need

necessitado *adj.* needy ◆ *n.m.* poor person; needy person; **ajudar os necessitados:** to help the poor/the needy

necessitar *v.* to need; to be in need; **necessitar de alguma coisa:** to need something

néctar *n.m.* nectar

nega *n.f.* 1 *(informal)* (recusa) refusal 2 *(informal)* (resultado negativo, nota) fail

negação *n.f.* 1 negation 2 denial

negar *v.* to deny; to refuse

negativa *n.f.* 1 denial; refusal 2 (escola) F; negative mark; **tenho duas negativas:** I got F in two subjects

negativo *adj.* negative ◆ *n.m.* FOTOGRAFIA photographic negative; negative

negligência *n.f.* negligence; carelessness

negligente *adj.2gén.* negligent; careless

negociação *n.f.* negotiation; **entrar em negociações com:** to enter into negotiations with

negociante *n.2gén.* 1 (comerciante) merchandiser; merchant 2 (empresário) businessman

negociar *v.* to trade; to deal; **negociar em alguma coisa:** to trade in something

negócio *n.m.* 1 business; **homem/mulher de negócios:** businessman/businesswoman 2 deal; **mau negócio:** bad deal; **negócio fechado:** it's a deal

negra *n.f.* 1 (pessoa) black woman 2 *(informal)* (nódoa negra) bruise

negro *adj. e n.m.* (cor) black

nem *conj.* (dupla negação) nor; neither; **nem eu:** neither do I; **nem um nem outro:** neither one nor the other ◈ **nem mais nem menos:** that's just it; **nem mesmo:** not even; **nem que:** not even if

nenhum *det.indef.>quant.univ.*[DT] no; not any; **não é nenhum tolo:** he's no fool ◆ *pron.indef.* (nem um) none; not one; **nenhum deles:** none of them

nenúfar *n.m.* (planta) water lily

néon *n.m.* neon

neozelandês *adj. e n.m.* [*f.* neozelandesa] New Zealander

Neptuno *n.m.* ASTRONOMIA, MITOLOGIA Neptune

nervo *n.m.* 1 nerve; **ser/estar uma pilha de nervos:** to be all on edge; **pôr os nervos em franja a alguém:** to get on somebody's nerves 2 (planta) vein; nervure 3 (carne) sinew

nervosismo *n.m.* nervousness

nervoso *adj.* nervous; **esgotamento nervoso:** nervous breakdown; **sistema nervoso:** nervous system

nervura *n.f.* 1 BOTÂNICA nervure 2 ARQUITETURA rib; **nervuras de uma abóbada:** ribs of an arch

nêspera *n.f.* medlar

nespereira *n.f.* medlar tree

neta *n.f.* granddaughter

neto *n.m.* grandson

neura *n.f.* *(informal)* ill-humour; bad mood ◆ *adj.2gén.* *(informal)* ill-humoured; in a bad mood

neurónio *n.m.* neuron; nerve cell

neutralidade *n.f.* neutrality

neutralizar *v.* to neutralize

neutrão *n.m.* FÍSICA neutron

neutro *adj.* **1** neutral **2** GRAMÁTICA (género) neuter
nevão *n.m.* heavy snowfall; snowstorm
nevar *v.* to snow
neve *n.f.* snow; **bola de neve:** snowball; **boneco de neve:** snowman; **floco de neve:** snowflake; **tempestade de neve:** snowstorm
névoa *n.f.* fog; mist
nevoeiro *n.m.* fog; mist; **está muito nevoeiro:** it's very foggy
nexo *n.m.* **1** (ligação) nexus; link **2** (sentido) coherence; **sem nexo:** incoherent
nhabedja *n.f. (Cabo Verde)* elderly lady
nhobedje *n.m. (Cabo Verde)* elderly man
nicho *n.m.* niche
ninfa *n.f.* nymph
ninguém *pron.indef.* **1** (nenhuma pessoa) nobody; no one; **ninguém sabe:** nobody knows **2** (qualquer pessoa) anybody; anyone; **melhor do que ninguém:** better than anybody
ninhada *n.f.* brood; litter
ninharia *n.f.* trifle; triviality
ninho *n.m.* **1** (de pássaro) nest **2** (de animal selvagem) lair **3** *(informal)* home
nitidez *n.f.* **1** clarity; clearness **2** (de fotografia, imagem) sharpness **3** (de pensamentos, ideias) comprehensibility; clarity; intelligibility
nítido *adj.* **1** clear; transparent **2** (fotografia, imagem) sharp
nível *n.m.* **1** level; **estar ao mesmo nível:** to be on a level; **níveis de poluição:** pollution levels; **nível de vida:** standard of living; living standard **2** rank; status; position **3** *(figurado)* class; distinction; **uma pessoa com nível:** a distinct person **4** (instrumento) level
nivelar *v.* to level
no *contr. da prep.* em + *art. def. m.* o
nó *n.m.* knot; *(informal)* **dar o nó:** to tie the knot; **dar um nó:** to tie/make a knot; **o nó da gravata:** the knot of the tie
nobre *adj.* **1** noble; **uma família nobre:** a noble family **2** (ideais, princípios) noble; high; lofty; **uma causa nobre:** a noble cause **3** grand; magnificent; majestic ◆ *n.2gén.* noble person
nobreza *n.f.* nobility; **membro da nobreza:** member of the nobility
noção *n.f.* notion; idea; **ter uma vaga noção de:** to have a vague notion of; **ter umas noções de Química:** to know the fundamentals of Chemistry
nocivo *adj.* harmful
nocturno *a nova grafia é* **noturno**
nódoa *n.f.* stain ⋄ **nódoa negra:** bruise
nogueira *n.f.* (árvore) walnut tree
noitada *n.f.* (diversão) night out; (estudo, trabalho) all-nighter ⋄ **fazer uma noitada:** to be up all night
noite *n.f.* **1** night; **a altas horas da noite:** late at night; **amanhã à noite:** tomorrow night; **à noite:** by night; **ao cair da noite:** at nightfall; **boa noite!:** good night!; **esta noite:** tonight; **ontem à noite:** last night; **toda a noite:** all night long **2** (fim do dia) evening; **boa noite!:** good evening!
noitinha *n.f.* nightfall; dusk; **à noitinha:** at nightfall
noiva *n.f.* **1** (durante o noivado) fiancée **2** (no casamento) bride
noivado *n.m.* engagement
noivo *n.m.* groom; bridegroom
noivos *n.m.pl.* the bride and the groom
nojento *adj.* disgusting
nojo *n.m.* **1** disgust; **meter nojo:** to be disgusting; **ter nojo de:** to be disgusted by **2** filthiness; **o teu quarto está um nojo!:** your room is filthy!

nómada *n.2gén.* nomad ◆ *adj.2gén.* nomadic; **tribos nómadas:** nomadic tribes
nome *n.m.* 1 name; **chamar nomes a alguém:** to call somebody names; **nome completo:** full name; **nome de batismo:** Christian name; forename; **nome de família:** family name; surname 2 *(figurado)* name; reputation; **ganhar nome:** to make a name for oneself; **ter bom/mau nome:** to have a good/bad name 3 GRAMÁTICA noun; **nome comum:** common noun; **nome próprio:** proper noun
nomeação *n.f.* (cargo, função) nomination; appointment
nomeadamente *adv.* namely
nomeado *adj.* 1 (pessoa) named 2 (para cargo ou função) appointed; designated
nomear *v.* 1 (nome) to name 2 (para cargo ou função) to appoint
nomenclatura *n.f.* nomenclature; terminology
nominal *adj.2gén.* 1 nominal 2 ECONOMIA face; **valor nominal:** face value
nonagésimo *num.ord.>adj.num.*[DT] ninetieth
nono *num.ord.>adj.num.*[DT] ninth
nora *n.f.* 1 (pessoa) daughter-in-law 2 (mecanismo) bucket waterwheel
nordeste *n.m.* northeast ◆ *adj.* northeastern; north-easterly
nórdico *adj. e n.m.* Nordic; **os países nórdicos:** the Nordic countries
norma *n.f.* rule; regulation; **as normas da escola:** school regulations; **por norma:** normally; as a rule
normal *adj.2gén.* normal; usual; **em circunstâncias normais:** under normal circumstances; **fora do normal:** unusual
normalidade *n.f.* normality; **voltar à normalidade:** to return to normal
normalizar *v.* to normalize
normalmente *adv.* normally; usually
normativo *adj.* normative
noroeste *n.m.* northwest ◆ *adj.* northwestern; north-westerly
nortada *n.f.* north wind; northerly wind
norte *n.m.* north; **a norte de:** to the north of; **no norte:** in the north; **para o norte:** northwards ◆ *adj.* north; northern
norte-americano *adj. e n.m.* North American
Noruega *n.f.* Norway
norueguês *adj. e n.m.* [*f.* norueguesa] Norwegian
nos *pron.pess.* 1 (complemento) us; **ele chamou-nos:** he called us 2 (reflexo) ourselves; **nós lavamo-nos:** we wash ourselves 3 (recíproco) each other; **conhecemo-nos há anos:** we've known each other for years
nós *pron.pess.* 1 we; **nós adoramo-nos:** we love each other 2 us; **esse presente é para nós?:** is that gift for us?; **quanto a nós:** as for us ◆ *pron.pess.refl.* ourselves; **cá entre nós:** between you and me; between ourselves
nosso *det.poss.* our; **a nossa casa é bonita:** our house is beautiful; **um amigo nosso:** a friend of ours ◆ *pron. poss.* ours; **gosto mais do nosso:** I like ours better
nostalgia *n.f.* nostalgia; **ter nostalgia de:** to feel nostalgic for
nostálgico *adj.* nostalgic
nota *n.f.* 1 (apontamento) note; annotation; **nota de rodapé:** footnote; **tomar nota de:** to note down; to make a note of 2 *(Grã-Bretanha)* (escola) mark; *(Estados Unidos da América)* grade; **ter boas notas:** to get good grades/ marks 3 *(Grã-Bretanha)* (dinheiro) note; *(Estados Unidos da América)* bill; **nota falsa:** counterfeit note; **uma nota de cinco euros:** a 5 euros note 4 MÚSICA note

notabilizar *v.* to make famous ◆ **notabilizar-se** to become famous
notar *v.* **1** (reparar) to notice; to take notice of **2** (comentar) to observe; to comment; to remark
notário *n.m.* **1** (pessoa) notary (public) **2** (local) notary's office
notável *adj.2gén.* remarkable; extraordinary; notable
notícia *n.f.* **1** a piece of news; report; **notícias de última hora:** latest news; **notícias em primeira mão:** first-hand news **2** news; **boas/más notícias:** good/bad news; **dar uma má notícia a alguém:** to break the news to somebody; **ter notícias de alguém:** to hear from somebody
noticiar *v.* to publish; to report
noticiário *n.m.* news; **ver o noticiário das oito:** to watch the eight o'clock news
notificar *v.* to notify; to inform
notoriedade *n.f.* notoriety; fame
notório *adj.* **1** (óbvio) evident; obvious **2** (conhecido, público) public; well-known
noturno *adj.* nocturnal; night
nova *n.f.* (notícia, novidade) tidings; **boas novas:** glad tidings
novamente *adv.* again; once more
novato *adj.* inexperienced; fresh ◆ *n.m.* **1** (principiante) beginner **2** (estudante) freshman
Nova Zelândia *n.f.* New Zealand
nove *num.card.>quant.num.*DT *e n.m.* nine
novecentos *num.card.>quant.num.*DT *e n.m.* nine hundred
novela *n.f.* **1** LITERATURA short story; narrative **2** TELEVISÃO soap opera
novelo *n.m.* ball; **novelo de lã:** ball of wool
novembro *n.m.* November
noventa *num.card.>quant.num.*DT *e n.m.* ninety; **os anos noventa:** the nineties
novidade *n.f.* **1** novelty; **os telemóveis já não são novidade:** cell phones are no longer a novelty **2** news; piece of news; **contar as novidades:** to tell the news; **isso é novidade para mim:** that's news to me
novilho *n.m.* steer; young bull
novo *adj.* new; **começar de novo:** to start over; **nada de novo:** nothing new; **novo em folha:** brand new; (Bíblia) **Novo Testamento:** New Testament
noz *n.f.* walnut
noz-moscada *n.f.* nutmeg
nu *adj.* naked; nude
nublado *adj.* (céu) cloudy
nuca *n.f.* nape; back of the neck
nuclear *adj.2gén.* nuclear; **bomba nuclear:** nuclear bomb
núcleo *n.m.* **1** (de átomo, célula) nucleus **2** (de fruto) kernel **3** (de questão) crux; kernel
nudez *n.f.* nudity; nakedness
nudismo *n.m.* nudism; naturism; **praticar nudismo:** to practise nudism
nudista *n.2gén.* nudist; naturist; **uma praia de nudistas:** a nudist beach
nulidade *n.f.* **1** (falta de validade) nullity **2** *(informal)* (incompetência) failure; **ele é uma nulidade como profissional:** he is a failure as a professional
nulo *adj.* **1** null; **resultados nulos:** null results **2** (inválido) null and void; invalid
numeração *n.f.* numeration; **numeração árabe:** Arabic numerals; **numeração romana:** Roman numerals
numerado *adj.* numbered
numeral *n.m.* number; numeral
numerar *v.* to number
numerário *n.m.* (dinheiro) cash; money; **pagar em numerário:** to pay in cash
numérico *adj.* numerical; **por ordem numérica:** in numerical order

número *n.m.* **1** number; **números ímpares:** odd numbers; **números pares:** even numbers **2** (publicação) number; issue; edition **3** (roupa, sapatos) size
numeroso *adj.* numerous; **receber numerosos presentes:** to receive many gifts; **uma família numerosa:** a numerous family
numismática *n.f.* numismatics
nunca *adv.* **1** (nenhuma vez) never; **nunca antes:** never before; **nunca se sabe:** you never know **2** (alguma vez) ever; **quase nunca:** hardly ever
nupcial *adj.2gén.* nuptial; **marcha nupcial:** wedding march
núpcias *n.f.pl.* wedding ◆ **casar em segundas núpcias:** to marry for the second time
nutrição *n.f.* nutrition
nutricionismo *n.m.* nutrition; dietetics
nutricionista *n.2gén.* nutritionist
nutriente *n.m.* nutrient
nutrir *v.* **1** to nourish; to feed **2** (sentimento) to foster; to nurture; to cherish ◆ **nutrir-se** to feed oneself
nutritivo *adj.* nutritious; nourishing
nuvem *n.f.* cloud; *(informal)* **andar nas nuvens:** to have your head in the clouds; **coberto de nuvens:** cloudy; clouded; **nuvens de fumo/poeira:** smoke/dust clouds; **sem nuvens:** cloudless

O

o (ó) *n.m.* (letra) o
o (u) *det.art.def.m.* the; **o carro avariou:** the car has broken down; **o pai levou--a ao cinema:** her father took her to the cinema ◆ *pron.pess.m.* **1** him; **ela viu-o ontem:** she saw him yesterday **2** it; **comprei o livro e dei-lho:** I bought the book and gave it to her ◆ *pron.dem.* **1** it; **já o disse antes:** I have said it before **2** the one; **o de cabelo curto é meu irmão:** the one with the short hair is my brother
oásis *n.m.* oasis
obcecado *adj.* obsessed
obedecer *v.* to obey; to comply; **obedecer às leis:** to comply with rules
obediência *n.f.* obedience; compliance; **em obediência a:** in compliance with; in obedience to; **prestar obediência a:** to pay obedience to
obediente *adj.2gén.* obedient
obesidade *n.f.* obesity
obeso *adj.* obese; fat; overweight
óbito *n.m.* death; **certidão de óbito:** death certificate
objeção *n.f.* objection; **levantar objeções a:** to raise objections to
objecção *a nova grafia é* **objeção**
objectiva *a nova grafia é* **objetiva**
objectividade *a nova grafia é* **objetividade**
objectivo *a nova grafia é* **objetivo**
objecto *a nova grafia é* **objeto**
objetiva *n.f.* objective; lens
objetividade *n.f.* **1** objectivity **2** impartiality
objetivo *adj.* objective ◆ *n.m.* aim; goal; objective; **alcançar um objetivo:** to achieve an aim/goal; **ter o objetivo de:** to aim to
objeto *n.m.* **1** object; **objetos de valor:** valuables **2** (estudo) subject **3** GRAMÁTICA object; **objeto direto:** direct object; **objeto indireto:** indirect object
oblíquo *adj.* **1** oblique; slanting; sloping; **ângulo oblíquo:** an oblique angle **2** sideways; sidelong; **olhar oblíquo:** sidelong glance
oboé *n.m.* (instrumento musical) oboe
obra *n.f.* **1** work; **obra de arte:** work of art; (escola) **obra de leitura obrigatória:** set book; **obra de referência:** reference book; **ser obra do acaso:** to be the work of chance **2** (ação) deed; feat; **mãos à obra!:** let's get cracking! **3** (construção) construction site
obra-prima *n.f.* masterpiece; masterwork
obras *n.f.pl.* (em estrada) roadworks; (em edifício) repair; **a casa está a precisar de obras:** the house is in need of repair; **a estrada estava em obras:** the road was being repaired; **obras públicas:** public works
obrigação *n.f.* obligation; duty; commitment; **cumprir as suas obrigações:** to fulfil one's obligations; **obrigações familiares:** family commitments
obrigado *adj.* **1** (forçado) compelled; forced; **ver-se obrigado a fazer algo:** to be forced to do something **2** (grato) thankful; grateful ◆ *interj.* thank you!; thanks!; **muito obrigado!:** many thanks!; much obliged!; thank you very much!

obrigar *v.* (forçar) to compel; to force; to constrain; to oblige; **obrigar alguém a fazer alguma coisa:** to force somebody to do something
obrigatório *adj.* obligatory; compulsory; mandatory
obscurecer *v.* to obscure
obscuridade *n.f.* obscurity
obscuro *adj.* **1** obscure; dark **2** *(figurado)* obscure; unclear **3** *(figurado)* hidden; secret; concealed
observação *n.f.* **1** (ação) observation; **estar em observação:** to be under observation **2** (comentário) remark; comment; observation; **fazer uma observação:** to make an observation **3** (de ordem, regulamento) observance; compliance; **observação da lei:** observance of the law; compliance with the law
observador *n.m.* [*f.* observadora] observer ◆ *adj.* **1** (de facto, situação) observant; perceptive; shrewd **2** (de ordem, regulamento) observant; compliant
observar *v.* **1** to observe; to watch **2** (cumprir) to comply with; to observe; to obey; **observar as regras da sociedade:** to observe the rules of society **3** (comentar) to remark; to comment
observatório *n.m.* observatory
obsessão *n.f.* obsession; fixation; **obsessão por carros:** fixation with cars
obsessivo *adj.* obsessive
obstáculo *n.m.* obstacle; hindrance; impediment; **corrida de obstáculos:** obstacle race; **ultrapassar um obstáculo:** to overcome an obstacle
obstetra *n.2gén.* obstetrician
obstetrícia *n.f.* obstetrics
obstinação *n.f.* obstinacy; stubbornness
obstinado *adj.* obstinate; stubborn
obstrução *n.f.* obstruction; **obstrução da justiça:** obstruction of justice
obstruir *v.* to obstruct
obtenção *n.f.* obtaining
obter *v.* to obtain; to get
obtuso *adj.* (ângulo) obtuse
óbvio *adj.* obvious; **por razões óbvias:** for obvious reasons
ocasião *n.f.* **1** occasion; **em várias ocasiões:** on several occasions; **por ocasião de:** on the occasion of; **se houver ocasião:** if the occasion arises **2** (oportunidade) opportunity; chance; **ainda não tive ocasião para falar com ela:** I haven't had the chance to talk to her yet; **aproveitar a ocasião:** to take the opportunity
ocasional *adj.2gén.* **1** occasional; casual **2** accidental
ocasionar *v.* (causar) to cause
ocaso *n.m.* sunset; nightfall
oceanário *n.m.* oceanarium
oceânico *adj.* ocean; oceanic; **correntes oceânicas:** ocean currents
oceano *n.m.* ocean; **as profundezas do oceano:** the depths of the ocean; **oceano Atlântico:** Atlantic Ocean; **oceano Índico:** Indian Ocean; **oceano Pacífico:** Pacific Ocean
oceanografia *n.f.* oceanography
ocidental *adj.2gén.* western; west; **Europa Ocidental:** Western Europe; **cultura ocidental:** western culture ◆ *n.2gén.* (pessoa) westerner
ocidente *n.m.* the West
ócio *n.m.* **1** (tempo livre) free time **2** (preguiça) idleness
ociosidade *n.f.* idleness; laziness
ocioso *adj.* idle; lazy ◆ *n.m.* idler
oco *adj.* hollow; void; empty
ocorrência *n.f.* occurrence; event; incident
ocorrer *v.* to occur; to happen; to take place; **ocorreu uma coisa inesperada:** something came up
octogésimo *num.ord.>adj.num.*[DT] *e n.m.* eightieth
octogonal *adj.2gén.* octagonal

octógono *n.m.* octagon

ocular *adj.2gén.* (of the) eye; ocular; **globo ocular:** eyeball; **testemunha ocular:** eyewitness

oculista *n.m.* (estabelecimento) optician's ◆ *n.2gén.* (pessoa) optometrist; optician

óculos *n.m.pl.* glasses; spectacles; **óculos de mergulho/natação:** goggles; **óculos de sol:** sunglasses; **usar óculos:** to wear glasses

ocultar *v.* (objeto) to conceal; (facto, segredo) to hush up; **ocultar um segredo:** to hush up a secret

oculto *adj.* **1** occult; **ciências ocultas:** the occult sciences **2** (escondido) hidden; concealed **3** (secreto) secret; unknown; mysterious ◆ *n.m.* the occult; the supernatural

ocupação *n.f.* **1** MILITAR occupation; conquest **2** (profissão) occupation; job **3** (passatempo) pastime; hobby

ocupado *adj.* **1** (pessoa) busy **2** (território) occupied **3** (lugar) taken **4** (telefone) engaged

ocupar *v.* **1** (espaço) to occupy; to take up; to fill; **a mesa ocupa quase toda a sala de jantar:** the table takes up most of the dining room **2** (cargo, função) to hold; to fill **3** (território) to occupy; to conquest ◆ **ocupar-se** to take care of

ode *n.f.* ode

odiar *v.* to hate; to abhor; to loathe; **eles odeiam-se:** they loathe each other

ódio *n.m.* hatred; hate; loathing

odioso *adj.* hateful; repulsive

odisseia *n.f.* odyssey

odor *n.m.* **1** odour; smell **2** (agradável) fragrance; scent; aroma **3** (desagradável) stench; stink

oeste *n.m.* west; **a oeste de:** to the west of ◆ *adj.* westerly; western

ofegante *adj.2gén.* out of breath; breathless

ofender *v.* **1** to hurt (someone's feelings); to offend; **eu não queria ofender:** I meant no offence **2** (insultar) to insult ◆ **ofender-se** to take offence at

ofensa *n.f.* **1** offence; **sem ofensa:** no offence **2** (verbal) affront; insult

ofensiva *n.f.* offensive; attack; assault; **ofensiva militar:** military offensive

ofensivo *adj.* offensive; **comentários ofensivos:** offensive remarks

oferecer(-se) *v.* to offer; **oferecer resistência:** to offer resistance; **oferecer-se para fazer o jantar:** to offer to cook supper; **ter muito para oferecer:** to have a lot to offer

oferenda *n.f.* offering

oferta *n.f.* **1** offer; **aceitar/recusar uma oferta:** to accept/refuse an offer; **fazer uma oferta:** to make an offer **2** (prenda) gift; present **3** ECONOMIA demand; **oferta e procura:** supply and demand **4** (num leilão) bid; **a oferta mais alta:** the highest bid

oficial *adj.2gén.* official; **residência oficial:** official residence ◆ *n.2gén.* **1** MILITAR officer; **oficial da marinha:** navy officer; **oficial do exército:** army officer **2** clerk; **oficial de justiça:** clerk of the court

oficializar *v.* to make official; to announce

oficina *n.f.* **1** workshop; **oficina de carpinteiro:** carpenter's workshop **2** (mecânica) garage; **o carro está na oficina a arranjar:** the car is being repaired

ofício *n.m.* **1** trade; craft; **aprender um ofício:** to learn a trade **2** (profissão) job

oftalmologia *n.f.* ophthalmology

oftalmologista *n.2gén.* ophthalmologist

ofuscar *v.* (visão) to blind; to dazzle

ogiva *n.f.* **1** ARQUITETURA ogive **2** MILITAR warhead; **ogiva nuclear:** nuclear warhead

ogre *n.m.* ogre

oh *interj.* oh!
oi *interj. (Brasil)* (saudação) hi!; **oi, tudo bem?:** hi, how's things?
oitavo *num.ord.>adj.num.*DT eighth; **em oitavo lugar:** in eighth place ◆ *n.m.* eighth; **um oitavo de:** one eighth of
oitavos-de-final *a nova grafia é* **oitavos de final**
oitavos de final *n.m.pl.* eighth-finals
oitenta *num.card.>quant.num.*DT *e n.m.* eighty; **os anos oitenta:** the eighties
oito *num.card.>quant.num.*DT *e n.m.* eight; **de hoje a oito:** a week from today; **nem oito nem oitenta:** not so much nor so little; **oito ou oitenta:** all or nothing
oitocentos *num.card.>quant.num.*DT *e n.m.2núm.* eight hundred
olá *interj.* hello!; hi!
olaria *n.f.* pottery
oleado *n.m.* (tecido) oilskin
olear *v.* to oil; to grease
oleiro *n.m.* potter; **roda de oleiro:** potter's wheel
óleo *n.m.* **1** oil; **óleo de amêndoas doces:** almond oil **2** (pintura) oil paint; oils; **um quadro a óleo:** an oil painting
oleoso *adj.* **1** oily **2** (cabelo, pele) greasy
olfacto *a nova grafia é* **olfato**
olfato *n.m.* smell; olfaction; **o sentido do olfato:** the sense of smell
olhadela *n.f.* quick look; glimpse; **dar uma olhadela a:** to give something a quick look
olhar *n.m.* glance; look; **olhar alguém nos olhos:** to look at somebody in the face; **olhar de lado:** to look sideways; **olhar por alguém:** to look after someone; **olhares furtivos:** furtive glances; **um olhar triste:** a sad look ◆ *v.* **1** to look at; **ela olhou-o por alguns instantes:** she looked at him for a few moments **2** to look; **olha para mim:** look at me; **olha quem fala!:** look who's talking!; **olhar à volta:** to look round; **olhar de relance para:** to glance at; **para onde estás a olhar?:** what are you staring at? ◆ **olhar-se** to look at oneself; **olhar-se ao espelho:** to look at oneself in the mirror
olheiras *n.f.pl.* bags (under the eyes); **estar com/ter olheiras:** to have bags under one's eyes
olho *n.m.* eye; **abrir/fechar os olhos:** to open/close one's eyes; **a olhos vistos:** visibly; clearly; **fazer olhinhos a:** to give somebody the eye; *(informal)* **não pregar olho:** not to sleep a wink; **não tirar os olhos de:** not to take one's eyes off; **num abrir e fechar de olhos:** in the twinkling of an eye; **ter olhos castanhos:** to have brown eyes
olímpico *adj.* Olympic; **atleta olímpico:** Olympic athlete; **os Jogos Olímpicos:** the Olympic Games; Olympics
olival *n.m.* olive grove
oliveira *n.f.* (árvore) olive tree
ombro *n.m.* shoulder; **encolher os ombros:** to shrug one's shoulders
omeleta *n.f.* omelette; **omeleta de fiambre:** ham omelette; **omeleta de queijo:** cheese omelette
omissão *n.f.* omission
omitir *v.* to omit; to leave out
omnipotência *n.f.* omnipotence
omnipotente *adj.2gén.* omnipotent
omnisciência *n.f.* omniscience
omnisciente *adj.2gén.* omniscient
omnívoro *adj.* omnivorous ◆ *n.m.* omnivore
omoplata *n.f.* ANATOMIA shoulder blade
onça *n.f.* (animal, unidade de peso) ounce
onda *n.f.* wave; **estar na crista da onda:** to be on the crest of the wave; **ir na onda:** to swim with the tide; FÍSICA **onda curta/média/longa:** short/medium/long wave; **onda de calor:**

heat wave; *(figurado)* **uma onda de assaltos:** a wave of burglaries

onde *adv.* where; **de onde?:** wherever; where from?; **onde quer que seja:** wherever; **onde vais?:** where are you going?; **onde vives?:** where do you live?; **para onde?:** where to?

ondulação *n.f.* **1** (de água) waves **2** (de cabelo) waviness

ondulado *adj.* **1** (cabelo) wavy **2** (papel, chapa) corrugated

ondular *v.* to wave; **ondular o cabelo:** to wave one's hair

ónix *n.m.2núm.* onyx

onomatopaico *adj.* onomatopoeic

onomatopeia *n.f.* onomatopoeia

ontem *adv.* yesterday; **de ontem para hoje:** overnight; **desde ontem:** since yesterday; **ontem à tarde/noite:** yesterday afternoon/evening; **ontem de manhã:** yesterday morning

onze *num.card.>quant.num.*[DT] *e n.m.* **1** eleven; **um edifício com onze andares:** an eleven-storey building **2** eleventh; **dia onze de setembro:** the eleventh of September

opaco *adj.* **1** opaque **2** *(figurado)* (significado) obscure

opção *n.f.* option; choice; **não ter opção:** to have no choice; **por opção:** by choice

opcional *adj.2gén.* optional

ópera *n.f.* **1** (espetáculo) opera; **cantor(a) de ópera:** opera singer **2** (edifício) opera house

operação *n.f.* operation; (medicina) **fazer uma operação:** (cirurgião) to perform an operation; (paciente) to undergo an operation; **operação de salvamento:** rescue operation; (medicina) **operação plástica:** plastic surgery

operador *n.m.* **1** MEDICINA surgeon **2** (aparelho) operator; CINEMA, TELEVISÃO **operador de câmara:** cameraman

operar *v.* **1** (medicina) to operate on; to perform surgery on; **operar um paciente:** to operate on a patient **2** (funcionar) to work

operário *n.m.* worker; workman

operatório *adj.* **1** operative **2** operating; (hospital) **bloco operatório:** operating theatre

opinião *n.f.* opinion; view; **dar uma opinião:** to give an opinion; **mudar de opinião:** to change one's opinion; **na minha opinião:** in my opinion; as I see it; **opinião pública:** public opinion; **ter uma boa/má opinião de:** to have a high/low opinion of

oponente *n.2gén.* opponent; opposer

opor *v.* to oppose ◆ **opor-se** to be against; **opor-se à ideia:** to be against the idea

oportunamente *adv.* in due time

oportunidade *n.f.* **1** opportunity; **aproveitar a oportunidade:** to seize the opportunity; **igualdade de oportunidades:** equal opportunities; **oportunidades de trabalho:** job opportunities; **perder uma oportunidade:** to let an opportunity slip **2** (possibilidade) chance; **ainda não tive oportunidade:** I haven't had the chance yet; **se surgir a oportunidade:** if the occasion arises

oportunista *n.2gén.* opportunist ◆ *adj. 2gén.* opportunistic

oportuno *adj.* **1** opportune; convenient; **não foi nada oportuno:** it was rather inconvenient; **um comentário oportuno:** an opportune remark **2** (tempo) well-timed

oposição *n.f.* opposition

opositor *n.m.* opponent; adversary

oposto *adj.* **1** opposite; **o sexo oposto:** the opposite sex **2** facing; opposite; **a casa oposta:** the opposite house ◆ *n.m.* contrary; opposite; reverse

opressão *n.f.* oppression

opressivo *adj.* 1 (situação) oppressive; **regime opressivo:** oppressive regime 2 (atmosfera) oppressive; stifling; suffocating; **calor opressivo:** stifling heat
oprimir *v.* to oppress
optar *v.* to opt; to decide; **optar por outra solução:** to opt for another solution; **optar por não dizer nada:** to decide not to say anything
optimismo *a nova grafia é* **otimismo**
optimista *a nova grafia é* **otimista**
óptimo *a nova grafia é* **ótimo**
ora *conj.* 1 (mas) but 2 (por isso) therefore 3 (ou) either; **ora bolas!:** damn it!; **ora diz que sim, ora diz que não:** he either says yes or no; **ora essa!:** why!; **por ora:** for the present; for the time being; for now
oração *n.f.* 1 RELIGIÃO prayer; **livro de orações:** prayer book 2 GRAMÁTICA clause; **oração principal:** main clause
oráculo *n.m.* oracle
orador *n.m.* speaker
oral *adj.2gén.* 1 spoken; oral 2 oral ◆ *n.f.* (exame) oral test
oralidade *n.f.* orality
orangotango *n.m.* orangutan
órbita *n.f.* orbit
orçamento *n.m.* budget; **baixo orçamento:** low budget
ordem *n.f.* 1 order; instruction; command; **às suas ordens:** at your disposal; **ordem de despejo:** eviction notice; **ordem de pagamento:** standing order; **ordem de prisão:** warrant of arrest; **receber uma ordem para:** to be ordered to; **sempre às ordens!:** you're welcome! 2 (aviso) notice; warrant; **até nova ordem:** until further notice 3 (sequência) order; **ordem alfabética:** alphabetical order; **ordem numérica:** numerical order 4 (arrumação) order; tidiness; neatness; **com ordem:** orderly; **pôr em ordem:** to tidy up 5 (disciplina) order; discipline; **ser chamado à ordem:** to be called to order
ordenação *n.f.* 1 ordering 2 RELIGIÃO ordination
ordenadamente *adv.* 1 (sequência) in order 2 (arrumação) tidily
ordenado *n.m.* salary; wage ◆ *adj.* ordered; in order
ordenar *v.* 1 to order; to command; **ordeno-te que saias!:** I command you to go! 2 to arrange; to dispose; **ordenar os móveis:** to arrange the furniture
ordenha *n.f.* milking
ordenhar *v.* to milk
ordinal *adj.2gén.* ordinal ◆ *n.m.* ordinal number
ordinarice *n.f.* vulgarity
ordinário *adj.* vulgar; rude

> Para dizermos **ordinário** em inglês usamos a palavra **vulgar**. Também existe a palavra **ordinary** em inglês, mas quer dizer *normal, vulgar.*

orégão *n.m.* oregano
orelha *n.f.* ear
órfão *n.m.* orphan
organismo *n.m.* organism
organização *n.f.* organization
organizador *n.m.* organizer
organizar *v.* to organize
órgão *n.m.* ANATOMIA, MÚSICA organ
orgulho *n.m.* pride; **ter orgulho em:** to be proud of
orgulhoso *adj.* proud
orientação *n.f.* orientation
orientador *n.m.* tutor
oriental *adj.2gén.* eastern; oriental; **cultura oriental:** eastern culture ◆ *n.2gén.* (pessoa) easterner
orientar *v.* 1 (guiar) to direct; to guide 2 (liderar) to lead; to direct 3 (dar conselhos) to advise

Oriente *n.m.* East ❖ **Médio Oriente:** Middle East
origem *n.f.* **1** (princípio) origin; source; **dar origem a:** to give rise to **2** (pessoa) extraction; **de origem portuguesa:** of Portuguese extraction; **país de origem:** fatherland **3** (causa) cause; origin
original *adj.2gén.* original ♦ *n.m.* (documento, obra de arte) original
originalidade *n.f.* originality
originar *v.* to originate; to cause to begin; **ser originado por:** to grow out of
originário *adj.* (pessoa) native; **ser originário de:** to come from
orla *n.f.* **1** edge; border; skirt; **orla marítima:** seafront **2** (bainha) hem **3** (beira) edge
ornamentar *v.* to ornament; to adorn; to decorate
ornamento *n.m.* ornament
ornitorrinco *n.m.* platypus
orquestra *n.f.* orchestra
orquestração *n.f.* MÚSICA orchestration
orquestral *adj.2gén.* orchestral
orquestrar *v.* MÚSICA to orchestrate
orquídea *n.f.* orchid
ortografia *n.f.* orthography; spelling
ortográfico *adj.* orthographic; spelling
ortopedia *n.f.* orthopaedics
ortopédico *adj.* orthopaedic; **sapatos ortopédicos:** orthopaedic shoes
ortopedista *n.2gén.* orthopaedist
orvalhada *n.f.* dewfall
orvalhar *v.* to dew
orvalho *n.m.* dew; **gota de orvalho:** dewdrop
oscilação *n.f.* **1** FÍSICA oscillation **2** ECONOMIA fluctuation
oscilar *v.* to oscillate; to swing; to sway
ossada *n.f.* bones; remains
ossatura *n.f.* frame; skeletal structure
ósseo *adj.* bony; osseous
osso *n.m.* bone; **em carne e osso:** in flesh and blood
ossudo *adj.* bony; large boned
ostensivo *adj.* **1** (objeto) ostensible **2** (atitude, pessoa) ostentatious
ostentação *n.f.* ostentation
ostentar *v.* to exhibit; to show
ostra *n.f.* oyster; **viveiro de ostras:** oyster bed
otário *n.m.* *(informal)* dumbhead; dummy
otimismo *n.m.* optimism
otimista *adj.2gén.* optimistic; confident; **previsões otimistas:** optimistic forecasts ♦ *n.2gén.* (pessoa) optimist
ótimo *adj.* optimum; ideal; **condições ótimas:** optimum conditions
otite *n.f.* otitis
ou *conj.* or; **ou... ou:** either... or; **ou ficas ou vais:** either you stay or you go; **ou então...:** or else...; **ou seja:** that is
ouriço *n.m.* **1** (animal) hedgehog **2** (fruto) burr
ouriço-cacheiro *n.m.* hedgehog
ouriço-do-mar *n.m.* sea urchin
ourives *n.m.* goldsmith; jeweller
ourivesaria *n.f.* **1** (loja) jeweller's **2** (arte) jewellery
ouro *n.m.* (metal) gold; **anel de ouro:** golden ring; **ouro maciço:** solid gold
ouros *n.m.pl.* (cartas) diamonds; **ás de ouros:** ace of diamonds
ousadia *n.f.* boldness; **ter a ousadia de fazer alguma coisa:** to be so bold as to do something
ousado *adj.* **1** (corajoso) bold **2** (atrevido) forward
ousar *v.* (atrever-se) to dare
outeiro *n.m.* hillock
outono *n.m.* *(Grã-Bretanha)* autumn; *(Estados Unidos da América)* fall
outrem *pron.indef.* somebody else; someone else

outro *det.indef.* (pessoa, objeto) other; another; **de outra maneira:** otherwise ◆ *pron.indef.* **1** (pessoa) someone else; somebody else; other; **nem um nem outro:** neither one nor the other **2** (objeto) something else; other one; **outro tanto:** as much more; **outro qualquer:** any other; **um outro igual:** another one

outrora *adv.* formerly; long ago

outubro *n.m.* October

ouvido *n.m.* **1** ANATOMIA ear; **dizer ao ouvido:** to whisper in someone's ear; **ser todo ouvidos:** to be all ears **2** (audição) hearing

ouvinte *n.2gén.* listener

ouvir *v.* **1** to hear; **não ouço nada:** I can't hear a thing **2** to listen; **ouve-me!:** listen to me!; **ouvir música:** to listen to music **3** (sem querer) to overhear; **ouvir alguém dizer:** to overhear someone

ova *n.f.* ZOOLOGIA spawn; CULINÁRIA roe ❖ *(informal)* **uma ova!:** you wish!

ovação *n.f.* (aplauso) burst of applause

oval *adj.2gén.* oval

ovário *n.m.* ovary

ovelha *n.f.* sheep; (fêmea) ewe; **ovelha negra:** black sheep

ovino *adj.* ovine; **gado ovino:** ovine cattle

óvni *n.m.* flying saucer; unidentified flying object (UFO)

ovo *n.m.* egg; **ovo choco:** addled egg; **ovo cozido:** boiled egg; **ovo escalfado:** poached egg; **ovo estrelado:** fried egg; **ovos mexidos:** scrambled eggs; **pôr ovos:** to lay eggs

óvulo *n.m.* ovule

oxalá *interj.* I hope so!; let's hope so!; **oxalá corra tudo bem!:** I hope everything turns out well!; **oxalá ela chegue depressa:** I hope she comes soon

óxido *n.m.* oxide

oxigenar *v.* **1** QUÍMICA to oxygenate **2** (cabelo) to bleach; **oxigenar o cabelo:** to have one's hair bleached

oxigénio *n.m.* oxygen

ozono *n.m.* ozone; **camada de ozono:** ozone layer

P

p *n.m.* (letra) p
pá *n.f.* **1** (quadrada) spade; (redonda) shovel **2** (de remo) blade ◆ *interj.* *(informal)* man
pacato *adj.* **1** (pessoa) peaceful **2** (local) quiet
pachorra *n.f.* *(informal)* patience; **não tenho pachorra para isto:** I've run out of patience for this
pachorrento *adj.* *(informal)* sluggish
paciência *n.f.* patience
paciente *n.2gén.* patient
pacificar *v.* **1** to pacify **2** (acalmar) to calm down
pacífico *adj.* pacific; peaceful
Pacífico *n.m.* (oceano) Pacific
pacifismo *n.m.* pacifism
pacifista *adj. e n.2gén.* pacifist; **movimento pacifista:** pacifist movement
paço *n.m.* **1** (palácio) palace **2** *(figurado)* court
pacote *n.m.* **1** (embalagem) parcel **2** (embalagem pequena) package **3** carton; **pacote de leite:** milk carton; **pacote de cereais:** cereal carton **4** (conjunto) package; **um pacote de medidas:** a package of measures
pacto *n.m.* pact
padaria *n.f.* **1** (fabrico) bakery **2** (loja) baker's shop; baker's
padecer *v.* to suffer
padeiro *n.m.* [*f.* padeira] baker
padrão *n.m.* **1** pattern; archetype; **padrão de comportamento:** behaviour pattern **2** (modelo) standard; **medida padrão:** standard measure **3** (de tecido) pattern **4** (monumento) stone pillar
padrasto *n.m.* stepfather
padre *n.m.* priest; **o Santo Padre:** the Holy Father
padrinho *n.m.* **1** (de batismo) godfather **2** (de casamento) best man
padroeiro *n.m.* patron; patron saint
paga *n.f.* **1** payment **2** *(informal)* (vingança) revenge
pagamento *n.m.* **1** (salário) pay; wage; salary; **dia de pagamento:** pay day **2** (ato) payment; **a pronto pagamento:** ready payment; **pagamento em dinheiro:** cash payment; **pagamento em prestações:** payment by instalments
pagão *adj. e n.m.* pagan
pagar *v.* to pay; **pagar a meias:** to go halves on; to go fifty-fifty; **queria pagar, se faz favor!:** check, please!; **pagar na mesma moeda:** to give tit for tat
página *n.f.* page; **arrancar uma página:** to tear up a page; **em que página vais?:** what page are you at?; **na página 1:** on page 1; **páginas amarelas:** yellow pages; **primeira página:** front page
pago *adj.* paid; **trabalho pago:** paid work
pai *n.m.* father; *(informal)* dad; **ele sai ao pai:** he takes after his father; **ser pai:** to be a father; **tal pai, tal filho:** like father, like son
Pai Natal *n.m.* Santa Claus; *(informal)* Santa
painel *n.m.* panel; **painel de controlo:** control panel
paio *n.m.* smoked pork sausage
pairar *v.* to hover; to hang
pais *n.m.pl.* (pai e mãe) parents; **os meus pais:** my parents

país *n.m.* country; **país das maravilhas:** wonderland; **país em vias de desenvolvimento:** developing country; **país natal:** fatherland
paisagem *n.f.* landscape; view
paisana, à *loc.adv.* in plain clothes
País de Gales *n.m.* Wales

O **País de Gales** é um dos quatro países que formam o Reino Unido (juntamente com a Inglaterra, a Escócia e a Irlanda do Norte). Está situado na parte oeste da Grã-Bretanha e faz fronteira a leste com a Inglaterra.
A capital do País de Gales é Cardiff.

Países Baixos *n.m.pl.* (Holanda) Netherlands
paixão *n.f.* passion; **falar com paixão:** to speak passionately
paixoneta *n.f.* *(informal)* infatuation; crush
pajem *n.m.* page
pala *n.f.* (de boné) peak; eyeshade; *(informal)* **viver à pala de alguém:** to live at someone's expenses
palacete *n.m.* mansion
palácio *n.m.* palace; (tribunal) **Palácio da Justiça:** courthouse; **palácio real:** royal palace
paladar *n.m.* **1** (sentido) taste; palate **2** (sabor) flavour
palavra *n.f.* word ✧ **cumprir a palavra:** to keep one's word; **em poucas palavras:** in short; **palavra de honra!:** upon my word; **passar a palavra:** to give the word about; **tirar a palavra da boca:** to take the words out of one's mouth; **voltar com a palavra atrás:** to go back on one's word
palavra-chave *n.f.* keyword
palavrão *n.m.* **1** (palavra grosseira) swearword **2** (palavra difícil) long word; difficult word
palavreado *n.m.* prattle; babble
palavrinha *n.f.* *(informal)* small talk; word; **posso dar-te uma palavrinha?:** can I have a word with you?
palco *n.m.* stage
paleolítico *n.m.* Palaeolithic age ◆ *adj.* Palaeolithic
palerma *n.2gén.* silly person; ninny; nit-wit ◆ *adj.2gén.* silly
palermice *n.f.* silliness; foolishness
paleta *n.f.* palette
palha *n.f.* **1** straw; **chapéu de palha:** straw hat **2** (na escrita) pap; waffle; **dar palha:** to waffle; **escrever palha:** to write pap
palhaçada *n.f.* clowning; buffoonery
palhaço *n.m.* clown
palheiro *n.m.* haystack
palhinha *n.f.* **1** wicker; **cadeira de palhinha:** wicker chair **2** (para beber) straw; **beber por uma palhinha:** to drink through a straw ◆ *n.m.* (chapéu) straw hat
palhota *n.f.* thatched hut
palidez *n.f.* paleness
pálido *adj.* pale; **estar pálido:** to look pale
palitar *v.* to pick; **palitar os dentes:** to pick the teeth
palito *n.m.* toothpick
palma *n.f.* palm; **como a palma da mão:** like the back of one's hand
palmada *n.f.* slap
palmas *n.f.pl.* clap; clapping; **uma salva de palmas:** a round of applause
palmeira *n.f.* palm (tree)
palmilha *n.f.* **1** (sapato) insole **2** (meia) foot of sock
palmo *n.m.* (medida) span; handspan ✧ **não ver um palmo à frente do nariz:** not to see a thing; **palmo a palmo:** inch by inch
pálpebra *n.f.* eyelid; palpebra

palpitação *n.f.* **1** (batimento cardíaco) palpitation; **sessenta palpitações por minuto:** sixty heartbeats a minute **2** (agitação) throbbing; **palpitações do coração:** heart-throbs
palpitar *v.* **1** (coração) to pulsate; to throb **2** (pressentimento) to have an inkling; to have a feeling; **palpita-me:** I have an inkling
palpite *n.m.* **1** hunch; feeling; **tenho o palpite de que as coisas vão ser diferentes:** I have this hunch that things will turn out differently **2** hint; tip; suggestion; **vou dar-te um palpite:** I'll give you a hint
palrar *v.* **1** *(informal)* to prattle; to chatter **2** (bebé) to babble
panado *adj.* breaded; **costeletas panadas:** breaded chops
panar *v.* to bread; **panar os filetes:** to bread the fillets
panca *n.f.* *(informal)* crank; **ele tem uma panca:** he's got a screw loose
pança *n.f.* *(informal)* paunch; pot belly; **encher a pança:** to stuff one's belly
pancada *n.f.* **1** blow; stroke **2** (encontrão) knock; bang **3** beating; brawl; **andar à pancada:** to have a brawl; **moer alguém de pancada:** to beat someone hard **4** *(informal)* (mania) crank
pancadaria *n.f.* punch-up
pâncreas *n.m.* pancreas
panda *n.m.* (animal) panda
pândega *n.f.* spree; **ir para a pândega:** to go on a spree
pandeireta *n.f.* tambourine
pandeiro *n.m.* timbrel
pandemia *n.f.* pandemic
panela *n.f.* pot; **panela de pressão:** pressure cooker; **panelas e tachos:** pots and pans
panfleto *n.m.* pamphlet
pânico *n.m.* panic; alarm; **entrar em pânico:** to panic; to flap; **tomado de pânico:** panic-stricken
pano *n.m.* **1** cloth; **pano de pó:** wiper; duster; **pano para a louça:** dishcloth **2** TEATRO curtain; **pano de fundo:** background; **subir o pano:** to raise the curtain
panorama *n.m.* panorama; landscape; scenery
panorâmico *adj.* panoramic; **vista panorâmica:** panoramic view
panqueca *n.f.* pancake
pântano *n.m.* swamp; marsh; bog
pantera *n.f.* panther
pantufa *n.f.* slipper
pão *n.m.* **1** (individual) bread; **pão com manteiga:** bread and butter; **pão integral:** wholemeal bread **2** (para cortar) loaf; bread; **pão de forma:** tin loaf
papa *n.f.* **1** (bebés, doentes) pap; mush **2** (de cereais) porridge ❖ *(informal)* **não ter papas na língua:** to be outspoken
Papa *n.m.* RELIGIÃO Pope
papá *n.m.* *(informal)* dad; daddy; papa
papa-formigas *n.m.* anteater
papagaio *n.m.* **1** (ave) parrot **2** (de papel) kite; **lançar um papagaio:** to fly a kite
papaia *n.f.* papaya
papal *adj.2gén.* papal
papão *n.m.* (figura imaginária) bogeyman; bogyman
papar *v.* *(linguagem infantil)* to eat
papeira *n.f.* (doença) mumps
papéis *n.m.pl.* papers; documents
papel *n.m.* **1** paper; **papel de embrulho:** wrapping paper; **papel higiénico:** toilet paper **2** (filme, peça de teatro) part; role; **desempenhar o papel principal:** to play the leading role; **papel secundário:** supporting role
papelada *n.f.* heap of papers
papelão *n.m.* pasteboard
papelaria *n.f.* stationer's; stationer

papo *n.m.* **1** (inchaço) swell; swelling **2** (de ave) crop; *(informal)* **estar de papo para o ar:** to be lying on one's back; *(informal)* **isso já está no papo:** that's under control

papoila *n.f.* poppy

par *adj.* MATEMÁTICA even; **número par:** even number; **o número é par ou ímpar?:** is it an even or odd number? ♦ *n.m.* **1** pair; couple; **aos pares:** in pairs; **estar a par de uma situação:** to be aware of a matter **2** (conjunto) pair; **trabalhar aos/em pares:** to work in pairs **3** (roupa) pair; **um par de calças:** a pair of trousers; **um par de sapatos:** a pair of shoes

para *prep.* **1** (direção) to; **para mim:** to me; **para onde?:** where to? **2** (objetivo) for; **não servir para nada:** to be good for nothing **3** (finalidade) in order to; **para ser feliz:** in order to be happy **4** (temporal) for; around; **para o ano:** next year

parabéns *n.m.pl.* congratulations; **dar os parabéns a alguém por...:** to congratulate someone on... ❖ (aniversário) **muitos parabéns!:** happy birthday!; many happy returns (of the day)!

parabólica *n.f.* satellite dish

para-brisas *n.m.* (automóvel) windscreen

pára-brisas *a nova grafia é* **para-brisas**

para-choques *n.m.* (automóvel) bumper

pára-choques *a nova grafia é* **para-choques**

parada *n.f.* **1** (desfile) parade; **participar numa parada:** to parade **2** (jogada) stake; **subir a parada:** to raise the stake

paradeiro *n.m.* whereabouts; **ninguém sabe o paradeiro dele:** no one knows his whereabouts

parado *adj.* still; motionless

paradoxo *n.m.* paradox

parafuso *n.m.* screw; bolt; **chave de parafusos:** screwdriver; *(informal)* **ter um parafuso a menos:** to have a screw loose

paragem *n.f.* **1** stopping; stop; MEDICINA **paragem cardíaca:** heart failure **2** (pausa) break; pause **3** (transporte) stop; **paragem de autocarro:** bus stop

paragens *n.f.pl.* hereabouts; place; **por estas paragens:** hereabouts

parágrafo *n.m.* paragraph

paraíso *n.m.* paradise

para-lamas *n.m.* (automóvel) mudguard

pára-lamas *a nova grafia é* **para-lamas**

paralela *n.f.* (linha reta) parallel; **traçar uma paralela:** to draw up a parallel

paralelepípedo *n.m.* parallelepiped

paralelismo *n.m.* parallelism

paralelo *adj.* similar; parallel ♦ *n.m.* **1** parallel; equivalent; **sem paralelo:** unparalleled **2** GEOGRAFIA parallel

paralelogramo *n.m.* parallelogram

paralisar *v.* to paralyse

paralisia *n.f.* paralysis

paralítico *adj. e n.m.* paralytic

paramédico *n.m.* paramedic

parâmetro *n.m.* parameter

parapeito *n.m.* parapet; **parapeito de janela:** window sill

parapente *n.m.* **1** (planador) paraglider **2** (atividade) paragliding; **voar em parapente:** to paraglide

paraquedas *n.m.* parachute; **saltar de paraquedas:** to parachute

pára-quedas *a nova grafia é* **paraquedas**

paraquedismo *n.m.* skydiving; parachute jumping

pára-quedismo *a nova grafia é* **paraquedismo**

paraquedista *n.2gén.* parachutist; skydiver

pára-quedista *a nova grafia é* **paraquedista**

a b c d e f g h i j k l m n o p q r s t u v w x y z

parar *v.* **1** to stop; **mandar parar:** to halt; **parar de chover:** to stop raining; **sem parar:** ceaselessly **2** (passo) to halt
para-raios *n.m.* lightning conductor
pára-raios *a nova grafia é* **para-raios**
parasita *adj.2gén.* parasitic; **insetos parasitas:** parasitic insects ◆ *n.m.* BIOLOGIA parasite
parceiro *n.m.* [*f.* parceira] partner; mate
parcela *n.f.* **1** parcel **2** share; **uma parcela dos lucros:** a share in profit
parceria *n.f.* partnership; **em parceria com:** in partnership with
parcial *adj.2gén.* partial
pardal *n.m.* sparrow
pardo *adj.* grey; greyish
parecença *n.f.* resemblance; likeness; **ter parecenças com alguém/alguma coisa:** to bear a resemblance to somebody/something
parecer *v.* **1** to seem; to look like; **ao que parece:** apparently; **parece que:** it seems like; it looks as though **2** (opinião) to think; to seem; **parece-me que...:** it seems to me that... ◆ **parecer-se** (semelhança) to look like; to resemble; **ele parece-se com o pai:** he looks just like his father ◆ *n.m.* judgment; comment; statement
parecido *adj.* resembling; alike; **são muito parecidos um com o outro:** they look alike
paredão *n.m.* **1** (praia) breakwater **2** (porto) pier
parede *n.f.* wall; **parede-mestra:** main wall; **viver paredes meias com:** to live next to
parelha *n.f.* **1** (cavalos) team; **uma parelha de póneis:** a team of ponies **2** (par) couple; pair; **que parelha!:** what a pair!
parente *n.2gén.* relative; **parentes afastados/próximos:** distant/close relatives

> Para dizermos **parentes** em inglês usamos a palavra **relatives**. Também existe a palavra **parents** em inglês, mas quer dizer *pais (pai e mãe)*.

parentesco *n.m.* kinship; relationship
parir *v.* (mulher) to give birth (to)
parlamentar *adj.2gén.* parliamentary; **assento parlamentar:** a chair in parliament ◆ *n.2gén.* member of parliament
parlamento *n.m.* parliament
pároco *n.m.* parish priest; parson
paródia *n.f.* parody
parolo *adj.* tacky; corny ◆ *n.m.* *(informal)* bumpkin; hillbilly
paróquia *n.f.* parish
parque *n.m.* park; **parque de campismo:** campsite, camping park; **parque de diversões:** amusement park; **parque de estacionamento:** car park; **parque infantil:** playground
parquê *n.m.* parquet (flooring)
parra *n.f.* vine leaf
parte *n.f.* **1** share; portion; lot; **em parte:** partly; **pela minha parte:** as far as I am concerned; **tomar parte em:** to take part in **2** side; **chamar à parte:** to call aside; **pôr de parte:** to put aside; **pôr dinheiro de parte:** to put money aside **3** (metade) half; DESPORTO **primeira parte do jogo:** first half of the match **4** party; **ouvir ambas as partes:** to hear both parties **5** (local) place; **de toda a parte:** from all quarters; **em toda a parte:** everywhere
parteira *n.f.* midwife
partição *n.f.* partition; division

participação *n.f.* **1** (envolvimento) participation; involvement; **participação num crime:** involvement in a crime **2** (comunicação) communication; report; notice; **fazer uma participação à polícia:** to press charges

participante *n.2gén.* participant ◆ *adj.2gén.* participating

participar *v.* **1** to participate; to take part; **participar numa atividade:** to participate in an activity **2** to share; **participar nos lucros:** to have a share in the profits **3** to give notice of; to complain; **participar um crime à polícia:** to give notice of a crime to the police

particípio *n.m.* GRAMÁTICA participle; **particípio passado:** past participle

partícula *n.f.* particle

particular *adj.2gén.* **1** private; **casa particular:** private house **2** (conversa) private; personal; **em particular:** privately; particularly ◆ *n.m.* individual; **a casa é de um particular:** it is a private house

particularidade *n.f.* particularity; peculiarity

partida *n.f.* **1** departure; leaving; **estar de partida:** to be about to leave **2** start; **à partida:** from the beginning; **ponto de partida:** starting point **3** DESPORTO match; game; **uma partida de futebol:** a football match **4** (brincadeira) trick; prank; **pregar uma partida a alguém:** to play a trick on someone

partidário *n.m.* partisan; supporter

partido *adj.* broken; cracked; in pieces ◆ *n.m.* **1** party; **filiar-se num partido político:** to join a party **2** side; **tirar partido de:** to take advantage of; **tomar o partido de alguém:** to side with someone

partilha *n.f.* division; sharing out; **fazer partilhas:** to divide up an inheritance

partilhar *v.* to share; **partilhar alguma coisa com alguém:** to share something with someone; **partilhar da mesma opinião:** to share the same opinion; **partilhar dos mesmos gostos:** to like the same things

partir *v.* **1** to break; **partir ao meio:** to cut in halves; **partir aos bocados:** to break in pieces; **partir em dois:** to break in two; to halve; **partir um braço:** to break an arm **2** to depart; to leave; **a partir de agora:** from now on; **a partir de 1 de maio:** from the 1st May on; **a que horas parte o comboio?:** what time does the train leave?; **estar para partir:** to be about to leave

partitura *n.f.* (música) score

parto *n.m.* delivery; labour; **entrar em trabalho de parto:** to go into labour

parturiente *n.f.* woman in labour

parvo *adj.* foolish; silly ◆ *n.m.* [*f.* parva] fool; silly; idiot; **fazer figura de parvo:** to make a fool of oneself

parvoíce *n.f.* nonsense

Páscoa *n.f.* Easter; **domingo de Páscoa:** Easter Sunday

pasmado *adj.* astonished; amazed

pasmar *v.* to be amazed; to be astonished

pasmo *n.m.* wonder; surprise; **olhar com pasmo:** to stare in wonder

passa *n.f.* (uva) raisin

passadeira *n.f.* **1** (escadas) stair carpet; (corredor) carpet; **passadeira vermelha:** red carpet **2** (rua) zebra crossing; **passadeira com semáforo:** pelican crossing

passado *n.m.* past; **falar do passado:** to speak about the past ◆ *adj.* **1** (história) past; gone; **os tempos passados:** those far gone days **2** (tempo) past; last; later; **o mês passado:** last month; **passados alguns momentos:** some moments later **3** *(informal)* crazy; berserk;

deves estar passado!: you must be crazy!; **ficar passado:** to go berserk **4** CULINÁRIA done; **bife bem passado:** well-done steak

passageiro *adj.* **1** passing; moving; **nuvens passageiras:** passing clouds **2** fleeting; transient; **momentos passageiros:** fleeting moments ◆ *n.m.* passenger; traveller

passagem *n.f.* **1** passage; **a passagem do tempo:** the passage of time; **com a passagem dos anos:** as years went by; **diga-se de passagem:** by the way; **passagem de modelos:** fashion show **2** (acesso) passage; passageway; **passagem para peões:** pedestrian crossing; **passagem de nível:** level crossing **3** (caminho) way; **abrir passagem:** to make way; **tapar a passagem:** to block the way **4** (bilhete) fare; **quanto custou a passagem?:** how much was the fare? **5** (excerto) passage; section

passaporte *n.m.* passport

passar *v.* **1** to pass; to go; **deixa-me passar!:** let me through! **2** to go beyond; **passar à frente:** to get ahead; to move ahead of **3** to go through; to suffer; to endure; **passar por dificuldades:** to go through hardships **4** (tempo) to go by; to pass; **à medida que o tempo passa:** as time goes by **5** (cumprimento) to do; **como passou?:** how do you do?; **passar bem:** to do well; to be in good health **6** (exame) to pass **7** (dor) to come to an end; to stop **8** to spend; **passar tempo:** to spend time **9** (objeto) to hand; **passa-me a travessa, por favor:** hand me the plate, please **10** (informações) to convey; to put across **11** (roupa) to iron; to press **12** (jogo) to pass; **passar a bola ao adversário:** to pass the ball to one's opponent ◆ **passar-se** to happen; to go on; **o que se passa?:** what's going on?

passarinho *n.m.* chick; birdie

pássaro *n.m.* bird

passatempo *n.m.* hobby

passear *v.* **1** to walk; **passear o cão:** to walk the dog **2** to take a walk; to go for a walk; *(informal)* **mandar alguém passear:** to send somebody packing; *(informal)* **vai passear!:** get out of here! **3** to stroll; **passear pela praia:** to stroll along the beach

passeio *n.m.* **1** walk; stroll; **ir dar um passeio a pé:** to go for a walk; **ir dar um passeio de carro:** to go for a drive **2** *(Grã-Bretanha)* (das ruas) pavement; *(Estados Unidos da América)* sidewalk

passiva *n.f.* (construção, frase) passive

passividade *n.f.* passivity

passivo *adj.* **1** (sem ação) passive; unresponsive; **resistência passiva:** passive resistance **2** (construção, frase) passive

passo *n.m.* **1** step; **a cada passo:** every now and then; **ao passo que:** while; **dar um passo:** to take a step; **passo a passo:** step by step; **um passo em frente:** one step forward **2** (ritmo) pace; **a este passo:** at this pace; **a passo:** slowly **3** *(figurado)* move; **passo em falso:** wrong move; **qual é o próximo passo?:** what is the next move?

password *n.f.* password

pasta *n.f.* **1** (de escola) schoolbag **2** (para documentos) briefcase **3** (para trabalhos) portfolio **4** paste; **pasta de dentes:** toothpaste **5** INFORMÁTICA folder

pastagem *n.f.* pasture; pasturage; pastureland

pastar *v.* (gado) to pasture

pastel *n.m.* **1** (doce) pastry; tart **2** (doce ou salgado) pie; pasty; **pastel de carne:** meat pasty **3** (cor) pastel ◆ *adj.2gén.* (cor) pastel

pastelaria *n.f.* confectionery; confectioner's; baker's

pasteleiro *n.m.* pastry-cook; baker
pastilha *n.f.* **1** (comprimido) pill **2** (para chupar) pastille; lozenge; **pastilha para a garganta:** throat pastille **3** gum; **pastilha elástica:** chewing gum
pasto *n.m.* pastureland; pasture
pastor *n.m.* [*f.* pastora] **1** shepherd; herdsman; **cão pastor:** shepherd's dog **2** (padre) parson; parish priest
pastoso *adj.* **1** clammy; slimy **2** (pegajoso) sticky **3** (voz) muzzy
pata *n.f.* **1** paw; **pata dianteira:** fore foot; **pata traseira:** hind foot **2** (animal) female duck
patada *n.f.* *(informal)* kick
patamar *n.m.* **1** (escadas) landing **2** *(figurado)* (nível) stage; level; **neste patamar:** at this level
patente *adj.2gén.* patent; obvious; clear ♦ *n.f.* MILITAR rank
paternal *adj.2gén.* paternal; fatherly; **amor paternal:** fatherly love
paterno *adj.* paternal; fatherly; **avó paterna:** paternal grandmother
pateta *n.2gén.* **1** simpleton; jerk **2** fool; silly ♦ *adj.2gén.* foolish; silly
patetice *n.f.* **1** (disparate) nonsense **2** (tolice) silliness; foolishness
patife *n.m.* villain; rascal
patim *n.m.* roller skate; **patins em linha:** rollerblades
patinador *n.m.* skater
patinagem *n.f.* skating; **patinagem artística:** figure skating; **patinagem no gelo:** ice skating
patinar *v.* **1** (pessoa) to skate; **ir patinar:** to go skating **2** (veículo) to skid; to slide
patinho *n.m.* duckling; **patinho de borracha:** rubber duck; **patinho feio:** ugly duckling
pátio *n.m.* yard; courtyard; **pátio da escola:** school yard
pato *n.m.* [*f.* pata] (espécie) duck; (macho) drake
patogénico *adj.* pathogenic
patologia *n.f.* pathology
patologista *n.2gén.* pathologist
patranha *n.f.* *(informal)* fib; lie
patrão *n.m.* [*f.* patroa] boss; employer
pátria *n.f.* fatherland; motherland; homeland
património *n.m.* **1** patrimony; property; **património do Estado:** State property **2** (valor cultural) heritage; **património mundial:** world heritage
patriota *n.2gén.* patriot
patriótico *adj.* patriotic
patriotismo *n.m.* patriotism
patrocinar *v.* **1** to sponsor **2** (apoiar) to support; **patrocinar uma causa:** to support a cause
patrocínio *n.m.* **1** sponsorship **2** (apoio) support
patrulha *n.f.* patrol; **fazer a patrulha:** to go on patrol; to patrol; **patrulha marítima:** coastguard patrol
patrulhar *v.* to patrol
pau *n.m.* stick; rod; **pau de vassoura:** broomstick ❖ *(informal)* **pôr-se a pau:** to be on one's guard
paulada *n.f.* blow; stroke
paus *n.m.pl.* (cartas) clubs; **ás de paus:** ace of clubs
pausa *n.f.* **1** pause; break; time off; intermission; **fazer uma pausa:** to take a break **2** (paragem) stop
pauta *n.f.* **1** MÚSICA stave **2** register; list; roll
pauzinhos *n.m.pl.* (comida chinesa) chopsticks
pavão *n.m.* peacock
pavilhão *n.m.* **1** (de exposições) pavilion **2** (de feira) stand **3** (de desportos) hall **4** (de ouvido) outer ear
pavimentar *v.* to pave
pavimento *n.m.* **1** floor **2** pavement

pavio *n.m.* wick; **pavio de uma vela:** wick of a candle ❖ **de fio a pavio:** from beginning to end
pavonear-se *v.* to show off
pavor *n.m.* dread; terror; **ter pavor de:** to have a horror of
paz *n.f.* peace; **deixa-me em paz!:** let me be!; **deixar em paz:** to leave alone
pé *n.m.* **1** foot; **ao pé de:** next to; **em pé:** up; standing; **ir a pé:** to go on foot; **meter o pé na poça:** to put one's foot in it; **meter os pés pelas mãos:** to mess up; **sem pés nem cabeça:** without rhyme or reason **2** (de mobília) leg; **pé de uma cadeira:** leg of a chair **3** (de copo, flor) stem
peão *n.m.* **1** pedestrian; **rua para peões:** pedestrian street **2** (xadrez) pawn
peça *n.f.* **1** piece; item; **uma peça de roupa:** a piece of clothing **2** part; **peças sobresselentes:** spare parts **3** TEATRO play **4** (de jogos) playing piece
pecado *n.m.* sin; **cometer um pecado:** to commit a sin
pecador *n.m.* sinner
pecar *v.* to sin
pechincha *n.f.* bargain; find; **isto foi cá uma pechincha!:** this was really a find
pé-coxinho *n.m.* hop; **a pé-coxinho:** hopping
pecuária *n.f.* cattle breeding; cattle raising
peculiar *adj.2gén.* peculiar
pedaço *n.m.* **1** (pequena quantidade) bit; piece **2** piece; shatter; **ficar em pedaços:** to break down to pieces **3** morsel; scrap; chunk; **um pedaço de carne:** a chunk of meat; **um pedaço de pão:** a morsel of bread
pedagogia *n.f.* pedagogy
pedagógico *adj.* pedagogical; **material pedagógico:** teaching aids
pedal *n.m.* pedal
pedalar *v.* to pedal
pedante *adj.2gén.* pedantic; pretentious
pé-de-atleta *a nova grafia é* **pé de atleta**
pé de atleta *n.m.* (doença) athlete's foot
pé-de-cabra *a nova grafia é* **pé de cabra**
pé de cabra *n.m.* crowbar
pé-de-galinha *a nova grafia é* **pé de galinha**
pé de galinha *n.m.* (ruga) crow's foot
pedestal *n.m.* pedestal; **pôr num pedestal:** to set on a pedestal
pedestre *adj.2gén.* pedestrian
pé-de-vento *a nova grafia é* **pé de vento**
pé de vento *n.m.* (confusão) hullabaloo; **armaram cá um pé de vento:** they caused a hell of a hullabaloo
pediatra *n.2gén.* paediatrician
pediatria *n.f.* paediatrics
pedido *n.m.* **1** appeal; call; **pedido de ajuda:** call for help; **um pedido de desculpas:** an apology **2** request; demand; **a pedido de:** by desire of; at the request of; **aceder a um pedido:** to yield to a request **3** (encomenda) order; request; **fazer um pedido:** to place an order **4** (de casamento) proposal
pedinchar *v.* to beg (for); to cadge
pedinte *n.2gén.* beggar
pedir *v.* **1** to ask for; **pedir alguém em casamento:** to propose to someone; **pedir desculpas:** to apologize; **pedir esclarecimentos:** to ask for explanations; **pedir um conselho:** to ask for a piece of advice; **pedir um favor:** to ask a favour **2** to call; **pedir ajuda:** to call for help **3** to request; to demand; **pedir indemnização:** to claim damages from **4** (esmola) to beg **5** (encomendar) to order **6** (em oração) to pray
peditório *n.m.* **1** (obra de caridade) collection **2** (pedintes) begging

pedra *n.f.* 1 stone; **atirar pedras:** to throw stones; **pedra preciosa:** precious stone; gemstone; **pedra filosofal:** philosopher's stone 2 grain; **pedra de sal:** grain of salt 3 (jogo de damas) round piece; piece; man
pedrada *n.f.* blow with a stone
pedra-pomes *n.f.* pumice stone
pedregoso *adj.* stony; rocky; **caminho pedregoso:** stony path
pedregulho *n.m.* boulder
pedreira *n.f.* stone quarry; stone pit
pedreiro *n.m.* mason; stonemason
pega (é) *n.f.* 1 (mala, tacho) handle 2 (de tecido) pot holder; (para o forno) oven mitt 3 (disputa) quarrel; row; **ter uma pega com:** to have a row with 4 (tourada) grappling
pega (ê) *n.f.* (ave) magpie
pegada *n.f.* 1 (de pés) footprint; footmark 2 (vestígio) trace; track; **seguir as pegadas de alguém:** to follow someone else's track
pegajoso *adj.* sticky; slimy
pegar *v.* 1 (planta) to take root 2 (com cola) to stick; to glue 3 to take; to seize; to hold; **pegar em alguém ao colo:** to take someone up in one's arms 4 (motor) to start; **o carro não pega:** the car won't start 5 to tease; **estão sempre a pegar comigo:** they keep teasing me 6 (doença) to infect; **ele pegou-me a gripe:** he infected me with the flu 7 to set; **a casa pegou fogo:** the house set on fire; **pegar fogo a:** to set fire to ◆ **pegar-se** *(figurado)* to quarrel; to have a row; **eles pegaram-se:** they had a row
peito *n.m.* 1 chest; **tomar a peito:** to take it personally 2 (seio) breast; bosom; **criança de peito:** breast-fed child
peitoral *adj.2gén. e n.m.* pectoral
peitoril *n.m.* 1 (de telhado, ponte) parapet 2 (de janela) windowsill
peixaria *n.f.* fishmonger's; fish market
peixe *n.m.* fish; **estar como peixe fora de água:** to be out of one's element; **peixe fresco:** wet fish
peixe-espada *n.m.* swordfish
peixeiro *n.m.* fishmonger
Peixes *n.m.pl.* (constelação, signo) Pisces; the Fishes
pejorativo *adj.* pejorative; derogatory; **comentários pejorativos:** pejorative remarks
pelagem *n.f.* fur; (cão) coat of hair
pelar *v.* 1 (animal) to skin 2 (fruta, legume) to peel; (amêndoas) to blanch
pele *n.f.* 1 skin; **arriscar a pele:** to risk one's neck; **pele de galinha:** goose flesh, goose pimples; **pele oleosa:** oily skin; **pele seca:** dry skin; **pele sensível:** sensitive skin; **ser só pele e osso:** to be all skin and bones 2 (tom de pele) complexion; **pele clara:** light complexion 3 (de animais) fur; **casaco de peles:** fur coat 4 (de couro) leather; **casaco em pele:** leather coat 5 (fruta, legumes) peel; **pele de tomate:** tomato peel
pele-vermelha *n.2gén.* redskin; American Indian
pelicano *n.m.* pelican
película *n.f.* film; **película fotográfica:** photographic film
pelo *n.m.* 1 (de pessoas) hair; **em pelo:** naked 2 (de animais) fur 3 (em tecido) nap
pêlo *a nova grafia é* **pelo**
pelotão *n.m.* 1 MILITAR platoon 2 (corridas, ciclismo) bunch
pelourinho *n.m.* pillory
pelouro *n.m.* (serviço) office; department
peluche *n.m.* (brinquedo) soft toy; cuddly toy; **urso de peluche:** teddy bear
peludo *adj.* hairy
pélvico *adj.* pelvic
pélvis *n.f.* pelvis
pena *n.f.* 1 (de ave) feather 2 (sentimento) pity; **ter pena de:** to be sorry for; **valer**

a pena: to be worthwhile **3** penalty; **pena de morte:** death penalty
penalidade *n.f.* penalty; DESPORTO **grande penalidade:** penalty
penalizar *v.* to penalize; to punish
penálti *n.m.* penalty; **assinalar um penálti:** to give a penalty
penca *n.f.* **1** white cabbage **2** *(informal)* (nariz) hooter
pendente *adj.2gén.* **1** (pendurado) hanging **2** (questão, trabalho) pending; standing; **assuntos pendentes:** pending matters
pender *v.* (inclinação) to lean; to slant; **pender para a direita:** to slant to the right
pendular *adj.2gén.* pendular
pêndulo *n.m.* pendulum
pendurar *v.* to hang; **pendurar um quadro:** to hang a painting
penedo *n.m.* rock; boulder
peneira *n.f.* (objeto) sieve; (máquina) sifting machine
peneirar *v.* (cereais, terra) to sift
peneiras *(informal)* (vaidade) show-off; snobbery; **ele só tem peneiras:** he is full of himself
peneirento *adj.* *(informal)* priggish; show-off ◆ *n.m.* *(informal)* prig; snob
penetração *n.f.* penetration
penetrante *adj.2gén.* **1** (dor, som) piercing; sharp **2** (olhar) sharp; piercing; probing **3** (cheiro) pervading
penetrar *v.* to penetrate; **penetrar em território inimigo:** to penetrate enemy territory
penha *n.f.* crag; cliff
penhasco *n.m.* cliff; ravine
penico *n.m.* *(informal)* chamber pot; jerry
península *n.f.* peninsula; **Península Ibérica:** Iberian Peninsula
peninsular *adj.2gén.* peninsular
pénis *n.m.* penis
penitência *n.f.* penitence
penitenciária *n.f.* prison
penitente *adj. e n.2gén.* penitent
penoso *adj.* painful
pensador *n.m.* thinker
pensamento *n.m.* thought
pensão *n.f.* **1** boarding house; guest house; (hotel) **meia pensão:** half board; (hotel) **pensão completa:** full board **2** (subsídio, reforma) pension; **pensão por invalidez:** disability allowance
pensar *v.* **1** to think; **em que pensas?:** what are you thinking of?; **não penses mais nisso!:** forget it!; **pensa bem!:** think it over!; **pensando melhor:** on second thoughts; **penso que ele não está a dizer a verdade:** I don't think he's telling the truth; **ter mais em que pensar:** to have other things on one's mind **2** (para si mesmo) to wonder; **estava apenas a pensar:** I was just wondering
pensativo *adj.* thoughtful; **estar pensativo:** to be lost in thought
pensionista *n.2gén.* pensioner
penso *n.m.* dressing; **penso higiénico:** sanitary towel; sanitary napkin; **penso rápido:** Band-Aid; plaster
pentágono *n.m.* pentagon
pentatlo *n.m.* DESPORTO pentathlon
pente *n.m.* comb; **passar a pente fino:** to search all over
penteado *adj.* combed; **cabelo bem penteado:** well combed hair ◆ *n.m.* hairdo
pentear *v.* **1** (cabelo) to comb **2** (cavalo) to curry ◆ **pentear-se** to comb one's hair; to do one's hair
Pentecostes *n.m.* Pentecost
penugem *n.f.* (de aves) down
penúltimo *adj.* the last but one; penultimate
penumbra *n.f.* dark; **na penumbra:** in the dark
pepino *n.m.* cucumber
pepita *n.f.* nugget; **pepita de ouro:** gold nugget

pequenada *n.f.* children
pequenino *adj.* tiny ◆ *n.m.* child
pequeno *adj.* **1** (tamanho) small **2** (quantidade) little **3** (baixo) short ◆ *n.m.* [*f.* pequena] **1** (criança) child; little one; **os pequenos brincam na rua:** the little ones are playing in the street **2** (rapaz) boy; youngster; lad
pequeno-almoço *n.m.* breakfast; **pequeno-almoço à inglesa:** English breakfast; **pequeno-almoço continental:** continental breakfast; **tomar o pequeno-almoço:** to have breakfast
pera *n.f.* (fruto) pear
pêra *a nova grafia é* **pera**
perante *prep.* **1** before **2** in the face of
percalço *n.m.* mishap; misfortune
perceba *n.m.* goose barnacle
perceber *v.* **1** to understand; to comprehend; **não percebi nada do que ele disse:** I didn't understand a word of what he said **2** (ouvir) to hear; to perceive **3** (pressentir) to sense; to feel
perceção *n.f.* perception
percentagem *n.f.* percentage; rate
percepção *a nova grafia é* **perceção**
perceptível *a nova grafia é* **percetível**
percetível *adj.2gén.* perceptible; perceivable
percevejo *n.m.* bedbug
percorrer *v.* **1** (a pé) to cover; **percorrer dez quilómetros num dia:** to cover ten kilometres in a day **2** (país) to travel over; **percorrer o país em campanha:** to travel all over the country in campaign
percurso *n.m.* **1** course; route **2** distance
percussão *n.f.* percussion; **instrumentos de percussão:** percussion instruments
percussionista *n.2gén.* percussionist
perda *n.f.* **1** loss; **perda de sangue:** loss of blood; **sentimento de perda:** sense of loss **2** waste; **uma perda de tempo:** a waste of time
perdão *n.m.* **1** pardon; **(peço) perdão!:** (I beg your) pardon!; I am sorry! **2** forgiveness; **pedir perdão a alguém por alguma coisa:** to ask somebody for forgiveness for something
perdedor *adj.* losing ◆ *n.m.* loser; **ser mau perdedor:** to be a bad loser
perder *v.* **1** to lose; **não tens nada a perder:** you have nothing to lose; **perder a calma:** to lose one's temper; **perder o emprego:** to lose one's job; **perder o interesse por:** to lose interest in; **perder o juízo:** to lose your mind **2** (oportunidade, transporte) to miss; **não perco esse filme por nada deste mundo:** I won't miss this film for the world **3** to waste; **perder tempo:** to waste time **4** (ser derrotado) to lose; **perder as eleições:** to lose the elections; **perder um jogo:** to lose a game **5** (sofrer derrota) to lose; to be defeated ◆ **perder-se** to get lost; to go astray
perdição *n.f.* **1** downfall; disgrace **2** *(informal)* (tentação) weakness; soft spot
perdidamente *adv.* desperately; extremely; **estar perdidamente apaixonado:** to be desperately in love
perdigoto *n.m.* dribble
perdigueiro *n.m.* (cão) pointer; gun dog
perdiz *n.f.* partridge
perdoar *v.* **1** to forgive; **nunca te perdoarei:** I will never forgive you; **perdoar alguém por fazer alguma coisa:** to forgive somebody for doing something **2** to excuse; to pardon; **perdoe a interrupção:** excuse my interrupting you **3** to pardon; **perdoar uma dívida:** to pardon a debt
perdurar *v.* to last long; to endure
peregrinação *n.f.* pilgrimage; **ir em peregrinação:** to go on a pilgrimage
peregrino *n.m.* pilgrim
pereira *n.f.* pear tree
perene *adj.2gén.* (árvore, planta) perennial

perfazer *v.* to amount to; to add up to
perfeição *n.f.* perfection; **fazer algo com/na perfeição:** to do something perfectly
perfeitamente *adv.* perfectly; **isso é perfeitamente normal:** that's perfectly normal
perfeito *adj.* **1** perfect; **está um dia perfeito para um piquenique:** it's a perfect day for a picnic; **ninguém é perfeito:** nobody's perfect **2** absolute; complete; **isso é um perfeito disparate!:** that's absolute nonsense! ◆ *n.* (tempo verbal) perfect
pérfido *adj.* perfidious
perfil *n.m.* profile; **de perfil:** in profile
perfilhar *v.* **1** (o filho de outrem) to adopt **2** (o próprio filho) to admit paternity of
perfumado *adj.* scented; **velas perfumadas:** scented candles
perfumar *v.* to perfume; to scent
perfumaria *n.f.* (indústria, loja) perfumery
perfume *n.m.* perfume; fragrance
perfurar *v.* **1** to perforate **2** (terreno) to drill
pergaminho *n.m.* parchment
pergunta *n.f.* question; **fazer uma pergunta a alguém:** to ask somebody a question; **fugir a uma pergunta:** to parry a question; **responder a uma pergunta:** to answer a question
perguntar *v.* to ask; **perguntar o preço:** to ask the price; **perguntar por alguém:** to inquire after somebody ◆ **perguntar-se** to wonder
perícia *n.f.* expertise; skill
periferia *n.f.* **1** periphery **2** (de cidade) outskirts; **eles vivem na periferia de Londres:** they live on the outskirts of London
periférico *adj.* peripheral; **visão periférica:** peripheral vision
perigo *n.m.* danger; peril; **correr perigo:** to be in danger; **correr perigo de vida:** to be in mortal danger; **em perigo (de):** in danger (of); **estar fora de perigo:** to be out of danger; **perigo de morte:** danger
perigoso *adj.* **1** dangerous **2** (arriscado) risky
perímetro *n.m.* perimeter
periodicidade *n.f.* periodicity; frequency
periódico *adj.* periodic; periodical; **inspeção periódica:** periodic inspection; **tabela periódica:** periodic table ◆ *n.m.* (jornal) newspaper
período *n.m.* **1** period; time; span; **período do pós-guerra:** post-war period **2** (escola) term; trimester **3** (menstruação) period; **estar com o período:** to have your period **4** GRAMÁTICA sentence **5** GEOLOGIA period; **o período Jurássico:** the Jurassic period
peripécia *n.f.* incident; episode
periquito *n.m.* budgerigar; budgie; parakeet
periscópio *n.m.* periscope
perito *n.m.* [*f.* perita] expert; specialist ◆ *adj.* expert; skilled; **o professor é perito em robótica:** the professor is an expert in robotics
permanecer *v.* **1** to remain **2** to stay
permanência *n.f.* **1** permanence **2** (estadia) stay
permanente *adj.2gén.* permanent ◆ *n.f.* (cabelo) perm; **fazer uma permanente:** to have a perm
permissão *n.f.* permission; consent; **com a sua permissão:** with your permission; **dar permissão:** to give permission/consent; **pedir permissão para fazer alguma coisa:** to ask permission to do something
permitir *v.* to allow; to consent; **não é permitido fumar:** smoking is not allowed; **não são permitidas fotografias durante o espetáculo:** photographs are not allowed during the show

permuta *n.f.* exchange
permutar *v.* to exchange
perna *n.f.* leg; **de pernas cruzadas:** cross-legged; **de pernas para o ar:** upside down; **esticar as pernas:** to stretch one's legs; **partir a perna:** to break your leg; *(informal)* **passar a perna a alguém:** to cheat someone
pernicioso *adj.* pernicious; harmful
pernil *n.m.* 1 slender leg 2 (de porco) leg
pernoitar *v.* to stay overnight
pero *n.m.* sweet apple ❖ **são como um pero:** as fit as a fiddle
pêro *a nova grafia é* **pero**
pérola *n.f.* pearl; **colar de pérolas:** pearl necklace; *(informal)* **dar pérolas a porcos:** to cast pearls before swine
perpendicular *adj.* perpendicular ◆ *n.f.* GEOMETRIA perpendicular line
perpetuar *v.* to perpetuate ◆ **perpetuar-se** to last forever
perpétuo *adj.* 1 perpetual 2 (cargo, função) permanent
perplexidade *n.f.* perplexity
perplexo *adj.* perplexed
perro (pêrro) *adj.* *(informal)* (fechadura, porta) stiff
persa *adj.2gén.* Persian; **gato persa:** Persian cat; **tapete persa:** Persian carpet; Persian rug ◆ *n.m.* (língua) Persian ◆ *n.2gén.* (pessoa) Persian
perseguição *n.f.* 1 chase; pursuit; **em perseguição do ladrão:** in pursuit of the thief 2 persecution; **mania da perseguição:** persecution complex; **perseguição religiosa:** religious persecution
perseguir *v.* 1 to chase; **o cão perseguiu o gato:** the dog chased the cat 2 to persecute; **os judeus foram perseguidos pela Inquisição:** Jews were persecuted by the Inquisition
perseverança *n.f.* perseverance
perseverante *adj.2gén.* persevering
persiana *n.f.* blind; **subir/baixar as persianas:** to pull up/down the blinds
persistência *n.f.* persistence
persistente *adj.2gén.* 1 (pessoa) persistent; persisting 2 unremitting; incessant; **chuva persistente:** incessant rain; **tosse persistente:** unremitting cough
persistir *v.* to persist; **ela persiste na busca da verdade:** she persists in her search for the truth; (perdurar) **persistem algumas dúvidas:** there are still some doubts
personagem *n.m. ou f.* 1 (de filme, romance) character; **personagem principal/secundária:** main/minor character 2 (pessoa ilustre) personality; celebrity
personalidade *n.f.* personality; character; **ter uma personalidade forte:** to have a strong character
personalizar *v.* to personalize
personificação *n.f.* personification
personificar *v.* to personify
perspectiva *a nova grafia é* **perspetiva**
perspetiva *n.f.* 1 perspective; **em perspetiva:** in perspective 2 point of view; opinion; **na minha perspetiva:** from my point of view
perspicácia *n.f.* acumen; insight; **perspicácia política:** political acumen
perspicaz *adj.2gén.* shrewd; perceptive
persuadir *v.* to persuade; to convince
persuasão *n.f.* persuasion; **poder de persuasão:** power of persuasion; persuasiveness
persuasivo *adj.* persuasive; convincing
pertença *n.f.* property; **este edifício é pertença da universidade:** this building is university property
pertencente *adj.2gén.* belonging
pertencer *v.* 1 to belong; **este relógio pertence ao meu pai:** this watch belongs to my father 2 (ser membro de) to be part of; **Portugal pertence à União Europeia:** Portugal is part of the European Union

pertences *n.m.pl.* belongings
pertinente *adj.2gén.* pertinent; relevant; **uma pergunta pertinente:** a pertinent question
perto *adv.* **1** (distância) near; close; nearby **2** (tempo) nearly; close ◆ **perto de:** (espaço) close to; (cerca de) nearly; **de perto:** closely; **por perto:** nearby; close by
perturbação *n.f.* **1** disturbance; **perturbação da ordem pública:** disturbance of public order **2** problem; **perturbações respiratórias:** respiratory problems
perturbador *adj.* disturbing
perturbar *v.* to upset; to disturb
peru *n.m.* [*f.* perua] turkey
peruca *n.f.* wig; **usar peruca:** to wear a wig
perverso *adj.* perverse
pesadelo *n.m.* nightmare; bad dream; **ter pesadelos:** to have nightmares; *(figurado)* **viver um pesadelo:** to go through a nightmare
pesado *adj.* **1** heavy; MILITAR **artilharia pesada:** heavy artillery; **a minha mochila está muito pesada:** my backpack is very heavy; **sono pesado:** heavy sleep **2** hard; arduous; **trabalho pesado:** hard work
pêsames *n.m.pl.* condolences; **dar os pêsames a:** to offer one's condolences to; **os meus sentidos pêsames:** my heartfelt condolences
pesar *v.* to weigh; **ela pesa 50 quilos:** she weighs 50 kilos; *(figurado)* **pesar os prós e os contras:** to weigh up the pros and the cons; **quanto pesas?:** how much do you weigh? ◆ *n.m.* **1** sorrow; grief **2** regret; remorse
pesaroso *adj.* **1** (triste) sorrowful; sad **2** (arrependido) sorry; regretful
pesca *n.f.* **1** (atividade) fishing; **barco de pesca:** fishing boat; **cana de pesca:** fishing rod; **ir à pesca:** to go fishing **2** (indústria) fishery
pescada *n.f.* whiting
pescador *n.m.* fisherman; fisher
pescar *v.* **1** to fish; **pescar truta:** to fish for trout **2** to go fishing; **amanhã vamos pescar:** we're going fishing tomorrow
pescaria *n.f.* fishing
pescoço *n.m.* neck
peso *n.m.* **1** weight; **50 quilos de peso:** 50 kilos in weight; **perder peso:** to lose weight; **peso bruto/líquido:** gross/net weight; (boxe) **peso pesado:** heavyweight; (boxe) **peso pluma:** feather weight **2** *(figurado)* burden; **ser um peso para alguém:** to be a burden for someone
pesqueiro *adj.* fishing
pesquisa *n.f.* research; **fazer uma pesquisa:** to do research; **pesquisa de mercado:** market research
pesquisar *v.* to research
pêssego *n.m.* peach; **pele de pêssego:** peachy skin
pessegueiro *n.m.* peach tree
pessimismo *n.m.* pessimism
pessimista *adj.2gén.* pessimistic ◆ *n.2gén.* pessimist
péssimo **1** terrible; **foi uma péssima experiência:** it was a terrible experience **2** lousy; awful; **o tempo está péssimo:** the weather is lousy
pessoa *n.f.* person; **a maior parte das pessoas:** most people; **as pessoas:** people; **em pessoa:** in person; **pessoa alta/baixa:** tall/short person; **pessoa de confiança:** reliable person; **pessoa magra/gorda:** thin/fat person; GRAMÁTICA **primeira pessoa:** first person; **qualquer pessoa:** anyone; **quantas pessoas?:** how many people?; **ser boa pessoa:** to be a nice person; **uma pessoa de idade:** an old person

pessoal *adj.2gén.* 1 personal; **recorde pessoal:** personal best; **vida pessoal:** personal life 2 GRAMÁTICA personal; **pronome pessoal:** personal pronoun 3 private; **assuntos pessoais:** private matters ◆ *n.m.* 1 personnel; staff; **o pessoal da segurança:** the security personnel 2 *(informal)* guys; people; **olá, pessoal!:** hi guys!
pessoalmente *adv.* personally; in person
pestana *n.f.* eyelash
pestanejar *v.* to blink; to wink; **sem pestanejar:** without a wince
peste *n.f.* plague; **um surto de peste:** an outburst of plague
pesticida *n.m.* pesticide
pestilento *adj.* (cheiro) stinking; foul-smelling
peta (pêta) *n.f.* *(informal)* fib; white lie; **contar uma peta:** to tell a fib
pétala *n.f.* petal
petição *n.f.* (pedido, requerimento) petition
petiscar *v.* to nibble
petisco *n.m.* delicacy; dainty
petroleiro *n.m.* (navio) oil tanker
petróleo *n.m.* oil; **refinaria de petróleo:** oil refinery
petrolífero *adj.* 1 oil-bearing 2 oil
petulante *adj.2gén.* 1 (vaidoso) conceited 2 (atrevido) cheeky
peúga *n.f.* sock; **um par de peúgas:** a pair of socks
peugada *n.f.* 1 footstep 2 track; trail; **ir na peugada de alguém:** to follow someone's tracks
pevide *n.f.* pip; seed
pia *n.f.* 1 (cozinha) sink 2 (para animais) trough
piada *n.f.* 1 joke; crack; **boa piada!:** that's a good one!; **dizer uma piada:** to crack a joke 2 fun; **não tem piada nenhuma!:** it's not funny!
piado *n.m.* peep; chirp
pianista *n.2gén.* pianist; piano player
piano *n.m.* piano; **piano de cauda:** grand piano; **piano vertical:** upright piano; **tocar piano:** to play the piano
pião *n.m.* (brinquedo) top; **fazer girar o pião:** to spin the top
piar *v.* (ave) to peep
pica *n.f.* *(informal)* (injeção) injection
picada *n.f.* 1 (de inseto) sting 2 (de outro animal) bite 3 (de agulha, alfinete) prick
picado *adj.* 1 pricked; stung 2 (carne) minced 3 (cebola) chopped 4 (mar) rough ◆ *n.m.* (carne) hash
picadora *n.f.* mincer
picante *adj.2gén.* 1 (comida) spicy; hot 2 (anedota) saucy; bawdy
pica-pau *n.m.* (ave) woodpecker
picar *v.* 1 (agulha, espinho) to prick; **picar o dedo numa agulha:** to prick one's finger on a needle 2 (inseto) to sting; **fui mordida no braço por uma abelha:** I was stung in my arm by a bee 3 (mosquito, serpente) to bite 4 (pássaro) to peck 5 (alimentos) to mince; **picar carne:** to mince some meat 6 (roupa, tecido) to itch; to prickle; **esta camisola pica muito:** this sweater really itches ◆ **picar-se** to prick yourself; **ela picou-se nas roseiras:** she pricked herself in the rosebushes
picareta *n.f.* pickaxe
piche *n.m.* pitch; tar
picheleiro *n.m.* plumber
pico *n.m.* 1 (de montanha) summit; peak 2 (de planta) thorn; prickle 3 (auge) climax; peak; **no pico do verão:** at the peak of summer 4 *(informal)* a little more; odd; **ela tem setenta e picos:** she is seventy odd; **era meia-noite e pico:** it was just after midnight
picotado *adj.* perforated ◆ *n.m.* perforation; **destacar pelo picotado:** tear out along the perforation

picotar *v.* **1** (papel) to perforate **2** (bilhete) to punch
picuinhas *adj.2gén.2núm.* fussy; choosy
piedade *n.f.* mercy; pity; **ter piedade de alguém:** to have mercy on somebody
piedoso *adj.* **1** merciful **2** (devoto) pious
piegas *adj.2gén.2núm.* (lamechas) mawkish; sentimental
pieguice *n.f.* mawkishness; sentimentalism
piercing *n.m.* piercing
pífaro *n.m.* fife
pigmentação *n.f.* pigmentation
pigmento *n.m.* pigment
pijama *n.m.* pyjamas; **calças de pijama:** pyjama trousers; *(informal)* **festa do pijama:** pyjama party; **um pijama:** a pair of pyjamas
pilar *n.m.* (decorativo) pillar; (não decorativo) pier; column
pilha *n.f.* **1** pile; heap; **pilhas de livros:** piles of books **2** battery; **este rádio leva quatro pilhas:** this radio needs four batteries **3** *(informal)* torch; flashlight
pilhagem *n.f.* (durante a guerra) pillage; plundering
pilhar *v.* to pillage; to plunder
pilotar *v.* **1** (avião) to fly; to pilot **2** (navio) to steer; to pilot **3** (carro de corrida) to drive
piloto *n.2gén.* pilot; **piloto automático:** automatic pilot; **piloto de corridas:** race driver ◆ *adj.* pilot; trial; **programa piloto:** pilot programme
pílula *n.f.* **1** (comprimido) pill; tablet **2** (contracetivo) the pill; **a pílula do dia seguinte:** the morning-after pill; **tomar a pílula:** to be on the pill
pimba *adj.2gén.* *(informal)* downmarket; tacky
pimenta *n.f.* pepper; **grão de pimenta:** peppercorn; **moinho de pimenta:** pepper mill; **pimenta branca/preta:** white/black pepper
pimentão *n.m.* pepper
pimenteiro *n.m.* **1** (planta) pepper plant **2** (recipiente) pepper pot; pepper shaker
pimento *n.m.* chili pepper
pinça *n.f.* **1** (utensílio) tweezers; (pair of) pincers **2** (da lagosta) pincers
pincel *n.m.* paintbrush ◆ **pincel de barbear:** shaving brush
pincelada *n.f.* brush stroke; **umas pinceladas de tinta:** a few dabs of paint
pincelar *v.* to brush
pinga *n.f.* drop; **uma pinga de leite:** a drop of milk
pingar *v.* **1** to drip; to trickle; **a torneira está a pingar:** the tap is dripping **2** to rain; **já está a pingar:** it's beginning to rain
pingo *n.m.* **1** drop; **pingo no nariz:** snivel; runny nose **2** (bebida) short caffé latte **3** *(informal)* a tiny bit; **ele não tem um pingo de vergonha:** he doesn't have the tiniest bit of shame
pingue-pongue *n.m.* Ping-Pong; table tennis
pinguim *n.m.* penguin; **pinguim imperador:** emperor penguin
pinha *n.f.* pine cone
pinhal *n.m.* pine forest
pinhão *n.m.* pine nut; pine kernel
pinheiro *n.m.* pine; **pinheiro bravo:** cluster pine; **pinheiro manso:** stone pine
pinho *n.m.* (madeira) pinewood
pino *n.m.* **1** (ginástica) handstand; **fazer o pino:** to stand on one's hands **2** (ponto alto) peak; height; **no pino do verão:** in the peak of summer
Pinóquio *n.m.* (contos infantis) Pinocchio
pinta *n.f.* **1** (mancha) spot; mark **2** (bolinha) dot
pintado *adj.* painted; **pintado a aguarela:** painted in watercolours; **pintado de fresco:** wet paint
pintainho *n.m.* chick

pintar *v.* 1 to paint; **mandar pintar a casa:** to have the house painted; **ela gosta de pintar paisagens a óleo:** she likes to paint landscapes in oil 2 (cabelo) to dye 3 (quadro, retrato) to paint; to portray
pintarroxo *n.m.* robin
pintassilgo *n.m.* goldfinch
pinto *n.m.* chick; baby chicken
pintor *n.m.* [*f.* pintora] 1 painter 2 (construção civil) decorator
pintura *n.f.* 1 (atividade artística) painting; **a pintura é um dos seus passatempos:** painting is one of her hobbies; **pintura a óleo:** oil painting; **pintura rupestre:** cave painting 2 (quadro) painting; picture 3 (de objeto, casa, carro) painting; coat of paint; **a casa está a precisar de uma pintura:** the house needs some painting
pio *n.m.* 1 (ave) chirp; tweet; peep 2 (coruja) cry ❖ *(informal)* **não dar um pio:** to not say a word; **nem mais um pio!:** shut up!; **perder o pio:** to be left speechless
piolho *n.m.* louse
pioneiro *n.m.* pioneer
pionés *n.m.* drawing pin
pior *adj.2gén.* 1 worse; **cada vez pior:** worse and worse; **ir de mal a pior:** to go from bad to worse; **isto é pior do que aquilo:** this is worse than that 2 worst; **é o pior filme que já vi:** it is the worst film I have ever seen; **na pior das hipóteses:** if the worst comes to the worst ♦ *adv.* 1 worse; **ele faz o trabalho pior do que eu:** he does his work worse than I do 2 worst; **pior de tudo, perdi a carteira:** worst of all, I lost my wallet ♦ *n.m.* the worst; **o pior ainda está para vir:** the worst is yet to come
piorar *v.* 1 to worsen; to make worse; **não piores as coisas:** don't make things worse 2 to get worse; to worsen; **o doente piorou durante a noite:** the patient got worse during the night; **o tempo piorou:** the weather got worse
pipa *n.f.* cask; barrel; keg; **pipa de vinho:** wine-cask
piparote *n.m. (informal)* flick
pipo *n.m.* keg; cask; barrel
pipocas *n.f.pl.* popcorn
pique *n.m.* **a pique:** sheer down; (avião) **ir a pique:** to do a nose dive; (navio) to sink
piquenique *n.m.* picnic; **fazer um piquenique:** to go for a picnic
pira *n.f.* pyre
pirâmide *n.f.* pyramid
piranha *n.f.* piranha
pirar *v. (informal)* to go mad ♦ **pirar-se** *(informal)* to take off; to scarper
pirata *n.m.* pirate; **pirata do ar:** hijacker; **pirata informático:** hacker ♦ *adj.2gén.* pirate; **gravação pirata:** pirate recording; **rádio pirata:** pirate radio station
pirataria *n.f.* 1 (embarcação) piracy 2 (avião) hijacking 3 (cópia ilegal de filme, programa, etc.) piracy; **pirataria informática:** computer hacking
piratear *v.* to pirate; to plunder
pires *n.m.2núm.* saucer
pirilampo *n.m.* (inseto) glow-worm; firefly
piroga *n.f.* pirogue
piroso *adj. (informal)* chintzy; corny
pirotecnia *n.f.* pyrotechnics
pirotécnico *adj.* pyrotechnic; pyrotechnical ♦ *n.m.* pyrotechnist
pirueta *n.f.* spin; whirl; (ballet) pirouette
pisada *n.f.* 1 footstep; **seguir as pisadas de alguém:** to follow in someone's footsteps 2 (uvas) pressing
pisadura *n.f.* bruise
pisar *v.* 1 to tread; to trample; **pisar as uvas para fazer o vinho:** to tread grapes to make wine; **pisaste-me!:** you trod on my foot! 2 (pôr o pé) to

tread; **pisar os palcos:** to tread the stage; *(figurado)* **pisar o risco:** to step out of line
pisca *n.m. (informal)* (carro) indicator
pisca-pisca *n.m.* (carro) winker; blinker
piscar *v.* **1** to wink; to blink; **num piscar de olhos:** in the blink of an eye **2** (luzes) to twinkle **3** (olhos) to blink
piscatório *adj.* fishing; **aldeia piscatória:** fishing village
piscina *n.f.* swimming pool; **piscina coberta/interior:** indoor pool; **piscina exterior:** outdoor pool; **piscina olímpica:** Olympic pool
piso *n.m.* **1** paving; **piso de cimento:** concrete paving **2** (andar) storey; floor; **um edifício de dois pisos:** a two-storey building
pista *n.f.* **1** (corrida) running track **2** (de aeroporto) runway; **pista de aterragem:** landing strip **3** (de dança) dance floor **4** (rasto) trail; trace **5** (indício, sinal) clue; hint; lead; **dar uma pista:** to drop/give a hint; **seguir pistas:** to follow leads
pistácio *n.m.* pistachio
pistão *n.m.* piston
pistola *n.f.* pistol; gun
pitada *n.f.* pinch; **uma pitada de sal:** a pinch of salt
pitar *v. (Angola)* to eat
pitéu *n.m.* dainty; delicacy
pitoresco *adj.* picturesque
pivete (pivête) *n.m. (informal)* (mau cheiro) stink; stench
pivô *n.m.* TELEVISÃO anchorman; anchorwoman
piza *n.f.* pizza
pizaria *n.f.* pizzeria
placa *n.f.* **1** plate; sheet; **placa da matrícula:** number plate; license plate **2** (tabuleta) sign **3** (de fogão) hotplate
placenta *n.f.* placenta
plácido *adj.* serene; calm
plaina *n.f.* plane
planador *n.m.* (avião) glider
planalto *n.m.* plateau; tableland
planar *v.* **1** to plane **2** to glide
planeamento *n.m.* planning; **planeamento familiar:** family planning
planear *v.* to plan; **estou a planear ir de férias para a semana:** I'm planning on going on holiday next week
planeta *n.m.* planet; **planeta Terra:** planet Earth
planetário *adj.* planetary; **sistema planetário:** planetary system ◆ *n.m.* planetarium
planície *n.f.* plain; prairie
planificação *n.f.* planning
planificar *v.* to plan; to design
planisfério *n.m.* planisphere
plano *adj.* flat; level; even ◆ *n.m.* **1** MATEMÁTICA plane **2** plane; level; **neste plano:** at this level **3** plan; project; **mudar os planos de alguém:** to change someone's plans
planta *n.f.* **1** plant; **plantas medicinais:** medicinal herbs **2** (construção) plan; diagram
plantação *n.f.* **1** (cultivo) planting **2** (terreno cultivado) plantation; **plantação de açúcar:** sugar plantation
plantar *v.* to plant; **plantar árvores:** to plant trees
plaqueta *n.m.* platelet
plasma *n.m.* (sangue) plasma
plasticina *n.f.* Plasticine
plástico *n.m.* plastic ◆ *adj.* plastic; **artes plásticas:** plastic arts
plataforma *n.f.* platform
plátano *n.m.* plane tree
plateia *n.f.* **1** (sala de espetáculos) main level; stalls **2** (público) audience; public; viewers
platina *n.f.* platinum
platónico *adj.* platonic; **amor platónico:** platonic love
plausível *adj.2gén.* plausible

playback *n.m.* lip-sync; **fazer playback:** to lip-sync
plebeu *adj. e n.m.* plebeian
plenamente *adv.* completely; absolutely
plenário *n.m.* (sessão) plenary; **convocar um plenário:** to call for a plenary
pleno *adj.* **1** full; filled; **dar plenos poderes:** to invest with full powers **2** complete; entire; **em pleno dia:** in broad daylight; **em pleno inverno:** in the middle of winter
plinto *n.m.* plinth
pluma *n.f.* plume; feather
plural *adj.2gén. e n.m.* plural; **no plural:** in the plural; **qual é o plural de...?:** what's the plural of...?
pluralidade *n.f.* plurality; multiplicity
pluralismo *n.m.* pluralism; diversity
Plutão *n.* ASTRONOMIA, MITOLOGIA Pluto
pluvial *adj.2gén.* pluvial; rainy
pluviosidade *n.f.* rainfall; precipitation
pneu *n.m.* tyre; **pneu furado:** flat tyre; **pneu sobresselente:** spare tyre
pneumático *adj.* pneumatic
pneumonia *n.f.* pneumonia
pó *n.m.* **1** powder; **leite em pó:** powdered milk; **pano do pó:** wiper; **pó de talco:** talcum powder **2** (sujidade) dust; **cheio de pó:** dusty; **limpar o pó:** to dust
pobre *adj.2gén.* **1** poor; needy **2** (qualidade) poor; bad ◆ *n.2gén.* poor person
pobreza *n.f.* poverty
poça *n.f.* puddle; pool; *(informal)* **meter o pé na poça:** to blow it
poção *n.f.* potion; **poção mágica:** magical potion
pocilga *n.f.* pigsty
poço *n.m.* **1** well; **poço de petróleo:** oil well **2** (de ar) bump
poda *n.f.* pruning; lopping
podar *v.* to prune; to lop
pó-de-arroz *a nova grafia é* **pó de arroz**
pó de arroz *n.m.* face powder
poder *v.* **1** (autorização) may; **posso entrar?:** may I come in? **2** (capacidade) can; to be able to **3** (possibilidade) can; **não pode ser verdade!:** that can't be true!; **vou fazer o que puder:** I will do all that I can **4** (suposição) may; might; **ele pode ter perdido o comboio:** he might have missed the train ◆ *n.m.* power; authority; **assumir o poder:** to assume power
poderoso *adj.* powerful; strong
pódio *n.m.* podium; **subir ao pódio:** to mount the podium
podre *adj.2gén.* **1** (alimento) rotten **2** (dente) carious
poeira *n.f.* dust
poema *n.m.* poem; **recitar um poema:** to recite a poem
poente *adj.2gén.* setting; **sol poente:** setting sun ◆ *n.m.* west
poesia *n.f.* poetry
poeta *n.2gén.* poet
poética *n.f.* poetics
poético *adj.* poetical; poetic
poetisa *n.f.* poetess
pois *conj.* because; since; as ◆ *adv.* quite; right; precisely; **pois claro:** certainly; of course
poiso *n.m.* **1** stand **2** hangout
polaco *adj.* Polish ◆ *n.m.* **1** (pessoa) Pole **2** (língua) Polish
polar *adj.2gén.* polar; **Estrela Polar:** Pole Star; **urso polar:** polar bear
poldro *n.m.* colt
polegada *n.f.* (medida) inch
polegar *n.m.* thumb
Polegarzinho *n.m.* (contos infantis) Little Tom Thumb
poleiro *n.m.* roost
pólen *n.m.* pollen
polícia *n.f.* police; **esquadra da polícia:** police station ◆ *n.2gén.* (agente) policeman; police officer; *(informal)* cop

policial *adj.2gén.* police; **forças policiais:** police forces ◆ *n.m.* (livro) crime novel
policiamento *n.m.* policing; patrol
polido *adj.* **1** (comportamento) polite; courteous **2** (superfície lisa) smooth; even
poliedro *n.m.* GEOMETRIA polyhedron
polígono *n.m.* GEOMETRIA polygon
polir *v.* to polish
polissilábico *adj.* polysyllabic
polissílabo *n.m.* polysyllable
política *n.f.* **1** (ciência) politics **2** (atividade) policy; **política ambiental:** environmental policy
político *adj.* political; **prisioneiro político:** political prisoner ◆ *n.m.* politician; statesman
polo *n.m.* **1** pole; **polo norte:** North Pole; **polo sul:** South Pole **2** DESPORTO polo; **jogo de polo:** polo match; **polo aquático:** water polo **3** (camisola) jumper; sweater
pólo *a nova grafia é* **polo**
polpa *n.f.* (fruta, legume) pulp; flesh
poltrona *n.f.* armchair
poluente *adj.2gén.* polluting ◆ *n.m.* pollutant
poluição *n.f.* pollution; contamination; **poluição atmosférica:** air pollution; **poluição sonora:** noise pollution
poluir *v.* to pollute
polvilhar *v.* to sprinkle
polvo *n.m.* octopus
pólvora *n.f.* gunpowder
pomada *n.f.* cream
pomar *n.m.* **1** (terreno) orchard **2** (loja) greengrocer's
pomba *n.f.* dove
pombal *n.m.* dovecote
pombo *n.m.* pigeon
pombo-correio *n.m.* carrier pigeon; homing pigeon
pompa *n.f.* pomp; **com pompa e circunstância:** stately
pompom *n.m.* pompom
pomposo *adj.* (pessoa, atitude, evento) pompous
ponderação *n.f.* **1** (reflexão) reflection; meditation **2** (avaliação) evaluation; appraisal
ponderado *adj.* prudent; judicious
ponderar *v.* to ponder; to considerer
pónei *n.m.* pony; **andar de pónei:** to ride a pony
ponta *n.f.* **1** extremity; end; **de ponta a ponta:** from beginning to end **2** tip; **ponta do nariz:** tip of the nose; **pôr-se na ponta dos pés:** to stand on tiptoe **3** extremity; border; edge; *(informal)* **até à ponta dos cabelos:** up to one's ears; **na ponta da mesa:** at the edge of the table **4** summit; peak; **hora de ponta:** rush hour
pontão *n.m.* (plataforma) pontoon
pontapé *n.m.* kick; **dar um pontapé:** to kick; (futebol) **pontapé de saída:** kickoff
pontaria *n.f.* aim; **errar a pontaria:** to miss one's aim; **fazer pontaria:** to take aim
ponte *n.f.* bridge
ponteiro *n.m.* **1** (de relógio) hand **2** (de instrumentos) pointer; needle
pontiagudo *adj.* sharp; pointed
ponto *n.m.* **1** point; **ponto cardeal:** cardinal point; **ponto de partida:** point of departure; **ponto de vista:** point of view **2** (lugar) spot; **ponto de encontro:** meeting place **3** (sinal gráfico) dot; **dois pontos:** colon; **ponto de interrogação:** question mark; **ponto e vírgula:** semicolon; **ponto final:** full stop **4** (costura) stitch; **ponto de cruz:** cross stitch **5** (escola) test **6** CULINÁRIA degree; **ponto de rebuçado:** sugar-degree **7** (jogos) score; **quantos pontos temos?:** what's our score?

pontuação *n.f.* **1** punctuation; **sinal de pontuação:** punctuation mark **2** DESPORTO score; **quadro da pontuação:** score board
pontual *adj.2gén.* punctual; on time
pontualidade *n.f.* punctuality
pontuar *v.* **1** (texto) to punctuate **2** (jogo, competição) to score
pop *n.m.* pop; **música pop:** pop music
popa *n.f.* (navio) stern
popó *n.m.* *(linguagem infantil)* car
população *n.f.* population; **aumento de população:** increase in population
populacional *adj.2gén.* population; people
popular *adj.2gén.* **1** popular; widespread; **crenças populares:** widespread belief **2** popular; **ser uma pessoa popular:** to be a popular person **3** folk; **canção popular:** folk song
popularidade *n.f.* popularity
popularizar *v.* to popularize
pop-up *n.m. ou f.* (computador, Internet) pop-up
por *prep.* **1** by; **por mar:** by sea **2** (lugar) through; **andar pela praia:** to walk through the beach **3** (causa) out of; **agir por medo:** to act out of fear **4** for; **trabalhar por dinheiro:** to work for money **5** (distribuição) per; **dez por pessoa:** ten per person
pôr *v.* **1** to put; **põe-te no meu lugar:** put yourself in my position; **pôr de parte:** to put aside; **pôr fim a:** to put an end to; **sem tirar nem pôr:** precisely **2** to lay; to place; to set; **pôr a mesa:** to lay the table; **pôr as cartas na mesa:** to lay one's cards on the table **3** to start; to set; to carry out; **pôr em andamento:** to start rolling **4** (ovos) to lay **5** (aparelho) to turn; **põe o rádio mais alto:** turn the radio up; **põe o rádio mais baixo:** turn the radio down ◆ **pôr-se 1** (sol) to set **2** (posição) to stand up; to rise; **põe-te a pé!:** stand up!; **pôr-se de joelhos:** to kneel down
porão *n.m.* hold
porca *n.f.* **1** (animal) sow **2** (peça) screw nut ❖ **aí é que a porca torce o rabo:** that's where the shoe pinches
porcalhão *adj.* dirty ◆ *n.m. (informal)* pig; dirty fellow
porção *n.f.* portion; share
porcaria *n.f.* dirt; filth
porcelana *n.f.* china; chinaware; porcelain; **serviço de porcelana:** china set
porco *n.m.* **1** pig **2** CULINÁRIA pork; **carne de porco:** pork meat ◆ *adj.* dirty; filthy
porco-espinho *n.m.* porcupine
pôr-do-sol *a nova grafia é* **pôr do sol**
pôr do sol *n.m.* sunset; **ao pôr do sol:** at sunset
porém *conj.>adv.*[DT] yet; but; however
pormenor *n.m.* detail; **em pormenor:** in detail; **entrar em pormenores:** to go into details
pormenorizar *v.* to detail; to go into details
poro *n.m.* pore
poroso *adj.* **1** porous **2** (absorvente) spongy
porquanto *conj.* since; seeing that
porque *conj.* because; as; **eu não vou sair porque não me apetece:** I'm not going out because I don't feel like ◆ *pron.interr.* why; **porque dizes isso?:** why do you say that?; **porque não?:** why not?
porquê *pron.* why; **porquê isso agora?:** why that? ◆ *n.m.* cause; reason; **os porquês das coisas:** the reasons why
porquinho-da-índia *n.m.* (animal) guinea pig
porta *n.f.* door; **bater com a porta:** to slam the door
porta-aviões *n.m.* (navio) aircraft carrier; carrier
porta-bebés *n.m.2núm.* (às costas, ao peito) sling

porta-chaves *n.m.* **1** (carteira) key holder **2** (anel) key-ring
portada *n.f.* **1** (porta) portal **2** (janela) shutter
portador *n.m.* **1** (de cheque, documento) bearer; holder **2** (de objeto) porter **3** (de doença) carrier
portagem *n.f.* **1** (quantia) toll; **estrada com portagem:** toll road **2** (local) toll; tollgate; tollbooth
portal *n.m.* **1** (portão) gateway **2** INFORMÁTICA portal (site); **portal da educação:** learning portal
porta-moedas *n.m.* purse
portanto *conj.* therefore; consequently; as a consequence
portão *n.m.* gate; gateway
portaria *n.f.* **1** (edifício) main door; front door **2** (hotel) reception desk
portar-se *v.* to behave; **portar-se bem:** to behave; **portar-se mal:** to misbehave
portátil *adj.2gén.* portable; **computador portátil:** laptop ◆ *n.m.* (computador) laptop
porta-voz *n.2gén.* spokesperson
porte *n.m.* **1** (correios) postage **2** (taxa) carriage; **porte pago:** carriage paid
porteiro *n.m.* **1** doorkeeper; doorman; **porteiro automático:** entryphone **2** *(Grã-Bretanha)* (de hotel) porter; *(Estados Unidos da América)* doorman **3** (de escola) caretaker; janitor
portfólio *n.m.* portfolio
pórtico *n.m.* portico
porto *n.m.* **1** port; **entrar no porto:** to enter port; **porto de escala:** call port **2** harbour
portuário *adj.* port; **cidade portuária:** port town
Portugal *n.m.* Portugal
português *adj. e n.m.* [*f.* portuguesa] Portuguese
porventura *adv.* **1** (casualidade) by chance; by accident; **se porventura o vir:** if you happen to see him **2** (hipótese) perhaps; maybe; **achas porventura que eu faria tal coisa?:** have you ever thought that I might do such a thing?
pós *prep.* post
posar *v.* to pose
pose *n.f.* **1** (para retrato) pose **2** (forma de estar) poise; elegance
posfácio *n.m.* postscript; postface
pós-guerra *n.m.* post-war period
posição *n.f.* position; **posição horizontal:** horizontal position; **posição vertical:** vertical position
posicionamento *n.m.* positioning
posicionar *v.* to position; to place ◆ **posicionar-se** to position oneself
positivo *adj.* **1** positive; **ter uma atitude positiva:** to have a positive attitude **2** affirmative; **uma resposta positiva:** an affirmative answer
possante *adj.2gén.* powerful; strong
posse *n.f.* possession; ownership; **posse de terras:** possession of land; **ter na sua posse:** to have in one's possession; **tomar posse:** to take possession
possessão *n.f.* possession
possessivo *adj.* possessive; **pronome possessivo:** possessive pronoun; **uma pessoa possessiva:** a possessive person
possibilidade *n.f.* possibility; **não há qualquer possibilidade:** there is no possibility
possibilitar *v.* to make possible; to enable
possível *adj.2gén.* possible; **é bem possível:** it may well be; **fazer todos os possíveis (para):** to do one's best (to); **não é possível!:** it can't be!; **o mais depressa possível:** as soon as possible

possivelmente *adv.* possibly; probably
possuidor *n.m.* owner; possessor
possuir *v.* to possess; to own
posta *n.f.* **1** slice; piece **2** (de peixe) steak; **posta de salmão:** salmon steak
postal *adj.2gén.* postal; **vale postal:** postal order ◆ *n.m.* postcard; card; **postal ilustrado:** postcard
poste *n.m.* post; pole; **postes da baliza:** goalposts; **poste de iluminação:** lamp-post
posterior *adj.2gén.* **1** posterior; subsequent; **ser posterior a:** to be subsequent to **2** (seguinte) following; later
posteriormente *adv.* later on; subsequently
postiço *adj.* false; artificial; **cabeleira postiça:** wig; **dentes postiços:** false teeth
postigo *n.m.* **1** (janela) peep window; peephole **2** (bilheteira) ticket office
posto *n.m.* **1** (emprego) post **2** (local) station; post; **posto de observação:** observation post **3** MILITAR rank ◆ *adj.* **1** (objeto) placed; put; set **2** (sol) set
postura *n.f.* **1** posture **2** (ovos) laying
potável *adj.2gén.* drinkable; **água potável:** drinking water
pote *n.m.* **1** pot **2** (bacio) chamber pot
potência *n.f.* **1** power; **de grande potência:** high-powered **2** MATEMÁTICA power; **elevar à terceira potência:** to raise into the third power
potencial *adj.2gén.* potential; possible ◆ *n.m.* potential; **ter muito potencial:** to have a lot of potential
potencialidade *n.f.* potential; **uma pessoa cheia de potencialidades:** a person full of potential
potente *adj.2gén.* potent; powerful
potro *n.m.* colt
pouco *det.indef.>quant.exist.*[DT] little; few; **há pouco tempo:** a little while ago; **poucas vezes:** a few times ◆ *pron.indef.* few; little; **poucos vieram à festa:** few came to the party ◆ *adv.* **1** little; not much; **eu percebo pouco disso:** I don't know much about it; **fazer pouco de alguém:** to make fun of someone; **pouco a pouco:** little by little **2** (tempo) little; **dentro em pouco:** in no time; **pouco depois:** soon after ◆ *n.m.* little; bit; **espera um pouco!:** wait a moment!; **um pouco de:** a bit of
poupado *adj.* economical; thrifty
poupança *n.f.* thrift; savings
poupar *v.* (dinheiro, esforços) to save ◆ **poupar-se** to spare; **não se poupar a esforços:** to spare no pains; **poupa-me os detalhes:** spare me from details
pousada *n.f.* guest house; **pousada de juventude:** youth hostel
pousar *v.* **1** (objeto) to put down; to set down; **pousa a mala:** put your suitcase down **2** (telefone) to hang up **3** (avião) to land **4** (pássaro) to perch
povo *n.m.* **1** people; **os povos de língua inglesa:** English-speaking people **2** folk; **cultura do povo:** folk culture
povoação *n.f.* **1** (vila) village **2** (conjunto de casas) settlement
povoado *adj.* populous; peopled
povoar *v.* to populate
praça *n.f.* **1** square; plaza; **praça de táxis:** taxi rank; taxi stand; **praça de touros:** bullring **2** (feira) market place
praceta *n.f.* small square
pradaria *n.f.* prairie
prado *n.m.* meadow
praga *n.f.* curse; **lançar uma praga a alguém:** to curse someone
praia *n.f.* beach; **ir à praia:** to go to the beach
prancha *n.f.* board; **prancha de surf:** surfboard; (natação) **prancha para mergulho:** diving board
pranto *n.m.* weeping

prata *n.f.* silver; **medalha de prata:** silver medal
prateado *adj.* 1 (cor de prata) silver; silvery 2 (coberto de prata) silver-plated
prateleira *n.f.* 1 (de móvel) shelf 2 (de estante) rack
prática *n.f.* 1 practice; **pôr em prática:** to put into practice; **prática corrente:** common practice 2 experience; **falta de prática:** inexperience; lack of experience; **ter prática em:** to be experienced in
praticar *v.* (atividade, desporto) to practise; to exercise
prático *adj.* 1 (pessoas) practical; matter-of-fact 2 (roupa) practical; functional; casual
prato *n.m.* 1 (objeto) dish; plate; **prato de sobremesa:** dessert plate; **prato raso:** dinner plate 2 (refeição) course; **prato do dia:** today's special; **prato principal:** main course 3 (de balança) pan; scale
prazer *n.m.* pleasure; enjoyment; delight; **com todo o prazer:** with pleasure; **prazer em conhecê-lo!:** nice to meet you!; **ter prazer em:** to take delight in; to find pleasure in
prazo *n.m.* term; **fora do prazo:** outdated; **prazo de validade:** expiry date; **prazo limite:** deadline
preçário *n.m.* price list
precaução *n.f.* precaution; **por precaução:** as a precaution
precioso *adj.* precious; **pedra preciosa:** precious stone
precipício *n.m.* precipice; cliff; **cair num precipício:** to fall into a cliff
precipitação *n.f.* precipitation; (chuva) **precipitação atmosférica:** rainfall
precipitado *adj.* hasty; **ser precipitado:** to be hasty; **tirar conclusões precipitadas:** to jump to conclusions
precipitar *v.* to precipitate; to hasten ◆ **precipitar-se** to be hasty
precisamente *adv.* precisely
precisão *n.f.* precision; accuracy
precisar *v.* 1 (ter necessidade) to need; to want; **precisas de mais alguma coisa?:** do you need anything else?; **tu não precisas disso:** you don't need that 2 (ter obrigação) must; have to; need to; **já não precisar de:** to have no further use for; **não precisas de ir:** you needn't go; **preciso de vê-lo:** I have to see him
preciso *adj.* 1 necessary; needful; **se for preciso:** in case of need 2 precise; exact; **nesse preciso momento:** in that precise moment
preço *n.m.* price; cost; **a qualquer preço:** at any price; **os preços estão a subir:** prices are going up; **não ter preço:** to be priceless; **preço fixo:** set price; **qual é o preço disto?:** how much is this?
preconceito *n.m.* prejudice
predador *n.m.* predator ◆ *adj.* predatory
prédio *n.m.* building; **prédio de apartamentos:** apartment building
preencher *v.* 1 (impresso) to fill in 2 (requisitos) to fulfil; to meet; to satisfy 3 (cargo, vaga) to fill
prefácio *n.m.* preface; foreword
preferência *n.f.* preference; **dar preferência a:** to give (a) preference to; **de preferência:** preferably
preferir *v.* to prefer; **ela prefere andar a pé a andar de bicicleta:** she prefers walking to cycling; **eu preferia ir sozinha:** I would rather go alone; **prefiro café a chá:** I prefer coffee to tea
prefixo *n.m.* prefix
prega *n.f.* fold; pleat
pregar (prégár) *v.* to preach; **pregar a palavra de Deus:** to preach the word of God

pregar (pregar) *v.* **1** to hammer; **pregar um prego numa parede:** to hammer a nail into a wall **2** (alfinete, pionés) to pin **3** (botão) to sew on
prego *n.m.* **1** nail; tack; **pregar um prego:** to hammer a nail **2** (bife) steak; **prego em pão:** steak sandwich
preguiça *n.f.* laziness; sloth; **ter preguiça:** to be lazy
preguiçoso *adj.* lazy; idle; indolent
pré-história *n.f.* prehistory
pré-histórico *adj.* prehistoric
prejudicar *v.* **1** to be harmful to; to harm **2** to damage
prejudicial *adj.2gén.* prejudicial; detrimental; harmful
prejuízo *n.m.* **1** loss; **um prejuízo de milhares de euros:** a loss of thousands of euros **2** damage; harm; **causar prejuízo:** cause damage
prematuro *adj.* premature
prémio *n.m.* prize; **ganhar o prémio Nobel da Paz:** to win the Nobel Peace prize; **prémio de consolação:** consolation prize
prenda *n.f.* gift; present; **dar uma prenda a alguém:** to give somebody a present
prender *v.* **1** to arrest; **prender alguém por alguma coisa:** to arrest someone for something **2** to lock up; **prender o cão na garagem:** to lock up the dog in the garage **3** to fix; **prender a prateleira à parede:** to fix the counter to the wall **4** (cabelo) to tie back ◆ **prender-se** to get stuck; to get caught
preocupação *n.f.* anxiety; worry; apprehension
preocupado *adj.* worried; concerned
preocupante *adj.2gén.* worrying
preocupar *v.* to worry; to bother; **preocupa-me que ela trabalhe tanto:** it worries me that she works so much ◆ **preocupar-se** to worry; to get worried; **não te preocupes comigo!:** don't worry about me!
pré-pagamento *n.m.* prepayment
preparação *n.f.* preparation; training; **preparação para o exame:** preparation for the exam
preparado *adj.* prepared; ready; **bem preparado:** well prepared; **estar preparado para:** not to be ready for; **mal preparado:** ill-prepared
preparar *v.* **1** to prepare **2** to arrange; **preparar uma festa:** to arrange a party ◆ **preparar-se** to get ready; **preparar-se para sair:** to get ready to go out
preparativos *n.m.pl.* preparations
preparatório *adj.* preparatory; **escola preparatória:** prep school
preposição *n.f.* preposition
pré-primária *n.f.* infant school
pré-requisito *n.m.* prerequisite
presa *n.f.* prey
presença *n.f.* **1** presence; **na presença de:** his presence annoys me **2** presence; existence; **presença de álcool no sangue:** presence of alcohol in the blood
presente *n.m.* **1** (tempo) (the) present **2** (prenda) present; gift ◆ *adj.2gén.* **1** present; **estar presente (em):** to be present (at) **2** present; current; **no tempo presente:** at the present time
presépio *n.m.* crib
preservação *n.f.* **1** preservation; **a preservação do monumento:** the preservation of the monument **2** protection; conservation; **preservação da natureza:** conservation of nature
preservar *v.* to preserve; to maintain
preservativo *n.m.* condom
presidência *n.f.* **1** (país) presidency **2** (empresa, instituição) chairmanship; administration; **assumir a presidência:** to take the chair; to chair **3** (câmara) mayoralty

presidente *n.2gén.* **1** president; **Presidente da República:** President of the Republic **2** (de empresa) chairman; chairwoman **3** (de câmara) mayor
presilha *n.f.* (calças) (belt) loop
preso *adj.* **1** arrested; **estar preso durante vários anos:** to be in jail for several years **2** stuck; **ficar preso no trânsito:** to be stuck in traffic ◆ *n.m.* prisoner; convict
pressa *n.f.* haste; hurry; rush; **à pressa:** in haste; in a hurry; **a toda a pressa:** at full speed; **estar com pressa:** to be in a hurry; **não tenhas pressa!:** take your time!
presságio *n.m.* presage; omen
pressão *n.f.* pressure; **estar sob pressão:** to be under pressure; **pressão arterial:** blood pressure
pressentimento *n.m.* **1** (negativo) foreboding; presentiment **2** feeling; **um bom pressentimento:** a good feeling
pressentir *v.* to forebode; to foretell; to predict
pressionar *v.* **1** (pessoa) to pressure **2** (botão, tecla) to press
pressupor *v.* to presuppose; to presume
prestar *v.* **1** to pay; **prestar atenção a:** to pay attention to **2** to take; **prestar juramento:** to take an oath **3** to be of use; **não prestar para nada:** to be good for nothing; to be of no use
prestes *adj.* ready; **estar prestes a:** to be on the point of
prestígio *n.m.* prestige
presumido *adj.* conceited; presumptuous
presumir *v.* (supor) to presume; to assume; to suppose
presunção *n.f.* presumption
presunçoso *adj.* conceited; arrogant
presunto *n.m.* smoked ham
pretendente *n.2gén.* claimant; pretender
pretender *v.* to wish; to want
pretensão *n.f.* pretension
pretensioso *adj.* pretentious; conceited
pretenso *adj.* **1** supposed; assumed; presumed **2** would-be; **um pretenso escritor:** a would-be writer
pretérito *n.m.* (tempo verbal) past tense
pretexto *n.m.* pretext; excuse; **arranjar um pretexto para:** to find a pretext for; **com o pretexto de:** under the pretence of
preto *adj. e n.m.* (cor) black; **fotografia a preto e branco:** black and white photo; **pôr alguma coisa preto no branco:** to put something down in black and white
prevalecer *v.* to prevail
prevenção *n.f.* prevention; **estar de prevenção:** to be on the alert; **medidas de prevenção:** preventive measures; **prevenção rodoviária:** road safety training
prevenido *adj.* forewarned
prevenir *v.* to prevent ✧ **mais vale prevenir que remediar:** prevention is better than cure
prever *v.* to predict
prévio *adj.* previous; prior; **aviso prévio:** prior notice
previsão *n.f.* forecast; prediction; **previsão meteorológica:** weather forecast
previsível *adj.2gén.* predictable; foreseeable; **resultados previsíveis:** foreseeable results
previsto *adj.* **1** foreseen; predicted; **tal como previsto:** as foreseen **2** expected; **o comboio tem chegada prevista para as 10 horas:** the train is expected at 10 o'clock
primária *n.f.* (escola) primary school
primário *adj.* primary; **escola primária:** primary school

primata *n.m.* primate
primavera *n.f.* (estação do ano) spring; **na primavera:** in spring
primeira *n.f.* 1 (automóvel) first (gear); **meter a primeira:** to put the car in first 2 (classe) first class; **ela só viaja em primeira (classe):** she only travels first class; **hotel de primeira:** first-class hotel
primeiro *num.ord.>adj.num.*[DT] 1 first; **primeira pessoa:** first person; **primeiro lugar:** first place; **primeiros socorros:** first aid; **viajar em primeira classe:** to travel first class 2 fundamental; basic; **bens de primeira necessidade:** basic needs ◆ *n.m.* 1 the first 2 the best; **ser o primeiro da turma:** to be the best in one's class 3 (andar) first floor ◆ *adv.* 1 first; **chegar primeiro:** to come first; **primeiro que tudo:** first of all 2 firstly
primeiro-ministro *n.m.* [*f.* primeira-ministra] prime minister; premier
primitivo *adj.* primitive
primo *n.m.* [*f.* prima] cousin; **primo afastado:** distant cousin; **primo direito:** first cousin; **primo em segundo grau:** second cousin ◆ *adj.* 1 (número) prime 2 raw; **matérias primas:** raw materials
princesa *n.f.* princess
principal *adj.2gén.* main; principal; chief; **estrada principal:** main road; **prato principal:** main course; **rua principal:** main street; high street
príncipe *n.m.* prince; **príncipe herdeiro:** Crown Prince
principiante *n.2gén.* beginner
principiar *v.* to begin; to start
princípio *n.m.* 1 beginning; start; outset; **desde o princípio:** from the beginning; **do princípio ao fim:** from beginning to end 2 principle; **em princípio:** in principle; **ser fiel aos seus princípios:** to stick to one's principles
prior *n.m.* prior
prioridade *n.f.* priority; **dar prioridade a:** to give priority to
prioritário *adj.* urgent; **assunto prioritário:** urgent business
prisão *n.f.* 1 prison; jail; **ir para a prisão:** to go to prison; **prisão de alta segurança:** high-security prison 2 arrest; detention; **ordem de prisão:** warrant of arrest; **prisão domiciliária:** house arrest
prisional *adj.2gén.* prison
prisioneiro *n.m.* prisoner; convict
prisma *n.m.* prism
privação *n.f.* deprivation
privacidade *n.f.* privacy; **falta de privacidade:** lack of privacy; **invasão de privacidade:** invasion of privacy
privado *adj.* private; personal; **em privado:** in private
privar *v.* to deprive (of) ◆ **privar-se** to deprive oneself (of)
privativo *adj.* private; **parque de estacionamento privativo:** private car park
privilégio *n.m.* privilege
pró *n.m.* pro; advantage; **os prós e os contras:** the pros and cons ◆ *adv.* in favour of; for; pro; **nem pró nem contra:** neither for nor against
proa *n.f.* prow; bow
probabilidade *n.f.* probability
problema *n.m.* problem; **resolver um problema:** to solve/fix a problem
problemático *adj.* problematic
procedência *n.f.* provenance; origin
procedente *adj.2gén.* coming (from)
proceder *v.* 1 (agir) to behave; to act 2 (ter origem) to originate in; to come from
processar *v.* 1 DIREITO to sue 2 INFORMÁTICA to process

processo *n.m.* **1** process; **processo de aprendizagem:** learning process **2** DIREITO lawsuit; **instaurar um processo contra:** to file a suit against; to take legal action against
procissão *n.f.* procession
procura *n.f.* search; pursuit; quest; **à procura de:** in search of; in pursuit of
procuração *n.f.* DIREITO power of attorney
procurar *v.* **1** to search for; to look for; **procurar emprego:** to look for a job **2** to try; **procurei falar com ela:** I tried to talk to her
produção *n.f.* production; **produção em massa:** mass production
produtividade *n.f.* productivity
produtivo *adj.* **1** productive; **um trabalhador altamente produtivo:** a highly productive worker **2** fertile; **solo produtivo:** fertile soil
produto *n.m.* product
produtor *n.m.* producer
produzir *v.* **1** to produce; to manufacture **2** (produtos naturais) to produce; to grow
proeza *n.f.* deed; feat; achievement
profano *adj.* profane
professor *n.m.* [*f.* professora] **1** teacher; **professora de Inglês:** English teacher **2** (em universidade) professor
profeta *n.m.* prophet
profissão *n.f.* profession; job; **qual é a sua profissão?:** what's your job?
profissional *adj.2gén.* professional; **formação profissional:** professional training ◆ *n.2gén.* professional; **profissionais de saúde:** health professionals
profiterole *n.m.* profiterole
profundidade *n.f.* depth; **a uma profundidade de 100 metros:** at a depth of 100 metres; **em profundidade:** deeply
profundo *adj.* **1** deep; **águas profundas:** deep waters **2** deep; strong; **sentimentos profundos:** strong feelings **3** (respiração, sono) deep; heavy
prognóstico *n.m.* prognosis
programa *n.m.* **1** TELEVISÃO, RÁDIO programme **2** (folheto) programme **3** (escola, universidade) curriculum **4** INFORMÁTICA program
programação *n.f.* **1** planning **2** (televisão) TV programming
programador *n.m.* INFORMÁTICA programmer
programar *v.* to plan; to arrange
progredir *v.* **1** (conhecimento, pessoa) to progress; to develop; **este aluno progrediu muito:** this student made good progress **2** (tempo, situação) to improve; **a situação está a progredir lentamente:** the situation is slowly improving
progressão *n.f.* progression; **progressão na carreira:** career progression
progressivo *adj.* progressive
progresso *n.m.* progress; **fazer grandes progressos:** to make great progress
proibição *n.f.* prohibition; forbiddance
proibido *adj.* forbidden; **proibida a entrada:** no entry; no admittance; **proibido fumar:** no smoking
proibir *v.* to forbid; to prohibit; **estás proibida de falar sobre o assunto:** you are forbidden to mention the subject
proibitivo *adj.* prohibitive
projeção *n.f.* (luz, imagem) projection
projecção *a nova grafia é* **projeção**
projectar *a nova grafia é* **projetar**
projéctil *a nova grafia é* **projétil**
projecto *a nova grafia é* **projeto**
projector *a nova grafia é* **projetor**
projetar *v.* **1** to sketch **2** (luz, imagem, som) to project
projétil *n.m.* projectile; missile
projeto *n.m.* project; plan
projetor *n.m.* projector

prolongamento *n.m.* **1** prolongation **2** (prazo) extension **3** (jogo) extra time
prolongar *v.* to prolong; to extend ◆ **prolongar-se 1** (estender-se) to stretch **2** (durar) to go on; to last
promessa *n.f.* promise; **cumprir uma promessa:** to keep a promise; **fazer uma promessa:** to make a promise; **quebrar uma promessa:** to break a promise
prometer *v.* to promise
prometido *adj.* promised
promissor *adj.* promising
promoção *n.f.* promotion; (produto) **estar em promoção:** to be at a discount
promotor *n.m.* promoter
promover *v.* to promote; **ela foi promovida a diretora de vendas:** she was promoted to sales manager
pronome *n.m.* pronoun; **pronome demonstrativo:** demonstrative pronoun; **pronome pessoal:** personal pronoun; **pronome possessivo:** possessive pronoun; **pronome relativo:** relative pronoun
prontidão *n.f.* readiness; **com prontidão:** promptly; quickly
pronto *adj.* **1** ready; **estou quase pronta!:** I'm nearly ready! **2** ready; willing; **ela está sempre pronta para a borga:** she is always ready to party; **ele está sempre pronto a ajudar os amigos:** he is always willing to help his friends **3** ready; **o jantar está pronto:** dinner is ready **4** prompt; immediate; **resposta pronta:** prompt reply
pronto-a-vestir *n.* ready-to-wear
prontuário *n.m.* handbook; manual
pronúncia *n.f.* pronunciation; accent
pronunciar *v.* (som, palavra) to pronounce
propaganda *n.f.* propaganda
propagar *v.* to propagate; to spread; **o incêndio propagou-se:** the fire spread
propensão *n.f.* propensity
propina *n.f.* fee; (universidade) tuition fees
propor *v.* to propose; to suggest
proporção *n.f.* proportion
proporcionado *adj.* proportioned; **bem proporcionado:** well-proportioned
proporcional *adj.2gén.* proportional
proporcionar *v.* to provide ◆ **proporcionar-se** (ocasião, oportunidade) to be opportune
proposição *n.f.* **1** (proposta) proposition **2** (declaração) statement **3** (frase) sentence
propositado *adj.* intentional; deliberate
propósito *n.m.* purpose; aim; **a propósito:** by the way; **de propósito:** intentionally; on purpose
proposta *n.f.* proposal; proposition; **aceitar uma proposta:** to accept an offer; **proposta de casamento:** marriage proposal; **recusar uma proposta:** to turn down an offer
propriamente *adv.* properly; really; **ele não é propriamente um bom cantor:** he's not really a good singer
propriedade *n.f.* **1** property; quality; **propriedades medicinais:** medicinal properties **2** property; real estate; **propriedade privada:** private property
proprietário *n.m.* [*f.* proprietária] **1** proprietor; owner **2** (de terras) landlord; landlady
próprio *adj.* **1** own; **o meu próprio carro:** my (very) own car; **o meu próprio filho:** my own son **2** self; **ele próprio me contou:** he told me himself; **eu próprio vou falar com ela:** I'll speak to her myself **3** proper; right; **no momento próprio:** at the right moment; **nome próprio:** proper name **4** precise; very; **no próprio dia:** on the very day
prosa *n.f.* prose
prospecto *a nova grafia é* **prospeto**
prosperar *v.* to prosper

prosperidade *n.f.* prosperity
próspero *adj.* prosperous
prospeto *n.m.* prospectus; brochure; leaflet
protagonista *n.2gén.* **1** (livro) main character; protagonist **2** (filme) leading actor/actress **3** (de acontecimento) main protagonist
protão *n.m.* proton
proteção *n.f.* protection
protecção *a nova grafia é* **proteção**
protector *a nova grafia é* **protetor**
proteger *v.* to protect; **proteger o ambiente:** to protect the environment
protegido *adj.* protected ◆ *n.m.* (pessoa) protégé
proteína *n.f.* protein
protestar *v.* **1** to protest **2** to demonstrate; **protestar por melhores salários:** to demand better salaries
protesto *n.m.* protest
protetor *n.m.* protector; **protetor solar:** sunscreen
protocolo *n.m.* protocol
protótipo *n.m.* prototype; **este carro é um protótipo:** this is a prototype car
prova *n.f.* **1** proof; **à prova de água:** waterproof; **como prova de:** in proof of **2** (na escola) test; **prova oral/escrita:** oral/written test **3** DESPORTO competition **4** tasting; **prova de vinho:** wine tasting
provação *n.f.* probation; trial
provador *n.m.* **1** (lojas de roupa) fitting room **2** (profissão) taster; **provador de vinhos:** wine taster
provar *v.* **1** to prove; to show **2** (alimento, bebida) to taste; **deixa-me provar isso:** let me have a taste of it **3** (roupa) to try on
provável *adj.2gén.* probable; likely; **é provável:** probably
proveito *n.m.* profit; gain; benefit ◆ (antes de uma refeição) **bom proveito!:** enjoy your meal!
proveitoso *adj.* **1** (lucrativo) profitable **2** (vantajoso) advantageous **3** (útil) useful
proveniência *n.f.* provenance; source; origin
proveniente *adj.2gén.* proceeding from; coming from
provérbio *n.m.* proverb
província *n.f.* province
provisório *adj.* provisional; temporary
provocação *n.f.* provocation
provocador *adj.* provocative
provocante *adj.2gén.* **1** (atitude) provocative **2** (aspeto físico) tempting
provocar *v.* to give rise to; to cause; to provoke
proximidade *n.f.* **1** proximity **2** (vizinhança) surroundings; vicinity; **nas proximidades de:** in the vicinity of
próximo *adj.* **1** near; close; **onde é a farmácia mais próxima?:** where is the closest pharmacy?; **próximo da praia:** near the beach **2** next; **no próximo mês:** next month ◆ *adv.* near; close
prudência *n.f.* prudence
prudente *adj.2gén.* prudent; cautious
prumo *n.m.* plumb line; **a prumo:** vertically
pseudónimo *n.m.* **1** pseudonym **2** (escritor) pen name
psicologia *n.f.* psychology
psicológico *adj.* psychological
psicólogo *n.m.* psychologist
psiquiatra *n.2gén.* psychiatrist
psiquiatria *n.f.* psychiatry
psíquico *adj.* psychic
publicação *n.f.* **1** (processo) publishing; printing **2** (obra) publication
publicar *v.* to publish; to issue
publicidade *n.f.* advertising; **campanha publicitária:** publicity campaign; **fazer publicidade a:** to advertise
publicitar *v.* **1** (anúncio, marca) to advertise **2** (campanha, evento) to publicize

publicitário *adj.* advertising; (rádio, televisão) **anúncio publicitário:** commercial; (jornal, revista) advertisement ◆ *n.m.* (pessoa) advertising executive
público *adj.* public; open; common; **em público:** in public; publicly; **jardim público:** public garden ◆ *n.m.* **1** public; **aberto ao público:** open to the public **2** (teatro, concerto) audience
público-alvo *n.m.* **1** (de produto) target customer; target market **2** (de programa) target audience
púcaro *n.m.* mug
pudico *adj.* bashful; shy
pudim *n.m.* pudding
pudor *n.m.* bashfulness; shyness
pular *v.* to jump; **pular de alegria:** to jump for joy; **pular sobre a sebe:** to jump over the hedge
pulga *n.f.* flea ◆ **estar com a pulga atrás da orelha:** to smell a rat
pulgão *n.m.* aphid
pulmão *n.m.* lung
pulmonar *adj.2gén.* pulmonary
pulo *n.m.* jump; leap; **aos pulos:** by leaps and bounds
pulôver *n.m.* sweater; jumper; pullover
púlpito *n.m.* pulpit
pulsação *n.f.* pulsation; pulse; **medir a pulsação:** to take someone's pulse
pulsar *v.* (coração) to pulse; to throb
pulseira *n.f.* bracelet; **pulseira de relógio:** watch bracelet
pulso *n.m.* **1** ANATOMIA wrist **2** MEDICINA pulse; beat; **tomar o pulso a:** to feel the pulse of **3** *(figurado)* strength; authority
pulverizador *n.m.* **1** (pó) pulverizer **2** (líquido) sprayer
pulverizar *v.* **1** (pó) to pulverize **2** (líquido) to spray
pum *interj.* bang!; boom!
puma *n.m.* puma
pumba *interj.* boom!; bang!
punção *n.f.* puncture
punhado *n.m.* handful
punhal *n.m.* dagger
punhalada *n.f.* stab
punho *n.m.* **1** fist; **pelo próprio punho:** in one's own handwriting **2** (manga) cuff; **botão de punho:** cuff-link **3** (utensílio, instrumento) handle; grasp; **punho de remo:** grasp of an oar
punição *n.f.* punishment
punir *v.* to punish
punível *adj.2gén.* punishable; **punível por lei:** punishable by law
pupila *n.f.* (olho) pupil
puré *n.m.* **1** purée; mash; **puré de batata:** mashed potatoes **2** (sopa) cream
pureza *n.f.* purity
puro *adj.* pure
púrpura *adj.2gén. e n.f.* (cor) purple
pus *n.m.2núm.* pus; (ferida) **ganhar pus:** to gather pus
puto *n.m. (informal)* kid; boy
putrefação *n.f.* putrefaction; decomposition
putrefacção *a nova grafia é* **putrefação**
puxado *adj.* **1** *(informal)* (trabalho, teste) hard; tough **2** *(informal)* (preço) expensive; pricey
puxador *n.m.* **1** (de porta) door handle **2** (de gaveta) handle
puxão *n.m.* pull; (com força) tug ◆ **dar um puxão de orelhas a alguém:** to pull somebody's ear
puxar *v.* to pull; **puxar as orelhas a alguém:** to pull somebody's ear; **puxar com força:** to pull hard; **puxar o cabelo a alguém:** to pull someone's hair

> Para dizermos **puxar** em inglês usamos a palavra **pull**. Também existe a palavra **push** em inglês, mas quer dizer *empurrar*.

puzzle *n.m.* jigsaw; puzzle

a b c d e f g h i j k l m n o **p** q r s t u v w x y z

Q

q *n.m.* (letra) q
quadra *n.f.* **1** (época) season; **quadra festiva:** festive season **2** (de versos) quatrain; four-line stanza
quadrado *n.m.* square
quadragésimo *num.ord.>adj.num.*[DT] fortieth
quadrangular *adj.2gén.* quadrangular
quadrângulo *n.m.* quadrangle
quadrante *n.m.* quadrant
quadriculado *adj.* squared; **papel quadriculado:** squared paper
quadril *n.m.* haunch; hip
quadrilha *n.f.* (ladrões) gang
quadro *n.m.* **1** painting; **quadro a óleo:** oil painting **2** (escola) board; **quadro preto:** blackboard **3** (de funcionários) staff **4** (tabela) table; chart
quadrúpede *adj.2gén. e n.m.* quadruped
quádruplo *num.mult.>quant.num.*[DT] *e n.m.* quadruple
qual *pron.interr.* **1** which; **qual dos dois?:** which of the two? **2** what; **qual livro?:** what book? **3** who; **qual é o teu cantor favorito?:** who's your favourite singer? ◆ *pron.rel.* **1** (coisa indeterminada) what; **seja qual for a resposta:** no matter what the answer is **2** (pessoas) who **3** (pessoas, coisas) that **4** (coisas) which ◆ *interj.* nonsense!; what!; **qual quê!:** you wish! ❖ *(informal)* **tal e qual:** that is just it
qualidade *n.f.* **1** quality; **de elevada qualidade:** high-quality; **de má qualidade:** poor-quality; **qualidade de vida:** quality of life **2** (representação) capacity; **na qualidade de:** in the capacity of
qualificação *n.f.* qualification; DESPORTO **falhar a qualificação:** to miss qualification; **um trabalhador sem qualificações:** a worker with no qualifications
qualificado *adj.* qualified; **trabalhador qualificado:** qualified worker
qualificar(-se) *v.* to qualify
qualquer *det.indef.>quant.univ.*[DT] any; **qualquer pessoa:** anybody; **qualquer coisa:** anything; **em qualquer lugar:** anywhere ◆ *pron.indef.* **1** any; **dá-me um qualquer:** give me any of them **2** (em dois) either; **qualquer dos dois serve:** either one will do
quando *adv.* when; **até quando?:** until when?; **desde quando?:** since when?; **de vez em quando:** sometimes, now and then; **diz quando:** say when ◆ *conj.* when; **quando eu for, tu vais comigo:** when I leave you will go with me
quantia *n.f.* sum; amount
quantidade *n.f.* **1** quantity **2** (grande número) bulk; deal; a lot
quantitativo *adj.* quantitative
quanto *det.interr.>quant.interr.*[DT] *e pron. interr.* **1** (quantia) how much; **quanto custa?:** how much is it? **2** (quantidade) how many; **quantas vezes já lá foste?:** how many times have you been there?; **quantos livros compraste?:** how many books did you buy? **3** (tempo) how long; how much; **quanto tempo leva?:** how long does it take? ◆ *adv.* **1** (comparativo) as; **é tão alto quanto o pai:** he is as tall as his father **2** (intensidade) how; how much; **eu sei quanto ela gosta da escola:** I know how much she likes school ◆

pron.rel.>quant.rel.[DT] as; **leva tantos livros quantos quiseres:** take as many books as you wish ✧ **quanto mais cedo melhor:** the sooner the better

quarenta *num.card.>quant.num.*[DT] *e n.m.* forty

quarentena *n.f.* quarantine; **pôr de quarentena:** to quarantine

Quaresma *n.f.* RELIGIÃO Lent

quarta-feira *n.f.* Wednesday

quarteirão *n.m.* (rua) block; **a dois quarteirões de distância:** two blocks away; **fica a quatro quarteirões daqui:** it's four blocks from here

quartel *n.m.* **1** MILITAR barracks **2** station; **quartel dos bombeiros:** fire station

quarteto *n.m.* quartet

quarto *num.ord.>adj.num.*[DT] fourth ◆ *n.m.* **1** room; **quarto de banho:** bathroom; **quarto de casal:** double bedroom; **quarto de hóspedes:** guest room; **quarto para alugar:** room to let **2** (horas) quarter; **às duas e um quarto:** at a quarter past two; **um quarto de hora:** a quarter of an hour **3** (lua) quarter; **quarto crescente/minguante:** first/last quarter

quase *adv.* **1** almost; nearly; **estou quase pronta:** I'm almost ready **2** (frase negativa) hardly; scarcely; **quase não te reconhecia:** I could hardly recognize you

quatro *num.card.>quant.num.*[DT] *e n.m.* four

quatrocentos *num.card.>quant.num.*[DT] *e n.m.* four hundred

que *conj.* that; **eu sei que tens razão:** I know (that) you're right ◆ *pron.rel.* **1** (pessoas) who; that; **a rapariga que está à janela:** the girl who is at the window **2** (coisas) which; that; **a carta que estou a escrever:** the letter (that) I am writing ◆ *pron.interr.* what?; **que há de novo?:** what's new? ◆ *adv.* (seguido de adjetivo) how; (seguido de nome) what; **que lindo!:** how pretty!; **que pena!:** what a pity!

quê *pron.interr.* what?; **com quê?:** with what?; **não tem de quê:** you're welcome; **o quê?!:** what?!; **para quê?:** what for?

quebra *n.f.* break; breach

quebra-cabeças *n.m.2núm.* (jogo) brainteaser

quebra-nozes *n.m.2núm.* nutcracker

quebrar(-se) *v.* (objeto, osso) to break

queda *n.f.* **1** fall; **queda de água:** waterfall; **queda de cabelo:** hair loss; **sofrer uma queda:** to fall down **2** (descida) drop; **queda de preços:** drop in prices; **queda de temperatura:** temperature drop **3** (de avião) crash **4** (talento) talent; **ter queda para a música:** to be gifted for music

queijaria *n.f.* (loja) cheese dairy

queijo *n.m.* cheese

queimadura *n.f.* burn; **queimadura solar:** sunburn

queimar *v.* **1** (fogo) to burn; **queimar lenha:** to burn wood **2** (com líquido) to scald ◆ **queimar-se** to scald oneself

queixa *n.f.* complaint; charge; **apresentar queixa contra:** to press charges against; **não ter razão de queixa:** to have no cause for complaint

queixar-se *v.* to complain; **queixar-se à polícia:** to complain to the police; **queixar-se de uma dor de cabeça:** to complain of a headache

queixinhas *adj.2gén.2núm.* *(informal)* tattletale

queixo *n.m.* chin

quem *pron.interr.* who; **quem está aí?:** who's there?; **de quem é isto?:** whose is this? ◆ *pron.rel.* who; **gostava de saber quem fez isso:** I'd like to know who did that ✧ **quem quer que seja/**

seja quem for: whoever it may be; **saia, quem quer que seja!:** come out, whoever you are!
quente *adj.2gén.* hot; **tempo quente:** hot weather; **um banho quente:** a hot bath
queque *n.m.* muffin
quer *conj.* **1** (alternativa) either... or...; **quer ele quer ela:** either him or her **2** (na negativa) whether... or...; **quer ele queira quer não:** whether he likes it or not
querer *v.* **1** to want; **queres que eu saia?:** do you want me to leave?; **queria um café, se faz favor:** an espresso, please; **sem querer:** unintentionally **2** to wish; **como queiras:** as you wish
querido *adj. e n.m.* dear; darling
questão *n.f.* **1** question; **colocar uma questão a alguém:** to ask someone a question **2** point; **a questão é que:** the point is **3** matter; **é uma questão de tempo:** it's a matter of time
questionar *v.* to question; to interrogate
questionário *n.m.* questionnaire
quieto *adj.* **1** motionless; still **2** quiet; calm; **está quieto!:** quiet down!
quilha *n.f.* (navio) keel
quilo *n.m.* kilo; **dois quilos de tangerinas:** two kilos of tangerines; **um quilo de farinha:** a kilo of flour
quilograma *n.m.* kilogram; kilogramme
quilolitro *n.m.* kilolitre
quilómetro *n.m.* kilometre; **quilómetro quadrado:** square kilometre; **quilómetros por hora:** kilometres per hour
química *n.f.* chemistry
químico *adj.* chemical
quimo *n.m.* BIOLOGIA chyme
quimono *n.m.* kimono
quina *n.f.* **1** (brasão) shield **2** (cartas) five **3** (ângulo) sharp edge
quinhão *n.m.* share; part
quinhentos *num.card.>quant.num.*DT *e n.m.* five hundred
quinquagenário *adj. e n.m.* quinquagenarian
quinquagésimo *num.ord.>adj.num.*DT fiftieth
quinta *n.f.* farm; **trabalhar numa quinta:** to work on a farm
quinta-feira *n.f.* Thursday
quintal *n.m.* *(Grã-Bretanha)* kitchen garden; *(Estados Unidos da América)* backyard
quinteto *n.m.* quintet
quinto *num.ord.>adj.num.*DT fifth
quíntuplo *num.mult.>quant.num.*DT *e n.m.* quintuple
quinze *num.card.>quant.num.*DT *e n.m.* fifteen; **daqui a quinze dias:** in a fortnight; **no dia quinze:** on the fifteenth
quinzena *n.f.* fortnight; two weeks
quinzenal *adj.2gén.* fortnightly; **jornal quinzenal:** fortnightly newspaper
quiosque *n.m.* kiosk; newsagent
quiquia *n.f.* *(Guiné-Bissau)* owl
quisimussi *n.m.* **1** *(Moçambique)* Christmas **2** *(Moçambique)* New Year celebration
quisto *n.m.* cyst
quitare *n.m.* *(Angola)* money
quites *adj.* *(informal)* (em igualdade) even; quits; *(informal)* **estamos quites:** we're even
quivi *n.m.* (fruto) kiwi
quociente *n.m.* MATEMÁTICA quotient
quórum *n.m.* (assembleia) quorum
quota *n.f.* share; portion
quotidiano *n.m.* everyday life

R

r *n.m.* (letra) r
rã *n.f.* frog
rabanada *n.f.* **1** (doce) French toast **2** (vento) blast; gust
rabanete *n.m.* radish
rabi *n.m.* rabbi
rabino *n.m.* rabbi
rabiscar *v.* to scrawl; to scribble
rabisco *n.m.* scrawl; scribble
rabo *n.m.* **1** (animal) tail **2** (pessoas) bottom; bum
rabo-de-cavalo *a nova grafia é* **rabo de cavalo**
rabo de cavalo *n.m.* (penteado) ponytail
rabugento *adj.* grouchy; grumpy
raça *n.f.* **1** (pessoas) race **2** (animais) race; breed
ração *n.f.* ration
racha *n.f.* **1** (em objeto partido) split; crack **2** (rocha, parede) fissure; crevice **3** (saia, vestido) split
rachar *v.* **1** (objeto) to break up; to split up **2** (cabeça, lábio) to split **3** (lenha) to chop
racial *adj.2gén.* racial
raciocinar *v.* to reason
raciocínio *n.m.* reasoning
racional *adj.2gén.* rational
racionalidade *n.f.* rationality
racionalmente *adv.* rationally; reasonably
racismo *n.m.* racism
racista *adj. e n.2gén.* racist
radar *n.m.* radar
radiação *n.f.* radiation
radiador *n.m.* radiator
radiante *adj.2gén.* **1** (brilho) bright **2** (alegria) radiant; glowing
radical *adj.2gén.* **1** radical; **mudança radical:** radical change **2** DESPORTO extreme; **desportos radicais:** extreme sports ◆ *n.m.* radical
rádio *n.m.* (aparelho) radio set; radio; wireless; **ouvir rádio:** to listen to the radio ◆ *n.f.* (emissora) radio; **estação de rádio:** radio station
radioactividade *a nova grafia é* **radioatividade**
radioactivo *a nova grafia é* **radioativo**
radioatividade *n.f.* radioactivity
radioativo *adj.* radioactive; **resíduos radioativos:** radioactive waste
radiofónico *adj.* radio
radiografar *v.* to X-ray
radiografia *n.f.* X-ray
radioso *adj.* radiant
radioterapia *n.f.* radiotherapy
rafeiro *n.m. (informal)* (cão) mongrel
râguebi *n.m.* rugby
raia *n.f.* **1** (peixe) ray **2** (fronteira) border
raiar *v.* **1** (dia) to break **2** (tocar) to border on
rainha *n.f.* queen; (cartas) **rainha de paus:** queen of clubs; **rainha mãe:** queen mother
rainha-cláudia *n.f.* greengage
raio *n.m.* **1** (luz) ray; beam; **raio de sol:** sunbeam **2** ray; **raios X:** X rays **3** range; **num raio de 2 quilómetros:** within a range of two kilometres
raiva *n.f.* **1** (fúria) anger; fury **2** (doença) rabies
raivoso *adj.* **1** rabid **2** (furioso) furious

raiz *n.f.* root; **arrancar pela raiz:** to pull up by the roots; MATEMÁTICA **raiz cúbica/quadrada:** cube/square root
rajá *n.m.* rajah
rajada *n.f.* **1** (vento) blast; gust; squall; **forte rajada:** a heavy squall; **rajada de vento:** blast of wind **2** (tiros) burst **3** (corrente ininterrupta) barrage; **uma rajada de insultos:** a barrage of insults
ralação *n.f. (informal)* (preocupação) worry; **ter muitas ralações:** to have many worries
ralado *adj.* **1** (pão, amêndoa) grated **2** *(informal)* (preocupado) worried
ralador *n.m.* grater; scraper
ralar *v.* **1** (comida) to grate **2** *(informal)* (preocupar) to worry ◆ **ralar-se** *(informal)* (preocupar-se) to worry (about)
ralhar *v.* to scold; to rebuke; to tell off; **ralhar com alguém:** to tell somebody off
rali *n.m.* (corrida) rally
ralo *n.m.* **1** (banheira, pia) drain **2** (regador) nozzle
rama *n.f.* **1** (árvore, planta) foliage; branches **2** raw; **algodão em rama:** raw cotton
ramada *n.f.* (árvore) branches; boughs
ramagem *n.f.* **1** (árvore, planta) branches; foliage **2** (desenho) floral pattern
ramal *n.m.* **1** branch **2** (caminho de ferro) branch line **3** (estrada) branch road
ramificação *n.f.* ramification
ramo *n.m.* **1** (de árvore) branch; bough **2** (de flores) bunch **3** (atividade, domínio) line
rampa *n.f.* ramp; **rampa de lançamento:** launching pad
rancho *n.m.* **1** (fazenda) ranch **2** (folclore) group of folk dancers
ranço *n.m.* rancidity; **cheirar a ranço:** to smell rancid; **criar ranço:** to go rancid
rancor *n.m.* grudge; resentment; **guardar rancor por alguém:** to bear somebody a grudge
rancoroso *adj.* grudging; resentful
rançoso *adj.* rancid
ranger *v.* **1** (porta, soalho) to creak **2** (dente) to grind; to gnash
ranho *n.m.* **1** (nariz) mucus; run **2** (animais) snivel
ranhoso *adj.* **1** (nariz) running; snotty **2** (criança) snivelling
ranhura *n.f.* **1** (superfície) groove **2** (moeda) slot; **introduza uma moeda na ranhura:** drop a coin in the slot
rap *n.m.* MÚSICA rap
rapar *v.* **1** (tacho, panela) to scrape; to rub out **2** (barba, cabelo) to shave; **rapar o cabelo:** to shave one's head
rapariga *n.f.* girl
rapaz *n.m.* **1** boy **2** *(informal)* young man; young fellow; lad; **um bom rapaz:** a nice fellow
rapaziada *n.f.* group of boys
rapazote *n.m.* kid; lad
rapidamente *adv.* rapidly; quickly
rapidez *n.f.* **1** quickness **2** (velocidade) speed; velocity
rápido *adj.* **1** (velocidade) fast; swift; speedy **2** (duração) quick; short ◆ *n.m.* (comboio) express
rapina *n.f.* prey; **ave de rapina:** bird of prey
raposa *n.f.* fox; (fêmea) vixen
rapsódia *n.f.* MÚSICA rhapsody
raptar *v.* to kidnap; to abduct
rapto *n.m.* kidnap; abduction
raptor *n.m.* kidnapper
raqueta *n.f.* → **raquete**
raquete *n.f.* **1** (ténis, badminton) racket **2** (ténis de mesa) bat
rarear *v.* **1** to become rare **2** (cabelo) to thin
rarefazer *v.* (gás, ar) to rarefy ◆ **rarefazer-se** to become rarefied

rarefeito *adj.* rarefied
raridade *n.f.* rarity
raro *adj.* rare; uncommon
rasante *adj.2gén.* **1** (voo) low-flying; **voo rasante:** low flight **2** (tiro) low
rascunhar *v.* **1** (esboço) to sketch **2** (texto, frase) to scribble
rascunho *n.m.* (texto, desenho) rough copy; rough draft; **papel de rascunho:** rough paper
rasgado *adj.* **1** (roupa, tecido, papel) torn **2** (boca, olhos) large **3** (elogio, aplauso) frank **4** (gesto, sorriso) wide
rasgão *n.m.* tear; **um rasgão no casaco:** a tear in my coat
rasgar(-se) *v.* **1** (papel) to tear up **2** (roupa, tecido) to tear
raso *adj.* **1** (terreno, chão) flat; plain **2** (salto, sapato) flat
raspa *n.f.* **1** scrape; rasp **2** CULINÁRIA zest; grated peel; **raspa de limão:** grated lemon peel
raspão *n.m.* scratch; scrape; graze; **tocar de raspão:** to graze
raspar *v.* **1** (superfície) to scrape; to scratch **2** (casca) to grate **3** (cenoura, batata) to peel; to scrape ◆ **raspar-se** *(informal)* to sneak off
rasteira *n.f.* tripping up; **passar uma rasteira a alguém:** to trip somebody up
rasteiro *adj.* (planta) creeping
rastejante *adj.2gén.* **1** (planta) creeping **2** (animal) crawling
rastejar *v.* **1** (planta) to creep **2** (animal) to crawl
rastilho *n.m.* (fio) fuse; **atear o rastilho:** to light the fuse
rasto *n.m.* **1** (pista) trace; vestige; **desaparecer sem deixar rasto:** to disappear without a trace **2** (animal, veículo) track; trail; **perder o rasto:** to lose the trail
ratazana *n.f.* rat
raticida *n.m.* rat poison
rato *n.m.* **1** (animal) mouse; **rato do campo:** field mouse **2** (computador) mouse; **tapete do rato:** mouse mat/pad
ratoeira *n.f.* **1** mousetrap **2** snare; trap; **cair na ratoeira:** to fall into a trap
ravina *n.f.* ravine; gully
razão *n.f.* **1** reason; **não ter razão:** to be wrong; **ter razão:** to be right **2** reason; motive; **sem qualquer razão:** for no reason
razoável *adj.2gén.* reasonable; **um pedido razoável:** a reasonable request
razoavelmente *adv.* **1** reasonably **2** (razão) rightly; justly
ré *n.m.* MÚSICA re ◆ *n.f.* defendant; accused
reabastecer *v.* **1** (despensa, quartel) to replenish **2** (veículo) to refuel **3** (mantimentos) to supply
reabertura *n.f.* reopening
reabrir *v.* to reopen
reação *n.f.* reaction
reacção *a nova grafia é* **reação**
reagir *v.* to react
reajustar *v.* to readjust
real *n.m.* **1** reality **2** (moeda do Brasil) real ◆ *adj.2gén.* **1** real; **a vida real:** real life **2** (realeza) royal; **família real:** royal family
realçar *v.* **1** to emphasize; to stress **2** (cores) to brighten
realce *n.m.* **1** emphasis; **dar realce a:** to set off; to enhance **2** (brilho) highlight
realejo *n.m.* barrel-organ; **tocador de realejo:** organ-grinder
realeza *n.f.* royalty
realidade *n.f.* reality
realismo *n.m.* **1** realism **2** reality; **o realismo da cena:** the reality of the scene
realista *adj.2gén.* **1** realistic; lifelike **2** (monarquia) royalistic ◆ *n.2gén.* **1** realist **2** (monarquia) royalist

realização *n.f.* **1** (objetivo) achievement **2** (projeto, trabalho) execution **3** (objetivo) fulfilment
realizador *n.m.* [*f.* realizadora] (filme) director
realizar *v.* **1** (objetivo) to achieve; to accomplish **2** (sonho) to fulfil **3** (projeto) to carry out **4** (filme) to direct
realmente *adv.* really
reanimação *n.f.* revival
reanimar *v.* to revive
reatar *v.* **1** (nó) to rebind **2** (conversa, relação, negociação) to resume; to renew
reaver *v.* **1** (dinheiro, documento) to recover **2** (direito, credibilidade) to regain
rebaixar *v.* **1** (teto, degrau) to lower **2** (preço) to depreciate ◆ **rebaixar-se** to humiliate oneself
rebanho *n.m.* **1** (ovelhas, carneiros) flock **2** (gado, cabras) herd
rebelde *adj.2gén.* rebellious ◆ *n.2gén.* rebel
rebeldia *n.f.* revolt
rebelião *n.f.* rebellion
rebentação *n.f.* **1** bursting; explosion **2** (ondas) surf
rebentar *v.* (balão, pneu, emoções) to burst
rebento *n.m.* (planta) bud
rebocar *v.* (carro, navio) to tow
rebolar *v.* to roll; to tumble
reboque *n.m.* trailer
rebordo *n.m.* edge; border
rebuçado *n.m.* sweet; candy
rebuliço *n.m.* tumult; hubbub
recado *n.m.* **1** (mensagem) message; **deixar recado:** to leave a message **2** (tarefa) errand; **fazer recados a alguém:** to run errands for somebody
recaída *n.f.* relapse; **o doente teve uma recaída grave:** the patient has had a serious relapse
recair *v.* **1** (doença) to relapse **2** (culpa, responsabilidade) to fall; **as culpas recaíram sobre ele:** the blame fell on him
recanto *n.m.* corner; recess
recapitular *v.* **1** to recapitulate **2** (factos) to review **3** (matéria) to revise
recarga *n.f.* **1** (ataque militar ou policial) second charge **2** (caneta) refill
recarregar *v.* **1** (recipiente, veículo) to reload; to refill **2** (bateria) to recharge
recear *v.* to fear; **recear o pior:** to fear the worst
receber *v.* **1** to receive; **receber um convite:** to receive an invitation **2** (dinheiro) to earn **3** (convidados, visitas) to entertain
receção *n.f.* reception; reception desk; front desk
rececionista *n.2gén.* receptionist; reception clerk
receio *n.m.* **1** (medo) fear **2** (preocupação) concern; worry
receita *n.f.* **1** CULINÁRIA recipe **2** MEDICINA prescription
receitar *v.* to prescribe; **receitar um medicamento:** to prescribe a medicine
recém-casado *adj. e n.m.* newlywed
recém-chegado *n.m.* newcomer
recém-nascido *adj.* newborn ◆ *n.m.* newborn child
recente *adj.2gén.* recent
receoso *adj.* fearful
recepção *a nova grafia é* **receção**
recepcionista *a nova grafia é* **rececionista**
receptor *a nova grafia é* **recetor**
recetor *n.m.* [*f.* recetora] receiver; **emissor e recetor:** transmitter and receiver ◆ *adj.* receiving
recheado *adj.* (carne, batatas) stuffed; **peru recheado:** stuffed turkey
rechear *v.* CULINÁRIA to stuff
recheio *n.m.* CULINÁRIA stuffing; filling
recibo *n.m.* receipt
reciclagem *n.f.* recycling

reciclar *v.* to recycle
reciclável *adj.2gén.* recyclable
recife *n.m.* reef; ridge; **recife de coral:** coral reef
recinto *n.m.* (desportos) rink; court
recipiente *n.m.* **1** vessel **2** FÍSICA receiver
recíproco *adj.* reciprocal; mutual
recital *n.m.* recital
recitar *v.* to recite
reclamação *n.f.* complaint; claim
reclamar *v.* **1** to claim; **reclamar um direito:** to claim a right **2** (restaurante, hotel) to complain; **ele reclamou da comida:** he complained about the food
reclame *n.m.* **1** (anúncio) advertisement; **fazer grande reclame:** to advertise largely **2** (cartaz) poster; display; **reclame luminoso:** electric sign
reclinar *v.* **1** (corpo, cabeça) to rest; to lean **2** (banco, encosto) to recline
recobrar *v.* to recover
recolha *n.f.* gathering
recolher *v.* to gather ♦ **recolher-se** **1** (retirar-se) to retire **2** (deitar-se) to go to bed
recomeçar *v.* to start again
recomeço *n.m.* **1** new beginning **2** (escola, aulas) reopening
recomendação *n.f.* **1** recommendation **2** advice; guidance; warning
recomendar *v.* to recommend
recompensa *n.f.* reward
recompensar *v.* to reward
reconciliação *n.f.* reconciliation
reconciliar *v.* to reconcile
reconfortante *adj.2gén.* **1** (apoio, palavra) comforting **2** (passeio, alimento) invigorating; refreshing
reconfortar *v.* to comfort
reconhecer *v.* **1** to recognize **2** to admit; to acknowledge; **reconhecer o erro:** to admit one's mistake
reconhecido *adj.* **1** thankful; grateful; **estar reconhecido a:** to be grateful to **2** (mérito, utilidade) acknowledged; recognized
reconhecimento *n.m.* **1** gratefulness; gratitude **2** recognition; acknowledgement
reconquista *n.f.* reconquest
reconquistar *v.* to reconquer
reconsiderar *v.* to reconsider
reconstituição *n.f.* reconstruction; **reconstituição de um crime:** reconstruction of the crime scene
reconstituir *v.* **1** to reconstitute **2** (crime) to reconstruct **3** (monumento, objeto) to restore
reconstrução *n.f.* reconstruction
reconstruir *v.* **1** (cidade, monumento) to rebuild **2** (país, sociedade) to reconstruct
recordação *n.f.* **1** memory; remembrance **2** (turismo) souvenir
recordar(-se) *v.* to remember
recorde *n.m.* record; **bater um recorde:** to break a record; **recorde do mundo:** world record
recorrer *v.* **1** to resort; **recorrer à violência:** to resort to violence **2** DIREITO to appeal; **recorrer da sentença:** to appeal against a verdict
recortar *v.* (papel, figura) to cut out; to clip
recorte *n.m.* **1** (de jornal) cutting; clipping **2** (contorno) outline
recostar *v.* to lean; to rest ♦ **recostar-se** to lean back
recreativo *adj.* recreational
recreio *n.m.* **1** (local) playground **2** (escola) break; playtime
recriação *n.f.* **1** re-creation **2** (nova versão) remake
recriar *v.* **1** to recreate **2** (filme) to remake
recruta *n.2gén.* recruit
recrutar *v.* **1** MILITAR to recruit **2** (para emprego) to hire

recta *a nova grafia é* **reta**
rectangular *a nova grafia é* **retangular**
rectângulo *a nova grafia é* **retângulo**
recto *a nova grafia é* **reto**
recuar *v.* **1** to go back **2** (carro) to back
recuo *n.m.* **1** backing **2** (tropas) retreat
recuperação *n.f.* **1** recovery; **recuperação de documentos:** recovery of documents **2** re-use; recycling; **recuperação de materiais:** recycling of materials
recuperar *v.* to recover
recurso *n.m.* **1** resource **2** resort; **em último recurso:** as a last resort
recusa *n.f.* refusal
recusar *v.* to refuse; **recusar um convite:** to decline an invitation; **recusar uma oferta:** to refuse an offer
redação *n.f.* **1** (ato de redigir) writing; editing **2** (escola) essay; composition
redacção *a nova grafia é* **redação**
redactor *a nova grafia é* **redator**
redator *n.m.* **1** writer **2** (jornalismo) editor
rede *n.f.* **1** net; **rede de pesca:** fishing net **2** (comunicações) network; **rede ferroviária:** rail network
rédea *n.f.* rein
redemoinho *n.m.* **1** (água) whirlpool **2** (vento) whirlwind
redigir *v.* to write
redimir *v.* to redeem ◆ **redimir-se** to redeem oneself
redoma *n.f.* glass case; glass dome
redondezas *n.f.pl.* surroundings; **nas redondezas:** in the vicinity
redondo *adj.* round; circular
redor *n.m.* contour ❖ **ao/em redor:** around
redução *n.f.* reduction; decrease; **redução de impostos:** tax reduction
redundância *n.f.* redundancy
redundante *adj.2gén.* redundant
reduzido *adj.* reduced
reduzir *v.* to reduce; to diminish; **reduzir a velocidade:** to slow down
reembolsar *v.* **1** (gastos) to reimburse **2** (quantia paga) to refund
reembolso *n.m.* refund; repayment ❖ **contra reembolso:** cash on delivery
reencontrar *v.* **1** (alguém) to meet again **2** (algo) to find again ◆ **reencontrar-se** (pessoas) to meet again
refastelar-se *v.* to lean back
refazer *v.* **1** (trabalho) to redo; to remake **2** (vida, amizade) to rebuild ◆ **refazer-se** to recover
refeição *n.f.* meal; **na hora da refeição:** at meal time
refeitório *n.m.* (escola, fábrica) canteen; cafeteria; refectory
refém *n.2gén.* hostage; **fazer alguém refém:** to take somebody hostage
referência *n.f.* reference; allusion; **com referência a:** with reference to
referir *v.* to refer to; to mention ◆ **referir-se** to refer
refilão *adj.* grumbling ◆ *n.m.* grumbler
refilar *v.* to grumble
refinado *adj.* **1** refined; **açúcar refinado:** refined sugar **2** (requintado) polished; refined
refinar *v.* **1** (produto) to refine **2** (pessoa) to polish
refinaria *n.f.* refinery; **refinaria de açúcar:** sugar refinery
reflectido *a nova grafia é* **refletido**
reflectir *a nova grafia é* **refletir**
refletido *adj.* **1** wise **2** prudent
refletir *v.* **1** (imagem) to mirror **2** (pensamento) to reflect
reflexão *n.f.* **1** (de luz, calor, imagem) reflection **2** (pensamento) reflection
reflexo *n.m.* (luz, imagem) reflection
refogado *adj.* sauté ◆ *n.m.* CULINÁRIA onion sauce
refogar *v.* **1** (cebola) to fry lightly **2** (alimento) to sauté

reforçar *v.* 1 to reinforce 2 (segurança, vigilância) to tighten ◆ **reforçar-se** to grow stronger
reforço *n.m.* reinforcement; MILITAR **enviar reforços:** to send in reinforcements
reforma *n.f.* 1 retirement 2 (melhoramento) reform; improvement
reformado *adj.* retired; **um professor reformado:** a retired teacher ◆ *n.m.* [*f.* reformada] pensioner
reformar *v.* to reform; to improve ◆ **reformar-se** to retire
refrão *n.m.* refrain
refrescante *adj.2gén.* (bebida) refreshing; thirst-quenching
refrescar *v.* 1 to freshen; to cool 2 to cool down ◆ **refrescar-se** to freshen up
refresco *n.m.* refreshment
refrigerante *n.m.* soft drink; cool drink
refugiado *n.m.* refugee
refúgio *n.m.* refuge; shelter; **procurar refúgio:** to seek refuge
refutar *v.* to refute
rega *n.f.* watering; irrigation
regaço *n.m.* lap
regador *n.m.* watering can
regalia *n.f.* privilege; perk
regalo *n.m.* 1 (prazer) delight; pleasure 2 (abafo) muff
regar *v.* to water; **regar as plantas:** to water the plants
regata *n.f.* regatta
regatear *v.* to bargain; to haggle (over)
regateiro *n.m.* haggler; bargainer
regato *n.m.* stream
regeneração *n.f.* regeneration
regenerar(-se) *v.* to regenerate
regente *adj.2gén.* regent; **príncipe regente:** Prince Regent ◆ *n.2gén.* 1 regent 2 (orquestra) conductor
reger *v.* 1 (governar) to rule; to govern 2 (orquestra) to conduct ◆ **reger-se** to be guided
região *n.f.* region; (de país, cidade) area; **nesta região:** in this area; (corpo) **região abdominal:** abdominal region; **região autónoma:** autonomous region
regicídio *n.m.* regicide
regime *n.m.* 1 (político) regime; **regime democrático:** democratic regime 2 (dieta) diet; **fazer regime:** to be on a diet
regimento *n.m.* MILITAR regiment
regional *adj.2gén.* regional; **jornal regional:** regional newspaper
regionalização *n.f.* regionalization
registador *adj.* registering; **caixa registadora:** cash register
registar *v.* 1 to register 2 (dados) to record; to write down
registo *n.m.* 1 (oficial) registration; **registo de nascimentos:** birth registration 2 record; register; **registo de despesas:** record of expenses
rego *n.m.* (no terreno) furrow
regozijar *v.* to rejoice
regozijo *n.m.* delight; pleasure
regra *n.f.* rule; **cumprir as regras:** to follow the rules; **em regra:** as a rule
regressar *v.* to return; to come back
regressivo *adj.* regressive
regresso *n.m.* return; **regresso a casa:** homecoming
régua *n.f.* ruler
regulação *n.f.* 1 regulation 2 adjustment; settlement
regulador *adj.* regulating
regulamentação *n.f.* 1 regulation; **regulamentação do comércio:** regulation of trade 2 rules; **de acordo com a regulamentação:** according to the rules

regulamentar *v.* to regulate; to subject to regulations
regulamento *n.m.* regulation; rules
regular *adj.2gén.* regular; steady
regularidade *n.f.* regularity; **com regularidade:** frequently
regularizar *v.* to regularize
regularmente *adv.* regularly
rei *n.m.* king; **os Reis Magos:** the Three Wise Men
reimpressão *n.f.* reprint
reimprimir *v.* to reprint
reinado *n.m.* reign; **o reinado da rainha Vitória foi o mais longo da história britânica:** Queen Victoria's reign was the longest in British history
reinar *v.* to reign; **a rainha Vitória reinou durante 63 anos:** Queen Victoria reigned for sixty-three years
reino *n.m.* kingdom; **reino animal:** animal kingdom; (designação comum) **Reino Unido:** United Kingdom; (designação completa) **Reino Unido da Grã-Bretanha e Irlanda do Norte:** United Kingdom of Great Britain and Northern Ireland; **reino vegetal:** vegetable kingdom

> O Reino Unido da Grã-Bretanha e Irlanda do Norte, mais conhecido como **Reino Unido**, é um país que inclui a ilha da Grã-Bretanha, a parte nordeste da ilha da Irlanda e muitas pequenas ilhas. É formado por quatro nações: a Inglaterra, a Escócia, o País de Gales (situadas na ilha da Grã-Bretanha) e a Irlanda do Norte (na ilha da Irlanda).
> A capital do Reino Unido é Londres.

reivindicação *n.f.* claim
reivindicar *v.* to claim
rejeição *n.f.* **1** rejection **2** (convite, oferta) refusal
rejeitar *v.* to reject
relação *n.f.* **1** (pessoas, países) relation; relationship; **ter boas relações com:** to be on good terms with **2** (entre factos) connection; relation **3** (amorosa) relationship
relacionamento *n.m.* relation; relationship
relâmpago *n.m.* lightning; thunderbolt
relance *n.m.* glance; **de relance:** at a single glance; **olhar de relance para:** to have a quick glance at
relatar *v.* to report
relativamente *adv.* **1** in relation to; concerning **2** relatively; fairly
relativo *adj.* relative
relato *n.m.* account; narration; report
relatório *n.m.* report; **relatório médico:** medical report
relaxado *adj.* relaxed
relaxante *adj.2gén.* relaxing
relaxar *v.* to relax
relembrar *v.* to remind; to remember
relevo *n.m.* **1** (saliência) relief; **mapa em relevo:** relief map **2** (importância) eminence; distinction; **pôr alguma coisa em relevo:** to make something stand out
religião *n.f.* religion
religioso *adj.* religious ◆ *n.m.* (homem) monk; (mulher) nun
relinchar *v.* to neigh
relincho *n.m.* neigh
relíquia *n.f.* relic; **relíquias sagradas:** holy relics
relógio *n.m.* **1** (de parede, de mesa) clock; **adiantar o relógio:** to set the clock forward; **relógio de cuco:** cuckoo clock **2** (de pulso) watch; **o meu relógio está adiantado/atrasado:** my watch is fast/slow **3** (de sol) sundial
relojoaria *n.f.* watchmaker's (shop)
relojoeiro *n.m.* watchmaker
relutância *n.f.* reluctance; unwillingness

relutante *adj.2gén.* reluctant; unwilling
reluzente *adj.2gén.* gleaming; shiny
reluzir *v.* to glitter; to gleam
relva *n.f.* grass
relvado *n.m.* lawn
remador *n.m.* rower; oarsman
remar *v.* to row
rematar *v.* **1** to finish off **2** to shoot; to strike; **rematar à baliza:** to shoot at the goal; **rematar de cabeça:** to head the ball
remate *n.m.* **1** completion; conclusion **2** DESPORTO shot; strike
remediar *v.* to remedy; to rectify ◆ **remediar-se** to make do
remédio *n.m.* medicine; remedy
remela *n.f.* (olhos) sticky secretion
remendar *v.* to patch; to mend; to repair
remendo *n.m.* gusset; patch
remessa *n.f.* **1** shipment; dispatch **2** (carga) load; shipment **3** (dinheiro) remittance
remetente *n.2gén.* sender
remeter *v.* **1** (enviar) to send **2** (dinheiro) to remit
remexer *v.* to rummage; to search
remissão *n.f.* **1** (obra, texto) cross-reference **2** (perdão) remission; forgiveness
remo *n.m.* **1** (objeto) oar; paddle; **barco a remos:** paddle boat **2** (desporto) rowing; **praticar remo:** to do rowing
remoção *n.f.* removal; **remoção de nódoas:** stain removal
remodelação *n.f.* reshaping; reorganization
remodelar *v.* to remodel; to reshape
remoinho *n.m.* **1** (de vento) whirlwind **2** (de água) whirlpool
remorso *n.m.* remorse; regret
remoto *adj.* remote; **no passado remoto:** in the remote past; **uma ilha remota:** a remote island
remover *v.* to remove
remuneração *n.f.* remuneration; salary
remunerar *v.* to remunerate; to reward
rena *n.f.* reindeer
renal *adj.2gén.* renal
renascer *v.* **1** to be reborn **2** (reaparecer) to reappear
renascimento *n.m.* rebirth; renascence; revival
Renascimento *n.m.* Renaissance
renda *n.f.* **1** (tecido) lace **2** (aluguer) rent
rendado *adj.* lacy; lace-trimmed
render *v.* **1** (dar rendimento) to yield; **o negócio rendeu bem:** the business has yielded good returns **2** (prestar) to pay; to render; **render homenagem a:** to pay homage to **3** (durar) to last; **este detergente rende mais:** this detergent lasts longer **4** (substituir) to relieve; **render a guarda:** to relieve the guard ◆ **render-se** to surrender
rendição *n.f.* surrender; capitulation
rendimento *n.m.* income
renegar *v.* **1** (negar) to deny; to disclaim **2** (repudiar) to repudiate; to reject
renhido *adj.* fierce
renovação *n.f.* **1** (edifício, mobiliário) renovation; remodelling **2** (contrato, documento) renewal
renovar *v.* **1** (edifício, mobiliário) to renovate; to remodel **2** (contrato, documento) to renew
renovável *adj.2gén.* renewable; **energias renováveis:** renewable energy
rentabilizar *v.* to make a profit on; **rentabilizar um investimento:** to make a profit on an investment
rente *adj.2gén.* very short; **cortar rente:** to cut short ◆ *adv.* close; **rente ao chão:** close to the ground
renúncia *n.f.* **1** (a um direito) renunciation **2** (a um cargo) resignation **3** (ao trono) abdication

renunciar *v.* **1** (a um direito) to renounce **2** (a um cargo) to resign **3** (ao trono) to abdicate
reorganizar *v.* to reorganize
repa *n.f.* (cabelo) fringe
reparação *n.f.* repair; fixing up
reparar *v.* **1** (objeto, máquina) to repair; to fix **2** to notice; to take notice; **reparar em alguma coisa:** to take notice of something
reparo *n.m.* **1** (conserto) repair; fixing **2** (comentário) comment; remark; **fazer um reparo:** to make a remark
repartição *n.f.* **1** (divisão) partition **2** (departamento) department
repartir *v.* to divide; to distribute; **a professora repartiu os rebuçados pelas crianças:** the teacher divided the candies between the children
repelente *adj.2gén.* repugnant; repulsive ◆ *n.m.* repellent; **repelente de insetos:** insect repellent
repelir *v.* **1** to repel **2** to reject
repente *n.m.* sudden act ◈ **de repente:** suddenly
repentinamente *adv.* suddenly; all of a sudden
repentino *adj.* sudden; unexpected
repercussão *n.f.* repercussion
repercutir *v.* (som) to echo ◆ **repercutir-se** to affect
repertório *n.m.* repertory; repertoire
repetente *n.2gén.* repeater; repeat student
repetição *n.f.* repetition
repetidamente *adv.* repeatedly
repetir *v.* to repeat
repetitivo *adj.* repetitive
repicar *v.* (sinos) to chime
repleto *adj.* full (of); filled (with); **o estádio estava repleto:** the stadium was packed; **uma casa repleta de conforto:** a house replete with comfort
réplica *n.f.* **1** (cópia) replica; copy **2** (resposta) retort; response
replicar *v.* to reply; to retort
repolho *n.m.* round cabbage
repor *v.* **1** to put back **2** (instalar de novo) to reinstall **3** (programa de TV) to rerun
reportagem *n.f.* **1** news report **2** reporting
reportar-se *v.* to refer (to)
repórter *n.2gén.* reporter; journalist; **repórter fotográfico:** photojournalist; press photographer
repousar *v.* to rest; to take a rest
repouso *n.m.* rest; repose; **em repouso:** in repose; at rest
repreender *v.* to reprimand; to scold
repreensão *n.f.* reprehension
represa *n.f.* dam
represália *n.f.* retaliation; reprisal
representação *n.f.* **1** representation **2** (espetáculo) performance; show **3** (atores) acting
representante *n.2gén.* representative
representar *v.* **1** to represent **2** (ator) to act
representativo *adj.* representative
repressão *n.f.* repression
repressivo *adj.* repressive
reprimir *v.* to repress
reprodução *n.f.* reproduction
reprodutivo *adj.* reproductive; **órgãos reprodutivos:** reproductive organs
reproduzir(-se) *v.* to reproduce
reprovação *n.f.* (escola) fail
reprovar *v.* (na escola) to fail
réptil *n.m.* reptile
república *n.f.* republic; **República Portuguesa:** Portuguese Republic
republicano *adj. e n.m.* republican
repudiar *v.* to repudiate; to reject
repugnância *n.f.* repugnance
repugnante *adj.2gén.* repugnant; repulsive

repugnar *v.* to find (something) repugnant
repulsa *n.f.* repulsion
repulsivo *adj.* repulsive; disgusting
reputação *n.f.* reputation; **arruinar a reputação de alguém:** to ruin somebody's reputation; **ganhar reputação:** to become renowned
repuxar *v.* to stretch
repuxo *n.m.* jet of water
requeijão *n.m.* cottage cheese
requerer *v.* to request
requintado *adj.* refined; sophisticated
requinte *n.m.* refinement; sophistication
requisição *n.f.* request
requisitar *v.* to request
requisito *n.m.* requisite; requirement; **preencher os requisitos:** to fulfil all the requirements
rés-do-chão *a nova grafia é* **rés do chão**
rés do chão *n.m.* ground floor
reserva *n.f.* **1** reserve; store; stock; **reservas de comida e combustível:** food and fuel reserves **2** (em hotel ou restaurante) reservation; **fazer uma reserva em nome de:** to make a reservation in the name of **3** (área protegida) reserve; preserve; **reserva natural:** nature reserve
reservado *adj.* reserved
reservar *v.* to book; to reserve; **reservar um quarto:** to book a room
reservatório *n.m.* **1** reservoir **2** tank
resfriado *n.m.* chill; cold; **apanhar um resfriado:** to catch a chill
resguardar *v.* **1** to protect **2** to shelter ◆ **resguardar-se 1** to protect oneself **2** to take shelter
resguardo *n.m.* **1** fence **2** (de cama) undersheet
residência *n.f.* **1** residence; **residência oficial:** official residence **2** (universitária) hall of residence
residencial *adj.2gén.* residential; **bairro residencial:** residential district ◆ *n.f.* guest house
residente *adj. e n.2gén.* resident
residir *v.* **1** (morar) to reside **2** (consistir) to lie
residual *adj.2gén.* residual
resíduos *n.m.pl.* waste; **resíduos tóxicos:** toxic waste
resignação *n.f.* **1** resignation; **ela aceitou a situação com resignação:** she accepted the situation with resignation **2** (pedido de demissão) resignation
resignado *adj.* resigned
resignar *v.* (demitir-se) to resign ◆ **resignar-se** (conformar-se) to be resigned
resina *n.f.* resin
resistência *n.f.* resistance
resistente *adj.2gén.* resistant
resistir *v.* to resist
resma *n.f.* ream
resmungar *v.* to mutter; to mumble
resolução *n.f.* resolution
resolver *v.* to resolve; to solve
respectivo *a nova grafia é* **respetivo**
respeitado *adj.* respected
respeitante *adj.2gén.* concerning; referring
respeitar *v.* **1** to respect; **respeitar a opinião de alguém:** to respect somebody's opinion **2** to observe; to follow; to comply with; **respeitar o regulamento:** to comply with the rules **3** to concern; to regard; **no que respeita a:** as regards
respeitável *adj.2gén.* respectable; honourable
respeito *n.m.* **1** respect; **com o devido respeito:** with all due respect **2** observance; **respeito da lei:** observance of

a b c d e f g h i j k l m n o p q r s t u v w x y z

the law **3** regard; respect; **a este respeito:** in this regard
respeitoso *adj.* respectful
respetivo *adj.* corresponding; respective
respiração *n.f.* breathing; respiration; **conter a respiração:** to hold one's breath
respirar *v.* to breathe; **respirar fundo:** to take a deep breath
respiratório *adj.* respiratory; **aparelho respiratório:** respiratory tract
responder *v.* **1** to answer; to reply; **responder a um questionário:** to answer a questionnaire **2** to answer; **eu respondo por ele:** I will answer for him **3** to respond; **responder a um tratamento:** to respond to treatment
responsabilidade *n.f.* responsibility
responsabilizar *v.* to hold responsible ◆ **responsabilizar-se** to be responsible
responsável *adj.2gén.* responsible; **ser responsável por alguma coisa:** to be responsible for something ◆ *n.2gén.* **1** (encarregado) person in charge **2** (culpado) person to blame

> Em português, **responsabilidade** e **responsável** escrevem-se com **a**, mas em inglês, **responsibility** e **responsible** escrevem-se com **i**.

resposta *n.f.* **1** answer; reply **2** (reação) response; reaction
ressonar *v.* to snore
ressurgir *v.* to reappear
ressurreição *n.f.* resurrection
ressuscitar *v.* **1** to resuscitate **2** (costume, prática) to revive
restabelecer *v.* **1** (comunicação, contacto) to re-establish **2** (lei, ordem) to restore ◆ **restabelecer-se** (saúde) to recover
restabelecimento *n.m.* **1** re-establishment **2** (saúde) recovery; **estar em vias de restabelecimento:** to be on the way to recovery **3** (ordem) restoration
restante *adj.2gén.* remaining ◆ *n.m.* remainder; rest
restar *v.* **1** (esperança, dúvida) to remain **2** to have left; **é tudo quanto me resta:** that's all I have left
restauração *n.f.* **1** (monumento) restoration; **restauração de obras de arte:** the restoration of works of art **2** (costume, tradição) revival
restaurante *n.m.* restaurant
restaurar *v.* **1** (edifício, móvel) to restore; **restaurar uma igreja:** to restore a church **2** (costume, tradição) to re-establish
restauro *n.m.* restoration; **restauro de obras de arte:** the restoration of works of art
réstia *n.f.* ray; **réstia de esperança:** ray of hope
restituição *n.f.* **1** return; restitution **2** (cargo) reinstatement
resto *n.m.* rest; **de resto:** besides; **quanto ao resto:** as for the rest
restrição *n.f.* restriction
restringir *v.* **1** (acesso, abertura) to restrict **2** (despesas) to cut down; to limit ◆ **restringir-se** to restrict oneself
restritivo *adj.* restrictive
restrito *adj.* restricted; limited; **número restrito de convites:** limited number of invitations
resultado *n.m.* **1** result; **dar (bom) resultado:** to turn out well **2** DESPORTO score; **o resultado foi 3-1:** the score was 3-1
resultante *adj.2gén.* resultant; resulting
resultar *v.* **1** to work; **resulta!:** it works! **2** (consequências) to result

resumir *v.* 1 (texto, livro) to summarize; to abridge 2 (informações, dados) to sum up

> Não confundir com a palavra inglesa **resume**, que significa *recomeçar*, *retomar*.

resumo *n.m.* summary; **resumo das notícias:** news summary ◆ **em resumo:** in a nutshell
resvalar *v.* to slide; to slip
reta *n.f.* 1 (linha) straight line 2 (estrada) stretch of a straight road
retaguarda *n.f.* 1 rear; back; **estar na retaguarda:** to be in the rear 2 MILITAR rearguard
retalhar *v.* 1 (papel, tecido) to cut out 2 (terreno, território) to divide up
retalho *n.m.* 1 (tecido) remnant; scrap; **comprei um retalho de fazenda:** I bought a remnant of cloth 2 (preços, negócio) retail; **a retalho:** at retail; **vender a retalho:** to sell something retail
retangular *adj.2gén.* rectangular
retângulo *n.m.* rectangle
retardar *v.* 1 (atrasar) to delay; **retardar a partida:** to delay one's departure 2 (funcionamento, processo) to keep back 3 (andamento, passo) to slow down
retenção *n.f.* 1 confiscation 2 retention
reter *v.* 1 to retain 2 (pessoa) to detain 3 (na memória) to remember 4 (lágrima, impulso) to hold back ◆ **reter-se** to restrain oneself
retesar *v.* 1 (fio) to stretch; to tighten 2 (músculo) to stiffen; to harden
retina *n.f.* retina
retirada *n.f.* (soldados) retreat; **bater em retirada:** to beat a retreat; to be in full retreat
retirado *adj.* secluded; isolated
retirar *v.* 1 (objeto, substância) to remove 2 (valor, quantia) to withdraw; to draw out
retiro *n.m.* retreat
reto *adj.* 1 (caminho, linha) straight 2 (ângulo) right
retocar *v.* (obra, pintura) to retouch; to touch up
retoma *n.f.* 1 return 2 ECONOMIA recovery
retomar *v.* 1 (cargo, chefia) to resume; **retomar o lugar:** to resume one's post 2 (assunto, conversa) to restart; to take up
retoque *n.m.* retouch; finishing touch; **dar o último retoque:** to give the finishing touch to
retorno *n.m.* return; **viagem de retorno:** homeward journey; journey back
retrair *v.* 1 to withdraw; to retract 2 (órgão, músculo) to contract 3 (sentimento) to hold back ◆ **retrair-se** 1 (pensamento) to conceal one's thoughts 2 (encolher-se) to shrink back
retratar *v.* 1 (em pintura, texto) to portray 2 (em fotografia) to photograph
retrato *n.m.* portrait
retrete *n.f.* water closet; toilet; lavatory
retribuição *n.f.* 1 (ato de retribuir) retribution 2 (recompensa) reward
retribuir *v.* to return; **retribuir cumprimentos:** to return compliments
retroactivo *a nova grafia é* **retroativo**
retroativo *adj.* retroactive ◆ *n.m.* retroactive payment
retroceder *v.* to retrogress; to regress
retrocesso *n.m.* 1 regression 2 (doença) aggravation 3 (economia) slowdown
retrógrado *adj.* retrograde
retroprojector *a nova grafia é* **retroprojetor**
retroprojetor *n.m.* overhead projector
retrospectiva *a nova grafia é* **retrospetiva**

retrospectivo *a nova grafia é* **retrospetivo**
retrospetiva *n.f.* retrospective; **em retrospetiva:** in retrospect
retrospetivo *adj.* retrospective
retrovisor *n.m.* **1** rearview mirror **2** (exterior) wing mirror
réu *n.m.* [*f.* ré] accused; defendant
reumático *adj.* rheumatic
reumatismo *n.m.* rheumatism
reunião *n.f.* **1** (de trabalho) meeting; **marcar uma reunião:** to fix a meeting **2** gathering; reunion; **reunião de antigos estudantes:** a college reunion
reunir *v.* **1** (partes) to reunite **2** (pessoas) to bring together **3** (objetos, dados) to collect ◆ **reunir-se** to meet; to get together
revelação *n.f.* **1** (facto, segredo) revelation; disclosure **2** (fotografia) development
revelar *v.* **1** (facto, segredo) to reveal; to disclose **2** (qualidade, sentimento) to show ◆ **revelar-se** to reveal oneself
revenda *n.f.* resale; wholesale; **desconto para revenda:** trade discount
revendedor *n.m.* retailer
rever *v.* **1** (tornar a ver) to see again **2** to revise; to look over; **rever um livro:** to revise a book
reverência *n.f.* **1** (respeito, veneração) reverence; veneration; **sua reverência:** His Reverence **2** (vénia) bow; **fazer uma reverência:** to bow
reverso *n.m.* reverse ✧ **o reverso da medalha:** the other side of the coin
revestimento *n.m.* **1** coating; covering; **o chão tem um revestimento de cortiça:** the floor has a cork covering **2** (cobertura) wrapping; **tira o revestimento de celofane:** take off the cellophane wrapping
revestir *v.* to coat
reviravolta *n.f.* **1** turnabout **2** (de opinião) reversal
revisão *n.f.* revision
revisor *n.m.* **1** (de textos) proofreader **2** (de bilhetes) ticket collector
revista *n.f.* **1** (publicação) magazine **2** (publicação especializada) journal
revistar *v.* **1** (tropas) to review **2** (polícia) to search; **os passageiros foram revistados:** the passengers were searched
reviver *v.* (emoção, situação) to relive
revogar *v.* **1** (artigo, lei) to revoke; **revogar uma sentença:** to revoke a sentence **2** (decisão, acordo) to annul
revolta *n.f.* **1** revolt; insurrection; rebellion; **abafar uma revolta:** to suppress a rebellion **2** *(figurado)* indignation; outrage; **aquelas palavras causaram-lhe revolta:** those words caused his/her indignation
revoltado *adj.* outraged ◆ *n.m.* rebel; mutineer
revoltar *v.* to outrage ◆ **revoltar-se** to rebel
revolução *n.f.* revolution
revolucionar *v.* to revolutionize
revolucionário *adj. e n.m.* revolutionary
revolver *v.* **1** (girar) to revolve **2** (remexer) to rummage in; **revolver os bolsos:** to rummage the pockets ✧ **revolver o céu e a terra:** to move heaven and earth
revólver *n.m.* revolver; gun
reza *n.f.* prayer; praying
rezar *v.* to pray; **rezar por alguém:** to pray for somebody; **rezar uma oração:** to say a prayer
ria *n.f.* estuary; river mouth
riacho *n.m.* rivulet; brook
ribanceira *n.f.* cliff
ribeira *n.f.* stream; brook
ribeiro *n.m.* brook; stream
rico *adj.* **1** rich; wealthy **2** (campo, região) fertile ◆ *n.m.* [*f.* rica] the rich
ridicularizar *v.* to make fun of; to mock at

ridículo *adj.* ridiculous
rifa *n.f.* **1** (sorteio) raffle **2** (bilhete) raffle ticket
rígido *adj.* rigid; hard; **disciplina rígida:** rigid discipline; INFORMÁTICA **disco rígido:** hard disk
rigor *n.m.* rigour
rigoroso *adj.* rigorous
rijo *adj.* (material, superfície) hard; tough; **carne rija:** tough meat
rim *n.m.* kidney
rima *n.f.* rhyme
rimar *v.* to rhyme
rímel *n.m.* (cosmética) mascara
ringue *n.m.* ring
rinoceronte *n.m.* rhinoceros
rio *n.m.* river
riqueza *n.f.* **1** wealth **2** (campo, região) fertility
rir(-se) *v.* to laugh
risada *n.f.* laughter; loud laugh; **soltar uma risada:** to give a loud laugh
risca *n.f.* **1** (linha) line **2** (de cabelo) parting **3** (de roupa) stripe; streak
riscado *adj.* **1** (tecido) striped **2** (papel) lined **3** (frase, nome) crossed out
riscar *v.* **1** (superfície) to scratch **2** to strike out; to cross out; **riscar uma palavra:** to strike out a word
risco *n.m.* **1** risk; danger; **correr o risco:** to run the risk **2** scribble
riso *n.m.* laughing; laugh; laughter; **um ataque de riso:** a fit of laughter
risonho *adj.* **1** (pessoa) cheerful **2** (cara) smiling **3** (futuro) bright ◆ *n.m.* (Internet, telemóvel) smiley
risota *n.f.* **1** (riso) laughter **2** (troça) sneer
ríspido *adj.* harsh; rough
rissol *n.m.* rissole
rítmico *adj.* rhythmic; rhythmical
ritmo *n.m.* rhythm; cadence
ritual *adj.2gén. e n.m.* ritual
rival *adj. e n.2gén.* rival; **sem rival:** without a rival
rivalidade *n.f.* rivalry
rivalizar *v.* to rival
rixa *n.f.* quarrel; row; brawl
robalo *n.m.* sea bass
robe *n.m.* (de noite) dressing-gown; (de banho) bathrobe
robô *n.m.* robot
robustez *n.f.* robustness
robusto *adj.* robust; strong
rocha *n.f.* rock
rochedo *n.m.* cliff; rock
rochoso *adj.* rocky; stony
roda *n.f.* **1** (veículo) wheel; **roda da frente:** front wheel; **roda dos alimentos:** food wheel **2** (amigos) circle; **roda de amigos:** circle of friends **3** (lotaria) lottery; **amanhã anda a roda:** tomorrow is the sweep day **4** (de saia, vestido) width; **olhar à roda:** to look round; **roda da fortuna:** fortune's wheel; **ter a cabeça a andar à roda:** to feel giddy/dizzy
rodada *n.f.* (bebidas) round
rodado *adj.* **1** (vestido) wide **2** (veículo) run in
rodagem *n.f.* **1** (rodas) set of wheels **2** (automóvel) running in; **em rodagem:** running-in
rodapé *n.m.* **1** (parede) skirting board **2** (página) foot; **nota de rodapé:** footnote
rodar *v.* **1** to turn; **rodar a chave:** to turn the key **2** (girar) to turn round **3** (rodopiar) to whirl
rodear *v.* to surround; to encircle
rodeio *n.m.* **1** subterfuge; evasion; **sem rodeios:** bluntly **2** (gado) rodeo
rodela *n.f.* small ring; **rodela de ananás:** pineapple ring
rodopiar *v.* to whirl; to rotate
rodopio *n.m.* **1** whirl; spin **2** (cabelo) twist
roedor *adj. e n.m.* rodent
roer *v.* to gnaw; to bite; to nibble; **roer as unhas:** to bite one's nails

rol *n.m.* roll; list
rola *n.f.* turtledove
rolar *v.* to roll
roldana *n.f.* pulley
roleta *n.f.* roulette; **roleta russa:** Russian roulette
rolha *n.f.* cork; **tirar a rolha:** to uncork
roliço *adj.* (corpo, pessoa) plump; chubby
rolo *n.m.* **1** (papel) roll; **rolo de papel higiénico:** paper roll; toilet tissue tube **2** (pintura, cabelo) roller **3** CULINÁRIA rolling pin; **rolo da massa:** rolling pin **4** FOTOGRAFIA film; **rolo fotográfico:** roll of film
romã *n.f.* pomegranate
romance *n.m.* **1** (livro) novel **2** (namoro) romance
romancista *n.2gén.* novelist
romano *adj. e n.m.* Roman; **numeração romana:** Roman numerals
romântico *adj. e n.m.* romantic
romantismo *n.m.* romanticism
romaria *n.f.* **1** (peregrinação) pilgrimage **2** (festa popular) popular festival
romãzeira *n.f.* pomegranate tree
rombo *adj.* blunt; flat ◆ *n.m.* **1** (em navio) leak **2** (buraco) hole
romper *v.* **1** (corda, fio) to break **2** (tecido) to tear **3** (calçado) to wear out ◆ **romper-se** to get torn; **a blusa rompeu-se:** the blouse got torn
roncar *v.* to snore
ronco *n.m.* snore
ronda *n.f.* **1** (grupo de vigilantes) patrol **2** (vigilância) round; beat
rondar *v.* **1** to round; to watch; to patrol **2** (idade) to be around
ronrom *n.m.* purr; purring
ronronar *v.* to purr
rosa *n.f.* rose; **botão de rosa:** rosebud ◆ *n.m.* (cor) pink ◆ *adj.2gén.2núm.* (cor) pink; rose-coloured
rosado *adj.* rosy; pinky
rosa-dos-ventos *a nova grafia é* **rosa dos ventos**
rosa dos ventos *n.f.* compass rose
rosário *n.m.* rosary
rosbife *n.m.* roast beef
rosca *n.f.* (parafuso) screw thread
roseira *n.f.* rose; rosebush
roseiral *n.m.* rose garden
rosmaninho *n.m.* rosemary
rosnar *v.* to snarl
rosto *n.m.* face
rota *n.f.* (de avião ou navio) route; course
rotação *n.f.* rotation
rotativo *adj.* rotary; rotative
roteiro *n.m.* **1** (viagem) plan of a trip **2** (filme) script **3** (região) guidebook; road map
rotina *n.f.* routine
rotineiro *adj.* routine; customary
roto *adj.* (roupa, calçado) ragged; tattered; torn
rótula *n.f.* kneecap; patella
rotular *v.* to label
rótulo *n.m.* label; **pôr um rótulo em:** to put a label on
rotunda *n.f.* roundabout
roubar *v.* **1** (dinheiro, carteira) to steal **2** (loja) to shoplift
roubo *n.m.* theft; robbery
rouco *adj.* hoarse
roulotte *n.f.* caravan
roupa *n.f.* **1** clothes; clothing; **roupa de cama:** bedding; **roupa interior:** underwear; **roupas para homem:** men's wear; **roupas para senhora:** ladies' wear **2** washing; **estender a roupa:** to hang out the washing
roupão *n.m.* dressing-gown; **roupão de banho:** bathrobe
roupeiro *n.m.* wardrobe
rouquidão *n.f.* hoarseness
rouxinol *n.m.* nightingale
roxo *n.m.* (cor) violet; purple ◆ *adj.* **1** (cor) violet; purple **2** (mãos, lábios) blue
rua *n.f.* **1** street; **atravessar a rua:** to cross the street **2** out; **na rua:** outside; **rua!:** out!

rubéola *n.f.* German measles
rubi *n.m.* ruby
rubor *n.m.* (face) blush; flush
rubrica *n.f.* signed initials; **a minha rubrica é esta:** these are my initials
rubricar *v.* to initial
rubro *adj.* red; ruddy; red-hot; **estar ao rubro:** to be red-hot
rude *adj.2gén.* **1** rude; impolite; insolent; coarse; **homem rude:** uncouth man; **maneiras rudes:** rough manners **2** (terreno, pele) rough
rudeza *n.f.* rudeness; coarseness; roughness
rudimentar *adj.2gén.* rudimentary; elementary
ruela *n.f.* lane; by-street
ruga *n.f.* (pele) wrinkle; crease
rugido *n.m.* roar
rugir *v.* to roar; **o leão ruge:** the lion roars
ruído *n.m.* noise
ruidoso *adj.* noisy
ruína *n.f.* ruin; **estar em ruínas:** to be in ruins
ruir *v.* to collapse; to tumble
ruivo *adj.* **1** (cabelo) red; ginger; **cabelo ruivo:** red hair **2** (pessoa) red-haired
rumo *n.m.* course; route; **manter o rumo:** to keep the course; **mudar de rumo:** to change course
rumor *n.m.* rumour
rupestre *adj.2gén.* rock; **arte rupestre:** rock art; **pinturas rupestres:** rock engravings
ruptura *a nova grafia é* **rutura**
rural *adj.2gén.* rural
rusga *n.f.* search; **fazer uma rusga:** to make a search
russo *adj. e n.m.* (pessoa, língua) Russian; **roleta russa:** Russian roulette
rústico *adj.* rustic
rutura *n.f.* breach; rupture; split

S

s *n.m.* (letra) s
sábado *n.m.* Saturday; **ao/no sábado:** on Saturday
sabão *n.m.* soap; **bola de sabão:** soap bubble
sabedoria *n.f.* wisdom; knowledge
saber *n.m.* learning; knowledge ◆ *v.* **1** to know; **que eu saiba:** as far as I know; **saber de cor:** to know by heart; **sei lá!:** how should I know? **2** (capacidade) can; **sabes nadar?:** can you swim? **3** (descobrir) to find out; **eu soube isso ontem:** I found that out yesterday **4** (sabor) to taste; **saber a morangos:** to taste like strawberries; **saber bem:** to taste well
sábio *adj.* wise ◆ *n.m.* wise man
sabonete *n.m.* toilet soap
sabor *n.m.* taste; flavour; **sabor amargo:** bitter taste
saborear *v.* to savour
saboroso *adj.* savoury
saca *n.f.* bag; **saca de compras:** shopping bag
saca-rolhas *n.m.* corkscrew
sacerdote *n.m.* priest; clergyman
sachar *v.* to weed; to hoe
sacho *n.m.* weeding hoe
sachola *n.f.* small hoe
saco *n.m.* **1** bag; **saco de plástico:** plastic bag **2** sack; **um saco de batatas:** a sack of potatoes
saco-cama *n.m.* sleeping bag
sacola *n.f.* satchel
sacramento *n.m.* sacrament
sacrificar *v.* to sacrifice ◆ **sacrificar-se** to sacrifice oneself; **sacrificar-se pelos outros:** to sacrifice oneself for the others
sacrifício *n.m.* sacrifice
sacristão *n.m.* sexton
sacristia *n.f.* sacristy
sacudir *v.* **1** to shake **2** (pó) to dust; to shake off **3** (cauda) to wag
safado *adj.* wicked ◆ *n.m.* scoundrel; trickster
safanão *n.m.* **1** (abanão) shake **2** (empurrão) push; shove
safar *v.* (com borracha) to rub out ◆ **safar-se** to get away
safári *n.m.* safari
safira *n.f.* sapphire
Sagitário *n.m.* (constelação, signo) Sagittarius; the Archer
sagrado *adj.* sacred; holy; **Bíblia Sagrada:** Holy Bible
saia *n.f.* skirt
saída *n.f.* **1** (ato) going out; **à saída:** on the way out **2** (porta) exit; **saída de emergência:** emergency exit
sair *v.* **1** to leave; to go out; **acaba de sair:** he has just left; **sair precipitadamente:** to rush out **2** (livro, publicação) to be released; to come out ◆ **sair-se** to do; **afinal ele saiu-se bem:** he did well after all
sal *n.m.* salt; **pitada de sal:** pinch of salt; **sal refinado:** table salt
sala *n.f.* room; **sala de aula:** classroom; **sala de espera:** waiting room; **sala de estar:** living room; **sala de jantar:** dining room
salada *n.f.* salad; **temperar a salada:** to dress the salad

saladeira *n.f.* salad bowl
salame *n.m.* salami
salão *n.m.* **1** salon; parlour; **salão de beleza:** beauty salon **2** hall; **salão de baile:** dance hall **3** salon; show; **salão automóvel:** car show
salário *n.m.* (mensal) salary; (semanal) wage; **salário mínimo:** minimum wage
saldo *n.m.* balance; **saldo bancário:** bank balance
saldos *n.m.pl.* sales; **estar em saldos:** to be on sales
salgado *adj.* salted; salty
salgar *v.* to salt
salientar *v.* to point out; to stress
saliente *adj.2gén.* salient; striking
salina *n.f.* saltworks
saliva *n.f.* saliva
salmão *n.m.* salmon; **salmão fumado:** smoked salmon
salmo *n.m.* psalm
salmonete *n.m.* mullet
salpicão *n.m.* pork sausage
salpicar *v.* **1** (líquido) to sprinkle; to spatter **2** (pó) to powder; **salpicar de açúcar:** to powder with sugar
salpico *n.m.* **1** (líquido, substância) spatter; sprinkling **2** (mancha, ponto) speck; spot; dot
salsa *n.f.* **1** (planta) parsley **2** (dança) salsa
salsicha *n.f.* sausage
saltar *v.* **1** to jump; to leap; **saltar de paraquedas:** to parachute **2** to spring; to hop; **saltar da cama:** to hop out of bed **3** to skip; **saltar à corda:** to skip **4** (obstáculo) to jump (over); **saltar o muro:** to jump over the wall
salteado *adj.* **1** (alternado) alternated **2** (alimento) sauté
saltitar *v.* to skip; to hop
salto *n.m.* **1** leap; jump; **salto à vara:** pole vault; **salto em altura:** high jump; **salto em comprimento:** long jump; **salto mortal:** somersault **2** (de sapato) heel; **saltos altos:** high heels
salvação *n.f.* salvation
salvador *adj.* saving; rescuing ♦ *n.m.* saviour; rescuer
salvamento *n.m.* rescue
salvar *v.* to rescue; **salvar alguém de um incêndio:** to rescue people from a fire ♦ **salvar-se** to get away
salva-vidas *n.m.2núm.* (barco) lifeboat
salvo *adj.* safe; **estar a salvo de:** to be safe from; **são e salvo:** safe and sound; **salvo seja!:** God forbid! ♦ *prep.>adv.*[DT] save; except
sandália *n.f.* sandal
sande *n.f. (informal)* sandwich
sandes *n.f.2núm. (informal)* sandwich
sanduíche *n.f.* sandwich
sangrar *v.* to bleed
sangue *n.m.* blood; **análise ao sangue:** blood test
sanguíneo *adj.* of the blood; **grupo sanguíneo:** blood group
sanita *n.f.* toilet; lavatory; loo
sanitário *adj.* sanitary; **condições sanitárias:** sanitary conditions
santo *adj.* holy; saintly; **Santo Deus!:** good heavens!; **todo o santo dia:** all day long ♦ *n.m.* saint; **dia de Todos os Santos:** All Saints' Day
santola *n.f.* spider crab
santuário *n.m.* sanctuary
são *adj.* sound; healthy; **são como um pero:** as fit as a fiddle; **são e salvo:** safe and sound
São *n.m.* RELIGIÃO saint; **São Pedro:** Saint Peter
São Tomé e Príncipe *n.* São Tomé and Principe
são-tomense *adj. e n.2gén.* [*pl.* são-tomenses] Sao Tomean
sapatada *n.f.* slap
sapataria *n.f.* **1** (fabricante) shoemaker's **2** (loja) shoe shop

sapateira *n.f.* (caranguejo) rock crab
sapateiro *n.m.* **1** (fabricante) shoemaker **2** (consertos) cobbler
sapatilha *n.f.* sneaker
sapato *n.m.* shoe; **sapatos de salto alto:** high heels
sapo *n.m.* toad
saraiva *n.f.* hail
sarampo *n.m.* measles
sarar *v.* to heal
sarcasmo *n.m.* sarcasm
sarcástico *adj.* sarcastic; biting
sarda *n.f.* freckle
sardanisca *n.f.* gecko
sardento *adj.* freckly
sardinha *n.f.* sardine; **lata de sardinhas:** tin of sardines
sargento *n.m.* sergeant
sarilho *n.m.* mess; trouble; **meter-se em sarilhos:** to get into trouble; to get into a mess
sarjeta *n.f.* gutter
sarna *n.f.* scabies
sarrabisco *n.m.* scrawl; scribbling
satélite *n.m.* satellite; **transmissão via satélite:** transmission by satellite
sátira *n.f.* satire
satírico *adj.* satirical; **jornal satírico:** satirical newspaper
satirizar *v.* to satirize
satisfação *n.f.* **1** satisfaction; pleasure **2** (explicação) explanation; **pedir satisfações:** to demand an explanation
satisfatório *adj.* satisfactory
satisfazer *v.* **1** (pedido, necessidade) to satisfy; to meet **2** (tarefa, obrigação) to fulfil **3** to please; **difícil de satisfazer:** hard to please; **nada o satisfaz:** nothing pleases him
satisfeito *adj.* satisfied; pleased; **dar-se por satisfeito com:** to be satisfied with
Saturno *n.m.* ASTRONOMIA, MITOLOGIA Saturn
saudação *n.f.* greeting
saudade *n.f.* longing; yearning; **ter saudades de alguém:** to miss someone; (casa, país) **ter saudades de casa:** to be homesick
saudar *v.* to greet
saudável *adj.2gén.* healthy; sound
saúde *n.f.* health; healthiness; **beber à saúde de alguém:** to drink to somebody's health; **casa de saúde:** nursing home; **estar bem de saúde:** to be in good health ◆ *interj.* cheers!
sauna *n.f.* sauna; **fazer sauna:** to take a sauna
savana *n.f.* savannah
saxofone *n.m.* saxophone; *(informal)* sax; **tocar saxofone:** to play the saxophone
saxofonista *n.2gén.* saxophone player; saxophonist
scone *n.m.* scone
se *conj.* **1** (possibilidade) if; **como se:** as if **2** (alternativa) whether; **se sim ou não:** whether or not **3** (no caso de) in case; **se assim for:** in that case ◆ *pron.pess.* **1** (masculino) himself; (feminino) herself; (objeto, animal) itself; (plural) themselves; **eles magoaram-se:** they hurt themselves **2** (um ao outro) each other; one another; **eles amam-se:** they love each other **3** (impessoal) you; one; **nunca se sabe:** you never know
sé *n.f.* cathedral
seara *n.f.* (milho, cevada) cornfield; (trigo) wheatfield
sebe *n.f.* **1** fence **2** (de arbustos) hedge
sebenta *n.f.* notebook
seca *n.f.* **1** drought **2** *(informal)* bore; fag; **que seca!:** what a fag!
secador *n.m.* (roupa, cabelo) dryer
secagem *n.f.* (roupa, cabelo) drying
secar *v.* to dry (up)
secção *n.f.* **1** section; division; portion **2** department; section

seco *adj.* 1 dry; **ramos secos:** dry branches 2 (alimentos) dried; **frutos secos:** dried fruits 3 (atitude) cold; impersonal; distant 4 (com sede) dry; thirsty; **sentir a garganta seca:** to feel one's throat dry
secretaria *n.f.* 1 (repartição) office 2 (instituição de governo) secretary
secretária *n.f.* 1 (funcionária) secretary 2 (móvel) desk; writing desk
secretário *n.m.* (funcionário) secretary
secreto *adj.* secret; **admirador secreto:** secret admirer; **agente secreto:** secret agent
sector *a grafia preferível é* **setor**
secular *adj.2gén.* secular
século *n.m.* century; *(informal)* **há séculos:** for ages; **o século XXI:** the twentieth-first century; the 21st century
secundário *adj.* 1 secondary; **tudo isso é secundário:** that is all secondary 2 (filme, peça de teatro) supporting; **papel secundário:** supporting role
seda *n.f.* silk
sede (séde) *n.f.* 1 seat; **sede do Governo:** seat of the Government 2 (de empresa) head office; headquarters
sede (sêde) *n.f.* thirst; **matar a sede:** to quench one's thirst; **ter sede:** to be thirsty
sedoso *adj.* silky
sedução *n.f.* seduction
sedutor *adj.* seductive ◆ *n.m.* seducer
seduzir *v.* to seduce
segmento *n.m.* segment
segredar *v.* to whisper; to murmur; **segredar ao ouvido de alguém:** to whisper in someone's ear
segredo *n.m.* 1 secret; **dizer um segredo:** to tell a secret; **guardar um segredo:** to keep a secret 2 secret; mystery; **em segredo:** in secret; in secrecy; secretly
seguida *n.f.* sequence; continuation; **de seguida:** then; **em seguida:** soon after; afterwards; **foi tudo de seguida:** it was all in a row
seguido *adj.* 1 followed 2 (tempo) running; **três dias seguidos:** three days running
seguimento *n.m.* following; follow-up; **no seguimento de:** following
seguinte *adj.2gén.* following; next; **ele disse o seguinte:** he said the following; **o dia seguinte:** the following day; **o seguinte, se faz favor!:** next, please!
seguir *v.* 1 to follow; **seguir o exemplo de alguém:** to follow someone's example; **seguir uma pista:** to follow a lead; **sigam-me!:** follow me 2 to turn; to go on; **seguir por uma estrada velha:** to turn to an old road ◆ **seguir-se** to come next
segunda *n.f.* 1 (dia da semana) Monday 2 *(informal)* (meios de transporte) second class; **viajar em segunda:** to travel second class 3 (velocidade) second gear; **meter a segunda:** to turn to second gear ◈ (qualidade) **de segunda (classe):** second-class
segunda-feira *n.f.* Monday
segundo *num.ord.>adj.num.*[DT] second; **em segundo lugar:** in second; secondly; **o segundo dia:** the second day ◆ *n.m.* 1 (tempo) second; **contar todos os segundos:** to count each and every second 2 (instante) second; moment; **é só um segundo:** just a moment, please ◆ *prep.* according to; **segundo o que me disseram:** according to what I was told
seguradora *n.f.* insurance company
seguramente *adv.* surely; certainly
segurança *n.f.* 1 security; safety; **em segurança:** safely; **segurança social:** social security; welfare 2 con-

fidence; certainty; **falar com segurança:** to speak with confidence ◆ *n.2gén.* watchperson; (homem) watchman

segurar *v.* to hold; **segura nisto:** hold this ◆ **segurar-se** to hold on; **segura-te bem!:** hold on tight!

seguro *adj.* **1** safe; **sentir-se seguro:** to feel safe **2** (bem preso) steady; solid; stable **3** (digno de confiança) trustworthy; reliable; **uma fonte segura:** a trustworthy source ◆ *n.m.* insurance; **seguro contra todos os riscos:** all-risks insurance; **apólice de seguros:** insurance policy

seio *n.m.* **1** ANATOMIA breast **2** *(figurado)* (interior) heart; core; **no seio de:** among

seis *num.card.>quant.num.*[DT] *e n.m.* six; **o dia seis:** the sixth; **seis contra um:** six to one

seiscentos *num.card.>quant.num.*[DT] *e n.m.* six hundred

seixo *n.m.* pebble

seja *interj.* so be it!; **seja como for:** be that as it may

sela *n.f.* saddle

selar *v.* **1** (cavalo) to saddle **2** to stamp; **selar uma carta:** to stamp a letter **3** to seal; **selar uma garrafa:** to seal a bottle **4** (acordo) to finish; to settle

seleção *n.f.* **1** (escolha) selection; choice **2** DESPORTO team; **seleção nacional:** national team

selecção *a nova grafia é* **seleção**

seleccionador *a nova grafia é* **selecionador**

seleccionar *a nova grafia é* **selecionar**

selecionador *n.m.* **1** selector; chooser **2** (treinador) coach

selecionar *v.* to select; to choose; to pick

selim *n.m.* saddle

selo *n.m.* stamp; **colocar um selo em:** to stick a stamp on

selva *n.f.* jungle; **selva amazónica:** Amazon jungle

selvagem *adj.2gén.* wild; **animais selvagens:** wild animals ◆ *n.2gén.* savage; barbarian

sem *prep.* without; **sem avisar:** without warning; **sem demora:** without delay

sem-abrigo *adj.* homeless ◆ *n.2gén. 2núm.* homeless person

semáforo *n.m.* traffic light; light

semana *n.f.* week; **dentro de uma semana:** within a week; **há uma semana:** a week ago; **na semana passada:** last week; **para a semana:** next week; **todas as semanas:** every week; **uma vez por semana:** once a week

semanada *n.f.* weekly allowance

semanal *adj.2gén.* weekly; **jornal semanal:** weekly newspaper

semanário *n.m.* weekly paper

semear *v.* **1** to sow; **semear um campo:** to sow a field **2** *(figurado)* to spread; to scatter; **semear a discórdia:** to sow discord; **semear o pânico:** to spread panic ◇ **à mão de semear:** within one's reach

semelhança *n.f.* similitude; similarity; likeness; **à semelhança de:** just like; **semelhança com:** likeness to

semelhante *adj.2gén.* **1** similar; alike; resembling; **muito semelhante:** much the same; **nunca vi nada semelhante:** I've never seen anything like that **2** (tal) such; **estás a fazer semelhante confusão!:** you are making such a fuss!

semente *n.f.* **1** (planta) seed; **lançar as sementes:** to sow the seeds **2** *(figurado)* (origem) source

sementeira *n.f.* sowing

semestral *adj.2gén.* half-yearly; biannual
semestre *n.m.* *(Grã-Bretanha)* half year; *(Estados Unidos da América)* semester
semicírculo *n.m.* semicircle
semifinal *n.f.* semi-final
seminário *n.m.* **1** RELIGIÃO seminary **2** (conferência) seminar
sempre *adv.* **1** always; **como sempre:** as usual; **nem sempre:** not always; **para sempre:** forever; **quase sempre:** nearly always; **sempre que:** whenever **2** (continuidade) straight; **sempre em frente:** straight ahead **3** (afinal) after all; actually; **sempre era verdade:** it was actually true; **sempre vou:** I'm going after all
senão *prep.>adv.*[DT] except; but; **ele não bebe senão sumo:** he drinks nothing but juice ◆ *conj.* otherwise; if not; or else; **corre, senão chegas tarde:** run or else you'll be late; **faz o que te dizem, senão...:** do what you are told, otherwise...
senha *n.f.* **1** (palavra) watchword; password **2** (de transportes) luggage ticket **3** (talão) ticket
senhor *n.m.* **1** mister; sir; (correspondência) **caro senhor:** dear sir **2** (grau de nobreza) lord; **os senhores da terra:** the lords of the land
Senhor *n.m.* RELIGIÃO Lord
senhora *n.f.* **1** Mrs **2** (título) lady; madam; **sim, minha senhora:** yes, madam; **minhas senhoras e meus senhores:** ladies and gentlemen
Senhora *n.f.* RELIGIÃO Virgin; Lady; **Nossa Senhora:** the Blessed Virgin, Our Lady
senhorio *n.m.* (homem) landlord; (mulher) landlady
sénior *adj.* e *n.2gén.* senior
sensação *n.f.* **1** sensation; feeling; **uma sensação agradável:** a nice feeling **2** feeling; impression; **ter a sensação que:** to have the feeling that
sensacional *adj.2gén.* sensational
sensatez *n.f.* wisdom; good sense
sensato *adj.* sensible; wise; reasonable
sensibilidade *n.f.* sensitivity
sensível *adj.2gén.* sensitive; touchy; **não sejas tão sensível:** stop being so touchy

> *Para dizermos* **sensível** *em inglês usamos a palavra* **sensitive**. *Também existe a palavra* **sensible** *em inglês, mas quer dizer* sensato.

senso *n.m.* **1** sense; **bom senso:** good sense **2** reason; wisdom; **uma pessoa de senso:** a wise person
sentar *v.* to seat ◆ **sentar-se** to sit down; **não se quer sentar?:** won't you sit down?; **sente-se!:** sit down!; take a seat!; **sentar-se direito:** to sit up straight
sentença *n.f.* DIREITO sentence; penalty; **cumprir uma sentença:** to serve a sentence
sentido *adj.* **1** sincere; heart-felt; **uma declaração sentida:** a heart-felt assertion **2** hurt; offended; **ficar sentido com alguma coisa:** to be offended by something ◆ *n.m.* **1** sense; **os cinco sentidos:** the five senses; **perder os sentidos:** to lose conscience; **sentido de humor:** sense of humour **2** (significado) sense; meaning; **fazer sentido:** to make sense; **sem sentido:** meaningless **3** (percurso) direction; way; **em sentido contrário:** in the opposite direction; **rua de sentido único:** one-way street
sentimental *adj.2gén.* sentimental; soppy

sentimento *n.m.* feeling; **tocar (uma peça musical) com sentimento:** to play (a piece) with feeling; **um sentimento de culpa:** a feeling of guilt ❖ (morte de alguém) **dar os sentimentos:** to offer one's condolences; **os meus sentimentos:** my sympathies

sentinela *n.f.* MILITAR sentry; **estar de sentinela:** to be on sentry

sentir *v.* **1** to feel; to be; **sentir frio:** to be cold **2** to regret; to feel sorry; **sinto muito:** I am sorry ◆ **sentir-se** to feel; **como te sentes?:** how do you feel?; **sentir-se melhor:** to feel better

separação *n.f.* **1** (ato) separation **2** (estado) separateness **3** (relação) separation; break-up

separado *adj.* **1** separate; **quero tudo separado:** I want it separate **2** (relação) separated; **eles estão separados:** they are separated

separar *v.* to separate; to detach ◆ **separar-se** (casal) to break up; to split up

septuagenário *adj. e n.m.* septuagenarian

septuagésimo *num.ord.>adj.num.*[DT] seventieth

sepultar *v.* to bury

sepultura *n.f.* grave; tomb

sequela *n.f.* (livro, filme) sequel; follow-up

sequência *n.f.* **1** sequence; succession **2** (continuação) continuation; follow-up; **na sequência de alguma coisa:** following something

sequer *adv.* even; **não houve um único sequer:** there wasn't even one; **nem sequer me perguntou!:** he didn't even ask me!

sequestrador *n.m.* **1** kidnapper **2** (avião) hijacker

sequestrar *v.* **1** (rapto) to kidnap **2** (avião) to hijack

sequestro *n.m.* **1** (pessoa) kidnap **2** (avião) hijack

ser *n.m.* being; **seres vivos:** living creatures ◆ *v.* **1** to be; **és tu?:** is that you? **2** (acontecimento) to happen; **que é?:** what's the matter? **3** (incerteza) to wonder; **será que ele vem?:** I wonder if he'll come **4** (pertença) to belong; **de quem é isto?:** who is this from?; **ser de alguém:** to belong to someone **5** (proveniência) to be; to come; **de onde és?:** where do you come from?

serão *n.m.* **1** (tempo) evening; **ao serão:** in the evening **2** *(figurado)* (trabalho extra) night work; **fazer serão:** to work overtime; to stay up at night

sereia *n.f.* mermaid

serenata *n.f.* serenade

serenidade *n.f.* serenity

sereno *adj.* serene; calm

série *n.f.* **1** series; (televisão) **uma série cómica:** a comedy series; **uma série de acontecimentos:** a train of events **2** *(figurado)* bunch; **uma série de mentiras:** a bunch of lies

seriedade *n.f.* seriousness; earnestness

seringa *n.f.* syringe; **seringa hipodérmica:** hypodermic syringe

sério *adj.* **1** serious; grave; earnest; **a sério:** in earnest; **levar a sério:** to take seriously; **um caso sério:** a serious matter; **uma conversa séria:** a serious conversation **2** (pessoa) honest

sermão *n.m.* **1** RELIGIÃO sermon; homily **2** *(informal)* sermon; lecture; **dar um sermão a alguém:** to lecture someone

serpente *n.f.* snake; serpent

serpentina *n.f.* streamer

serra *n.f.* saw; **serra elétrica:** power saw

serração *n.f.* (oficina) sawmill

serralharia *n.f.* (oficina) blacksmith's; smithy; forge

serralheiro *n.m.* blacksmith; smithy; locksmith
serrar *v.* to saw; to saw off; **serrar um toro:** to saw through a log
serrim *n.m.* sawdust
serrote *n.m.* handsaw
sertã *n.f.* frying pan
serviço *n.m.* **1** service; **serviço militar:** military service; **serviços sociais:** social services **2** (emprego) duty; **estar de serviço:** to be on duty; **não estar de serviço:** to be off duty **3** (louça) set; service; **serviço de jantar:** dinner service/set **4** (funcionamento) service; work; **fora de serviço:** out of work **5** (ténis) service
servir *v.* **1** to serve **2** to be of use to; **para que serve isso?:** what is it for? **3** (em loja) to serve; to attend on; **servir um cliente:** to serve a client **4** (refeição) to serve out; **servir a sobremesa:** to serve out dessert **5** (café, restaurante) to wait upon; **servir à mesa:** to wait at tables **6** (roupa) to fit; to suit; **este vestido já não me serve:** this dress doesn't fit me anymore **7** (ser o necessário) to do; to be enough; **qualquer coisa serve:** any old thing will do; **isso também serve:** it'll do just the same **8** (utilidade) to be of use; to suit a purpose; **não serve de nada:** it is of no use **9** (ténis) to serve ◆ **servir-se** (comida, bebida) to help oneself; **serve-te:** help yourself
sésamo *n.m.* sesame
sessão *n.f.* **1** session; **abrir a sessão:** to open the session **2** (espetáculo) show; performance
sessenta *num.card.>quant.num.*[DT] *e n.m.* sixty; **os anos sessenta:** the sixties
sesta *n.f.* siesta; nap; **fazer uma sesta:** to take a nap
seta *n.f.* arrow
sete *num.card.>quant.num.*[DT] *e n.m.* seven
setecentos *num.card.>quant.num.*[DT] *e n.m.2núm.* seven hundred
setembro *n.m.* September
setenta *num.card.>quant.num.*[DT] *e n.m.* seventy; **os anos setenta:** the seventies
sétimo *num.ord.>adj.num.*[DT] seventh
setor *n.m.* **1** sector **2** department; office
seu *adj. e pron.poss.* [*f.* sua] **1** (dele) his; (dela) her; (objeto, animal) its **2** (de você) yours; **isto é seu?:** is this yours? **3** (deles, delas) theirs ◆ **fazer das suas:** to be up to one's tricks
severo *adj.* severe
sexagenário *n.m.* sexagenarian
sexagésimo *num.ord.>adj.num.*[DT] sixtieth
sexo *n.m.* sex; **o sexo oposto:** the opposite sex; **pessoas de ambos os sexos:** people of both sexes
sexta-feira *n.f.* Friday
sexto *num.ord.>adj.num.*[DT] sixth
sêxtuplo *num.mult.>quant.num.*[DT] *e n.m.* sextuple
sexual *adj.2gén.* sexual; **órgãos sexuais:** sex organs
sexualidade *n.f.* sexuality
shopping *n.m.* shopping centre; *(Estados Unidos da América)* mall
si *n.m.* MÚSICA B ◆ *pron.pess.* **1** (ele) himself; (ela) herself; (objeto, animal) itself; **para si próprio:** to himself **2** (genérico) oneself; **estar fora de si:** to be beside oneself **3** (você) yourself; you; **cabe-lhe a si decidir:** it's up to you to decide
siamês *adj. e n.m.* Siamese; **gato siamês:** Siamese cat
siameses *n.m.pl.* (gémeos) Siamese twins; conjoined twins
sicrano *n.m.* such a one; Mr. So-and-so
sidra *n.f.* cider
sigilo *n.m.* secrecy; secret
sigla *n.f.* initialism
significação *n.f.* meaning; signification

significado *n.m.* meaning
significar *v.* to mean; **que significa esta palavra?:** what does this word mean?
significativo *adj.* significant; meaningful
signo *n.m.* sign
sílaba *n.f.* syllable; **sílaba átona:** unstressed syllable; **sílaba tónica:** stressed syllable
silábico *adj.* syllabic
silenciar *v.* to silence
silêncio *n.m.* silence; **em silêncio:** in silence; **em silêncio absoluto:** in complete silence ◆ *interj.* silence!; hush!
silencioso *adj.* silent; quiet
silhueta *n.f.* silhouette
silo *n.m.* silo
silva *n.f.* bramble; blackberry bush
silvestre *adj.2gén.* wild; **flores silvestres:** wild flowers
silvo *n.m.* hiss
sim *adv.* yes; **claro que sim!:** of course!; **dia sim, dia não:** every other day; **dizer que sim com a cabeça:** to nod; **penso que sim:** I think so ◆ *n.m.* yes; consent
simbólico *adj.* symbolic
simbolismo *n.m.* symbolism
simbolizar *v.* to symbolize; to represent
símbolo *n.m.* symbol; **símbolos químicos:** chemical symbols
simbologia *n.f.* symbology
simetria *n.f.* symmetry
simétrico *adj.* symmetrical; symmetric
similar *adj.2gén.* similar; alike
simpatia *n.f.* **1** (pessoa) kindness; friendliness **2** (por ideia, causa) inclination; attraction
simpático *adj.* nice; friendly; **é muito simpático da tua parte:** how very nice of you
simpatizante *n.2gén.* supporter
simpatizar *v.* **1** to take a liking; to like; **eu simpatizo com ele:** I like him **2** to approve; **eu simpatizo com essa ideia:** I approve of that idea
simples *adj.2gén.2núm.* simple
simplicidade *n.f.* simplicity
simplório *adj.* simple-minded ◆ *n.m.* simpleton
simulação *n.f.* simulation; **simulação por computador:** computer simulation
simulador *n.m.* simulator; **simulador de voo:** flight simulator
simular *v.* to simulate
simultaneidade *n.f.* simultaneity
simultâneo *adj.* simultaneous
sina *n.f.* destiny; fate; **ler a sina:** to tell someone's fortune
sinagoga *n.f.* synagogue
sinal *n.m.* **1** sign; **sinal de trânsito:** traffic sign; **sinal mais (+):** plus sign; **sinal menos (-):** minus sign **2** (na pele) mole; (de nascença) birthmark **3** (dinheiro) advance
sinaleiro *n.m.* (trânsito) traffic policeman
sinalização *n.f.* **1** signalling; signposting **2** (estradas) road signs
sinalizar *v.* to signal
sinceridade *n.f.* sincerity
sincero *adj.* **1** sincere; frank **2** honest; true
sindicato *n.m.* trade; trade union
síndrome *n.f.* syndrome
sinfonia *n.f.* symphony
sinfónico *adj.* symphonic; **orquestra sinfónica:** symphony orchestra
singelo *adj.* simple; plain
singular *adj.2gén.* **1** singular **2** (único) unique; **um acontecimento singular:** a unique event ◆ *n.m.* singular
sinistrado *adj.* (pessoa) injured ◆ *n.m.* injured person; victim
sinistro *adj.* sinister; **um homem de aspeto sinistro:** a sinister looking man ◆ *n.m.* (acidente) disaster; accident
sino *n.m.* bell

sinonímia *n.f.* synonymy
sinónimo *n.m.* synonym
sintáctico *a nova grafia é* **sintático**
sintático *adj.* syntactic; syntactical
sintaxe *n.f.* syntax
síntese *n.f.* synthesis
sintoma *n.m.* symptom; **sintomas de gripe:** symptoms of flu
sintonia *n.f.* tuning; **estar em sintonia com:** to be in tune with
sintonizar *v.* to tune in; to tune; **sintonizar o rádio:** to tune the radio
sinuoso *adj.* sinuous; winding
sirene *n.f.* siren
sismo *n.m.* earthquake
siso *n.m.* sense; judgement ❖ **dente do siso:** wisdom tooth
sistema *n.m.* system; **sistema digestivo:** digestive system; **sistema nervoso:** nervous system; (computador) **sistema operativo:** operating system; **sistema solar:** solar system
sistemático *adj.* systematic
sistematização *n.f.* systematization
sistematizar *v.* to systematize
sístole *n.f.* systole
sisudo *adj.* serious; grave; **expressão sisuda:** grave countenance
site *n.m.* (Internet) site
sítio *n.m.* **1** place; **está tudo no sítio:** everything is in the right place; **fora do sítio:** out of place; **que sítio!:** what a place! **2** (Internet) site
situação *n.f.* **1** situation **2** (emprego) job; position
situado *adj.* located; situated; **estar situado:** to lie
situar *v.* to place ◆ **situar-se 1** (local) to lie; to be **2** (tempo) to take place
skate *n.m.* skate; **andar de skate:** to skate; **prancha de skate:** skateboard
slide *n.m.* (diapositivo) slide
slogan *n.m.* slogan
smiley *n.m.* (Internet, telemóvel) smiley
SMS [*abrev. de* Short Message Service] SMS
snack-bar *n.m.* snack bar
só *adj.2gén.* **1** alone; on one's own; **a sós:** alone; by oneself **2** lonely; **sentir-se só:** to feel lonely **3** (único) only; **um só sobrevivente:** one only survivor; **uma só vez:** only that one time ◆ *adv.* **1** (restrição) just; only; merely; **é só isso?:** is that all?; **não só... mas também:** not only... but also; both... and **2** (tempo) only; **ele só chega às duas:** he will only arrive at two; **só ontem o vi:** I only saw him yesterday
soalheiro *adj.* sunny; **dia soalheiro:** sunny day
soalho *n.m.* wooden floor
soar *v.* to sound; **soar bem:** to sound well; **soar o alarme:** to sound the alarm
sob *prep.* under; **estar sob pressão:** to be under pressure
soberano *n.m.* [*f.* soberana] sovereign
soberbo *adj.* superb
sobra *n.f.* overplus; surplus; **há de sobra:** there's more than enough
sobrancelha *n.f.* eyebrow; **franzir as sobrancelhas:** to knit one's brows; to frown
sobrar *v.* to be left over; **não sobrou nada:** there was nothing left; **quanto te sobrou?:** how much have you got left?
sobre *prep.* **1** (sem tocar) over; above; **mesmo sobre as nossas cabeças:** right above our heads **2** (em cima de) on; on top of; **sobre a mesa:** on the table **3** (a respeito de) on; about; **falar sobre:** to speak about
sobrecarga *n.f.* **1** (veículo) overload **2** (trabalho) overcharge
sobrecarregar *v.* **1** (veículo) to overload **2** (taxa, imposto) to overcharge **3** (tarefa) to overwork

sobredotado *adj.* gifted ◆ *n.m.* gifted child
sobreiro *n.m.* cork oak; cork tree
sobrelotado *adj.* overloaded; **autocarro sobrelotado:** overloaded bus
sobremesa *n.f.* dessert; **o que há de sobremesa?:** what's for dessert?
sobrenatural *adj.2gén. e n.m.* supernatural
sobrenome *n.m.* **1** (apelido) surname; family name **2** (alcunha) nickname
sobrescrito *n.m.* envelope
sobressair *v.* to stand out
sobressaltado *adj.* startled; **acordar sobressaltado:** to wake with a start
sobressaltar *v.* to startle ◆ **sobressaltar-se** to be startled
sobressalto *n.m.* **1** (surpresa) start; **levantar-se de sobressalto:** to start up **2** (medo) fear; fright
sobresselente *adj.2gén.* spare; **peças sobresselentes:** spare parts; **pneu sobresselente:** spare tyre
sobretudo *n.m.* (casaco comprido) overcoat ◆ *adv.* especially; chiefly; mainly; **sobretudo porque:** mainly because
sobrevivência *n.f.* survival; **a luta pela sobrevivência:** the struggle for survival
sobrevivente *n.2gén.* survivor ◆ *adj. 2gén.* surviving
sobreviver *v.* **1** to survive; **ele sobreviveu:** he survived **2** to outlive; **sobreviver aos irmãos:** to outlive one's brothers and sisters **3** to subsist; **sobreviver com quase nada:** to subsist on nearly nothing at all
sobrinha *n.f.* niece
sobrinha-neta *n.f.* grandniece
sobrinho *n.m.* nephew
sobrinho-neto *n.m.* grandnephew
sóbrio *adj.* sober
sobrolho *n.m.* eyebrow; **franzir o sobrolho:** to frown
soca *n.f.* (calçado) clog
socalco *n.m.* ledge
socapa *n.f.* stealth; **à socapa:** stealthily; on the sly
social *adj.2gén.* social
sociável *adj.2gén.* sociable
sociedade *n.f.* **1** society; **sociedade de consumo:** consumer society **2** (empresa) company; **sociedade comercial:** trading company
sócio *n.m.* [*f.* sócia] **1** (de clube, associação) member **2** (de empresa) partner; associate; **sócio gerente:** active/managing partner **3** *(informal)* (companheiro) fellow; partner
sociologia *n.f.* sociology
sociólogo *n.m.* sociologist
soco (sóco) *n.m.* (calçado) clog
soco (sôco) *n.m.* punch
socorrer *v.* to help; to rescue; **socorrer os náufragos:** to rescue the shipwrecked
socorrista *n.2gén.* first aider
socorro *interj.* help! ◆ *n.m.* help; assistance; aid; **gritar por socorro:** to call for help; to call out; **posto de socorro:** aid station; **primeiros socorros:** first aid
sofá *n.m.* sofa; couch
sofá-cama *n.m.* sofa bed
sofrer *v.* **1** to suffer; to grieve; to be in pain **2** (calúnia, humilhações) to bear; to endure **3** (derrota, abalo) to go through; to suffer; **sofrer uma derrota:** to suffer defeat **4** (acidente, ataque) to have; **sofrer um acidente:** to have an accident
sofrimento *n.m.* suffering; pain
sogra *n.f.* mother-in-law
sogro *n.m.* father-in-law
soja *n.f.* (planta) soya; **rebento de soja:** soya bean
sol *n.m.* **1** sunshine; sunlight; **nascer do sol:** sunrise **2** (nota musical) G

Sol *n.m.* sun
sola *n.f.* (de sapato) sole; *(informal)* **dar à sola:** to run off; **sapatos de sola de borracha:** rubber-soled shoes
solar *adj.2gén.* **1** solar; **sistema solar:** solar system **2** sun; **protetor solar:** sunscreen; suntan lotion ◆ *n.m.* (mansão) manor house
soldadinho *n.m.* (brinquedo) toy soldier
soldado *n.m.* soldier
solene *adj.2gén.* solemn
soletrar *v.* to spell; **soletra o meu nome, por favor:** please spell my name
solha *n.f.* **1** (peixe) flounder **2** *(informal)* (bofetada) slap
solicitar *v.* to request; to ask
solidão *n.f.* **1** (estado) solitude **2** (sensação) loneliness
solidariedade *n.f.* solidarity
solidário *adj.* sympathetic; supportive; **ser solidário com alguém:** to support somebody
solidificar *v.* **1** to solidify **2** to harden
sólido *adj.* solid
solista *n.2gén.* MÚSICA soloist
solitário *adj.* **1** (pessoa) solitary **2** (lugar) lonely; isolated
solo *n.m.* **1** soil; land **2** MÚSICA solo
soltar *v.* **1** to loosen; to untie; to unfasten; **soltar um nó:** to unfasten a knot **2** to set free; to release; **soltar um suspeito:** to release a suspect **3** to let go; **solta-me!:** let go of me! ◆ **soltar-se** to free oneself; to escape
solteiro *adj.* unmarried; single ◆ *n.m.* bachelor; single man ◇ **despedida de solteiro:** stag party
solto *adj.* **1** loose **2** free **3** undone; untied
solução *n.f.* solution; QUÍMICA, FÍSICA **solução aquosa:** aqueous solution; **solução para o problema:** solution to the problem
soluçar *v.* **1** (ter soluços) to hiccup **2** (chorar) to sob
solucionar *v.* to solve
soluço *n.m.* **1** hiccup **2** (choro) sob
solúvel *adj.2gén.* soluble
som *n.m.* sound; **à prova de som:** sound-proof; **ao som de:** to the sound of
soma *n.f.* sum
somar *v.* to sum; to add up
sombra *n.f.* **1** shade; **estar à sombra:** to be in the shade; (brincadeira) **sombras chinesas:** shadowgraph **2** trace; **nem sombra dele:** no trace of him; **sem sombra de dúvida:** without a shadow of a doubt
sombrinha *n.f.* sunshade; parasol
sombrio *adj.* shady; dark; **lugar sombrio:** shady spot
somente *adv.* only; merely; **tão somente:** only
sonâmbulo *adj.* somnambulistic
sonata *n.f.* sonata
sondagem *n.f.* opinion poll; poll
soneto *n.m.* sonnet
sonhador *n.m.* dreamer; daydreamer ◆ *adj.* dreamy
sonhar *v.* **1** to dream; **sonhar acordado:** to daydream **2** to idealize; to long; **sonhar com um mundo melhor:** to long for a better world
sonho *n.m.* **1** (a dormir) dream **2** dream; ambition; **realizar todos os sonhos:** to fulfil all one's dreams
sono *n.m.* **1** sleep; **sono profundo:** sound sleep; **sono reparador:** refreshing sleep **2** (sonolência) sleepiness
sonolência *n.f.* drowsiness; sleepiness
sonolento *adj.* drowsy; sleepy
sonoro *adj.* **1** sound **2** (gargalhada, voz) resounding
sonso *n.m.* shammer; slyboots ◆ *adj.* sly; cunning

a b c d e f g h i j k l m n o p q r s t u v w x y z

DBIPPI-31

sopa *n.f.* soup; **sopa de hortaliça:** vegetable soup
sopapo *n.m.* slap
sopé *n.m.* foot; base
soprano *n.2gén.* MÚSICA soprano
soprar *v.* **1** (vento) to blow **2** (balão) to blow up
sopro *n.m.* **1** blow **2** murmur; **sopro cardíaco:** cardiac murmur
soro *n.m.* **1** MEDICINA serum **2** (leite) whey ✧ **soro fisiológico:** saline solution
sorridente *adj.2gén.* smiling
sorrir *v.* to smile; **sorrir a/para alguém:** to smile at someone; **sorrir de alegria:** to smile with joy
sorriso *n.m.* smile; **sorriso amarelo:** forced smile
sorte *n.f.* **1** luck; **boa sorte!:** good luck!; **tentar a sorte:** to try one's luck **2** fate; fortune; **por sorte:** fortunately ✧ **tirar à sorte:** to draw lots; to cast lots
sortear *v.* to raffle
sorteio *n.m.* draw; **por sorteio:** by lot
sortido *adj.* assorted; mixed ◆ *n.m.* assortment
sortudo *adj.* lucky
sorvete *n.m.* ice cream
sossegado *adj.* quiet; peaceful; still; calm
sossegar *v.* **1** to calm **2** to calm down
sossego *n.m.* calm; quiet
sótão *n.m.* attic; loft
sotaque *n.m.* accent
soterrar *v.* to bury; to cover up
soturno *adj.* sullen; gloomy
soutien (sutiã) *n.m.* → **sutiã**
souto *n.m.* chestnut grove
sova *n.f.* thrashing; beating; hiding; **dar uma sova:** to give a good hiding
sovaco *n.m.* armpit
sovar *v.* to thrash; to beat
sovina *adj.2gén.* miserly; mean; stingy ◆ *n.2gén.* miser; skinflint
sozinho *adj.* **1** all alone; **ela está sozinha em casa:** she was alone in the house **2** by oneself; **o menino já come sozinho:** the boy can eat by himself now
Sr. [*abrev. de* Senhor] Mr.
stand *n.m.* stand
stress *n.m.* stress
suar *v.* **1** to sweat **2** *(figurado)* to work hard
suave *adj.2gén.* **1** (cor, luz, voz) soft **2** (superfície) smooth **3** (pessoa, som) gentle **4** (clima, sabor) mild **5** (chuva, vento) light
suavidade *n.f.* smoothness; softness
suavizar *v.* **1** to smooth; to soothe **2** to mitigate; to relieve
subaquático *adj.* subaquatic; underwater
subchefe *n.m.* deputy chief; assistant director
subconsciente *adj.2gén. e n.m.* subconscious
subdesenvolvido *adj.* underdeveloped; **países subdesenvolvidos:** underdeveloped countries
súbdito *n.m.* subject
subdividir *v.* to subdivide
subdivisão *n.f.* subdivision
subentender *v.* to understand; to imply
subestimar *v.* to undervalue; to underestimate
subida *n.f.* **1** climb; slope; **subida ao topo da montanha:** climb to the top of the mountain **2** rise; rising; **uma subida de preços:** a rise in prices
subir *v.* **1** to go up; to come up; **subir ao segundo andar:** to go up to the second floor **2** to climb; **subir as escadas:** to climb the stairs **3** (temperatura, rio) to rise **4** (maré) to come in **5** (preços) to go up **6** (escadas) to go up; to come up **7** (montanha) to climb **8** (volume) to turn up **9** (preços) to raise

súbito *adj.* sudden; hasty; **de súbito:** all of a sudden; suddenly
subjectivo *a nova grafia é* **subjetivo**
subjetivo *adj.* subjective
subjugar *v.* to subjugate; to subdue
sublime *adj.2gén.* sublime
sublinhar *v.* **1** (palavra) to underline; to underscore **2** *(figurado)* (destacar) to highlight; to stress
submarino *n.m.* submarine
submergir *v.* to submerge
submerso *adj.* submerged; underwater
submeter *v.* to submit (to) ◆ **submeter-se** **1** to submit (to) **2** (tratamento, operação) to undergo
submissão *n.f.* submission
submisso *adj.* submissive
subordinação *n.f.* subordination
subordinado *adj.* **1** (dependência) subordinate; subject **2** (oração) subordinate ◆ *n.m.* underling; subordinate
subordinar *v.* to subordinate; to subject; **estar subordinado a alguém:** to be subject to somebody
subornar *v.* to bribe
suborno *n.m.* bribery
subscrever *v.* **1** (opinião, ações) to subscribe to **2** (jornal, revista) to take out a subscription for
subsidiar *v.* to subsidize
subsídio *n.m.* subsidy; grant; **subsídio de desemprego:** unemployment benefit
subsistência *n.f.* subsistence
subsistir *v.* **1** to subsist **2** to survive; to remain; **a dúvida subsiste:** the doubt remains
subsolo *n.m.* **1** GEOLOGIA subsoil **2** (construção) basement; underground
substância *n.f.* substance
substancial *adj.2gén.* substantial
substantivo *n.m.* GRAMÁTICA noun
substituição *n.f.* substitution; replacement
substituir *v.* **1** to substitute; to replace **2** (pneu, fechadura) to change
substituível *adj.2gén.* replaceable
substituto *n.m.* substitute; fill-in ◆ *adj.* substituting
subterrâneo *adj.* subterranean; underground; **passagem subterrânea:** subterranean passage
subtil *adj.2gén.* subtle
subtítulo *n.m.* subtitle
subtração *n.f.* subtraction
subtracção *a nova grafia é* **subtração**
subtrair *v.* to subtract
subúrbio *n.m.* suburb
sucção *n.f.* suction
suceder *v.* **1** (cargo, emprego) to succeed **2** (facto, fenómeno) to happen; to occur ◆ **suceder-se** to follow
sucedido *n.m.* event; fact ◇ **ser bem sucedido:** to succeed
sucessão *n.f.* **1** (série) succession; series **2** (ao trono) succession
sucessivo *adj.* successive; **durante dias sucessivos:** for days running; **três grandes vitórias sucessivas:** three great victories in succession
sucesso *n.m.* **1** success **2** (filme, música) hit
sucessor *n.m.* successor
suco *n.m.* juice; **suco gástrico:** gastric juice
sudeste *n.m.* southeast ◆ *adj.* southeast; southeastern
sudoeste *n.m.* southwest ◆ *adj.* southwest; southwestern
Suécia *n.f.* Sweden
sueco *adj.* Swedish ◆ *n.m.* **1** (pessoa) Swede **2** (língua) Swedish
suficiente *adj.2gén.* **1** fair; satisfactory **2** sufficient; enough ◆ *n.m.* **1** (classificação) sufficient **2** enough; **mais do que o suficiente:** more than enough

a b c d e f g h i j k l m n o p q r s t u v w x y z

sufocante *adj.2gén.* suffocating; stifling
sufocar *v.* **1** to suffocate **2** to stifle
sugerir *v.* to suggest; to propose
sugestão *n.f.* suggestion; hint; **por sugestão de:** at the suggestion of
sugestivo *adj.* suggestive
Suíça *n.f.* Switzerland
suicidar-se *v.* to commit suicide
suicídio *n.m.* suicide
suíço *adj. e n.m.* (pessoa) Swiss
suíno *n.m.* pig; hog ◆ *adj.* **1** (gado) swinish **2** (peste) swine
suite *n.f.* (quarto, peça musical) suite
sujar *v.* to dirty; **sujar a camisa:** to dirty one's shirt ◆ **sujar-se** to become dirty; to get dirty
sujeitar *v.* to subject ◆ **sujeitar-se** to subject oneself; **sujeitar-se à crítica:** to subject oneself to criticism
sujeito *n.m.* **1** GRAMÁTICA subject **2** person
sujidade *n.f.* dirtiness; filth
sujo *adj.* dirty; unclean; **mãos sujas:** dirty hands
sul *adj. e n.m.* south
sul-africano *adj. e n.m.* South African
sumarento *adj.* juicy; succulent; **peras sumarentas:** juicy pears
sumário *n.m.* summary ◆ *adj.* brief; concise
sumiço *n.m. (informal)* disappearance; **dar sumiço a:** to do away with; **levar sumiço:** to disappear; to vanish
sumir *v. (informal)* to disappear; to vanish
sumo *n.m.* **1** juice; **sumo de laranja:** orange juice **2** (desporto) sumo
sumptuoso *adj.* sumptuous
suor *n.m.* **1** sweat **2** *(figurado)* effort; hard work
superar *v.* **1** to surpass; to exceed **2** (dificuldade) to overcome; **superar um obstáculo:** to overcome an obstacle
superficial *adj.2gén.* superficial
superfície *n.f.* **1** surface; **superfície terrestre:** land surface **2** GEOMETRIA face; plane
super-homem *n.m.* superman
superior *adj.* **1** (acima de) higher **2** (quantidade) greater **3** (qualidade) superior **4** (nível, ponto) upper; top **5** (oficial) senior ◆ *n.m.* superior; master; chief
superioridade *n.f.* superiority
superlativo *adj. e n.m.* GRAMÁTICA superlative
superlotado *adj.* overcrowded; full
supermercado *n.m.* supermarket
super-mulher *n.f.* superwoman
superpotência *n.f.* superpower
superpovoado *adj.* overpopulated; crowded
superstição *n.f.* superstition
supersticioso *adj.* superstitious
suplementar *adj.2gén.* **1** supplementary **2** additional; extra
suplemento *n.m.* **1** supplement; **suplemento alimentar:** food supplement **2** (dinheiro) extra charge
suplente *adj.2gén.* **1** stand-by; substitutive **2** (pneu, peça) spare ◆ *n.2gén.* DESPORTO substitute; reserve; **ser suplente:** to be on the bench
súplica *n.f.* request
suplicar *v.* to beg; to implore
supor *v.* to suppose; to imagine; to presume; **suponhamos que...:** let's assume that...; **suponho que não:** I suppose not; I guess not; **suponho que sim:** I suppose so; I guess so
suportar *v.* **1** to support; to hold up **2** (pessoa, situação) to put up with; to bear; to endure; **não posso suportar o barulho:** I can't stand the noise; **suportar as despesas:** to bear the expenses **3** (dor, pressão) to withstand
suporte *n.m.* support
suposição *n.f.* supposition; assumption; **baseado em suposições:** based

on supposition; **isto é uma mera suposição:** this is mere presumption
supositório *n.m.* suppository
suposto *adj.* supposed; assumed
supremacia *n.f.* supremacy
supremo *adj.* supreme
supressão *n.f.* suppression
suprimir *v.* to suppress
surdez *n.f.* deafness
surdo *adj. e n.m.* hearing-impaired
surdo-mudo *adj. e n.m.* hearing-and-speech-impaired
surf *n.m.* DESPORTO surfing
surfar *v.* to surf
surfista *n.2gén.* surfer
surgir *v.* to appear; to show up
surpreendente *adj.2gén.* surprising; amazing; astonishing
surpreender *v.* **1** to surprise; to amaze; to astonish **2** (apanhar em flagrante) to take by surprise; to catch unawares; to surprise; **a polícia surpreendeu os ladrões:** the police took the burglars by surprise ◆ **surpreender-se** to be surprised
surpreendido *adj.* surprised; amazed; astonished
surpresa *n.f.* surprise; **fazer uma surpresa a alguém:** to surprise somebody; **ser apanhado de surpresa:** to be taken by surprise
surra *n.f.* thrashing; beating
suscitar *v.* to raise; to excite; to arouse; **suscitar a curiosidade de alguém:** to arouse someone's curiosity; **suscitar interesse em:** to raise interest in
suspeita *n.f.* suspicion; **acima de qualquer suspeita:** above/beyond suspicion; **levantar suspeitas:** to arouse suspicion; **sob suspeita:** under suspicion
suspeitar *v.* **1** to suspect; to think; **eu suspeito que eles estejam a mentir:** I suspect that they are lying **2** to suspect; **sem suspeitar de nada:** suspecting nothing
suspeito *n.m.* suspect ◆ *adj.* suspicious; **em circunstâncias suspeitas:** in suspicious circumstances
suspender *v.* to suspend
suspensão *n.f.* suspension
suspense *n.m.* suspense; **filme de suspense:** thriller
suspenso *adj.* suspended
suspensórios *n.m.pl.* *(Grã-Bretanha)* braces; *(Estados Unidos da América)* suspenders
suspirar *v.* to sigh ❖ (desejo) **suspirar por:** to long for
suspiro *n.m.* sigh; **suspiro de alívio:** sigh of relief
sussurrar *v.* to whisper; to murmur
sussurro *n.m.* whisper; murmur
sustenido *n.m.* MÚSICA sharp
sustentação *n.f.* **1** (apoio) support **2** (manutenção) maintenance
sustentar *v.* **1** (estrutura) to sustain; to bear **2** (financeiro) to maintain; to keep
sustento *n.m.* **1** maintenance; sustenance; **ganhar o (seu) próprio sustento:** to earn one's living **2** (ganha-pão) breadwinner
suster *v.* **1** (estrutura) to sustain **2** (respiração) to hold
susto *n.m.* fright; scare; **apanhar um grande susto:** to get the fright of your life; **pregar um susto a alguém:** to give someone a fright/scare
sutiã *n.m.* bra; brassiere
sutura *n.f.* suture
suturar *v.* to suture; to stitch

T

t *n.m.* (letra) t
tabacaria *n.f.* tobacconist's (shop)
tabaco *n.m.* **1** (planta) tobacco **2** cigarettes; **um maço de tabaco:** a pack of cigarettes
tabela *n.f.* **1** table **2** list; **tabela de preços:** price list
taberna *n.f.* tavern; pub
tablete *n.f.* bar; **tablete de chocolate:** chocolate bar
tabu *adj. e n.m.* taboo
tábua *n.f.* board; **tábua de cozinha:** chopping board; **tábua de engomar:** ironing board
tabuada *n.f.* multiplication table; **a tabuada dos cinco:** the five times table
tabuleiro *n.m.* **1** tray; **tabuleiro de chá:** tea tray **2** (forno) baking tray **3** (jogo) board; **tabuleiro de xadrez:** chessboard
tabuleta *n.f.* signboard
taça *n.f.* **1** bowl; **taça de gelado:** ice cream bowl **2** glass; **taça de champanhe:** champagne glass **3** DESPORTO cup; **taça UEFA:** UEFA cup
tacão *n.m.* heel; **sapatos de tacão alto:** high-heels
tacho *n.m.* pan; pot
taco *n.m.* **1** (bilhar) cue **2** (golfe) club **3** (hóquei) stick **4** (basebol) bat
tactear *a nova grafia é* **tatear**
táctica *a nova grafia é* **tática**
táctico *a nova grafia é* **tático**
táctil *adj.2gén.* tactile
tacto *a nova grafia é* **tato**
tagarela *n.2gén.* chatterbox ◆ *adj.2gén.* talkative; chatty
tagarelar *v.* to chatter; to babble; to prattle
tagarelice *n.f.* chatter; prattle; **estar na tagarelice:** to chatter away
tainha *n.f.* (peixe) grey mullet
tal *adj.2gén.* **1** such; **nunca vi tal coisa:** I have never seen such a thing **2** like; **tal pai, tal filho:** like father, like son ◆ *pron.dem.* the one; **esta é a tal rapariga de que te falei:** this girl is the one I've told you about ◈ **de tal modo/maneira que:** in such a manner... that; **que tal irmos ao cinema?:** how about going to the cinema?; **tal como:** just like; such as; **tal e qual:** exactly the same
tala *n.f.* splint
talão *n.m.* **1** counterfoil; receipt **2** (de cheques) chequebook
talco *n.m.* talc; talcum; **pó de talco:** talcum powder
talento *n.m.* **1** talent; gift; **ele tem muito talento para a música:** he has a great gift for music **2** (pessoa) talented person; talent; **jovens talentos:** young talents
talentoso *adj.* talented; gifted
talha *n.f.* carving; **talha dourada:** golden carving
talhado *adj.* **1** (pedra) cut **2** (madeira) carved **3** (pessoa) fit; cut out
talhante *n.2gén.* butcher
talhar *v.* **1** (madeira, pedra) to carve **2** (roupa) to tailor
talher *n.m.* knife and fork
talheres *n.m.pl.* cutlery; flatware; **pôr os talheres na mesa:** to set the cutlery on the table

talho *n.m.* (loja) butcher's
talismã *n.m.* talisman
talo *n.m.* stalk
talvez *adv.* perhaps; maybe; **talvez pudéssemos ir ao cinema:** maybe we could go to the cinema
tamanho *n.m.* size; **que tamanho vestes?:** what size do you take?
tâmara *n.f.* (fruto) date
também *adv. e conj.* **1** also; too; as well; **também eu:** so do I; me too **2** (em frases negativas) either; neither; **também não perguntei:** I didn't ask either; **eu também não:** me neither
tambor *n.m.* (instrumento) drum; **tocar tambor:** to play the drums
tamboril *n.m.* (peixe) monkfish
tampa *n.f.* **1** (recipiente) lid **2** (caneta, garrafa) cap; top
tampão *n.m.* **1** (para vedar) plug; stopper **2** (ouvidos) earplug **3** (menstruação) tampon **4** (automóvel) hubcap
tampo *n.m.* (de mesa) table top
tanga *n.f.* **1** (veste primitiva) loincloth **2** (cueca) tanga; G-string **3** *(informal)* (troça) mockery; **dar tanga a alguém:** to pull somebody's leg
tangente *adj.2gén. e n.f.* (linha) tangent
tangerina *n.f.* tangerine; mandarin
tangerineira *n.f.* tangerine tree
tanque *n.m.* **1** tank; reservoir; **tanque de água:** water tank **2** (para lavar roupa) wash tank **3** MILITAR tank
tanto *det.indef.>quant.exist.*[DT] *e pron.indef.* **1** so much; **tenho tanto trabalho!:** I have so much work to do! **2** (no plural) so many; **tantas pessoas:** so many people; **tantas vezes:** so often; so many times ◆ *adv.* **1** so much; **ele comeu tanto que ficou enjoado:** he ate so much that he felt sick **2** so long; **demoraste tanto:** you took so long ✧ **tanto como/quanto:** as much as; **tanto eu como a minha irmã gostamos de cinema:** both me and my sister enjoy the cinema
tão *adv.* **1** so; **ele é tão lindo!:** he's so handsome! **2** such; **ela é tão boa pessoa:** she's such a good person **3** that; **não é assim tão mau:** it's not that bad; **nunca tinha ido tão longe:** I had never gone that far ✧ **tão... como/quanto:** as... as; **és tão egoísta como eu:** you're as selfish as I am
tapado *adj.* **1** covered (up) **2** (nariz) blocked **3** *(informal)* (pessoa) stupid
tapar *v.* **1** to cover **2** (cobrir com tampa) to put the lid on **3** (cobrir com cobertor) to wrap up
tapeçaria *n.f.* tapestry
tapete *n.m.* **1** carpet; mat; **tapete voador:** magic carpet **2** (para o rato) mouse mat/pad
tapioca *n.f.* tapioca
tara *n.f.* **1** (mania) mania; craze **2** (de veículo) tare
tarado *adj.* crazy ◆ *n.m.* maniac
tarântula *n.f.* tarantula
tarde *adv.* late; **está a fazer-se tarde:** it's getting late; **mais tarde:** later on; afterwards ◆ *n.f.* afternoon; **amanhã à tarde:** tomorrow afternoon; **boa tarde!:** good afternoon!
tarefa *n.f.* task; job
tareia *n.f.* thrashing; beating
tarifa *n.f.* tariff; fare; **tarifas aéreas:** air fares
tarraxa *n.f.* screw
tártaro *n.m.* (dentes, vinho) tartar
tartaruga *n.f.* **1** (terrestre) tortoise **2** (marinha) turtle
tarte *n.f.* **1** (com cobertura) pie; **tarte de maçã:** apple pie **2** (sem cobertura) tart; **tarte de morango:** strawberry tart
tasca *n.f.* *(informal)* pub; tavern
tatear *v.* to feel; to touch
tática *n.f.* tactic; strategy

tático *adj.* tactical; **erro tático:** tactical error
tátil *a grafia preferível é* **táctil**
tato *n.m.* touch; **sentido do tato:** sense of touch
tatu *n.m.* (animal) armadillo
tatuagem *n.f.* tattoo; **fazer uma tatuagem no braço:** to have one's arm tattooed
tatuar *v.* to tattoo
taxa *n.f.* **1** tax; fee; **cobrar uma taxa:** to charge a fee **2** rate; **taxa de natalidade:** birth rate
táxi *n.m.* taxi; cab; **apanhar um táxi:** to take a taxi; **chamar um táxi:** to call a taxi
taxista *n.2gén.* taxi driver
te *pron.pess.* **1** you; for/to you; **amanhã telefono-te:** I'll call you tomorrow; **eu explico-te tudo:** I'll explain everything to you **2** (reflexo) yourself; **veste-te:** dress yourself
tear *n.m.* loom
teatral *adj.2gén.* theatrical; dramatic
teatro *n.m.* theatre
tecer *v.* to weave
tecido *n.m.* **1** cloth; material; fabric **2** (corpo humano) tissue; **tecido nervoso:** nervous tissue
tecla *n.f.* key; **carregar numa tecla:** to press a key
teclado *n.m.* keyboard
técnica *n.f.* technique
técnico *adj.* technical; **apoio técnico:** technical support ♦ *n.m.* [*f.* técnica] technician
tecnologia *n.f.* technology
tecnológico *adj.* technological
tecto *a nova grafia é* **teto**
teia *n.f.* **1** (de aranha) cobweb; spider's web **2** web; network; **uma teia de estradas:** a network of roads
teimar *v.* to persist; to insist
teimosia *n.f.* obstinacy; stubbornness
teimoso *adj.* stubborn; headstrong
tejadilho *n.m.* (de veículo) roof
tela *n.f.* **1** (de pintura) canvas **2** (de cinema) movie screen
telecomando *n.m.* remote control
telecompras *n.f.pl.* teleshopping
telecomunicações *n.f.pl.* telecommunications; **rede de telecomunicações:** telecommunications network
teledisco *n.m.* video clip
teleférico *n.m.* cable car
telefonar *v.* to telephone; to phone; to call; to give a ring
telefone *n.m.* **1** telephone; phone; **desligar o telefone:** to put the phone down; **telefone sem fios:** cordless phone **2** *(informal)* phone number
telefonema *n.m.* call; phone call; **fazer um telefonema:** to make a phone call; **receber um telefonema:** receive a phone call
telefónico *adj.* phone; telephone; **cabina telefónica:** telephone box
telefonista *n.2gén.* telephonist
telégrafo *n.m.* telegraph; **por telégrafo:** by wire
telegrama *n.m.* telegram; cablegram; **enviar um telegrama:** to send a telegram; **receber um telegrama:** to receive a telegram
telejornal *n.m.* news; **ver o telejornal das oito:** to watch the eight o'clock news
telemóvel *n.m.* *(Grã-Bretanha)* mobile phone; *(Estados Unidos da América)* cellular phone; cellphone
telenovela *n.f.* soap opera
telescópio *n.m.* telescope
telespectador *n.m.* [*f.* telespectadora] viewer
telespetador *a grafia preferível é* **telespectador**
televisão *n.f.* **1** (aparelho) television; television set; **televisão a cores:** colour

television **2** television; TV; **ver televisão:** to watch television
televisivo *adj.* television; TV; **programa televisivo:** television programme
televisor *n.m.* television set
telhado *n.m.* roof
tema *n.m.* subject; topic; theme
temática *n.f.* themes
temático *adj.* thematic
temer *v.* to fear; to dread; to be afraid of; **temer o pior:** to fear the worst
temor *n.m.* fear; dread
temperado *adj.* **1** (clima) temperate; mild **2** (comida) seasoned; **bem temperado:** well-seasoned
temperamento *n.m.* **1** (feitio) temperament **2** (humor) temper
temperar *v.* (comida) to season; to spice
temperatura *n.f.* **1** temperature; **descida da temperatura:** a drop in temperature **2** (febre) fever; temperature; **a menina está com temperatura:** the little girl is running a temperature
tempero *n.m.* (alimentos) seasoning; (salada) dressing
tempestade *n.f.* storm; tempest; **tempestade de areia:** sand storm
templo *n.m.* temple
tempo *n.m.* **1** time; **acabou o tempo:** time's up; **há muito tempo:** a long time ago; **tempo livre:** spare time, leisure time **2** METEOROLOGIA weather; **tempo chuvoso:** rainy weather
têmpora *n.f.* ANATOMIA temple
temporada *n.f.* season; **temporada de caça:** hunting season
temporal *n.m.* tempest; storm ◆ *adj. 2gén.* time; **limite temporal:** time limit
temporário *adj.* temporary; transient; provisional
tenção *n.f.* intention; intent
tencionar *v.* to intend; to mean; to have in mind; **não tenciono ir à festa:** I don't intend to go to the party
tenda *n.f.* **1** tent; **desmontar a tenda:** to take down the tent; **montar a tenda:** to put up the tent **2** (em feira ou mercado) stall
tendão *n.m.* tendon; sinew
tendência *n.f.* tendency; trend
tendencioso *adj.* tendentious
tender *v.* to tend
ténis *n.m.* **1** tennis; **jogar ténis:** to play tennis **2** (sapatilha) tennis shoes
ténis de mesa *n.m.* table tennis
tenista *n.2gén.* tennis player
tenro *adj.* (alimento) tender
tensão *n.f.* **1** tension; strain **2** MEDICINA pressure; **tensão arterial:** blood pressure **3** ELETRICIDADE tension; **cabos de alta tensão:** high-tension cables
tenso *adj.* tense
tentação *n.f.* temptation; **cair na tentação:** to yield to temptation
tentáculo *n.m.* tentacle
tentador *adj.* tempting; **uma proposta tentadora:** a tempting offer
tentar *v.* to try; to attempt
tentativa *n.f.* attempt; try; **fazer uma nova tentativa:** to have another try
tentilhão *n.m.* (ave) finch
ténue *adj.* (luz) dim
teologia *n.f.* theology
teológico *adj.* theological
teólogo *n.m.* theologist
teor *n.m.* content; **baixo teor alcoólico:** low alcohol content
teorema *n.m.* theorem
teoria *n.f.* theory
teórico *adj.* theoretical
tépido *adj.* tepid; lukewarm; warmish
ter *v.* **1** to have; **ter um bebé:** to have a baby; **ter uma ideia:** to have an idea; (obrigação) **ter de/que:** to have to **2** to possess; to own; to have (got); **ele tem duas casas:** he owns two houses **3** to contain; **a tua composição tem alguns erros:** your essay contains some mistakes **4** to get; **ter uma boa nota:**

to get a good mark **5** (idade, sensação) to be; **quantos anos tens?:** how old are you?; **ter calor:** to be hot **6** (dor, doença) to have; **ter dores de cabeça:** to have a headache **7** (medidas) to be; **o muro tem três metros de altura:** the wall is three meters high

terapeuta *n.2gén.* therapist

terapia *n.f.* therapy

terça *n.f. (informal)* Tuesday

terça-feira *n.f.* Tuesday

terceira *n.f.* (mudança de automóvel) third gear

terceiro *num.ord.>adj.num.*[DT] third ◆ *n.m.* [*f.* terceira] third

terceto *n.m.* **1** LITERATURA tercet **2** MÚSICA trio

terciário *adj.* tertiary; **setor terciário:** tertiary sector

terço *num.frac.>quant.num.*[DT] third ◆ *n.m.* RELIGIÃO rosary; **rezar o terço:** to say one's beads

termal *adj.2gén.* thermal; **água termal:** thermal water

termas *n.f.pl.* thermal baths; hot springs

térmico *adj.* thermal; **energia térmica:** thermal energy

terminação *n.f.* ending

terminal *adj.2gén. e n.m.* terminal

terminar *v.* **1** to end; to finish; to terminate; **terminar a refeição:** to finish the meal **2** to end; to come to an end; to be over; **está tudo terminado:** it's all over

térmite *n.f.* termite

termo *n.m.* **1** end; **pôr termo a alguma coisa:** to bring something to an end **2** (palavra) term; word; **termos técnicos:** technical terms **3** (garrafa) thermos flask

termo (é) *n.m.* (garrafa) Thermos flask

termo (ê) *n.m.* **1** (fim) end **2** (palavra) term; word ❖ **em termos de:** in terms of

termómetro *n.m.* thermometer

terno *adj.* tender

ternura *n.f.* tenderness

terra *n.f.* **1** (superfície terrestre) land **2** (terreno) soil; ground **3** (país) land; country

Terra *n.f.* Earth; **o planeta Terra:** the planet Earth

terraço *n.m.* terrace

terramoto *n.m.* earthquake

terreno *n.m.* **1** (solo) ground; soil; **terreno arenoso:** sandy soil **2** GEOGRAFIA terrain; **terreno montanhoso:** mountainous terrain **3** (lote) plot; site; **terreno para construção:** building plot ◆ *adj.* earthly

térreo *adj.* ground; **piso térreo:** ground floor

terrestre *adj.2gén.* terrestrial

terrina *n.f.* tureen

territorial *adj.2gén.* territorial; **águas territoriais:** territorial waters

território *n.m.* territory

terrível *adj.2gén.* terrible; shocking; dreadful

terrivelmente *adv.* terribly

terror *n.m.* **1** terror; dread **2** CINEMA horror; **filme de terror:** horror film

terrorismo *n.m.* terrorism; **combater o terrorismo:** to fight terrorism

terrorista *adj. e n.2gén.* terrorist

tese *n.f.* thesis; **tese de doutoramento:** doctoral thesis

teso *adj.* **1** stiff **2** tight **3** *(informal)* (sem dinheiro) broke

tesoura *n.f.* scissors; a pair of scissors; **onde está a tesoura?:** where are the scissors?

tesouro *n.m.* treasure; **caça ao tesouro:** treasure hunt

testa *n.f.* forehead; brow

testamento *n.m.* **1** DIREITO will **2** RELIGIÃO testament; **Antigo/Novo Testamento:** Old/New Testament

testar *v.* to test

teste *n.m.* test

testemunha *n.f.* witness; **testemunha de acusação:** witness for the prosecution; **testemunha de defesa:** witness for the defence
testemunho *n.m.* testimony
testículo *n.m.* testicle
testo *n.m.* lid; cover
teto *n.m.* **1** (de construção) ceiling **2** (de automóvel) roof; **teto de abrir:** sun roof
tetravó *n.f.* great-great-great-grandmother
tetravô *n.m.* great-great-great-grandfather
tétum *n.m.* (língua) Tetum
teu *det.poss.* your; **o teu livro:** your book; **um amigo teu:** a friend of yours ◆ *pron.poss.* yours; **isto é teu:** this is yours
têxtil *adj.2gén.* textile; **indústria têxtil:** textile industry
texto *n.m.* text
texugo *n.m.* badger
ti *pron.pess.* you; **isto é para ti:** this is for you
tia *n.f.* aunt
tia-avó *n.f.* great-aunt
tíbia *n.f.* (osso da perna) tibia
tigela *n.f.* bowl
tigre *n.m.* tiger
tijoleira *n.f.* tile; **chão de tijoleira:** tile floor
tijolo *n.m.* brick
til *n.m.* tilde
tília *n.f.* lime tree; **chá de tília:** lime tea
timbale *n.m.* MÚSICA timbal; kettledrum
timbila *n. (Moçambique)* timbila
timidez *n.f.* shyness
tímido *adj.* shy; timid
timorense *adj. e n.2gén.* East Timorese
Timor Leste *n.m.* East Timor
tímpano *n.m.* (ouvido) eardrum; tympanum
tina *n.f.* (recipiente) vat; tub
tingir *v.* to dye; to tint
tinta *n.f.* **1** (escrita, impressão) ink **2** (roupa, cabelo) dye; **tinta para o cabelo:** hair dye **3** (paredes, quadros) paint
tinta-da-china *a nova grafia é* **tinta da China**
tinta da China *n.f.* Indian ink
tinteiro *n.m.* **1** (canetas) ink bottle; inkpot **2** (de impressora) cartridge
tintim *n.m.* **tintim por tintim:** in full detail
tinto *adj.* (vinho) red
tinturaria *n.f.* dyer's
tio *n.m.* uncle
tio-avô *n.m.* great-uncle
típico *adj.* **1** typical **2** (região) regional; **trajes típicos:** regional costumes
tipo *n.m.* **1** (género) type; kind; sort **2** *(informal)* (indivíduo) guy; chap
tipografia *n.f.* **1** (atividade) typography; printing **2** (oficina) printing office; printshop
tique *n.m.* **1** (som) tick **2** (espasmo) twitch; tic
tiquetaque *n.m.* ticktack; tictac
tira *n.f.* **1** (de papel ou pano) strip; shred **2** (fita) ribbon **3** (faixa) band
tiracolo *n.m.* **a tiracolo:** slung from the shoulder
tirano *n.m.* tyrant
tira-nódoas *n.m.2núm.* stain remover
tirar *v.* **1** to take off; to remove; **tira as mãos daí!:** hands off! **2** to draw away; to take away; **tira isso daqui:** take that away **3** to take; **tiraram-me o lápis:** someone has taken my pencil **4** (dente) to extract; to pull out **5** (roupa) to take off
tiro *n.m.* **1** shot; gunshot; **levar um tiro:** to be shot **2** (atividade) shooting; firing; **tiro ao alvo:** target practice
tiroide *n.f.* thyroid
tiróide *a nova grafia é* **tiroide**
tiroteio *n.m.* shooting; shoot-out

titular *n.2gén.* 1 holder; **titular de uma conta:** holder of an account 2 (jogador) title-holder
título *n.m.* 1 (texto, filme, programa, música) title 2 (jornal) heading; headline 3 (de pessoa) title
toa *n.f.* random; **à toa:** at random
toalha *n.f.* 1 (mesa) cloth; **pôr a toalha:** to lay the cloth; **toalha de mesa:** tablecloth 2 (quarto de banho) towel; **toalha das mãos:** hand towel; **toalha de banho:** bath towel
toalhete *n.m.* (higiene) tissue; small towel
tobogã *n.m.* toboggan
toca *n.f.* 1 (animais pequenos) burrow; hole; dwelling 2 (animais ferozes) den; lair
tocado *adj.* 1 touched 2 (fruta, legume) bruised
tocante *adj.2gén.* 1 moving 2 (assunto) concerning
tocar *v.* 1 (com as mãos) to touch 2 (música) to play; (trompete, corneta) to blow 3 (campainha, sino) to ring; **estão a tocar à porta:** the doorbell is ringing; **o telefone está a tocar:** the phone is ringing
tocha *n.f.* torch
todavia *conj.>adv.*[DT] nevertheless; yet; however
todo *det.indef.>quant.univ.*[DT] all; every; **toda a gente:** everybody ◆ *adj.* all; whole; entire; **todo o ano:** all the year round; **todo o dia:** all day (long) ◆ *adv.* through; entirely; completely; **estou todo molhado:** I am soaked through
todos *det.indef.pl.>quant.univ.pl.*[DT] every; **todos os dias:** every day; **todas as vezes:** every time ◆ *pron.indef.pl.* all; everybody; everyone; **já chegaram todos:** everybody is here; **todos sem exceção:** every one of them
toilette *n.f.* 1 personal hygiene 2 (roupa) outfit
tola *n.f.* *(informal)* (cabeça) nut
toldo *n.m.* (loja, varanda) awning; canopy
tolerância *n.f.* 1 (atitude) tolerance; open-mindedness 2 (resistência) resistance; endurance
tolerante *adj.2gén.* tolerant
tolerar *v.* to tolerate
tolice *n.f.* silly thing; nonsense; **que tolice!:** nonsense!
tolo *adj.* foolish; silly ◆ *n.m.* [*f.* tola] fool
tom *n.m.* tone; **mudar de tom:** to change one's tone; **não me fales nesse tom:** don't speak to me in that tone of voice
tomada *n.f.* (eletricidade) socket
tomar *v.* 1 to take; **tomar a iniciativa:** to take the initiative 2 (alimento, bebida) to have; **tomar o pequeno-almoço:** to have breakfast; **tomar um café:** to have a cup of coffee 3 (medicamento, injeção) to take
tomate *n.m.* tomato
tomateiro *n.m.* tomato plant
tombadilho *n.m.* poop deck
tombar *v.* to topple over; to fall over
tombo *n.m.* tumble; fall; **dar um tombo:** to fall down
tômbola *n.f.* tombola
tomilho *n.m.* thyme
tona *n.f.* (água) surface; **vir à tona:** to come to the surface
tonalidade *n.f.* (cor) hue; tint; shade
tonelada *n.f.* ton
tónica *n.f.* 1 (palavra) stressed syllable 2 (ênfase) main point
tónico *adj.* 1 (substância) tonic; **água tónica:** tonic water 2 (sílaba) stressed; **acento tónico:** tonic accent
tonto *adj.* 1 (com tonturas) giddy; dizzy 2 (tolo) silly; daft
tontura *n.f.* dizziness; giddiness; **estou com tonturas:** I feel dizzy
top *n.m.* (roupa) top
topar *v.* *(informal)* to get; to figure out
tópico *n.m.* topic; theme

topo *n.m.* top; summit; peak; **chegar ao topo:** to reach the top
topografia *n.f.* topography
toque *n.m.* **1** (tato) touch **2** (campainha, telefone) ringing **3** (telefonema) ring; **depois dou-te um toque:** I'll give you a ring later **4** (buzina) toot; hoot
torácico *adj.* thoracic
toranja *n.f.* grapefruit
tórax *n.m.* thorax
torcer *v.* **1** to twist **2** (roupa) to wring
tordo *n.m.* thrush
tormento *n.m.* torment; torture
tornado *n.m.* tornado; cyclone
tornar *v.* to do again; **não tornes a fazer isso!:** don't you ever do that again! ◆ **tornar-se** to become; **eles tornaram-se amigos:** they became friends
torneio *n.m.* tournament; **torneio de ténis:** tennis tournament
torneira *n.f.* *(Grã-Bretanha)* tap; *(Estados Unidos da América)* faucet; **abrir a torneira:** to turn on the tap; **fechar a torneira:** to turn off the tap; **torneira de água fria/quente:** cold/hot tap
tornozelo *n.m.* ankle
toro *n.m.* log
torpedeiro *n.m.* torpedo boat
torpedo *n.m.* torpedo
torrada *n.f.* toast; **torrada sem manteiga:** dry toast
torradeira *n.f.* toaster
torrão *n.m.* (porção) lump
torrar *v.* to toast; to roast
torre *n.f.* **1** tower; (aeroporto) **torre de controlo:** control tower; **Torre de Londres:** Tower of London **2** (xadrez) castle; rook
torrencial *adj.2gén.* torrential; **chuva torrencial:** pouring rain
torrente *n.f.* torrent
tórrido *adj.* torrid
torso *n.m.* torso; trunk
torta *n.f.* (de fruta, compota) tart; (de carne) pie
torto *adj.* crooked; bent; twisted
tortura *n.f.* torture
torturar *v.* to torture
tosquia *n.f.* shearing
tosquiar *v.* **1** (ovelhas) to shear **2** (cães, cavalos) to clip
tosse *n.f.* cough; **ter tosse:** to have a cough
tossir *v.* to cough
tosta *n.f.* toast
tostar *v.* **1** (pão) to toast **2** (assado) to roast **3** (pele) to parch
total *adj.2gén.* total; absolute; **eclipse total:** total eclipse ◆ *n.m.* (quantia) total; **quanto é no total?:** how much is it in total?
totalidade *n.f.* totality; whole; **na totalidade:** on the whole
totalmente *adv.* totally; completely; entirely
totós *n.m.pl.* (cabelo) bunches
touca *n.f.* **1** cap **2** (para banho) shower cap **3** (para piscina) swim cap
toucinho *n.m.* bacon
toupeira *n.f.* mole
tourada *n.f.* bullfight
tourear *v.* to fight bulls
toureiro *n.m.* bullfighter
touro *n.m.* bull
Touro *n.m.* (constelação, signo) Taurus; the Bull
tóxico *adj.* toxic; poisonous
toxina *n.f.* toxin
trabalhador *n.m.* [*f.* trabalhadora] worker; employee ◆ *adj.* **1** (pessoa) hard-working; laborious; industrious; **pessoa trabalhadora:** hard-working person **2** (classe) working; **a classe trabalhadora:** the working class
trabalhar *v.* **1** (atividade) to work; **onde trabalhas?:** where do you work? **2** (objeto) to operate; to work; **trabalhar**

com o computador: to operate a computer **3** (motor, carro, máquina) to start; to run; **põe o carro a trabalhar:** start the car
trabalheira *n.f.* hard work; **que trabalheira!:** what an effort!
trabalho *n.m.* **1** work; **trabalho de casa:** homework; **trabalho de grupo:** group work **2** (emprego) job; employment; **trabalho a tempo inteiro:** full-time job; **trabalho a tempo parcial:** part-time job
trabalhoso *adj.* **1** (árduo) laborious **2** (cansativo) tiring
traça *n.f.* moth
tração *n.f.* **1** traction; **tração elétrica:** electric traction **2** (veículo) drive; **tração às quatro rodas:** four-wheel drive
traçar *v.* **1** (linha) to draw **2** (esboço) to outline; to sketch
tracção *a nova grafia é* **tração**
tracejado *adj.* dotted ◆ *n.m.* dotted line
traço *n.m.* **1** (linha) line **2** (característica) feature; trait
tractor *a nova grafia é* **trator**
tradição *n.f.* tradition
tradicional *adj.2gén.* traditional
tradução *n.f.* translation
tradutor *n.m.* translator; (oral) interpreter
traduzir *v.* to translate; **traduzir de inglês para português:** to translate from English into Portuguese
tráfego *n.m.* **1** (trânsito) traffic **2** (comércio) trade
tráfico *n.m.* (negócio ilegal) traffic; **tráfico de drogas:** drug traffic
tragédia *n.f.* tragedy
trágico *adj.* tragic
trago *n.m.* gulp; draught; **beber de um trago:** to empty at one gulp
traição *n.f.* **1** treason **2** (amizade) betrayal
traiçoeiro *adj.* treacherous; disloyal
traidor *n.m.* [*f.* traidora] traitor; betrayer
trair *v.* to betray
trajar *v.* to dress; to wear
traje *n.m.* **1** dress; **traje de cerimónia:** full dress; formal dress; **traje de noite:** evening dress **2** costume; **museu do traje:** costume museum
trajecto *a nova grafia é* **trajeto**
trajeto *n.m.* (percurso) way; journey; **no trajeto para casa:** on one's way home
tralha *n.f.* *(informal)* stuff; gear
trama *n.f.* **1** (fio) woof; weft **2** *(figurado)* (conspiração) plot
tramado *adj.* **1** *(informal)* (enganado) swindled **2** *(informal)* (complicado) messy
tramar *v.* to plot; to conspire
trambolhão *n.m.* tumble; fall; **dar um trambolhão:** to fall flat down
trampolim *n.m.* **1** (ginástica) trampoline; springboard **2** (piscina) diving-board
tranca *n.f.* bar; sash fastener
trança *n.f.* **1** *(Grã-Bretanha)* (cabelo) plait; braid **2** (fios) braid
trancar *v.* **1** (porta) to lock **2** (com barra) to bar **3** (com ferrolho) to bolt
tranquilidade *n.f.* tranquillity
tranquilizador *adj.* tranquillizing; reassuring
tranquilizante *n.m.* (medicamento) tranquillizer
tranquilizar(-se) *v.* to calm down
tranquilo *adj.* tranquil; calm
transação *n.f.* transaction
transacção *a nova grafia é* **transação**
transaccionar *a nova grafia é* **transacionar**
transacionar *v.* (bens) to transact
transatlântico *adj.* transatlantic
transbordar *v.* **1** (curso de água) to overflow **2** (recipiente) to brim over; to spill over **3** *(figurado)* (sentimento) to overflow; **transbordar de felicidade:** to overflow with happiness
transbordo *n.m.* change; transfer; **fazer transbordo:** to change (lines, trains)

transcendente *adj.2gén.* transcendent
transcender *v.* to surpass
transcrever *v.* to transcribe; to copy out
transcrição *n.f.* transcription; **transcrição fonética:** phonetic transcription
transe *n.m.* (hipnose) trance; **entrar em transe:** to go into a trance
transeunte *n.2gén.* passer-by; pedestrian
transferência *n.f.* transference; transfer
transferidor *n.m.* protractor
transferir *v.* to transfer
transformação *n.f.* transformation; change
transformador *n.m.* (eletricidade) transformer
transformar *v.* to transform; to change ◆ **transformar-se** to become; to change
transfusão *n.f.* transfusion; **transfusão de sangue:** blood transfusion
transgredir *v.* to transgress; (lei, regra) to infringe
transgressão *n.f.* **1** transgression **2** (de lei) infringement; violation
transição *n.f.* transition; **a transição para o euro:** the changeover to the euro; **um período de transição:** a period of transition
transitivo *adj.* transitive; **verbo transitivo:** transitive verb
trânsito *n.m.* **1** (de veículos) traffic; **fechado ao trânsito:** closed to the traffic; **sinais de trânsito:** traffic signs **2** (pessoas, mercadorias) transit; **passageiros em trânsito:** passengers in transit
transitório *adj.* transitory; temporary
transmissão *n.f.* **1** transmission; **transmissão de conhecimentos:** transmission of knowledge **2** (rádio, televisão) broadcast; transmission; **transmissão ao vivo:** live broadcast
transmissor *n.m.* transmitter
transmitir *v.* **1** to transmit **2** RÁDIO, TELEVISÃO to broadcast
transparecer *v.* to show through
transparência *n.f.* **1** (textura) transparency **2** (acetato) transparency; slide
transparente *adj.2gén.* (material) transparent
transpiração *n.f.* transpiration; sweat
transpirar *v.* to perspire; sweat
transplante *n.m.* MEDICINA transplant; **transplante de coração:** heart transplant
transportar *v.* to transport; to carry; **transportar uma mala:** to carry a suitcase
transporte *n.m.* transport; **transportes coletivos:** public transport
transtornado *adj.* upset; disturbed
transtornar *v.* to upset; to disorganize
transtorno *n.m.* **1** inconvenience **2** (contratempo) disturbance; annoyance **3** (perturbação mental) mental disorder
trapaça *n.f.* cheating; swindle
trapaceiro *n.m.* [*f.* trapaceira] cheat; trickster
trapalhada *n.f.* mess; **que trapalhada!:** what a mess!
trapalhão *n.m.* clumsy; awkward; **és tão trapalhão!:** you're so clumsy!
trapézio *n.m.* **1** (aparelho de ginástica) trapeze **2** (figura geométrica) trapezium
trapezista *n.2gén.* trapeze artist
trapo *n.m.* rag; **boneca de trapos:** rag doll
traqueia *n.f.* windpipe; trachea
traquina *adj.2gén.* (criança) naughty; wild ◆ *n.2gén.* brat; naughty child
traquinice *n.f.* prank; practical joke
trás *adv.* **1** behind; **por trás:** from behind **2** back; **porta de trás:** back door

traseiras *n.f.pl.* (edifício) back; **fugir pelas traseiras:** to get away through the back; **nas traseiras da casa:** at the back of the house
traseiro *adj.* back; rear; **assento traseiro:** back seat ◆ *n.m.* *(informal)* behind; buttocks; backside; **cair de traseiro:** to fall on one's backside
tratado *n.m.* treaty; **tratado de paz:** peace treaty
tratador *n.m.* groom; trainer
tratamento *n.m.* **1** treatment; (de doentes) nursing; **tratamento de beleza:** beauty treatment; **tratamento de uma doença:** treatment of a disease **2** (lixo, resíduo) disposal; **tratamento de resíduos tóxicos:** toxic waste disposal **3** (entre pessoas) form of address; **forma de tratamento escrita:** written form of address
tratar *v.* **1** to treat; **trataram-me bem:** they treat me well; **tratar alguém com antibióticos:** to treat somebody with antibiotics **2** to nurse; **tratar de um doente:** to nurse a patient **3** to take care; **eu trato disso:** I'll take care of it **4** (assunto) to handle **5** (lixo, resíduos) to dispose of
trato *n.m.* **1** (modo de agir) manner **2** (acordo) agreement
trator *n.m.* tractor
trauma *n.m.* trauma
traumático *adj.* traumatic; **experiências traumáticas:** traumatic experiences
traumatismo *n.m.* traumatism; **traumatismo craniano:** concussion
traumatizar *v.* to traumatize
travagem *n.f.* brake; braking; **travagem brusca:** sudden braking
travão *n.m.* (veículo) brake; (automóvel) **travão de mão:** handbrake
travar *v.* **1** (veículo) to brake; **travar a fundo:** to step on the brakes **2** (porta) to lock
trave *n.f.* beam; crossbeam
travessa *n.f.* **1** (rua) crossroad; narrow street; by-street **2** (para comida) plate; dish
travessão *n.m.* (sinal gráfico) dash; **põe um travessão em vez de uma vírgula:** put a dash instead of a comma
travesseiro *n.m.* bolster
travessia *n.f.* crossing; passage; **travessia do canal da Mancha:** crossing of the English Channel
travesso *adj.* (criança) naughty; playful
travessura *n.f.* prank; practical joke
travo *n.m.* bad taste; acrid taste
trazer *v.* **1** to bring; **traz isso contigo:** bring it with you **2** (objeto) to carry; **trazer uma mala:** to carry a suitcase **3** (peça de vestuário) to wear; to have on; **que trazes vestido?:** what do you have on?
trecho *n.m.* **1** (música) piece **2** (livro) passage; extract
tréguas *n.f.pl.* truce
treinador *n.m.* [*f.* treinadora] **1** (desportivo) coach; trainer **2** (de animais) trainer
treinar *v.* **1** to train; to practise **2** DESPORTO (treinador) to coach
treino *n.m.* **1** (exercício físico) training; exercise **2** (prática regular) practice
trejeito *n.m.* **1** (careta) grimace **2** (tique) twitch
trela *n.f.* leash; lead; **levar o cão pela trela:** to take the dog on the leash
trem *n.m.* **1** (conjunto) set; **trem de cozinha:** kitchen set **2** (de avião) gear; **trem de aterragem:** landing gear **3** *(Brasil)* (comboio) train
tremelicar *v.* to tremble; to quiver
tremelique *n.m.* trembling; shiver
tremer *v.* to tremble; to shiver
tremoço *n.m.* lupin
tremor *n.m.* **1** (pessoa) trembling; shiver; quiver **2** (edifício, terra) quake; **tremor de terra:** earthquake

trémulo *adj.* **1** trembling; **lábios trémulos:** trembling lips; **mãos trémulas:** trembling hands **2** (voz) quavering **3** (luz) flickering
tremura *n.f.* trembling; shiver; quiver
trenó *n.m.* sledge; sleigh; **andar de trenó:** to sledge
trepadeira *n.f.* (planta) creeper; climber
trepar *v.* to climb
trepidação *n.f.* trepidation
três *num.card.>quant.num.*DT *e n.m.* three; **o dia três:** the third
tresloucado *adj.* mad; deranged; insane
trespassar *v.* **1** (estabelecimento) to put on sale **2** (bala, seta) to pierce through
trespasse *n.m.* (propriedade) transfer; conveyance
treta *n.f. (informal)* (disparate) baloney; **não digas tretas:** don't talk baloney
trevas *n.f.pl.* darkness
trevo *n.m.* clover
treze *num.card.>quant.num.*DT *e n.m.* thirteen
trezentos *num.card.>quant.num.*DT *e n.m.2núm.* three hundred
triagem *n.f.* sorting; screening
triangular *adj.2gén.* triangular; **uma forma triangular:** a triangular shape
triângulo *n.m.* triangle; **triângulo equilátero:** equilateral triangle; **triângulo retângulo:** right-angled triangle; (veículos) **triângulo de sinalização:** warning triangle
tribo *n.f.* tribe; **chefe de uma tribo:** head of a tribe; **membro de uma tribo:** tribesman
tribuna *n.f.* **1** tribune **2** (sala de espetáculos) balcony
tribunal *n.m.* court; court of justice; law court
tributo *n.m.* tribute; homage
triciclo *n.m.* tricycle; trike
tricô *n.m.* knitting; **agulha de tricô:** knitting needle; **fazer tricô:** to knit
tricolor *adj.2gén.* tricoloured
tricotar *v.* to knit
tridimensional *adj.2gén.* three-dimensional; **imagem tridimensional:** three-dimensional image
trigésimo *num.ord.>adj.num.*DT thirtieth
trigo *n.m.* wheat; corn; **pão de trigo:** wheat bread
trilhar *v.* to pinch; **trilhar os dedos na porta:** to pinch one's fingers on the door
trilho *n.m.* **1** (carril) rail **2** (caminho) track; path
trilião *num.card.>quant.num.*DT *e n.m.* quintillion
trilogia *n.f.* trilogy
trimestral *adj.2gén.* quarterly; trimonthly
trimestre *n.m.* quarter; trimester
trinca *n.f. (informal)* bite; **dar uma trinca em:** to have a bite at
trincar *v.* **1** (morder) to bite; **trincar a língua:** to bite one's tongue **2** (mastigar) to chew; (algo duro) to crunch
trinchar *v.* (carne) to carve
trincheira *n.f.* MILITAR trench
trinco *n.m.* (porta) latch
trindade *n.f.* trinity
trineta *n.f.* great-great-granddaughter
trineto *n.m.* great-great-grandson
trinta *num.card.>quant.num.*DT *e n.m.* thirty; **nos anos trinta:** during the thirties
trintão *n.m.* thirty-year-old; thirty-something
trio *n.m.* trio
tripa *n.f.* tripe
tripé *n.m.* tripod
tripla *n.f.* (ficha elétrica) three-plug
triplicado *adj. e n.m.* triplicate; **em triplicado:** in triplicate
triplicar *v.* to triple; to triplicate

triplo *num.mult.>quant.num.*[DT] *e n.m.* triple ◆ *adj.* triple; threefold
tripulação *n.f.* crew
tripulante *n.2gén.* crew member; (barco) seaman
tripular *v.* to steer
trisavó *n.f.* great-great-grandmother
trisavô *n.m.* great-great-grandfather
triste *adj.2gén.* (pessoa, situação) sad; **estar triste:** to feel sad; **um acontecimento triste:** a sad event
tristeza *n.f.* sadness; sorrow
tristonho *adj.* **1** (pessoa) sad-looking **2** (tempo, lugar) gloomy
triturar *v.* to grind
triunfal *adj.2gén.* triumphal; **uma entrada triunfal:** a triumphal entry
triunfante *adj.2gén.* triumphant
triunfar *v.* to triumph; **triunfar sobre os inimigos:** to triumph over one's enemies
triunfo *n.m.* triumph
trivial *adj.2gén.* trivial; commonplace
triz *n.m.* instant; moment; **foi por um triz!:** that was close!
troca *n.f.* exchange; switch
troça *n.f.* mockery; fun; **fazer troça de:** to make fun of
trocadilho *n.m.* pun; play on words
trocado *n.m.* (dinheiro) change; small change
trocar *v.* **1** to exchange; **trocar dinheiro:** to exchange money **2** to change; **trocar de roupa:** to change clothes **3** (lugares, coisas) to change; to switch; to swap; **pode trocar o lugar comigo?:** can you change places with me? **4** (opiniões, ideias) to interchange
troçar *v.* (gozo) to mock; to make fun
trocista *adj.2gén.* mocking; scornful; **um sorriso trocista:** a mocking smile ◆ *n.2gén.* mocker; scoffer
troco *n.m.* (dinheiro) change; odd money; **fique com o troco:** keep the change; **tem troco de vinte euros?:** have you got change for twenty euros?
troço *n.m.* **1** (de estrada) stretch **2** (de couve) cabbage stalk
troféu *n.m.* trophy
trolha *n.m.* construction worker
tromba *n.f.* (animal) trunk
trombeta *n.f.* trumpet
trombone *n.m.* trombone
trombudo *adj. (informal)* (carrancudo) sulky; sullen
trompa *n.f.* (instrumento musical) horn
trompete *n.m.* trumpet
trompetista *n.2gén.* trumpeter; trumpet player
tronco *n.m.* **1** (árvore) trunk **2** (corpo) torso; trunk
trono *n.m.* throne; **o herdeiro do trono:** the heir to the throne; **subir ao trono:** to ascend to the throne
tropa *n.f.* **1** (soldados) troop **2** (serviço militar) military service; national service; **fazer a tropa:** to do national service; **ir para a tropa:** to attend national service
tropeção *n.m.* stumble; **dar um tropeção:** to stumble
tropeçar *v.* to stumble; to trip; **tropeçar nas palavras:** to stumble; **tropeçar numa pedra:** to trip over a stone
trôpego *adj.* shaky; doddering
tropical *adj.2gén.* tropical; **fruto tropical:** tropical fruit
trópico *n.m.* tropic
trote *n.m.* (de cavalo) trot; **a trote:** trotting
trotineta *n.f.* scooter
trovador *n.m.* troubadour
trovão *n.m.* thunder; (muito forte) thunderclap
trovejar *v.* to thunder
trovoada *n.f.* thunderstorm
trufa *n.f.* BOTÂNICA, CULINÁRIA truffle
trunfo *n.m.* (jogo de cartas) trumps; **jogar um trunfo:** to play a trump; **o trunfo é copas:** hearts are trumps

truque *n.m.* trick; **um truque de magia:** a magic trick
truta *n.f.* (peixe) trout
t-shirt *n.f.* T-shirt
tu *pron.pess.* you; **e tu?:** what about you?; **tu não sabes nada:** you don't know anything
tua *pron.poss.f.* yours; **uma amiga tua:** a friend of yours ◆ *adj.poss.* your; **é esta a tua casa?:** is this your house?
tuba *n.f.* tuba
tubarão *n.m.* shark
tuberculose *n.f.* tuberculosis
tuberculoso *adj.* suffering from tuberculosis
tubo *n.m.* **1** pipe; (automóvel) **tubo de escape:** exhaust pipe **2** (embalagem) tube; **tubo de pasta de dentes:** tube of toothpaste
tudo *pron.indef.* **1** everything; anything; **está tudo bem?:** is everything all right?; **estar disposto a tudo:** to be prepared to do anything; **obrigado por tudo!:** thanks for everything!; **tudo é possível:** anything is possible **2** (totalidade) all; **tudo junto:** all together
tufão *n.m.* typhoon
tufo *n.m.* (cabelo, vegetação) tuft
tule *n.m.* (tecido) tulle
tulipa *n.f.* → **túlipa**
túlipa *n.f.* tulip
tumba *interj.* crash!; bang!
tumor *n.m.* tumour
túmulo *n.m.* tomb; grave
tumulto *n.m.* tumult; turmoil
túnel *n.m.* tunnel
túnica *n.f.* tunic
turbante *n.m.* turban
turbilhão *n.m.* **1** (de água) swirl; whirl **2** (de vento) whirlwind; whirl
turbina *n.f.* turbine
turbulência *n.f.* turbulence
turbulento *adj.* turbulent
turco *adj.* Turkish ◆ *n.m.* **1** (pessoa) Turk **2** (língua) Turkish ❖ **banho turco:** Turkish bath; **pano turco:** Turkish towelling
turismo *n.m.* tourism
turista *n.2gén.* tourist
turístico *adj.* tourist; **visita turística:** tourist visit
turma *n.f.* (escola) class; **andamos na mesma turma:** we are in the same class; **chefe/delegado de turma:** head boy; head girl
turno *n.m.* (trabalho) shift; **turno da noite:** night shift
turquês *n.f.* pincers
turquesa *n.f.* (pedra preciosa) turquoise ◆ *adj.2gén. e n.m.* (cor) turquoise
turra *n.f.* *(informal)* butt with the head ❖ **andar às turras com alguém:** to be on bad terms with somebody
turvar *v.* to cloud
turvo *adj.* (água, ar) muddy; cloudy
tutela *n.f.* guardianship; **estar sob a tutela de alguém:** to be under someone's guardianship
tutor *n.m.* tutor

U

u *n.m.* (letra) u
ucraniano *adj. e n.m.* Ukrainian
UE [*sigla de* União Europeia] EU [*sigla de* European Union]
ufa *interj.* whew!; what a relief!
ui *interj.* **1** (dor) ouch! **2** (surpresa) wow!; oh!
uísque *n.m.* whisky; *(Irlanda, Estados Unidos da América)* whiskey; **uísque com gelo:** whisky on the rocks
uivar *v.* to howl
uivo *n.m.* howl
úlcera *n.f.* ulcer
ultimamente *adv.* lately; recently
ultimato *n.m.* ultimatum
último *adj.* **1** (sequência) last; **ficar em último lugar:** to be last; **pela última vez:** for the last time **2** (conclusão) final; last; **último retoque:** final touch **3** (enumeração) latter; **o último mencionado:** the latter **4** (edifício) top; **último andar:** top floor ◆ *n.m.* [*f.* última] last
ultraleve *n.m.* (avião) ultralight
ultrapassado *adj.* (antiquado) outmoded; outdated; old-fashioned
ultrapassagem *n.f.* overtaking; **fazer uma ultrapassagem a um camião:** to overtake a truck
ultrapassar *v.* **1** (automóvel) to overtake; to pass **2** (a pé) to go by; to pass; to pass by **3** (limites) to exceed; to surpass
ultra-som *a nova grafia é* **ultrassom**
ultrassom *n.m.* ultrasound
ultravioleta *adj.2gén.2núm.* ultraviolet; **raios ultravioleta:** ultraviolet rays
um *det.art.indef.* [*f.* uma] **1** a; an; **um gato:** a cat; **um elefante:** an elephant **2** (alguns) some; a few; **uns dias atrás:** some days ago ◆ *num.card.>quant.num.*[DT] one; **um a um:** one by one; **um deles:** one of them
umbigo *n.m.* navel
umbila *n.f.* *(Angola)* umbila
umbilical *adj.2gén.* umbilical; **cordão umbilical:** umbilical cord
unânime *adj.* unanimous
unanimidade *n.f.* unanimity; **por unanimidade:** unanimously
unha *n.f.* **1** (pessoa) nail; fingernail; **unhas dos pés:** toe nails **2** (gato, felino) claw; (ave de rapina) talon; **as unhas dos gatos:** cat's claws
união *n.f.* **1** union **2** (países, pessoas) alliance ◆ **a união faz a força:** united we stand; (pessoas) **união de facto:** cohabitation; **União Europeia:** European Union; **união monetária:** monetary union
unicamente *adv.* **1** only; merely **2** uniquely; exclusively
único *adj.* **1** only; **ser filho único:** to be an only child **2** sole; **com o único propósito de:** with the sole purpose of **3** unique; exceptional; **ter um talento único:** to have a unique talent ◆ **moeda única:** single currency
unicórnio *n.m.* unicorn
unidade *n.f.* **1** (união, medida) unit; **unidade de tempo:** time unit **2** (serviço) unit; **unidade de cuidados intensivos:** intensive care unit

unido *adj.* united; **Estados Unidos da América:** United States of America; **Reino Unido:** United Kingdom
unificação *n.f.* unification
unificar *v.* to unify
uniforme *adj.2gén.* uniform; regular ◆ *n.m.* (farda) uniform
uniformidade *n.f.* uniformity
uniformizar *v.* to standardize
unir(-se) *v.* to unite; to join
uníssono *n.m.* unison; **em uníssono:** in unison
unitário *adj.* unitary
universal *adj.2gén.* universal
universidade *n.f.* university
universitário *adj.* (curso, aluno) university; **tirar um curso universitário:** to take a university degree ◆ *n.m.* [*f.* universitária] **1** (aluno) university student **2** (professor) university teacher
universo *n.m.* universe
uno *adj.* sole; unique
untar *v.* to grease
urânio *n.m.* uranium
Urano *n.m.* ASTRONOMIA, MITOLOGIA Uranus
urbanismo *n.m.* town planning; urbanization
urbanização *n.f.* **1** (processo) urbanization **2** (condomínio) house estate
urbano *adj.* (cidades) urban; **zonas urbanas:** urban areas
uretra *n.f.* urethra
urgência *n.f.* **1** (pressa) urgency **2** (hospitais) emergency services
urgente *adj.2gén.* urgent; pressing; **um assunto urgente:** a pressing matter
urina *n.f.* urine
urinar *v.* to urinate
urinário *adj.* urinary; **aparelho urinário:** urinary tract
urna *n.f.* **1** (caixão) coffin **2** (cinzas) urn **3** (eleição) ballot box
urrar *v.* to roar; to bellow
Ursa Maior *n.f.* (constelação) Great Bear
Ursa Menor *n.f.* (constelação) Little Bear
urso *n.m.* [*f.* ursa] bear; **urso de peluche:** teddy bear; **urso polar:** polar bear
urticária *n.f.* hives
urtiga *n.f.* nettle
urze *n.f.* heather
usado *adj.* **1** (gasto) worn out; used up **2** (em segunda mão) second-hand; **carros usados:** second-hand cars
usar *v.* **1** to use; **usa um martelo:** use a hammer **2** (roupa, estilo) to wear; to have on; **usar cabelo curto:** to wear one's hair short **3** to use; to employ; **usar a força:** to use force ◆ **usar-se** (moda) to be fashionable; to be in; **isso já não se usa:** that is no longer the fashion
uso *n.m.* **1** use; usage; **em uso:** in use; **fora de uso:** out of use **2** custom; habit; **usos e costumes:** customs and traditions
usual *adj.2gén.* usual; customary; ordinary; **clientes usuais:** usual clients
usualmente *adv.* usually; normally
utensílio *n.m.* utensil; **utensílios de cozinha:** cooking utensils
utente *adj.2gén.* user
útero *n.m.* womb
útil *adj.2gén.* useful; helpful
utilidade *n.f.* utility; usefulness
utilitário *adj.* utilitarian; **veículo utilitário:** utility vehicle
utilização *n.f.* use; utilization
utilizador *n.m.* [*f.* utilizadora] user
utilizar *v.* to use; **utilizar um computador:** to use a computer
utopia *n.f.* utopia
utópico *adj.* utopian
uva *n.f.* grape; **um cacho de uvas:** a bunch of grapes; **uvas passas:** raisins

V

v *n.m.* (letra) v; **em V:** V-shaped
vaca *n.f.* cow; **carne de vaca:** beef
vacaria *n.f.* cowshed
vacina *n.f.* vaccine; **vacina da gripe:** flu vaccine
vacinação *n.f.* vaccination
vacinar *v.* to vaccinate ◆ **vacinar-se** to get vaccinated
vácuo *n.m.* vacuum
vadiagem *n.f.* vagrancy
vadiar *v.* to wander
vadio *adj.* stray; **cães vadios:** stray dogs ◆ *n.m.* vagabond
vaga *n.f.* **1** (onda) breaker; wave **2** (lugares) vacancy; **sem vagas:** no vacancies **3** *(figurado)* wave; **vaga de calor:** heat wave; **vaga de frio:** cold wave
vagabundo *n.m.* vagabond
vagão *n.m.* (comboios) carriage; car; coach
vagar *v.* (cargo, emprego) to become vacant ◆ *n.m.* time; **ter vagar para fazer algo:** to have time to do something
vagaroso *adj.* slow; slow-moving
vagem *n.f.* **1** (feijão-verde) string bean **2** (feijão, ervilha) pod
vagina *n.f.* vagina
vago *adj.* **1** (imagem, conceito) vague **2** (cargo, sítio) vacant; **este lugar está vago?:** is this seat taken? **3** (tempo) free; spare; **nas horas vagas:** in one's free time
vaguear *v.* to wander; to stroll; to ramble
vaidade *n.f.* vanity
vaidoso *adj.* vain; conceited
vaivém *n.m.* **1** (aeronave) shuttle **2** (de pessoas) comings and goings
vala *n.f.* (estrada) ditch
vale *n.m.* **1** GEOGRAFIA valley **2** voucher; **vale de compras:** voucher
valentão *adj. (informal)* bragging ◆ *n.m. (informal)* braggart
valente *adj.2gén.* brave; courageous
valentia *n.f.* bravery; courage
valer *v.* **1** to be worth; **valer a pena:** to be worth it **2** to be equivalent to; **valer o mesmo que:** to be equivalent to
valeta *n.f.* gutter
valete *n.m.* (cartas) knave; jack
validação *n.f.* validation; confirmation; **validação de um resultado:** validation of a result
validade *n.f.* validity; **dentro da validade:** within validity
validar *v.* to validate; to confirm
válido *adj.* valid
valioso *adj.* valuable
valor *n.m.* **1** value; **valor sentimental:** sentimental value **2** (preço) price; **saber o valor exato:** to know the right price **3** (mérito) value; worth; **um homem de valor:** a man of worth
valorizar *v.* to value
valsa *n.f.* (música, dança) waltz
válvula *n.f.* valve
vampiro *n.m.* vampire
vandalismo *n.m.* vandalism; hooliganism
vândalo *n.m.* vandal; hooligan
vangloriar-se *v.* to boast; to brag
vanguarda *n.f.* vanguard; forefront
vantagem *n.f.* advantage; **estar em vantagem:** to have the advantage

vantajoso *adj.* **1** (circunstância) favourable **2** (lucro) profitable
vão *adj.* vain; futile; fruitless; **em vão:** in vain; **esperança vã:** vain hope
vapor *n.m.* steam; vapour; **máquina a vapor:** steam-engine
vaporizador *n.m.* sprayer
vaporizar *v.* to spray
vaqueiro *n.m.* cowboy
vara *n.f.* **1** twig; stick **2** (porcos) herd of swine
varanda *n.f.* balcony
varão *n.m.* **1** male; **o filho varão:** the son **2** (cortina) curtain rod
vareta *n.f.* **1** rod **2** (guarda-chuva) rib **3** (bússola) leg
variação *n.f.* **1** change; modification; alteration **2** (de níveis) variation; fluctuation
variado *adj.* varied; wide-ranging; **uma variada gama de produtos:** a wide range of products
variante *n.f.* variant
variar *v.* to vary; to change; **variar as refeições:** to vary one's meals; **variar de cor:** to change colour; **para variar:** for a change
variável *adj.2gén.* variable; changeable
varicela *n.f.* (doença) chickenpox
variedade *n.f.* **1** (coisas) variety; diversity **2** (tipos diversos) variety; sort; kind; **toda a variedade de pessoas:** all sorts of people
varinha *n.f.* **1** (magia) wand; **varinha de condão:** magic wand **2** (eletrodoméstico) mixer; electric mixer
vários *det.indef.>quant.exist.*[DT] *e pron. indef.* several; **há vários dias:** several days ago
variz *n.f.* varicose vein
varredor *n.m.* sweeper
varrer *v.* to sweep
vasilha *n.f.* vessel
vasilhame *n.m.* casks
vaso *n.m.* (plantas) vase; flowerpot
vassoura *n.f.* sweep; broom
vastidão *n.f.* vastness
vasto *adj.* vast; immense; huge
Vaticano *n.m.* the Vatican
vazar *v.* **1** (espaço) to empty **2** (maré) to ebb
vazio *adj.* **1** empty; **de estômago vazio:** on an empty stomach; **de mãos vazias:** empty-handed **2** (oco) hollow
veado *n.m.* **1** (animal) deer **2** (carne) venison
vector *a nova grafia é* **vetor**
vedação *n.f.* **1** (muro) fence; barrier **2** (de sebe) hedge
vedado *adj.* **1** (com muro) fenced **2** (fechado) closed; **vedado ao trânsito:** closed to traffic
vedar *v.* **1** (espaço, terreno) to enclose; to fence **2** (recipiente) to shut tight; to close tight **3** (passagem) to close
vedeta *n.f.* star
veemência *n.f.* vehemence
veemente *adj.2gén.* vehement
vegetação *n.f.* vegetation
vegetal *adj.2gén.* vegetable ◆ *n.m.* plant
vegetariano *adj. e n.m.* vegetarian; **restaurante vegetariano:** vegetarian restaurant
veia *n.f.* vein
veicular *v.* to convey
veículo *n.m.* vehicle
veio *n.m.* (madeira) grain
vela *n.f.* **1** (de barco ou moinho) sail **2** DESPORTO sailing; **praticar vela:** to sail **3** (de cera) candle; **acender uma vela:** to light a candle
velar *v.* **1** (morto) to hold a wake over **2** (doente) to watch over
veleiro *n.m.* sailing boat
velejar *v.* to sail
velhaco *adj.* roguish ◆ *n.m.* rascal
velharias *n.f.pl.* antiques
velhice *n.f.* old age

velho *adj.* old; **ele é mais velho do que eu:** he is older than me; **ficar velho:** to get old; **o irmão mais velho:** the eldest brother
velhote *n.m.* old man
velocidade *n.f.* **1** speed; velocity; **a toda a velocidade:** at full speed **2** (automóvel) gear; **caixa de velocidades:** gearbox
velório *n.m.* wake
veloz *adj.2gén.* speedy; swift; quick
veludo *n.m.* velvet
vencedor *adj.* winning; victorious ◆ *n.m.* [*f.* vencedora] **1** (competição) winner **2** (guerra, batalha) conqueror
vencer *v.* **1** (competição) to win; **vencer o campeonato:** to win the championship **2** (adversário) to beat; to defeat
vencido *adj.* (competição) defeated; beaten; **dar-se por vencido:** to give in
vencimento *n.m.* (salário) pay; wage; salary
venda *n.f.* **1** (transação) sale; **à venda:** now on sale **2** (ato) selling; **preço de venda:** selling price **3** (dos olhos) blindfold
vendar *v.* to blindfold
vendaval *n.m.* gale
vendedor *n.m.* **1** (de loja) shop assistant **2** (venda direta) salesman
vender *v.* to sell ◆ **vender-se** to be sold; to be on sale
veneno *n.m.* (substância) poison; (cobra) venom
venenoso *adj.* poisonous
veneração *n.f.* veneration; worship
venerar *v.* to venerate; to worship
vénia *n.f.* bow; **fazer uma vénia:** to take a bow
venoso *adj.* (sangue) venous
ventania *n.f.* gale; high wind
ventilação *n.f.* ventilation; airing
ventilador *n.m.* ventilator
ventilar *v.* (ar) to ventilate; to air
vento *n.m.* wind; **está vento:** the wind is blowing
ventoinha *n.f.* fan
ventoso *adj.* windy
ventre *n.m.* **1** (barriga) belly **2** (útero) womb
ventrículo *n.m.* ventricle
ventríloquo *n.m.* ventriloquist; **boneco de ventríloquo:** ventriloquist's dummy
Vénus *n.f.* ASTRONOMIA, MITOLOGIA Venus
ver *v.* **1** to see; **já o viste?:** have you seen him yet?; **não vejo nada:** I can't see a thing **2** to look; **vê-me isto:** take a look at this **3** to watch; **ver televisão:** to watch television ◆ **ver-se** to find oneself; **ver-se numa situação difícil:** to find oneself in a difficult situation
veracidade *n.f.* veracity; truthfulness
verão *n.m.* **1** (estação do ano) summer **2** (período) summertime
verba *n.f.* sum; fund
verbal *adj.2gén.* oral; verbal
verbalmente *adv.* orally
verbete *n.m.* (dicionário, enciclopédia) headword
verbo *n.m.* verb; **verbo auxiliar:** auxiliary verb; **verbo modal:** modal verb
verdade *n.f.* truth; **dizer a verdade:** to tell the truth; **é verdade:** that's true
verdadeiro *adj.* **1** true; **uma história verdadeira:** a true story **2** real; **ouro verdadeiro:** real gold **3** (gémeos) identical; **gémeos verdadeiros:** identical twins
verde *adj.2gén.* **1** (cor) green **2** (fruta) unripe **3** (vinho) green; tart ◆ *n.m.* (cor) green; **verde claro:** light green; **verde escuro:** dark green
verdejante *adj.2gén.* green
verdete *n.m.* verdigris
verdura *n.f.* vegetables; greens
vereador *n.m.* town councillor
vereda *n.f.* footpath

veredicto *a grafia preferível é* **veredito**
veredito *n.m.* verdict
verga *n.f.* twig
vergar *v.* to bend ◆ **vergar-se** (dobrar o corpo) to stoop
vergonha *n.f.* shame; **estar com vergonha:** to feel ashamed; **corar de vergonha:** to flush with shame
vergonhoso *adj.* shameful; disgraceful
verídico *adj.* true; truthful
verificação *n.f.* **1** (investigação) verification; examination **2** (controlo) checking
verificar *v.* **1** (facto) to check **2** (teoria) to verify ◆ **verificar-se** to happen; to take place
verme *n.m.* worm
vermelho *adj. e n.m.* red
verniz *n.m.* varnish; polish; **verniz das unhas:** nail varnish; nail polish
verruga *n.f.* wart
versão *n.f.* version
versátil *adj.2gén.* versatile
versatilidade *n.f.* versatility
verso *n.m.* **1** verse; line; **em verso:** in verse **2** (de folha) verso; **ver no verso:** see overleaf
vértebra *n.f.* vertebra
vertebrado *adj. e n.m.* vertebrate
vertebral *adj.2gén.* vertebral; spinal; ANATOMIA **coluna vertebral:** spinal column
vertente *n.f.* (encosta) slope; side
verter *v.* **1** (líquido) to pour out; to spill **2** (lágrimas) to shed
vertical *adj.2gén. e n.f.* vertical
vértice *n.m.* **1** (polígono) vertex **2** (organização) apex; head
vertigem *n.f.* vertigo; **causar vertigens:** to give vertigo
vertiginoso *adj.* vertiginous; giddy
vesgo *adj. (informal)* squinting; squint-eyed; cross-eyed ◆ *n.m. (informal)* squint-eyed person; squinter
vesícula *n.f.* vesicle
vespa *n.f.* (inseto) wasp
véspera *n.f.* **1** day before; previous day **2** (festividades) eve; **véspera de Ano Novo:** New Year's Eve; **véspera de Natal:** Christmas Eve
veste *n.f.* dress; clothing
vestiário *n.m.* **1** changing room; dressing room **2** (provador) fitting room
vestíbulo *n.m.* entrance hall; lobby
vestido *n.m.* dress; **vestido de noiva:** wedding dress ◆ *adj.* dressed; **bem vestido:** well-dressed; **vestido de preto:** dressed in black
vestígio *n.m.* vestige
vestir *v.* **1** (peça de roupa) to put on; **vestir o casaco:** to put on one's coat **2** (outra pessoa) to dress; **já vestiste o bebé?:** have you dressed the baby yet? **3** to wear; **não ter nada para vestir:** to have nothing to wear ◆ **vestir-se 1** to get dressed **2** (estilo de roupa) to dress; **ele veste-se muito bem:** he dresses really well
vestuário *n.m.* clothes; clothing; dress
veterinária *n.f.* veterinary medicine
veterinário *n.m.* [*f.* veterinária] *(Grã-Bretanha)* veterinary surgeon; *(informal)* vet; *(Estados Unidos da América)* veterinarian ◆ *adj.* veterinary
veto *n.m.* veto; **ter o poder de veto:** to have the power of veto
vetor *n.m.* vector
véu *n.m.* veil; **véu de noiva:** bride's veil
vez *n.f.* **1** time; **às vezes:** sometimes; **duas vezes:** twice; **era uma vez:** once upon a time; **uma vez:** once **2** turn; **é a tua vez:** it's your turn
vezes *n.f.pl.* times; multiplied by; **5 vezes 5 é igual a 25:** 5 times 5 makes 25
via *n.f.* way; ASTRONOMIA **Via Láctea:** Milky Way ◆ *prep.* (trajeto) via; by way of; **ir para Roma via Lisboa:** to go to Rome via Lisbon

viabilidade *n.f.* viability
viação *n.f.* (trânsito) traffic; **acidente de viação:** car accident
viaduto *n.m.* viaduct
via-férrea *n.f.* railway
viagem *n.f.* trip; (mais longa) travel; journey; (por mar) voyage; **boa viagem!:** have a nice trip!; **ir de viagem:** to go on a journey; to go on a trip
viajante *adj.2gén.* travelling ◆ *n.2gén.* **1** traveller **2** (meio de transporte) passenger
viajar *v.* to travel
viatura *n.f.* vehicle
víbora *n.f.* viper; adder
vibração *n.f.* vibration
vibrante *adj.2gén.* vibrant
vibrar *v.* to vibrate
vice-presidente *n.2gén.* vice-president
vice-rei *n.m.* viceroy
vice-versa *adv.* vice versa
viciar *v.* (resultados, sorteio) to falsify; to manipulate
vício *n.m.* (álcool, jogo, etc.) addiction; **vício do jogo:** addiction to gambling
viçoso *adj.* (vegetação) exuberant
vida *n.f.* **1** life; **para toda a vida:** for life **2** (período de tempo) lifetime; **uma vez na vida:** once in a lifetime **3** (vivacidade) liveliness
vide *n.f.* (ramo) vine branch; (planta) grapevine
videira *n.f.* vine; grapevine
vidente *n.2gén.* clairvoyant
vídeo *n.m.* (aparelho, filme) video
videocassete *n.f.* video cassette
videoclube *n.m.* video club
videoconferência *n.f.* videoconference
videojogo *n.m.* videogame
videoporteiro *n.m.* video doorphone
videotexto *n.m.* videotext
videovigilância *n.f.* video surveillance
vidraça *n.f.* window pane
vidrado *adj.* (olhos) glassy
vidrão *n.m.* bottle bank
vidraria *n.f.* **1** (atividade) glasswork **2** (fábrica) glass factory; glazier's
vidro *n.m.* **1** (material) glass; **objetos de vidro:** glassware **2** (de janela) pane **3** (de veículo) window; **vidros elétricos:** power windows
viela *n.f.* alley; alleyway
viga *n.f.* **1** (de madeira) beam **2** (de ferro) girder
vigarice *n.f.* swindle
vigário *n.m.* vicar
vigarista *n.2gén.* swindler; crook
vigarizar *v.* to swindle
vigésimo *num.ord.>adj.num.*[DT] twentieth
vigia *n.f.* **1** watch; look-out; **estar de vigia:** to be on the watch **2** (janela) peephole **3** (navio, avião) porthole ◆ *n.2gén.* sentry
vigiar *v.* to watch; **vigiar alguém:** to watch someone
vigilância *n.f.* **1** (atenção) vigilance **2** (controlo) surveillance; **estar sob vigilância:** to be under watch; **vigilância policial:** police surveillance
vigilante *adj.2gén.* vigilant; watchful ◆ *n.2gén.* guard
vigília *n.f.* vigil
vigor *n.m.* **1** vigour **2** (lei, norma) force; **entrar em vigor:** to come into force
vigorar *v.* to be in force
vigoroso *adj.* vigorous
vil *adj.2gén.* vile; despicable
vila *n.f.* **1** (povoação) small town; village **2** (casa) country house; villa
vilão *n.m.* villain
vime *n.m.* wicker; **cesto de vime:** wicker basket
vinagre *n.m.* vinegar
vincar *v.* (papel, tecido) to crease
vinco *n.m.* (papel, tecido) crease
vínculo *n.m.* tie; link

vinda *n.f.* coming; arrival; **à vinda:** on one's way back
vindima *n.f.* grape harvest; vintage
vindimador *n.m.* grape harvester; grape picker
vindimar *v.* to gather grapes
vindouro *n.m.* future; forthcoming; **as gerações vindouras:** the future generations
vingança *n.f.* vengeance; revenge
vingar *v.* to revenge ◆ **vingar-se** to take revenge on
vingativo *adj.* vindictive; revengeful
vinha *n.f.* vineyard
vinheta *n.f.* **1** vignette **2** (banda desenhada) cartoon
vinho *n.m.* wine; **vinho branco:** white wine; **vinho tinto:** red wine
vinícola *adj.2gén.* winemaking; winegrowing; **região vinícola:** wine-growing area
vinte *num.card.>quant.num.*[DT] *e n.m.* twenty; **o dia vinte:** the twentieth
viola *n.f.* guitar; **tocar viola:** to play the guitar
violação *n.f.* **1** (de lei, regra) violation **2** (de pessoa) rape
violador *n.m.* rapist
violão *n.m.* MÚSICA French guitar
violar *v.* **1** (lei, regras) to break; to violate **2** (pessoa) to rape
violência *n.f.* violence; **violência doméstica:** domestic violence
violento *adj.* violent
violeta *adj. e n.m.* (cor) violet ◆ *n.f.* (flor) violet
violinista *n.2gén.* violinist
violino *n.m.* violin
violoncelista *n.2gén.* cellist
violoncelo *n.m.* cello
vir *v.* **1** to come; **ele vem aí:** there he comes; **vens connosco?:** do you want to come with us? **2** (origem) to come; **de onde vens?:** where do you come from?
vira-casaca *n.2gén.* *(informal)* turncoat
viragem *n.f.* turning; **ponto de viragem:** turning point
virar *v.* **1** to turn; to turn over; **virar uma camisola do avesso:** to turn a sweater inside out **2** (direção) to turn; **vira à direita:** turn right; **vira à esquerda:** turn left ◆ **virar-se** to turn; **virar-se para o lado:** to turn aside
virgem *adj.2gén.* virgin; **floresta virgem:** virgin forest
Virgem *n.f.* **1** (constelação, signo) Virgo; the Virgin **2** RELIGIÃO Virgin; **a Virgem Maria:** the Virgin Mary
vírgula *n.f.* comma
viril *adj.2gén.* manly; virile
virilha *n.f.* groin
virose *n.f.* virus infection
virtual *adj.2gén.* virtual; **realidade virtual:** virtual reality
virtude *n.f.* virtue
vírus *n.m.2núm.* virus
visão *n.f.* **1** (sentido) vision; sight; **problemas de visão:** sight problems **2** (alucinação) vision; hallucination; **ter visões:** to see things
visar *v.* **1** (objetivo) to aim at **2** (passaporte) to visa
vísceras *n.f.pl.* visceras
visconde *n.m.* viscount
viscondessa *n.f.* viscountess
viscoso *adj.* viscous; sticky
viseira *n.f.* **1** (capacete) visor **2** (boné) peak
visibilidade *n.f.* visibility; **fraca visibilidade:** low visibility
visionário *adj. e n.m.* visionary
visita *n.f.* **1** (ato) visit; **fazer uma visita a alguém:** to pay a visit to someone **2** (pessoa) visitor; caller; **tenho visitas em casa:** I have visitors at home **3** (tu-

rismo) tour; **visita de estudo:** field trip; **visita guiada:** guided tour
visitante *adj.2gén.* visiting; **equipa visitante:** visiting team ◆ *n.2gén.* visitor; caller
visitar *v.* **1** (pessoas) to visit; to pay a visit to **2** (local) to see
visível *adj.2gén.* **1** visible **2** apparent; clear; **esforços visíveis:** apparent efforts
visivelmente *adv.* visibly; clearly
vislumbrar *v.* to catch a glimpse of
visor *n.m.* **1** (arma) sight **2** (máquina fotográfica) viewfinder
vista *n.f.* **1** (olhos) sight; eyesight; **à primeira vista:** at first sight; **conhecer de vista:** to know by sight; **estar à vista:** to be evident **2** (paisagem) view; **um quarto com vista:** a room with a view; **vista aérea:** air view
visto *n.m.* **1** (em passaporte) visa **2** (sinal) tick
vistoria *n.f.* inspection; survey; **fazer uma vistoria a:** to inspect
vistoriar *v.* to inspect; to survey
vistoso *adj.* showy; flashy
visual *adj.2gén.* visual ◆ *n.m.* look
visualização *n.f.* visualization
visualizar *v.* **1** to visualize **2** INFORMÁTICA to display
vital *adj.2gén.* **1** vital; **sinais vitais:** vital signs **2** *(figurado)* crucial; **uma questão de importância vital:** a crucial matter
vitalício *adj.* lifelong; **pensão vitalícia:** life pension
vitalidade *n.f.* vitality
vitamina *n.f.* vitamin; **vitamina C:** vitamin C
vitela *n.f.* **1** (animal) calf **2** (carne) veal
vítima *n.f.* victim; casualty
vitimar *v.* to victimize; to cause casualty; **o acidente vitimou dez pessoas:** the accident caused ten casualties
vitória *n.f.* victory
vitorioso *adj.* victorious
vitral *n.m.* stained-glass window
vitrina *n.f.* **1** (de loja) shop window **2** (de armário) showcase
viúva *n.f.* widow
viuvez *n.f.* widowhood
viúvo *n.m.* widower
viva *n.m.* cheer; **dar vivas a alguém:** to cheer someone ◆ *interj.* **1** (olá) hi!; hello! **2** (bravo) hurrah!; hurray! **3** (após espirro) God bless you!
vivacidade *n.f.* vivacity; liveliness
vivalma *n.f.* living soul; **não ver vivalma:** not to see a living soul
viveiro *n.m.* **1** (peixes) fish farm **2** (plantas) nursery
vivência *n.f.* living experience
vivenda *n.f.* villa; cottage
viver *v.* **1** to live; to be alive; **enquanto eu viver:** for as long as I live; **viver até à idade de:** to live to the age of **2** (morar) to live; **onde vives?:** where do you live?; **viver com os pais:** to live with one's parents **3** (experiência) to live through; to experience
víveres *n.m.pl.* provisions
vivo *adj.* **1** alive; **ele está vivo:** he is alive **2** living; **os seres vivos:** the living beings **3** (cor) bright
vizinhança *n.f.* **1** (pessoas) neighbourhood **2** (local) vicinity; neighbourhood
vizinho *adj.* neighbouring ◆ *n.m.* [*f.* vizinha] neighbour
voador *adj.* flying ◆ *n.m.* (para crianças) walker; baby walker
voar *v.* (ave, avião) to fly; **voar sobre uma cidade:** to fly over a town; *(figurado)* **o tempo voa:** time flies
vocabulário *n.m.* vocabulary
vocábulo *n.m.* word
vocação *n.f.* vocation; talent; **ter vocação para a música:** to have a vocation for music

vocacional *adj.2gén.* vocational; **teste vocacional:** vocational test
vocal *adj.2gén.* vocal; **cordas vocais:** vocal cords
vocalista *n.2gén.* vocalist
vocativo *adj. e n.m.* vocative
você *pron.pess.* **1** (tratamento formal) you **2** (no plural) you; **isto foi feito por vocês:** you did it **3** *(Brasil)* you; **para você:** for you
vodka *n.f.* vodka
voga *n.f.* vogue; fashion; **estar em voga:** to be in vogue
vogal *n.f.* (letra) vowel
voice mail *n.m.* voice mail
volante *n.m.* (de automóvel) steering wheel
volátil *adj.2gén.* volatile
vólei *n.m. (informal)* volleyball
voleibol *n.* volleyball
volt *n.m.* volt
volta *n.f.* **1** (movimento circular) turn; rotation **2** (passeio) stroll; **ir dar uma volta:** to go for a stroll **3** (regresso) return; **bilhete de ida e volta:** return ticket **4** (modificação) turn; **a minha vida deu uma grande volta:** my life has taken a big turn **5** DESPORTO lap; **volta de aquecimento:** warm-up lap
voltar *v.* **1** to come back; to return; **voltar de uma viagem:** to return from a journey **2** (direção) to turn; **voltar à direita:** to turn right; **voltar para trás:** to turn back **3** to do again; **voltar a tentar:** to try again ◆ **voltar-se** to turn round
volume *n.m.* volume
volumoso *adj.* **1** voluminous **2** (objeto) bulky
voluntariado *n.m.* voluntary service/work
voluntário *n.m.* [*f.* voluntária] volunteer ◆ *adj.* **1** (atividade) voluntary **2** (vontade) willing
volúvel *adj.2gén.* inconstant; fickle
vomitar *v.* to throw up
vómito *n.m.* vomit
vontade *n.f.* **1** will; **de minha livre vontade:** at my own free will **2** (desejo) wish; **fazer a vontade a alguém:** to comply with a person's wishes; **ter vontade de fazer alguma coisa:** to feel like doing something
voo *n.m.* (ave, avião) flight
voraz *adj.2gén.* voracious
vos *pron.pess.* you; **depois digo-vos:** I'll tell you later
vós *pron.pess.* you
vosso *det.poss.* your; **na vossa casa:** at your place ◆ *pron.poss.* yours; **isto é vosso?:** is this yours?
votação *n.f.* **1** (ato) voting **2** (eleição política) polls
votar *v.* to vote; **votar a favor de:** to vote for a party; **votar contra:** to vote against
voto *n.m.* **1** vote; **contar os votos:** to count the votes **2** RELIGIÃO vow; **voto de castidade:** vow of chastity **3** (desejo) wish; **votos de felicidades:** best wishes; **votos de um feliz Natal:** wishing you a merry Christmas; **fazer votos de que...:** to hope that...
vovó *n.f. (informal)* granny; grandma
vovô *n.m. (informal)* grandpa
voz *n.f.* voice; **em voz baixa:** in a low voice; **ler em voz alta:** to read aloud
vozeirão *n.m.* thundering voice
vulcânico *adj.* volcanic; **erupção vulcânica:** volcanic eruption
vulcão *n.m.* volcano; **um vulcão ativo:** an active volcano; **um vulcão extinto:** an extinct volcano
vulgar *adj.2gén.* **1** (normal) ordinary; **fora do vulgar:** out of the ordinary **2** (grosseiro) rude
vulgarmente *adv.* usually; commonly
vulto *n.m.* shape

W

w *n.m.* (letra) w
walkie-talkie *n.m.* walkie-talkie
walkman *n.m.* Walkman
watt *n.m.* watt
web *n.f. (informal)* Internet
western *n.m.* (filme) western
whisky *n.m.* whisky; whiskey
windsurf *n.m.* windsurfing; **praticar windsurf:** to windsurf
windsurfista *n.2gén.* windsurfer

W

x *n.m.* (letra) x; **raios X:** X-rays
x-acto *a nova grafia é* **x-ato**
xadrez *n.m.* **1** (jogo) chess; **tabuleiro de xadrez:** chessboard **2** (padrão) checked cloth; **casaco de xadrez:** checked coat
xaile *n.m.* shawl
xarope *n.m.* syrup
x-ato *n.m.* cutter
xelim *n.m.* shilling
xeque *n.m.* **1** (xadrez) check **2** (Arábia) sheikh
xeque-mate *n.m.* checkmate
xerez *n.m.* sherry
xerife *n.m.* sheriff
xibongo *n.m.* (nome de família) surname; family name
xicandarinha *n.f. (Moçambique)* (chaleira) kettle
xícara *n.f.* cup
xilofone *n.m.* xylophone
xilofonista *n.2gén.* xylophonist
xiluva *n.f. (Moçambique)* flor
xirico *n.m.* **1** *(Moçambique)* (rádio) radio (set) **2** *(Angola, Moçambique)* (passarinho) birdie
xisto *n.m.* schist
xitimela *n.m.* **1** *(Moçambique)* (navio) ship **2** *(Moçambique)* (comboio) train
xitolo *n.m. (Moçambique)* (cantina) canteen

W

y *n.m.* (letra) y
yoga *n.m.* → **ioga**

Z

z *n.m.* (letra) z
zambe *n.m. (Angola)* god
zanga *n.f.* quarrel; fight
zangado *adj.* angry; **estar zangado com alguém:** to be angry with someone
zângão *n.m.* drone; male honeybee
zangar-se *v.* to get angry; **zangar-se com alguém:** to get angry with somebody
zapping *n.m.* channel-surfing; channel-hopping; **fazer zapping:** to zap
zaragata *n.f.* **1** (zanga) quarrel; fight **2** (barulho, confusão) disturbance; disorder
zarolho *adj. (informal)* squint-eyed; one-eyed ◆ *n.m. (informal)* squint-eyed person; one-eyed person
zarpar *v.* to set sail; to sail away
zás *interj.* bang!; slash!; crash!
zebra *n.f.* zebra
zelar *v.* to watch over; to take care of; to look after
zelo *n.m.* zeal; care
zeloso *adj.* zealous
zé-ninguém *n.m. (informal)* a nobody
zero *num.card.>quant.num.*[DT] (algarismo) zero ◆ *n.m. (informal)* (nada) zilch; **abaixo de zero:** below zero; **começar do zero:** to start from scratch; *(informal)* **ser um zero à esquerda:** to be a good-for-nothing
ziguezague *n.m.* zigzag; **andar aos ziguezagues:** to zigzag
zinco *n.m.* zinc
zipar *v.* INFORMÁTICA to zip; **zipar um ficheiro:** to zip a file
Zodíaco *n.m.* zodiac; **signos do Zodíaco:** signs of the zodiac
zona *n.f.* area; **zona industrial:** industrial park; **zona reservada:** restricted area
zonzo *adj.* dizzy; giddy; **sentir-se zonzo:** to feel dizzy
zoologia *n.f.* zoology
zoológico *adj.* zoological; **jardim zoológico:** zoo
zoólogo *n.m.* zoologist
zumbido *n.m.* **1** (abelhas, vespas) buzz **2** (insetos, máquinas) hum
zumbir *v.* to buzz
zurrar *v.* to bray
zurro *n.m.* bray

Gramática e Verbos

Este anexo gramatical aborda as seguintes classes de palavras:

Nome

Em inglês existem, tal como em português, **nomes próprios** (nomes de pessoas, lugares, festas, meses do ano, dias da semana, planetas, títulos de obras, movimentos históricos e culturais, etc.) e **nomes comuns** (que indicam seres, objetos, etc., sem os individualizar).

Alguns nomes próprios:

queen Victoria
(rainha Vitória)

Great-Britain
(Grã-Bretanha)

Europe
(Europa)

Christmas
(Natal)

December
(dezembro)

Saturday
(sábado)

the Bible
(a Bíblia)

Os **nomes comuns** podem ser **contáveis** ou **não contáveis**. Os contáveis têm forma de singular e de plural, podendo ser usados com artigo definido (*the*) ou indefinido (*a/an*) ou sem qualquer artigo. Os não contáveis não têm forma de plural nem podem ser precedidos de artigo indefinido ou de um quantificador numeral.

Alguns **nomes contáveis**:

a cat
(um gato)

a suggestion
(uma sugestão)

an apple pie
(uma tarte de maçã)

an umbrella
(um guarda-chuva)

Alguns **nomes não contáveis**:

water
(água)

butter
(manteiga)

advice
(conselho)

oxygen
(oxigénio)

Em inglês, os nomes não têm **género**. Geralmente, a mesma palavra designa os dois géneros (*teacher-professor/professora; judge-juiz/juíza*). Em alguns casos existe uma forma para o feminino e outra para o masculino (*actor/actress; prince/princess; king/queen*).

O **plural** dos nomes forma-se geralmente acrescentando um *s*:

flower → *flowers*
(flor → flores)

game → *games*
(jogo → jogos)

Os nomes terminados em *s*, *sh*, *ch*, *x* e *o* formam o plural acrescentando *es*:

bus → *buses*
(autocarro → autocarros)

dish → *dishes*
(prato → pratos)

lunch → *lunches*
(almoço → almoços)

fox → *foxes*
(raposa → raposas)

tomato → *tomatoes*
(tomate → tomates)

Os nomes terminados em *y* (precedido de consoante) formam o plural em *ies*:

daddy → *daddies*
(papá → papás)

Os nomes terminados em *y* (precedido de vogal) formam o plural acrescentando *s*:

birthday → *birthdays*
(aniversário → aniversários)

Em geral, os nomes terminados em *f* ou *fe* formam o plural em *ves*:

elf → *elves*
(duende → duendes)

knife → *knives*
(faca → facas)

Em inglês, alguns nomes têm formas diferentes para o **singular** e para o **plural**:

child → *children*
(criança → crianças)

man → *men*
(homem → homens)

Artigo (definido e indefinido)

Em inglês, tal como em português, existem dois tipos de artigo(s): **definido** e **indefinido**.

O **artigo definido** ***the*** corresponde, em português, a *o/a/os/as* e usa-se para indicar uma referência precisa (no singular e no plural):

*Please, tell me **the** truth.*
(Por favor, diz-me a verdade.)

*Open **the** window, please.*
(Abre a janela, por favor.)

*I read **the** books you gave me.*
(Eu li os livros que me deste.)

Usa-se ainda o **artigo definido** *the* com expressões em que se referem períodos do dia, determinados nomes de lugares, datas (quando se refere uma data oralmente), grupos de pessoas/povos, instrumentos musicais, apelidos no plural, etc.:

*in **the** morning/afternoon/evening*
(de manhã/à tarde/à noite)

***the** United States*
(os Estados Unidos)

***(the)** 1st (of) September*
(o dia 1 de setembro)

***the** English*
(os ingleses)

*She plays **the** piano.*
(Ela toca piano.)

*I met **the** Simpsons.*
(Eu encontrei os Simpsons.)

Não se usa o **artigo definido** quando se refere algo em geral, nomes de pessoas, dias da semana e antes de possessivos:

I like bread.
(Gosto de pão.)

Children are funny.
(As crianças são engraçadas.)

Water is good for your health.
(A água faz bem à saúde.)

Flowers are beautiful.
(As flores são bonitas.)

Mary is very nice.
(A Maria é muito simpática.)

This is my bike.
(Esta é a minha bicicleta.)

Os **artigos indefinidos** ***a*** e ***an*** correspondem a *um* ou *uma* em português.

Usa-se *a* antes de uma palavra começada por consoante e *an* antes de uma palavra começada por vogal ou *h* mudo (isto é, que não se pronuncia):

a *dictionary*
(um dicionário)

an *actor*
(um ator)

an *old lady*
(uma senhora idosa)

a *hamburger**
(um hambúrguer)

an *hour* later*
(uma hora depois)

* Na palavra *hamburger* pronuncia-se o *h*, portanto usa-se a *forma* **a**. Na palavra *hour* o *h* não se pronuncia, portanto usa-se a *forma* **an**.

Em inglês usam-se as *formas* do **artigo indefinido** *a* e *an* antes da referência a uma profissão:

She's ***a*** *lawyer.*
(Ela é advogada.)

He's ***an*** *architect.*
(Ele é arquiteto.)

Adjetivo

Em inglês, os **adjetivos** são invariáveis e colocam-se sempre antes do nome que qualificam:

*a **new** day*
(um novo dia)

*a **lovely** girl*
(uma rapariga linda)

***expensive** books*
(livros caros)

*very **nice** people*
(pessoas muito simpáticas)

Os **adjetivos** podem ser usados depois de verbos:

*They are **intelligent**.*
(Eles são inteligentes.)

*The weather looks **great**.*
(O tempo parece ótimo.)

*She was very **tired**.*
(Ela estava muito cansada.)

*He found the test **easy**.*
(Ele achou o teste fácil.)

Usam-se os adjetivos para fazer **comparações** entre pessoas, coisas e animais.

Para formar o **comparativo de superioridade**, nos adjetivos que têm até 2 sílabas, acrescenta-se *er* ao adjetivo + *than*:

*She's **older than** her sister.*
(Ela é mais velha do que a irmã.)

*The car's **cheaper than** I thought.*
(O carro é mais barato do que eu pensei.)

Os adjetivos terminados em ***e*** passam a ***er*** (*close-closer, large-larger, nice-nicer*):

*My house is **larger than** yours.*
(A minha casa é maior do que a tua.)

Quando o adjetivo termina em consoante e esta é precedida de uma vogal, repete-se a consoante final (*big-bigger, fat-fatter, tal-taller, etc.*):

*Alan is **fatter than** John.*
(O Alan é mais gordo do que o John.)

Os adjetivos terminados em *y* mudam a terminação para *ier* (*busy-busier, happy-happier, crazy-crazier, etc.*):

*She seems **happier** today.*
(Ela parece mais feliz hoje.)

Os adjetivos com mais de 2 sílabas formam o comparativo de superioridade acrescentando *more* + adjetivo + *than*:

*The book was **more expensive than** I thought.*
(O livro era mais caro do que eu pensei.)

Para formar o grau comparativo de inferioridade usa-se *less* + adjetivo + *than*:

*That chair is **less comfortable than** this one.*
(Essa cadeira é menos confortável do que esta.)

Para formar o **comparativo de igualdade** usa-se, na afirmativa, *as* + adjetivo + *as* e, na negativa, *not as* + adjetivo + *as*:

Mary is ***as tall as*** *Anne.*
(A Maria é tão alta como a Ana.)

Mary is ***not as tall as*** *Anne.*
(A Maria não é tão alta como a Ana.)

Alguns adjetivos são irregulares, portanto não obedecem às regras de formação do comparativo e do superlativo:

good → *better* → *the best*
(bom → melhor → o melhor)

bad → *worse* → *the worst*
(mau → pior → o pior)

Advérbio

Como em português, em inglês usam-se **advérbios** para dar mais informações sobre verbos, adjetivos e outros advérbios:

He behaved ***badly****.*
(Ele portou-se mal.)

I am ***almost*** *ready.*
(Estou quase pronta.)

Alguns **advérbios de intensidade**:

almost
(quase)

hardly
(dificilmente)

quite
(completamente)

rather
(bastante)

very
(muito)

Alguns **advérbios de frequência**:

always
(sempre)

usually
(normalmente)

often
(frequentemente)

sometimes
(às vezes)

never
(nunca)

Os advérbios de frequência devem vir antes do verbo principal:

*I **always** get up early.*
(Levanto-me sempre cedo.)

Os **advérbios de modo** formam-se acrescentando *ly* aos adjetivos (*slow* – *slowly*, *quick* – *quickly*) ou combinando adjetivos terminados em *ly* com as palavras *way*, *manner* ou *fashion*:

*I **usually** get up at 7.*
(Geralmente levanto-me às 7.)

*She answered in a **friendly way**.*
(Ela respondeu de modo/maneira amigável.)

Verbo

Em inglês, há **verbos principais** (que podem ser *regulares* ou *irregulares*) e **verbos auxiliares** (os mais comuns são *to be, to do, to have* e os **modais** *can, may, must* e *will*).

Em inglês, os verbos no **infinitivo** são precedidos de *to*:

to eat
(comer)

to read
(ler)

to travel
(viajar)

Existem duas formas de **presente**: presente simples (*simple present*) e presente contínuo (*present continuous*). O **presente simples** usa-se para referir uma ação intemporal ou um hábito; o **presente contínuo** usa-se para referir uma ação que está a decorrer (no momento em que se fala ou escreve):

I ***live*** *in Portugal.*
(Vivo em Portugal.)

They ***meet*** *every weekend.*
(Eles encontram-se todos os fins de semana.)

Banks ***open*** *at 8.30 a.m.*
(Os bancos abrem às 8.30 da manhã.)

It's ***raining*** *again.*
(Está a chover novamente.)

He's ***reading*** *a newspaper.*
(Ele está a ler um jornal.)

O simple present tem a mesma forma do infinitivo em todas pessoas, exceto na **3.ª pessoa do singular**. Para formar a 3.ª pessoa do singular nos verbos regulares e irregulares acrescenta-se *s* à forma infinitiva do verbo:

*She **likes** chocolate.*
(Ela gosta de chocolate.)

*He **speaks** English.*
(Ele fala inglês.)

Em alguns casos é preciso fazer mais algumas alterações:

- nos verbos terminados em *ss, sh, ch, x* e *o* acrescenta-se *es*:

  dress → *dress**es***
  push → *push**es***
  tax → *tax**es***
  go → *go**es***

- nos verbos terminados em *y* precedido de uma consoante, o *y* passa a *i* e acrescenta-se *es*:

  cry → *cr**ies***

Quando é precedido de uma vogal, o *y* mantém-se, acrescentando-se apenas um *s*:

play → *play**s***

O **passado** pode ter as formas simples (*simple past*) e contínua (*past continuous*):

*She **was** ill.*
(Ela estava doente.)

*They **were watching** TV.*
(Eles estavam a ver televisão.)

No **simple past** há apenas uma forma para todas as pessoas do singular e do plural. Nos **verbos regulares**, essa forma resulta da junção de *ed* ao infinitivo do verbo. No entanto, há algumas exceções:

- Quando o verbo termina em *e* acrescenta-se *d*:

  arrive → *arrive**d***
  love → *love**d***

- Quando o verbo termina em *vogal* + *y* acrescenta-se *ed*:

  *destr**oy*** → *destroy**ed***
  *pl**ay*** → *play**ed***

- Quando o verbo termina em *consoante* + *y*, elimina-se o *y* e acrescenta-se *ied*:

  *wor**ry*** → *wor**ried***
  *c**ry*** → *c**ried***

- Quando o verbo termina em *consoante* + *vogal* + *consoante* dobra a última letra e acrescenta-se *ed* quando a sílaba tónica é a última ou quando a consoante final é *l*:

  *st**op*** → *sto**pped***
  *cl**ap*** → *cla**pped***
  travel → *trave**lled***

Encontras uma lista de **verbos irregulares** nas págs. 532-542.

O **past continuous** forma-se com o *simple past* do verbo auxiliar *to be*, seguido do *present participle* do verbo principal:

*I **was reading** a book.*
(Eu estava a ler um livro.)

*They **were talking** to me.*
(Eles estavam a falar comigo.)

Para exprimir uma ação num momento posterior ao presente usa-se geralmente o **futuro simples** *(simple future)*:

*I **will open** the window.*
(Vou abrir a janela.)

Este tempo verbal pode também referir-se a ações futuras que acontecem habitualmente:

*Spring **will arrive**.*
(A primavera vai chegar.)

O simple future é ainda utilizado para expressar intenções, opiniões e especulações sobre o futuro:

*I **will stop** smoking.*
(Vou deixar de fumar.)

*She **will arrive** late.*
(Ela vai chegar atrasada.)

Também se pode exprimir uma ação futura usando a construção **be going to** seguida do infinitivo do verbo principal.

*I'**m going to buy** a new dress.*
(Eu vou comprar um vestido novo.)

*She **is going to visit** you on Saturday.*
(Ela vai visitar-te no sábado.)

A expressão **be going to** também é utilizada para exprimir previsões ou pressentimentos:

*It's **going to** rain.*
(Vai chover.)

*Be carefull, you'**re going to** fall!*
(Cuidado, vais cair!)

Em inglês, a **negativa** forma-se com os verbos auxiliares e com a partícula *not*. Nos tempos verbais simples (o *simple present* e o *simple past*), usa-se o verbo auxiliar *to do* seguido de *not* (muitas vezes na forma contraída *don't/doesn't*):

I like chocolates. → *I* ***do not like*** *chocolates.*
I ***don't*** *like chocolates.*
(Eu gosto de chocolates. → Eu não gosto de chocolates.)

She speaks English. → *She* ***does not speak*** *English.*
She ***doesn't speak*** *English.*
(Ela fala inglês. → Ela não fala inglês.)

Nos tempos verbais compostos, introduz-se a partícula de negação *not* a seguir ao verbo auxiliar:

He has been studying. → *He* ***has not*** *been studying.*
He ***hasn't*** *been studying.*
(Ele tem estudado. → Ele não tem estudado.)

She has sent me a letter. → *She* ***has not*** *sent me a letter.*
She ***hasn't*** *sent me a letter.*
(Ela mandou-me uma carta. → Ela não me mandou uma carta.)

Em inglês, a **interrogativa** forma-se invertendo a posição do sujeito e do verbo auxiliar. No caso de não haver um verbo auxiliar na frase (no *simple present* e no *simple past*) usa-se o verbo auxiliar *to do*:

You have read *this book.* → ***Have you read*** *this book?*
(Tu leste este livro. → Tu leste este livro?)

He hasn't met *her.* → ***Hasn't he met*** *her?*
(Ele não a encontrou. → Ele não a encontrou?)

They went *to the cinema* → ***Did they go*** *to the cinema?*
(Eles foram ao cinema. → Eles foram ao cinema?)

Os **verbos modais** distinguem-se dos outros verbos pelas suas características próprias: são utilizados como auxiliares, combinando-se com um verbo principal; só têm presente e pretérito, excepto *must* e *ought*, que só têm presente. Estes verbos nunca são precedidos de *to* (diz-se o verbo *can* e nunca *to can*, *may* e nunca *to may*, *will* e nunca *to will*, etc.).

A 3.ª pessoa do singular do simple present dos **verbos modais** não apresenta a terminação *s*. Os verbos auxiliares modais não se usam com outros auxiliares; a interrogativa forma-se invertendo a posição do sujeito e a negativa colocando o verbo modal antes de *not*:

She ***can go*** *to your birthday party.*
(Ela pode ir à tua festa de anos.)

Can I borrow *your pen?*
(Posso usar a tua caneta?)

I cannot* speak *German.*
(Eu não sei falar alemão.)

* Na negativa, é mais comum a forma *can't*.

Conjugação de um verbo regular

infinitive
to listen

affirmative active — *simple tenses*

	simple present	simple past
I	listen	listen**ed**
you	listen	listen**ed**
he, she, it	listen**s**	listen**ed**
we	listen	listen**ed**
you	listen	listen**ed**
they	listen	listen**ed**

	present perfect	past perfect
I	**have** listen**ed**	**had** listen**ed**
you	**have** listen**ed**	**had** listen**ed**
he, she, it	**has** listen**ed**	**had** listen**ed**
we	**have** listen**ed**	**had** listen**ed**
you	**have** listen**ed**	**had** listen**ed**
they	**have** listen**ed**	**had** listen**ed**

	simple future	imperative
I	**will*** listen	listen
you	**will** listen	
he, she, it	**will** listen	***-ing* form**
we	**will*** listen	listen**ing**
you	**will** listen	
they	**will** listen	

progressive tenses

	present continuous	past continuous
I	**am** listen**ing**	**was** listen**ing**
you	**are** listen**ing**	**were** listen**ing**
he, she, it	**is** listen**ing**	**was** listen**ing**
we	**are** listen**ing**	**were** listen**ing**
you	**are** listen**ing**	**were** listen**ing**
they	**are** listen**ing**	**were** listen**ing**

* Na 1.ª pessoa do singular e do plural do futuro pode usar-se *will* ou *shall*.

Conjugação de um verbo irregular

infinitive

to choose

affirmative active — *simple tenses*

	simple present	simple past
I	choose	**chose**
you	choose	**chose**
he, she, it	choose**s**	**chose**
we	choose	**chose**
you	choose	**chose**
they	choose	**chose**

	present perfect	past perfect
I	**have** chosen	**had** chosen
you	**have** chosen	**had** chosen
he, she, it	**has** chosen	**had** chosen
we	**have** chosen	**had** chosen
you	**have** chosen	**had** chosen
they	**have** chosen	**had** chosen

	simple future
I	**will** choose
you	**will** choose
he, she, it	**will** choose
we	**will** choose
you	**will** choose
they	**will** choose

imperative
choose

-ing form
choos**ing**

progressive tenses

	present continuous	past continuous
I	**am** choos**ing**	**was** choos**ing**
you	**are** choos**ing**	**were** choos**ing**
he, she, it	**is** choos**ing**	**was** choos**ing**
we	**are** choos**ing**	**were** choos**ing**
you	**are** choos**ing**	**were** choos**ing**
they	**are** choos**ing**	**were** choos**ing**

Verbos irregulares

infinitive	past	past participle	
arise	arose	arisen	*surgir*
awake	awoke awaked	awoken awaked	*despertar*
be	was	been	*ser; estar*
bear	bore	borne born*	*suportar; nascer*
beat	beat	beaten	*bater*
become	became	become	*tornar-se*
befall	befell	befallen	*acontecer*
begin	began	begun	*começar*
behold	beheld	beheld	*observar*
bend	bent	bent	*inclinar-se*
bet	bet betted	bet betted	*apostar*
bid	bade	bidden	*saudar; convidar*
bid	bid	bid	*oferecer*
bind	bound	bound	*atar*
bite	bit	bitten	*morder*
bleed	bled	bled	*sangrar*

* A forma *born* é utilizada apenas na passiva: *to be born* (nascer).

infinitive	past	past participle	
blow	blew	blown	*soprar*
break	broke	broken	*quebrar*
breed	bred	bred	*criar*
bring	brought	brought	*trazer*
build	built	built	*construir*
burn	burnt burned	burnt burned	*queimar*
burst	burst	burst	*rebentar*
buy	bought	bought	*comprar*
cast	cast	cast	*atirar*
catch	caught	caught	*apanhar*
choose	chose	chosen	*escolher*
cling	clung	clung	*segurar-se*
clothe	clothed clad	clothed clad	*vestir*
come	came	come	*vir*
cost	cost	cost	*custar*
creep	crept	crept	*rastejar*
crow	crowed crew	crowed crew	*cantar (o galo)*

infinitive	past	past participle	
cut	cut	cut	*cortar*
deal	dealt	dealt	*negociar*
dig	dug	dug	*cavar*
do	did	done	*fazer*
draw	drew	drawn	*desenhar*
dream	dreamt dreamed	dreamt dreamed	*sonhar*
drink	drank	drunk	*beber*
drive	drove	driven	*guiar*
dwell	dwelled dwelt	dwelled dwelt	*habitar*
eat	ate	eaten	*comer*
fall	fell	fallen	*cair*
feed	fed	fed	*alimentar*
feel	felt	felt	*sentir*
fight	fought	fought	*lutar*
find	found	found	*encontrar*
flee	fled	fled	*fugir*
fling	flung	flung	*atirar*
fly	flew	flown	*voar*

infinitive	past	past participle	
forbid	forbade	forbidden	*proibir*
forget	forgot	forgotten	*esquecer*
forgive	forgave	forgiven	*perdoar*
forsake	forsook	forsaken	*abandonar*
freeze	froze	frozen	*gelar*
get	got	got gotten (*EUA*)	*obter*
give	gave	given	*dar*
go	went	gone	*ir*
grave	graved	graved graven	*esculpir*
grind	ground	ground	*moer*
grow	grew	grown	*crescer*
hang	hung	hung	*pendurar; enforcar*
have	had	had	*ter*
hear	heard	heard	*ouvir*
hide	hid	hidden hid	*esconder*
hit	hit	hit	*bater*
hold	held	held	*segurar*

infinitive	past	past participle	
hurt	hurt	hurt	*magoar*
keep	kept	kept	*manter*
kneel	knelt kneeled	knelt kneeled	*ajoelhar*
knit	knit knitted	knit knitted	*tricotar*
know	knew	known	*saber*
lay	laid	laid	*colocar*
lead	led	led	*conduzir*
lean	leant leaned	leant leaned	*inclinar*
leap	leapt leaped	leapt leaped	*pular, saltar*
learn	learnt learned	learnt learned	*aprender*
leave	left	left	*partir*
lend	lent	lent	*emprestar*
let	let	let	*deixar*
lie	lay	lain	*mentir; estar deitado*
light	lit lighted	lit lighted	*iluminar; acender*

infinitive	past	past participle	
lose	lost	lost	*perder*
make	made	made	*fazer*
mean	meant	meant	*significar*
meet	met	met	*encontrar*
mistake	mistook	mistaken	*enganar-se*
outdo	outdid	outdone	*exceder*
overcome	overcame	overcome	*dominar; vencer*
overdo	overdid	overdone	*exagerar*
pay	paid	paid	*pagar*
put	put	put	*pôr*
quit	quitted quit	quitted quit	*deixar; partir*
read	read	read	*ler*
rebuild	rebuilt	rebuilt	*reconstruir*
rid	rid ridded	rid ridded	*livrar*
ride	rode	ridden	*montar*
ring	rang	rung	*tocar; rodear; cercar*
rise	rose	risen	*erguer-se*

infinitive	past	past participle	
rive	rived	riven rived	*rachar*
run	ran	run	*correr*
saw	sawed	sawed sawn	*serrar*
say	said	said	*dizer*
see	saw	seen	*ver*
seek	sought	sought	*procurar*
sell	sold	sold	*vender*
send	sent	sent	*enviar*
set	set	set	*pôr*
sew	sewed	sewed sewn	*coser*
shake	shook	shaken	*sacudir*
shear	sheared shore	sheared shorn	*tosquiar*
shed	shed	shed	*perder; verter*
shine	shone	shone	*brilhar*
shoe	shoed shod	shoed shod	*calçar*
shoot	shot	shot	*disparar*

infinitive	past	past participle	
show	showed	shown showed	*mostrar*
shrink	shrank shrunk	shrunk shrunken	*encolher*
shut	shut	shut	*fechar*
sing	sang	sung	*cantar*
sink	sank sunk	sunk sunken	*afundar*
sit	sat	sat	*sentar-se*
slay	slew	slain	*chacinar*
sleep	slept	slept	*dormir*
slide	slid	slid	*deslizar*
sling	slung	slung	*lançar*
slink	slunk	slunk	*escapulir-se*
smell	smelt smelled	smelt smelled	*cheirar*
smite	smote	smitten	*bater*
sow	sowed	sowed sown	*semear*
speak	spoke	spoken	*falar*

infinitive	past	past participle	
spell	spelt spelled	spelt spelled	*soletrar*
spend	spent	spent	*gastar*
spill	spilt spilled	spilt spilled	*entornar*
spin	spun	spun	*girar; fiar*
spit	spat spit	spat spit	*cuspir*
split	split	split	*dividir*
spoil	spoilt spoiled	spoilt spoiled	*estragar*
spread	spread	spread	*estender*
spring	sprang sprung	sprung	*saltar, pular*
stand	stood	stood	*estar de pé*
steal	stole	stolen	*roubar*
stick	stuck	stuck	*espetar*
sting	stung	stung	*picar*
stink	stank stunk	stunk	*tresandar*
strew	strewed	strewed strewn	*espalhar*

infinitive	past	past participle	
stride	strode	stridden	*caminhar*
strike	struck	struck	*bater*
string	strung	strung	*pendurar*
strive	strove	striven	*esforçar-se*
swear	swore	sworn	*jurar*
sweep	swept	swept	*varrer*
swell	swelled	swollen swelled	*inchar*
swim	swam	swum	*nadar*
swing	swung	swung	*balançar*
take	took	taken	*pegar; levar*
teach	taught	taught	*ensinar*
tear	tore	torn	*rasgar*
tell	told	told	*dizer; contar*
think	thought	thought	*pensar*
thrive	thrived throve	thrived thriven	*prosperar*
throw	threw	thrown	*atirar*
thrust	thrust	thrust	*empurrar*

infinitive	past	past participle	
tread	trod	trodden trod	*pisar*
undergo	underwent	undergone	*passar por*
understand	understood	understood	*compreender*
undertake	undertook	undertaken	*empreender*
undo	undid	undone	*desfazer*
upset	upset	upset	*perturbar*
wake	woke	woken	*acordar*
wear	wore	worn	*usar*
weave	wove	woven	*tecer*
weep	wept	wept	*chorar*
wet	wet wetted	wet wetted	*molhar*
win	won	won	*ganhar*
wind	wound	wound	*serpentear*
withdraw	withdrew	withdrawn	*retirar*
withhold	withheld	withheld	*reter*
withstand	withstood	withstood	*resistir*
wring	wrung	wrung	*torcer*
write	wrote	written	*escrever*

Dicionários Básicos

Língua Portuguesa

Inglês-Português
Português-Inglês

Ilustrado Língua Portuguesa
formato pequeno

Ilustrado Língua Portuguesa
formato grande

Ilustrado Inglês-Português
Português-Inglês
formato pequeno

Ilustrado Inglês-Português
Português-Inglês
formato grande

Guia de

palavra a traduzir

classificação gramatical

tradução

nova grafia

indicação do plural

área de conhecimento

sentido figurado

diferentes sentidos da palavra

nota explicativa

cookie *n.* **1** biscoito **2** *(Estados Unidos da América)* bolacha

cooking *n.* cozinha; gastronomia; **Portuguese cooking:** cozinha portuguesa

cool *adj.* **1** fresco; frio; **a cool evening:** uma noite fresca **2** *(informal)* calmo; descontraído; **to keep cool:** manter a calma ◆ *v.* **1** refrescar; arrefecer; **to cool the room:** arrefecer a sala **2** acalmar; *(informal)* **come on, cool it!:** vá lá, acalmem-se!

cooperate *v.* cooperar

cooperation *n.* cooperação

cope *v.* lidar; **to cope with a situation:** lidar com uma situação

copilot *n.* (avião) copiloto

copper *n.* cobre

copy *n.* [*pl.* copies] **1** cópia; **to make a copy:** fazer uma cópia **2** exemplar; **to sell a million copies:** vender um milhão de exemplares ◆ *v.* copiar

coral *n.* coral; **coral reef:** recife de coral

cord *n.* **1** ANATOMIA corda; **vocal cords:** cordas vocais **2** ANATOMIA cordão; **umbilical cord:** cordão umbilical

core *n.* **1** caroço (de frutos) **2** *(figurado)* parte essencial; âmago

cost *n.* custo; preço ◆ *v.* custar

costume *n.* **1** traje; **swimming costume:** fato de banho **2** máscara; fantasia; **costume ball:** baile de máscaras

> Repara que **costume** não significa o mesmo que **costume** em português. **Costume**, em inglês, quer dizer *traje*.

cosy *adj.* confortável; acolhedor

cot *n.* berço

cottage *n.* casa de campo; chalé